Tusculum-Bücherei
Herausgeber: Karl Bayer, Max Faltner, Gerhard Jäger

LIBANIOS

Briefe

Griechisch – deutsch

In Auswahl
herausgegeben, übersetzt und erläutert
von
G. Fatouros und T. Krischer

HEIMERAN VERLAG MÜNCHEN

Titelvignette:
Megalopsychia, „Großherzigkeit",
Mosaik aus Antiochia,
Heimat und Wirkungsstätte des Libanios

CIP-Kurztitelaufnahme der Deutschen Bibliothek
Libanius: [Sammlung] Briefe / Libanios.
Hrsg. u. übers. von G. Fatouros u. T. Krischer. –
München: Heimeran, 1979.
(Tusculum-Bücherei) ISBN 3-7765-2186-4

München 1980
© Heimeran Verlag
Alle Rechte vorbehalten, einschließlich
die der fotomechanischen Wiedergabe
Satz und Druck: Laupp & Göbel, Tübingen
Bindung: Heinr. Koch, Tübingen
Archiv 637 ISBN 3-7765-2186-4

INHALT

Die kursiven Ziffern bei den Briefen beziehen
sich auf die zugehörige Stelle in den Erläuterungen.

VORWORT

Die Autoren des vorliegenden Bandes haben auf eine erneute Kollation der Libanios-Handschriften verzichtet, weil Försters Ausgabe ihnen zu einer solchen keine Veranlassung gab. Nur in einzelnen Fällen sind sie von Försters Text durch Beseitigung oder Ersetzung von Konjekturen abgewichen. Daneben wurde die eigenwillige Interpunktion des Försterschen Textes modernen Gepflogenheiten angepaßt.

Für die sprachliche Kommentierung war den Herausgebern von großem Nutzen die Konkordanz der Libanios-Briefe, die Dr. Dietmar Najock, Freie Universität Berlin, als Vorarbeit zu einer Gesamtkonkordanz des Libanios hergestellt hat. Ihm sei an dieser Stelle gedankt für seine fachkundige Hilfe; desgleichen der Freien Universität Berlin für die Bereitstellung der zur maschinellen Textverarbeitung erforderlichen Mittel.

Sehr herzlich danken wir ferner Bettina Kunzmann, die sich mit größter Umsicht unseres Manuskripts angenommen hat, sowie Joseph Sonderkamp für seine Hilfe bei der Verarbeitung von Literatur in holländischer Sprache. Dr. Gerhard Jäger, Herausgeber der Tusculum-Reihe, hat uns durch gewissenhafte Durchsicht des Manuskripts und manchen nützlichen Hinweis zu Dank verpflichtet. Nicht zuletzt aber sind wir dem Heimeran Verlag, der für eine rasche und sorgfältige Drucklegung gesorgt hat, dankbar verbunden.

Berlin-Dahlem im Juli 1979

G. Fatouros   T. Krischer

BRIEFE

I. PERSÖNLICHES

1 (962 F)

Σωπόλιδι.

1 Εὐδαίμονα χρὴ καὶ νομίζειν καὶ καλεῖν τὸν τοιαύτης μὲν ἑορτῆς μετεσχηκότα καὶ τεθεαμένον θεὸν τὸν αὐτοῦ νεὼν τὸν ἐν ἄστει κομιζόμενον μετὰ τὴν ἔξω τείχους διατριβὴν τὴν κατὰ νόμον. πῶς γὰρ οὐκ εὐδαίμων ἦν ὁρῶν αὐτόν τε τὸν θεὸν καὶ οἷς ἐτιμᾶτο; 2 εὐδαίμων δὲ πάλιν διὰ πολλῶν τόπων ἐν ὀλίγαις ἡμέραις δραμὼν καὶ λέγειν ἔχων· εἶδον Ἄρειον πάγον, εἶδον Ἀκρόπολιν, εἶδον τὰς μετὰ πολλὴν ὀργὴν διηλλαγμένας θεὰς ἤδη τῶν αἰτιῶν ἀφειμένου τοῦ τῷ πατρὶ βεβοηθηκότος. εἶδον καὶ τὴν δι' ἀγῶνος 3 κτησαμένην τὴν πόλιν, τὴν Ἐρεχθέως τροφόν. ἐκεῖνον μὲν οὖν ὧν τεθέαται μακαρίζω, σὲ δὲ οὐ μόνον τοῦ καὶ τούτων καὶ πολλῶν ἑτέρων ἀπολαύειν καθ' ἑκάστην ἡμέραν, ἀλλὰ καὶ τοῦ κάλλους τῆς ἐπιστολῆς, ἥν μοι δοκεῖς οὐκ ἄνευ τοῦ Διονύσου γράψαι· 4 πρὸς τοσοῦτον ἥκει χαρίτων. ἠρόμην δὲ τὸν δόντα μοι τὴν ἐπιστολὴν περὶ τῶν τοῦ παιδὸς πληγῶν, καὶ μεγάλα ἀκούσας οὐκ ἠπίστησα· οὐδὲ γὰρ τοῖς ποιηταῖς θαυμάζουσι Νεοπτόλεμον. τὸν γὰρ ἐκ τοιούτων ἔδει δήπου καὶ τοιοῦτον εἶναι καὶ ταράττειν δύνασθαι φάλαγγας, ὥσπερ αὖ καὶ ὁ πατήρ, οἶμαι δὲ καὶ ὁ 5 πάππος. φιλείτω τοίνυν με καὶ ὁ καλὸς Ἀψίνης. δίκαια γὰρ ἂν ποιοίη γέροντα φιλῶν καὶ συνευχόμενον αὐτῷ.

I. PERSÖNLICHES

1 (962 F)

An Sopolis[1]

Glückselig muß jener zu Recht genannt werden, der an
einem solchen Fest teilgenommen und den Gott gesehen
hat, als er in seinen Tempel in der Stadt zurückkehrte,
nachdem er sich eine Weile außerhalb der Mauer aufgehalten hatte, wie der Brauch es verlangt[2]. Wie sollte
auch nicht glückselig sein, wer den Gott selbst und seine
Ehre gesehen hat? Glückselig abermals er, der in wenigen Tagen viele Stätten durcheilte und sagen kann: »Ich
habe den Areopag gesehen, ich habe die Akropolis gesehen, ich habe die Göttinnen gesehen, die nach dem
großen Zorn sich wieder versöhnten[3], als der Rächer seines Vaters[4] freigesprochen worden war. Gesehen habe
ich auch die Amme des Erechtheus, die nach einem Streit
die Stadt erworben hat«[5]. Jenen preise ich nun glücklich
um dessentwillen, was er gesehen hat, dich aber nicht
allein, weil du dieses und vieles andere tagtäglich genießen kannst[6], sondern auch wegen der Schönheit deines Briefes, den du mir nicht ohne die Hilfe des Dionysos[7] geschrieben zu haben scheinst; so reizend ist er.
Ich habe den Überbringer des Briefes nach den Schlägereien gefragt[8], in welche dein Sohn verwickelt wurde,
und, als er Erstaunliches erzählte, habe ich ihm Vertrauen
geschenkt, wie ich auch den Dichtern vertraue, wenn sie
Neoptolemos bewundern[9]. Wer von solchen Ahnen
stammt, wird gewiß Großes vollbringen und die Reihen
der Feinde erschüttern können, wie auch sein Vater und,
ich glaube, sein Großvater. Möge auch der gute Apsines[10]
mich seiner Liebe für wert halten; denn er täte recht daran, einen alten Mann zu lieben, der ihm das Beste wünscht.

2 (1458 F)

'Ακακίῳ.

1 Ἐγὼ τοὺς συκοφάντας μισῶν πλεῖστα ἀνθρώπων ὑπὸ τῶν τοῦτο
ποιούντων πεπληγμένος μικροῦ χάριν αὐτοῖς ἔχω, ὅτι μοι τὸν
καλὸν Λημμάτιον ἔδειξαν· οὗ φανέντος πολλῆς καὶ παλαιᾶς
ἀνεμνήσθην εὐδαιμονίας, ὡς ἐπέβην τῶν Θησέως 'Αθηνῶν, ὡς
ἑσπέρα τότε ἦν, τοῦ λουτροῦ, τοῦ⁶ δείπνου, τῶν ἐν τῷ δείπνῳ
2 λόγων καὶ ὡς ἕτεροι μὲν ἐθήρασαν, ἑτέρων δὲ ἦν ὁ ὄρνις. ἐτερπόμην
δὲ καὶ⁸ εἰς αὐτὸν βλέπων μεστὸν ὄντα ἱερῶν καὶ τῆς πρὸς θεοὺς
ὁμιλίας.⁹ ἡ δὲ δὴ φωνὴ ῥεῦμα¹⁰ καθαρόν, οἷον τὸ τοῦ Πυλίου.
χρηστὸς δὲ ἦν ὀδυρόμενος ὅνπερ ἐγώ, τὸν ἐν ὀρφανίᾳ καταλιπόντα
τὴν γῆν. ἀπήγγειλε δὲ καὶ τὴν πόλιν ὅλην εἶναι τοιαύτην· ἧ γένοιτό
τι παρὰ τοῦ Διὸς ἀγαθόν, ὅτι τὸν οἰχόμενον ὁπόσα ζῶντα τιμᾷ.
3 ἡ μεγάλη δὲ αὕτη καὶ ἐχόρευσε τοῦ σὲ παρόντα μὲν λυποῦντος,
ἀπόντα δὲ ζητοῦντος ἐξηγουμένου. ἀλλ' ἐκεῖνος μὲν μὴ παύσαιτο
ταραχῆς¹⁵ γέμων, ἄτρωτος δὲ ὑμῖν, ὥσπερ ἦν δίκαιον, ἐπάνεισιν
ὁ τῶν ἱερέων ἄρχων τῆς 'Αθηνᾶς, οἶμαι, συμμάχου τυχών, ὥσπερ
πρότερον Ἡρακλῆς.

3 (742 F)

Κέλσῳ.

1 Ὅτ' ἐν Νικομηδείᾳ τῆς εὐδαιμονίας ἐκείνης ἀπηλαύομεν οὐ
πλουτοῦντες μᾶλλον ἑτέρων, ἀλλὰ σχολὴν ἄγοντες εἰς λόγους,
Βιθυνῶν ἦρχε Πομπηιανὸς ὁ χρηστός, ὁ δίκαιος, ὁ πενίαν οὐδαμοῦ δυσχεράνας, ὁ λόγους τοὺς μὲν γνησίους³ τιμῶν, τοὺς δ' οὐ
τοιούτους ἐλέγχων· πάντως δὲ οὐκ ἀμνημονεῖς ὡς τὸν 'Αθήνηθεν,

2 (1458 F)

An Akakios[1]

Ich hasse die Sykophanten, da ich mehr als sonst jemand von solchen Menschen zu leiden hatte; jetzt aber bin ich ihnen beinah zu Dank verpflichtet, weil sie mir den guten Lemmatios[2] hierher gebracht haben. Bei seinem Anblick habe ich mich an das große Glück von einst erinnert: Wie ich in Athen, der Stadt des Theseus[3], ankam, es war gerade Abend[4], man nahm das Bad[5], nahm das Mahl ein, unterhielt sich beim Essen, und andere jagten[7] den Vogel, andere erhaschten ihn. Sein Anblick auch bereitete mir Freude: Er sah nach Opfergaben aus und nach Umgang mit den Göttern. Seine Stimme war ein Strom und seine Worte waren rein, wie bei Nestor[11]. Aufrichtig beweinte er den Mann[12], den auch ich beklage, ihn, nach dessen Tode die Erde verwaist ist. Er berichtete, daß auch die ganze Stadt[13] in Trauer sei; möge Zeus ihr Gutes gewähren, weil sie den Heimgegangenen wie einen Lebenden ehrt. Unsere bedeutende Heimatstadt hingegen tanzte sogar vor Freude: Anführer war jener Mann[14], der dich, als du hier warst, kränkte und, als du fern warst, nach dir fragte. Mag jener sich wie ein Wahnsinniger gebärden; zu euch kehrt jedenfalls unversehrt, wie es recht ist, das Oberhaupt der Priester zurück, nachdem er, so scheint es, die Hilfe der Athene[16] erhalten hat, wie einst Herakles[17].

3 (742 F)

An Kelsos[1]

Als wir in Nikomedeia jenes Glück genossen, nicht reicher als andere, aber in Muße uns den Reden widmend, da war Statthalter von Bithynien Pompejanos[2], der gute, der gerechte, der sich an niemandes Armut stieß, der die echte Redekunst in Ehren hielt und jene andere bloßstellte. Gewiß erinnerst du dich, wie er den Kollegen[4] aus

τὸν ἐσθήμασι λαμπρὸν ἐκωμῴδησεν ἄκοντα ἐμβαλών, οὗ δείξειν
2 τὴν ἀσθένειαν ἔμελλεν. ἀπὸ δὴ τῶν χρόνων ἐκείνων εὐεργέτην
τε τὸν ἄνδρα ἐγραψάμην καὶ οὐδὲν οὕτως ἐπιτάξει χαλεπόν, ὃ μὴ
ποιῶν οὐκ ἂν ἡγοίμην ἀδικεῖν. τὸ δὲ δὴ νῦν καὶ μάλα ῥᾷστον·
κελεύει γάρ με δι' ἐπιστολῆς δεηθῆναί σου γυναικῶν τινων
ἐπιμεληθῆναι δύο, Φιλοπάτρα ὄνομα θατέρᾳ, τῇ δὲ Ἑρμογένεια.
3 ἐγὼ δὲ οὐκ ἠρόμην, ἐφ' ὁποῖα δὴ χρῄζουσι τῆς βοηθείας, ὅπως
πρὸς τὴν φύσιν τῶν πραγμάτων ἢ γράψω ἢ μή, ἀλλ' ἐν ἐκεῖνο
πεπεικὼς ἐμαυτόν, ὡς οὐκ ἂν Πομπηιανὸς γυναιξὶν ἐπὶ νόμους
4 ἤμυνε, δίδωμι τὴν ἐπιστολὴν εὐθέως. σὺ δ' οἷς ποιεῖς εὔφραινε
τὸν ἄνδρα ἐκεῖνον, ὅς μοι πολλάκις ἠγωνοθέτησεν.

4 (390 F)

'Ιεροκλεῖ.

1 Εἰ τὸ τῆς δυνάμεως ἐλάττω ποιεῖν ἑκόντα ῥᾳθυμεῖν ἐστι, πόρρω
τῆς αἰτίας ἐγώ· βραχύτερα μὲν γὰρ ἢ ὁ καιρὸς ἀπήτει γέγραφα,
2 πλείω δὲ οὐκ εἶχον ὑπ' ἀρρωστίας. τὴν μέντοι συμβᾶσάν σοι
πρὸς τὸν ἄνδρα τουτονὶ ταραχὴν ἴσθι μακρὰν ἡμῖν γεγονέναι
συμφοράν· τὸ γὰρ οὓς εἰκὸς ἦν μάλιστα συμπνεῖν, τούτους ὁρᾶν
ἐν στάσει καὶ τῷ γιγνομένῳ μὲν ἀλγεῖν, παῦσαι δὲ αὐτὸ μὴ
δύνασθαι πῶς οὐκ ἐμοί τε καὶ τοῖς σοῖς ἀδελφοῖς καὶ πᾶσιν οἷς
3 εὔνοια πρὸς τὰ σὰ νομίζοιτ' ἂν συμφορά; ὃ δέ γε τούτου δεινό-
τερον, οἴχεται Χρωμάτιος, ὦ Ζεῦ καὶ θεοί, καὶ πάλιν ἐρῶ Χρωμάτιος, ὃς ἐκόσμει μὲν τὴν Παλαιστίνην τῷ φῦναι αὐτόθι, ἐκόσμει

Athen, den fein gekleideten Herrn, zum Gespött machte,
indem er ihn unter Zwang dorthin schickte, wo er seine
Schwäche offenbaren sollte. Seit jener Zeit also rechne
ich den Mann zu meinen Wohltätern, und was immer er
mir auftragen mag, es nicht auszuführen, würde mir als
ein Unrecht erscheinen. Sein gegenwärtiges Anliegen indessen bereitet keinerlei Schwierigkeiten; heißt er mich
doch, mich brieflich an dich zu wenden, daß du dich
zweier Frauen[5] annimmst; die eine heißt Philopatra, die
andere Hermogeneia. Ich aber habe nicht danach gefragt,
zu welchem Zweck sie der Hilfe bedürfen, um dann je
nach Lage der Dinge entweder zu schreiben oder nicht
zu schreiben, sondern ich habe mir nur dies eine gesagt,
daß Pompejanos den Frauen nicht gegen das Gesetz beistehen würde, und so schicke ich den Brief unverzüglich
ab. Du aber gib Anlaß zur Freude jenem Manne, der mir
so oft schon Schirmherr des Wettkampfes war.

4 (390 F)
An Hierokles[1]

Wenn es Trägheit ist, weniger zu leisten als die Kräfte
hergeben, dann trifft dieser Vorwurf mich gewiß nicht.
Zwar habe ich kürzer geschrieben als der Anlaß er-
heischte, aber ich vermochte nicht mehr wegen meiner
Krankheit[2]. Daß du mit diesem Manne Streit bekommen
hast, das, glaub mir, ist ein großes Unglück für uns. Denn
Menschen, die ganz besonders fest zusammenhalten sollten, verfeindet zu sehen und leiden an dem, was da geschieht, aber nicht abhelfen können, wie sollte das nicht
für mich und für deine Brüder[3] und für alle, die deiner
Sache Wohlwollen entgegenbringen, ein Unglück bedeuten? Aber was viel schlimmer ist als dies: Chromatios[4] ist dahingegangen, o Zeus und ihr anderen Götter[5], noch einmal sage ich: Chromatios, der eine Zierde
war für Palästina, weil er dort geboren wurde, eine Zierde

4 δὲ τὰς Ἀθήνας εὖ τἀκεῖθεν δεξάμενος. ἦν δὲ τῷ γένει μὲν κλέος,
τοῖς φίλοις δὲ λιμήν. μόνος δὲ ὢν ἴσμεν μάλιστα μὲν ἐθαυμάσθη,
ἥκιστα δὲ ἐφθονήθη. τοῖς λόγοις μὲν ἐξέπληττε, τῷ τρόπῳ δὲ
5 ἔθελγεν αὐτὸς ὢν καὶ ῥήτωρ δεινὸς καὶ ἀνὴρ χρηστός. τί πρῶτον
ἐννοήσω καὶ διὰ τί πρῶτον ὀδύρωμαι; ὡς ἐν ἡμᾶς οἴκημα εἶχεν
Ἀθήνησιν; ὡς τράπεζα μία; ὡς τοῖς αὐτοῖς ἐχαίρομεν; ὡς ταὐτὰ
ἐφροντίζομεν; ὡς ἠκούωμεν ἀλλήλους ἀλλήλοις ὄντες κριταί;
6 ἀλλ᾽ ὅτε ἐπανῆκον τὴν προτέραν ἐπιδημίαν, τίνας οὐ παρῆλθε
κρότῳ τε καὶ τοῖς ἄλλοις, ἃ σοφιστῶν ὠφελεῖν σχῆμα δοκεῖ;
καὶ μὴν ὅπως μὲν αὖθις ἐπανέλθοιμι, προὔτρεψεν, ἐγένετο δὲ
7 ἀντὶ πολλῶν ἀφιγμένῳ. καὶ ταῦτα ἔπραττεν εἰδὼς ὅτι λυπήσει
τινὰ βέλτιστος ὢν εἰς ἐμέ. ἀλλ᾽ ὅμως οὐκ ἀπέστησεν αὐτὸν τῆς
ὑπὲρ ἡμῶν ἀνδρίας τό τινα μέμψιν παρὰ τοῦ δεῖνος ἀκολουθήσειν,
ἀλλ᾽ ὃ δίκαιον ᾤετο, ἐλευθέρως ἐποίει καὶ τοὺς ἀξιοῦντας αὐτὸν
αὐτοῖς χαριζόμενον ἀδικεῖν ὡς οὐ σφόδρα ὑγιαίνοντας ἀπεσείετο.
8 τοιαῦτα ἡμῖν βοηθῶν ἠσθένησε καὶ τοσούτῳ κακῷ πιεζόμενος
ἐκαρτέρει σιγῇ. ἔπειτα ἀναστὰς ὥρμησε μὲν ἐπὶ Κιλικίας,
ὥρμησε δὲ εἰς Ἅιδου. καὶ τὸ χωρίον, οὗ μετέστη, πρότερον
9 δοκοῦν ἥδιστον πῶς, οἴει, κέκριται χαλεπόν; ἐγὼ δὲ εὐθὺς μὲν
ἀκούσας ἄφωνος ἦν ὡς ἐπὶ πλεῖστον· ἐπεὶ δὲ ἠδυνήθην ῥῆξαι
φωνήν, ἀφῆκα πρώτην, ὡς ἄρα τὸ κάλλιστον τῶν ἐπὶ γῆς ἀπε-
λήλυθεν, ἀνὴρ σωφρονέστερος μὲν Πηλέως, θεοφιλὴς δὲ οὐχ

für Athen, weil er aufzunehmen verstand, was die Stadt zu bieten hatte. Er war der Ruhm seiner Sippe und ein Hort seinen Freunden. Der einzige, von dem wir wissen, daß er die größte Bewunderung erregte und den geringsten Neid. Durch seine Reden vermochte er mitzureißen, durch seinen Charakter zu bezaubern, denn er war in einer Person ein überzeugender Redner und ein rechtschaffener Mann. Worauf soll ich zuerst meinen Blick richten und was zuerst beklagen? Daß in Athen das gleiche Haus uns beherbergte? Daß wir am gleichen Tische speisten? Daß wir die gleichen Freuden hatten und die gleichen Sorgen? Daß wir einander den Geist schärften durch wechselseitige Kritik? Doch als ich das erste Mal in die Heimat zurückkehrte[6], wen übertraf er da nicht durch den Beifall, den er erntete, und durch alles, was sonst noch dem Ansehen eines Redners förderlich ist? Wahrhaftig, er war es, der mich veranlaßte wiederzukommen und der mir alles bedeutete, als ich heimgekehrt war. Und das, obgleich er wußte, daß er durch seine Güte mir gegenüber einen gewissen anderen verletzt. Doch tapfer für mich einzustehen, davon ließ er sich durch das Mißfallen eines andern[7], wer es auch sei, nicht abbringen; sondern was er für Recht hielt, das hat er freimütig getan, und Leute, die verlangten, er solle ihnen zuliebe ein Unrecht begehen, hat er abgeschüttelt, als seien sie nicht recht bei Verstand. Da er mir solche Hilfe angedeihen ließ, wurde er krank, doch geplagt von einem großen Übel, harrte er schweigend aus. Dann erhob er sich und brach auf nach Kilikien, brach auf zum Hades. Und der Platz, an welchem er dahinschied, der zuvor für den angenehmsten galt, welch hartes Urteil, glaubst du, fällt man seither über ihn? Ich aber bin, als ich die Kunde vernahm, für lange Zeit verstummt. Doch als ich wieder die Stimme erheben konnte, da tat ich als erster kund, daß das Schönste auf Erden von hinnen gegangen, ein Mann, besonnener noch als Peleus[8], von den Göttern geliebt

ἧττον ἢ Σοφοκλῆς, δεινὸς εἰπεῖν, ἀμείνων κρῖναι, φίλος σαφής,
οὐδέν τι χείρων ἐκείνων τῶν Συρακουσίων οἷς ἐπίδειξις ἐγένετο
10 τοῦ πράγματος ἐν τῇ Διονυσίου τυραννίδι. καὶ ταῦτα ἐγὼ διῆλθον,
Ἱερόκλεις, δακρύων. ἔπειτα ἐξ αὐτῶν ὧν ἐδάκρυον ἐνεθυμήθην
πως, ὅτι ἄρα οὐ χρὴ δακρύειν· τὸ γὰρ οὕτω βεβιωκέκαι καλῶς
εἰς τὴν τελευτὴν παραμύθιον. ὃ μὲν γὰρ ἔπαθε, κοινόν· ἐφ᾽ οἷς
11 δὲ ἐπαινεῖται, ταῦτα οὐ κοινά. καὶ δὴ καὶ σὲ δεῖ μᾶλλον χαίρειν,
ὅτι τοιοῦτον ἀδελφιδοῦν ἐκτήσω καὶ κηδεστὴν ἢ τῷ συμβεβηκότι
πλήττεσθαι. λογίζου δὲ ὅτι θεῶν μὲν γνώμῃ πάντα πράττεται,
θεοὶ δὲ τὸν ὧδε ἔχοντα ἀρετῆς οὐκ ἄν τι κακὸν ἔδρων· δίκαιοι
12 γὰρ καὶ οὐκ ἂν ὃν τιμᾶν ἐχρῆν ἐκόλαζον. οὐκ ἄρα ὅπως τι δεινὸν
εἴη πεπονθώς, ἀπέθνησκεν, ἀλλ᾽ ἐπὶ τῷ βελτίονι. δοκοῦσι γάρ
μοι νομίσαντες τὸν ἄνδρα κρείττω μὲν ἢ διατρίβειν ἐν γῇ, τῷ δὲ
αὐτῶν πρέπειν χορῷ μετενεγκεῖν ἐνθένδε εἰς οὐρανόν. οὕτως
αὐτόν τε σὲ δεῖ φρονεῖν καὶ τὴν θυγατέρα πείθειν καὶ οἴεσθαι
τῆς ἐκείνου παιδείας ἄξιον εἶναι τὸ ὑμᾶς[13] ἐπίστασθαι φέρειν.
13 καὶ περὶ μὲν τῆς τελευτῆς τοῦ ἑταίρου πλείω μὲν ἔνι λέγειν, δεῖ
δὲ οὐδέν· εἰδότι γὰρ ἂν λέγοιτο. τὴν δὲ ἐνθάδε ταραχὴν ἡμεῖς τε
ὅπως καταστήσεται φροντίζομεν σόν τε μέρος οὐ μικρόν· οἱ μὲν
γὰρ τοιοῦτοι καιροὶ φρονίμου δέονται, σὺ δέ, εἴπερ τις, ἐπὶ τῷ
14 φρονεῖν δόξαν ἔχεις. ὥσπερ οὖν εἰ κυβερνήτης ἐτύγχανες, ἠξίουν
ἄν σε ἐν χειμῶνι[14] δεικνύναι τὴν τέχνην, οὕτως, ἐπειδὴ συνέσει
νικᾷς, ἄνδρα ὀργιζόμενον διάλλαξον.

nicht weniger als Sophokles[9], sprachgewaltig im Reden,
noch besser in seinem Urteil, ein wahrer Freund nicht
minder als jene Syrakusaner[10], die unter dem Tyrannen
Dionys ihre Treue zur Schau stellten. Und dies, Hierokles, sagte ich mir unter Tränen. Dann aber wurde mir
aus dem, worüber ich weinte, klar, daß Tränen hier nicht
am Platze sind. Denn daß er ein so schönes Leben geführt hat, tröstet über das Ende. Was er erlitt, ist allen
gemeinsam[11], aber worauf sein Lob sich gründet, das ist
nicht gemeinsam. Auch du solltest dich lieber freuen, daß
du einen solchen Neffen und Schwiegersohn hattest, statt
geschlagen zu sein durch das Geschehene. Bedenk vielmehr, daß alles nach dem Willen der Götter geschieht
und daß die Götter einem, der so viel Tugend besaß,
kein Leid zufügen würden. Denn sie sind gerecht und
würden niemals den bestrafen, den sie ehren sollten. Also
starb er, nicht weil er Schlimmes erleiden sollte, sondern
daß es ihm besser gehe[12]. Denn mir scheint, die Götter
glaubten, dieser Mann sei zu gut, um auf Erden zu wan-
deln, er gehöre in ihre Gemeinschaft, und so versetzten
sie ihn von hier in den Himmel. Auch du mußt so denken
und deine Tochter gleichfalls dazu bringen und mußt dir
sagen, daß es seiner Erziehung würdig ist, wenn ihr das
Geschehene zu tragen wißt. Über das Ende unseres Gefährten gäbe es noch viel zu sagen, aber man braucht es
nicht dem zu erzählen, der schon im Bilde ist. Daß jedoch
der Streit, der hier entstanden ist, geschlichtet werde,
darum machen wir uns Sorgen, und dein Anteil dabei
wird nicht gering sein. Denn in solchen Zeiten bedarf es
eines vernünftigen Mannes, du aber bist, wenn irgendjemand, für deine Vernunft weithin bekannt. Denn gleich
wie ich, wenn du Steuermann wärest, dich heißen würde,
beim Sturm deine Kunst zu zeigen[14], so sollst du jetzt,
da du durch Einsicht herausragst, einen erzürnten Mann
versöhnen.

5 (1518 F)

Αὐσονίῳ.

1   Διδούς μοι τὴν ἐπιστολὴν Μίκκαλος πολλῶν μὲν ᾤετο δεήσεσθαι
πόνων, εἰ μέλλοι με τοῦ γεγραφότος ἀναμνήσειν, πάνυ δὲ αὐτῷ
ῥᾷστον ἐγένετο τὸ ἔργον· ὡς γὰρ εἶπεν Αὐσόνιον καὶ τὸν Λάκωνα
προσέθηκε, τὸν συμφοιτητὴν³ ἔφην τὸν ἐμὸν λέγεις, τὸν χρηστόν,
τὸν ἄδολον, τὸν μνήμονα, καὶ διεξῄειν δὴ κεφαλῆς τε καὶ προσώ-
2   που τύπον⁴ καὶ ὡς πάντα ἦμεν ἀλλήλοις. ἔπειτα ἐρωτῶν, ἐν
ὅτῳ εἴης, τῇ μὲν ἄλλῃ δυνάμει σου μάλα ἡδόμην, τὸ δὲ μὴ τὼ
πόδε σοι ἐρρῶσθαι πῶς, οἴει, με ἠνία; κοινωνὸς δέ σοι καὶ
αὐτὸς τοῦ πάθους. καίτοι δίκαιον ἦν ἀπαθεῖς εἶναί μοι τοὺς
πόδας τῆς κεφαλῆς βεβλημένης· νῦν δὲ ἠδίκημαι προστεθέντος
3   κακοῦ κακῷ⁵ παλαιῷ νέον. ἀλλὰ σοὶ μὲν ἡ χώρα παραμυθία·
τὸ γὰρ ἐπιέναι νῦν μὲν τὰ τέρματα τῆς Λακωνικῆς, νῦν δὲ τὰ
μέσα, νῦν δὲ ἐπιβαίνειν Σπάρτης καὶ διαβαίνειν Εὐρώταν, τούτων
ἕκαστον ἀνίαν νῦν μὲν ἂν λύσειε, νῦν δ’ ἂν ἐλάττω ποιήσειεν.
4   εἰσὶ μὲν γὰρ καὶ ἡμῖν καὶ ποταμοὶ καὶ γῆ, ἀλλὰ τῶν γε ὑμετέρων
καὶ αὐτὰ τὰ ὀνόματα θέλγει, καὶ ἃ μέγα τοῖς ἄλλοις ἀναγνῶναι,
ταῦτα ὑμῖν ὁρᾶται· ἐπεὶ καὶ αὐτὸ τὸ ἐρέσθαι περὶ τῶν τόπων τὸν
5   Μίκκαλον ἡδονῆς με πλείστης ἐνέπλησεν. ἤκουον γὰρ ἄλλα
τε οἷάπερ ἐβουλόμην, καὶ περὶ τῆς Ἀθηνᾶς καὶ τῆς τὰ ὅπλα
ἐχούσης ὑμῖν Ἀφροδίτης περί τε τοῖν ἀδελφοῖν τῆς Ἑλένης τῶν
τε ἄλλων, ἃ ἔμεινεν· ἀλλὰ γὰρ οὐδ’ ὑμῖν τὴν Σπάρτην ἀφῆκαν
6   ἀκέραιον οἱ γίγαντες. τῷ γοῦν τάφῳ τῷ τοῦ Παυσανίου φασὶν
οὐκ ἐφεστάναι τοὺς ἀντ’ ἐκείνου Παυσανίας, ἀλλ’ ἀπελθεῖν εἰς
πῦρ ὑπὸ τῆς σοφίας τῶν τότε ἀρχόντων, καὶ ἡ θεός, ὦ γῆ καὶ
ἥλιε, πρᾴως ἤνεγκεν.

5 (1518 F)   An Ausonios[1]

Als Mikkalos[2] mir deinen Brief gab, glaubte er, daß es
Mühe kosten werde, mir den Absender ins Gedächtnis
zu rufen; aber das Werk war nur allzu leicht vollbracht.
Als er nämlich den Namen »Ausonios« nannte und hinzufügte aus »Sparta«, da sagte ich: »meinen Kommilitonen meinst du, den rechtschaffenen, zuverlässigen,
treuen«, und ich schilderte ihm die Besonderheiten des
Kopfes und des Gesichts und daß wir die besten Freunde
waren. Dann fragte ich, wie es dir gehe, und freute mich,
daß du ansonsten wohlauf bist, aber dein Fußleiden, was
glaubst du, wie mich das betrübte! Doch bin ich selbst
dein Leidensgenosse. Und dabei wäre es billig, daß mir
die Füße gesund sind, da es mich am Kopf getroffen hat.
So aber geschieht mir Unrecht, da zu dem alten Leiden
ein neues hinzukam. Dir jedoch ist die Umgebung ein
Trost, denn bald an die Grenze Lakoniens gehen, bald ins
Innere, bald den Boden Spartas betreten und den Eurotas überqueren, jede einzelne dieser Unternehmungen
dürfte die Betrübnis bald beseitigen, bald lindern. Auch
bei uns gibt es nämlich Flüsse und Land, aber bei dem
euren bezaubern schon die Namen, und worüber zu lesen
für andere ein Erlebnis ist, das könnt ihr sehen. Denn
allein schon Fragen über diese Orte an Mikkalos zu richten, hat mich mit größter Freude erfüllt. Da hörte ich
denn manches andere, das ich wissen wollte, und so auch
über die Statue der Athene[6] und die Waffen tragende
Aphrodite[7], die es bei euch gibt, und die beiden Brüder[8]
der Helena und das übrige, das noch erhalten geblieben
ist. Denn auch euch haben die Giganten[9] Sparta nicht
unversehrt gelassen. Jedenfalls sagt man, daß bei dem
Grab des Pausanias nicht mehr die Statuen[10] stehen, die
ihn darstellten, sondern durch die Weisheit der einstigen
Machthaber ins Feuer gewandert sind, und die Göttin[11],
o Erde und Sonne, hat es ruhig mitangesehen.

6 (473 F)

'Αρισταινέτῳ.

1 Μὴ λαβεῖν μέν σε τὰ γράμματα ἃ Κλημάτιος ἐκόμιζεν οὐκ ἂν
πεισθείην· τοῦ δὲ μηδὲν ἡμῖν ἀντεπιστεῖλαι τὴν αἰτίαν ζητῶν οὐχ
ὁρῶ, πλὴν εἰ τὸ τῷ μνήματι προσκεῖσθαι πάντων σε τῶν ἄλλων
2 ἀφίστησι. καίτοι καὶ κατ' αὐτό γε τοῦτο χρῆν σε ἐπιστεῖλαι
διδάσκοντά με τὴν τῆς γυναικὸς ἀρετὴν νομίζοντα μέρος εἶναι τῆς
εἰς ἐκείνην τιμῆς τὸν λόγον. τῇ δὲ ἦν ἂν μείζων ὁ κόσμος οὗτος
3 ὧν νῦν ποιεῖς. περὶ μὲν οὖν τούτου πράξεις ὅ τι ἄν σοι φαίνηται
βέλτιον, ἡμεῖς δὲ ἃ πλασάμενοι νοσεῖν ἀνέστημεν ἐκεῖθεν, τῇδε
νοσοῦμεν. ὥστε πρὸ τοῦ μὲν ἐδυσχεραίνομεν τόπον τινά, νῦν δὲ
4 αὐτὸ τὸ ζῆν. πρὸς γὰρ τῷ περὶ τὴν κεφαλὴν κακῷ νεφρῖτις ἡμᾶς
πολιορκεῖ νῦν μὲν σφοδρότερον ἐμβάλλουσα, νῦν δὲ ἡσυχαίτερον,
πάντως δέ τι λυποῦσα. καὶ πάντα μὲν πανταχόθεν εἰς τὴν ἴασιν
ἀγείρεται, κρατεῖ δὲ τὸ κακόν, καὶ ὁ νεφρὸς ἡμῖν ὅλμος, φασίν,
5 ὑπὲρ κεφαλῆς. ἀλλ' ὅμως πειρώμεθα μὴ σιγᾶν. μηνυτὴς δέ σοι
καὶ τούτων κἀκείνων ἔσται Μητέριος, ὃς τῇ πατρίδι μὲν ἔχων
ἀντιθεῖναι τὴν ἡμετέραν, τοῖς πολίταις δὲ τοὺς ἐνταῦθα φίλους
ὑπὸ σοῦ πάλιν εἰς Βιθυνίαν ἕλκεται θαυμαστὸν αὐτοῦ πόθον
ἐγκαταλιπὼν Σύροις. ἃ μήτ' ἀγνοεῖν ἔα τὸν πρεσβύτην μήτ'
εἰδότα ὀργίλον εἶναι.

6 (473 F)

An Aristainetos[1]

Daß du den Brief[2], den Klematios mitnahm, nicht bekommen hast, glaube ich nicht, und das Ausbleiben einer
Antwort ist mir beim besten Willen nicht begreiflich, es
sei denn, das Grab hält dich fest und hindert dich an allem
anderen. Und dennoch, eben darum hättest du schreiben
müssen, mich belehrend über das Wesen und die Vorzüge
deiner Frau, und den Brief als einen Teil der ihr erwiese-
nen Ehre betrachten. Dies wäre ein schöneres Denkmal
für sie, als was du jetzt tust. Damit magst du es halten,
wie immer es dir gut scheint; was mich anlangt, so hat
jenes Leiden, welches ich dort vorgetäuscht habe, um
fortzukommen[3], mich hier befallen. War mir damals der
Ort[4] unerträglich, so ist es jetzt das Leben. Denn außer
dem Leiden am Kopf machen mir nun auch die Nieren
zu schaffen, bald stärker, bald schwächer, aber ununterbrochen. Von überallher wird alles, was zur Heilung dienen könnte, aufgeboten, aber das Leiden bleibt siegreich
und, wie das Sprichwort sagt, hängt mir die Niere wie
ein Felsen über den Kopf[5]. Aber trotzdem versuche ich,
nicht zu verstummen. Über dieses alles wird Meterios[6]
dir berichten. Obwohl er bei uns eine zweite Heimat gefunden hat und die hiesigen Freunde ihm seine Landsleute ersetzen, zieht es ihn wieder zu dir nach Bithynien,
und er hinterläßt bei den Syrern eine unbegreifliche Sehnsucht. Laß den alten Mann[7] diese Dinge wissen, aber
sorg dafür, daß dieses Wissen ihn nicht aufregt.

24   Persönliches

7 (374 F)

'Αρισταινέτῳ.

1 "Εμελλές ποτε καὶ τῶν ἐν ἀρχῇ γενέσθαι πόνων ὡς οὐ πάσῃ
μηχανῇ³ τὸ ἄρχειν φυγών, καὶ νῦν ζώνη⁴ καὶ στρατεία καὶ ὄχλος
περὶ θύρας καὶ ἀγρυπνίαι καὶ φροντίδες, ἡ πολλὴ δὲ ἐκείνη
2 ῥαστώνη καὶ τὸ ἀργεῖν ἐκκεχώρηκε. φοβοῦμαι δὲ οὐδὲν μὴ
τῶν μεγίστων πρῶτον ἁψάμενος ἰλιγγιάσῃς ἡμῖν – ἡ γὰρ δὴ σὴ
φύσις καὶ μελέτης χωρὶς ἐπίσταται κατορθοῦν –, ὥστε πιστεύω
ταχέως μέν σε θαυμαστὸν ἐν τοῖς παροῦσι φανεῖσθαι, ταχέως
3 δὲ τῇ περὶ ταῦτα ἀρετῇ πρός τι λαμπρότερον ἥξειν. ἐφ' ᾧ δὲ
αὐτός τε μάλιστα ἥσθην σύ τ' ἂν ⟨φθόνου⟩ ἐκτὸς εὐφραίνοιο,
τοῦτο ἔστιν. ὅσοι τὸν λόγον ἐδέξαντο τοῦ πράγματος, τοσοῦτοι
καὶ ἡδονὴν μετὰ τοῦ λόγου. καὶ τῶν πρὸ τοῦ σε φασκόντων
4 φιλεῖν οὐδεὶς ἠλέγχθη φάσκων μέν, ἥκιστα δὲ φιλῶν. ἀλλὰ
τὸ πάλαι τοῦτο· ἄξιος 'Αρισταινετος κοινῇ φωνῇ διὰ πάσης
ἐχώρει τῆς πόλεως. καὶ δὴ καὶ ὁ βασιλεὺς ἐθαυμάζετο μελίττης
5 σοφώτερον συνθεὶς τὸ τῆς ἀρχῆς κηρίον.⁷ εἰ μὲν οὖν ἐξῆν μοι
καὶ αὐτῷ παρὰ σὲ τρέχειν, ἐπετόμην ἄν· νῦν δὲ ᾧ βαδίζειν
ὑπῆρχεν ἥκει, Διάνιος, ὁ σὸς μὲν συγγενής, ἐμὸς δὲ ἑταῖρος,
πολλάκις μὲν ὑπὸ σοῦ κεκλημένος πρότερον, νῦν δέ γε ὑπὸ τοῦ
καιροῦ· τὸ γὰρ σὲ Βιθυνίας κρατεῖν κατάγει τὸν ἄνδρα πολὺν
δὴ χρόνον φυγόντα τὴν οἰκείαν διὰ τὸ φοβεῖσθαι βουλὴν καὶ
πενίαν. εἰ γὰρ ἐλάβοντο ἐπιδημοῦντος τοῦδε οὐ δυναμένου

7 *(374 F)*   An Aristainetos[1]

Irgendwann einmal[2] mußtest du ja die Mühen des Amtes
kennenlernen, da du es nicht darauf angelegt hattest,
unter allen Umständen einer Stellung im öffentlichen
Leben aus dem Wege zu gehen. Nun hast du es also:
Amtsgürtel, Kriegsdienst, Störenfriede an deiner Tür[5],
Schlaflosigkeit, Sorgen; das einst so legere und bequeme
Dasein ist vorbei. Aber ich brauche nicht zu fürchten, daß
es dir schwindlig werden könnte von dem hohen Amte,
das du erst jetzt angetreten hast, denn bei deiner Veranlagung wirst du auch ohne vorherige Übung das Richtige zuwege bringen. Daher bin ich sicher, daß du es binnen kurzem in deiner gegenwärtigen Stellung zu Ansehen
bringen wirst und binnen kurzem durch erfolgreiche
Amtsführung auch zu Höherem gelangen wirst. Was mich
selbst aber am meisten froh gemacht hat und worüber du
neidlose Freude empfinden dürftest, ist dies: wer immer
Kunde von dem Ereignis erhielt, der verspürte bei dieser
Kunde Befriedigung. Und keiner von denen, die vorher
behaupteten, dir Freund zu sein, wurde bloßgestellt als
einer, der anderes redet und anderes tut. Und was man
früher schon sagte: »Aristainetos verdient es«, das erklang
jetzt wie aus einem Munde durch die ganze Stadt[6]. Selbst
der Kaiser wurde bewundert, weil er weiser noch als eine
Biene das Wachs der Herrschaft zusammengefügt hat.
Wäre es mir möglich, selbst zu dir zu eilen, ich würde
fliegen; nun aber wird er, dem die Reise möglich ist, zu
dir kommen, Dianios[8], dein Verwandter und mein
Freund. Schon oft hast du ihn eingeladen, jetzt lud ihn
die günstige Gelegenheit ein. Denn daß du die Machtbe-
fugnis über Bithynien hast, führt diesen Mann heim, der
lange Zeit seine Heimat gemieden hat aus Furcht vor dem
Ratsherrenamt und der Verarmung. Hätte man ihn nämlich zu Hause angetroffen, ohne daß er in der Lage wäre,
die auf ihn entfallenden Abgaben zu leisten, das Gefäng-

26 Persönliches

6 λειτουργεῖν, λοιπὸν ἦν δεδέσθαι. ἐδόκει οὖν αὐτῷ μετριώτερον
εἶναι γῇ ξένῃ μετ᾽ ἐλευθερίας ἢ πατρὶς μετ᾽ ἀτιμίας. καὶ τῷ μὲν
ἀφεστάναι τῆς μητρὸς ἤλγει, τὴν μητέρα δὲ ἰδεῖν ἐπὶ τοιαύταις
7 ἐλπίσιν ὤκνει. τῷ μέντοι παρ᾽ ἡμῖν βίῳ καὶ τὴν μητέρα καὶ
σὲ καὶ πάντας ὑμᾶς κεκόσμηκε μετὰ σωφροσύνης τε καὶ πρᾳότη-
τος καὶ τοῦ παρέχειν αὐτὸν αἰδέσιμον διάγων. καὶ τὸ μέγιστον,
τῶν πρὸς ἡμᾶς δικαίων οὐδὲν διαφθείρας οὐκ ἐπεσπάσατο μῖσος
παρὰ τῆς ἑτέρας μερίδος. τοιγαροῦν θαρρῶν ἔλεγον ὡς κοινωνεῖ
8 σοι τοῦ γένους, καὶ οὐκ ἐδόκει χείρων εἶναι τοῦ αἵματος. δέχου
δὴ τὸν οἰκεῖον πολλοὺς τῇδε διὰ τῶν τρόπων κτησάμενον φίλους
καὶ βούλευσαι περὶ τοῦ· τίνα χρὴ τοῦτον ὁδὸν ἐλθεῖν; εἴτ᾽ οἴκοι
μένειν εἴθ᾽ ὡς ἡμᾶς ἀναστρέφειν εἴτε ζῆν ἐν τῇ Μεγάλῃ πόλει
ποιούμενον τὸν βίον ἀπὸ τῶν δικῶν;

8 (20 F)

Ἀρισταινέτῳ.

1 Ἆρα² καὶ τοῦτο τοῖς ἄρχουσι νόμος μὴ τοῖς φίλοις ἐπιστέλλειν,
ἐπειδήπερ ἄρχουσιν; εἰ μὲν δὴ κεῖται καὶ γέγραπται, χρῶ τῷ
νόμῳ καὶ σίγα· εἰ δ᾽ οὐδεὶς κωλύει νόμος, πόθεν ἡ σιγή; λέγε.
εὑρηκέναι γάρ μοι δοκῶ· μεῖζόν σου γεγένηται τῶν πραγμάτων
τὸ πλῆθος καὶ τῶν κοινῶν ἡ φροντὶς οὐκ ἐᾷ τῶν οἰκείων ἐπιμε-
2 λεῖσθαι. τοῦθ᾽ ἥδιόν μοι πείθειν ἐμαυτὸν ἢ ὅτι σὺ τῶν φίλων
ὑπὸ τῆς ἀρχῆς ἐπελάθου, ὃν ἀκούω μετριώτερον ὑπὸ τῆς ἐξουσίας
εἶναι καὶ τούτῳ τοῦ προτέρου διαφέρειν τῷ πλείω πράττειν· ὡς
ὅ γε τρόπος ⟨ὁ⟩ αὐτός, εἰσὶ δὲ οἳ λέγουσιν ὡς καὶ βελτίων.
3 Ἰανουάριος μὲν οὖν ἀπαγγελεῖ σοι περὶ ἡμῶν, ὡς ἀρρωστοῦμεν,

nis wäre ihm sicher gewesen. Daher schien ihm die Freiheit in der Fremde erträglicher als die Verurteilung in der Heimat. Der Mutter fern zu sein war ihm bitter, aber mit solchen Aussichten die Mutter wiederzusehen, zögerte er. Durch seinen Aufenthalt bei uns hat er gewiß der Mutter und dir und euch allen Ehre bereitet, denn er war stets besonnen und freundlich und verstand es, sich Achtung zu verschaffen. Und was das Allerbeste dabei ist: seine Pflichten gegen uns niemals verletzend, hat er gleichwohl nicht den Haß der Gegenseite[9] auf sich gezogen. So konnte ich mit aller Zuversicht sagen, daß er gemeinsame Abstammung hat mit dir, und er schien seines Blutes würdig zu sein. Nimm also den Verwandten auf, der sich hier durch seinen Charakter viele Freunde geschaffen hat, und überlege, welchen Weg er gehen soll: Entweder zu Hause bleiben oder zu uns zurückkehren oder in der Hauptstadt das Leben eines Advokaten führen.

8 (20 F)

An Aristainetos[1]

Ist auch dies den Beamten Gesetz, ihren Freunden nicht zu schreiben wegen des Amtes? Wenn es so festgesetzt ist und geschrieben steht, halt dich daran und schweig. Wenn aber kein Gesetz dich bindet, woher das Schweigen? Sprich! Ich glaube nämlich, es schon gefunden zu haben: Angewachsen ist die Zahl deiner Verpflichtungen, und die Sorge um das Gemeinwohl läßt dir keine Zeit für Privates. Diese Erklärung lege ich mir jedenfalls lieber zurecht als jene, du habest deines hohen Amtes wegen die Freunde vergessen; höre ich doch, deine Stellung habe dich eher zugänglicher gemacht und nur dies an dir gewandelt, daß du mehr zu tun hast. Dein Wesen jedenfalls ist unverändert geblieben, wenn nicht gar, wie einige meinen, vollkommener geworden. Januarius[3] wird dir über mich gewiß berichten, daß ich krank bin[4];

εἰ μή σε ἐξαπατᾶν βούλοιτο τοῦ μὴ λυπεῖν· ἀεὶ γάρ τινι προσπα-
λαίομεν κύματι.⁵ καὶ ταύτην τίνομεν τῷ Φιλίῳ τὴν δίκην, ὅτι
4 δή τι φίλων ἡμῖν ἐφάνη τιμιώτερον.   ἐγὼ δέ σοι περὶ αὐτοῦ
λέγειν ἔχω, ὡς ἐν δυσχερεῖ διοικήσει χρηστὸς ἐδείχθη. καὶ τοῦτον
μόνον οἵ τε ταχέως οἵ τε βραδέως ὧν ἔχρῃζον τυχόντες ἐπήνεσαν·
τοσαύτην ἀνεμίγνυ γοητείαν ταῖς ἀναβολαῖς. τοιγαροῦν ἀπιὼν
5 ἀνιᾷ τοὺς βελτίους, διότι παρὼν οὐκ ἐλύπησεν.   ἐμοὶ δὲ δεο-
μένῳ τοσοῦτον ἀπεῖχεν ἀπειθεῖν ὥστ' εἰ διαλείποιμι τοῦτο
ποιῶν, ὕβριν τὸ πρᾶγμα ἐκάλει καὶ διεμέμφετο. τὰ σὰ δὲ ἀγαθὰ
νομίζων αὐτοῦ τε καὶ ἐμὰ ὅ τι μάθοι τρέχων ὡς ἡμᾶς ἐμήνυε τῷ
προσώπῳ κηρύττων τὴν ἡδονήν.⁷ εἶπον ἂν πλείω πρὸς ἀγνοοῦντα,
νῦν δ' ἐπίστασαι τὸν ἄνδρα.

9 (388 F)

Στρατηγίῳ.

1 Οὔπω² με καθαρῶς ἀπαλλαγέντα τοῦ ἐν τῇ κεφαλῇ κακοῦ
μεῖζον ἕτερον ἔλαβε κακόν, ὃ τὴν ψυχὴν ἐνέπλησε ζόφου⁴ καὶ δι'
ὃ πολλοὶ τῶν φίλων πολύν μοι παρεκάθηντο χρόνον πάσαις
2 ἐπῳδαῖς⁵ πειρώμενοι διασῶσαί μου τὰς φρένας.   τίνα γὰρ οἴει
με γενέσθαι πυθόμενον ὡς ἡ φιλτάτη πόλις ἐπὶ τοῖς φιλτάτοις
πέπτωκεν ἀνδράσιν; ἠμέλησα μὲν σιτίων, ἔρριψα δὲ λόγους,
ἀπεωσάμην δὲ ὕπνον,⁹ σιγῇ δὲ ἐπὶ πλεῖστον ἐκείμην, δάκρυα
δὲ ἡμῶν ἅμα μὲν ἐπ' ἐκείνοις, τῶν δὲ ἐπιτηδείων ἐπ' ἐμοί, πρὶν
δή τις παρῄνεσεν ἐν λόγοις θρηνῆσαι τήν τε πόλιν καὶ τὸν οὐ

es sei denn, er macht dir lieber etwas vor, um dich nicht zu betrüben. Immerzu ringe ich nämlich mit einer neuen Woge, und das ist der Preis, den ich dem Zeus Philios[6] zahle, weil mir anderes bedeutender erschien als Freundschaft. Über ihn aber kann ich dir sagen, daß er sich in schwierigen Aufgaben rechtschaffen gezeigt hat. Ihn allein loben alle, ob einer rasch oder spät erlangte, was er begehrte; solche Zauberkünste verbindet er mit jeglichem Aufschub. Die Leute von Stande bedauern seinen Weggang, denn solange er hier war, hat er niemandem etwas zuleide getan. Mir aber hat er nicht nur jede Bitte erfüllt, sondern mich sogar gescholten, wenn ich keinen Wunsch hatte, und erklärt, dies sei Frevel. Dein Glück aber hielt er auch für das seine und das meine, und wenn er eine Nachricht hatte, eilte er zu mir, sie mitzuteilen, und das strahlende Gesicht verkündete seine Freude. Einem Unkundigen wüßte ich mehr zu berichten, nun aber kennst du ja den Mann.

9 (388 F)
An Strategios[1]

Noch war ich nicht gänzlich befreit von meinem Kopfleiden[3], da traf mich ein zweites, noch größeres Unglück, das mir die Seele verdüsterte und um dessentwillen viele meiner Freunde lange Zeit bei mir saßen und mit allen Mitteln der Überredung zu verhindern suchten, daß ich den Verstand verliere. Denn in welchen Zustand, glaubst du, geriet ich bei der Nachricht, daß die Stadt[6], die ich am meisten liebe, über den Menschen[7], die ich am meisten liebe, zusammengebrochen ist? Ich nahm keine Speise[8], wies von mir die Reden, vertrieb mir den Schlaf, schweigend lag ich da, Tränen vergießend um jene Toten, und die Freunde vergossen Tränen um mich, bis einer mir riet, eine Totenklage zu verfassen auf die Stadt und auf ihn[10], der ein solches Ende, bei Zeus, nicht ver-

τοιαύτης ἄξιον, ὦ Ζεῦ, τελευτῆς· ᾧ πεισθεὶς καὶ τοῦ πάθους
3 τι μέρος ἐπὶ τῆς γραφῆς ἐκβαλὼν ἤδη πενθῶ σωφρονῶν. εἰ
μὲν οὖν μὴ καὶ σοὶ τεταράχθαι τὴν γνώμην ἡγούμην ἐστερημένῳ
φίλου δείξαντος ἔργοις τοὔνομα,[11] ἐδεόμην ἄν μοι παρὰ σοῦ
φοιτᾶν παραμυθίαν· ἐπεὶ δὲ ἡ πληγὴ κοινή, λείπεταί μοι στένειν,
ὃ δὴ καὶ ποιῶ.

10 (255 F)

Εὐδαίμονι.

1 Παλαιὸν ἔμοιγε τοῦτο τὸ πάθος τοῖς τῶν Ἑλλήνων[2] ὀνόμασι
χαίρειν καὶ τοὺς[3] ἔξω τούτου συμφερομένους ἀδικεῖν ἡγεῖσθαι
ῥητορικήν· ἠθύμουν δὲ πρότερον τὸν συνερῶντα οὐκ ἔχων οὐδ᾽
2 ὅστις ἦν ἕτοιμος κοινωνεῖν τῆς περὶ ταῦτα θήρας. ἤδη δέ τις καὶ
κατεγέλασέ που καὶ οὐ περὶ μειζόνων ἔφησέ με φροντίζειν ἢ οὓς
ἔφησεν ἡ κωμῳδία σκοπεῖν περὶ τῶν τῆς ψύλλης ποδῶν. ὥστ᾽
εἴ μέ τι καὶ διέφυγεν, οὐχὶ θαυμάζω μόνον μὴ δυνηθέντα διὰ
3 τοῦ παντὸς ἐλθεῖν. ἀλλ᾽ ἐπειδὴ ἧκες ἡμῖν ἐξ Αἰγύπτου – καὶ
πολλὰ ἀγαθὰ γένοιτο τῷ περιθέντι τὴν ἀνάγκην, ὃς σὲ ἐκάλεσε
μὲν ἐπὶ δίκην, ἔδωκε δὲ ἄκων τῇ πόλει τοὺς ἐν σοὶ λόγους –
ἐνταῦθα δὴ τῆς παροιμίας ἔτ᾽ ἄμεινον ᾐσθόμην, ὡς ἄρα σύν τε
4 δύ᾽ ἐρχομένω μέγα ἀλλήλοις εἰσίν. ἀλλ᾽ ἴσως ἐνταῦθα οὐκ
ἀλλήλοις, ἀλλ᾽ ἐμοὶ σύ. τὸ μὲν γὰρ ἐρωτᾶν ἐμὸν ἀεί, τὸ δὲ ἀπο-
κρίνεσθαι γεγένηται σόν, ὥστ᾽ οἶμαί σε καὶ ἀποκναῖσαι τῷ τῶν
ἐρωτημάτων πυκνῷ τῶν μὲν ἐν γραμματίοις πεμπομένων ἐπὶ
συνουσίᾳ σοι τῶν νέων καθημένῳ, τῶν δὲ οἴκαδε σῖτον αἰρου-

dient hat. Ich folgte dem Rat und überwand beim Schreiben einen Teil meiner Leidenschaft, und meine Trauer ist nunmehr besonnen. Wäre ich nicht überzeugt, daß auch dir das Herz aufgewühlt ist durch den Verlust eines Freundes, der gezeigt hat, daß er diesen Namen verdient[12], ich würde dich bitten, mir Trost zu spenden. Da aber der Schlag uns beide getroffen hat, bleibt mir nichts übrig als zu seufzen, und das tue ich.

10 (255 F)

An Eudaimon[1]

Mir geht es schon lange so, daß ich mich an der Sprache der Hellenen freue und der Meinung bin, daß jene, die an anderen Wörtern Gefallen finden, sich an der Beredsamkeit versündigen. Aber früher machte es mich traurig, daß ich niemanden hatte, der mir beipflichtete und bereit gewesen wäre, sich an der Jagd danach zu beteiligen. Und schon mancher hat mich ausgelacht und erklärt, ich hätte nichts Besseres zu tun als jene, von denen Aristophanes[4] sagt, sie zählten die Beine des Flohs. Kein Wunder also, wenn ich nicht alles durchgehen konnte und mir manches entgangen ist. Da du nun aber aus Ägypten[5] zu mir gekommen bist – wohl dem, der dich dazu gezwungen hat, indem er dich vor Gericht[6] lud und damit, ohne es zu wollen, der Stadt deine Gelehrsamkeit schenkte – da also habe ich noch besser den Sinn des Sprichwortes zu spüren bekommen, welches sagt: »Zwei, die zusammengehen, sind einer dem andern von großem Nutzen«.[7] Aber vielleicht sind nicht wir einer dem andern von Nutzen, sondern du mir. Ich stelle nämlich die Fragen, und du mußt immerzu antworten[8], so daß mir scheint, du bist schon erschöpft durch die Häufigkeit der Fragen, von denen manche dir brieflich zugestellt werden, wenn du mit den jungen Leuten beim Unterricht zusammensitzt, während andere dich oft zu Hause er-

5 μένῳ⁹ πολλάκις.   τὸ πολὺ δὲ ἐποίουν καὶ αἱ νιφάδες, ἡνίκ' ἂν
ἀλλήλοις ἐντύχοιμεν. οὐ γὰρ ἡμῖν οἱ λόγοι περὶ προσόδου τῆς
ἀπὸ τῆς τέχνης οὐδ' ὑπὲρ ἐδωδῆς καὶ τί δεδειπνήκαμεν καὶ τί
μέλλομεν οὐδ' ὅστις ἔξεισι τῆς ἀρχῆς καὶ διαδέξεται τίς· τουτὶ
6 γὰρ οὐδὲν πρὸς τὰς Μούσας εἶναι δοκεῖ. ἀλλ' ἐγώ σε ἰδὼν
ἕλκων ἂν εὐθὺς πρὸς τὰ γέρρα τῶν ἐργαστηρίων καὶ κατέχων
καὶ μόνον οὐ προσηλῶν εἰς τὴν τῶν ὀνομάτων ἐνεβίβαζον βάσα-
νον¹³, σὺ δὲ ἀπέκρινες τὰ νόθα τῶν γνησίων τοῖς μὲν βοηθῶν
ἐξεληλαμένοις ἀδίκως, τὰ δὲ ἐκβάλλων ὡς οὐ δικαίως τιμώμενα.
ταὐτὰ δέ, ταὐτὰ ἡμῖν καὶ τὰ προάστεια σύνοιδεν, ἐφ' ὧν καθήμε-
νοι τοὺς ἄρχοντας ἀναμένοντες ἐξ ἀποδημίας ἰόντας εἴχομεν ὅ
7 τι ἐργασόμεθα.   πάντα μὲν οὖν ἀριθμεῖν τοῦ Ἀπόλλωνος ἂν
εἴη τοῦ καὶ τὴν ἄμμον ἔχοντος εἰς ἀριθμὸν ἄγειν, δοὺς δὲ ἡμῖν ὦ
Ἡράκλεις λέγειν, ἐπειδὰν καλῶμεν τὸν θεόν, καίτοι τις οὐ τῶν
ἐν φαύλῃ δόξῃ δεῖν ἐξαίρειν ἔφασκε τὸ ἰῶτα πλὴν ὅστις σχετλιά-
ζει¹⁸, τοῦτον δὲ οὐκ εἴργει τοῦ γράμματος, καλεῖν δέ γε οὐκ ἐᾷ
μετὰ τοῦδε τοῦ γράμματος, ἀλλὰ σὺ τριπλῆν ἀνεὶς τῇ κλήσει τὴν
ὁδόν, ὧν ἡμῖν τὼ δύο, ποιηταῖς δὲ οὐδὲν ἄβατον ἅτε ἐπτερωμέ-
νοις, ἡμῖν τε ἴσθι καὶ τῷ θεῷ μεγάλα κεχαρισμένος. καὶ προσδέχου
τι παρ' ἐκείνου χρηστόν. οἶσθα δὲ ἡλίκας ἐδίδου δωρεὰς καὶ
8 πρὸ τῆς εἰς οὐρανὸν πορείας Ἡρακλῆς. ἄλλος μὲν οὖν ἂν ἐπαινέσας τὴν περὶ τοὔνομα τέχνην ἀπηλλάγη τῶν ἄλλων οὐδὲν ἰδών,
ἐμοὶ δὲ δοκεῖς οὐ μᾶλλόν γε τῷ διδάσκειν ὠφελεῖν ἢ τῷ μετὰ

reichen, wenn du deine Mahlzeit einnimmst. Ganz dicht aber wurde das Schneegestöber[10] der Fragen, wenn wir einander begegneten. Wir sprachen nämlich nicht über unsere beruflichen Einkünfte noch darüber, was es zu essen gegeben hat und was es geben wird, und auch nicht darüber, wer aus einem Amt ausscheiden wird und wer Nachfolger sein wird – so etwas ist nämlich offenbar den Musen fremd. Vielmehr habe ich dich, wenn ich dich sah, geradewegs zu den Buden der Handwerker[11] geschleppt und dich dort festgehalten, um nicht zu sagen festgenagelt[12], und dazu gebracht, Wörter zu prüfen; und du trenntest die Bastarde von den Echtbürtigen[14], eiltest jenen, die zu Unrecht aus ihrer Heimat vertrieben waren, zu Hilfe und wiesest jene anderen aus, die zu Unrecht in Ehren standen. Genau dies aber, genau dies können auch die Villen der Vorstadt über uns berichten, bei denen wir uns niedersetzten, auf diesen oder jenen Würdenträger wartend[15], der von einer Reise zurückkehrte, wobei wir genug zu tun hatten.

Alles zu zählen, vermag nur Apoll, der auch die Zahl der Sandkörner ausfindig macht[16]; einmal aber, als du uns bei der Anrufung des Gottes »O Herakleis« sagen ließest, behauptete ein anderer, der kein geringes Ansehen hatte, man müsse das Jota weglassen[17], außer wenn man im Affekt spricht, dann aber sei es erlaubt, nicht jedoch bei der Anrufung. Da öffnetest du drei Wege[19] für die Anrufung, von denen zwei für uns gangbar sind, für die Dichter aber, die bekanntlich beflügelt sind[20], ist nichts ungangbar; damit hast du uns und dem Gotte einen guten Dienst erwiesen. Verlaß dich drauf, er wird es dir entgelten. Du weißt ja, welche Gaben Herakles vor seinem Aufstieg zum Himmel verteilte[21]. Ein anderer hätte es vielleicht mit dem Lobe deines sprachlichen Wissens bewenden lassen aus Unkenntnis deiner sonstigen Fähigkeiten[22]; mir aber scheint, daß du nicht nur durch Belehrung Nutzen schaffst, sondern auch dadurch, daß du mit

9 κάλλους εὐφραίνειν. κάλλη δέ σοι τὰ μὲν ἐξ Ἰταλίας, τὰ δὲ
ἐξ Αἰτωλίας, ἐνταῦθα μὲν ἀπὸ τῆς εἰκόνος καὶ τῶν ἐν οἴνῳ πεπραγμένων, ἐκεῖ δὲ ἀπὸ τῶν διὰ τῶν Εὐριπίδου σεσωσμένων·
ὁρᾶν γὰρ δὴ δοκῶ τοὺς ἐπτηχότας καὶ τρέμοντας φαιδροὺς ἐπὶ
τοῖς ᾄσμασι καὶ τεθαρρηκότας. καὶ χαίρω γε, νὴ τὴν Ἀθηνᾶν,
ὅτι μοι ὁ Εὐριπίδης – οὐκ ἀγνοεῖς ὅπως περικάομαι τοῦ ποιητοῦ –
τοῖς ἠτυχηκόσι τῶν πολιτῶν ἀπὸ τῶν δραμάτων ἐφύλαξε τὰς
10 ψυχάς. ὅν μοι δοκεῖς καλέσαι μάρτυρα μόνον οὐχ ὡς οὐκ ἔχων
καὶ ἄλλους ὑπὲρ τῶν αὐτῶν καλεῖν, ἀλλ᾽ ἵνα μοι παράγων
τἀμὰ παιδικὰ μόνον καὶ τῇδε χαρίζοιο. πεποίηκας γὰρ προσό-
μοιόν τι τῷ πόμα μὲν ὅ τι δήποτε παρὰ τοῦ διψῶντος αἰτηθέντι,
δόντι δὲ Θάσιον οἶνον, διότι τὸν ᾐτηκότα ἠπίστατο τῷ Θασίῳ
προσκείμενον· τοῦτο γάρ ἐστιν ὁμοῦ καὶ τὸ δίψος ἀκέσασθαι καὶ
11 μετὰ μείζονος ἡδονῆς. εἶτα οὐ σύ γε εὐδαίμων ὡς ἀληθῶς
τοιαῦτα διερευνώμενος καὶ τοιαῦτα δωρούμενος, μᾶλλόν γε ἢ
Ἀνθεμίων τε καὶ Ἰσχόμαχος ἐπὶ τῷ μεγέθει τῶν χρημάτων καὶ
Νικίας ἐπὶ τῷ πλήθει τῶν ἀνδραπόδων; ἐμοὶ γὰρ εἴη τοιαῦτα
ἰχνεύειν ἕνα ἔχοντι Δᾶον.

11 (1534 F)

Θεοδώρῳ.

1 Ἔχω τὸν Ἀριστείδην, πρᾶγμα πάλαι ποθούμενον, καὶ σοὶ χάριν
ἔχω μικροῦ τοσαύτην, ὅσηνπερ ἄν, εἰ αὐτὸν ἡμῖν ἀναστήσας τὸν
2 ἄνδρα ἐπεπόμφεις. καὶ παρακάθημαί γε τῇ γραφῇ[3] τῶν ἐκείνου
τι βιβλίων ἀναγινώσκων[4] ἐρωτῶν αὐτόν, εἰ αὐτὸς ταῦτα. εἶτ᾽
αὐτὸς ἀποκρίνομαι ἐμαυτῷ· ναί, ταῦτά γε ἐκεῖνος. καὶ γὰρ ἔπρε-
πε τοιούτων λόγων τοιαύτην μορφὴν εἶναι μητέρα·[6] οὕτω πάντα

Schönem erfreust. Schönes aber hast du teils aus Italien[23],
teils aus Ätolien[24]; hier von dem Bilde und dem, was in
Weinrausch getan wurde, dort von jenen, die durch
Euripides gerettet wurden. Denn ich glaube, die Ver-
ängstigten und Zitternden vor mir zu sehen, wie sie beim
Hören seiner Lieder froh und mutig werden. Und bei
Athene, ich freue mich, daß Euripides – du weißt ja, wie
begeistert ich von ihm bin[25] – den unglücklichen Bürgern mit seinen Dramen das Leben gerettet hat. Ihn hast
du, wie mir scheint, als Zeugen angerufen, nicht etwa,
weil du in derselben Sache keinen anderen hättest anrufen können, sondern lediglich, um mir meinen Geliebten zu bringen und mir so einen Gefallen zu tun. Denn
du hast gehandelt wie einer, der von einem Dürstenden
um einen Trunk gebeten wird und ihm thasischen Wein[26]
gibt, weil er weiß, daß der Bittende den thasischen besonders liebt. Das aber heißt den Durst stillen und zugleich
die Freude mehren.

Drum also: Bist du nicht wahrhaft glückselig[27], da du
solche Dinge zu erforschen und solche zu verschenken
pflegst, weit glücklicher, als Anthemion[28] und Ischo-
machos[29] sind aufgrund ihres großen Reichtums oder
Nikias[30] aufgrund seiner zahlreichen Sklaven? Ich möchte
lieber solche Dinge erforschen und mit meinem einen
Daos[31] zufrieden sein.

11 (1534 F)
An Theodoros[1]

Nun habe ich den Aristeides[2], nach dem ich mich schon
so lange sehne, und ich bin dir fast ebenso dankbar dafür,
als wenn du den Mann zum Leben erweckt und zu mir
geschickt hättest. Ich sitze bei dem Bilde, lese eine seiner
Schriften und frage ihn, ob er es ist[5]. Dann antworte ich
mir selbst: freilich, das ist er. Solche Reden konnte nur
eine solche Gestalt hervorbringen, so göttlich und schön

3   θεοειδῆ καὶ καλὰ⁷ καὶ κρείττω τῶν πολλῶν. ἀλλ᾽ ὅ μοι συνέβη
περὶ τὸ πρᾶγμα τοῦτο παθεῖν, διηγήσομαί σοι. τὴν αὐτὴν ταύτην
ᾐτήκειν χάριν Ἰταλικιανὸν ἐκεῖνον, ὁ δ᾽ εὐθὺς ἔπεμψεν. ἐγὼ δὲ
ἠπίστουν τοῦτον ἐκεῖνον εἶναι· τῆς τε γὰρ νόσου τῆς πολλῆς
ἀπᾴδειν τὸ πρόσωπον τήν τε κόμην ἄλλον τινὰ μηνύειν. οὐ γὰρ
4   εἶχον εὑρεῖν, ἐξ ὅτου τοσαύτην ἔθρεψεν ἄν. ἡγούμην οὖν
Ἀσκληπιὸν ἡμῖν ἥκειν ἀντὶ τοῦ ῥήτορος καὶ οἷος ἦν ἐν Δάφνῃ.
τοῦτον ἐν Ὀλυμπίου τιθέναι πλησίον τῆς μεγάλης εἰκόνος ἢ τὸν
Ἀπόλλω μετὰ τῆς κιθάρας μέσον Ἀσκληπιοῦ καὶ τῆς Ὑγιείας
δείκνυσιν — ἀνάθημα τοῦτ᾽ ἦν Ὀλυμπίου τοῦ πατρὸς Ὀλυμπίου διὰ χρόνου πάλιν οἴκαδε εἰσελθόν, ἥρπαστο γὰρ ὑπ᾽ ἀνδρῶν
φοβερῶν — ταῦθ᾽ ἡμῶν βεβουλευμένων ἧκε τὰ δεύτερα πείθοντα
περὶ τῶν προτέρων, ταὐτὸ γὰρ ἀμφοτέραις εἶδος, καὶ πρὸς
ἀλλήλους¹⁵ ἐλέγομεν ὡς τὸν μὲν Ἰταλικιανὸν εἰκὸς ἦν τι καὶ
5   παραμελῆσαι, Θεόδωρος δὲ πάντως ἂν τὸν ὄντα ἐξεῦρεν. οὕτως
ἡμῖν ἀνθ᾽ ἑνὸς δύο πέπομφας. πέμψεις δέ, οἶμαι, καὶ τὴν τρίτην·
ἐπιθυμῶ γὰρ δεινῶς χεῖράς τε καὶ πόδας ἰδεῖν, ἃ φῂς ἔχειν τὴν
τρίτην. ἀλλά σου δέομαι καὶ τὸν τόπον μηνῦσαι τῆς εἰκόνος καὶ
παρὰ τῶν γερόντων πυθέσθαι, τίς ὁ νοῦς τῶν τριχῶν· ἴσως γάρ
τις σῴζεται περὶ τῆς κόμης λόγος.

ist alles und ungewöhnlich. Doch was mir bei dieser Gelegenheit widerfuhr, das will ich dir erzählen. Um die gleiche Gefälligkeit wie dich hatte ich auch Italicianus[8] gebeten, du kennst ihn, und er hat mir das Bild auf der Stelle geschickt. Ich aber war in Zweifel, ob es wirklich Aristeides darstelle. Paßte doch das Gesicht überhaupt nicht zu der langen Krankheit[9] des Mannes, und die langen Haare ließen auf eine andere Person schließen. Ich konnte nämlich kein Zeugnis finden[10], welches auf so lange Haare schließen ließe. Also glaubte ich, daß mir statt des Redners ein Asklepios[11] geschickt worden sei, ähnlich demjenigen in Daphne[12], und ich beschloß, ihn im Tempel des Zeus Olympios[13] aufzustellen, neben dem großen Bild, welches Apollon mit der Leier zwischen Asklepios und Hygieia zeigt. Dieses Bild war ein Weihgeschenk des Olympios, des Vaters unseres Olympios, gewesen, ist aber nach langer Zeit wieder ins Haus zurückgebracht worden, nachdem es von verbrecherischen Menschen geraubt worden war[14].

Nachdem ich also solches beschlossen hatte, traf das zweite Bild ein und überzeugte mich hinsichtlich des ersten, da beide das gleiche Aussehen hatten und wir einander sagten, daß man wohl dem Italicianus eine Nachlässigkeit zutrauen könne, Theodoros aber gewiß das authentische Bild gefunden habe. So hast du uns statt eines Bildes zwei[16] geschickt, und ich denke, daß du auch noch das dritte senden wirst. Ich möchte nämlich unbedingt die Hände und Füße des Mannes sehen, die auf dem dritten Bild, wie du sagst, zu sehen sind. Außerdem bitte ich dich, mir die Herkunft des Bildes mitzuteilen und von den Älteren zu erfragen[17], was es mit den Haaren auf sich hat. Vielleicht hat sich nämlich bezüglich der Haare eine Kunde erhalten.

12 (727 F)

Δημητρίῳ.

1   Τὸ μὲν ὀφείλημα τί ποτέ ἐστιν, ὃ φῂς οὐκ ἀποδοῦναί με, οὐκ
οἶδα· τὸ δὲ τῆς κεφαλῆς κακὸν ἀρχαῖον ὄν — εἴκοσι γὰρ ἔτη
γεγονὼς ἐπλήγην, ἔστι δὲ ἐκεῖθεν ὀκτὼ καὶ εἴκοσι — νῦν γέγονε
περιβόητον ταῖς παρὰ τῶν θεῶν βοηθείαις· τὰ γὰρ ἐκ τῶν ἱερῶν
φοιτῶντα τοῖς σώμασιν ἔχοντά τι καὶ τοῦ παραδόξου πολὺν ἐφ᾽
2   ἑαυτοῖς κινεῖ τὸν λόγον.   σὺ δὲ μὴ μόνον μοι συναλγεῖν, ἀλλὰ
καὶ τὸν προβαλόντα σοι τὸν ἆθλον δαίμονα πείθειν φθέγξασθαί
τι καὶ περὶ ἡμῶν. δίκαιος δέ ἐστι μισθὸν δυοῖν δοῦναι λόγοιν,
ὧν καὶ Ζηνόβιος ἐμνήσθη μετ᾽ εὐφημίας. οὕτως ἄρα αὐτῶν ὁ
3   δαίμων συνεφήπτετο. βουλοίμην δ᾽ ἂν καὶ αὐτὸς τοῖς σοῖς λόγοις
τιμῆσαι τὸν θεόν· τοῦτο δ᾽ ἂν ποιοίην ἀναγιγνώσκων. πέμπε
οὖν καὶ δίδασκε γείτονα πόλιν, ὅστις ἐστὶν οὗτος ὁ τὴν ὑμετέραν
ἀνέχων.

13 (959 F)

Τατιανῷ.

1   Ὑπὲρ ὧν νυνὶ γράφω, πάλαι μὲν ἴσως ἐχρῆν, ὄκνος δέ τις
διεκώλυε· τοῦ πράγματος δὲ κατεπείγοντος οὐκέτ᾽ ἔξεστιν, εἰ
καὶ λίαν ἐθέλοιμι, μὴ λέγειν. καὶ γὰρ ἂν καὶ χαλεπήναις ὕστερον
2   ἀκούσας, ὅτι μὴ πρότερον ἤκουσας.   τί οὖν αἰτῶ καὶ τί βούλομαι
λαβεῖν παρ᾽ ἀνδρὸς ἡδομένου τῷ καλὰς διδόναι χάριτας; παῖς
ἐκ γυναικὸς ἀγαθῆς ἐγένετό μοι καὶ τοιαύτης ὡς τὸν ἐκείνης
τρόπον μικρὸν ποιῆσαί με νομίσαι πλούτους μεγάλους πατέρων
3   θυγατέρας ἐχόντων.   γενόμενον δὲ τὸν παῖδα ῥήτορα γενέσθαι
βουλόμενος, ἐπειδὴ τὸ δύνασθαι λέγειν εἶχεν, εἰς τοὺς συνδίκους

12 (727 F)
An Demetrios[1]

Was es für eine Schuld sein soll, von der du sagst, ich hätte sie nicht beglichen, das weiß ich nicht. Mein Kopfleiden hingegen, das ich seit langem ertrage – ich war nämlich zwanzig, als der Blitz mich traf, und seitdem sind achtundzwanzig Jahre vergangen – dieses Leiden ist berühmt geworden durch die Hilfe, die ich von den Göttern erhalten habe. Denn, was von den Heiligtümern kommend den Körper erreicht[2], macht viel von sich reden, da es etwas Unerklärliches an sich hat. Du aber solltest nicht nur mein Leid mitempfinden, sondern auch den Gott, der dich inspiriert hat[3], bitten, auch für mich ein Orakel zu geben[4]. Ist es doch rechtens, daß er den Lohn gibt für die beiden Reden, von denen auch Zenobios[5] mit Achtung gesprochen hat, so sehr waren sie von dem Gotte durchdrungen. Ich würde auch selbst gerne den Gott durch deine Reden ehren, und das könnte ich tun, indem ich sie vorlese. Schick sie also, und lehre die benachbarte Stadt, wer jener ist, der die Eure[6] beschützt.

13 (959 F)
An Tatianos[1]

Worüber ich dir jetzt schreibe, das hätte ich dir vielleicht schon längst mitteilen sollen, aber ich habe immer wieder gezögert; da jedoch die Sache drängt, darf ich nun nicht mehr schweigen, auch wenn ich es noch so sehr wollte. Du könntest sogar zürnen, wenn du später erfährst, was du früher hättest erfahren wollen. Worum bitte ich also und was möchte ich erhalten von einem Manne, dem es eine Freude ist, gefällig zu sein? Ich habe einen Sohn[2] von einer Frau, die so gut ist, daß ihr Charakter mich das Geld von Vätern heiratsfähiger Töchter gering achten läßt[3]. Als ich ihn hatte, wollte ich, daß ein Redner aus ihm werde, und als er die Redekunst beherrschte, ver-

ἐνέγραψα⁴, καὶ χρυσὸν μὲν οὐ συνέλεξε πολύν, ἡ γλῶττα δὲ
αὐτῷ πολλοὺς ἐπαίνους ἠνέγκατο καὶ τῶν πρὸς αὐτὸν μεμαχη-
4 μένων αὐτὸ τοῦτο ποιούντων. γνοὺς δ᾽ ἅπαν τὸ πρᾶγμα τοῦτο
ὁ παρὰ τοῦ Διὸς αὐτοῦ τὴν βασιλείαν λαβὼν βοηθεῖ βοήθειαν
ἡμῖν πρέπουσαν τῇ αὐτοῦ φύσει. καὶ κρείττων τῶν κωλυόντων
γενόμενος ἔδωκεν εἰς αὐτὸν διαβῆναι τὰ ὄντα μοι τὰ μικρά, καὶ
5 διέβη. ἀντὶ μὲν οὖν ταύτης τῆς τιμῆς ἀεὶ τῆς βελτίονος τύχης
ἀπολαύοι βασιλεύς· τῶν φίλων δὲ ἡμῖν τῶν μὲν αὐτὸν ἐπὶ τὴν
βουλὴν ἀγόντων, τῶν δὲ ἐν ᾧπερ ἦν τηρούντων, καὶ δοκούντων
ἄμεινον φρονεῖν τῶν δευτέρων εἴχετο μὲν τοῦ λέγειν, δείσας δὲ
τά τε πλοῖα καὶ τὸν σῖτον καὶ τὴν θάλατταν τάς τε ἐν τῷ βουλεύειν
πληγάς, ὃ μηδ᾽ ὑπὲρ λόγων ἐπεπόνθει πώποτε, μίαν εὑρίσκει
6 καταφυγὴν ζώνην τε καὶ τὸ ἄρξαι. καὶ δακρύων ἅμα δεῖταί
μου θαρρῆσαι πέμψαι πρὸς σὲ τὴν τοῦτο ποιήσουσαν ἐπιστολήν·
πάντως δὲ αὐτὸν ἀγαπήσειν ἅπαν τὸ διδόμενον, ἅπαν γὰρ ἕξειν
τὴν αὐτὴν ἀσφάλειαν, ὥσπερ αὖ καὶ χρόνον ἅπαντα, κἂν μὴν
7 οὗτος ᾖ. ταυτὶ γὰρ ἔστιν ὁρᾶν ἐν πολλοῖς παραδείγμασι. λῦσον
δὴ τὸν φόβον, ὦ γενναῖε, καὶ τῷ νέῳ καὶ τῷ γέροντι· καὶ γὰρ
εἰ τεθνεῶτος ἤδη μου ταῦτα συμβήσεται τὰ δεινά, λόγος ἀνδρῶν
σοφῶν εἶναι καὶ ὑπὸ γῆς τό τε χαίρειν καὶ τὸ λυπεῖσθαι.

schaffte ich ihm eine öffentliche Anstellung; dort hat er zwar nicht viel Geld verdient[5], seine Beredsamkeit hat ihm jedoch großes Lob eingebracht, in das auch jene einstimmten, die ihn bekämpft hatten. Nachdem nun die Angelegenheit demjenigen zu Ohren gekommen war, der von Zeus selbst den Thron erhalten hat[6], gewährte er uns eine Hilfe, wie sie seiner Natur geziemt. Er räumte alle Hindernisse aus dem Wege und gestattete, daß mein bescheidener Besitz auf meinen Sohn übergehen dürfe, und so ließ ich es geschehen[7]. Für diese Ehre möge der Kaiser immer vom Schicksal begünstigt sein. Als nun von unseren Freunden die einen[8] drängten, daß mein Sohn in die Kurie eintritt, die anderen aber rieten, daß er bleibt, was er ist, und da letztere Meinung die bessere schien, blieb mein Sohn bei der Beredsamkeit, bekam aber vor den Schiffen und dem Weizen und dem Meer[9], vor den Plagen des Kurialen Angst und, was ihm niemals wegen der Reden zugestoßen ist, er sieht nur noch eine Zuflucht, den Beamtengürtel[10] und das Amt. Unter Tränen bittet er mich, den Mut zu finden zu einem Brief an dich, der ihm dies möglich machen würde. Er werde mit jeder ihm angebotenen Stelle zufrieden sein, denn jede Stelle biete die gleiche Sicherheit[11], wie auch mit jedem Termin, und sei es der laufende Monat. Denn dafür sprechen viele Beispiele. Befreie uns also von der Angst, edler Freund, den jungen Mann und den Greis! Sollte auch das Übel eintreten, wenn ich bereits tot bin, so sagen doch weise Männer[12], es gebe auch unter der Erde Freude und Kummer.

14 (1058 F)

Βρασίδᾳ.

1 Οὐδὲν θαυμαστὸν ἄτιμον² ὄντα σιωπᾶν· ἡμεῖς δὲ παρ᾽ ὑμῖν ἀπ᾽
ἐκείνης ἄτιμοι τῆς ἡμέρας, ἐν ᾗ μειζόνων ἴσως ἢ χρῆν ἐρασθέντες
2 ἠλαυνόμεθα. ἤλαυνε δὲ ἡμᾶς δαίμων κακός, δι᾽ ὃν οὐ κακὸς
ἄνθρωπος — οὐ γὰρ ἦν κακός — κακῶς μὲν ἐξῆλθεν ἐνθένδε,
κακῶς δὲ ἐπέζευσε, κακῶς δὲ διέπλευσε, κακῶς δὲ τοῖς μὲν
αὐτὸν ἔδωκε, τοῖς δὲ οὐκ ἔδωκε. τοῦ αὐτοῦ δαίμονος καὶ τὸ
ζεῦγος καὶ τὸ ἀναβῆναι καὶ τὸ πτῶμα καὶ τὸ περὶ τὸν πόδα καὶ
3 ὁ μὴ προσδοκηθεὶς μέν, ἐπελθὼν δὲ θάνατος. σπουδὴν δὲ
τὴν ὑμετέραν οὐκ ἀγνοῶν οὐδὲ ἔργα καὶ λόγους καὶ μάχας
οἶδα μὲν ὑμῖν ὧν ἐβουλήθητε χάριν, τὸ δὲ μὴ δεδυνῆσθαι οὐκ
αἰτιῶμαι, ἀλλ᾽ ἐν εὐεργέταις μὲν ὁ χρηστὸς Ἀνατόλιος, ἐν
εὐεργέταις δὲ ὁ καλὸς Βρασίδας, τῶν δ᾽ ἠναντιωμένων τούτοις
οὐδένα μεμφόμεθα· φιλούντων γὰρ ἂν αὐτοὺς ἴσως ἔργον ἐποίουν.
4 καὶ ταῦτα δ᾽ ἐγὼ προλέγων τὸν ταλαίπωρον οὐκ ἔπειθον ἐξηπατη-
μένον ὡς οὐδὲν αἰτήσει τοιοῦτον, ὃ μὴ ῥᾳδίως αὐτῷ παρ᾽ ὑμῶν
ἔσται δι᾽ ἐμέ. ἔχετ᾽ οὖν τῷ μὲν οἰχομένῳ συγγνώμην ὧν
5 ἤλπισεν, ἐμοὶ δὲ τοῦ σιγῆσαι· πρὸς γὰρ αὖ τοῖς ἄλλοις βραδύτερος
ὅ τε νοῦς μοι γέγονε καὶ ἡ γλῶττα καὶ ἡ χεὶρ ὑπὸ τῆς κατεσθιού-
σης με λύπης.

14 (1058 F)

An Brasidas[1]

Kein Wunder, daß einer, der seiner Ehren verlustig ist, schweigt. Wir aber sind bei euch unserer Ehren verlustig seit jenem Tage, an dem wir, vielleicht weil wir nach Größerem verlangten als uns zusteht, ins Unglück getrieben wurden. Es trieb uns aber ein böser Dämon, durch welchen ein keineswegs böser Mensch[3] – denn böse war er gewiß nicht – eine böse Abreise hatte, eine böse Strecke über Land, eine böse Überfahrt zu Schiff, und eine böse Sache war es auch, wem er sich anvertraute und wem nicht. Derselbe Dämon war es, der ihm das Gespann schickte, ihn aufsteigen ließ, ihn stürzen ließ, der das Beinleiden sandte und den Tod, den keiner erwartete, und der dann doch eintrat[4]. Nicht unbekannt sind mir euer Eifer und eure Bemühungen, eure Reden und Kämpfe; dankbar bin ich euch für euren guten Willen und keineswegs böse, weil ihr ihn nicht durchsetzen konntet. Ein Wohltäter ist uns der gute Anatolios[5], ein Wohltäter der liebe Brasidas, und wir schimpfen nicht auf jene, die dagegen waren[6]; handelten sie doch nur wie Menschen, die sich selbst am nächsten stehen. Dies alles habe ich ihm vorausgesagt, aber ich konnte den Ärmsten nicht überzeugen, der sich der Täuschung hingab, daß ihr ihm alles, worum er bäte, ohne weiteres gewähren würdet um meinetwillen. Verzeiht also dem Verstorbenen die Hoffnungen, die er sich selbst machte, und mir mein Schweigen. Abgesehen von allem andern sind meine Gedanken langsamer geworden und meine Zunge und meine Hand durch den verzehrenden Schmerz.

15 (1075 F)

Θεοφίλῳ.

1 Ἐγὼ μὲν ἐγέλασα, σὺ δὲ ὀργῆς ἔσῃ μεστὸς ἀκούσας τὸ πεπραγ-
μένον. ἦν ἐν σπουδῇ καὶ εὐχῇ καὶ σοὶ καὶ τοῖς τὰ σὰ μιμουμένοις
εἰς ἐμὲ φανῆναί τέ με ἐν τῷ διδασκαλείῳ καὶ τὴν οἴκοι κλίνην
ἀφέντα χρήσασθαι τῇ ἐν τῷ διδασκαλείῳ· ἐγὼ δὲ ἕτερα μὲν
ᾖτουν παρὰ τῶν θεῶν τῶν περικλυζόντων τοῦτο πειθόντων κακῶν,
2 ἔπραττον δὲ ὅπερ ἦν βουλομένοις ὑμῖν. καὶ αἱ μὲν ἐλπίδες
ὑμῶν δρόμον ἐκ τῆς ἀγορᾶς εἰς τὸ βουλευτήριον τῶν λαμπρῶν
διδασκάλων ἔσεσθαι πηδώντων, κροτούντων, χαιρόντων, εὐθυ-
μουμένων, τοῖς θεοῖς εἰδότων χάριν, ἕτερος δ᾽ ἂν ἐμνήσθη καὶ
λύχνων· ἐγὼ δὲ ᾔδειν μὲν αὐτοὺς καὶ ὧν ἐπιθυμοῦσι καὶ ἃ
φρονοῦντες ἔρχοιντο παρ᾽ ἐμέ, καὶ διὰ τοῦτο ἔμελλον, ὅπως
3 μηδεὶς αὐτῶν λυπήσεται. προὔλεγον μέντοι τὴν ἐσομένην λύπην
καὶ ὡς πένθος τοῦτο ἐκείνοις. ἀλλ᾽ ὅμως σοῦ καὶ βοῶντος καὶ
κελεύοντος ἠναγκαζόμην καὶ ἐφερόμην. τῶν δὲ οὐδεὶς οὐδαμοῦ,
μᾶλλον δέ, ἐξ οὕτω πολλῶν δύο, παρ᾽ ὧν οἶμαι λήψεσθαι δίκας
4 τοὺς οὐχ ἥκοντας. ἐμοὶ μὲν οὖν, ὅπερ ἔφην, ταυτὶ γέλως
μαντείας τε τυχόντι καὶ ὡς οὐκ ὄντα με ζητήσουσιν εἰδότι· σοῦ
δὲ δέομαι μὴ κινῆσαι νῦν τὴν ὀργήν, ἢ πολλάκις ἐπὶ τοὺς ἀδι-
κοῦντας ὥσπερ τι τῶν ἄνωθεν ἠνέχθη βελῶν. ὄψει γὰρ δὴ καὶ
ἡσυχάζων ἐπ᾽ ἀλλήλους ἰόντας τοὺς νῦν τούτους ἀλλήλους ἐπ᾽
ἐμὲ παρακαλοῦντας.

15 (1075 F)

An Theophilos[1]

Ich selbst habe gelacht, aber du wirst womöglich von Zorn erfüllt sein über das, was geschehen ist. Bemüht habt ihr euch und gebetet, du und jene, die deine Liebe zu mir nachahmen, daß ich mich in der Schule zeigen möge und mein Ruhelager zu Hause mit dem in der Schule vertauschen möge. Nun habe ich freilich anderes von den Göttern gefordert, ganz wie es die Leiden, die mich umbranden[2], verlangten, aber ich tat denn doch, wie es euch beliebte. Eure Hoffnung war, daß es vom Markt zum Rathaus[3], der Ruhmesstätte eines bedeutenden Lehrers, einen Festzug geben werde, auf dem alle springen und klatschen, Freude und Jubel zeigen und den Göttern danken[4], ein anderer hätte sogar von Fackeln gesprochen. Ich aber kannte sie und wußte, worauf sie abzielen und in welcher Gesinnung sie zu mir kamen, und so zögerte ich, um ihnen Ärger zu ersparen. Wahrhaftig, ich habe den bevorstehenden Ärger prophezeit und daß es schmerzlich für sie ausgehen würde. Aber da du mich riefst und auffordertest, war ich gezwungen und wurde gebracht. Von ihnen aber war keiner irgendwo zu sehen, oder vielmehr von so vielen zwei, und diese haben, wie mir scheint, die Rache derer zu erwarten, die nicht gekommen sind. Für mich war es, wie gesagt, zum Lachen, da ich eine Prophezeiung erhalten habe und nunmehr weiß, daß sie mich vermissen werden, wenn ich nicht mehr bin. Dich aber bitte ich, jetzt nicht deinem Zorn freien Lauf zu lassen, der so oft auf die Übeltäter herniederfährt, wie ein Geschoß des Himmels. Denn du wirst sehen: auch wenn du gar nichts tust, werden sie einer gegen den andern vorgehen, sie, die jetzt einander gegen mich aufhetzen.

II. STUDENTENLEBEN, LEHRBETRIEB
UND SCHRIFTSTELLEREI

16 (715 F)

Κέλσῳ.

1   Οὐδὲν θαυμαστὸν εἴ τις ἠράσθη τῆς Ἀττικῆς· φύσει γὰρ φίλτα-
τον τὸ χωρίον τοῖς τε ἰδοῦσι τοῖς τε οὔπω. καὶ νομίζουσιν οἱ
πατέρες ἢ λόγους αὐτοῖς ἐκεῖθεν τοὺς υἱεῖς κομιεῖν ἢ δόξαν γε
2   τοῦ λόγους ἔχειν. Ἀκάκιον δέ, διότι μὲν αἰδοῦμαι, κἂν πέμψαν-
τα τὸν υἱὸν ἐπήνουν· διότι δὲ φιλῶ, βουλοίμην ἂν μὴ πέμψαι
τὸν παῖδα. τῶν γὰρ αὐτόθι διδασκάλων οἱ μὲν διὰ γῆρας δέοιντ'
ἂν τοῦ καθεύδειν μαλακῶς ἐπὶ πλησμονῇ, τοῖς δ' ἴσως δεῖ διδασκάλων, οἳ τοῦτο πρῶτον αὐτοὺς παιδεύσουσι, λόγοις κρίνεσθαι
3   καὶ μὴ ὅπλοις. νῦν δ' ἡμῖν στρατιώτας ἀντὶ ῥητόρων ἐκκρο-
τοῦσι⁶, καὶ πολλοὺς εἶδον οὐλὰς ἐνηνοχότας ἀπὸ τῶν ἐν Λυκείῳ
τραυμάτων. ὧν ἴσως μὲν οὐκ ἂν ἐγένετο Τιτιανός, ἔστι δὲ οὐδὲ
4   συμφοιτητὴν τῶν τὰ τοιαῦτα λογιζομένων δόξαι καλόν. ἀμφοτέροις οὖν ἴσθι βεβοηθηκώς, καὶ ἐμοὶ καὶ ἐκείνοις· ἐμοὶ μὲν οὐκ
ἐάσας ἄλλον τοῖς ἐμοῖς κοσμηθῆναι πόνοις, ἐκείνοις δὲ τῷ μὴ
πολὺν αὐτοῖς ἀναλωθῆναι χρόνον ἴσως ὑπὲρ μικρῶν· οὕτω γὰρ
5   εἰπεῖν βέλτιον. πρόσθες δὴ τῷ τὴν ὁδὸν ἐκείνην κωλῦσαι τὸ
τὴν ὡς ἡμᾶς ἐπεῖξαι. ἐρχέσθω δέ, εἰ μὲν βούλεται, προσληψό-
μενος λόγων· εἰ δὲ ἐθέλει, χρησόμενος οἷς ἔχει. πάντως ὅ γε
ἄρχων πάσῃ δέξεται τὸν νεανίσκον εὐνοίᾳ. σωφρονούντων δέ,
6   οἶμαι, καρποῦσθαι καιρόν. τούτων μὲν οὖν οὐκ ἀμελήσεις

16 (715 F)

An Kelsos[1]

Kein Wunder, wenn jemand verliebt ist in Attika[2]; denn
von Natur ist dieses Land das liebste denen, die es kennen, wie denen, die es nicht kennen. Glauben doch die
Väter, daß ihre Söhne Bildung von dort heimbringen
oder doch wenigstens den Ruf, gebildet zu sein. Dem
Akakios[3] würde ich schon aus Respekt beipflichten,
wenn er seinen Sohn dorthin schickt; weil ich ihn aber
liebe, würde ich es für besser halten, daß er den Sohn
nicht dorthin schickt. Denn von den dortigen Lehrern
sind die einen alt[4] und brauchen nach reichlicher Mahlzeit sanften Schlaf, die anderen[5] aber bräuchten vielleicht
selbst Lehrer, die ihnen zunächst einmal dies beibringen,
mit Worten zu konkurrieren statt mit Waffen. Wie es
jetzt ist, ziehen sie uns Soldaten statt Redner groß, und
ich habe viele kennengelernt, die aus den Schlachten[7] im
Lykeion[8] Narben davongetragen haben. Zu denen ge-
gört Titianos[9] vielleicht nicht, aber auch als Kommilitone
von Leuten, die so denken, kommt man nicht in den
besten Ruf. Wisse denn, daß du beiden geholfen hast,
mir wie ihnen. Mir, weil du nicht zuließest, daß ein anderer sich mit meinen Federn schmückt[10]; ihnen, weil du
sie davor bewahrt hast, beträchtliche Zeit womöglich für
geringen Nutzen zu verschwenden, um es vorsichtig auszudrücken. Tu also noch ein Weiteres: Nachdem du sie
von jener Reise abgebracht hast, ermuntere den jungen
Mann jetzt, hierher zu kommen. Er mag kommen, wenn
er will, um neues Wissen zu erwerben, oder aber, um das
vorhandene zu gebrauchen. Auf jeden Fall wird der hiesige Archon[11] den jungen Mann mit Wohlwollen empfangen. Der Vernünftige, meine ich, wird die Gelegenheit
nutzen. Diese Dinge wirst du gewiß nicht außer Acht

τὸν δὲ Ἀλέξανδρον ἡμῖν ἀπάλλαττε δεσμοῦ δευτέρου· πρὶν γὰρ
ἀναπνεῦσαι πιέζεται καὶ κῦμα τὸ μὲν διαπέφευγε, τῷ δὲ παλαίει.
τὸ γάρτοι προεισφέρειν τὸν τηλικοῦτον οὐ πολὺ κουφότερον τῆς
7   περὶ τὸ κοινὸν βαλανεῖον δαπάνης. ποιοῦ δὴ τὴν βοήθειαν διὰ
πάντων καὶ μηδὲν τῶν ἐκεῖθεν ταραττέτω τὸν νέον.

17 (722 F)

Κέλσῳ.

1   Οὐκ ἀγνοεῖς τουτονὶ Διογένη ὄντα πολίτην ἡμέτερον· τῷ δ' οὐ
τοῦτο μόνον πρὸς ἡμᾶς ἐστιν, ἀλλὰ καὶ ἆθλον ὑπέστη ποτὲ
2   προσόμοιον τῷ Ζωπύρου. μὴ καταφρόνει δὲ μήτε τῶν πολέμων,
οὓς πολεμοῦσιν οἱ σοφισταί, μήτε τῶν ἐν αὐτοῖς ἀριστευόντων
νέων, ὧν ὁ Διογένης οὗτος. ἔδοξε γὰρ ἡμῖν δάκνειν ποτὲ μετὰ
3   παιδιᾶς Ἀκάκιον. ἡ δὲ ἦν ἀπόστασις μαθητοῦ πεπλασμένη
ζητοῦσα δὴ τὸν ὡς ἄριστα ὑποκρινόμενον τὸ δρᾶμα, βελτίων δὲ
4   οὐδεὶς ἐδόκει τοῦ Διογένους. ὁ δὲ ἐφάνη καλλίων ἢ προσε-
δοκήθη· καὶ γὰρ ἐπιστεύθη ταχέως καὶ ῥημάτων ἤκουσε τῶν ἐκ
κολακείας καὶ παρέπεμπε μὲν ὡς ἂν μαθητὴς ὀχούμενον, ἀπε-
πήδα δὲ περὶ τὰς θύρας ὡς τοὺς ἡμετέρους, οἳ ἐκάθηντο θέατρον
αὐτῷ. καὶ οὕτως ἀντὶ τῆς Βαβυλῶνος εἴχομεν ἀφορμὴν εἰς
5   γέλωτα καὶ οὐδὲ ὁ θεῖος ἡμῖν ἐνταῦθα ἠδύνατο μὴ γελᾶν. σκόπει οὖν ὅπως αὐτῷ τὸν μισθὸν ἀποδώσεις τῆς τόλμης ἐπὶ τὸν
ἀποστεροῦντα χρέους τινὸς βοηθήσας.

lassen; Alexander[12] jedoch solltest du von dieser zweiten
Verpflichtung befreien. Denn noch ehe er aufatmen kann,
wird er wieder unter Druck gesetzt, und kaum ist er der
einen Woge entronnen, ringt er schon mit der nächsten.
Denn in seiner Lage eine Vorauszahlung leisten zu müssen, ist kaum weniger hart, als die Kosten für das öffentliche Bad zu tragen. Hilf ihm also, wie immer du kannst,
und laß nicht zu, daß er von jener Seite in Schwierigkeiten
gebracht wird.

17 (722 F)

An Kelsos[1]

Du weißt schon, daß Diogenes[2], der vor dir steht, unser
Mitbürger ist, aber das ist nicht seine einzige Beziehung
zu uns, sondern er hat einmal einen Wettkampf bestanden, vergleichbar dem des Zopyros[3]. Unterschätze mir
nicht die Kriege, die die Lehrer der Rhetorik unter sich
austragen, noch die jungen Männer, die sich dabei aus-
zeichnen, wie dieser Diogenes. Wir hatten beschlossen,
im Spaß dem Akakios[4] eins auszuwischen. Dargestellt
wurde der Abfall eines Schülers[5] von seinem Lehrer, gesucht wurde derjenige, der dieses Stück am besten spielt,
und da schien uns keiner besser als eben Diogenes. Er
zeigte sich brillanter als man erwartet hatte. Er gewann
sogleich sein Vertrauen, ließ sich Schmeicheleien sagen
und begleitete ihn, wie ein Schüler, der seinem in der
Sänfte getragenen Lehrer das Geleit gibt. In der Nähe
unserer Tür schlug er sich plötzlich zu den Unseren, die
ihn als Zuschauer erwarteten. Und so hatten wir statt der
Eroberung Babylons[6] einen Spaß ohnegleichen, und
nicht einmal mein Onkel[7] konnte sich des Lachens er
wehren. Sieh also zu, daß du ihn für seinen Mut belohnst,
und hilf ihm gegen einen Menschen, der ihm Geld schul-
det und es nicht herausgibt.

18 (285 F)

Μαξίμῳ.

1 Λητόιον ἐξ Ἀρμενίας νέον ἡ μήτηρ ἄγουσά μοι παρέδωκε μόνον ὄντα αὐτῇ. τούτῳ τε οὖν ἥσθην δυναμένῳ δέξασθαι λόγους — ἔστι γὰρ ὀξὺς ὁ πῶλος³ — τῆς τε μητρὸς ἐθαύμασα τὸ μήτε πρὸς δεύτερον γάμον ἰδεῖν καὶ ταῦτα οὖσαν ἑνὸς μητέρα βαδίσαι τε ὁδὸν τοσαύτην ἡγουμένην ἄμεινον αὐτῷ τὰ πάντα ἕξειν, εἰ 2 τῆς τῶν πραγμάτων ἀρχῆς ἐπιμεληθείη παροῦσα. τοῦ μὲν οὖν αὐτὸν εἰς Ἕλληνας τελέσαι θεῷ τε καὶ ἡμῖν μελήσει, τοῦ δὲ αὐτῷ σωθῆναι τὸν οἶκον μελήσει μὲν τῇ μητρί, μελήσει δὲ ⟨καὶ⟩ Εὐσεβίῳ τῷ ζῶντι μετ' ἀρετῆς, ὃς τῇ περὶ τὸ θεῖον σπουδῇ καὶ τὰς ὑπὲρ τούτων φροντίδας ἀνείλετο νομίζων προσήκειν ἀνδρὶ δικαίῳ βοηθεῖν ὀρφανῷ καὶ μὴ τοῖς βουλομένοις ἁρπάζειν 3 ἐπιτρέπειν. ἀλλ' ἡ μὲν προαίρεσις αὐτῷ καλή, γίγνοιτο δ' ἂν τι καὶ ἔργον, εἰ τῆς σῆς ἀπολαύοι ῥοπῆς· ἀπολαύσεται δ', εὖ τοῦτο ἐπίσταμαι, σοῦ τὰ ἡμέτερα μείζω ποιεῖν ᾑρημένου.

19 (337 F)

Μαξίμῳ.

1 Ἀλλ' οὐδὲ τοὺς Τιβερίνου μέντοι καλῶς ἔχει πάσχειν κακῶς, ἀνδρὸς τά τε ἄλλα ἀγαθοῦ καὶ τοὺς ποιητὰς εἰσάγοντος εἰς τὰς τῶν νέων ψυχάς. εἰ γὰρ καὶ παρ' ἡμῖν ἄνθρωπος τὸ αὐτοῦ ποιεῖ, δίκαιός ἐστιν οὐ παρ' ἡμῖν μόνον, ἀλλὰ καὶ οἴκοι τιμᾶσθαι τῇ συνουσίᾳ μὲν ὠφελῶν τοὺς τῇδε, τῇ δόξῃ δὲ κοσμῶν τὴν 2 οἰκείαν. ἐπεὶ δὲ οἱ περὶ τὸ χρῆμα τῶν λόγων ἀσεβοῦντες

18 (285 F)

An Maximos[1]

Letoios[2], einen jungen Mann aus Armenien, brachte
seine Mutter hierher und übergab ihn mir, ihr einziges
Kind. Über ihn habe ich mich gefreut, weil er fähig ist,
Reden aufzunehmen, ein aufgewecktes Fohlen, und für
die Mutter habe ich Bewunderung empfunden, weil sie
nicht nach einer zweiten Heirat Ausschau hält, obwohl
sie erst ein einziges Kind geboren hat, und weil sie einen
so weiten Weg zu Fuß zurückgelegt hat in der Überzeugung, daß alles besser für ihn läuft, wenn sie zu Anfang
anwesend ist und sich um die Dinge kümmert. Daß ein
Hellene aus ihm wird, das wird Gottes Sorge sein und
die meine, daß aber sein Haus ihm erhalten bleibt, dafür
wird die Mutter sorgen, aber auch Eusebios[4] wird dafür
sorgen, dieser brave Mann, der in seiner tiefen Frömmig-
keit auch die Fürsorge für diese Menschen auf sich genommen hat in der Überzeugung, daß es sich für einen rechtschaffenen Mann gehöre, einem Waisen zu helfen und
nicht zuzulassen, daß jeder, der Lust hat, ihn ausplündert.
Sein Vorhaben ist gut, und es könnte auch etwas daraus
werden, wenn ihm deine Unterstützung zuteil wird, und
sie wird ihm zuteil werden, dessen bin ich sicher, denn
mich zu fördern, ist dir ein Anliegen.

19 (337 F)

An Maximos[1]

Wahrhaftig, es ist nicht gut, daß es den Angehörigen des
Tiberinos[2] schlecht geht, eines rechtschaffenen Mannes,
der die Dichter den Herzen der Jugend nahebringt. Denn
wenngleich er bei uns seinen Pflichten nachgeht, so ist es
doch nur recht und billig, daß er nicht nur bei uns, sondern auch in seiner Heimat geachtet wird, da er durch seinen Unterricht die hiesigen fördert, durch sein Ansehen
aber seiner Heimatstadt eine Zierde ist. Da aber jene,

ἕλκουσιν Ἀρχέλαον Τιβερῖνον οὐκ αἰσχυνόμενοι, σὺ τὸν μὲν
αἰδέσθητι, τῷ δὲ βοήθησον, πρῶτον μὲν ταῖς Μούσαις διδοὺς
τὴν χάριν, δεύτερον δὲ ταῖς πόλεσι τῇ τε ἡμετέρᾳ καὶ ἐξ ἧς
ἐστιν· εἰ δὲ οὐδὲ τοὐμὸν παντάπασιν ἄτιμον, κείσθω καὶ τοῦτο
τρίτον.

20 (704 F)

Ὑπερεχίῳ.

1 Ἰού, ἰού, ποσάκις τὴν κεφαλὴν ἐκίνησας καὶ πρὸς σαυτὸν εἶπες
ἐπ᾽ ἐρημίας ἢ νυκτός· ἠμέλημαι, καταπεφρόνημαι, μεταβέβληται
τὰ πάντα. καὶ τούτου σοι πίστις ἦν τὸ πλῆθος μὲν εἶναι τῶν δι᾽
ὑμῶν ἐπὶ Θρᾴκης³ δραμόντων, ἐλθεῖν δὲ σοὶ μήτε μικρὰν μήτε
2 μείζω παρ᾽ ἡμῶν ἐπιστολήν. ἐμὲ δὲ πολλοὶ μὲν ᾔτησαν, ἔδωκα
δὲ οὐδενί· δι᾽ ὃ δέ, φράσω. πάντας ᾔδειν ἐθελήσοντας παρὰ σοὶ
καταλύειν καὶ τρυφᾶν· σὺ δ᾽ οὐ δεχόμενος μὲν ἐδόκεις ἂν ἀδι-
κεῖν· εἰ δὲ καθήμενος ἐξένιζες πλείους τῶν φύλλων⁴, ὀχληρὸν
ἂν ἦν, οὐχ οὕτω κατὰ τὴν δαπάνην, ἀλλ᾽ ὅτι τὰ τῶν ἀγρῶν ἐχρῆν
3 ὀλιγωρεῖσθαι. καὶ ἅμα τοὺς ἀνθρώπους ᾔδειν ἐσθίοντας μὲν
ἡδέως, μεμνῆσθαι δὲ ξενίας οὐκ εἰδότας, ἀλλ᾽ ἡγουμένους ἀν-
4 δρεῖον, ἂν εἴπωσι κακῶς τοὺς ὑποδεξαμένους. οὔκουν ἀποστή-
σας σου τὴν ἐμαυτοῦ ψυχὴν ἐσίγων, ἀλλ᾽ ὅπως μηδενός σοι
5 γενοίμην μήτ᾽ ἀηδοῦς αἴτιος μήτε κακοῦ, μέλλειν ἠξίουν. ἐπεὶ
δ᾽ οὖν ἐλαβόμην Μικκάλου, τοῦτο δέ ἐστιν ἐμαυτοῦ⁶, γράφω

die an der Sache der Bildung freveln, den Archelaos[3] nötigen und so dem Tiberinos den Respekt versagen, zolle du diesem Respekt, und hilf jenem, erstens den Musen zuliebe und zweitens um der beiden Städte willen, der unseren und seiner Heimatstadt. Und wenn auch ich nicht gänzlich ohne Ansehen bei dir bin, so mag dieses das dritte sein.

20 (704 F)

An Hyperechios[1]

O weh, o weh, wie oft hast du den Kopf geschüttelt und zu dir selbst gesagt, wenn du allein warst oder in der Nacht: ›Man kümmert sich nicht mehr um mich, man verachtet mich, alles hat sich gewandelt.‹ Zu dieser Überzeugung aber kamst du, weil es viele Leute gab, die durch eure Stadt[2] nach Thrakien reisten, und doch kam von uns kein kurzer und kein langer Brief. Zwar haben mich viele darum gebeten, aber keinem gab ich einen; warum, das will ich dir sagen. Sie alle, das wußte ich, würden gerne bei dir haltmachen und schlemmen. Du aber würdest, wenn du sie nicht empfingest, sie kränken. Setztest du dich aber zu Tisch mit ihnen, die zahlreicher sind als die Blätter im Walde, dann wäre das lästig, nicht so sehr wegen der Unkosten als vielmehr, weil dabei notwendig deine Landwirtschaft vernachlässigt würde. Und dabei wußte ich doch, daß diese Menschen sich gerne bewirten lassen, sich aber später nicht mehr an die Gastfreundschaft erinnern, sondern es für mannhaft halten, über den Gastgeber schlecht zu reden. Ich habe also nicht etwa geschwiegen, weil ich mein Herz von dir abgewandt hätte, sondern weil ich dir keine Unannehmlichkeiten und keine Scherereien bereiten wollte, habe ich es für richtig gehalten abzuwarten. Da ich aber jetzt des Mikkalos[5] habhaft geworden bin, meines zweiten Ich, schreibe ich dir, um den Vorwurf aus der Welt zu schaf-

λύων τε τὴν αἰτίαν καὶ ἀναμιμνήσκων σε τῶν παλαιῶν μαντευ-
μάτων, ἐν οἷς προὔλεγον ὡς ἥξοι χρόνος ἀπαιτῶν λόγους καὶ
6   λύων ζώνας⁷. σοὶ δ᾽ ἐκείνων τε μὴ διαμαρτεῖν ὑπῆρξε κἂν
τοῖς παροῦσιν ἔστι τις χώρα· βουλοίμην δ᾽ ἂν εἰδέναι, τίς σοι
γνώμη καὶ τί σαυτῷ χρήσασθαι διανοῇ.

21 (1307 F)

Λημματίῳ.

1   Οὐχ οὕτως ἄτοπός τις ἦν καὶ βάρβαρος, ὥστε γράμματά σου
λαβὼν μὴ οὐχὶ πρῶτον μὲν ἡσθῆναι, ἔπειτα δὲ ἀντεπιστεῖλαι,
ἀλλ᾽ ἀμφότερά τε ἐποίησα καὶ δοὺς Εὐσεβίῳ πέμπειν ἐκέλευον.
ὁ δὲ οὐκ ἐβλάκευεν, ἀλλ᾽ εὐθὺς τὸν κομιοῦντα ἐζήτει καὶ δει-
κνύντος ἄνθρωπόν τινα Τιτιανοῦ, σόν, ὡς ἔφασκε, σύντροφον,
τοὔνομα δ᾽ οὐκ ἂν ἔχοιμεν λέγειν, ἔδωκε δεηθεὶς μηδενὶ τρόπῳ
2   προδοῦναί μοι τὴν σπουδήν. ὁ δ᾽ οὔτε σύντροφος ἄρα ἦν οὔτ᾽
ἀνὴρ δίκαιος, πλὴν εἰ τέθνηκεν. οὔκουν ἔδωκεν, ὡς ἥκων Εὐτρόπιος ἤγγειλεν ἀλγεῖν αὐτῷ τὸν θεῖον λέγων ὡς οὐ λαβόντα
3   ἐπιστολὴν καὶ ταῦτα ὄντα ἐν συμφορᾷ. ἐγὼ δὲ ἀνεβόησά τε
καὶ τὸ βιβλίον παρενεγκὼν παρεῖχον ἀναγινώσκειν ἄμφω καὶ
δοὺς ἀντίγραφα δέομαι πέμπειν ὑμῖν τὴν ἀπολογίαν ἐν αὐτοῖς.
ἣν οἶμαι ὑμᾶς ἔχειν· οὐ γὰρ οὗτός γε οἷος ἐκεῖνος ὁ θαυμαστὸς
4   σύντροφος. τὴν μὲν οὖν αἰτίαν οὕτω λύω, Παιανίῳ δὲ νῦν
πρῶτον ἀποδημίας πειρωμένῳ ποίησον τὴν Παλαιστίνην γλυ-
κεῖαν. ἔστι δέ σοι ῥᾷστον πανταχόθεν ὄντι μεγάλῳ καὶ γένους
5   ἕνεκα καὶ λόγων καὶ τοῦ λοιποῦ σχήματος. οὗ τὸ μέγιστον ἡ

fen und dich an meine früheren Prophezeiungen zu erinnern, in denen ich dir voraussagte, es werde eine Zeit
kommen, die Reden fordert und den Gürtel abschnallt.
Du aber hast damals jene verstanden, und jetzt ist eine
Gelegenheit da, und ich möchte gerne wissen, was du
vorhast und was du mit dir selbst anzufangen gedenkst.

21 (1307 F)

An Lemmatios[1]

Ein so törichter und ungebildeter Mensch bin ich nicht,
daß ich einen Brief von dir empfangen hätte, ohne mich
zunächst einmal darüber zu freuen und sodann eine Antwort zu schreiben; vielmehr habe ich beides getan und
meinen Brief dem Eusebios[2] gegeben mit der Bitte, ihn
weiterzuleiten. Der aber war nicht faul, sondern sah sich
sogleich nach einem Überbringer um, und da Titianos[3]
ihm einen Menschen nannte, der, wie er sagte, dein Kamerad ist, – den Namen habe ich nicht gegenwärtig – gab
er ihm den Brief und bat ihn dringend, dafür zu sorgen,
daß meine Mühe nicht vergebens war. Er aber war weder
dein Kamerad noch war er ein anständiger Mensch, es
sei denn, er ist gestorben. Er hat ihn nämlich nicht ab-
gegeben, denn als Eutropios[4] kam, berichtete er, daß sein
Onkel[5] bitter enttäuscht sei, weil er keine Post[6] erhalten
habe, obwohl er in Trauer war. Ich aber erhob meine
Stimme, holte das Buch, ließ ihn beide Briefe lesen, gab
ihm Abschriften und bat ihn, sie dir zu schicken als meine
Rechtfertigung. Die aber habt ihr, denke ich; denn er ist
nicht wie jener fabelhafte Kamerad. Den Vorwurf also
habe ich damit entkräftet; dem Paianios[7] aber, der zum
erstenmal auf Reisen geht, mach seinen Aufenthalt in
Palästina angenehm. Das ist eine Kleinigkeit für dich, da
du einflußreich bist in jeder Hinsicht: durch deine Herkunft, deine Bildung und deine sonstige Stellung. Davon
ist das Wichtigste der Vorsitz in den Heiligtümern, denn

τῶν ἱερῶν προστασία, δι' ἧς τέρπεις μὲν τοὺς θεούς, συνέχεις
δὲ τὰς πόλεις· τὸν γοῦν πλείω χρόνον ἐν ναοῖς ἐκεῖνοι καὶ περὶ
βωμοὺς ὑφ' ἡγεμόνι σοὶ καὶ τυγχάνουσί γε τῶν θεῶν, οὗ μεῖζον
6 οὐκ οἶδα ἔγωγε φυλακτήριον πόλει.   διὰ μὲν δὴ ταῦτα καὶ ὅ
τι ἂν βουληθῇς, πρᾶττε, [8] τῆς δὲ δυνάμεώς σου ταύτης ἀπολαυ-
σάτω Παιάνιος, περὶ ὃν Ἀκάκιός τε ὁ σοφὸς καὶ ἐγὼ πεπονήκα-
μεν· πέπωκε γὰρ ἐξ ἀμφοῖν, ὥσπερ τις ταὐτὸν ὕδωρ ἐκ κρηνῶν
7 δύο.   δοὺς δὲ ἡμῖν τὴν χάριν τὴν αὐτὴν ἔσῃ καὶ πάσῃ δεδωκὼς
τῇ ἡμετέρᾳ πόλει.

22 (1480 F)

Γεροντίῳ.

1 Οἰκέτης μοί τις ἐν ἀγορᾷ συντυχὼν δοὺς ἐπιστολὴν καὶ τοσοῦτον
εἰπών, ὅτι Θεόδωρος ἔπεμψεν, ἀποπηδήσας [a] ᾤχετο. ἐγὼ δὲ
ἐλθὼν εἰς τὸ χωρίον, οὗ ποιοῦμαι τὰς ἐπὶ λόγοις διατριβάς,
ἐπειδὴ λύσας ἀνέγνων, ἐπῄνεσα μὲν τὴν ἐπιστολὴν καί μοι ἔδοξεν
ἀνδρὸς εἶναι δεινοῦ λέγειν, οὐκ εἶχον δὲ συμβαλεῖν, οὔθ' ὅστις
2 ὁ γράψας Γερόντιος οὔθ' ὅστις ὁ πέμψας Θεόδωρος.   οὐδὲ
γὰρ ὅθεν ἦλθε τὰ γράμματα, οὐδαμοῦ τῶν γραμμάτων ἐνῆν,
οἷον ὅτι Ἀθήνηθεν ἢ ἐκ Θηβῶν ἢ Βυζαντίου, ἀλλὰ τιμὴ μὲν
πρὸς ἐμὲ πολλὴ καὶ ἔρως Γεροντίου καὶ Θεόδωρος ἐνεδρεύων
καὶ πάντα χαρίεντα, τόπος δὲ οὐδεὶς ἐβοήθει μοι πρὸς τὴν τοῦ
3 γεγραφότος θήραν.   τέως μὲν οὖν ζητῶν τε καὶ ἀπορῶν διῆγον,
ἔπειτ' ἐνεθυμήθην πρὸς ἐμαυτὸν ὡς Γερόντιοι μὲν πλῆθος ἐν γῇ,
4 κάλλος δὲ τοιοῦτον ἐπιστολῆς εἷς ἂν μόνος ἔτεκε Γερόντιος.   καὶ
Κέλσῳ δείξας τὰ γράμματα καὶ εἰπὼν ἃ τοπάζω παρ' ἐκείνου

damit erfreust du die Götter und trägst zur Erhaltung der Städte bei. Die meiste Zeit nun werden jene unter deiner Führung in den Tempeln und an den Altären zubringen und die Gnade der Götter erfahren; dies aber ist für eine Stadt das Heilsamste, das ich kenne. Daher handle, wie es dir gefällt, doch laß Paianios von dieser deiner Macht profitieren, ihn, der uns viel Mühe gekostet hat, den weisen Akakios und mich. Denn er hat von beiden getrunken, sozusagen dasselbe Wasser aus zwei Quellen. Wenn du aber uns diesen Gefallen tust, dann tust du ihn zugleich unserer gesamten Heimatstadt.

22 (1480 F)
An Gerontios[1]

Auf dem Markt begegnete mir ein Sklave, der mir einen Brief aushändigte und dabei lediglich sagte: ›das schickt[2] Theodoros[3]‹; dann verschwand er eilig. Ich begab mich also zu jenem Platz, an dem ich mich aufzuhalten pflege, wenn ich mit den Reden beschäftigt bin, öffnete den Brief und las. Dann sprach ich meine Anerkennung aus, denn es schien mir der Brief eines redegewandten Mannes, aber ich konnte nicht herausbekommen, weder welcher Gerontios der Schreiber noch welcher Theodoros der Überbringer sei. Denn es stand auch nicht darin, woher der Brief kam, aus Athen oder aus Theben oder aus Byzanz[5], sondern er enthielt viele Komplimente für mich, und es war von der Sehnsucht des Gerontios die Rede und daß Theodoros mir auflauert und was dergleichen Scherze sind, aber es war kein Ort zu finden, der mir hätte helfen können bei meiner Jagd nach dem Schreiber. Eine Weile also brachte ich mit Suchen und Ungewißheit zu, aber dann machte ich mir klar, daß es zwar viele Gerontioi auf Erden gibt, daß aber einen so schönen Brief nur ein Gerontios hervorbringen konnte. Und als ich Kelsos[6] den Brief zeigte und meine Vermutung mitteilte, da

βεβαιοῦμαι τὴν δόξαν· μειδιάσας γὰρ καὶ ἡσθεὶς οὗτος ἐκεῖνος,
5 ἔφη, Γερόντιος οὑμὸς ἑταῖρος καὶ μηνύει τὸν πατέρα ὁ λόγος[7].
εὑρόντες οὖν σε πολλοῖς δὴ πολλάκις ἀνέγνωμεν ἐν Διονύσου τὰ
γράμματα — διετρίβομεν γὰρ περὶ τὸν θεόν — ἀρχομένης τε
6 τῆς ἑορτῆς καὶ τῶν Βακχῶν ἤδη κεκινημένων. ἐγὼ δὲ σοῦ
νῦν μὲν ἀκήκοα, πάλαι δὲ ὢν ἐπαινέτης τυγχάνω καὶ ἀπ' ἐκείνης
τῆς ἡμέρας, ἀφ' ἧς 'Αρισταίνετος· δόγμα γὰρ ἐνίκα παρ' ἡμῖν
ταῖς ἀλλήλων ψήφοις ἀκολουθεῖν, καὶ οὔτ' ἐκείνου ψέγοντος
ἐπῄνεσα ἂν ἐπαινοῦντί τε συμπνεῖν ἔδει. ταὐτὰ δέ μοι καὶ
7 παρ' ἐκείνου καὶ εἶχον ἑπόμενον ἀμφότερα.   ἀκούων οὖν αὐτόν,
ὁπότε λέγοις, πηδῶντα καὶ αὐτὸς ἀνήκοος ὢν ἐπήδων· οὐ γὰρ
ἦν θέμις ἡσυχάζειν 'Αρισταινέτου πηδῶντος.

23 (561 F)

'Αρισταινέτῳ.

1 'Εγένετο καὶ 'Αρισταίνετος ἡμῖν εἷς τῶν πολλῶν ὁ πρότερον τῶν
σοφῶν καὶ τὰς ἐπιστολὰς πήχεσι καὶ σπιθαμῇ μετρεῖ, κἂν μακρὰς μὴ λάβῃ, δεινὰ πέπονθε καὶ ἠδίκηται. ἐγὼ δέ σε ἤδειν
εἰδότα μέτρα τῶν λόγων εἶναι τὰ πράγματα· πάντως δὲ ὁ τῶν
2 λόγων νόμος καὶ τὸ τῶν ἐπιστολῶν περιλαμβάνει μέρος.   τότε
οὖν συνέστελλέ μοι τὴν ἐπιστολὴν ὁ φέρων τὴν ἐπιστολὴν ἔχων
ἀγγεῖλαί σοι τὰ ἡμέτερα ἀκριβῶς· εἰ δὲ ἐγὼ διηγούμην, ὑβρίζετο
ἂν ὁ φέρων. ἀλλ' οὐδὲ ἀγνὼς ἦν ὁ Γυμνάσιός σοι καὶ διδάσκειν
σε δέον, ὅστις ἐκεῖνος, ἔφυγον ὑπ' ἀργίας τῆς περὶ τὰ γράμματα.

wurde ich in meiner Ansicht von ihm bestätigt. Denn er lächelte und sagte erfreut: »Das ist jener Gerontios, mein Gefährte, seine Worte verraten den Urheber«. Und da wir dich also gefunden hatten, lasen wir vielen Zuhörern deinen Brief mehrmals vor, im Dionysostempel[8], denn wir waren mit dem Gotte beschäftigt, da sein Fest begann und die Bakchen schon in Erregung waren. Ich aber habe jetzt deine Stimme vernommen, dein Lobredner indessen bin ich schon lange, und zwar seit jenem Tage, an dem Aristainetos[9] es wurde. Denn bei uns galt der Beschluß, daß wir einer dem Urteil des andern folgen. Und ich hätte niemals, wenn er tadelte, Lob gespendet, und wenn er lobte, mußte ich ihm zustimmen. Das gleiche aber wurde mir von ihm zuteil, er folgte mir in beidem. Da ich nun hörte, daß er, wenn du redetest, aufsprang, bin auch ich, ohne deine Stimme zu vernehmen, aufgesprungen, denn ich durfte nicht ruhig bleiben, wenn Aristainetos aufsprang.

23 (561 F)

An Aristainetos[1]

Nun ist auch mein Aristainetos einer von den Vielen, er, der früher zu den Weisen zählte. Mißt er doch die Briefe nach Elle und Handbreite[2], und wenn er sie kurz findet, jammert er und fühlt sich benachteiligt. Dagegen war ich der Überzeugung, du wüßtest, daß die Sache das Maß für die Rede abgibt; die Gesetze der Rede aber umfassen jedenfalls auch den Bereich der Briefe. Der Brief[3] von damals aber ist kürzer ausgefallen wegen des Überbringers, der dir alles über mich genau erzählen konnte. Wenn ich dir ausführlich berichtet hätte, so hätte das den Überbringer gekränkt. Gymnasios[4] aber war auch dir nicht unbekannt, und obwohl es sich gehört hätte, ihn vorzustellen, habe ich mich aus Schreibfaulheit davor gedrückt.

3 τίς οὖν ὁ τοῦ βεβήλου καιρὸς καὶ τοῦ τὰς θύρας ἀποκλείειν;
ὁρᾷς⁶, ὅπως ἐπέστελλες Στρατηγίῳ μακρὰ καὶ καλά· μήκους γὰρ
ἐδεῖτο περὶ ὧν ἐπέστελλες. μικρά σοι παρ' ἡμῶν ἧκε· καὶ γάρτοι
μακρά ποτε ἧκε. τότε μὲν περὶ πολλῶν, ὕστερον δὲ οὐ τοσούτων·
4 οὐ γὰρ ἔδει. ὅπως δὲ ἡμῖν εἰς χεῖρας ἦλθεν ἃ πρὸς ἐκεῖνον
ἔγραψας, ἄκουσον. ἀνέστρεψε μὲν ἐκ Χαλκηδόνος⁸, ἐγὼ δέ,
τοῦτο δὴ τὸ εἰωθός, πρὸ τῆς πόλεως ἠσπαζόμην. ὁ δὲ ἅμα τε
ἐφίλησε καὶ γράμματα ἃ ἧκεν αὐτῷ παρὰ σοῦ, δώσειν μοι ταῦτα
5 ἔφη. καὶ ταῦτα ἐλέγετο σὺν φαιδρότητι σοί τε καὶ ἐμοὶ τιμὴν
ἔχοντα, Νεβρίδιος δὲ ἠκροᾶτο σὺν ἐκείνῳ φερόμενος. ὡς οὖν
οἴκαδε ἦλθον, αὐτοῦ δόντος ἀνέγνων οὐ πλείω μᾶλλον ἢ καλλίω.
6 ἐγὼ μὲν οὖν ἐπήνουν, ὁ δὲ ἤδετο. Ὀλυμπίῳ δὲ πολλῶν
εἰδὼς χάριν, ὅτι σοι τὰ ὄντα ἀπήγγελκε καὶ τὴν μεθ' ἡμῶν
μοῖραν καὶ τοὺς ῥηγνυμένους δύο καὶ τοὺς πηδῶντας καὶ τοὺς
κλάοντας οὐδὲ ἔστιν εἰπεῖν ὅσην ἡδονὴν ἔχω. καὶ σὺ δ' ἂν ἔχοις
εἰκότως, εἴ σοι κέρδος τὸ μὴ περὶ τῶν ἐμῶν ἐξηπατῆσθαι πραγ-
7 μάτων. τῶν δὲ ἐμῶν λόγων ἐρᾶν μὲν ἐγνωκώς, τιμὴν δὲ οὐ
διδοὺς ἀδικεῖς. αἰτοῦμεν δὲ οὐ χρυσίον, ἀλλὰ βιβλία τῶν παλαιῶν, ἃ πάλαι μὲν ὑπέσχου δωρεάν, νῦν δὲ οὐδὲ ἀντιδίδως.

24 (631 F)

Παλλαδίῳ.

1 Περὶ δείλην πρωίαν ἦλθεν ὁ παῖς κομίζων τὰ βιβλία μέλλοντί
μοι τῆς ὑστεραίας ἐρεῖν, καὶ οἱ δαιτυμόνες ἐκέκληντο. χρηστὸν

Wieso also ist die Zeit der Uneingeweihten gekommen und der geschlossenen Pforten?[5] Nicht wahr, dem Strategios[7] hast du einen langen und schönen Brief geschrieben, denn der Gegenstand deines Briefes erforderte eine ausführliche Darstellung. Von mir hast du einen kurzen Brief bekommen; bei anderer Gelegenheit habe ich ausführlich geschrieben. Damals war viel mitzuteilen, später nicht so viel, es war eben nicht nötig. Wie aber der Brief, den du ihm geschrieben hast, in meine Hände gelangte, sollst du nun erfahren. Er kam aus Chalkedon zurück, und ich begrüßte ihn, wie üblich, außerhalb der Stadt. Er aber sagte mir sogleich bei der Begrüßung, er werde mir den Brief, der von dir gekommen sei, zu lesen geben. Dies alles wurde in freudiger Stimmung gesagt, und es machte dir wie mir Ehre; Nebridios[9], der mit ihm reiste, hörte zu. Als sie nun zu Hause waren, gab er mit den Brief, und was ich las, war nicht sehr viel, aber sehr schön. Ich lobte es also, und er freute sich. Dem Olympios[10] aber bin ich für vieles dankbar, daß er dir aber die Wahrheit berichtet hat über diejenigen, die auf meiner Seite stehen[11], und über jene beiden, die vor Neid platzen und über die, die aufspringen und jene, die weinen – ich kann dir nicht sagen, wie ich mich darüber freue. Auch du hast gewiß die gleiche Freude, sofern es dir etwas bedeutet, über meine Lage die Wahrheit zu kennen. Daß du aber ein entschiedener Verehrer meiner Reden bist, jedoch ihren Preis nicht bezahlen willst, damit tust du mir Unrecht. Und dabei bitte ich dich nicht um Geld, sondern um alte Handschriften, die du mir einst umsonst geben wolltest[12] und jetzt nicht einmal im Tausch hergibst.

24 (631 F)

An Palladios[1]

Am frühen Nachmittag kam der junge Mann und brachte die Bücher; dabei hatte ich vor, am nächsten Tage vor-

οὖν μοί τι δηλοῦν ἐδόκει τὸ παρ᾽ ἀνδρὸς λόγους ἐργαζομένου
λόγους ἀφῖχθαι δείξοντι λόγους. καὶ μέ τις ἀμείνων ἐλπὶς ἔχει,
2 θεὸς δὲ οἶδε τὸ μέλλον.   ἢν οὖν ἀπέλθωμεν ἐκ τοῦ ἄθλου²,
τῶν Ἀριστείδου τε καὶ τῶν σῶν ἐξόμεθα καὶ κρινοῦμεν τὰ
παλαίσματα. καίτοι τὸ Ἀριστείδην φέρον σαπρὸν ὑπὸ τοῦ χρόνου
καὶ τὰ πρῶτα δοκεῖν, ἐστὶν ἔχειν οὐκ᾿ ἔχειν· οὕτως ἡ μέν τις
συλλαβὴ φαίνεται, τὴν δὲ ζητῶν οὐκ ὄψει, ἀλλὰ δοκῶν εὑρηκέναι
τὸν Θερσίτην ἐγὼ τοῦ ζητεῖν ἔτι τὸν Θερσίτην οὐκ ἀπηλλάγην.
3 Ἀδριανὸς δέ σε οὐ διαπέφευγε μέν, ἀλλ᾽ ἐκεῖνος ἐν τῇ σῇ
κεῖται χειρί. κατέμεινε δέ, ὅπως ἀεί σου δεοίμην καὶ ἔχοις, ὅ τι
χαρίζοιο. καίτοι τοῦτο οὐκ ὀρθῶς κεκόμψευται·⁶ πολλὰ γὰρ
ἐν Ἀντιμάχοιο⁷, κἂν πέμπῃς καθημέραν, οὐδέποτε τὰ δοθέντα
4 τῶν οὐ δοθέντων ἔσται πλείω.   περὶ δὲ τοῦ λόγου σου τὰ
δίκαια ψηφιοῦμαι καὶ ταῦτα δικάζων ἀνώμοτος.

25 (283 F)

Δημητρίῳ.

1 Ἄμφω μὲν ἔδειξα τὼ λόγω καὶ ὅλω γε ἄμφω τὼ λόγω, τὸν μὲν
νῦν τὸν μαχόμενον, τὸν δὲ πάλαι τὸν ἐπαινοῦντα· σὺ δὲ ᾤου με
δείσαντα κολοιοῦ τινος θόρυβον ᾑρῆσθαι σιγᾶν καὶ γεγενῆσθαι
2 κακὸν περὶ τὸν ἐμαυτοῦ θεῖον.   τὸ δὲ οὐχ οὕτως ἔχει, ἀλλ᾽ ἃ
μὲν οὐκ εἶχε κίνδυνον εἰς πολλοὺς ἐκφέρειν, ἐν πολλοῖς εἴρηται·
τοῦ λόγου δὲ ἡ τρίτη μοῖρα φίλων ἐδεῖτο σαφῶν, οὓς ὀλίγοις

zutragen, und die Gäste waren schon geladen. Also schien
es mir ein gutes Zeichen, daß Reden angekommen waren
von einem Manne, der an Reden arbeitet, zu einem, der
Reden präsentieren wird. Ich bin daher sehr zuversicht-
lich, doch die Zukunft kennt Gott. Wenn ich also den
Kampf hinter mir habe, werde ich mich mit der Rede des
Aristeides und der deinen beschäftigen und den Schieds-
richter spielen bei eurem Ringen. Freilich ist die Handschrift, die den Aristeides enthält[3], von der Zeit stark mitgenommen, und dem ersten Eindruck nach ist es ein
Haben und Nichthaben: Die eine Silbe ist deutlich sichtbar, die andere suchst du und findest sie nicht. Vielmehr
meine ich den Thersites[4] entdeckt zu haben, und dann
höre ich doch nicht auf, den Thersites zu suchen. Der
Hadrian[5] aber ist dir nicht davongelaufen, sondern er
liegt in deiner Hand. Geblieben aber ist er, damit ich
dich immer um etwas bitten kann und du etwas hast, wo-
mit du mir einen Gefallen tun kannst. Aber das habe ich
nicht richtig formuliert. ›Denn vieles liegt bei Antimachos‹, und selbst wenn du täglich etwas schickst, wird
niemals, was du gegeben hast, mehr sein als was du nicht
gegeben hast. Über deine Rede aber werde ich ein gerech-
tes Urteil fällen, auch ohne vereidigt zu sein.

25 (283 F)
An Demetrios[1]

Beide Reden[2] habe ich vorgetragen, und zwar alle beide
ganz, die eine kürzlich, die streitbare, die andere, die Lobrede, schon früher. Und du glaubtest, daß ich aus Furcht
vor dem Gekreisch einer Dohle[3] es vorgezogen hätte zu
schweigen und an meinem Onkel feige zu handeln. Aber
so ist es nicht; sondern ich habe, was ohne Gefahr an die
Öffentlichkeit gebracht werden konnte, öffentlich vorgetragen. Ein Drittel der Rede[4] aber mußte bewährten
Freunden vorbehalten bleiben; diese ließ ich auf wenigen

δεξάμενος τοῖς βάθροις⁵ κλείσας τὰς θύρας ἀνέγνων δεόμενος
αὐτῶν, εἴ τι φαίνοιτο καλόν, σιγῇ θαυμάζειν μηδὲ τῇ βοῇ πολλοὺς ἐγείρειν. καὶ μέχρι γε τοῦ παρόντος, προσκυνῶ δὲ Ἀδρά-
3 στειαν⁶, φόβος οὐδεὶς ἐξέφυ. τί τὸ φοβοῦν, ἀκοῦσαι ποθεῖς;
ἐξήρπασε τοῦ τότε κρατοῦντος Φασγάνιος τὴν πόλιν οἶσθ᾽ ὅπως
ζέοντος. οὐκ ἦν οὖν τὴν τοῦδε βοήθειαν δεῖξαι μεγάλην μὴ τὴν
ὠμότητα δείξαντα τὴν ἐκείνου μεγάλην. δέδεικται δή, καὶ ὁ λόγος
4 ὧν εἰκὸς τετύχηκεν. ἀλλ᾽ ἔστι δέος μὴ τῷ μὲν λόγῳ τὸ μέρος
ἔχῃ καλῶς, τὸ καλὸν δὲ τοῦτο κακὸν τέκῃ τῷ ποιητῇ· δύναται
γὰρ καὶ τεθνεὼς ἐκεῖνος διὰ τοῦ ζῶντος. ὅστις οὖν οὐκ ἐπιθυμεῖ
βαράθρου⁸, κρύψαι λόγον αἱρήσεται μᾶλλον ἢ διδοὺς τρέμειν.
5 τουτὶ μὲν οὖν ἀναβολῇ δεδόσθω, τὸν δὲ ἕτερον δέξῃ δι᾽ ἀνδρὸς
ἀρίστου τῶν παρ᾽ ἡμῖν, οὗ πρότερος οὐδεὶς ἦλθεν ἐπὶ τὸ βουληθῆναι λαβεῖν. ταυτὶ δέ σοι, δι᾽ ὧν ἡμιλλησάμην πρός τι τῶν
Δημοσθένους, καὶ προάγωνε δύο, ὁ μὲν ὃν ᾔτεις, ὁ δὲ ἴσως οὐκ
ἀνιάσων.

26 (263 F)

Κρισπίνῳ.

1 Διατριβαὶ μὲν ἡμῖν ἐπὶ λόγοις οἷαίπερ πρότερον, οὐ μέντοι γε
ἡδοναὶ ταῖς ἔμπροσθεν παραπλήσιαι. τοσούτων γάρ μοι καὶ
τοιούτων καὶ φίλων καὶ συγγενῶν οἰχομένων ἡ λύπη κρατεῖ καὶ
τέρψις οὐδαμόθεν, ὥστ᾽ εἰ μὴ λίαν ᾐσχυνόμην, παραιτησάμενος
ἂν τὰς Μούσας μὴ χαλεπαίνειν³ λιπὼν ἂν τὴν τάξιν ἐγεώργουν.

Bänken Platz nehmen, schloß die Türen und las vor,
wobei ich sie bat, wenn ihnen etwas gefalle, es schweigend
zu bewundern und nicht durch Lärmen die Aufmerksamkeit der Menge zu wecken. Und bis heute – das Schicksal
sei mir gnädig – ist nichts Bedrohliches daraus entstanden. Welche Bedrohung, möchtest du wissen. Entrissen
hat Phasganios die Stadt dem damaligen Machthaber[7],
und du weißt, wie er kochte. Also war es unmöglich,
deutlich zu machen, wie groß die Hilfe des einen war,
ohne daß zugleich deutlich gemacht würde, wie groß die
Brutalität des anderen war. Daher habe ich es deutlich
gemacht, und meine Rede wurde aufgenommen, wie zu
erwarten war. Doch es ist zu befürchten, daß zwar die
Rede Beifall findet, dieser Beifall aber ihrem Schöpfer
zum Nachteil ausschlägt; denn selbst als Toter ist jener
noch mächtig durch den, der lebt[8]. Wer also keine Sehnsucht hat nach der Henkersgrube, der wird es vorziehen,
eine Rede für sich zu behalten, statt sie herauszugeben
und dann zu zittern. Dies also mag später gegeben werden[10], die andere Rede wird dir überbracht durch einen
Mann, welcher der beste unter meinen hiesigen Freunden ist und der als erster darauf verfiel, sie haben zu wollen. Beiliegend eine Antilogie zu einer Rede des Demosthenes und zwei Vorreden[11]; um die eine von ihnen hattest du gebeten, und die andere wird dich vielleicht nicht
langweilen.

26 (263 F)
An Krispinos[1]

Arbeit machen mir die Reden wie früher, Freude jedoch
nicht mehr annähernd so wie einst. Denn da so viele gute
Freunde und Verwandte aus dem Leben geschieden sind[2],
obsiegt die Trauer, und Vergnügen gibt es nirgends.
Schämte ich mich nicht so sehr, ich würde die Musen um
Vergebung bitten, meinen Posten verlassen und den

2 ἀλλὰ ταῦτα μέν, ὅπῃ τῷ θεῷ δοκεῖ, χωρείτω· τῶν δ' ἡμῖν
πεποιημένων τὰ μὲν ἔχεις, τὰ δὲ οὐκ ἔχων ζητεῖς. δεῖ δή σε
φράζειν, ὁπόσα ἔχεις. οὕτω γὰρ ἃ δεῖ σε λαβεῖν διδάξεις· οὐ
γὰρ ἄξιον ἡμῖν κόπτεσθαι τηνάλλως τοὺς βιβλιογράφους. μήνυε
δὴ καὶ τόν τε Θεόφιλον ἐνεργὸν εὑρήσεις ἡμᾶς τέ σοι χαρίζεσθαι
βουλομένους.

27 (754 F)

Ἀκακίῳ.

1 Τῶν πολλῶν ἐκείνων καὶ γενναίων λόγων, οὓς τὸ μὲν πρῶτον
ἐν Φοινίκῃ, μετὰ ταῦτα δὲ τῇδε, νῦν δὲ πράττεις ἐν Παλαιστίνῃ
τῇ καλῇ — πῶς γὰρ οὐ καλὴ τοῦ γε παρὰ σοὶ κάλλους ἐρῶσα; —
τούτων δὴ τῶν γενναίων ἐκγόνων [2] οὐχ ἥττω σοι δόξαν ἤνεγκαν
2 οὓς Εὐτρόπιος ἐποίησε.   καὶ γὰρ οὗτοι σοὶ τοῦ γε σπείραντος,
ὥστ' ἔδοξεν οὐ μᾶλλον τῇ μορφῇ τὴν συγγένειαν μηνύειν ἢ τῷ
τύπῳ τῶν λόγων, ἐν οἷς δεικνύει μετὰ ῥώμης δρόμον [4], τοῦτο
3 δὴ τὸ ὑμέτερον.   οὕτω δὲ ὢν ῥήτωρ ἀγαθὸς οὕτως ἐστὶ χρηστός,
ὥστ' αἰσθόμενος ὅτι με βούλοιο τιμᾶσθαι, πᾶσιν οἷς εἰς σὲ καὶ
πρὸς ἐμὲ κέχρηται καθάπερ ἐμὸς ὢν ἀδελφιδοῦς τε καὶ μαθητής [5].
4 τοιγαροῦν καὶ αὐτὸς εἰς τοὺς πάλαι συνήθεις τὸν ἄνδρα ἐνέγραψα
καὶ πρὸ πολλῶν γε τῶν πάλαι· παρῄει γὰρ δὴ πολλοὺς ἐν τῷ
φιλεῖν. ὅθεν αὐτῷ καὶ τὰ μικρὰ τῶν ἐμῶν — πάντα δὲ οἶμαι
μικρὰ τἀμά, τί γὰρ ἄν τις αὐτὸν ἀγνοοίη καὶ ταῦτα βοῶντος
ἀνδρὸς σοφοῦ δεῖν γιγνώσκειν αὐτόν [6]; — ἀλλ' αὐτῶν γε τούτων
καὶ τὰ σμικρότατα ἠγάπα καὶ οὐκ ἔστιν ὃ ἐγὼ μὲν εἶπον, ὁ δὲ
5 οὐκ ἀκήκοεν, οὐδ' αὖ ἤκουσε μέν, οὐ σὺν ἐπαίνῳ δέ.   οὗτος

Acker bestellen. Dies mag indessen weitergehen, wie es
Gott gefällt, doch von dem, was ich geschaffen habe,
besitzt du einen Teil, und was du nicht hast, darum bittest du. Sag also, was du hast, denn damit machst du deutlich, was dir fehlt. Es geht nämlich nicht an, daß ich
ohne Grund den Buchkopisten zusetze. Drum teil es mir
mit, und du wirst sehen, daß Theophilos[4] tüchtig ist und
daß ich dir gerne einen Gefallen tue.

27 (754 F)
An Akakios[1]

Nicht weniger als jene feinen Reden, die du zunächst in
Phönikien, danach hier und jetzt im schönen Palästina
hältst – denn wie sollte ein Land nicht schön sein, das die
Schönheit liebt, die von dir ausgeht – nicht weniger also
als diese edlen Sprößlinge haben jene zu deinem Ruhm
beigetragen, die Eutropios[3] schuf. Denn auch sie sind
von deiner Aussaat, und daher tut er offenbar nicht so
sehr durch seine Erscheinung die Verwandtschaft mit
dir kund als durch die Art seiner Reden, die jene kraft-
volle Bewegung zeigen, die dir eigen ist. Und er, der ein
so vorzüglicher Redner ist, er ist auch ein so guter Mensch,
daß er, merkend, daß du mich geehrt wissen willst, sich
mir gegenüber ganz so verhält wie gegen dich, als wäre
er mein Neffe und mein Schüler. Aber wahrhaftig, auch
ich habe den Mann unter meine alten Freunde eingereiht,
ihn sogar vielen von ihnen vorgezogen, weil er viele in
seiner Liebe zu mir übertroffen hat. Daher sind ihm denn
auch meine Kleinigkeiten – und das Meinige besteht in
Kleinigkeiten, denn wie könnte einer sich selbst verken-
nen, wo doch ein weiser Mann gerufen hat: ›erkenne dich
selbst‹? – doch selbst die geringsten von diesen Kleinigkeiten waren ihm gut genug, und es gibt nichts, was ich
gesprochen habe und was er nicht gehört hat, und nicht
nur gehört, sondern auch gelobt. Dieser Mann also, der

τοίνυν ὁ καλὸς κἀγαθὸς καὶ δίκαιος εἶναι βουλόμενος ἔστιν ὅ
τι με ἠδίκησε. καὶ σκόπει γε τὴν γραφήν· ἠδίκηκέ με Εὐτρόπιος
τὸν λόγον, ὃν εὖ μὲν ποιῶν Ἀκάκιος ἔγραψεν, εὖ δὲ ποιῶν
6 ἔπεμψε, τῷ βασιλεῖ δεδωκὼς πρὶν ἐμοί.   καὶ τὴν μὲν αἰτίαν
ἐπὶ τὸν πρεσβύτην οἴσει· καὶ γὰρ πρὸς ἐμὲ τοιαῦτα ἐσοφίζετο,
σὺ δὲ μὴ πίστευε· οὐδὲ γὰρ ἐγώ. καὶ γὰρ εἰ σφόδρα ἐστὶ δεινός,
ἀλλὰ πρότεροι γεγόναμεν ἐγώ τε καὶ σύ. πάντως δὲ οἶδεν ἃ τοῖς
7 πρεσβυτέροις δέδωκεν Ὅμηρος.   λεγέτω μὲν οὖν μηδέν, ἔργῳ
δὲ ἀπολογείσθω, καὶ μιμείσθω τὸν Ἀχιλλέα κύριος ὤν, ὥσπερ
ἐκεῖνος, ἰᾶσθαι τὸ τραῦμα[9].

28 (406 F)

Θεμιστοκλεῖ.

1 Πάλιν ὁ σοφὸς παρ' ὑμῖν Ὀλύμπιος, πάλιν ἐκεῖνοι σύλλογοι καὶ
διάλογοι καὶ συμπόσια συγγραφῆς ἄξια, σοφιστὴς ὑπὲρ ῥητορικῆς τι λέγων, γραμματιστὴς[3] ὑπὲρ τῶν ποιητῶν, σὺ καὶ Θεμίστιος ἐκ φιλοσοφίας, Ὀλύμπιος περὶ πάντων πολύς τε ῥέων[5] καὶ
καθαρὸς καὶ τῷ κάλλει τῶν ὀνομάτων ἀφέλκων τοὺς δαιτυμόνας
2 τῆς θοίνης καὶ ποιῶν ἡδίω τῆς τραπέζης τὴν ἀκρόασιν.   ἐμοῦ
δὲ ἴσως μεμνήσεσθε καὶ τάχ' ἴσως ἐπ' ἀμείνοσιν· ἀπόντα γὰρ
ἐπαινέσεσθε καὶ τοὺς παρόντας οὐκ ἀνιάσετε.

so brav und rechtschaffen sein will, er hat mir Unrecht
getan. Und hier die Anklage: Eutropios hat mir Unrecht
getan, indem er die Rede[7], die Akakios mir zuliebe geschrieben und mir zuliebe geschickt hat, dem Kaiser gab,
ehe ich sie erhielt. Die Schuld wälzt er freilich auf den
Alten ab, wie er denn auch mir gegenüber solche Vor-
wände gebraucht hat. Doch du glaube ihm nicht, so-
wenig wie ich. Mag er noch so beredt sein, früher geboren sind ich und du. Und jedenfalls weiß er, was Homer[8]
dem Älteren gegeben hat. Sagen soll er nichts, sondern
sich mit Taten verteidigen und es Achill nachtun, da er
wie jener in der Lage ist, die Wunde zu heilen.

28 (406 F)
An Themistokles[1]

Wieder ist der hochgebildete Olympios[2] bei euch, wieder veranstaltet ihr jene Zusammenkünfte und Diskussionen und die Symposien, welche darzustellen eines
Schriftstellers würdig ist. Da spricht ein Rhetoriklehrer
über die Redekunst, ein Sprachlehrer erklärt Dichter, du
und Themistios[4], ihr schöpft aus der Philosophie, Olympios läßt den Fluß seiner klaren Rede über alle Dinge sich
ergießen und zieht mit erlesenen Worten die Tafelnden
weg von dem Schmaus, indem er ihnen das Zuhören
süßer macht als die Freuden der Tafel. Vielleicht werdet
ihr dabei meiner gedenken, und vielleicht sogar aus gutem
Anlaß. Den Abwesenden werdet ihr loben, ohne die Anwesenden dabei zu verletzen.

III. POLITIK UND ÖFFENTLICHES LEBEN

29 (1184 F)

Δατιανῷ.

1 Μόλις ἐκινήθησαν² οἱ πρεσβευταὶ παρ' ἡμῶν ὑπὸ φόβου θαυ-
μαστοῦ, τὸν φόβον δὲ ἐνεποίει τὸ σὲ πρὸς τὴν πόλιν ἐσχηκέναι
2 χαλεπῶς. οἱ μὲν οὖν ἐν ταῖς αἰτίαις ὀμνύουσιν ἦ μὴν ἠναγκασ-
μένοι ποιῆσαι ἃ πεποιήκασι καὶ ταῖς μὲν χερσὶν αὐτῶν, τῇ
γνώμῃ δὲ ἑτέρου πεπορθῆσθαι τοὺς ἀγρούς· ἐγὼ δὲ πεισθεὶς
τούτους ἠδικηκέναι καὶ κοινὴν εἶναι τῆς βουλῆς τὴν ἁμαρτίαν,
οἵ γε οὐκ ἐκώλυον, ἀναμνησθῆναί σε βούλομαι τῶν σεαυτοῦ
λόγων, ἐν οἷς ἡμῖν διηγοῦ πολλάκις ὡς οἷς ἐγκαλεῖν εἶχες,
3 τούτους ὄντας ἐν χρείᾳ συμμάχων ὤρθωσας. τὸν γὰρ ὡς
καλῶν ἐκείνων μεμνημένον οὐ πάνυ καλὸν τὸν αὐτοῦ παραβαίνειν
νόμον· ἀδικεῖ μὲν γὰρ οὐδὲν ὁ ἀμυνόμενος, ἔστι δὲ βελτίων ὁ
παρὸν τιμωρίαν λαβεῖν οὐκ ἐθελήσας. τοῦ μὲν γὰρ πολλὰ τὰ
παραδείγματα καὶ πανταχοῦ, καὶ καθ' ἡμέραν τοὺς ἀμυνομένους
ὁρῶμεν, τὸ δὲ δοῦναι συγγνώμην θεοῦ τε καὶ θεῷ⁶ παραπλησίου.
εἰ δὲ προσέσται τῷ μὴ λαβεῖν τὴν δίκην καὶ τὸ βοηθῆσαι τοῖς
4 ὀφείλουσι τὴν δίκην, Ἡράκλεις⁷, ὡς στεφάνων ἄξιον. ἔτι δὲ
τὸ μὲν ἀσθενῶς διακείμενον παρὰ τοῦ μέγα δυναμένου δυνηθῆναι
δίκην λαβεῖν τάχ' ἄν τις θαυμάσειεν ὡς οὐκ ὂν τῶν ῥᾳδίων·
ὅταν δέ τις ἰσχὺν ἡλίκην σὺ κεκτημένος — καὶ μένοις γε ἐπὶ
τῆς ἰσχύος — ἐλαύνῃ τοὺς ἀσθενεῖς, μάλα οὐχ ἡδὺ τὸ θέαμα·
οὐδὲ γὰρ ὁ Ἡρακλῆς εἰ νοσοῦντας καὶ κειμένους ἀνθρώπους
5 ἕλκων ἐρρίπτει, θαυμαστὸν ἂν ἦν. καὶ μήν, εἰ μὲν οἰόμενοι

29 (1184 F)

An Datianos[1]

Nur mit Mühe ließen sich die Gesandten von uns bewegen, weil sie von einer ungewöhnlichen Furcht befallen waren, Grund dieser Furcht aber ist, daß du von Zorn erfüllt bist wider die Stadt. Nun schwören die Angeklagten[3], daß sie ganz gewiß nur gezwungen taten, was sie getan haben, und daß die Landgüter verwüstet wurden, zwar durch ihre Hände, aber nach dem Plan eines andern. Ich aber habe mich überzeugen lassen, daß diese Leute Unrecht begangen haben und daß die Schuld den Rat mittrifft[4], weil er nicht eingeschritten ist, und ich möchte dich an deine eigenen Worte erinnern, mit denen du mir oft erklärtest, daß du Leute, die anzuklagen du Anlaß hattest, aufgerichtet hast, weil sie des Beistandes bedürften. Und wer solches als eine gute Tat im Gedächtnis bewahrt, der vollbringt keine gute Tat, wenn er seinem eigenen Gesetz zuwiderhandelt. Denn freilich begeht, wer sich zur Wehr setzt, kein Unrecht, aber besser ist derjenige, der Rache nehmen könnte und darauf verzichtet[5]. Denn Leute von jener Art gibt es viele und allerorten, und täglich sehen wir diejenigen, die sich zur Wehr setzen, aber Verzeihung zu gewähren, ist Sache Gottes und dessen, der ihm ähnlich ist. Wenn aber zu dem Verzicht auf die Bestrafung noch eine Hilfeleistung für den Schuldigen hinzukommt, beim Herakles, das ist manches Kranzes wert. Und außerdem: Wenn der Mittellose den Mächtigen büßen läßt, das dürfte Bewunderung finden, denn es ist kein leichtes Unterfangen. Wenn aber einer, der so viel Macht hat wie du – und deine Macht möge dir erhalten bleiben – wenn er die Schwachen verfolgt, das ist kein sehr angenehmer Anblick. Auch Herakles[8] wäre nicht bewundert worden, wenn er lediglich jene, die krank am Boden liegen, gezerrt und gestoßen hätte.

72   Politik und öffentliches Leben

πείσεσθαί τι κακὸν ἤκουσι, κρείττων φάνηθι τῆς τῶν ἁμαρτα-
νόντων ἐλπίδος· εἰ δὲ θαρροῦσιν ὡς σοῦ γε οὐκ ἂν λυπήσαντος,
6 μὴ χείρων γένῃ τῆς ἐλπίδος.   οἶδα γὰρ ἐγὼ πολλοὺς ἐκ μὲν
τοῦ μετ᾽ ὀργῆς τι πρᾶξαι βραχὺν ἠσθέντας χρόνον, ὕστερον δὲ
ἀνιωμένους ἐφ᾽ οἷς ἤσθησαν, ἑτέρους δὲ πάντα τὸν χρόνον
ἡδομένους διὰ τὸ μὴ τὴν ἡδονὴν ἐκείνην ἠσθῆναι τὴν ἀπὸ τοῦ
7 χαρίσασθαι τῷ θυμῷ⁹ συμβαίνουσαν.   εἰ μὲν οὖν μὴ πολλὰ
περὶ τὴν πόλιν ἡμῶν ἐπεπονήκεις, ἥττων ἂν ἦν ἡ μέμψις, εἰ τὰ
νῦν ἔβλαπτες· ἐπεὶ δὲ σώζων καὶ κοινῇ πάντας καὶ καθ᾽ ἕκαστον
ἐν μέρει καὶ ῥυόμενος καὶ χεῖρα ὀρέγων καὶ κοσμῶν οἰκοδομίαις
τὴν πόλιν διατελεῖς, μὴ διαφθείρῃς πολλὰς καὶ λαμπρὰς εὐεργεσίας ἐν τῷ τελευταίῳ, μηδ᾽, ἂν ἐγὼ τὰ βελτίω διηγῶμαι,
λόγος ἕτερος ἐπεισίτω τὸ δυσχερὲς περιφέρων, ἀλλ᾽ ἔστω πᾶσα
8 περὶ σοῦ διήγησις καθαρὰ τοῦ χείρονος.   ⟨εἰ⟩ ἥξεις ὡς
ἡμᾶς θεοῦ διδόντος, ἐμπλήσομέν σοι τὴν οἰκίαν οἱ τὸ προσειπεῖν
σε κέρδος ἡγούμενοι. πότερον οὖν κάλλιον λέγειν σε τὰς αἰτίας,
ὑπὲρ ὧν ἔτρωσας διὰ τῶν πρέσβεων τὴν πόλιν, ἢ φιλοτιμεῖσθαι
9 τῷ τοὺς τραυμάτων ἀξίους εὖ πεπονθότας ἀποπέμψαι;   ἔστι
δὲ οὐ περὶ τοῦ παρόντος σοι μόνον ὁ λόγος χρόνου· τῶν μὲν γὰρ
ἄλλων ἡμῶν ὁ τελευτήσας εὐθὺς ἐν λήθῃ, τὸ δὲ σὸν λαμπρόν
τε καὶ κρεῖττον ἢ σβεσθῆναι, ὅ τε γὰρ ὕπατος αἵ τε ἐκ βασιλέων
τιμαὶ καὶ τὸ βασιλέων τοῦ μὲν μαθητήν, τοῦ δὲ γενέσθαι διδάσκαλον, ἔτι δὲ οἰκιῶν κάλλη καὶ λουτρῶν πλῆθός τε καὶ μέγεθος
καὶ χάρις, πάντα ταῦτα τοὔνομα καθέξει, κἂν τὸ σῶμα ἀπέλθῃ.
10 δὸς δὴ τοῖς ἐσομένοις λέγειν ὡς οὗτος μέντοι τὴν Ἀντιόχου πόλιν
οὐ πάντα ἄμεμπτον εἰς αὑτὸν λαβὼν ἔχων ἀνατρέψαι τε καὶ

Und fürwahr: wenn sie kommen in der Erwartung, daß ihnen Schlimmes widerfahren wird, dann zeig, daß du besser bist, als sie, die Sünder, erwarten; vertrauen sie aber darauf, daß du ihnen nichts zuleide tun wirst, dann sei nicht schlechter, als sie hoffen. Denn du kannst mir glauben, daß viele, die im Zorn etwas taten, sich kurze Zeit freuten und später bedauerten, worüber sie sich gefreut hatten, während andere alle Zeit sich freuten, eben weil sie sich jene Freude versagten, die man fühlt, wenn man dem Zorn nachgibt. Hättest du nicht schon so viele Mühen für unsere Stadt auf dich genommen, so würde, wenn du ihr jetzt Schaden zufügst, geringerer Tadel dich treffen. Da du aber immerzu die Gemeinschaft wie den Einzelnen schützt und beschirmst und die Hand reichst und mit Bauten die Stadt schmückst[10], so mach nicht am Ende die vielen glänzenden Wohltaten zunichte und laß nicht zu, daß, während ich das Beste berichte, ein anderes Gerücht aufkommt und das Unerfreuliche verbreitet, sondern alle Rede über dich sei frei von Tadel. Wenn du nun nach Gottes Fügung zu uns zurückkehrst, werden wir alle, die Wert darauf legen, dich zu begrüßen, dein Haus füllen. Und ist es dann schöner für dich, die Gründe zu nennen, aus denen du in ihren Gesandten die Stadt getroffen hast, oder rühmst du dich lieber, jene, die Strafe verdienten, mit Wohltaten überhäuft entlassen zu haben? Doch es geht bei dir nicht um die Gegenwart allein. Denn wenn von uns anderen einer stirbt, wird er sogleich vergessen; du aber bist glanzvoll und stärker, als daß du erlöschen könntest: das Konsulat[11] und die von Kaisern verliehenen Ehren und daß du des einen Kaisers Schüler bist, des anderen Lehrer, ferner die Schönheit deiner Paläste, der Bäder Zahl und Größe und Reiz, all dies wird an deinem Namen haften bleiben, auch wenn der Leib vergeht. Sieh also zu, daß künftige Geschlechter von dir sagen können: »freilich, dieser hat die Stadt des Antiochos, obwohl er sie keineswegs frei von Tadel fand

καταδῦσαι διεφύλαξεν οὐχ ἧττον ἐν τῷ καιρῷ τῶν ἐγκλημάτων
11 ἢ ὅτε βελτίστην ἡγεῖτο.   ταῦθ᾽ ὅτε ἐπέστελλον, ἦσαν οἱ ληρεῖν
με ἐνόμιζον καὶ λύκον, φασί, πτερὰ ζητεῖν· οὐ γὰρ ἂν πεῖσαι.
ἐγὼ δὲ ἐκείνους οἷς ἐδόξαζον ληρεῖν ἡγούμην· πεῖσαι γὰρ ἂν
καὶ ταῦτ᾽ ἐμαντευόμην, οὐ τῇ τέχνῃ Κάλχαντος, ἀλλ᾽ εἰς τὴν
σὴν ἀποβλέπων γνώμην τε καὶ φύσιν. σὺ δ᾽, οἶμαι, κύριος ἢ
δεῖξαί με μάντιν φαῦλον ἢ Τειρεσίου βελτίω.

30 (196 F)

Μοδέστῳ.

1 Εἴη σε τὴν στοὰν ταυτηνὶ τὴν εὐρεῖάν τε καὶ μακρὰν καὶ ὑψηλὴν
καὶ τῷ Διονύσῳ φίλην ἐπιτελέσαι κατὰ νοῦν καὶ σταίη γε παγίως,
2 ἕως ἀνθρώπων γένος, σώζουσα τῷ γε ἐγείραντι τοὔνομα.   ἀλλ᾽,
ὦ μακάριε, μὴ τοῦθ᾽ ἓν μόνον σκοπῶμεν, ὅπως μεγάλα ποιήσω-
μεν, ἀλλὰ καὶ ὅπως μηδένα ἐν οἷς ποιοῦμεν λυπήσωμεν· ὡς νῦν
γε εἰσὶν οἱ στένουσιν, ὧν αὐτὸς ᾐσθόμην, καὶ οὔ σε ἀποκρύψομαι,
3 ἵν᾽ εἴ τι φαινοίμην λέγων, παύσαις τὸ γιγνόμενον.   κίονας ἐκ
Σελευκείας τοῖς μὲν ἐπέταξας κομίζειν, τοὺς δὲ ᾔτησας χάριν.
ὁ δὲ οὕτω διειλεγμένος κύριον πεποίηκε τὸν αἰτηθέντα ἀμφοῖν.
ἡ βουλὴ μὲν ὑπηρετεῖ σιγῇ, τῶν δὲ ἐν ἀρχαῖς γεγενημένων οἱ
μὲν ταὐτὸν ἐκείνοις ποιοῦσι καὶ κομίζουσιν, εἰσὶ δὲ οἷς δοκεῖ τὸ

und sie hätte zerstören können und untergehen lassen,
er hat sie bewahrt, nicht minder, als er Anlaß zur Klage
hatte, denn zuvor, da er das Beste von ihr dachte.«[12] Als
ich dieses an dich schrieb[13], da gab es Leute, die meinten,
das seien leere Worte, ich wolle die Flügel des Wolfes[14]
suchen, denn überzeugen könne ich dich nicht. Ich aber
meinte, daß sie, die diese Meinung vertreten, leere Worte
reden. Denn daß ich dich überzeugen würde, das prophezeite ich, nicht durch die Kunst des Kalchas, sondern
weil ich deine Gesinnung und deine Anlagen vor Augen
hatte. Du aber, so scheint mir, kannst mich jetzt zum falschen Propheten machen oder zu einem Seher, besser als
Teiresias.

30 (196 F)

An Modestos[1]

Möge es dir vergönnt sein[2], jene Wandelhalle zu vollen-
den, ganz nach deinem Sinn, breit und lang und hoch und
Dionysos[3] zur Freude, und fest möge sie stehen, solange
das Menschengeschlecht dauert, und den Namen ihres
Erbauers bewahren. Aber, du Glücklicher, laß uns doch
nicht allein darauf achten, daß wir Großes schaffen, sondern auch darauf, daß wir mit dem, was wir schaffen, niemandem wehe tun. Derzeit nämlich gibt es Leute, die
stöhnen, ich habe sie selbst gesehen, und ich will es dir
nicht vorenthalten, damit du dem Geschehen Einhalt ge-
bietest, wenn meine Worte dir etwas sagen. Säulen hast
du dir aus Seleukeia[4] kommen lassen, bald Weisungen
erteilend, bald um eine Gefälligkeit bittend[5]. Wer aber
in dieser Weise andere angesprochen hat, der hat dem,
den er gebeten hat, die freie Wahl zwischen ja und nein
überlassen. Der Rat gehorcht schweigend, aber von denen, die Ämter innegehabt haben, gibt es zwar manche,
die das gleiche tun wie die Ratsherren und Säulen bringen
lassen, anderen jedoch scheint die Sache schlimm, und das

4 πρᾶγμα δεινόν, οἷς ἀξία μέν ἐστι, δύναμις δὲ οὐκ ἔστι. καὶ τὸ
ὑπάρχου τειχίον ὀνομάζουσι τὴν στοάν, φόβος δὲ οὐ μικρὸς μὴ
ἡ νῦν καλουμένη χάρις εἰς ἀνάγκην ὁμοῦ προβῇ τῶν ἔπειτα
φασκόντων ἀκολουθεῖν παραδείγματι καί τις ὕστερον μέμψηται
5 τῷ τὴν ἀρχὴν εὑρόντι. ἀλλ᾽, εἰ δοκεῖ, τῇδε ποιῶμεν· κήρυξον,
εἴ τις βούλεται· τούς τε γὰρ βουλομένους εὑρήσεις διὰ τὸ δύνασθαι τούς τε οὐ δυναμένους οὐκ ἀνιάσεις. καὶ οὕτως οὐδεὶς
καταράσεται τῷ ποιουμένῳ. εἴη δέ σοι μικρὰ κατασκευάζεσθαι
συνηδομένων ἁπάντων ἢ βαρυνομένων τὰ τείχη Βαβυλωνίων.

31 (898 F)

'Ελλεβίχῳ

1 Μέγα μὲν ἡμῖν τὸ τὸν ἄριστον 'Αννιανὸν αὖθις ἔχειν ἐστεφανω-
μένον ὑπὸ τῆς Θρᾴκης διὰ τὰ περὶ τὴν Θρᾴκην· πολλῷ δὲ
2 μεῖζον τὸ καὶ μετὰ σῶν ἥκειν αὐτὸν γραμμάτων. καὶ οὐκ ἄρα
παρόντας ἡμᾶς ἔμελλες τιμήσειν μόνον, ἀλλ᾽ ἤδη καὶ ἀπόντας·
ἔπαινοί τε γὰρ ἡμῖν ἐν πᾶσι παρὰ σοὶ συλλόγοις[3] καὶ τῶν ἄλλων
τοὺς ἐπαινοῦντας ἡμᾶς φιλεῖς ὅ τε ψέγων — εἰσὶ γὰρ δὴ καὶ
3 οὗτοι — λυπήσας ἀπέρχεται. πάλιν τοίνυν τῷ χαίρειν τοῖς
παρ᾽ ἡμῶν γράμμασι τιμῶν καὶ τοῖς παρὰ σοῦ τιμᾷς. ἀλλά σου
δέομαι, δεῖται δὲ μετ᾽ ἐμοῦ καὶ ἡ πόλις, ἀναμνῆσαι σεαυτὸν ὧν
ὅτε ἐξῄεις παρ᾽ ἡμῶν ἐπηγγέλλου. ἐπηγγέλλου δὲ τῆς Μεγάλης
ἀπολαύσας πόλεως δώσειν πάλιν σεαυτὸν τῇ λειπομένῃ μὲν
ἐκείνης, οὐκ ὀλίγων μέντοι μείζονι, προσθείην δ᾽ ἂν καὶ καλλίονι.

sind verdienstvolle Männer, denen die Mittel fehlen. ›Prä-
fektenburg‹ nennen sie die Halle und haben nicht geringe
Furcht, daß das jetzt ›Gefälligkeit‹ Genannte schnell zum
Zwang ausartet, wenn immer der nächste erklärt, daß er
dem Beispiel der Früheren folgt, und man werde eines
Tages noch schimpfen auf den, der den Anfang gemacht
hat. So laß uns denn, wenn du zustimmst, folgender-
maßen handeln: Verkünde, daß einer nur dann mit-
machen soll, ›wenn er will‹. Du wirst aber gewiß Leute
finden, die wollen, weil sie es sich leisten können, und
diejenigen, die es sich nicht leisten können, wirst du
nicht belästigen. Und so wird niemand dein Werk verfluchen. Mögest du lieber ein kleines Gebäude errichten
zur Freude aller[6] als unter allgemeinem Stöhnen die
Mauern von Babylon[7].

31 (898 F)

An Ellebichos[1]

Eine große Sache ist es für uns, daß wir den vortrefflichen
Annianos[2] wieder haben, bekränzt von den Thrakern für
seine Verdienste um Thrakien; eine noch größere aber,
daß er einen Brief von dir mitgebracht hat. Also nicht
allein, als wir anwesend waren, ehrtest du uns, du tust es
auch, wenn wir fern sind. Denn Lob wird uns gespendet
in allen Zusammenkünften bei dir, und wer uns lobt, den
liebst du, doch wer uns tadelt – auch solche gibt es - der
läßt eine Kränkung zurück, wenn er geht. Und wiederum ehrst du uns durch deine Freude an unseren Briefen
und ehrst uns nicht minder, indem du uns schreibst.
Jedoch ich bitte dich, und es bittet mit mir die Stadt, erinnere dich dessen, was du uns bei deinem Abschied versprachst. Versprachst du doch, du werdest, wenn du dich
an der Hauptstadt erfreut hast, jene Stadt aufs neue be-
glücken, die zwar hinter der Hauptstadt zurücksteht, aber
viele andere an Größe übertrifft, und man könnte hinzufügen: auch an Schönheit[4]. Deine Gabe ist es, daß wir

4 σὺ γὰρ ἡμῖν δέδωκας καὶ περὶ κάλλους τι λέγειν δοὺς μὲν οἰκίαν
τοιαύτην, προσθεὶς δὲ αὐτῇ λουτρόν, ὃ κεῖται μὲν ἐν μέσῃ τῇ
πόλει, ἄγει δὲ τοὺς ἀφ' ἑκάστης πύλης ἐφ' ἑαυτό, νεότητά τε καὶ
γῆρας.

32 (1189 F)

Κλεάρχῳ.

1 Εἰ μὲν εἰς τὸ πέλαγος ἀφήσειν ἔμελλεν 'Αλέξανδρος, αὐτὸς ἂν
ἐκάλει τοὺς Διοσκόρους καὶ ἡμεῖς ὑπὲρ αὐτοῦ· τοῖς γὰρ δὴ
Τυνδαρίδαις γέρας ἐδόθη παρὰ Διὸς ῥύεσθαι τοὺς πλέοντας ἐκ
κακῶν. ἐπεὶ δὲ οὐ δι' Αἰγαίου καὶ 'Ιονίου [4] κομίζεται νῦν, ἀλλὰ
διὰ λειτουργίας πολλῷ χαλεπωτέρας τοῦ Σικελικοῦ πορθμοῦ,
παρὰ σοῦ τὴν σωτηρίαν αἰτοῦμεν τοῦ μόνου κυρίου κωλῦσαι τὰ
2 κύματα ὑπερέχειν.   δοκεῖ δέ μοι τίνειν δίκας 'Αλέξανδρος
'Αλεξάνδρῳ, οὗτος ἐκείνῳ τῷ Φιλίππου τῷ τῇ πόλει βαλο-
μένῳ κρηπῖδα· φυγὼν γὰρ ἡμᾶς καὶ ἀτιμάσας φιλοῦντας οὐδὲν
γλύκιον Παμφυλίας ἡγήσατο καὶ γήμας αὐτόθι παῖδάς τε εἶδε
καὶ οἰκίαν ᾠκοδόμησεν, ἧς ἐρᾷ πλέον ἢ παιδικῶν ἕτερος. αὐτή
τε γὰρ καλὴ καὶ μεγάλη καὶ ὁ δειπνῶν ἀποβλέποι τ' ἂν εἰς τὴν
θάλατταν καὶ ναῦς ἐξ οὐρίων τρεχούσας καὶ ναυτῶν ἂν ἀκοῦσαι
ᾀδόντων ἃ εἰώθασι· τοιαῦτα αὐτὸν ἀφέλκει τῆς πατρίδος φάρ-
3 μακα.   ποιῶν δὲ αὐτὸν ἄληπτον κοινωνεῖ μὲν αὐτὸς τοῦ μεγάλου
συνεδρίου, τὸν υἱὸν δὲ φέρων εἰς λειτουργίαν ἐνέβαλεν ἀγαθῷ
τὸ κακὸν ἰώμενος· οὕτω γὰρ βέλτιον εἰπεῖν ἢ κακῷ τὸ κακόν.
4 καὶ ὅτι μὲν φεύξεται, οἶδεν· οἳ δὲ ἥξει, τοῦτο οὐκ ἐνεθυμήθη.
ἀλλὰ νῦν τετάρακται καὶ τὸ βάθος ὁρᾷ καὶ ὡς πολλῶν δεῖ καὶ

von Schönheit sprechen können, eine solche Villa gabst du ihr, und neben ihr ein Bad[5], das im Zentrum der Stadt liegt und von allen Toren her die Menschen an sich zieht, jung und alt.

32 (1189 F)

An Klearchos[1]

Wenn Alexandros[2] zu einer Seereise aufbrechen wollte, so würde er selbst die Dioskuren[3] anrufen und wir für ihn, denn ihnen, den Tyndariden, wurde von Zeus dieses Ehrenamt verliehen, die Seefahrer aus den Gefahren zu retten. Da er jetzt aber nicht auf dem Ägäischen oder Jonischen Meer segelt, sondern auf eine öffentliche Dienstleistung zusteuert, die gefährlicher ist als die Meerenge von Sizilien[5], erflehen wir von dir die Rettung, denn du allein hast die Macht zu verhindern, daß die Wogen ihn überrollen. Mir scheint, daß Alexandros dem Alexandros Buße zahlt, dieser nämlich jenem, dem Sohn des Philippos[6], dem Gründer der Stadt. Denn uns, die wir ihn lieben, hat er mißachtet und ist davongelaufen, und nichts Süßeres kennt er als Pamphylien, wo er geheiratet hat und Kinder bekommen hat und ein Haus gebaut hat, an dem er mehr hängt als ein anderer an seinem Geliebten. Ist es doch schön und groß, und beim Abendessen kann man aufs Meer schauen und die Schiffe betrachten, die im Wind dahinsegeln, und die Seeleute kann man hören, die ihr Lied singen. Solcher Zauber zieht ihn fort von seiner Heimat. Für sich selbst hat er die Befreiung erreicht als Mitglied des Großen Senats, seinen Sohn aber hat er der öffentlichen Dienstleistung ausgeliefert und so das Übel durch das Gute geheilt, denn so klingt es besser als zu sagen: das Übel durch das Übel[7]. Daß er entrinnen würde, wußte er, doch wohin er gelangen werde, das hat er nicht bedacht. Aber jetzt ist er verwirrt und sieht den Abgrund und daß er viel braucht und wenig hat, und er fürchtet um

5 ὡς μικρὰ τὰ ὄντα, καὶ δέδοικεν ὑπὲρ τῆς φίλης οἰκίας. ποίησον
δὴ τὰ δυσχερῆ λεῖα καὶ δεῖξον οὐ κακῶς βεβουλευμένον. μέγα
δὲ τοῖς χορηγοῦσιν ἄρχοντος εὔνοια, μεῖζον δὲ τὸ παρὰ τηλικού-
του. ὅταν δὲ πρὸς τῷ δύνασθαι καὶ σοφὸς εἰς τὸ βοηθεῖν ὁ τὴν
ἰσχὺν ἔχων ᾖ, μεγάλην οὐ μεγάλαις δαπάναις ὁ χορηγὸς ἐκτήσατο
6 δόξαν. φρούρει τοίνυν τὸν ἡμέτερον πολίτην· καλοῦμεν γὰρ
αὐτόν, εἰ καὶ μὴ βούλεται, τοῦτο.

33 (1514 F)

'Ακακίῳ.

1 Πολὺν ἐσίγησα χρόνον ὑπ' αἰσχύνης, ὅτι σε ἠξίωσα πρᾶξαί μοί
τι τῶν νόμων ἔξω². μετὰ γὰρ τὸ δεηθῆναί σου πρίασθαί μοι
πῶλον εὐγενῆ νόμῳ τοῦτο ἤκουσα κεκωλύσθαι· μὴ γὰρ ἐξεῖναι
τὸν ἄρχοντα⁵ παρὰ τῶν ἀρχομένων ὠνεῖσθαι. σὺ μὲν οὖν με
λυπεῖν οὐκ ἐθέλων τοῦτο ἔκρυψας, διδαχθεὶς δὲ αὐτὸς ὑφ'
ἑτέρων ἠρυθρίασα λογιζόμενος, τίς ἂν ἦσθα αἰτούμενος τὰ μὴ σά.
2 ἐκείνων μὲν οὖν μοι συγγνώμη, τὸ γὰρ ἐπ' ἄλλοις διατρίβειν
τῶν τοιούτων ἀπείρους ποιεῖ· νῦν δέ σε παρακαλοῦμεν ἀμῦναι
τοῖς 'Αχαιοῦ παισίν, ὧν ἡ μήτηρ Σωπάτρου θυγάτηρ. ἕλκονται
μὲν γὰρ ἐπὶ τὴν μείζω βουλήν, πατρὸς δέ εἰσι τὰ μικρὰ πρὸ τῶν
μεγάλων ἑλομένου καὶ τὴν αὐτοῦ μᾶλλον βουληθέντος ὀρθοῦν ἢ
3 περὶ Βόσπορον ἀεροβατεῖν¹¹. τήρησον τοίνυν τοὺς νέους ἐπὶ
τῆς τάξεως ἧς εἰσι κληρονόμοι, ὡς τά τε τῷ πατρὶ δοκοῦντα
νικᾷη καὶ τοῖσδε τὰ ὄντα σωθείη¹². μία γὰρ αὐτοῖς ἀσφάλεια,
4 μένειν ἐφ' ὧν εἰσι. καινὸν δὲ εἴ τι γένοιτο, πάντα οἴχεται. παρ'

sein liebes Haus. Glätte ihm also den beschwerlichen Weg und zeig, daß er nicht schlecht beraten war. Denn wer die Spiele veranstaltet, für den bedeutet das Wohlwollen des Oberen viel, und noch mehr, wenn er so bedeutend ist. Wenn aber jener Mächtige außer der Macht auch noch die Weisheit zur Hilfeleistung besitzt, dann kann der Veranstalter der Spiele ohne großen Aufwand großen Ruhm ernten. Schütze also unseren Mitbürger, denn so will ich ihn nennen, auch wenn er anders denkt.

33 (1514 F)
An Akakios[1]

Lange Zeit habe ich geschwiegen, weil ich mich schäme etwa Ungesetzliches von dir gefordert zu haben. Denn erst nachdem ich dich gebeten hatte, mir ein edles junges Pferd[3] zu kaufen, habe ich gehört, daß das Gesetz dies verbiete[4]; es sei nämlich verboten, daß ein Beamter von seinen Untergebenen etwas kauft. Du hast dies verschwiegen, weil du mir nicht weh tun wolltest, aber nachdem ich es von anderen erfuhr, errötete ich bei dem Gedanken, wie dir wohl zumute gewesen sein mag, als dir etwas abverlangt wurde, das dir nicht zusteht. Nun wirst du mir dies verzeihen, weil ich ob meiner andersartigen Tätigkeit unerfahren bin in solchen Fragen. Aber heute bitte ich dich, den Söhnen des Achaios[6] beizustehen, die von der Mutter her Enkel des Sopatros[7] sind. Man zerrt sie in den großen Rat[8], und dabei stammen sie ab von einem Vater, dem das Kleine lieber war als das Große und dem es mehr bedeutete, seiner Heimatstadt nützlich zu sein[9], als am Bosporos[10] entlang zu flanieren. Sorg dafür, daß die jungen Leute in ihrem ererbten Rang verbleiben, damit der Wunsch des Vaters erfüllt wird und ihr Besitz erhalten bleibt. Denn darin besteht ihre einzige Sicherheit[13]: zu bleiben, wo sie sind; tritt eine Neuerung ein, ist alles verloren. Mehr als dieses »eil den Freun-

ἡμῶν μὲν οὖν τοσοῦτον λέγεται, ὅτι βοήθει φίλοις[14], τὸ δ' ὅπως δεῖ βοηθεῖν, αὐτὸς κρινεῖς εἰδώς τε τὰς τοιαύτας ὁδοὺς καὶ δύναμιν ἐκ πενίας ἔχων. ταύτην γὰρ αἰδούμενοι πάντες οἱ τὰ σὰ οὐκ ἀγνοοῦντες ὅ τι νεύσειας, εὐθὺς ὑπουργοῦσιν.

34 (846 F)

Εὐσεβίῳ.

1 Ἔτι πρέσβεις Ἔμεσα πέμπει καὶ στεφάνους βασιλεῦσιν εἰδυῖα μὲν τὴν ἑαυτῆς πενίαν, αἰσχυνομένη δὲ ὅμως τοῦ τῶν πόλεων ἐκπεσεῖν ἀριθμοῦ καίτοι τῶν πραγμάτων αὐτὴν ἐκβεβληκότων 2 πάλαι. ὁ γὰρ ὀφθαλμὸς τῆς Φοινίκης καὶ τὸ τῶν θεῶν οἰκητήριον καὶ τὸ τῶν λόγων ἐργαστήριον καὶ ἡ πηγὴ τῶν ἀγαθῶν[5] εὐθυμιῶν, καὶ οὐκ ἂν ἐξαριθμήσαι τις τὸ πλῆθος τῶν ἀγαθῶν, αὕτη τοίνυν ἡ πολλή τε καὶ καλὴ τὰ πολλὰ μὲν ἀπολώλεκεν, ὁρᾶται δὲ ἐν οἰκίαις ὀλίγαις ταὐτὸ ταῖς ἄλλαις πεισομέναις, εἰ 3 μὴ βοηθήσαις τι. οἷον γὰρ δή τι τὸ 'κείνων; ὁ μὲν ἀγχόμενος ἀπέδοτο, ἡ τιμὴ δὲ οὐ τοῦ πεπρακότος, ὁ δὲ πριάμενος καθελὼν λαβὼν ὅσα ἤθελεν ἄγων ἄλλοσε ἐχρῆτο. πάνυ δή τι μικρὸν τὸ λειπόμενον, παλαιᾶς μὲν εὐδαιμονίας μεμνημένοι, τὰ νῦν δὲ δακρύοντες. καὶ ξένος δὲ ὅστις ἐκεῖσε ἔλθοι, κατὰ τάχος ἀπέρχεται πειρώμενος μὴ πάντα ὁρᾶν ὡς πανταχόθεν οὐσῶν εἰς ὀδυρμὸν 4 ἀφορμῶν. τὴν οὖν οὐκέτ' οὖσαν, τὴν γὰρ ἀντὶ τοιαύτης τοιαύτην δεῖ νομίζειν οὐκ εἶναι, πάλιν ἡμῖν ὁ θεῖος Ἀρκάδιος ποιείτω πόλιν· πρέποι γὰρ ἂν αὐτῷ τοιαῦτα διδόναι τῇ γῇ καὶ ποιεῖν 5 τοὺς βουλομένους αὐτὸν ἐπαινεῖν εὐπορωτέρους. ὧν δὲ σὺ κύριος ὡς οὐδενὸς οἱ πρέσβεις ἀτυχήσουσιν, εὖ οἶδα· τῷ τε

den zu Hilfe« kann ich nicht sagen; wie da zu helfen ist, kannst du selbst beurteilen, denn du weißt, wie die Dinge laufen, da du selbst aus der Armut zur Macht gelangt bist. Vor dieser haben alle Respekt, die dich kennen, und jeden Wink von dir wird man unverzüglich befolgen.

34 (846 F)

An Eusebios[1]

Noch schickt Emesa[2] Gesandte[3] und Kränze für die Kaiser, denn diese Stadt weiß zwar um ihre Armut, aber sie schämt sich davor, aus der Zahl der Städte gestrichen zu werden, wenngleich die Realitäten sie längst daraus gestrichen haben. Denn sie, das Auge Phönikiens[4], die Wohnstätte der Götter und Werkstätte der Reden, die Quelle edler Lebensfreude, sie, deren Vorzüge nicht aufzuzählen sind, die große und schöne Stadt hat das meiste verloren, nur wenige ihrer Häuser sind noch zu sehen, und die werden bald das gleiche Schicksal erleiden wie die übrigen, wenn du nicht zu Hilfe kommst. Denn welches ist ihre Situation? Der in Bedrängnis war, hat verkauft; der Kaufpreis aber gehört nicht dem Verkäufer, und der Käufer hat niedergerissen und an sich genommen, was er wollte, und es sich anderwärts zunutze gemacht[6]. Nur ein kleiner Teil ist übriggeblieben, Leute, die an das vergangene Glück denken und über die Gegenwart Tränen vergießen. Und sollte ein Fremder dorthin kommen, so kehrt er eilig den Rücken, um nur nicht alles zu sehen, weil es allenthalben Anlaß zur Klage gibt. Aus ihr, die nicht mehr ist[7] – denn man muß zugeben: die sich so gewandelt hat, ist nicht mehr – aus ihr also möge der göttliche Arkadios wieder eine Stadt machen. Ihm nämlich geziemt es, der Erde solches zu geben und jenen, die ihn loben wollen, Stoff in Fülle zu verschaffen. Daß aber die Gesandten, was in deiner Macht steht, erlangen werden, dessen bin ich sicher. Denn es ist dir eine Freude,

γὰρ εὖ ποιεῖν χαίρεις καὶ τὸν ἐπεσταλκότα ἐμὲ παρεῖναί τε
νομιεῖς καὶ κοινωνεῖν τοῖς πρέσβεσι τῆς σπουδῆς.

35 (350 F)

Σεβαστιανῷ.

1 Εἰ καὶ μὴ πρότερον ἠπίστω, τίς τοὺς τρόπους Ἰουλιανός, ἐξῆν³
γε τῷ παρόντι τὸν ἄνδρα ἰδεῖν. ὅτε μὲν γὰρ ἦν ἐκ τοῦ τῶν Αἰγυ-
πτίων λιμένος φέρεσθαι χρυσόν, οὐδεὶς ἑώρα τοῦτον· ἐπεὶ δὲ τὰ
κέρδη ἑτέρωσε τέτραπται, δεῖται δὲ ἀνδρὸς ὁ σῖτος ἄμισθον
εἰσοίσοντος τὴν ἀρετήν, ἐνταῦθα ἐπαινεῖται καὶ πέμπεται. καὶ
2 τίς δὴ τοῦδε χρησιμώτερος; καὶ πολλὰ τοιαῦτα. Ἰουλιανὸν
δὲ τὸ μὲν ἐρᾶν ἡσυχίας καὶ τὸ μὴ κοῦφον ἄγειν γυναικὸς ἀφεστάναι καὶ παίδων ἔπειθε μένειν, τοῦ δὲ μὴ δόξαι τοῖς ἀπείροις
αὐτοῦ φεύγειν τὸν πόνον διὰ τὸ μὴ λαβεῖν ἐνεῖναι, μετὰ μὲν
3 δακρύων, ὅμως δὲ ὑπέστη τὰς ὁλκάδας ἐμπιπλάναι. ὁρῶν δὲ
αὐτὸν ἀνιώμενον ἀνέμνησα σοῦ καὶ παῦσαι, ἔφην, ἀχθόμενος· ἐν
Αἰγύπτῳ Σεβαστιανός. ὁ δὲ εὐθύς τε ἐμειδίασε καὶ ῥᾴων ἦν.
ὑπὸ δὲ τῆς λύπης οὐδ' αὐτὸ τοῦτο εἶχεν ἐννοεῖν, ὡς ὄψεταί σε
μετὰ τοῦ Νείλου. γενοῦ δὴ πάντα ἀνδρὶ καὶ πένητι καὶ δικαίῳ
καὶ φίλῳ.

Wohltaten zu erweisen, und du wirst empfinden, daß ich, der Absender dieses Briefes, dir gegenwärtig bin und teilnehme an den Bemühungen der Gesandten.

35 (350 F)

An Sebastianos[1]

Wenn du bisher nicht wußtest, was für eine Art von Mensch Julianos[2] ist, jetzt ist die Gelegenheit da, den Mann kennenzulernen. Denn als der Hafen von Ägypten reiche Verdienstmöglichkeiten bot, da hat niemand ihn gesehen. Seit aber die Gewinne anderswohin fließen und man für die Getreidezufuhr einen Mann braucht, der unentgeltlich etwas leistet, da lobt man ihn und schickt ihn. »Wer ist von größerem Nutzen als er?« Dies und vieles dergleichen sagt man. Julianos aber liebt die Ruhe, und es fällt ihm schwer, sich von Frau und Kindern zu trennen, und das drängte ihn zu bleiben; aber er wollte keinesfalls vor denen, die ihn nicht kennen, dastehen als einer, der Mühe scheut, wo es nichts zu verdienen gibt, und so nahm er es denn, wenngleich unter Tränen, auf sich, die Schiffe zu beladen. Da ich ihn aber so verzweifelt sah, brachte ich ihm dich in Erinnerung und sagte: »hör auf mit deinem Kummer, in Ägypten ist Sebastianos.« Sogleich lächelte er und war in besserer Verfassung. In seiner Niedergeschlagenheit war er gar nicht auf den Gedanken gekommen, daß er dich sehen wird am Nil. Also steh ihm in allem zur Seite, er ist ohne Vermögen, rechtschaffen und ein wahrer Freund.

36 (852 F)

Πρόκλῳ.

1 Ἤδη τῶν πρέσβεων ᾑρημένων ἤρετό τίς τινα ξένος πολίτην, ὁπόσοι τινὲς εἶεν. ὁ δὲ ἔφησε· τρεῖς. ἐγὼ δὲ τοὺς τρεῖς ἀκούσας — καὶ γὰρ ἔτυχον παρών — οὐ τρεῖς ἔφην πρεσβεύειν, ἀλλὰ 2 τέτταρας. πῶς, ἤρετο, τέτταρες; ὅτι πολὺ πρὸ τῶν τριῶν, ἔφην, ᾑρέθη Πρόκλος ὑπ' αὐτῶν τῶν ἐν τῇ πόλει παρ' αὐτοῦ πεποιημέ- νων ὁδῶν τε καὶ στοῶν καὶ λουτρῶν καὶ ἀγορῶν. φιλεῖν μὲν γὰρ ἀνάγκην ἔχει τόν γε αὐτοῦ πόνον, τὸ δὲ ἐρᾶν δεινὸν πεῖσαι μηδὲν 3 ὀκνεῖν ὑπὲρ τῆς ἐρωμένης. καλὸν δὲ τὸ τὸν αὐτὸν βούλεσθαί τε ἡμᾶς εὖ ποιεῖν καὶ δύνασθαι. δύναται δὲ δυνάμεως δυοῖν εἴδεσιν· ἔχει γὰρ δὴ καὶ τὸ τοῦ πατρὸς σθένος. οἷν ἀμφοῖν ὑπὲρ ἡμῶν χρήσεται πρὸς τὴν ἀρχαίαν ῥώμην τὴν βουλὴν ἐπανάγων, ὡς μὴ μόνον ἐν τῇ στοᾷ τῇ παρὰ σοῦ φαίνεσθαι τοῦ δήμου τὴν εὐθυμίαν ἑσπέρας ἑκάστης ᾄσμασιν, ἀλλὰ καὶ τῆς βουλῆς δι' ὧν ἂν βουλῇ πρέπῃ.

37 (362 F)

Ἀνατολίῳ.

1 Οἶσθά που Μάρκελλον ἀπὸ τῆς τέχνης[3] καὶ ἔτι γε πρότερον ἀπὸ τῶν τρόπων· οὐ γὰρ μᾶλλον ἀγαθὸς ἰατρὸς ἢ χρηστὸς ἀνήρ. 2 σὺ μὲν οὖν αὐτοῦ τὴν τέχνην ἐν ἄλλων ἔγνως σώμασι καὶ οὕτω γε τὰς ἁπάντων ἰατρῶν μανθάνοις· ἐγὼ δὲ αὐτὸν εἶδον ἐν τοῖς ἐμαυτοῦ κακοῖς, ἀφ' ὧν με ἐξείλκυσεν ἤδη βεβαπτισμένον[4]. εἰ γὰρ μὴ οὗτος ἐκοίμισε τὸ νόσημα τῆς κεφαλῆς, ἢ ἐτεθνήκειν ἂν

36 (852 F)   An Proklos[1]

Als die Gesandten[2] schon ausgewählt waren, fragte ein
Fremder einen Bürger, wieviele es seien. Er antwortete:
drei. Als ich aber von dreien hörte, denn zufällig war
ich zugegen, da sagte ich, daß nicht drei die Gesandtschaft bildeten, sondern vier. ›Wieso vier?‹ fragte er. Ich
erwiderte: »Weil lange vor den dreien Proklos gewählt
wurde, und zwar von allem, was er in der Stadt geschaffen
hat: Straßen, Säulenhallen, Bäder, Marktplätze[3].« Denn
notwendigerweise liebe er, was ihm Mühe bereitet hat.
Die Liebe aber habe die Kraft, einen dahin zu bringen,
daß man ohne Zögern eintritt für das, was man liebt. Eine
schöne Sache jedoch sei es, wenn derselbe Mann den Willen habe, uns Wohltaten zu erweisen, und auch die nötige
Macht. Macht aber hat dieser doppelt, denn auch der
starke Arm des Vaters[4] steht ihm zu Gebote. Beiderlei
Einfluß wird er zu unserem Nutzen gebrauchen und den
Rat der Stadt wieder zu seiner früheren Stärke bringen.
Und so wird denn nicht nur in der Säulenhalle, die du
erbaut hast, die Freude des Volkes sichtbar, wenn jeden
Abend dort die Lieder erklingen[5], sondern auch der Rat
wird froh sein, weil er hat, was dem Rate gebührt.

37 (362 F)   An Anatolios[1]

Vermutlich ist Markellos[2] dir wohlbekannt durch sein
Können und noch mehr durch seinen Charakter, denn er
ist ein tüchtiger Arzt und ein nicht minder guter Mensch.
Du allerdings hast sein Können durch die Leiber anderer
Menschen kennengelernt und so mögest du mit der Kunst
aller Ärzte Bekanntschaft machen; ich aber habe ihn
durch mein eigenes Leiden kennengelernt, aus welchem
er mich herausgezogen hat, nachdem ich schon unter-
gegangen war. Denn hätte er nicht mein Kopfleiden
gestillt, ich wäre entweder gestorben oder am Leben

88   Politik und öffentliches Leben

3 ἢ ζῶν ἂν ἐπενθούμην, ὅτι μὴ ἐτεθνήκειν. ἔχοι δ᾽ ἂν καὶ
ἕκαστος τῶν τὴν ἡμετέραν οἰκούντων ἐφ᾽ ὁμοίοις μνησθῆναι
Μαρκέλλου. διὰ γὰρ δὴ παντὸς ἀφῖκται σώματος⁵ ἀντιταττόμενος
ταῖς προσβολαῖς· ὥστ᾽ εἰ μὲν οὗτος ὑγιαίνοι, καὶ τοῖς νοσοῦσιν
ἐλπίδες· εἰ δ᾽ ἀσθενήσειε, κοινὸς ὁ φόβος κάμνουσί τε καὶ μή.
τοῦτον ὁ μὲν τιμῶν οὐ θαυμάζεται, μικρὰ γὰρ ἀντὶ μεγάλων
4 δίδωσιν· ὁ δ᾽ οὐ τιμῶν κἂν πατρὸς πατάξειε γνάθους. ἐμοὶ
μὲν δὴ πᾶσα ἀνάγκη τὸν πρεσβύτην ἀντευποιεῖν· ἀντευποιήσαιμι
δ᾽ ἄν, εἰ τῇ σῇ δυνάμει χρησαίμην· ἡ γὰρ ἐμὴ λεπτή τις. προθυ-
5 μοῦ δὴ καί με δεῖξον εἰς ἀμοιβὰς οὐ φαῦλον. τί τοίνυν αἰτοῦμεν; Μάρκελλος ὀψέ ποτε γίγνεται πατὴρ μάλα ταύτης ἐπι-
θυμήσας τῆς κλήσεως καὶ πρὸς ἱεροῖς ἱκετεύσας καὶ ἔστιν αὐτῷ
6 τὰ τέκνα, Ἀσκληπιοῦ δῶρα. διὰ δὴ τοῦτο πάνυ γέρων ὢν
πάνυ νέους υἱοὺς τρέφει, οὓς ἄρτι γάλακτος ἀπαλλαγέντας εἰς
στρατιώτας⁸ ὁ βασιλεὺς ἐνέγραψεν, ὧν νῦν ὁ καλὸς ἡγεῖται
Μουσώνιος πράττων αὐτοῖς ἀσφάλειαν εἰς ἅπαντα τὸν χρόνον.
ἀλλὰ νῦν κηρύγματα περιφοιτᾷ χωρεῖν ὡς ὑμᾶς, οἷς οὗτος ὁ
7 βίος. τοῖς δὲ Μαρκέλλου παισὶν οὐχ ὅπως τοῦτο ῥᾷστον, ἀλλ᾽
οὐδ᾽ ὑπερβῆναι τὰς πύλας. δεδοίκαμεν δὴ μὴ τοῦτο αὐτοὺς
ἐκβάλλῃ τοῦ σχήματος¹³ καὶ σοῦ δεόμεθα τηρεῖν αὐτοὺς ἀπόν-
τας ἐν τῷ σχήματι. λέγεται δὲ Μουσωνίῳ τὸ σὸν νεῦμα νόμος
εἶναι, καὶ παλαιός γε ὁ νόμος τὸν ὕπαρχον τοῖς ἔχουσιν ὃ νῦν
8 ἐκεῖνος ὁριστὴν¹⁵ εἶναι τῶν ἔργων. βεβαίωσον δὴ δόξαν οὕτω
καλὴν ἐν οἷς ἐπαγγέλλομεν καὶ μὴ θαυμάσῃς εἰ Στρατηγίου
γράμμασιν ἐμὰ Μάρκελλος παρέζευξε· φήμη γὰρ ἐμὲ παρὰ σοὶ
πλεῖστον ἰσχύειν.

geblieben und bedauert worden, daß ich nicht tot bin.
Jeder Bürger unserer Stadt dürfte einen solchen Anlaß
haben, des Markellos zu gedenken. Denn jeglichen Körper hat er im Griff, gewappnet gegen die Attacken. Drum
haben, wenn er gesund ist, auch die Kranken Hoffnung;
ist er aber krank, so greift die Furcht um sich bei den
Kranken wie bei den Gesunden. Wer ihn ehrt, verdient
noch keine Bewunderung, denn Kleines gibt er für Großes. Wer aber ihn nicht ehrt, der würde auch seinem
Vater ins Gesicht schlagen[6]. Ich selbst fühle mich unbedingt verpflichtet, dem alten Manne seine Wohltat zu
erwidern; erwidern aber kann ich sie nur, wenn du deinen Einfluß dabei geltend machst, denn der meinige ist
gering. Drum steh mir bei, und zeig, daß ich mich zu
revanchieren vermag. Worum geht es also? Markellos ist
erst spät Vater geworden, nachdem er sich sehr danach
gesehnt und in den Heiligtümern darum gefleht hatte;
doch nun hat er Kinder, von Asklepios geschenkt[7]. Deswegen also hat er in hohem Alter sehr junge Söhne zu
ernähren, die, kaum der Mutterbrust entwöhnt, vom Kaiser zum Palastdienst eingeteilt wurden. Ihr Vorgesetzter
ist zur Zeit Musonios[9], der ihnen für alle Zeit Sicherheit[10]
verschafft. Aber jetzt geht allenthalben die Kunde um,
daß alle, die in dieser Lage sind, zu euch kommen sollen[11].
Für die Söhne des Markellos aber ist dies nicht leicht,
nicht einmal die Stadttore zu passieren[12]. Daher fürchte
ich also, daß du sie aus der Beamtenschaft entfernst, und
ich bitte dich, ihnen trotz ihrer Abwesenheit den Beam-
tenstatus zu belassen. Sagt man doch, daß für Musonios
dein Wink Gesetz ist, und es ist seit alters Gesetz, daß
denen, die in seiner Stellung[14] sind, der Präfekt vor-
schreibt, was sie zu tun haben. Festige also dein großes
Ansehen in der Sache, um die ich dich bitte, und wundere
dich nicht, daß Markellos dem Brief des Strategios den
meinigen beigefügt hat[16]. Man sagt nämlich, daß ich bei
dir größten Einfluß hätte.

38 (1169 F)

'Εντρεχίω.

1 "Α περὶ Διονυσίου πρὸς τὸν γενναῖον Παλλάδιον ἔγραψας, πέμψας ἐκεῖνος πρὸς ἐμὲ ἤρετο, τί δεῖ ποιεῖν, ἐνδεικνύμενος ὡς
οὐδ' εἰ σφόδρα βούλοιτό μοι χαρίζεσθαι, δύναιτ' ἂν διὰ τοὺς
2 νόμους. ἐγὼ δὲ ὑμῶν δέομαι μηδὲν ἐμοῦ πυνθανομένους
γνῶναι ὅ τι ἂν ἐθέλητε· ὑμῖν μὲν γὰρ ἴσως ἀνάγκη τιμωρεῖσθαι,
τὸν δὲ ἀφειμένον ταύτης ἐμὲ ἴσως οὐ καλὸν ἀτυχοῦντι συνεπι-
θέσθαι φίλῳ. πάλαι δὲ ἀτυχεῖν ἤρξατο Διονύσιος, ἀφ' οὗ τοῦ
πατρὸς στερηθεὶς ἐν πτωχείᾳ διῆγε τῆς μητρὸς αὐτῷ καὶ τοῦ
3 ταύτην ἐπιγήμαντος τρυφώντων. οἶδε ταῦτα 'Ιουλιανὸς καὶ
σὲ διδάσκειν δίκαιος ἦν· καὶ γὰρ ὑπεδέξατο τὸν νέον καὶ μετέ-
δωκε τῶν ὄντων καὶ δοξάζειν ἔδωκε τοῖς πολλοῖς ὡς εἴησαν
ἀδελφοί. οὕτως εὐπόρει μὲν ἄτερος, ἀπέλαυον δὲ ἀμφότεροι.
4 ἕως μὲν οὖν ἐνταῦθα διέτριβε, κοσμίως τε καὶ σωφρόνως ἔζη, καὶ
μᾶλλον ἄν τις τοῖς ἀνδριᾶσιν[6] αἰτίαν ἐπήνεγκεν ἐρωτικὴν ἢ
5 τούτῳ· ὁ δὲ ἀνὴρ γενόμενος ἥμαρτεν ἃ ἐν παισὶν ἔφευγεν. ὁ
μὲν οὖν κατήγορός φησιν· ἀδικεῖ Διονύσιος, ὁ δὲ ἐμὸς λόγος·
ἀδικεῖ Διονύσιον ἡ Τύχη. ὅταν γὰρ μὴ προσήκῃ τὸ ἔργον τῷ
τοῦ δεδρακότος ἤθει, κακοδαίμονας ἀντὶ πονηρῶν τοὺς ἡμαρτη-
κότας κλητέον.

38 (1169 F)

An Entrechios[1]

Was du über Dionysios[2] an den edlen Palladios[3] geschrieben hast, das hat dieser mir geschickt mit der Frage, was zu tun sei. Dabei stellte er klar, daß er mir wegen der Gesetzeslage nicht zu Gefallen sein könne, auch wenn er es noch so sehr wünsche. Ich aber bitte euch, eure Entscheidung zu treffen, wie immer ihr wollt, ohne mich darüber zu befragen. Denn vielleicht besteht für euch eine Notwendigkeit, ihn zu bestrafen[4]; für mich jedoch, der ich davon befreit bin, wäre es vielleicht keine Ruhmestat, über einen Freund, der ins Unglück geraten ist, mit anderen herzufallen. Das Unglück des Dionysios aber hat schon vor langer Zeit begonnen, als er nach dem Tode seines Vaters in Armut lebte, während seine Mutter und ihr zweiter Mann im Überfluß schwelgten. Das weiß Julianos[5], und er war verpflichtet, es dir mitzuteilen. Denn er hatte den Jungen aufgenommen, ihm Anteil gegeben an seinem Besitz, und die Leute konnten meinen, es handle sich um Brüder. Ein solches Vermögen besaß der eine, und sie beide zehrten davon. Solange er sich also hier aufhielt, betrug er sich gut und lebte besonnen, und man hätte eher den Marmorbildern erotische Neigungen nachsagen können als ihm. Doch als er zum Manne geworden war, verfiel er auf eben jene Sünden, die er als Knabe unter Knaben gemieden hatte. Und nun sagt der Ankläger: ›Dionysios hat Unrecht begangen‹; ich aber sage: ›Das Schicksal hat an Dionysios Unrecht begangen‹. Denn wenn eine Tat nicht zum Charakter des Täters paßt, dann sollte man den, der den Fehler begangen hat, einen unglücklichen Menschen nennen und nicht einen schlechten.

39 (636 F)

ʼΑνατολίῳ.

1 Οἷα τετόλμηται οὐ περὶ τὸν Ἴστρον ἐγγὺς Σκυθῶν οὐδὲ ἐν τοῖς
ἐσχάτοις Λιβύης³, ἀλλ᾽ ἐν Φοινίκῃ, τῷ πάντων ἡμερωτάτῳ
χωρίῳ, νόμων ὄντων, ἀρχόντων ἐφεστηκότων, βασιλέως ζῶντος
2 ἐν ὅπλοις, ὅπως ἅπαν ἀπείη βίαιον. Λουκιανός τις, ἄνθρωπος
ἐπὶ μικροῦ τινος σχήματος, χρήματα εἰσπράττων γεωργούς τινας,
ὥσπερ Διονύσιος ὤν, ὁ Σικελίας δεσπότης, ἢ Γέλων ἐκεῖνος ὁ
τὴν μεγάλην δύναμιν ἔχων, ἐκώμασεν εἰς τὸν γάμον Εὐσταθίου
τουτουί, πένητος μὲν καὶ πένητι συνοικοῦντος, παρεμυθεῖτο δὲ
αὐτὸν ἡ σωφροσύνη τῆς γυναικός, ἣν ἀπολωλυίας αὐτῷ τῆς
πόλεως, ἔστι δὲ Νικομηδεύς, ἄγεται, προῖκα δὲ εἰσέφερεν ἡ
3 γυνὴ τὸν τρόπον. ἀλλ᾽ ὁ μὲν ʼΕλπιδίου κελεύοντος ᾤχετο
ἄξων ἀνθρώπους ὡς ὑφέξοντας λόγον, Λουκιανὸς δὲ τὴν ἄνθρω-
πον¹⁰ ἰδὼν ἀδίκοις ὄμμασι¹¹ πλησίον οἰκοῦσαν προσπέμψαι μὲν
καὶ μνησθῆναι πρὸς αὐτὴν ἔρωτος οὐκ ἐτόλμησεν, ᾔδει γὰρ
4 οὐ πείσων, τὴν θυγατέρα δὲ ἐκέλευε χρῆσθαι τῇ γυναικί. καὶ
ἦσαν ἐν συνηθείᾳ καὶ πολλάκις ἦλθε παρ᾽ ἐκείνην ἡ τούτου
θυγάτηρ εἰδυῖα, ὅτου χάριν ταῦτα ἐπράττετο, τοιαῦτα γὰρ
ἐπαίδευε τὴν θυγατέρα. καλεῖ δή ποτε καὶ ταύτην ἐκείνη παρ᾽
αὐτὴν ἀξιοῦσα τῶν ἴσων τυχεῖν, ἡ δέ, ὧν γὰρ ἀφειστήκει τοῖς
ἔργοις, οὐδὲ ὑποπτεύειν ἠξίου, καὶ ὑπήκουσε καὶ ἦν εἴσω θυ-
5 ρῶν, μᾶλλον δὲ ἐν δικτύῳ. κατακλείσας γὰρ αὐτὴν ὁ ὑβριστὴς
ἐκεῖνος ἐν δωματίῳ καὶ φήσας δεῖν προσκυνεῖν τὴν Τύχην, εἰ
τὸν βίον ἐκ τῶν χειρῶν ποιουμένη¹² συγκατακλίνοιτο τῷ δοῦναι

39 (636 F)   An Anatolios[1]

Verbrechen, wie sie nicht an der Donau vorkommen in der Nachbarschaft der Skythen[2] und nicht im äußersten Afrika, hier gibt es sie, in Phönikien, dem zivilisiertesten aller Länder, trotz aller Gesetze und Aufsichtsbeamten und obwohl der Kaiser Waffen trägt[4], um allen Gewalttaten vorzubeugen. Ein gewisser Lukianos[5], ein Mensch in einer niedrigen Stellung, der von irgendwelchen Bauern Geld eintreibt und sich wie Dionys[6] der Tyrann von Sizilien gebärdet oder wie der mächtige Gelon[7], er hat sich an der Ehefrau des Eustathios[8], des Überbringers dieses Briefes, vergangen. Eustathios ist ein armer Mann, verheiratet mit einer armen Frau, die ihn durch ihre Ehrbarkeit über seine Lage hinwegtröstet; er nahm sie zur Frau nach der Zerstörung seiner Heimatstadt – er stammt aus Nikomedia – und sie brachte als Mitgift nur ihre Charakterfestigkeit mit. Doch er mußte sich auf Elpidios'[9] Geheiß auf Reisen begeben, um einige Personen vorzuführen, die vor Gericht gestellt werden sollten; Lukianos aber, der der Frau, die in seiner Nähe wohnte, begehrliche Blicke zuwarf, wagte zwar nicht, ihr Botschaften zukommen zu lassen und von Liebe zu sprechen, wußte er doch, daß er damit keinen Erfolg haben werde, aber er befahl seiner Tochter, ihre Bekanntschaft zu machen. Sie wurden sehr vertraut, und die Tochter kam öfters zu ihr, wohl wissend, worum es geht, denn eben dazu erzog er seine Tochter. Eines Tages also hat diese die Frau zu sich eingeladen mit der Begründung, daß sie einen Gegenbesuch erwarten dürfe; jene aber hat, was ihr selbst fernstand, auch nicht anderen unterstellen wollen, und so folgte sie der Einladung, und schon war sie in dem Haus oder vielmehr im Netz. Dieser Verbrecher schloß sie nämlich im Zimmer ein und erklärte, sie müsse beten zur Göttin des Glücks, da sie, die von ihrer Hände Arbeit lebe, nun mit einem Manne, der sie reich machen könne,

δυναμένῳ, ἐπειδὴ καλῶς εὕρισκεν ὡπλισμένην τῇ σωφροσύνῃ
καὶ οὔτε ὑπισχνούμενος ἔπειθεν οὔτε ἀπειλῶν κατέπληττε, χεῖρας
προσῆγε καὶ ἰσχύν. ἡ δὲ ἀπεωθεῖτο καὶ ὁ τρόπος αὐτὴν ἐποίει
6 μείζω τῆς φύσεως δεικνύειν. ξίφος ἐνταῦθα ἐγύμνωσε Λουκιανός, ὦ θεοί. ἡ δὲ τοῦτο ἐπῄνεσε μόνον, εἰ ἀποθανεῖται πρὸ
αἰσχροῦ τινος. ὡς δὲ ἔγνω καὶ τῆς ψυχῆς ἀφισταμένην, οἰκέτας
καλεῖ καὶ σχοινία κομίζειν ἐκέλευεν, ἡ δὲ ἦν ἐπὶ κλίνης ἐν
7 δεσμοῖς καὶ βοώσης ὑβρίζετο τὸ σῶμα. εἰ μὲν οὖν ταῦτα
εἰργασμένος εἰς φρέαρ ἐνέβαλε τὴν ἠδικημένην, ὥσπερ ἐν Λεύκτ-
ροις οἱ Λάκωνες ἃς ἐβιάσαντο, πονηρὸς μὲν ἂν ἦν τῇ μοιχείᾳ,
πειρώμενος δὲ ἀφανίζειν τὸ πραχθὲν ἐδόκει ἂν φοβεῖσθαι τοὺς
νόμους· νῦν δ᾽ ὥσπερ ἐνδεικνύμενος ὅτι, κἂν σύ, κἂν Μόδεστος,
κἂν Ἐλπίδιος, κἂν ἅπαντες γνῶσιν ἄνθρωποι τὸ ἀδίκημα, δέος
8 οὐδέν, ἐκπέμπει τὴν ἄνθρωπον καταγελῶν. ἡ δὲ πρὸς τὸν
ἄνδρα — καὶ γὰρ εὐθὺς ἀφῖκτο κατὰ τύχην — εἰποῦσα τὸ πᾶν
ἐδεῖτο αὐτὴν ἀποκτεῖναι, μηδὲ γὰρ ἂν ἀτυχησάσῃ τὰ τοιαῦτα ζῆν
ἔχειν καλῶς. ὁ δὲ τὴν μὲν παρέδωκεν, οἷ φυλάξουσιν, ὅπως μὴ
αὑτὴν ἀποσφάξῃ, δεῦρο δὲ ἥκων εἰδὼς ὅτι Νικομήδειαν καὶ
οὖσαν ἐφίλουν καὶ κειμένην δακρύω, ἐδεῖτό μου καὶ διδάξαι καὶ
παροξῦναι διὰ γραμμάτων Μόδεστον ὡς ἐκεῖ γραψόμενος τὸν
9 μοιχόν. ἐγὼ δὲ αὐτὸν πέμπω παρὰ σὲ νομίσας τὸ μὲν ἔχειν
πολὺν πόνον, τὸ δὲ ἴσην τὴν ἀκρίβειαν ἄνευ πόνων. ἀλλ᾽, ὦ
σωφρονέστατε καὶ δικαιότατε καὶ γυναικὶ συνοικῶν καὶ παῖδας
γνησίους τρέφων, δεῖξον ὡς ἔστιν ὁ κωλύσων ταῦτα τολμᾶσθαι.

ins Bett gehen dürfe. Da er aber sah, daß sie mit Ehrbarkeit gewappnet war und er sie weder durch Bitten verleiten noch durch Drohungen einschüchtern konnte, legte
er Hand an sie und gebrauchte Gewalt. Sie aber setzte
sich zur Wehr, und ihre Charakterstärke verlieh ihr Kräfte
weit über ihre Natur. Daraufhin zückte Lukianos, o ihr
Götter, ein Schwert. Sie aber wollte nur dies: lieber den
Tod als die Schande. Als er nun merkte, daß sie bereit
war, auch ihr Leben zu lassen, rief er seine Diener und
befahl ihnen, Stricke zu bringen, und so lag sie gefesselt
auf dem Bett und schrie, während ihr Körper vergewaltigt wurde. Hätte er nach dieser Tat die Geschändete in
einen Brunnen gestürzt, wie es die Lakedämonier bei
Leuktra mit den Frauen[13] machten, denen sie Gewalt
angetan hatten, dann wäre er verrucht wegen seiner Un-
zucht, aber der Versuch, das Geschehene zu verbergen,
hätte wenigstens den Anschein von Gesetzesfurcht erweckt. So aber machte er deutlich, daß es ihn gar nicht
kümmert, ob du das Verbrechen erfährst oder Modestos[14]
oder Elpidios oder die ganze Menschheit, indem er die
Frau wegschickte unter Hohngelächter. Sie aber eilte zu
ihrem Mann, der glücklicherweise gerade heimgekehrt
war, erzählte ihm alles und bat ihn, sie zu töten, denn nach
solchem Mißgeschick gebe es für sie kein Leben mehr in
Ehren. Doch er vertraute sie Leuten an, die aufpassen
sollten, daß sie keinen Selbstmord begeht, und kam zu
mir, da er wußte, daß ich Nikomedia liebte, als es noch
stand, und beweine, seit es zerstört ist[15]; er bat mich,
Modestos in einem Brief darüber zu berichten und seine
tatkräftige Unterstützung zu gewinnen, da er den Sitten-
strolch dort vor Gericht bringen wollte. Ich aber schicke
ihn zu dir, da ich glaube, daß jenes Verfahren mühsam ist,
dieses hingegen ohne Mühe ebenso wirkungsvoll. Drum,
als ein Mann der Ehrbarkeit und Gerechtigkeit, der verheiratet ist und eheliche Kinder aufzieht, zeig, daß es jemanden gibt, der Einhalt gebietet solchen Verbrechen.

IV. ZIRKUS UND UNTERHALTUNG

40 (1399 F)

Καισαρίῳ.

1 Νῦν σοι καιρὸς τὴν κομιδὴν[2] ἀποδοῦναι τῇ ἡμετέρᾳ πόλει, ἣν μάλα πολλὴν λόγους τέ σοι παντοίους παρέθηκε τῇ τε ἄλλῃ παιδεύσει θαυμαστὸν τὴν ψυχὴν ἀπέφηνεν αἴ τε νῦν ἀρχαὶ καρποὶ τῶν μαθημάτων ἐκείνων, ἀφ᾽ ὧν καὶ τῆς μεγίστης αὐτίκα 2 ἐπιβήσῃ. πάντα δὴ τρόπον εἰκότως ἂν ἡμᾶς ὥσπερ τροφέας ἀμείβοιο. ὑπάρχει δέ σοι μηδὲν πονοῦντι δικαίῳ γενέσθαι πρὸς τὴν πόλιν. οἶσθα γὰρ ὡς ἡδὺ μὲν δήμοις ἵππων ἅμιλλαι, τερπνὸν δὲ καὶ τὰ ἀπὸ τῆς σκηνῆς, οὐδὲν δὲ οἷον οἱ θηρίων πρὸς ἀνθρώπους ἀγῶνες, ὅταν τὰ μὲν ἄφυκτα εἶναι δοκῇ, τοῖς δὲ ὑπὸ 3 σοφίας ἐκείνων ὑπάρχῃ κρατεῖν. ἐπὶ μέν γε τὰ ἄλλα ἅμα ἡμέρᾳ βαδίζουσι, τούτων δὲ εἵνεκα ὑπαίθριοι ταλαιπωροῦσι μαλακωτέρους τῶν εὐνῶν ἡγούμενοι τοὺς λίθους, καὶ τὸ τῶν κυνηγε- 4 τῶν ἔργον φθάνει τὰ τῶν θεατῶν ὄμματα. τοῦτο δὴ τὸ θέαμα πολὺν χρόνον ἐκλελοιπὸς διὰ τὸ μεγάλων δεῖσθαι χρημάτων νῦν ἐπανήκει διὰ τὴν Κέλσου φιλοτιμίαν[8], εἰ δὲ βούλει, περιουσίαν, μᾶλλον δέ, τῇ τύχῃ μὲν δύναται, γνώμῃ δὲ ὑπήκουσε κύριος ὢν ἀποκρούσασθαι, στεφάνου μὲν καὶ στολῆς καὶ τῶν τοιούτων παραχωρήσας[10] τῷ υἱεῖ γάλακτος οὐ πάλαι ἀπηλλαγμένῳ[11], φειδόμενος δὲ οὔτε ἀργύρου οὔτε χρυσοῦ φιλονεικῶν μεγέθει 5 δαπάνης κρύψαι τοὺς νῦν ἐπαινουμένους. ἀκούων δὲ τὴν

IV. ZIRKUS UND UNTERHALTUNG

40 (1399 F)   An Kaisarios[1]

Nun ist es für dich an der Zeit, unserer Stadt, deren Zögling du bist, die Dankesschuld abzutragen für die mannigfaltigen Reden, mit denen sie dich bewirtete, und die übrige Erziehung, die sie deiner Seele angedeihen ließ zur allgemeinen Bewunderung. Sind doch deine jetzigen Ämter Früchte jenes Unterrichts, der dich auch die höchste Sprosse[3] wird bald erklimmen lassen. In jeder Hinsicht also wäre es billig, uns als deinen Ernährern den Dank abzustatten. Und du hast nun die Möglichkeit, ohne Anstrengung der Stadt deine Schuldigkeit zu tun. Weißt du doch, daß das Volk am Pferderennen[4] Gefallen findet und daß es auch Theaterveranstaltungen[5] liebt, daß aber nichts ihm so viel bedeutet wie die Kämpfe von wilden Tieren gegen Menschen[6], wenn jene unentrinnbar den Tod zu bringen scheinen und diese dann durch Intelligenz obsiegen. Zu den anderen Veranstaltungen macht man sich bei Tagesanbruch auf den Weg, um der Tierkämpfe willen aber ertragen die Menschen sogar eine Nacht unter freiem Himmel, und die Steine scheinen ihnen weicher als ihr Bett. So beginnt das Werk der Jäger, ehe die Augen der Zuschauer es sehen können. Diese Schauspiele also haben hier lange Zeit ausgesetzt wegen der hohen Unkosten[7]; jetzt aber kehren sie wieder durch das ehrenamtliche Wirken des Kelsos oder, wenn du willst, seinen Überfluß. Vielmehr verhält sich die Sache so: das Glück gibt ihm die Möglichkeit, seine Einsicht aber ließ ihn die Aufgabe übernehmen[9], obwohl er berechtigt war, sie abzulehnen, da er Kranz, Amtstracht und was dazugehört an den eben der Mutterbrust entwöhnten Sohn abgetreten hat. So sparte er weder Silber noch Gold, voller Ehrgeiz, durch seinen Aufwand alle in den Schatten zu stellen, die heute Ansehen genießen. Da er aber

Ἴδην τὴν Τρωικὴν ἄρκτων γένη δύσμαχα τρέφειν — ἔστι δὲ
κεφάλαιον τῶν περὶ ταῦτα ὁ ἀπὸ τούτων φόβος καὶ τὸ ἐπιβουλό-
τερα εἶναι μᾶλλον ἢ ῥᾴδια ἐξαπατᾶσθαι — τοῦτον δὴ τὸν φόβον
ἔπεμψε κομιοῦντα Πολύκαρπον δοῦναι μὲν πλέον ἑτέρου δυνά-
μενον, δεόμενον δὲ συμμαχίας, εἴ τις ἐπελθὼν βιάζοιτο. ἀνδρὸς
δὲ ξένου πολίτης δυνατώτερος ἂν εἴη καὶ ῥᾷστα ἂν ἐξελάσας
6 τὸν ἐωνημένον αὐτὸς ἀδίκως ἔχοι.   ἀλλὰ σύ, ὦ ἄριστε, ποιήσεις
τὸν ξένον δυνατώτερον, ἢν μετ᾽ αὐτοῦ τὸ δίκαιον ᾖ. καί σοι
εἰσόμεθα χάριν ἡμεῖς τε οἱ τῶν θηρίων ἔμποροι καὶ ὅσοι ἂν ἐπὶ
τὰς τούτων μάχας συνδράμωσιν. ἔσονται δὲ σχεδὸν ἑπτακαίδεκα
πόλεις, ὧν ἡδομένων καὶ ἐπαινούντων οὐκ ἔστιν ἀγνοηθῆναι,
πόθεν τε ἥκει ταῦτα καὶ τίνος πέμψαντος.

41 (217 F)

Ἀνδρονίκῳ.

1 Ἐπ᾽ ἐξόδῳ τῆς λειτουργίας ὁ ἀνεψιός ἐστί μου. νόμος δὲ τὰ
τελευταῖα καὶ μέγιστα εἶναι τῆς γε τοιαύτης λειτουργίας. ὁ δὲ
καλῶς φροντίζων τῆς ὑπερβολῆς ὅπως ἐν ἑκάστῳ τῶν ποιουμέ-
νων αὐτὴ φανεῖται φροντιεῖ οὐ μόνον ἆθλα μείζω τῶν πρόσθεν
τιθεὶς οὐδὲ πλείω θηρία φόνῳ διδούς, ἀλλὰ καὶ τῶν πρὸς ταῦτα
ἀγωνιουμένων πολλαχόθεν ποιούμενος συλλογήν· τοῦτο γάρ
2 ἐστιν ἀτεχνῶς τὸν κολοφῶνα ἐπιθεῖναι³.   τῆς τοίνυν διὰ τῶν
κυνηγετῶν ὑπερβολῆς ἐν σοὶ τὸ πλεῖστον — τρέφει γὰρ ἡ Φοι-
νίκη τοὺς τὰ τοιαῦτα δεινούς — οἷς, εἰ μὲν σὺ βούλοιο, χρησό-
μεθα, μὴ βουλομένου δὲ κατὰ τοῦτο χωλεύσομεν. καὶ μέμψεταί

wußte, daß die troische Ida unbezwingliche Arten von
Bären[12] hervorbringt, – die Hauptsache daran aber ist
der Schrecken, den sie verbreiten, da sie nicht leicht zu
täuschen sind, sondern selbst hinterhältig[13] – so schickte
er also, jene Schreckenstiere zu holen, Polykarpos, der
mehr zu geben vermag als andere, jedoch des Beistandes
bedarf, wenn jemand sich Übergriffe gegen ihn erlaubt[14].
Ist doch dem Fremden gegenüber ein Bürger im Vorteil,
denn er kann sehr leicht den Käufer verjagen und wider
das Recht die Ware selbst in Besitz nehmen. Du aber,
mein Bester, wirst dem Fremden bessere Möglichkeiten
verschaffen, sofern das Recht auf seiner Seite steht. Und
wir alle werden dir dankbar sein, die Käufer der Tiere und
jene, die zu den Kämpfen zusammenströmen. Es sind aber
etwa siebzehn Städte[15], und wenn alle diese Städte Freude
und Lob äußern, dann kann nicht verborgen bleiben,
woher das alles kommt und wer es geschickt hat.

41 (217 F)
An Andronikos[1]

Das Ehrenamt, das mein Vetter übernommen hat, geht
zu Ende, und es ist üblich, daß bei solchen Ehrenämtern
die letzten Aufgaben auch die größten sind[2]. Er aber
möchte vornehm übertreffen, um in allem, was er tut,
der erste zu sein, indem er nicht nur größere Preise aus-
setzt als alle früheren und nicht nur mehr Tiere in der
Arena töten läßt, sondern auch aus allen Gegenden eine
größere Anzahl von Männern sammelt, die gegen sie
kämpfen. Denn das heißt wahrhaftig den Schlußstein
darauf setzen. Doch um mit Jägern übertrumpfen zu
können, ist er hauptsächlich auf deine Hilfe angewiesen,
denn die Männer, die sich darauf verstehen, gibt es in
Phönikien. Und wenn du zusagst, werden wir sie haben;
lehnst du aber ab, so werden wir auf diesem Bein hinken,
und dafür wird man nicht uns tadeln um des Mißgeschicks

τις οὐχ ἡμᾶς τοὺς ἀτυχήσαντας, ἀλλὰ τὸν ἀμνημονοῦντα τῶν
φίλων. ὡς μὲν γὰρ καλοῦμεν τοὺς ἐκεῖθεν καὶ παρ᾽ οὗ τὴν χάριν
αἰτοῦμεν οὐδεὶς ἠγνόηκε· γιγνομένου δὲ ἡμῖν οὐδενὸς εἴσονται
3 δι᾽ ὃν οὐ γίγνεται. τοῦτο δὲ σοὶ οὐ καλόν.   φιλεῖς τὴν Φοινίκην.
οἶδα καὶ αὐτὸς καὶ μετ᾽ ἐμοῦ τοῦτο οἶδε γῆ τε καὶ θάλαττα. ἀλλὰ
καὶ τοῦτο ἔστι τῆς Φοινίκης ἐρῶντος ἐᾶν ἡμᾶς εὖ ποιεῖν τηλι-
καύτην πόλιν. καὶ ἅμα ἦν τι θαυμαστὸν ἐργάζωνται σοφίᾳ
κρατοῦντες τὴν τῶν θηρίων φύσιν, ὁ θεατὴς ἐν τῇ τοῦ ἔργου
4 ἡδονῇ τὴν Φοινίκην ἐπαινέσεται.   μὴ τοίνυν μήθ᾽ ἡμᾶς ἀτιμά-
σῃς μήτ᾽ ἐκείνην ἀδικήσῃς μηδέ γε ἁρπάσῃς πρόφασιν ἀπὸ τῶν
Μοδέστου γραμμάτων εἰς τὸ μὴ δοῦναι τὴν χάριν, τὰ μὲν γὰρ
ἔθει τινὶ παλαιῷ κεκόμισται, θαρροῦμεν δὲ οὐκ ἐκείνοις, ἀλλὰ
τῷ σὲ βούλεσθαι τὴν ἡμετέραν οἰκίαν ἐν σχήματι φαίνεθαι. καὶ
νῦν, εἰ παρὰ σοῦ πεμφθεῖεν, οὐδεὶς πρὸ τοῦ πέμψαντος δόξει
5 δεδωκέναι τὴν χάριν.   ἔδει μὲν οὖν περιεῖναί τε τὸν θεῖον ἡμῖν
καὶ νῦν μεθ᾽ ἡμῶν ἐπιστέλλειν ἢ μόνον γε ἐπιστέλλειν· ἀπέχρη
γὰρ ἂν καὶ οὐδὲν ἂν ἦν ὅ τι οὐκ ἂν ἔπραττες. ἐπεὶ δὲ ἀπῆλθεν,
ἐνθυμοῦ πρὸς σαυτὸν ὅτι γράφειν μὲν οὐκ ἄν τις ἀποθανὼν
δύναιτο, χαίρειν δ᾽ ἂν καὶ τελευτήσας δύναιτο· τὴν γὰρ τῶν
6 ποιητῶν περὶ τῶν τοιῶνδε δόξαν ἐπίστασαι.   πέμπε δὴ τοὺς
ἄνδρας καί τις ἔστω παρὰ σοὶ λόγος τῶν Διονύσου καὶ Κορωνίδος
θυγατέρων. καὶ ἃ μὲν οὐκ ἄξιον διδόναι, δοῦναι κακίας, τὸ δὲ
ὅλως ἐκβαλεῖν τὰς Χάριτας οὐχ Ἑλληνικόν.

willen, sondern den, der die Freunde vergißt. Woher wir
die Leute haben wollen und wen wir um diesen Gefallen
bitten, das weiß nämlich jeder; und wenn keiner zur
Stelle ist, so wird man wissen, an wem der Fehler liegt.
Dies aber ist für dich nicht gut. Du liebst Phönikien; das
weiß nicht nur ich, sondern mit mir auch die Erde und
das Meer. Für einen, der Phönikien liebt, schickt es sich
aber, uns zu Wohltätern einer so bedeutenden Stadt werden zu lassen. Außerdem: wenn die Männer Erstaunliches
leisten und durch Intelligenz über die Kraft der wilden
Tiere obsiegen, dann werden die Zuschauer, froh über
die Leistung, Phönikien loben. Drum stürz uns nicht in
Schande, und tu dem Land nicht Unrecht und nimm auch
nicht die Briefe des Modestos[4] zum Vorwand, uns deine
Gunst zu entziehen. Nach alter Gewohnheit pflegt er sie
uns zu schicken, doch bauen wir nicht auf sie, sondern
darauf, daß du unser Haus im Glanze erscheinen lassen
willst. So wird denn auch jetzt, wenn die Männer von
dir geschickt werden, kein anderer vor dem, der sie geschickt hat, als der Wohltäter erscheinen. Freilich sollte
unser Onkel[5] noch leben und mit uns an dich schreiben
oder auch alleine schreiben, denn das genügte, und es
gäbe nichts, was du nicht für ihn tätest. Da er aber von
uns gegangen ist, halt dir vor Augen, daß keiner, der
gestorben ist, noch schreiben kann, daß es aber Freude
auch für den gibt, dessen Leben geendet hat[6]. Denn was
die Dichter darüber denken, das weißt du. Schick also
die Männer und laß nicht in Vergessenheit geraten die
Töchter des Dionysos und der Koronis[7]. Was des Schen-
kens nicht wert ist, schenkt nur der Schlechte; doch die
Chariten ganz zu vertreiben, ziemt sich nicht für einen
Hellenen.

42 (218 F)

Εὐσεβίῳ.

1 Τὰ θηρία σωζέσθω καὶ σφαττέτω μηδεὶς καὶ πλὴν τούτου παρε-
χέτω τις τὴν θέαν καὶ μὴ ἔστω τῶν αὐτοῦ κύριος ὁ δεσπότης.
2 ταυτὶ μὲν ἐπιστεῖλαι ῥᾷστον καὶ ἔτι γε τούτων ἀτοπώτερα, ἀλλ᾽
εἰ τὸ πρὸς τοσαύτην ἐκπίπτειν ἀτοπίαν πρὸς τῆς σῆς ἐστι διανοίας
καὶ τῶν ἐλπίδων ἃς παρέστησας ἐξέταζε· δεῖ γὰρ οὐ τῷ ποιεῖν
τι μέγα φρονεῖν, ἀλλὰ τῷ ποιεῖν ἃ προσήκει. τὸ παρὸν δὲ οἷον
3 ὅρα.   ὁ ἀνεψιὸς οὑμὸς μανίᾳ τὴν λειτουργίαν ταύτην δὴ τὴν
βαρεῖαν ἤρατο καὶ ψηφιεῖται Δημοσθένης ὀρθῶς εἰρῆσθαί μοι
4 μανίαν³ τὴν ὑπὲρ δύναμιν φιλοτιμίαν.   πρὸς γὰρ τῷ τὴν οἰκίαν
τὴν αὑτοῦ κενῶσαι χρυσίου καὶ τὰ τῶν φίλων πολλῶν οὐκ ὀλίγα
προσέθηκε πάντα πανταχόθεν ἀγείρων θηρία τε καὶ τοὺς πρὸς
5 ταῦτα μαχομένους.   καὶ ἦν μὲν σωφρονοῦντος μὴ πρὸς τοσοῦτον χρόνου τὴν δαπάνην ἐκτεῖναι καὶ πολλάκις τοῦτο παρῃνέσα-
μεν· ἐπεὶ δὲ ἡμῖν οὐκ ἠβουλήθη, τῇ γε ἀνάγκῃ πείθεται καὶ
6 καλεῖ τὰς πόλεις ὡς ἐπιθήσων πέρας, ἀλλ᾽ οὐκ ἐᾷς.   τί γάρ,
εἰπέ μοι, χρήσεται; παύσει τὴν σύνοδον κηρύξας μένειν κατὰ
χώραν καὶ τὸν χειμῶνα ἀναμένειν; καὶ τί ἂν γένοιτ᾽ ἂν αἴσχιον
ἢ δαπανηρότερον; ἀντὶ ποίου δὲ ἀδικήματος ταύτην λήψεται
7 δίκην;   ἀλλὰ καλεῖν μὲν δεήσει καὶ τἆλλα ποιεῖν. εὔχεσθαι δὲ
ὑπὲρ τῶν ἄρκτων⁵ καὶ κελεύειν μηδὲ ῥάβδῳ παίειν; καὶ τίς ἡ
χάρις; ἢ ποῖος οὐ γέλως; ποῦ δὲ ἄξια ταῦτα τοῦ στεφάνου; τίς

42 (218 F) An Eusebios[1]

»Die Tiere sollen geschont werden, und keiner soll welche töten, und die Schauspiele sollen ohne Blutvergießen sein, und der Besitzer soll nicht mehr die unumschränkte Gewalt über das Seine haben.«[2] Dergleichen schreibt sich sehr leicht und noch viel Unsinnigeres, aber du sollst prüfen, ob es zu deiner Vernunft und zu den Hoffnungen, die du geweckt hast, paßt, auf solche Ungereimtheiten zu verfallen. Denn man soll nicht stolz darauf sein, irgendetwas getan zu haben, sondern getan zu haben, was notwendig ist. Worum es aber im Augenblick geht, ist folgendes: Mein Vetter hat in seinem Wahn dieses schwere Ehrenamt für das Gemeinwesen übernommen, und mir scheint Demosthenes das Richtige getroffen zu haben, wenn er den Ehrgeiz, der die Kräfte übersteigt, »Wahn« nannte. Denn er hat nicht nur sein eigenes Vermögen verbraucht, sondern auch von seinen vielen Freunden nicht Weniges hinzugefügt, um von überall her wilde Tiere herbeizuschaffen und Männer, die gegen sie kämpfen. Ein vernünftiger Mensch hätte diesen Aufwand nicht über so lange Zeit hin getrieben, und ich habe ihn oft diesbezüglich ermahnt. Da er aber mir nicht folgen wollte, muß er der Not gehorchen und lädt jetzt die Städte ein, um das Ende herbeizuführen, doch du läßt es nicht zu. Sag mir bitte, was er unternehmen kann. Soll er etwa verhindern, daß weiterhin die Zuschauer zusammenströmen, indem er ausrufen läßt, sie sollten an Ort und Stelle auf den Winter warten?[4] Ich wüßte nicht, was ihm eine schlimmere Blamage und höhere Unkosten bereiten könnte. Und für welches Unrecht sollte er dermaßen bestraft werden? Soll er nun einladen und die übrigen Vorbereitungen treffen, dabei aber für die Bären beten und verbieten, sie auch nur mit einer Gerte zu schlagen? Welchen Reiz hätte das? Würde das nicht allenthalben Gelächter hervorrufen? Was ist daran eines Kranzes wert?

δαὶ οἴσει τοὺς κλώζοντας ἢ συρίττοντας⁶; κεντεῖν δὲ ἀξιούντων
τί φήσει; πότερον ὡς οὐ βούλοιτ᾿ ἄν; ἢ τὸν κεκωλυκότα; ἀλλὰ
8 τὸ μὲν οὐκ ἐκείνῳ, τὸ δὲ οὐ σοὶ καλόν. ἄγε οὖν, ὦ φίλος, ἰῶ
τὸ τραῦμα καὶ μήτε ἄνδρας ἑταίρους ποίει κακῶς μήτε πόλιν ἐν
ᾗ παιδείας μετέλαβες. καὶ γὰρ ἃ μέν ἐστι γοργὰ τῶν θηρίων καὶ
ἄφυκτα, δῶρον δέδοται τῷ βασιλεῖ καὶ τὰ τοῦ γενναίου περιμένει
βέλη, τὰ λοιπὰ δὲ τῶν ἐκείνου μὲν ὀφθαλμῶν ἀνάξια, δήμῳ δ᾿
9 ἂν ἡδονὴν ἐνέγκαι. γράφε δὴ βελτίω καὶ μὴ τὴν ἄμπελον ἡ
χάραξ προδίδου· σὺ γὰρ δὴ καὶ παρ᾿ ἄλλων φερόμενον κακὸν
ἠλπίζου λύσειν.

Wer kann das Pfeifen und Buhrufen ertragen? Und wenn die fordern, die Tiere zu verwunden, was soll er antworten? Daß er es nicht möchte? Oder wer es verbiete? Jene Antwort wäre für ihn wenig schön, diese für dich. Also, lieber Freund, heile die Wunde, und kränke weder Männer, die deine Vertrauten sind, noch eine Stadt, in der du unterrichtet wurdest. Die wilden und besonders gefährlichen Tiere wurden ohnehin dem Kaiser zum Geschenk gemacht und ihrer warten die Geschosse des Edlen; die übrigen jedoch, die seiner Blicke nicht würdig sind, könnten dem Volk zur Freude werden. Gib also bessere Nachricht, und sei nicht der Pfahl, der den Rebstock im Stich läßt[7]. Von dir nämlich haben wir erhofft, du werdest auch ein von anderer Seite kommendes Übel beseitigen.

43 (1180 F)

'Ελπιδίω.

1   "Ετερα μὲν ἠλπίσαμεν περὶ τῶν 'Ολυμπίων, ὅτι δὴ λαμπρότατα
τῶν πώποτε ἔσται τῶν τε σῶν ὀφθαλμῶν τυγχάνοντα κἀκείνων
τῶν μεγάλων τε καὶ καλῶν καὶ φοβερῶν, οὓς ζημίαν ἡλίῳ φήσαιμ᾽
ἂν οὐκ ὄντας ἔτι· πληροῦμεν δὲ ὅμως τὰ πρὸς τὸν θεὸν οὕτως
2   ὅπως ἂν ἐξῇ.   σοὶ δὲ ἄρα εἵμαρτο πάντως τι τὴν πανήγυριν
ὠφελῆσαι. φέρων γάρ σε κατέστησεν εἰς τοῦτο ὁ δαίμων ὥστε
ἐν σοὶ κεῖσθαι τὸ πλέον τῆς ἑορτῆς. ἡ γὰρ δὴ 'Ιωνία τά τε ἄλλα
καλὴ καὶ ἀθλητῶν γενναίων εὔφορος, οὓς ὁ μὲν τὸν ἀγῶνα τιθεὶς
μεταπέμπεται τῇ παρὰ τοῦ στεφάνου δόξῃ καὶ χρήματα προστι-
θείς· μέγιστον δ᾽, εἰ γνοῖεν ὅτι καὶ σοί τις σπουδὴ τούτους
ἑτέρων προκεκρίσθαι. δῆλον γὰρ ὅτι καὶ γονεῦσι τοῖς αὐτῶν καὶ
τοῖς ἄλλοις οἰκείοις οἰήσονται συμφέρειν τὸ ποιεῖν ἀφ᾽ ὧν ἡδίων
3   ἔσῃ.   δέχου δὴ τὸν παρ᾽ ἡμῶν, ὥσπερ εἴωθας, ἡμέρως καὶ μὴ
μόνον ὅτου ἂν δέηται πράττειν, ἀλλὰ καὶ ὅ τι ἂν ἀγνοῇ, καὶ
τοῦτο φράζειν τε καὶ πράττειν.

43 (1180 F)

An Elpidios[1]

Anderes habe ich mir versprochen von den olympischen Spielen, daß sie nämlich die glanzvollsten würden, die es je gab, und daß sie stattfinden würden vor deinen Augen und vor jenen großen und schönen und furchterregenden Augen[2], welche das Licht der Sonne – ihr zur Strafe[3], wie mir scheint – verlassen haben. Dennoch wollen wir dem Gott[4] unsere Schuldigkeit tun, so gut wir es vermögen. Dir freilich ist gewiß vom Schicksal bestimmt, das Fest zu fördern, denn die Gottheit hat dich an einen solchen Platz gestellt, daß das Gelingen der Spiele zum größten Teil in deinen Händen liegt. Ist doch Ionien[5] in mancher Hinsicht ein schönes Land, nicht zuletzt, weil es edle Wettkämpfer hervorbringt. Diese lädt der Veranstalter der Spiele ein, indem er zu dem Ruhm des Siegeskranzes noch Preise in Geld hinzufügt. Besonders wichtig aber ist es für sie zu wissen, daß es dir etwas bedeutet, wenn sie vor anderen den Vorrang erringen. Denn es ist klar, daß sie überzeugt sein werden, ihren Eltern und den übrigen Verwandten zu nützen, wenn sie tun, was dich erfreut.

Nimm also unseren Abgesandten freundlich auf, wie du es gewohnt bist, und tu nicht nur das, worum er bittet, sondern wo immer er sich unwissend zeigt, dort steh ihm zur Seite mit Rat und Tat.

44 (1182 F)

Θεοδώρῳ.

1 Ἀπόδος τῇ πόλει χάριτας, ἥ σε τοσοῦτον ἔθηκεν, ὦ χρηστὲ Θεόδωρε. καὶ γὰρ εἰ πατρίς σοι τῆς Ἀραβίας τὸ κάλλιστον, ἀλλ' ὑπὸ τῆς ἡμετέρας ηὐξήθης καὶ ῥήτωρ ἄριστος καὶ ἀγῶνες καὶ νῖκαι καὶ πλοῦτος καὶ ἀρχὴ πρώτη τε ὁμοῦ καὶ μεγάλη, ἣν ὅτι σὺν δικαιοσύνῃ κατευθύνεις, πολλὰ ἀγαθά σοι γένοιτο· ἥκει γὰρ λόγος τῆς ἀρετῆς καὶ ὡς οἱ μὲν πείθονταί τε καὶ χαίρουσιν ἐπιταττόμενοι, οἱ δὲ ἀλγοῦσι μέν, σιγῶσι δὲ ἀντειπεῖν οὐκ ἔχον-
2 τες. τούτων δὲ χάριν ὀφείλειν οἷον Καλλιόπῃ τε καὶ Ἀπόλλωνι καὶ Διί, τοῖς ἡμετέροις θεοῖς. ἀλλὰ τῇ μὲν Μούσῃ τε καὶ τῷ Μουσηγέτῃ μετὰ ταῦτα τῶν μισθῶν ἐπιμελήσῃ· πρὸς δέ γε τὸν πατέρα τούτοιν ἤδη σοι τὰ δίκαια ποιεῖν ὑπάρχει. Ὀλύμπια μὲν γὰρ πλησίον, τὸ δὲ τῆς ἑορτῆς κεφάλαιον ἀθληταί, πολλοὺς δὲ
3 τούτους ἡ ὑπὸ σοὶ γῆ τρέφει τε καὶ παιδεύει. τῆς μὲν οὖν διὰ χρημάτων παρακλήσεως ἡμῖν μελήσει, μαθέτωσαν δὲ καὶ τὸν εἰς τὴν πανήγυριν ἔρωτα καὶ φροντίδας καὶ ὡς οὐδαμῇ ταύτῃ λείπῃ τοῦ τὸν ἀγῶνα τιθέντος· μέγα γὰρ ἡμῖν ἐκεῖ ταῦτα ἐγνῶσθαι.
4 ἐνθυμοῦ δὲ ὅτι τῶν ἐπιστελλόντων ἂν ἦσθα, οἷα ἐγὼ νῦν, εἰ παρ' ἡμῖν ἐτύγχανες ὤν. ἃ οὖν ἂν ἠξίους τὸν ἄρχοντα ποιεῖν, ταῦτα αὐτὸς ποίει νῦν, ἐπειδή γε εὖ ποιῶν ἄρχεις.

44 (1182 F)

An Theodoros[1]

Erwidere unserer Stadt, die dich hat groß werden lassen, ihre Wohltaten, guter Theodoros. Denn mag auch der schönste Teil Arabiens[2] deine Heimat sein, so bist du doch durch unsere Stadt zum großen Mann geworden, zum glänzenden Redner, dem Wettkämpfe und Siege und Reichtum zuteil wurden und ein Amt, schon das erste ein bedeutendes, das du gerecht verwaltest, wofür dir alles Glück beschieden sein möge. Es geht nämlich die Kunde um von deiner Tüchtigkeit und daß viele sich freudig deiner Herrschaft fügen, während andere zwar darunter leiden[3], aber doch schweigen, weil sie dir nichts vorzuwerfen haben. Denk daran, daß du dafür Kalliope[4] Dank schuldest und Apollon und Zeus, den Göttern unserer Stadt. Der Muse und dem Musenführer dies zu lohnen sei spätere Sorge, aber dem Vater[5] von beiden kannst du jetzt deine Schuldigkeit tun. Die Olympischen Spiele stehen nämlich vor der Tür, und zu diesem Fest braucht man Wettkämpfer. Solche Männer aber ernährt und erzieht deine Provinz in Fülle. Gegen Entgelt einzuladen wird unsere Sorge sein, doch mag man wissen, wie sehr dir das Fest am Herzen liegt und daß du dich nicht weniger darum bemühst als der, der die Wettkämpfe ausrichtet[6]. Für uns bedeutet es viel, wenn dies in der Region bekannt ist. Denk auch daran, daß du selbst schreiben würdest wie ich jetzt, wenn du bei uns wärest. Also, was du dann vom Statthalter fordern würdest, das tu nun selbst, da du ein guter Statthalter bist.

V. JULIAN UND DAS HEIDENTUM

45 (369 F)

Ἰουλιανῷ.

1 Διπλῆν ἀνῄρησαι νίκην, τὴν μὲν ἐν ὅπλοις, τὴν δὲ ἐν λόγοις, καί
σοι τρόπαιον³ ἔστηκε, τὸ μὲν ἀπὸ τῶν βαρβάρων, τὸ δ' ἀπ' ἐμοῦ
2 τοῦ φίλου. τουτὶ δὲ τὸ τρόπαιον ἡδὺ τῷ κεκρατημένῳ· πᾶσι
γὰρ δὴ πατράσιν εὐχῆς μέρος παίδων ἡττᾶσθαι, καὶ σὺ παρ'
ἐμοῦ λαβὼν τὰς εἰς τὸ γράφειν ὁδοὺς οἷς ἔλαβες τὸν δόντα
3 παρήνεγκας. περὶ δὲ τοῦ μέτρου τῆς ἐπιστολῆς δεῖ δήπου με
ἀπολογήσασθαι τῷ στρατηγῷ τὸν ῥήτορα, μᾶλλον δέ, τῷ λέγειν
4 οὐχ ἧττον ἢ μάχεσθαι μαθόντι. ἐπειδή σε βασιλεὺς ἐκάλεσεν
εἰς κοινωνίαν τῆς ἀρχῆς, ᾠήθην δεῖν ἀφελεῖν τῆς παρρησίας καὶ
μὴ ποιεῖν ἃ πρὸ τοῦ πρὸς ἄνδρα τοσοῦτον γεγενημένον· δεινὸν
γάρ, εἰ σκιαμαχοῦντες μὲν ἐν ταῖς τῶν ἀγώνων μελέταις εἰσόμεθα,
πῶς Περικλεῖ καὶ Κίμωνι καὶ Μιλτιάδῃ διαλεκτέον, ἐπὶ δὲ τῆς
5 ἀληθείας παροψόμεθα τὸν νόμον. αὐτὸ γὰρ τοῦθ' ὃ σὺ φῄς,
ὡς αἱ τῶν στρατηγῶν ἐπιστολαὶ βραχεῖαι διὰ τὸ πράττειν, ἔπειθέ
με καὶ αὐτὸν συστέλλειν τὰ γράμματα εἰδότα ὡς, ὅστις ὑπ' ἀσχο-
λίας οὐκ ἔχει μακρὰ ἐπιστέλλειν, κἂν ὑπ' ἄλλου μακρὰ γράφον-
6 τος ἐνοχληθείη. νῦν οὖν ἐπειδή με παρακαλεῖς εἰς μῆκος,
ὑπακούσομαι. καί σοι συγχαίρω πρῶτον μέν, ὅτι τὰ ὅπλα ἔχων
ἐν χεροῖν οὐκ ἐξέλυσας τὴν περὶ λόγους σπουδήν, ἀλλὰ μάχῃ
μὲν ὡς οὐδὲν ἄλλο δρῶν, ζῇς δὲ ἐν βιβλίοις ὡς ἀφεστηκὼς μάχης·

V. JULIAN UND DAS HEIDENTUM

45 (369 F)   An Julian[1]

Zwiefachen Sieg hast du errungen, einen mit Waffen[2] und
einen mit Worten, und ein Siegeszeichen hast du errichtet
nach der Niederlage der Barbaren, ein anderes nach der
des Freundes, der meinigen. Dieses Siegeszeichen aber
erfreut den Unterlegenen. Schließen doch alle Väter in
ihre Gebete auch dieses ein, daß die Söhne sie übertreffen
mögen[4]; so hast auch du die erste Unterweisung in der
Schriftstellerei von mir erhalten und dann mit dem Empfangenen den Geber übertroffen[5].
Die Länge meines Briefes muß ich vor dir entschuldigen,
ich, der Redner vor dem Feldherrn, beziehungsweise vor
dem, der zu reden nicht weniger versteht als zu kämpfen.
Nachdem dich der Kaiser zur Teilhabe an der Herrschaft
berufen hatte[6], glaubte ich, nicht mehr mit der gleichen
Freiheit zu dir sprechen und nicht mehr wie vorher mit
dir umgehen zu dürfen, da du das Höchste erreicht hast.
Denn es wäre wahrhaftig schlimm, wenn wir zwar in den
Schattenkämpfen unserer Deklamationen[7] wissen, wie
Perikles und Kimon und Miltiades sich auszudrücken
haben, im wirklichen Leben aber die Gepflogenheiten
mißachten. Was du selbst sagst, daß nämlich Feldherren
kurze Briefe schreiben[8], weil sie zu handeln haben, eben
dies bewog mich, auch meinerseits in den Briefen mich
kurz zu fassen, da mir klar war, daß jemand, der zu beschäftigt ist, um ausführlich zu schreiben, es wohl auch
als lästig empfindet, von anderer Seite lange Briefe zu
erhalten. Jetzt aber, da du mich zur Ausführlichkeit aufforderst[9], will ich gehorchen.
Und ich möchte dich beglückwünschen zunächst einmal,
weil du, obgleich du die Waffe in der Hand hältst, das
Studium der Redekunst nicht aufgegeben hast, sondern
kämpfst, als ob du nichts anderes kenntest, und in den

ἔπειθ' ὅτι τῷ μεταδόντι τῆς ἀρχῆς οὐ παρέσχες μετάμελον, ὅτι
μετέδωκεν, ἀλλ' ἡγούμενος τὸν αὐτὸν ἀνεψιόν τε εἶναί σοι καὶ
συνάρχοντα καὶ δεσπότην καὶ διδάσκαλον οἷς τε πράττεις ἐκεῖνον
ἐπιφημίζεις καὶ πρὸς τοὺς ἐναντίους πίπτοντας λέγεις· τί δ' ἂν
7 ἐπάσχετε βασιλέως φανέντος;   ταῦτα ἐπαινῶ καὶ τὸ μὴ μετὰ
τῆς ἐσθῆτος[12] ἀμεῖψαι τὴν γνώμην μηδ' ὑπὸ τῆς ἐξουσίας
ἐκβαλεῖν τὴν μνήμην τῶν φίλων. καί σοι πολλὰ ἀγαθὰ γένοιτο,
ὅτι με τὸν ἐπαινοῦντα τὴν σὴν φύσιν οὐ ψεύστην ἀπέφηνας, μᾶλλον
δέ, ὅτι ψεύστην ἀπέφηνας οὐδὲν εἰπόντα τοσοῦτον ὁπόσον ἔδει-
8 ξας.   ἐκεῖνό γε μὴν σὸν ἀτεχνῶς καὶ ἐξ οὐδενὸς παραδείγματος
ὁρμηθέν· τῶν γὰρ ἄλλων ὁμοῦ τῇ βασιλείᾳ δεχομένων καὶ χρημάτων ἔρωτα καὶ τῶν μέν, εἰ καὶ μὴ πρότερον ἐπεθύμουν,
ἀρχομένων ἐρᾶν, τῶν δ' ἐπιτεινόντων προενοικοῦν τὸ πάθος σὺ
μόνος ἐν δυναστείᾳ καταστὰς τῶν πατρῴων ἀπέστης τοῖς γνωρί-
μοις τῷ μὲν οἰκίαν διδούς, τῷ δὲ ἀνδράποδα, γῆν ἑτέρῳ, χρυσίον
9 ἄλλῳ, καὶ διεδείχθης ἰδιώτης μᾶλλον ἢ βασιλεὺς εὔπορος.   καὶ
μή με οἶον τῶν φίλων ἐξελαύνειν ἐμαυτόν, ὅτι μὴ τῶν εἰληφότων
εἷς καὶ αὐτός· ἔχω γὰρ εἰπεῖν, ἀνθ' ὅτου μόνος οὐκ ἔχω. σὺ
ταῖς πόλεσι τά τε ἄλλα βούλοι' ἂν εἶναι, δι' ὧν εὐδαιμονοῦσι
πόλεις, καὶ δὴ καὶ λόγων ἰσχὺν εἰδὼς ὅτι, τούτους ἂν σβέσῃ τις,
10 εἰς ἴσον ἐρχόμεθα τοῖς βαρβάροις.   ἔδεισας οὖν μὴ λαβόμενος
εὐπορίας φύγω τὴν τέχνην, καὶ δεῖν ᾠήθης ἐν πενίᾳ με φυλάττειν, ὅπως καὶ αὐτὸς φυλάττοιμι τὴν τάξιν. οὕτω μοι μαντεύεσθαι

Büchern lebst, als ob Schlachten dir ferne lägen; ferner-
hin, weil du dem, der dich teilnehmen ließ an der Herrschaft, keinen Anlaß zur Reue botest, da derselbe Mann
dir zugleich Vetter[10] und Mitregent und Gebieter und
Lehrer ist und du mit allen deinen Taten ihn rühmst und
den fallenden Gegnern zurufst: ›Wie würde es euch erst
ergehen, wenn der Kaiser sich zeigte!‹[11] Dies also lobe
ich und daß du nicht zugleich mit dem Gewand auch die
Gesinnung ausgetauscht hast und nicht in der Fülle der
Macht die Freunde vergißt. Alle Güter dieser Erde magst
du erlangen, da du mein Lob deiner großen Begabung
nicht Lügen straftest, oder vielmehr, weil du es Lügen
straftest, beweisend, daß es viel zu gering ist.
Dies freilich scheint mir gänzlich dein eigen und von keinem Vorbild übernommen: Während alle andern zugleich
mit dem Kaiseramt auch die Liebe zum Geld übernehmen, derart, daß bei jenen, die zuvor nicht danach be-
gehrten, im Herrscheramt das Verlangen erwacht und bei
anderen die bereits vorhandene Leidenschaft gesteigert
wird, hast du allein, kaum an die Macht gelangt, dein
väterliches Erbe unter die Freunde verteilt[13], und diesem
eine Villa geschenkt, jenem Sklaven, einem anderen Landbesitz, wieder anderen Geld, und so hast du dich eher als
Privatmann gezeigt denn als vermögender Kaiser. Und
glaub nur nicht, daß ich selbst mich nicht mehr zu den
Freunden rechne, weil ich nicht zu jenen gehöre, die
etwas bekommen haben. Ich kann dir nämlich sagen,
weshalb ich als einziger nichts erhalten habe: Du möchtest, daß die Städte über all das verfügen, was ihrem
Wohlergehen dient, besonders aber die Macht der Rede,
denn du weißt, wenn einer diese auslöscht, dann stehen
wir auf gleicher Stufe wie die Barbaren. Also hast du
gefürchtet, ich könnte, zu Reichtum gelangt, mein Hand-
werk aufgeben; und du glaubtest, mich in der Armut
halten zu müssen, damit auch ich meine Stellung halte.
Diese Deutung ist mir jedenfalls lieber. Denn gewiß wür-

βέλτιον. οὐ γὰρ ἐκεῖνό γ' ἂν εἴποις, ὡς ἄλφιτα μὲν Καπανεύς
τε καὶ Ἀμφιάραος, ὁ δεῖνα δὲ οὔτ' ἐν λόγῳ οὔτ' ἐν ἀριθμῷ.
11 ἀλλ' ἔστι τὸ μὴ δοῦναι κηδομένου τῶν ὅλων. τοιγαροῦν ἐν ἀπορίᾳ
χρημάτων πλουτοῦμεν ῥημάτων, τοῦτο δὴ τὸ σόν, καὶ τὴν ἀρχὴν
ἣν ἄρχομεν ἴσως οὐ καταισχύνομεν, ὥσπερ οὐδὲ σὺ τὴν μεγάλην.

46 (694 F)

Μαξίμῳ.

1 Ἃ ἐποίουν ἂν περὶ Σωκράτην, εἰ κατὰ Σωκράτην ἐγεγόνειν,
ὅτε αὐτῷ τὰ θηρία ἐπέκειτο, συκοφάνται τρεῖς, ταῦτ' ᾤμην δεῖν
2 καὶ νῦν ποιεῖν περὶ τὸν τὰ Σωκράτους ἐζηλωκότα. ἔπραττον
δ' ἂν ταῦτά τε κἀκεῖνα ἂν ἐποίουν οὐχ ὑπὲρ τῶν ἐν ταῖς αἰτίαις
δεδοικὼς μὴ δεινόν τι πάθωσιν, — οὐδὲν γὰρ δεινὸν φιλοσόφοις
ἐκλυθῆναι σώματος, μέγιστον μὲν οὖν ἀγαθόν — ἀλλ' εἰδὼς
ὅτι πάμμεγα κέρδος ἀνθρώποις ἀνὴρ φιλοσοφῶν καὶ οὐ πολὺ
τοῦτ' ἔλαττον τοῦ τοὺς θεοὺς ἀναμεμίχθαι τοῖς ἀνθρώποις καὶ
συμβουλεύειν καὶ συμπράττειν, οἷα τῶν ποιητῶν λεγόντων ἀκούο-
3 μεν. διὰ δὴ ταῦτα μισῶ μὲν τοὺς περὶ Ἄνυτον, ὑπὲρ δὲ σοῦ
τοὺς θεοὺς ἐκάλουν· τουτὶ γὰρ ἡ παρ' ἐμοῦ συμμαχία, καὶ οὐκ
4 ἠρχόν γε χάριτος ἐκείναις ταῖς φροντίσιν, ἀλλ' ἠμειβόμην. οἶμαι
δὲ καὶ πάντας ὀφείλειν σοι χάριν. κοινὸς γὰρ εὐεργέτης σὺ γῆς
τε καὶ θαλάττης, ὁπόση μὴ βάρβαρος, θρέψας ἡμῖν καὶ δημιουρή-
σας βασιλέα πάντα ἄκρον, ὥσθ' οἱ πρὶν τοὺς τεθνεῶτας μακαρί-
ζοντες νῦν βούλοιντ' ἂν εἰς τὸ Ἀργανθωνίου γῆρας ἐλθεῖν
5 ἐκείνῳ πρότερον τοῦτο συνευχόμενοι τὸ γῆρας. ᾧ δοκεῖς μοι

dest du nicht sagen: ›Kapaneus und Amphiaraos haben ihre Ehrengabe erhalten, jener aber zählt überhaupt nicht mit‹[14]. Daß du mir nichts gegeben hast, macht also deutlich, daß deine Sorge dem Ganzen gilt. Wahrhaftig, ich bin arm an Geld und reich an Worten, um deinen Ausdruck zu gebrauchen, und vielleicht mache ich dem kleinen Amt, das ich verwalte, keine Unehre, so wenig wie du deinem großen.

46 (694 F)
An Maximos[1]

Was ich für Sokrates getan hätte, wenn ich zu jener Zeit gelebt hätte, als die Bestien, die drei Verleumder, Sokrates zusetzten, das glaube ich auch jetzt tun zu müssen für einen, der Sokrates nacheifert[2]. Ich hätte dieses und jenes unternommen, nicht aus Furcht um die Angeklagten, daß ihnen ein Unglück widerfahren könnte – ist es doch für den Philosophen kein Unglück, vom Leibe getrennt zu werden, vielmehr das höchste Glück[3] – sondern ich hätte so gehandelt aus dem Wissen heraus, daß der Philosoph für die Menschheit von größtem Nutzen ist, kaum weniger als wenn die Götter sich unter die Menschen mischten, um gemeinsam mit ihnen zu beraten und zu handeln, wie wir es die Dichter erzählen hören[4]. Darum also hasse ich einen Anytos[5] und seinesgleichen. Um deinetwillen aber habe ich die Götter angerufen – das ist der Beistand[6], den ich leisten kann – und mit dieser meiner Sorge wollte ich nicht etwa zu Dank verpflichten, sondern Dank erwidern. Mir scheint sogar, daß alle dir Dank schulden. Du bist nämlich der Wohltäter aller Länder und Meere, soweit sie nicht den Barbaren gehören, da du für uns den allergrößten Kaiser erzogen und herangebildet hast, so daß jene, die einst die Toten selig priesen, nun gerne das Alter eines Arganthonios[7] erreichen würden, dem Kaiser zuvor ein Gleiches wünschend. Bei ihm hältst du dich nun auf, den

νῦν παρεῖναι σὺ τερπόμενος, οὐ πονῶν· οὐ γὰρ ἔχεις ὅ τι ἐπανορ-
θώσεις τῶν πραττομένων, ἀλλ᾽ ἐφ᾽ ἑκάστῳ χαίρεις μετὰ πάσης
ἀρετῆς γιγνομένῳ. λέγων δὲ ἥξειν παρ᾽ ἡμᾶς καὶ ὑπισχνούμενος
μετέωρον ἡμῖν πεποίηκας τὴν πόλιν ἐνθυμουμένοις, οἷον ἂν εἴη
6 τὸ θέαμα Φοῖνιξ ἑπόμενος Ἀχιλλεῖ. ἔοικα δὲ οὐκ ὀρθῶς
εἰκάσαι· ποῦ γὰρ ἴσον πρὸς ταύτην τὴν συζυγίαν ἐκείνη; ἀλλ᾽
ἐγὼ μὲν εἰκόνα πρέπουσαν ζητήσω κατὰ σχολήν, ὑμεῖς δὲ
ἀφίκοισθε καὶ φανείητε ποθοῦσιν· ἐπεὶ καὶ ὁ πρόδρομος πολλοῦ
7 γεγένηται ταῖς πόλεσιν ἄξιος, ὁ καλὸς Πυθιόδωρος. τὴν γάρ
τοι περὶ τοὺς θεοὺς θεραπείαν εἰς ἀκμὴν ἤγαγε πάντα βωμὸν
αἵματι ῥάνας καὶ δείξας ὅτι δεῖ θαρροῦντως θύειν. οἱ δὲ εἵποντο
8 πηδῶντες οἱ τέως ὀκνοῦντες. ἐκεῖνος μὲν οὖν χωρείτω πανταχοῦ
ποιήσων ταὐτόν· ἐμοὶ δὲ ἦν μὲν διὰ πολλῶν ἀντεπιστεῖλαι, κρεῖττον δὲ ἔδοξε πέμψαι δι᾽ ἀνδρὸς ἐοικότος τῷ κομίσαντι τἀκεῖθεν,
9 ὅπως σε ταύτῃ γε μιμοίμην. οἶμαι δὲ οὐκ ἀδικεῖν εἰς φιλοσόφων χορὸν Φουρτουνατιανὸν ἐγγράφων· κωλύσει γὰρ ἴσως οὐδέν,
οὔτε ἡ χλαμὺς οὔτε ὁ κείρων.

47 (736 F)

Κέλσῳ.

1 Οὐκ ἔφθη σε ἀφεὶς ὁ βασιλεὺς καὶ συνέμιξεν ἐμοὶ καὶ μικροῦ
μὲν σιγῇ παρέδραμεν ἠλλοιωμένον μοι τοῦ προσώπου καὶ χρόνῳ
καὶ νόσῳ, φράσαντος δὲ τοῦ θείου τε καὶ ὁμωνύμου πρὸς αὐτόν,
ὃς εἴην, κίνησίν τε ἐκινήθη θαυμαστὴν ἐπὶ τοῦ ἵππου καὶ τῆς
δεξιᾶς λαβόμενος οὐ μεθίει σκώμμασί τε χαριεστάτοις καὶ ῥόδων
ἡδίοσιν ἔπαττέ⁶ με καὶ αὐτὸν οὐκ ἀπεχόμενον τοῦ σκώπτειν.
ὁ δὲ ἀμφοτέροις ἦν θαυμαστός, οἷς τε ἔλεγεν οἷς τε ἠνείχετο.

Freuden, denke ich, dich hingebend und nicht den Mühen. Keine seiner Handlungen nämlich bedarf der Kor-
rektur, eine jede ist wohlgelungen und für dich ein Anlaß
zur Freude. Da du nun sagst, ihr würdet zu uns kommen,
und dies uns versprochen hast, ist die ganze Stadt voll
Erwartung, gespannt auf das Schauspiel, wenn Phoinix
auftritt als Gefolgsmann Achills[8]. Doch mein Gleichnis
trifft nicht. Was hat schon dieses Paar mit jenem gemeinsam? Ich werde in Muße nach einem passenden Bilde
suchen, ihr aber kommet, zeigt euch den Sehnsuchterfüll-
ten! Schon euer Vorbote bedeutet den Städten viel, der
gute Pythiodoros[9]. Er hat den Kult der Götter zu höchsten Ehren gebracht, jeden Altar mit Blut netzend und
durch sein Beispiel zum Opfer ermunternd. Und eilig
folgten sie ihm, die zuvor gezögert hatten. Mag er also
weiterreisen, allenthalben das gleiche ausrichtend; mir
aber boten sich viele an, den Brief zu überbringen, doch
schien es mir das Beste, einen Boten zu senden, der dem
deinigen gleicht[10], um wenigstens darin dich nachzuahmen! Und ich hoffe, es war kein Fehler von mir, Fortunatianus[11] in die Gemeinschaft der Philosophen aufzunehmen; denn es gibt sicherlich nichts, das dem im Wege
steht, weder sein feiner Mantel noch das rasierte Kinn[12].

47 (736 F)

An Kelsos[1]

Kaum hatte der Kaiser dich entlassen, da traf er hier ein[2],
und beinahe wäre er wortlos an mir vorübergegangen, da
mein Gesicht sich durch das Alter und die Krankheit[3]
verändert hatte; aber als sein Onkel[4] und Namensvetter
ihm sagte, wer ich bin, da machte er auf seinem Pferd eine
wunderbare Bewegung, ergriff meine Rechte und hielt
sie fest[5]. Dabei streute er Scherze auf mich, liebenswerter
als Rosen, und ich erwiderte sie nach Kräften. Er aber
war in beidem bewundernswert, dem, was er sagte, und

2 μικρὰ δὲ αὐτὸν ἀναπαύσας καὶ τὴν πόλιν ἁμίλλαις ἵππων εὐφρά
να ἐκέλευέ με λέγειν. καὶ εἶπον παρακληθείς, οὐκ ἐνοχλήσας,
ὁ δὲ ἐτέρπετο βεβαιῶν μοι τὸ προοίμιον· ἔφην γὰρ αὐτὸν ἐν
προοιμίῳ πάντα τἀμὰ καλὰ νομιεῖν ὑπὸ τοῦ ἐρᾶν. καὶ οὕτως
3 ἐξέβη.   σὺ δὲ καὶ αὐτὸς μὲν εἶ τῶν εἰπόντων καὶ ψήφου τετυχη
κότων ἐγγύθεν σοι τῶν θεῶν ἀπὸ τοῦ βωμοῦ βοηθούντων καὶ
παρεχόντων πρὸς τὸ θάλπος ἀνδρείαν· τοσοῦτον δὲ ἀπέσχες
πέμψαι μοι τὸν λόγον, ὥστ᾽ οὐδ᾽ ὅτι εἴρηκας ἔγραψας, ἀλλὰ
πρὸς μὲν ᾽Ολύμπιον εἰρωνευόμενος ἔφης ἐμέσαι[12], πρὸς δὲ ἡμᾶς
οὐδὲ τοῦτο.

48 (1367 F)

Μοδέστῳ.

1 ῾Ορᾷς[2], ἡλίκα ποιοῦσιν αἱ ἀρεταί; οἱ αὐτοὶ καὶ πρότερον ἤρχετε
καὶ νῦν πιστεύεσθε, καὶ οὐκ ἐπαύσατο μετὰ τῆς ἔμπροσθεν
βασιλείας τὸ καὶ ὑμᾶς ἐν τοῖς κοινοῖς ἐξετάζεσθαι. τὸ δὲ αἴτιον,
οὐκ ἦτε τῶν τότε τὰς ἀρχὰς πριαμένων οὐδ᾽ αὖ τῶν ταῖς ἀρχαῖς
ἐμπορίᾳ[4] κεχρημένων καὶ ταῦτα ἐξὸν καὶ τῶν δικαίων εἶναι
2 βουλομένων καταγελωμένων.   ἅ μοι δοκεῖ πυθόμενος ὁ θεῖος
οὗτος ἀνὴρ καὶ μισούμενος ὑπὸ Περσῶν μισθὸν τῆς ἑκουσίου
πενίας σοὶ μὲν δοῦναι τὸ μετὰ τὴν βασιλείαν μέγιστον, ᾽Ιουλιανῷ
3 δὲ πρᾶγμα τῆς ῾Ραδαμάνθυος δικαιοσύνης δεόμενον.   ὅρος μὲν
οὖν αὐτῷ τῆς φροντίδος ἡ Βιθυνία, ὁ δὲ ἔρως αὐτὸν παρ᾽ ὑμᾶς
διαβιβάζει· φίλου γὰρ οὕτω καλοῦ πλησίον ὄντος οὐκ ἦν οἷός

dem, was er sich sagen ließ. Nach kurzer Ruhepause jedoch und nachdem er die Stadt mit Pferderennen[7] erfreut
hatte, hieß er mich eine Rede[8] halten. Und so sprach ich
denn, darum gebeten, nicht mich aufdrängend; er aber
freute sich und bestätigte eben damit die Worte meines
Prooimions. Denn ich hatte im Prooimion erklärt, er werde gewiß alles, was ich sage, schön finden, weil er mich
liebe[9]. Und so traf es auch ein. Du aber gehörst auch selbst
zu denen, die eine Rede gehalten haben und damit Anerkennung fanden, da die Götter von dem benachbarten
Altar her dir Hilfe[10] leisteten, Feuer gebend und Mut.
Doch mir die Rede zu schicken, das kam dir nicht in den
Sinn, denn du hast mir nicht einmal dies geschrieben, daß
du überhaupt eine Rede gehalten hast. Vielmehr hast du
zu Olympios[11] im Scherz gesagt, du habest ausgespuckt,
und zu mir noch nicht einmal dies.

48 (1367 F)

An Modestos[1]

Siehst du, wie weit es die Tüchtigkeit bringt? Ihr hattet
ehedem hohe Ämter und genießt jetzt das gleiche Vertrauen, und keineswegs endete mit dem alten Regime auch
eure öffentliche Verantwortung. Der Grund dafür ist, daß
ihr damals nicht zu jenen gehörtet, die sich Ämter kauf-
ten[3], und auch nicht zu jenen, die mit ihren Ämtern Ge-
schäfte machten, wenngleich auch das möglich gewesen
wäre und jene, die gerecht sein wollten, nur ausgelacht
wurden. Dies hat offenbar der göttliche Mann, den die
Perser so hassen, erfahren und darum dir als Lohn für
deine freiwillige Armut das Amt übertragen, das nach
dem Amt des Kaisers das höchste ist[5], dem Julianos[6] aber
gab er eine Aufgabe, die ein Höchstmaß an Gerechtigkeit
verlangt, wie es Rhadamanthys[7] besaß. Mag Bithynien[8]
die Grenze seines Distrikts sein, seine Liebe trägt ihn zu
euch hinüber; denn da ein so guter Freund in seiner Nähe

τε μὴ μετασχεῖν. οὗτος μὲν δὴ τῆς ἡδίστης ἀπολαύσεται συνου-
σίας· ἡμᾶς δὲ ὁ στρατιώτης⁹ φόβων ἀπήλλαξε μεγάλων, οὓς
λόγοι ψευδεῖς πρότερον δεῦρ᾽ ἐλθόντες ἐνέβαλον, ὡς δεινὰ μὲν

4 πάθοι, δεινὰ δὲ δράσειεν ἡ πόλις. ὁ δὲ ἤγγελλε μωρᾶναι μὲν
τῶν καταπτύστων τινὰς ἀνθρώπους ἀνεστίους, σωφρονεῖν δὲ τὸ
πλέον καὶ βέλτιον· σὲ δ᾽ ἁμαρτεῖν μὲν οὐδέν, εἶξαι δὲ τῷ πνεύματι
καὶ διαλλαγῆναι ταχέως· γενέσθαι δὲ τὸν κατάπλουν λαμπρὸν
καὶ περίβλεπτον, ὡς πάντα μὲν ὄχλου, πάντα δὲ ἐπαίνου γέμειν,
κεκρύφθαι δέ σοι τὸ ζεῦγος ὑπὸ τῶν ἅμα κρότῳ περικεχυμένων

5 ἀνδρῶν. ὁ μὲν οὖν στρατιώτης ἐμοὶ ταῦτα εἶπεν, ἐγὼ δὲ ἐκήρυττον ἐξελαύνων λόγῳ λόγον, ἀληθεῖ τὸν ἐναντίον. τὰ γράμματα
δέ σου διαβέβηκε μὲν τὸν Εὐφράτην, θαυμαστὸν δὲ οὐδὲν εἰ

6 βραδέως εἰς χεῖρας ἀφίξεται τῷ βασιλεῖ. χωρεῖ δὲ ἐπικλύζων
τὴν Περσῶν ἀρχήν. καὶ οὗ μέν ἐστι νῦν, αὐτὸς ἂν εἰδείη καλῶς·
ἃ πράττει δέ, διὰ τῶν αἰχμαλώτων διδάσκει, παρ᾽ ὧν ἀκούειν
ἔστιν ὡς ὁ μὲν τρέχει, κεῖνται δὲ πόλεις. ἡμεῖς δὲ ἀπορρῦμεν

7 αἰχμαλώτους δεχόμενοι. ταῦτα εἶπον ἀπολογίαν τε ὑπὲρ τοῦ
στρατιώτου καὶ σοὶ διδοὺς ἥδεσθαι καὶ ἅμα ἐμαυτὸν εὐφραίνων.

49 (797 F)

’Αντιπάτρῳ.

1 ”Εοικας ἀνδρὸς πονηροῦ γραμμάτων ἐπιθυμεῖν, εἴτε διὰ χρόνου
μῆκος ἐπιλέλησμαι φίλου εἴθ᾽ ὑπό τινος εὐπραξίας αὐτὸ τοῦτο

ist, zog es ihn unwiderstehlich zu ihm hin. Er also wird
die angenehmste Gesellschaft genießen, mich aber hat der
Kurier von einer großen Furcht befreit, in die falsche
Nachrichten, die zuvor hier eingetroffen waren, mich
getrieben hatten: Daß man in der Hauptstadt Schlimmes
zu leiden habe und Schlimmes tue. Meldete er doch, daß
einige jener verabscheuungswürdigen Menschen, die kein
Zuhause haben[10], völlig außer Rand und Band geraten
seien, während der größere und bessere Teil der Bevölkerung Ruhe bewahre. Du selbst hättest dir nichts zuschulden kommen lassen, dem Sturme jedoch nachgege-
ben und schnell eine Verständigung herbeigeführt. Deine
Rückkehr in die Stadt sei strahlend gewesen und allseits
bewundert, da Menschenmassen dich umgaben und dein
Lob in aller Munde war. Dein Gespann sei nicht zu sehen
gewesen, umringt von der jubelnden Menge. Der Kurier
also berichtete dies, ich aber machte es bekannt, mit der
einen Kunde die andere vertreibend, mit der wahren die
falsche. Dein Brief aber hat den Euphrat überschritten[11],
kein Wunder jedoch, wenn er erst spät in die Hände des
Kaisers gelangt. Dieser rückt vor, das Perserreich über-
schwemmend. Wo er im Augenblick weilt, weiß er wohl
selbst am besten. Was er vollbringt, tun die Kriegsgefan-
genen kund, von denen zu hören ist, daß er vorwärts eilt
und die Städte in Trümmern liegen. Wir aber wissen
nicht, wohin mit all den Gefangenen. Dies sagte ich, um
die Verspätung des Kuriers zu entschuldigen und um dir
eine Freude zu bereiten und mir selbst ein Vergnügen.

49 (797 F)
An Antipatros[1]

Du scheinst auf den Brief eines üblen Gesellen voll Un-
geduld zu warten und, mag ich nun wegen der langen
Zwischenzeit den Freund vergessen haben oder weil es
mir zu gut geht[2], ich wundere mich jedenfalls, daß du es

ἔπαθον, καὶ θαυμάζω γε, ὅπως οὐ κέρδος ἡγήσω τοῦ τὰ τοιαῦτα
2 νοσοῦντος ἀπηλλάχθαι.   ἐγὼ δὲ τῆς μὲν κοινῆς εὐτυχίας ἔχω
τὸ μέρος ἀρχόμενος ὑπὸ βασιλέως ἀρίστου, τοῖς δὲ ἰδίοις οὐδένα
παρελήλυθα τῶν γειτόνων· οὔτε γὰρ οἰκοδομῶ λαμπρῶς οὔτε
γῆν ἐώνημαι πολλὴν οὔθ᾽ ὑπὸ ῥαβδούχων παραπέμπομαι παιό-
ντων καὶ φοβούντων οὐδ᾽ ὑπισχνοῦμαι μεγάλα οὐδ᾽ ἐχθρὸν
3 ἠμυνάμην.   τίνα τοίνυν ὄγκον ἑωρακὼς ὑβρίζεις; τίς μηνυτὴς
ἢ τίς μάντεων τοῦτον ἔφρασέ σοι τὸν ὄγκον; εἴσειμι παρὰ τὸν
βασιλέα καλούμενος, ἄλλως δὲ οὐδαμῶς, τοῦτο δὲ οὐ συνεχῶς.
εἰσελθὼν ἀκούω λέγοντος, καὶ γάρ ἐστι Σειρήν[4], καὶ ὅ τι
φθέγξαιτο, συγγράμματος τοῦτο οὐ χεῖρον. ἀμείνων γενόμενος
τὴν γνώμην ἄπειμι παρακληθεὶς εἰς λόγους τοῖς τοῦ βασιλέως
4 λόγοις.   οὗτοι τῶν εἰσόδων οἱ καρποί. τὸ δὲ τὸν δεῖνα μέν, ὦ
βασιλεῦ, παῦσον ἄρχοντα[5], ὁ δεῖνα δὲ ἀρξάτω, καὶ τῷ μὲν
γενέσθω τιμή, τὸν δὲ ἔκβαλε τῶν ὄντων, ταῦτα δὴ τὰ ἐπὶ τοῦ
Πραξίλλης Ἀδώνιδος οἴχεται. καὶ νῦν ὡς ἀληθῶς εἰς ἔργον
5 ἥκει τὸ τοῦ κρατοῦντος ὄνομα.   οὐ μὴν ἀλλ᾽, εἰ καὶ σφόδρα τις
ἦν τῶν γε τοιούτων ἐξουσία, τῶν φευγόντων ἂν ἐγενόμην τὸν
ὄγκον ὥσπερ τι φορτίον οὐ φορητόν. πιστεύοις δ᾽ ἂν μοι δικαίως,
6 εἰ μὴ ὅπερ αἰτιᾷ πέπονθας καὶ ἐπιλέλησαί μου τοῦ τρόπου.   καὶ
μὴν κἀκεῖνό γε ἄτοπον εὔχεσθαι μὲν ζῆν ἐν τοῖς αὐτοῖς πράγμασι,
καινὰ δὲ ποιεῖν καὶ οἷα οὔπω πρότερον· ἀνάμνησον γάρ με, τί
σου γράμμα πρὸ τοῦδε πρὸς ἡμᾶς ἧκεν εἰς Συρίαν, ἀλλ᾽ οὐκ ἂν

nicht für Gewinn erachtest, einen Menschen, der von dieser Krankheit befallen ist, loszuwerden.

Ich selbst habe unter der Herrschaft des allerbesten Kaisers freilich meinen Anteil an dem allgemeinen Wohlstand, aber durch persönliche Vorteile habe ich keinen meiner hiesigen Mitbürger überrundet. Denn weder baue ich prächtige Villen noch habe ich großen Landbesitz erworben[3], noch werde ich von einer Leibgarde begleitet, die andere prügelt und verjagt, noch mache ich große Versprechungen, noch habe ich mich eines persönlichen Feindes entledigt. Welches große Gehabe also hast du an mir gesehen, daß du mich kränkst? Welcher Augenzeuge oder welcher Seher hat dir von solchem Gehabe Kunde gegeben? Ich suche den Kaiser auf, wenn ich geladen bin, andernfalls nicht, und auch das nur gelegentlich. Und wenn ich bei ihm bin, lausche ich seinen Worten, die dem Gesang der Sirenen gleichen, denn seine Sprache steht hinter der eines Schriftstellers nicht zurück. Und gereift in meinem Urteil kehre ich heim, ermuntert zur Rede durch die Reden des Kaisers. Dies sind die Früchte meiner Besuche. Aber die üblichen Redensarten wie ›diesem, o Kaiser, mußt du sein Amt wegnehmen, jener soll es haben; dieser sollte eine Ehrung erhalten, jener sollte enteignet werden‹ – solche Reden mögen dem Adonis der Praxilla[6] anstehen. Heutzutage aber regiert wirklich der Herrscher. Aber auch wenn dergleichen leicht möglich wäre, ich würde zu jenen gehören, die ein derartiges Gehabe meiden wie eine unerträgliche Last. Und du hast doch wohl allen Grund, mir das zu glauben, es sei denn, du begehst eben den Fehler, den du mir vorwirfst: Zu vergessen, was für ein Mensch ich bin. Aber auch dies wäre ungereimt: Zu wünschen, daß die Verhältnisse ringsum unverändert bleiben, selbst aber alles umkrempeln und Dinge tun, die es zuvor nicht gegeben hat. Sag mir also, welchen Brief du vor dem jetzigen an mich nach Syrien geschickt hast; du wirst keinen nennen

ἔχοις. οὐκοῦν ἕτερος γέγονας καὶ αἰτῶν παρὰ τῶν θεῶν ὁ αὐτὸς
εἶναι τέμνεις ἄλλην ὁδὸν ἑκὼν ἡδίω μὲν ἐμοί, ταῖς δὲ σαῖς εὐχαῖς
7 μαχομένην. ἀλλὰ ταύτην μὲν ἰὼν καὶ γράφων μὴ παύσαιο,
βουλοίμην δ᾽ ἄν σε καὶ περὶ ἡμῶν ἐπιεικεστέραν ζητεῖν αἰτίαν
καὶ ὅταν γράμματα μὴ λάβῃς, μᾶλλον τοῖς διακόνοις ὡς ἡμελη-
κόσιν ἐγκαλεῖν ἢ τὸν φίλον νομίζειν εὐθὺς γεγονέναι κακόν, ὃς
ἐβουλήθη μὲν σοὶ τὴν ἱερωσύνην γενέσθαι, τοῦ φθάσαντος δὲ
ἡττήθη τοῦτ᾽ αὐτὸ δίκαιον ἔχοντος τὸ προειληφέναι.

50 (1411 F)

Ἀλεξάνδρῳ.

1 Ἐσπουδακέναι μέν σε περὶ τοὺς θεοὺς καὶ πολλοὺς εἰς τοὺς
ἐκείνων εἰσάγειν νόμους βουλοίμην ἄν, μὴ μέντοι θαυμάζειν εἰ
τις τῶν ἄρτι τεθνηκότων δεινόν τε ὃ ἔδρασεν ἐνόμισε καὶ πάλιν
ἐπαινεῖ τὸ μὴ θύειν· ἔξω μὲν γάρ σοι πείθονται τὰ ἄριστα
συμβουλεύοντι καὶ προσέρχονται βωμοῖς, οἴκοι δὲ γυνὴ καὶ
2 δάκρυα καὶ νὺξ μεταπείθει καὶ τῶν βωμῶν ἀποσπᾷ. Εὐσέβιος
δὲ ὁ τὴν αἰτίαν λαβών, ὡς ἄρα σοι τὰ ποιηθέντα λύσειε, σεσυ-
κοφάντηται φανερῶς καὶ πόρρω τῆς μέμψεώς ἐστιν· οὔτε γὰρ
τὸν καιρὸν ἀγνοεῖ καὶ λογισμῷ πανταχοῦ χρῆται μᾶλλον ἢ
τόλμῃ τόν τε σὸν ἐπιστάμενος θυμὸν οὐδ᾽ εἰ σφόδρα ἠλίθιος ἦν,
3 οὕτως ἂν εἰς μαχαίρας ἐκυβίστησεν. ἔστι δὲ οὐ τῶν πολλῶν
καὶ ῥᾳδίως ἅπαντα ποιούντων, ἀλλ᾽ ἅτε λόγων ἡμμένος καὶ τῆς
ἑαυτοῦ διανοίας ἐπιμεληθεὶς οὐδ᾽ ἐπὶ τῆς ἐξουσίας βαρὺς ἦν

können. Offenbar hast du dich verändert und, während
du die Götter bittest, derselbe zu bleiben, schlägst du aus
freien Stücken einen anderen Weg ein, der mir zwar angenehmer ist, aber deinen eigenen Wünschen zuwider-
läuft.

Geh also weiterhin diesen Weg und schreib mir regel-
mäßig, doch sähe ich es gerne, wenn du mir mildere Vorwürfe machtest, und kommt kein Brief von mir, dann
solltest du lieber die Nachlässigkeit der Boten dafür verantwortlich machen als sogleich unterstellen, dein Freund
sei ein übler Geselle geworden, er, der durchaus gewünscht hat, daß du das Priesteramt bekommst, aber
zurückstehen mußte, weil ihm ein anderer zuvorgekommen ist, dem der Vortritt rechtens zustand.

50 (1411 F)
An Alexandros[1]

Daß du vom Eifer um die Götter erfüllt bist und viele
unter ihr Gesetz bringen möchtest, das wünsche ich sehr,
doch sollte es dich nicht wundern, wenn mancher, kaum
daß er geopfert hat, sein Tun verabscheut und wiederum
das Nichtopfern preist. Draußen nämlich folgen sie deinen allerbesten Ratschlägen und treten vor die Altäre, zu
Hause aber ist die Frau, und da gibt es Tränen, und die
Nacht stimmt sie um und zieht sie weg von den Altären.
Eusebios[2] aber, dem vorgeworfen wird, daß er deine
Mühen zunichte machte, ist offensichtlich verleumdet
worden, und keinerlei Tadel trifft ihn. Denn er kennt die
Lage und baut stets auf die Klugheit, nicht auf die Toll-
kühnheit, und da ihm dein Ungestüm bekannt ist, würde
die größte Torheit ihn nicht dazu bringen, dir so ins Mes-
ser zu springen[3]. Er gehört nicht zur großen Masse, die
sich treiben läßt, sondern ist ein gebildeter Mann mit
geistigen Interessen, und als er ein Amt innehatte, wurde
niemand von ihm unterdrückt und mißhandelt. Man

οὐδ' ὑβριστής. ἔφης ἂν αὐτὸν ἐπίστασθαι τὸ μέλλον· οὕτω
μέτριος ἦν. ᾧ καὶ φίλον ἐποίησας ἐμοί τε καὶ Νικοκλεῖ τὸν
ἄνδρα, ὅτι τὰ αὐτοῦ τιμῶν οὐκ ἠτίμαζε τοὺς ὀμνύντας τὸν Δία.
4 οὗτος ὁ Εὐσέβιος διαφυγὼν δεσμὸν καὶ χεῖρας στρατιωτῶν ὡς
ἐμὲ καταφεύγει καὶ διηγεῖται, ὅθεν ἥκει. ἐγὼ δὲ ἥσθην ἀνδρὸς
καὶ χρηστοῦ καὶ οὐδὲν ἁμαρτόντος οὐ δεθέντος, ἐπεὶ καὶ αὐτὸς
ἂν ἠθύμησας, εἴ τι τοιοῦτο παθόντος ἔγνως, οἷος ὢν εἰς τοιαῦτα
5 ἀφῖκται. νῦν οὖν ἢ ποίησον ἐλεύθερον φόβου τὸν ἄνθρωπον
ἢ ἐξαίτει παρ' ἐμοῦ· παρ' ἐμοὶ γάρ ἐστιν. οἶμαι δὲ οὐκ ἔσεσθαι
6 φαυλότερος οὔτε κυνῶν οὔτε 'Αδμήτου. συμβουλεύω δέ σοι
κατηγορίας μὲν γινομένης καὶ ἐλέγχου κολάζειν Εὐσέβιον, δια-
βολὰς δὲ μὴ νομίζειν ἔλεγχον· ἄτοπον γὰρ τοῦτον ἀπολογίας
ἀποστεροῦντας αὐτοὺς ἀπολογίας δεῖσθαι, εἰ δ' οὗτος οὐκ ἂν
ἁλοίη, πῶς ἂν οἱ τούτῳ γε ἀκολουθοῦντες ἀδικοῖεν; εἰ δὲ ἀδι-
κοῦσιν οὐδέν, οἴσουσι μὲν ἃ πεπόνθασι σιγῇ· στήτω δὲ ἐνταῦθα
τὸ πάσχειν αὐτοὺς κακῶς.

51 (819 F)

Βηλαίῳ.

1 'Εγένετό μοι φίλος' Ωρίων, ὅτε εὐτύχει·[3] νῦν δὲ πράττει μὲν ἐκεῖνος
κακῶς, τηρῶ δὲ ἐγὼ τὴν γνώμην· αἰσχύνομαι γὰρ εἰ καὶ[4] αὐτὸς
ὑπὸ τῇ παροιμίᾳ γενήσομαι καὶ δόξω φεύγειν[6] ἠτυχηκότα φίλον.
2 ταῦτα δὲ τρὶς ἤδη πρὸς σὲ βοῶ· τὸ μὲν πρῶτον ἐν γράμμασιν,
ἔπειτα πρὸς παρόντα, νῦν δὲ ὥσπερ τὸ πρῶτον. καὶ γὰρ εἰ διέστη-

könnte meinen, daß er die Zukunft kannte, so maßvoll war er. Und deswegen hast du den Mann mir und Ni-kokles[4] zum Freunde gemacht, weil er bei aller Achtung vor der eigenen Sache diejenigen nicht mit Mißachtung strafte, die bei Zeus zu schwören pflegten. Dieser Euse-bios ist seinen Fesseln und den Händen der Soldaten ent-ronnen, hat bei mir Zuflucht gesucht und berichtet, wo-her er kommt. Ich aber habe mich gefreut, einen recht-schaffenen Mann, der sich nichts hat zuschulden kommen lassen, von den Fesseln befreit zu sehen, denn auch dich hätte es angesichts solchen Leidens deprimiert zu erken-nen, was für ein Mensch es ist, der in diese Lage gekom-men ist. Doch jetzt mußt du entweder den Menschen von seiner Furcht befreien oder seine Auslieferung von mir fordern, denn bei mir befindet er sich. Und ich denke doch, daß ich nicht schlechter dastehen werde als ein Wachhund oder als Admet[5]. Dir aber rate ich, wenn An-klage erhoben und ein Beweis geführt wird, Eusebios zu bestrafen, Verleumdungen jedoch nicht für einen Beweis zu halten. Denn es ist ein Unding, wenn jene, die ihm eine Verteidigung nicht ermöglicht haben, sich selbst ver-teidigen müssen. Sollte aber der Mann nicht überführt werden, wie sollten dann seine Anhänger sich schuldig gemacht haben? Sind sie aber unschuldig, so werden sie das bisher Erduldete schweigend tragen, aber ihre Lei-den müssen damit ein Ende haben.

51 (819 F)

An Belaios[1]

Mein Freund wurde Orion[2], als es ihm gut ging, und nun, da es ihm schlecht geht, soll es dabei bleiben. Es wäre nämlich beschämend, wenn auch ich unter das Sprichwort[5] fiele, wonach ›im Unglück Freunde ferne sind‹. Und ich wende mich in dieser Sache schon zum dritten Mal an dich, erst brieflich[7], dann mündlich[8], und

κεν ἡμῶν τῇ περὶ τὸ θεῖον δόξῃ, βλάπτοι μὲν ἂν αὑτόν, εἴπερ
ἐξηπάτηται⁹, παρὰ δὲ τῶν συνήθων οὐκ ἂν εἰκότως πολεμοῖτο.

3 ἠξίουν δὲ ἔγωγε καὶ τοὺς νῦν ἐγκειμένους αὐτῷ μεμνῆσθαι ὧν
αὐτοῖς ἐβοήθησε πολλάκις καὶ μᾶλλον ἀποδοῦναι χάριν ἢ ζητεῖν
κατορύξαι ζῶντα τὸν εὐεργέτην· οὗ τὴν συγγένειαν ἐλαύνοντες
πάλαι καὶ Μυσῶν λείαν¹² πεποιημένοι τἀκείνων τελευτῶντες
ἥκουσιν ἐπὶ τὸ τοῦδε σῶμα ὡς ταύτῃ γε χαριούμενοι τοῖς θεοῖς,
4 πλεῖστον ἀπέχοντες τοῦ περὶ τὰς τῶν θεῶν τιμὰς νόμου.   ἀλλὰ
τοὺς μὲν πολλοὺς οὐδὲν θαυμαστὸν ἄνευ λογισμοῦ φέρεσθαι καὶ
ποιεῖν ἀντὶ τῶν καλῶν τὰ ἡδέα· σὲ δὲ τὸν ἀπὸ τοῦ παιδεύοντος
θρόνου πρὸς τὸν ψῆφον κύριον¹³ ἥκοντα κατέχειν τοὺς τοιούτους
5 εἰκὸς καὶ πείθειν ἢ ἔργῳ κωλύειν. εἰ μὲν οὖν ἔχει χρήματα τῶν
ἱερῶν 'Ωρίων¹⁵ καὶ δύναιτ' ἂν ἐκτῖσαι, παιέσθω, κεντείσθω, τὰ
τοῦ Μαρσύου¹⁶ πασχέτω, δίκαιος γάρ, εἰ παρὸν ἀποδόντα
ἀπηλλάχθαι χρημάτων ἐστὶν ἥττων καὶ πάντ' ἂν ὑπομείνειεν,
ὅπως ἔχοι χρυσίον· εἰ δ' ἐστὶν ῏Ιρος¹⁷ καὶ πεινῶν ἐκοιμήθη
πολλάκις, οὐκ οἶδα, τί ἂν κερδαίνοιμεν ἀπὸ τῆς αἰκίας, δι' ἣν
6 εὐδοκιμήσει παρὰ τοῖς ἡμῖν ἐναντίοις. εἰ δὲ δὴ καὶ ἀποθανεῖν
αὐτῷ δεδεμένῳ συμβαίη, σκόπει ποῖ τὸ πρᾶγμα ἥξει, καὶ ὅρα
μὴ πολλοὺς Μάρκους ἀποφήνῃς. Μάρκος ἐκεῖνος κρεμάμενος
καὶ μαστιγούμενος καὶ τοῦ πώγωνος αὐτῷ τιλλομένου πάντα
ἐνεγκὼν ἀνδρείως νῦν ἰσόθεός ἐστι ταῖς τιμαῖς, κἂν φανῇ που,
περιμάχητος εὐθύς. καὶ ταῦτα εἰδὼς βασιλεὺς ἀλγεῖ μὲν ὑπὲρ
7 τοῦ νεώ, τὸν δὲ ἄνδρα οὐκ ἀπέκτεινε.   νόμισον δὴ νόμον τὴν

nun wie zuerst. Denkt Orion auch in religiösen Fragen anders als wir, so schadet er doch nur sich selbst, wenn er sich irreführen läßt, und es wäre nicht passend, wenn alle Bekannten[10] ihn darum bekämpften. Ich jedenfalls hielte es für richtig, wenn jene, die ihm heute zusetzen, sich seiner vielen Hilfeleistungen von einst erinnerten und sich dankbar zeigten, statt ihren Wohltäter am liebsten noch lebendig zu begraben[11]. Haben sie doch längst seine Verwandten vertrieben und ihren Besitz wie eine Kriegsbeute kassiert, und nun stürzen sie sich auf ihn, als sei das ein gottgefälliges Werk, wo sie doch von der rechten Weise, die Götter zu ehren, sehr weit entfernt sind. Kein Wunder indessen, wenn die breite Masse sich treiben läßt ohne Vernunft, um Annehmlichkeiten bemüht statt um Anstand; du aber, der du vom Lehrstuhl des Erziehers auf den Richtersessel gelangt bist, du solltest solche Leute zurückhalten mit Wort und Tat.

Wenn also Orion Tempelschätze[14] hat und seine Schuld zu bezahlen vermag, so mag er geschlagen, gefoltert und geschunden werden. Das ist nur recht und billig, falls er, dem Gold verfallen, alles erdulden möchte, nur um zu besitzen, trotz der gebotenen Möglichkeit, durch Rückgabe des Goldes freizukommen. Wenn er aber bettelarm ist und schon manches Mal hungrig zu Bett gegangen, dann weiß ich nicht, welchen Nutzen die Folterung bringt, durch die er doch nur Ansehen gewinnt bei unseren Gegnern. Und wenn es gar passieren sollte, daß er im Gefängnis stirbt, dann sieh nur zu, was dabei herauskommt, gib acht, daß du uns nicht noch manchen Markos[18] bescherst. Jener Markos[19], den man an den Gliedmaßen aufgehängt und gegeißelt hat, dem man die Barthaare einzeln ausgerissen hat und der das alles tapfer ertragen hat – nun steht er da wie ein Gott, man reißt sich um ihn, sobald er sich zeigt. Und der Kaiser weiß es, ihn schmerzt es um den Tempel[20], aber er hat den Mann nicht getötet. Also nimm dir zur Richtschnur die Freilassung

*Μάρκου σωτηρίαν καὶ τὸν ᾽Ωρίωνα σώσας ἔκπεμπε*²¹ *μὴ θαυμα-*
*ζόμενον. φησὶ μὲν γὰρ οὐδὲν ἡρπακέναι, κείσθω*²² *δὲ εἰληφώς.*
τί οὖν; εἰ πάντα ἀνήλωται, μέταλλα χρυσίου προσδοκᾷς εὑρήσειν
8 *ἐν τῷ δέρματι; μή, πρὸς Διός, ἑταῖρε καὶ δικαστά, μὴ σύ τι*
*πάθῃς ἀβέλτερον*²³, *ἀλλ᾽, εἰ δεῖ δίκην αὐτὸν ὑποσχεῖν, ἄτρωτος*
περινοστείτω μηδεμίαν ἔχων εἰς φιλοτιμίαν ἀφορμήν.

52 (762 F)

Βηλαίῳ.

1 *Παλαιᾶς τινος εὐεργεσίας Σωπάτρῳ τούτῳ*³ *χάριν ὀφείλω·*
*ἔτυχον μὲν γὰρ ᾽Αθήνηθέν*⁴ *ποτε πορευόμενος ἐπὶ Θράκης,*
*ὄμβρου δὲ γενομένου πολλοῦ*⁵ *καταφεύγω Πλαταιᾶσιν εἰς οἴκημα*
2 *φαῦλον, εἰς ὃ καὶ αὐτὸς οὗτος ὑπὸ τοῦ αὐτοῦ καταφεύγει.   τὸ*
*μὲν οὖν πρῶτον λόγος ἦν ἡμῖν ὁ σφοδρὸς*⁶ *ὑετὸς καὶ οἷαν ἐργάσε-*
*ται τὴν ὁδόν· ἔπειτ᾽ ἀλλήλους ἠρωτῶμεν, οἳ σπεύδομεν*⁷. *ὡς δὲ*
ἐγένετο δῆλον ὅτι πρὸς τὸ αὐτὸ χωρίον, καὶ προσέθηκα τὸ
βαδίζειν ἐπὶ συνουσίᾳ νέων, ὁ μὲν — καὶ γὰρ ἦν τῷ ἄρχοντι
*φίλος — ἤσθη δύναμιν ἔχων εὖ με ποιεῖν, ἐγὼ δὲ ῾Ερμοῦ δῶρον*⁹
τὸν ἄνθρωπον ἡγούμην. ἥ τε οὖν ὁδὸς οὐ χείρων ἡμῖν ἑορτῆς,
καὶ ὡς ἥκομεν ἐπὶ τὸν Βόσπορον, ἐβεβαίου τὰς ὑποσχέσεις.
3 *ἐγὼ δὲ τῆς μὲν χάριτος ἐμεμνήμην, ἀποδοῦναι δὲ ἐπεθύμουν,*
καιρὸν δὲ ἐζήτουν, ὁ δὲ εὖ ποιῶν ἥκει· σοῦ γὰρ ἐφεστηκότος
4 *᾽Αραβίᾳ γένοιτ᾽ ἄν τι τῷδε καλὸν ἐμοῦ δεομένου.   δέομαι δή*
σου τὸν πρεσβύτην τοῦτον πρῶτον μὲν ἡδέως ὁρᾶν, ἔπειτα

des Markus und laß Orion laufen, ohne daß er zum Helden wird. Er behauptet schließlich, nichts genommen zu haben, mag sein, er hat doch genommen; sei's drum. Wenn alles verbraucht ist, meinst du, man könne Goldadern unter seiner Haut aufspüren? Bei Zeus, mein Freund im Richteramt, mach keine Dummheiten, und wenn er schuldig ist, laß ihn unverletzt herumlaufen, daß er keinen Anlaß hat zu prahlen.

52 (762 F)
An Belaios[1]

Für eine Gefälligkeit von früher bin ich Sopatros[2], dem Überbringer dieses Briefes, Dank schuldig. Ich war einmal von Athen aus nach Thrakien unterwegs, als ein Gewitter mich überraschte; ich suchte in einem alten Haus in Platäa Zuflucht, wohin auch er sich aus dem gleichen Grunde rettete. Zunächst sprachen wir über den starken Regen und den unmöglichen Zustand des Weges, den wir vorfinden würden; dann fragten wir einander nach dem Ziel unserer Reise. Als deutlich wurde, daß wir nach demselben Ort unterwegs waren, und als ich hinzufügte, ich wolle dort junge Leute unterrichten, freute sich mein Reisegefährte, weil er in der Lage war, mir dabei nützlich zu sein – er war nämlich mit dem dortigen Archon[8] befreundet; ich meinerseits betrachtete den Mann als ein Geschenk des Hermes. Unsere Reise[10] wurde dadurch ebenso fröhlich wie ein Festzug, und als wir am Bosporus[11] ankamen, löste er sein Versprechen ein. Ich habe diese Gefälligkeit in Erinnerung behalten und wollte sie erwidern, fand aber keine Gelegenheit dazu; sie hat sich erst jetzt in trefflicher Weise geboten. Denn, nachdem du Statthalter von Arabien geworden bist, könntest du ihm behilflich sein, da ich dich darum bitte. So bitte ich dich, zunächst dem alten Mann freundlich zu begegnen, ferner, seine Gesellschaft zu suchen, und schließlich notfalls auch

ἀπόντα ζητεῖν καὶ τρίτον ἰσχυρότερον τῶν βιαζομένων ποιεῖν,
ὅπως ἂν ὧν ἔλαβον παρ᾽ αὐτοῦ τὸ μέτρον τοῖς διὰ σοῦ διδομένοις
παρέλθω.

53 (1220 F)

Σκυλακίῳ.

1 Οὐδέπω με πεπαυμένον δακρύων εἰς μείζω θρῆνον ἐνέβαλες διὰ
τῆς ἐπιστολῆς· οὕτως ἀκριβῶς διελέχθης περί τε τῶν ἀγαθῶν
ὧν ποτε ἀπελαύομεν καὶ περὶ τῶν γενομένων ἄν, εἴ τις ἡμῖν
2 θεῶν ἀποδεδώκει τὸν τὰς νίκας ἀνῃρημένον.   ἐκεῖνον μὲν οὖν
μᾶλλον ἐπαινοῦσιν οἱ πληγέντες ἢ ὑπὲρ ὧν παρετάξατο· τούτων
δέ γε καὶ ὠρχήσαντό τινες δύο πόλεις, ὧν ὑπὲρ τῆς ἑτέρας
3 αἰσχύνομαι.   καὶ συγγνώμη γε αὐτοῖς. ὁ γὰρ κακὸς εἶναι
βουλόμενος τὸν οὐκ ἐῶντα εἶναι κακὸν ἐχθρὸν εἶναι ἡγεῖται
κἂν ἀποθανεῖν συμβῇ τὸν σωφρονιστήν, ὁ μὴ δυνάμενος σω-
φρονῆσαι χαίρει διὰ τὸ ἐξεῖναι ἤδη εἶναι κακόν. τοιούτῳ συζῶμεν
ὄχλῳ θεοῖς τε ἐχθρῷ κἀκείνῳ, περὶ οὗ σὺ καλῶς δοξάζεις τοῦ
4 τῶν θεῶν αὐτὸν γραφόμενος χοροῦ.   ἐγὼ δὲ καὶ αὐτὸς ταῦτά
τε ὑπείληφα καὶ ἅμα στένω λογιζόμενος, τίνα μὲν ἠλπίσθη, τίνα
δὲ ἐξέβη[4] καὶ γὰρ εἰ ᾽κεῖνος μετὰ τῶν κρειττόνων, ἀλλὰ τά γε
5 ἐμὰ χείρω· λεγέσθω γὰρ οὕτως, ὅτι ἐμά.   οἷον γὰρ ἂν ἦν[5] τὸν
μὲν ἐκ Μήδων, σὲ δὲ ἐκ Φοινίκης ἀφῖχθαι, τὸν μὲν αἰχμαλώτους
ἄγοντα, σὲ δὲ ὀψόμενον τὰ ἆθλα τῶν πόνων, ἐμὲ δὲ λέγειν τι
περὶ τῶν πεπραγμένων, μικρὸν ὑπὲρ μεγάλων, ἐκεῖνον δὲ εἶναι
τὸν τὰ αὐτοῦ διηγούμενον. ἦλθεν ἂν καὶ νέφος κολοιῶν, γέλως
ἐμοί τε καὶ σοί, λέγειν μὲν οὐκ ἐπισταμένων, παίειν δὲ ἄλλους
6 ἐπιχειρούντων ἀντὶ τῆς αὐτῶν ἀμαθίας.   τοιαύτην ἡμᾶς πανήγυ-

Gewalt anzuwenden, damit ich nach Möglichkeit das Ausmaß seiner Gefälligkeiten durch deine Hilfeleistung übertreffe.

53 (1220 F)

An Skylakios[1]

Meine Tränen waren noch nicht versiegt, da versetzte mich dein Brief in noch tiefere Trauer, so deutlich sprachst du über die Güter, die wir einst genossen[2] und über das, was geschehen wäre, wenn ein Gott uns den Siegreichen wiedergegeben hätte. Ihn preisen nun die Besiegten mehr als jene, für die er gekämpft hat. Unter ihnen haben zwei Städte sogar getanzt vor Freude[3], für deren eine ich mich schäme. Vielleicht sollte man ihnen auch verzeihen. Denn wer schlecht sein möchte, wird den, der dies nicht zuläßt, für seinen Feind halten; und sollte der Zuchtmeister sterben, so wird jener, der sich selbst nicht in Zucht halten kann, frohlocken, weil es ihm nunmehr freisteht, schlecht zu sein. Unter solchem Pöbel müssen wir leben, der den Göttern ebenso verhaßt ist wie jenem, von dem du zurecht glaubst, er sei aufgenommen in die Gemeinschaft der Götter. Ich selbst bin auch davon überzeugt und seufze, sooft ich daran denke, was wir erhofften und wie es dann ausging. Mag jener den besseren Teil erwählt haben, meine Lage ist schlechter; nennen wir sie einmal die meine. Denn was wäre das für eine Situation gewesen: er aus Persien zurückgekehrt, du aus Phönikien gekommen, er Kriegsgefangene mitbringend, du den Preis seiner Mühen zu betrachten, und ich hätte eine Rede auf seine Taten gehalten, ein Geringer über Großes sprechend, doch er selbst hätte für sich gesprochen[6]. Eine Wolke von Krähen[7] würde sich einstellen, zum Gelächter für mich und für dich, Leute, die nicht zu reden verstehen, aber immer versuchen, auf andere dreinzuschlagen; so ungebildet sind sie. Dieses Fest hat die Gottheit

ριν ὁ δαίμων ἀφείλετο. καί μοι πολλοὶ μεθ᾽ ὅπλων ἐπέθεντο καὶ
ἐκείμην ἂν ὡς μήποτε ἰσχῦσαι, εἰ μή με ἐξήρπασεν ὅστις καὶ τὸν
Ἄρη δεδεμένον ἐξέκλεψε. καὶ νῦν δέ τις ἀφῆκε βέλος κρυπτό-
μενος, καὶ ἐνεγεγράμμην ὡς δὴ δεινὰ ποιῶν, ἀλλὰ πάλιν θεῶν
τις κωφὸν τὸ βέλος[10] ἐποίησε καὶ μένω κατὰ χώραν ἐλπίσας
7   ἀνάσπαστος ἔσεσθαι.   τοῖς μὲν οὖν τοιούτοις τοξόταις ἀρέσειέ
ποτε λῦσαι τὰς νευράς· γῆ δὲ ἡ Περσῶν ἐφθάρη μὲν ἱκανῶς.
τὸν δ᾽ ὑπὲρ τῶν ἔργων λόγον ἀπήτουν μὲν τῶν ἐπανελθόντων
τοὺς φίλους καὶ οὓς εἰκὸς ἦν μὴ τῆς περὶ τῶν τοιούτων ἀμελῆσαι
γραφῆς, φάσκων δὲ ἕκαστος καὶ ἔχειν καὶ δώσειν ἔδωκεν οὐδείς,
ἀλλ᾽ οὐδ᾽ ἀπὸ στόματος ἐδίδαξεν· ὁ μὲν γὰρ οἰχόμενος ὠλιγω-
8   ρεῖτο, πᾶσα δὲ ἡ σπουδὴ τὰ περὶ αὑτὸν ἑκάστῳ.   στρατιῶται
δέ τινες οὐ πρότερόν με εἰδότες ἔδοσαν ἡμερῶν τέ τινων ἀριθμὸν
καὶ ὁδοῦ μέτρα καὶ προσηγορίας τόπων· ἔργων δὲ οὐδαμοῦ
διήγησις τὸ πᾶν δυναμένη μηνῦσαι, ἀλλ᾽ ἀμυδρὰ καὶ σκιὰ καὶ
9   συγγραφέως οὐχ ὑπηρετοῦντα στόματι.   εἰ δή σοι καὶ τούτων
ἐπιθυμία, ποίει μοι δῆλον, καί σοι ἥξει τὰ τῶν στρατιωτῶν·
οὗτοι γὰρ καὶ ἔγραψαν, ἡμεῖς δὲ ἄλλους ἠλπίζομεν.

54 (1154 F)

'Ιουλιανῷ.

1   Καλὰ παρὰ καλοῦ γράμματα βραδέως ἥκει. τύχην δ᾽ ἥντινα
λέγεις μεταπεσεῖν[2] μοι, δι᾽ ἣν οὐκέτ᾽ ἔχω τοὺς θεραπεύοντας,
μόλις ἠδυνήθην μαθεῖν ὅτιπερ τὴν τελευτὴν τοῦ βασιλέως λέγεις.

uns nicht gegönnt. Und mir haben viele mit Waffen zugesetzt, und ich läge darnieder und wäre nicht mehr zu Kräften gekommen, hätte mich nicht derselbe Gott heimlich fortgetragen, der auch Ares aus seinen Fesseln befreit hat[8]. Auch jetzt hat einer aus dem Hinterhalt auf mich geschossen, und ich bin als Frevler angeklagt worden[9], aber wieder hat einer der Götter den Pfeil stumpf werden lassen, und ich bleibe im Lande, in der Hoffnung, gerettet zu werden. Möge es doch diesen Schützen gefallen, die Sehne ihres Bogens einmal zu lockern. Persien ist schwer getroffen. Aber als ich eine Darstellung der Ereignisse erbat[11] von den heimkehrenden Freunden und allen, von denen man ein paar Aufzeichnungen erwarten sollte, da erklärte jeder, er habe Material und werde es mir geben, und keiner gab mir etwas, nicht einmal einen mündlichen Bericht. Der Verstorbene interessierte sie wenig, jeder kümmerte sich nur um sich selbst. Einige Soldaten[12] jedoch, die mich zuvor nicht gekannt hatten, rechneten mir einige Tagesmärsche vor und gaben die Entfernungen an und die Namen der Ortschaften. Nirgends aber konnte ich einen Bericht erhalten, aus welchem der Zusammenhang der Ereignisse deutlich geworden wäre; nur trübe Kunde erhielt ich und Schattenhaftes, wie man es besser nicht aus dem Munde eines Historikers hört. Wenn du trotzdem Verlangen danach hast, teil es mir mit, und ich werde dir die Berichte der Soldaten schicken. Sie nämlich haben etwas geschrieben, während ich meine Hoffnung auf andere setzte.

54 (1154 F)   An Julianos[1]

Ein trefflicher Brief von einem trefflichen Manne – endlich ist er da! Aber was du von dem Wechsel des Glückes sagst, der mich betroffen und mir alle jene genommen habe, die mich vorher hofierten – ich konnte kaum verstehen, daß du damit den Tod des Kaisers meinst. Ich

2 ἐγὼ δὲ ἐφίλουν μὲν ἐκεῖνον οὐχ ἧττον ἢ τὴν ἐμαυτοῦ μητέρα καὶ
ἐφιλούμην γε μᾶλλον ἢ οἱ πάνυ δοκοῦντες· οὐ μὴν ταῖς γε ὡς
αὐτὸν εἰσόδοις εἰς τὸ τοὺς μὲν μείζους ἢ προσῆκε ποιεῖν, τοὺς
3 δὲ ταπεινοῦν κατεχρησάμην. ἀλλ᾽ οὐδ᾽ ἐμπορίαν τὸ πρᾶγμα
ἐποιησάμην³, οὐδ᾽ ἔστιν εἰπεῖν ὡς δραχμῇ πλουσιώτερος ἐκ τῶν
βασιλείων ἐγενόμην, ὅς γε οὐδ᾽ ὅσα ἦν ἐκεῖ τῶν παππῴων μοι
οὔτ᾽ αὐτὸς ἠξίουν ἀπολαβεῖν οὔτε ἀναγκάζοντος ἐδεξάμην.
Ἀριστοφάνει δὲ καὶ τὸ δοθὲν ἐκεῖνο τὸ μικρὸν ἔργον ἦν λόγου
4 τινός, οὐκ ἐμὴ δέησις. ἀτυχὴς μὲν οὖν εἶναι φίλου τοιούτου
στερηθεὶς ὁμολογῶ, κόλακας δὲ οὐκ ἀπολώλεκα, ὅς γε οὐδὲ
ἐκτησάμην. φίλοι δὲ οἱ πρὸ τοῦ καὶ νῦν, καὶ ἡδίους γε νῦν
5 ἐπαινοῦντές μου τὸν τρόπον, ὃν οὐκ ἐπῆρε καιρὸς ὑβρίσαι. σὺ
δὲ καὶ νῦν ἐπιστέλλων χαρίζῃ καὶ τότε, εἰ <δὲ> τοῖς αὐτοῖς
ἐβούλου τιμᾶν, τιμᾶν ἔδοξας ἂν ἄνδρα ἑταῖρον, ἀλλ᾽ οὐ κολακεύ-
ειν τύχην.

55 (1431 F)

Σκυλακίῳ.

1 Οἶμαι καὶ σὲ πεπλῆχθαι τὴν ψυχήν, ὥσπερ ἡμεῖς· τῶν τε γὰρ
αὐτῶν ἐτυγχάνομεν ἐρῶντες καὶ τῶν αὐτῶν ἐστερήμεθα, ἀνδρὸς
ἑταίρου τε καὶ φίλου. εἰ δὲ βασιλέα προσεῖπον ἑταῖρον,¹ δεινὸν
οὐδέν· αὐτὸς γὰρ ἡμᾶς οὕτω κέκληκε φθάσας καὶ τὸν ἐκείνου
2 βεβαιοῦμεν ἐν τῷ ὀνόματι νόμον. πάντων δὲ ὄντων μοι τῶν τότε
ἡδονῆς ἀξίων μέγιστον ἦν ἡ σὴ φιλία γενομένη τε ὁμοῦ καὶ εἰς
ἀκμὴν ἐλθοῦσα, πρότερον οὐκ οἶδ᾽ ὅπως οὐκ ἐθελήσασα γενέ-

habe ihn geliebt wie meine eigene Mutter und wurde mehr geliebt als jene, die seine nächsten Freunde schienen. Freilich meine Audienzen bei ihm habe ich nicht dazu mißbraucht, dem einen eine höhere Stellung zu verschaffen als ihm zusteht, und den andern zu schmälern. Auch ein Geschäft habe ich daraus nicht gemacht, und man kann nicht behaupten, ich hätte mich aus dem kaiserlichen Vermögen auch nur um eine Drachme[4] bereichert; habe ich doch nicht einmal aus dem Besitz meines Großvaters[5], der ihm zugefallen war, irgendetwas von mir aus beansprucht oder angenommen, als man mich drängte. Und daß Aristophanes[6] jene kleine Gabe erhielt, das war das Werk der Vernunft, nicht meiner Bitte. Daß der Verlust eines solchen Freundes mich als ein Unglück getroffen hat, das gebe ich zu; aber Schmeichler habe ich nicht eingebüßt, denn ich hatte keine. Doch die Freunde von früher, die habe ich auch jetzt, und sie sind mir noch lieber, da sie meinen Charakter loben, der sich durch das Glück nicht zum Übermut hinreißen ließ. Doch von dir einen Brief zu erhalten, erfreut mich heute wie früher, und würdest du mich achten wie einst, so stündest du da als ein Mann, der den Freund achtet, nicht als einer, der sich verbeugt vor den Launen des Glücks.

55 (1431 F)
An Skylakios

Ich denke, auch du bist niedergeschlagen, nicht anders als ich; haben wir doch dasselbe geliebt und dasselbe verloren, einen Freund und Gefährten. Daß ich den Kaiser ›Gefährten‹ nenne, ist kein Vergehen, denn er selbst hat als erster mich so genannt, und also festige ich mit dieser Bezeichnung seinen Brauch. Alles war mir damals Anlaß zur Freude, aber das Größte war deine Freundschaft, die, kaum begonnen, schon in voller Blüte stand, während sie vorher nicht recht zustande kommen wollte, du

138   Julian und das Heidentum

σθαι, πλὴν εἰ τοῦτο εἴποις, ὅτι μοι τὸν χρόνον ἐκεῖνον ὑπερβολὰς
3 ἀγαθῶν ἐνεγκεῖν ἔδει. ἀναμιμνήσκου γάρ, ὅσα τε ἐσπουδάσα-
μεν ὅσα τε ἐπαίσαμεν² ἐμμελῶς τούς τι οἰομένους εἶναι κατα-
λύοντες ἐλέγχοις καὶ ποθοῦντες ἑσπέραν καὶ θέοντες ἐπὶ τὴν
συνουσίαν, ἐν ᾗ βραχέα μὲν ἔλεγον, πλείω δὲ ἤκουον. ἔρρεον δὲ
ἐκ τοῦ σοῦ στόματος οἱ λόγοι τῶν τοῦ Νέστορος οὐ χείρους, οὓς
4 ὁ δεξάμενος εἰς φρόνησιν ἐπιδοὺς ἀπῄει. διὰ δὴ ταῦτα πάντα,
ὥσπερ αὐτὸς ἐκεῖνος ὁ Πύλιος, τὴν ἀκμὴν ποθῶ τῶν χρόνων
ἐκείνων. ἀλλ᾽ οὔπως ἅμα πάντα· εἰ τότε εὐτύχουν, νῦν αὐτέ με
5 γῆρας ἱκάνει, λύπης ἔργον μᾶλλον ἢ πλήθους ἐτῶν. παραμυ-
θήσομαι δ᾽ οὖν ἐμαυτὸν οἷς τε ἐπιστέλλω πρὸς σὲ τοῖς τε ἥξουσι
παρὰ σοῦ. πρώτην δὲ Ἕλληνι δι᾽ ἀνδρὸς Ἕλληνος πέμπων
ἐπιστολὴν ἴσως οὐκ ἀδικῶ, τῷ δὲ οὐχ Ἕλληνι μόνον, ἀλλὰ καὶ
χρηστῷ συμβέβηκεν εἶναι. προσερεῖ δέ τις αὐτὸν καὶ εὐδαίμονα,
6 τῆς σῆς εἰ τύχοι προνοίας. τεύξεται δὲ καὶ διὰ τὸν τρόπον καὶ
τοῦ γένους ἕνεκα καὶ τῶν γραμμάτων καὶ τῆς γε αἰτίας καθ᾽ ἣν
ἥκει· νόμους γὰρ ἐκ Φοινίκης κτησάμενος εἰς τὴν Ἑλλάδα
κομίσαι βούλεται τοῖς ἀδικουμένοις λιμένα.

wirst vielleicht sagen, weil ich in jenen Jahren ein Übermaß an Glück haben sollte. Erinnere dich doch, was wir
Ernstes taten und was wir im Scherz trieben, indem wir
in eleganter Form jene widerlegten, die sich einbildeten,
etwas zu sein; und wie wir ungeduldig auf den Abend
warteten, um das Treffen zu besuchen, auf welchem ich
wenig sagte und dafür um so mehr hörte. Aus deinem
Munde aber strömten Worte, die hinter denen Nestors[3]
nicht zurückstanden, und wer sie aufnahm, der konnte
bereichert an Einsicht nach Hause gehen. Aus allen diesen
Gründen sehne ich mich, wie Nestor, der Pylier, zurück
nach der Blüte jener Jahre[4]. Aber, wie man sagt, nicht
alles zugleich[5]. War ich damals glücklich, so ›erreicht
mich nun das Alter‹[6], mehr des Kummers wegen als
durch die Zahl der Jahre. Mein Trost aber sind die
Briefe, die ich dir schreibe und die ich von dir erhalte.
Daß ich meinen ersten Brief an einen Hellenen durch
einen Hellenen[7] überbringen lasse, ist gewiß kein Fehler,
zumal dieser Mann nicht nur Hellene ist, sondern auch
ein rechtschaffener Mensch. Man wird ihn auch glücklich nennen können, wenn du dich seiner annimmst.
Dies aber wird er gewiß erlangen, seines Charakters
wegen und seiner Herkunft und seiner Bildung und
wegen des Anlasses, aus dem er kommt. Denn er möchte
in Phönikien Gesetzeskunde erwerben, um sie nach
Griechenland zu bringen, denen eine Zuflucht, die Unrecht leiden.

56 (66 F)

Θεμιστίῳ.

1 Ἔτι μου λέγοντος πρὸς τοὺς φίλους τί τοῦτο; Θεμίστιος οὐκ ἐπιστέλλει; φανεὶς Εὐάγριος, εἰ λάβοιμί σου γράμματα, ἤρετο. τὰ δ᾽, ὡς ἔοικεν, ὁ μὲν ἔπεμψε τὸν δώσοντα, πρὶν δ᾽ ἢ λαβεῖν αὐτὸς ἦν ἐπ᾽ ἀγορᾶς. εἶτα ἀναστρέψας εἶχον τὴν φίλην ἐπιστολὴν φράζουσαν ἃ πάλαι ἠπιστάμην, ὡς αὖθις συγγένοιο τῷ βασιλεῖ.

2 σὺ μὲν ταυτὶ μόνα, παρὰ δὲ τῆς φήμης ταῦτά τε καὶ πλείω, τιμαί τε ὅτι σοι μείζους ἢ πρότερον γένοιντο τραπέζης τε κοινωνία πλείω δηλοῦσα τὴν οἰκειότητα καὶ ὡς ὅσα ἐπήγγελλες φίλων ἦν κηδομένου καὶ ὡς ὅσων μνησθείης εὐθὺς ἐν ἀμείνοσι καὶ ὡς

3 ὁ διδοὺς παρῄει τὴν τοῦ λαμβάνοντος ἡδονήν. ἔγεμον δὴ καὶ αὐτὸς ἡδονῆς αὐτὸς ἡγούμενος ἥκειν τε ἐκεῖσε καὶ ὧνπερ σὺ τετυχηκέναι καὶ ὅσαπερ σὺ κεχαρίσθαι. καὶ τῶν δικαίων γε τούτων μήτε σὺ παύσαιο διαύλων [5] μήτε τῶν τιμῶν ὁ βασιλεύς.

4 τὸ δὲ μὴ μὲν δεῖν τὴν σὴν πρὸς ἐμὲ γνώμην τοῖς γράμμασι κρίνεσθαι καλῶς εἰρῆσθαί μοι φαίνεται, περὶ δὲ τοῦ μὴ τοὺς λόγους ἐλθεῖν ἡμῖν οὓς ἔδειξας τίς ἂν εἴη σοι λόγος καὶ ταῦτα ἐπὶ ταῖς ἐπαγγελίαις, ἐν αἷς ἦν ὡς αὐτίκα πέμψεις; καιρὸς δὲ ἀεὶ μὲν τούτου, νῦν δὲ οὐχ ἥκιστα τὸ μὲν λέγειν ἡμῶν ἀφαιρεθέντων ὑπὸ τῆς τῶν ἑταίρων τελευτῆς, τοῦ δὲ ἀκούειν δύνασθαι μένοντος ἴσως

5 ἔτι. τήν τε οὖν ὑπόσχεσιν ἐπιτελεῖν καὶ εἴ τί σοι μετ᾽ ἐκεῖνα

VI. DIE BEGEGNUNG MIT THEMISTIOS

56 (66 F)

An Themistios[1]

Gerade als ich zu den Freunden sagte ›wie das, Themistios
schreibt nicht?‹, erschien Evagrios[2] und fragte, ob ich
deinen Brief erhalten hätte. Offenbar hatte er einen Boten zu mir geschickt, doch ehe ich den Brief erhalten
hatte, war ich selbst auf dem Markt angekommen. Also
kehrte ich um und fand deinen lieben Brief vor, der mir,
was ich längst wußte, von deinem neuerlichen Umgang
mit dem Kaiser[3] berichtete. Du selbst schreibst nur das,
gerüchtweise aber höre ich dies und manches andere,
etwa daß dir noch höhere Ehren zuteil wurden als früher[4], daß du bei Tische Gast des Kaisers bist, was deine
noch größere Vertrautheit mit ihm deutlich macht, daß
aus deinen Bitten an ihn zu ersehen sei, wie du für deine
Freunde sorgst, und daß alle jene, die du vor ihm er-
wähnst, sogleich bevorzugt werden und daß solches dem
Gebenden mehr Freude bereitet als dem Empfangenden.
Ich war selbst von Freude erfüllt, wenn ich mir vorstellte,
ich sei dorthin gekommen und hätte Gleiches erlangt wie
du und wie du meine Gunst verteilt. Diesen geziemenden
Umgang solltest du weiter pflegen, und der Kaiser möge
die gebührenden Ehren niemals verweigern.
Daß ich deine Haltung mir gegenüber nicht nach deinen
Briefen beurteilen dürfe, das, scheint mir, hast du reizend gesagt; daß aber deine öffentlichen Reden hier nicht
eintreffen, obwohl du unter anderem dies versprochen
hattest, sie schnellstens zu schicken – welche Argumente
wirst du dafür anführen? Deine Reden sind mir stets will-
kommen, vor allem aber jetzt, da ich durch den Tod der
Gefährten[6] die Fähigkeit, Reden zu halten, verloren habe,
während mir die Fähigkeit zuzuhören noch geblieben ist
– vielleicht. Mach also dein Versprechen wahr und, falls

πεποίηται, μὴ φθονεῖν καὶ τό γε ᾆσμα προστιθέναι τοῦ τὸν
ἀνδριάντα κεκοσμηκότος ποιητοῦ, μᾶλλον δὲ ᾧ τὸ ᾆσμα κεκόσμη-
κεν ὁ πρὸς τὸν σὸν τύπον ἀκολουθήσας⁸ χαλκός· τὸν μὲν γὰρ
ὄνυχα εἴδομεν ἐκ τῶν πρὸς Εὐδαίμονα γραμμάτων, δεόμεθα δὲ
6 τοῦ λέοντος.   Μητέριος δὲ εἷς ἦν τῶν ἀγγελλόντων τὰ σά, καὶ
τοῦτο μὲν αὐτῷ κοινὸν πρὸς ἄλλους, ἀλλὰ τό γε διηγούμενον
χαίρειν καὶ μικροῦ γε ὑπὸ τοῦ χαίρειν πέτεσθαι, τοῦτο δὴ αὐτὸν
ἐποίει βελτίω τῶν ἄλλων ἀγγέλων.

57 (434 F)

Θεμιστίῳ.

1 Συνήσθην φιλοσοφίᾳ¹ τε καὶ τῷ βασιλεῖ· τῷ μέν, ὅτι τὸ κάλλιστον ὧν ἔδοσαν ἀνθρώπῳ θεοὶ τιμᾶν ἐπίσταται· τῇ δ᾽, ὅτι καὶ
παρὰ τῶν ἐν ἐξουσίαις θαυμάζεται. σοὶ δ᾽ ἂν ἔχοι χάριν
2 αὐτή τε καὶ ἐκεῖνος· σὺ γὰρ ἀμφοῖν αἴτιος τούτων² τυχεῖν.   ἐγὼ
δὲ καὶ πρὶν ἐπιστεῖλαί σε πρὸς ἐμὲ ταῦτα ᾔδειν ἐκ τῶν πρὸς τὸν
ἄριστον ἡκόντων Στρατήγιον γραμμάτων· ἔδωκε γὰρ ἅ τε σὺ
πρὸς αὐτὸν καὶ ἃ περὶ σοῦ πρὸς τὴν βουλὴν ὁ πάντα ἀγαθὸς
ἔγραψε βασιλεύς. ἃ δὴ δι᾽ ἑρμηνέως ὅ τι εἴη μαθόντες ὑπερε-
χαίρομεν. ἐγένετο δὲ καὶ τούτων τῶν γραμμάτων πρεσβυτέρα
φήμη καὶ οὐκ ἠπιστήθη, ταχὺ δὲ προσετέθη καὶ τὰ γράμματα.
3 κάλλιστον δὲ τῶν πεπραγμένων τὸ δι᾽ ὧν μὲν ἦν μετασχεῖν τῆς
βουλῆς μὴ ἀτιμάσαι, τὰ δὲ τὸ κέρδος φέροντα ἐμμελῶς διώσασ-
θαι· τοῦτο γὰρ ἦν αὐτόν τε τιμῆσαι καὶ τὸ δικαίως ὑπ᾽ ἐκείνου
4 τετιμῆσθαι δεῖξαι.   τὸ δ᾽ ἐμὸν οὕτως ἔχει· τὰ τοῦ σώματος

du etwas Neues produziert hast, gönn es mir, und füge auch das Gedicht jenes Poeten bei, der dein Standbild[7] geschmückt hat, vielmehr dem das Erz, welches deine Gestalt annahm, das Gedicht geschmückt hat[9]. Die Klaue kennen wir aus deinem Brief an Eudaimon[10]; jetzt wollen wir den Löwen sehen.

Meterios[11] war einer derer, die deine Botschaften überbrachten, und das hat er mit anderen gemein; aber wie er sich beim Erzählen freut und vor Freude beinahe zu fliegen beginnt, das macht ihn zum besten aller Boten.

57 (434 F)
An Themistios

Ich habe mich gefreut für die Philosophie und für den Kaiser; für ihn, weil er die schönste Gabe der Götter an den Menschen zu ehren versteht, für sie aber, weil sie von den Machthabern bewundert wird. Dir aber werden gewiß sie wie er dankbar sein, weil beiden durch dich solches zuteil wurde. Ich meinerseits habe, noch ehe du mir schriebst, die Neuigkeiten erfahren, und zwar durch die Briefe, welche der allerbeste Strategios[3] erhielt. Denn er gab mir alles, was du ihm geschrieben hast und was der vortreffliche Kaiser über dich an den Senat geschrieben hat[4]. Und als mir letzteres durch einen Dolmetscher verständlich gemacht wurde, da freute ich mich außerordentlich. Noch vor diesen Briefen aber trafen Gerüchte ein, denen wir durchaus Glauben schenkten, und alsbald wurden sie durch die Briefe bestätigt. Das Schönste an deinem Verhalten war, daß du den Kaiser, sofern er deine Berufung in den Senat verfügte, nicht brüskiertest, alles Gewinnbringende jedoch edlen Sinnes von dir gewiesen hast[5]. Denn damit hast du zugleich ihn geehrt und gezeigt, daß du von ihm zurecht geehrt wirst. Mir aber geht es so: mein schlechter Gesundheitszustand läßt es

ἀρρωστήματα παραινεῖ μοι μένειν. εὖ δὲ ἴσθι, κἂν εἰ σφόδρα ἦν
ὑγιής, ἐμαυτῷ σύμβουλος ἂν ἐγενόμην μένειν· τῇδε μὲν γὰρ
ἀγέλαις νέων εὐωρία, τὸ δὲ παρ᾽ ὑμῖν διδάσκειν λόγους ἀρχὴ
Σκυρία⁷.

58 (793 F)

Θεμιστίῳ.

1 Οὔτε Σπεκτάτον ὡς ἠδικηκότα με εἶδον — οὐδὲν γὰρ ἂν περὶ
σοῦ γράψαιμι τοιοῦτον, ὃ κεκρύφθαι βουλοίμην ἂν — εἴ τέ τι
καὶ ἥμαρτον, οὐ τοσαύτην γε ὤφειλον δίκην, ὁπόσην ἔλαβες
γράφων· διδάσκεις γάρ με περὶ τῶν σαυτοῦ τρόπων ὡς οὐ
δυνηθέντα μαθεῖν ἐν οὕτω πολλῷ χρόνῳ, δώδεκα ἔτεσιν οἶμαι.
2 καίτοι τοῦτό γε μὴ ὅτι τῶν παρὰ σοί τις τραφέντων οἰκετῶν,
ἀλλ᾽ οὐδ᾽ ἂν Ἴστρος ἐκεῖνος ὁ παρὰ τῶν βαρβάρων ἔπαθεν,
ἀλλ᾽ ἐσπούδασας, ὡς ἔοικε, τὸν εἰ μηδὲν ἄλλο μετὰ σοῦ πολλὰ
3 δὴ λελουμένον Μελιτίδου δεῖξαι φαυλότερον. ἐγὼ δέ σε καὶ
νῦν καὶ πάλαι φιλοσοφεῖν ἡγοῦμαι καὶ νῦν μὲν ἴσως πλείω
συγγράφειν, τὰ δὲ τῷ βίῳ προσήκοντα καὶ πρόσθεν τετηρηκέναι
καὶ γενέσθαι γε μείζω βάσανον τῆς παρούσης ἐκείνην· οὐ γὰρ
ἴσον ἔξω πραγμάτων ὄντα τοῖς νόμοις Πλάτωνος ἐμμένειν καὶ
4 πολλῶν ἐνοχλούντων μηδαμοῦ βιασθῆναι. μαθητὰς δὲ πολλοὺς ἀριθμῶν πολλοὺς εὐδαίμονας λέγεις, οἷς ἔστι μὲν τὴν
ἀλήθειαν λαβεῖν, ἔστι δὲ μετ᾽ ἐκείνης εἰς εὐγλωττίαν ἐπιδοῦναι·
ἄμφω γὰρ δὴ παρὰ σοὶ τὰ Πλάτωνος, γενναῖά τε διδάξαι καὶ

ratsam erscheinen, hier zu bleiben. Du sollst aber wissen:
auch wenn ich noch so gesund wäre, ich selbst würde mir
den Rat geben, hier zu bleiben[6]. Denn hier gibt es Scharen
junger Leute im Überfluß, doch bei euch zu unterrichten,
ist ein undankbares Geschäft.

58 (793 F)

An Themistios

Keineswegs kenne ich Spektatos[1] als jemanden, der mir
Unrecht zugefügt hätte[2] – würde ich doch niemals etwas
über dich schreiben, das besser verborgen bliebe – und
falls ich einen Fehler begangen habe, verdiene ich gewiß
nicht eine solche Bestrafung, wie du sie in deinem Brief
vornimmst. Du belehrst mich nämlich über deinen Charakter, als ob ich ihn nicht selber hätte erfassen können
in so langer Zeit, zwölf Jahre, glaube ich. Und dabei wäre
es nicht einmal einem Sklaven, der bei dir im Hause auf-
gewachsen ist, so ergangen, und auch nicht jenem Istros[3]
aus dem Barbarenlande. Offenbar ist es dein voller Ernst,
daß du einen Menschen, der, selbst wenn da nichts anderes wäre, jedenfalls oft mit dir gebadet hat[4], für blöder
erklärst als Melitides[5]. Ich hingegen bin der Meinung,
daß du heute wie ehedem ein Philosoph bist, daß du heute
womöglich mehr veröffentlichst, die Regeln eines philosophischen Lebens jedoch auch früher beachtet hast und
daß du damals[6] schwerere Prüfungen zu bestehen hattest als heute. Denn es ist doch wohl nicht das gleiche, ob
einer frei von Belästigungen die Gesetze Platons[7] be-
folgt oder ob er vielfachem Druck ausgesetzt ist, ohne sich
irgendwo zwingen zu lassen. Viele Schüler kannst du
aufzählen[8], und alle sind glücklich, weil ihnen vergönnt
ist, sowohl der Wahrheit teilhaftig zu werden als auch in
der Kunst des sprachlichen Ausdrucks Fortschritte zu
machen[9]. Denn diese beiden Gaben Platons sind auch dir
eigen: Edles zu lehren in schöner Sprache. Dies wird von

γλώττῃ καλῇ. ταῦτ᾽ οὔτ᾽ ἀγνοοῦμεν οὔτε σιγῶμεν, ἀλλ᾽ ὅσοιπερ
ἡμῖν εἰς λόγους ἦλθον, καὶ τοιούτων λόγων ἀκούσαντες ἀπῆλθον.
5 παῦσαι δὴ τοιούτων ἐπιστολῶν καὶ νόμιζέ με γεγηρακέναι μέν,
παραφρονεῖν δὲ οὔπω.

59 (1477 F)

Θεμιστίῳ.

1 Οὐκ ἔλαθές με ῥῆμα μέγα περὶ ἐμοῦ φθεγξάμενος ἐν ἀγορᾷ τε
καὶ ὄχλῳ. μεμήνυκε δ᾽ αὐτὸ Βιθυνὸς ἀνήρ, ὃς ἐρᾷ τῆς μεγάλης
ποτὲ πόλεως καὶ κειμένης· ἔγραφε γὰρ βουλόμενός με χάριν σοι
2 τοῦ ῥήματος εἰδέναι. ἐγὼ δὲ οὐκ ἔχω², καὶ μὴ ὅτι τῶν πτερνῶν ἃς ἔφης οὐχ ὁρᾶν τοὺς ἄλλους δὴ τὰς ἐμάς, ἀλλ᾽ οὐδ᾽ ἂν,
εἰ τὰς βλαύτας ἔλεγες, ᾔδειν ἄν σοι χάριν· ἃ γὰρ σὺ σαυτὸν
ἐπαινεῖς, διὰ τί ἄν σοι τούτων χάριν εἰδείην ἐγώ; ἐμοὶ γὰρ καὶ
σοὶ λόγοι οἱ πολιτικοὶ μορφῆς μιᾶς καὶ τῶν αὐτῶν τοκέων καὶ
3 ἀδελφοὶ καὶ προσέτι δίδυμοι. ἀνάγκη οὖν πᾶσα ψεγομένων
μὲν τῶν ἐμῶν καὶ τοὺς σοὺς ἀκούειν κακῶς, ἐπαινουμένων δὲ
κοινὸν ἀμφοῖν καὶ τὸν ἔπαινον εἶναι. σὺ τοίνυν εἰπεῖν μέν τι
περὶ τῶν σαυτοῦ λόγων ἐθέλησας, φυγὼν δὲ τὸ φορτικὸν δι᾽
4 ἐμοῦ ταὐτὸ ποιεῖς. ἀλλ᾽, ὦ μακάριε, ἔασον τὴν ἀγέλην τῶν
χηνῶν καὶ σὲ καὶ αὐτοὺς ἀγνοεῖν, καὶ νομιζόντων σὲ μὲν χῆνα,
κύκνους δὲ αὐτούς· εἰδόσι γὰρ δὴ ταῦτα ἐν Ἀργείοις ἀγορεύουσι
καὶ οὐ μεταθήσουσι τὴν δόξαν οὔτε τὴν αὐτῶν οὔτε τὴν ἡμε-
5 τέραν. δοκοῦσι δέ μοι τὰ μὲν ἡττᾶσθαι, τὰ δὲ κρατεῖν καὶ οὐ
πάντα ἡττᾶσθαι. ἢ οὐχ ἑώρακας αὐτοὺς πίνοντας μὲν ὑπὲρ τὸν

mir nicht verkannt und nicht verschwiegen, sondern wer immer mit mir ins Gespräch kommt, hört solche Worte, bis er mich wieder verläßt. Schreib also nie mehr solche Briefe, und glaub mir: Alt bin ich geworden, verrückt noch nicht.

59 (1477 F)

An Themistios

Es ist mir nicht verborgen geblieben, daß du ein großes Wort über mich gesprochen hast auf dem Marktplatz vor dem Volk. Ein Mann aus Bithynien hat es mich wissen lassen, einer, der die einst große Stadt[1] liebt, die nun darniederliegt. Er schrieb es mir, weil er wollte, daß ich dir für dieses Wort dankbar bin. Aber ich kann es nicht, auch nicht dafür, daß du sagtest, die anderen könnten nicht einmal meine Fersen sehen[3], und ich wäre dir auch nicht dankbar, wenn du gesagt hättest: meine Sandalen. Denn wenn du dich selbst lobst, warum soll ich dir dafür dankbar sein? Denn meine und deine öffentlichen Reden sind von einerlei Gestalt, von den gleichen Eltern, Schwestern, sogar Zwillingsschwestern[4]. Daraus aber folgt zwingend, daß, wenn die meinigen getadelt werden, auch die deinen in ungünstigem Lichte erscheinen; und wenn die meinen gelobt werden, dann gilt das Lob für beide zugleich. Also, du wolltest über die eigenen Reden sprechen, dabei jeden Anstoß vermeiden, und so benutzt du mich für deine Zwecke. Aber, mein Allerbester, es macht doch nichts, wenn dieser Schwarm von Gänsen sich täuscht über dich und über sich selbst; laß sie nur denken, du seiest eine Gans, sie selbst aber Schwäne.[6] Denn sie sprechen vor Männern aus Argos, kundig der Sache[6]; und sie können weder ihr eigenes Ansehen vergrößern noch unseres mindern. Doch scheinen sie mir nicht in jeder Hinsicht unterlegen, sondern in manchem besser und in manchem schlechter. Oder hast du nicht

Κρατῖνον, ἐσθίοντας δὲ ὑπὲρ τὸν Ἡρακλέα, μαγείρων δὲ πλήθει τρυφῶντας, πολλῶν δὲ θύρας οἰκιῶν εἰδότας, ὥστε κἀκείνοις
6 εἶναι τὸ μηδὲ ἐγγὺς αὐτῶν ἡμᾶς εἶναι κατὰ τὰς πτέρνας; ἐκείνους μὲν οὖν ἔα τέρπεσθαι τοῖς αὑτῶν, ὡς ἂν φαῖεν, ἀγαθοῖς· σὺ δὲ ἔχων τὸν σαυτοῦ μαθητὴν Κέλσον ποίει βελτίω. ποιήσαις δ᾽ ἄν, εἰ μηδὲν ἀγνοήσειε τῶν ἐν τῷ μακρῷ σοι τούτῳ δημιουργηθέντων χρόνῳ.

60 (1430 F)
Θεμιστίῳ.

1 Ἔλαβόν σου τὸν λόγον, καλὸν ὑπὲρ ἀνδρὸς καλοῦ, συγχωρήσεις δὲ καλὸν εἶναι τὸν κοσμηθέντα τῷ λόγῳ· καὶ γὰρ εἰ τέθνηκεν, ἀλλ᾽ ἥ γε Ἀλήθεια ζῇ πολλῶν ψευδομένων στομάτων ἰσχυροτέρα.
2 λαβὼν δὲ καὶ προσελόμενος Κέλσον εἰς τὴν τοῦ λόγου κρίσιν ἀνέγνων ἔτι ζῶντος τοῦ ἐπαινουμένου πηδῶν ἐφ᾽ ἑκάστῳ, ταὐτὰ δὲ ἡμῖν καὶ τὸν Κέλσον κατεῖχε, θεώμενος δὲ τὴν ἐφ᾽ ἑκάστῳ τέχνην καὶ τὸ καινὸν τῆς εὑρέσεως καὶ τὸ τρίπωλον ἅρμα δαιμόνων τὸ καλλιζυγὲς καὶ τὰς ἀνάγκας αἷς ἐδέθησαν [5] καὶ τὰς τῶν ἐγκωμίων εἰσόδους καὶ τῆς λέξεως τὴν χάριν ἕτοιμος ἦν βιβλίον ὑπὲρ τοῦ βιβλίου ποιεῖν· τοσαῦτα ἐπέρρει τῆς τε ἀναγνώσεως χωρούσης καὶ ἀπιόντων ἤδη καὶ μάλιστά γε δὴ τῆς νυκτός·
3 οὐ γὰρ εἴα καθεύδειν ὁ λόγος ἐνδιαιτώμενος τῇ ψυχῇ. μέλλοντος δέ μου τῆς γραφῆς ἅπτεσθαι φερόμενος ὁ τῆς σφαγῆς λόγος ἐνέπεσεν εἰς τὴν πόλιν, καὶ πάντα διεσκέδαστο καὶ ἐν

gesehen, daß sie trinken, mehr als Kratinos[7], essen, mehr
als Herakles[8], viele Köche haben zum Schwelgen und
vieler Häuser Türen kennen, so daß man auch von ihnen
sagen kann: wir erreichen auch nicht annähernd ihre
Fersen. Laß also jene sich freuen an ihren – wie sie sagen
werden – Gütern. Du aber hast deinen Schüler Kelsos[9]
und solltest ihn besser machen. Dies aber dürfte erreicht
werden, wenn er alles kennen lernt, was du in dieser langen Zeit geschaffen hast.

60 (1430 F)
An Themistios

Ich habe deine Rede[1] erhalten, eine vortreffliche Rede
über einen vortrefflichen Mann, denn daß er, dessen
Laudatio du verfaßt hast, vortrefflich ist, das wirst du zugeben. Und ist er auch tot, so lebt doch die Wahrheit,
und sie ist stärker als die Worte vieler Lügner. Da ich
also die Rede erhalten hatte, zog ich Kelsos[2] hinzu, sein
Urteil abzugeben, und las sie vor. Noch war er, der Gegenstand deines Lobes ist, am Leben, und ich sprang bei
jedem Satze auf, und Kelsos war ebenso hingerissen. Und
während ich die kunstvollen Details bewunderte und die
Neuartigkeit der Erfindung[3] sowie das dreifach bespannte
schmucke Gefährt der Göttinnen[4] und das Band der
Notwendigkeit, das die Pferde zusammengebunden hat,
die Eingänge der einzelnen Lobeserhebungen und die
Anmut der Sprache, da wollte ich schon ein neues Buch
über dieses Buch verfassen, so viele Gedanken strömten
auf mich ein, während die Lektüre ihren Fortgang nahm
und die übrigen Zuhörer schon gegangen waren und die
Nacht beinahe vorüber war, da die Rede, die in meiner
Seele Wohnung genommen hatte, mich nicht schlafen
ließ[5]. Als ich aber zu schreiben anfangen wollte, da brach
plötzlich die Todesnachricht über die Stadt herein, und
alles war mir verflogen, und ich verstand nur noch eines:

ἠπιστάμην μόνον, δακρύειν. ὃ καὶ νῦν εὑρὼν ποιοῦντά με Κλέαρχος ἐπετίμησε μέν, οὐ μὴν ἔπαυσεν· οὐδὲ γὰρ οὐδ' ἐγὼ
4 τοὺς χαίροντας. μὴ τοίνυν θαύμαζε σιγῶντος· οὐ γὰρ τῶν πενθούντων τὸ λέγειν οὐδὲ τὸ γράφειν. τῆς λύπης δὲ εἰ μὲν ὁ χρόνος ἀπαλλαγὴν οἴσει, θεὸς οἶδε. σὺ δ' εἰ πρεσβεύων ἀφῖξο, τάχ' ἂν ἦρκεσας τῇ σαυτοῦ σοφίᾳ τὴν ἐμὴν ψυχὴν ἰώμενος[9],
5 ἀλλ', οἶμαι, ἔφυγες ἄνδρα ἀτυχοῦντα. καὶ περὶ Κλεάρχου μὲν ὡς ἐρῶντος γράφεις καὶ φῂς αὐτῷ πρὸ τῆς πρεσβείας εἶναι τοὐμόν· σὺ δ' οὔθ' ὡς ἐρῶν οὔθ' ὡς ἐρασθείς ποτε ἦλθες. καίτοι τὴν βουλὴν ἀμήχανον τὴν σὴν ὑπερβῆναι πειθώ, δι' ἣν πλείω γεωργεῖ[10] καὶ γεγένηται μείζων, ἀλλ', οἶμαι, ἐξωμόσω·[11] χρῆν γάρ με καὶ ταύτῃ κακῶς παθεῖν[12].

zu weinen. Bei dieser Tätigkeit traf mich auch jetzt Klearchos[7] an, und er schalt mich zwar, konnte mich aber
nicht abhalten – so wenig wie ich andere von ihrer Freude[8].
Nun darf dich mein Schweigen nicht wundern, denn wer
trauert, dem vergeht das Reden wie das Schreiben. Ob
aber mein Schmerz eines Tages enden wird, Gott weiß
es. Wenn du als Gesandter gekommen wärest, deiner
Weisheit wäre es gelungen, meine Seele zu heilen, doch
mir scheint, du meidest einen Menschen im Unglück.
Von Klearchos schreibst du, daß er mich liebt, und meinst,
ich bedeute ihm mehr als seine Aufgabe als Gesandter.
Du selbst aber bist weder aus Liebe zu mir noch wegen
meiner Liebe zu dir hierhergekommen. Und doch hätte
der Senat deiner Beredsamkeit nicht widerstehen können,
durch die er an Ansehen gewann und größer wurde.
Aber du hast, so scheint mir, der Teilnahme abgeschworen. So sollte ich denn auch dies noch erleiden[12].

61 (1455 F)

Θεμιστίῳ.

1 Μικραὶ συνουσίαι γεγόνασιν ἐμοί τε καὶ Σευηρίνῳ τῷ καλῷ, ὥστ᾽ οὔτε παντάπασιν ἀλλήλους ἀγνοοῦμεν οὔτε ἀκριβῶς γινώσκομεν. αἴτιον δὲ ἡ σφαγὴ τοῦ μεγάλα μὲν βουληθέντος, ἤδη δὲ

2 καὶ δυνηθέντος, τὸν φθόνον[1] δὲ οὐ δυνηθέντος διαφυγεῖν. ἀπ᾽ ἐκείνης γὰρ τῆς ἡμέρας[2] — οὐ πολὺ δὲ πρότερον ὁ Σευηρῖνος ἀφῖκτο — σιγῆς ἔρως ἐνέπεσέ[3] μοι καὶ πάντα οἷς ἔμπροσθεν ἔχαιρον δυσχεραίνω. μισῶ μὲν ἀγοράν, μισῶ δὲ οἰκίαν, ἐκπηδῶ δὲ εἰς ἀγροὺς καὶ διαλέγομαι ταῖς πέτραις. ὅθεν ἂν οὐδὲν οὗτος ἔχοι [πλέον ἐμοὶ συνών· τὰ παρὰ σοῦ][5] μέντοι πάντα ἐπίσταται καὶ τ[ηρεῖ, μάλιστα δὲ τοὺς .....λ]όγους, οὓς οὐχ οἷόν τε μὴ

3 εἶναι χρυσοῦς.   αὖθις οὖν αὐτὸν πάντα ἀνίστα τρόπον καὶ σκόπει, ὅπως μὴ ἀργίᾳ συμβιώσεται· δύναμις δέ σοι μεγάλη, τῶν δυναμένων χαρίζεσθαί σοι βουλομένων.

61 (1455 F)

An Themistios

Kurze Zeit nur haben Severinos, der gute, und ich gemeinsam verbracht, so daß wir einander weder gänzlich
unbekannt noch wirklich gut bekannt sind. Ursache ist
der Tod jenes Mannes, der Großes plante und schon in
der Lage war, es zu vollbringen, aber dem Neide nicht
entrinnen konnte. Denn mit jenem Tage – und erst kurz
zuvor war Severinos angekommen – überkam mich das
Verlangen zu schweigen, und alles, woran ich mich vorher erfreut hatte, wurde mir zuwider. Ich hasse den
Markt, ich hasse es, zu Hause zu sein. Ich laufe hinaus
auf die Felder und rede mit den Felsen[4]. Daher kommt
es, daß er von mir wohl nichts zu gewinnen hat; aber
was du ihm gabst, das kennt er alles und bewahrt es, vor
allem jedoch die ... Reden, die ganz gewiß golden sind.
Drum richte ihn mit allen Mitteln wieder auf, und gib
acht, daß er sich nicht der Bequemlichkeit hingibt. Denn
du vermagst Großes, da die Mächtigen dir ihre Gunst zu
schenken geruhen.

VII. BRIEFE AN BEDEUTENDE PERSÖNLICHKEITEN

62 (1063 F)

Μαρκελλίνῳ.

1 Καὶ σὲ ζηλῶ τοῦ ῾Ρώμην ἔχειν² κἀκείνην τοῦ σέ· σὺ μὲν γὰρ
ἔχεις ᾧ τῶν ἐν γῇ παραπλήσιον οὐδέν, ἡ δὲ τὸν τῶν ἑαυτῆς
2 πολιτῶν, οἷς πρόγονοι δαίμονες, οὐχ ὕστερον. ἦν μὲν οὖν δή
σοι μέγα καὶ τὸ μετὰ σιγῆς ἐν τῇ τοιαύτῃ διάγειν καὶ τὸ λόγους
ὑπ᾽ ἄλλων λεγομένους δέχεσθαι — πολλοὺς δὲ ἡ ῾Ρώμη τρέφει
ῥήτορας πατράσιν ἀκολουθοῦντας — νῦν δ᾽, ὡς ἔστιν ἀκούειν
τῶν ἐκεῖθεν ἀφικνουμένων, αὐτὸς ἡμῖν ἐν ἐπιδείξεσι ταῖς μὲν
γέγονας, ταῖς δὲ ἔσῃ τῆς συγγραφῆς εἰς πολλὰ τετμημένης καὶ
3 τοῦ φανέντος ἐπαινεθέντος μέρος ἕτερον εἰσκαλοῦντος⁵. ἀκούω
δὲ τὴν ῾Ρώμην αὐτὴν στεφανοῦν σοι τὸν πόνον καὶ κεῖσθαι
ψῆφον αὐτῇ τῶν μέν σε κεκρατηκέναι, τῶν δὲ οὐχ ἡττῆσθαι.
ταυτὶ δὲ οὐ τὸν συγγραφέα κοσμεῖ μόνον, ἀλλὰ καὶ ἡμᾶς, ὧν
4 ἐστιν ὁ συγγραφεύς. μὴ δὴ παύσῃ τοιαῦτα συντιθεὶς καὶ
κομίζων οἴκοθεν⁷ εἰς συλλόγους μηδὲ κάμῃς θαυμαζόμενος,
ἀλλ᾽ αὐτός τε γίγνου λαμπρότερος καὶ ἡμῖν τοῦτο δίδου. τοιοῦτον
γὰρ πολίτης εὐδοκιμῶν· κοσμεῖ τοῖς αὐτοῦ τὴν πόλιν τὴν ἑαυτοῦ.
5 σὺ μὲν οὖν ἐν ὁμοίοις εἴης· ἡμῖν δ᾽ ἐν πένθει κειμένοις εἰ μή τις
θεῶν ἀμύνειεν, οὐκ ἔσθ᾽ ὅπως οἴσομεν. ὃς γὰρ δὴ μόνος ἦν
ἡμῖν οὐ κακὸς ἐκ μητρὸς ἀγαθῆς, εἰ καὶ μὴ ἐλευθέρας, οἴχεται

VII. BRIEFE AN BEDEUTENDE PERSÖNLICHKEITEN

62 (1063 F)

An (Ammianus) Marcellinus[1]

Du bist zu beneiden um Rom und Rom um dich; denn du hast eine Stadt gewonnen, die ihresgleichen sucht in der ganzen Welt, und diese Stadt hat einen Mann gewonnen, der nicht zurücksteht hinter ihren Bürgern, deren Vorfahren Götter[3] waren. Es wäre für dich bereits rühmlich, wenn du dich in einer solchen Stadt schweigend aufgehalten und die Reden, die andere dort halten, angehört hättest – bringt doch Rom viele Redner hervor, die den Spuren der Väter[4] folgen. Nun aber, wie ich von Reisenden erfahre, die von dort kommen, hast du bereits selbst Teile deines Werkes öffentlich vorgetragen und andere werden folgen, da die günstige Aufnahme, die dein Werk gefunden hat, zur Fortsetzung einlädt. Ich erfahre auch, daß Rom selbst mit dem Siegeskranz deine Bemühungen belohnt hat[6] und daß ein amtliches Urteil vorliegt, wonach du einige deiner Rivalen besiegt hast und den anderen nicht unterlegen warst. Das macht nicht nur dem Autor Ehre, sondern auch uns, aus deren Mitte der Autor kommt. Also laß nicht nach, solche Werke zu schreiben und sie von deinem Studierzimmer in die Auditorien zu bringen, und werde der Bewunderer nicht überdrüssig, sondern werde selbst immer berühmter und laß uns daran teilhaben. Solcher Art ist ein Mitbürger, der in hohem Ansehen steht: Mit seinen Werken schmückt er die Heimat. Möge es dir weiterhin so ergehen; was mich anlangt, so bin ich in tiefer Trauer, und wenn nicht einer der Götter dabei hilft, weiß ich nicht, wie ich es tragen soll. Denn der einzige Sohn[8], den ich hatte, nicht untüchtig und von einer guten Mutter[9], mag sie keine freigeborene gewesen

καὶ τέθαπται λύπῃ τελευτήσας, ἡ δ᾿ ἔργον ἦν ὕβρεως. οἵτινες δὲ οἱ προπηλακίσαντες, παρ᾿ ἑτέρων μάνθανε, ἡμεῖς δὲ αὐτοὺς 6 καὶ παθόντες αἰδούμεθα. ζέοντος δὲ ἔτι τοῦ κακοῦ Καλλιόπιος ἐκ μέσων ἡρπάσθη βιβλίων καὶ πόνων, καὶ γίγνεται ἕλκος ἐφ᾿ ἕλκει καὶ χείρω τὰ τῶν νέων. καὶ τοῦτ᾿ ἂν ἀκούσαις καὶ τῶν τἀκείνου νειμαμένων. ἐμοὶ δὲ καὶ τὰ πρὸ αὐτοῦ καὶ αὐτὸς καὶ τὰ μετ᾿ αὐτὸν οἰμωγῶν τε ἀφορμαὶ καὶ δακρύων, ὧν ἐπὶ τὰ γραφόμενα ῥεῖ τὰ πλείω.

63 (1004 F)

Συμμάχῳ.

1 Χρηστῆς νυκτὸς ἀπολαύσας διὰ τοιούτων ὀνειράτων γενομένης ἡμέρας συγγενόμενος τοῖς φίλοις ἔλεγόν τε τἀν τῇ νυκτὶ πρὸς αὐτοὺς καὶ ἅμα προὔλεγον ἔσεσθαί τι καλὸν εἰς ἔργον τὸ φανθὲν 2 ἄγον. τῆς τοίνυν ἡμέρας προελθούσης εἰς ὥραν τρίτην ὄντων τε ἡμῶν ἐν μέσοις τοῖς πόνοις Κοδράτος ὁ βέλτιστος, ὁ μακάριος — πῶς γὰρ οὐ μακάριος ὁ σοὶ συνδιατρίψας; — εἰσελθὼν ὡς ἐμὲ τίθησιν εἰς χεῖρά μοι τὴν ἐπιστολὴν τοῦτ᾿ αὐτὸ λέγων, ὅτι 3 σή. καὶ παραχρῆμα πᾶν τὸ λυποῦν ἔφευγε, — πολλὰ δὲ ταῦτα ἦν πολὺν ἤδη χρόνον ἐγκείμενά τε καὶ ὀδυνῶντα — καί μέ τις εἶχεν ἡδονὴ μείζων τῆς ἐν τοῖς φιλοχρημάτοις γιγνομένης, 4 ὅταν ἔλθῃ ποθὲν αὐτοῖς χρήματα. καὶ ταυτὶ μὲν πρὸ τῆς ἀναγνώσεως· ἤδη δὲ ἑρμηνέως τυχούσης δεινὸν ἡγησάμην, εἰ

sein, er ist dahingegangen und begraben worden, gestorben an Kummer über eine schwere Kränkung. Wer seine Beleidiger waren, magst du von anderen erfahren, ich muß sie respektieren, wenngleich sie mir Leid zugefügt haben. Noch hatten wir mit diesem Unglück zu kämpfen, da wurde Kalliopios[10] dahingerafft, inmitten seiner Bücher und seiner Arbeit; so folgte ein Schlag auf den anderen, und dabei hat die Ausbildung der Studenten zu leiden. Das kannst du auch von denen erfahren, die seine Habseligkeiten unter sich geteilt haben. Für mich sind die Ereignisse vor seinem Tode, sein Schicksal und was danach folgte nur Anlaß zu Klagen und Tränen, von denen die meisten auf meine Briefe fließen.

63 (1004 F)

An (Quintus Aurelius) Symmachus[1]

Eine gute Nacht hatte ich gehabt, die ebensolche Träume brachte, und als es dann Tag wurde, berichtete ich den versammelten Freunden von dieser Nacht und prophezeite, daß etwas Schönes sich ereignen werde, das die Erscheinung zur Wirklichkeit werden lasse. Und als dann der Tag vorrückte bis zur dritten Stunde[2], und wir mitten in der Arbeit waren, da trat der treffliche Kodratos[3] ein, der glückliche – denn wie sollte er nicht glücklich sein, da er mit dir vertrauten Umgang hatte? – und legte mir in die Hand den Brief, von dem er nur sagte, daß er von dir kommt. Im Augenblick war aller Kummer verflogen – der aber war reichlich vorhanden und hatte mir lange Zeit zugesetzt und mich gepeinigt[4] – und eine Freude überkam mich, größer als sie einem Geldgierigen zuteil wird, wenn er irgendwie zu Geld kommt. Dies alles, noch ehe der Brief vorgelesen wurde. Als aber der Dolmetscher[5] das Seine getan hatte, da dachte ich, es sei

μὴ τὴν πόλιν ἐμπλήσαιμι τοῦ δώρου τῆς Τύχης, καὶ παραδοὺς
τρισὶ τῶν φίλων τὴν ἐπιστολὴν ἐκέλευον πᾶσαν ἐπιόντας τὴν
πόλιν τοῖς ἡδέως ἔχουσι πρὸς ἡμᾶς δεικνύειν καὶ τοῖς οὐχ οὕτω,
5   τοῖς μέν, ὅπως χαίροιεν, τοῖς δ᾽, ἵνα ἀποπνίγοιντο⁶.   οἴδε μὲν
οὖν ἐσίγων τὴν τῶν ἀνιωμένων σιγήν, οἱ δ᾽ ἦσαν ἐν ἑορτῇ σοῦ
ταύτην αὐτοῖς ποιοῦντος τὴν ἑορτὴν εὐδαιμόνιζόν τε καὶ ἐμὲ καὶ
σέ, τοῦ τετιμῆσθαι μὲν ἐμέ, σὲ δὲ τοῦ τετιμηκέναι· κεχαρίσθαι
γὰρ ἐν τούτῳ σε τοῖς λογίοις θεοῖς ἐγείραντα τοὺς νέους ἐπὶ
τοὺς λόγους, ἐν ᾧ καὶ τὴν ἄρχουσαν εὖ πεποίηκας πόλιν τοὺς
6   ἀρχομένους ἐφ᾽ ἃ δεῖ παρακαλῶν.   ἐν μὲν οὖν τοῖς γράμμασιν,
ὅπερ αὐτὸς ἔφης, ἔφθης· ἐγὼ δὲ νενίκηκα τῷ φιλῆσαι πρότερος·
ἀπὸ γὰρ ἐκείνου δὴ φιλῶ τοῦ χρόνου, ὃς πατέρα τὸν σὸν δεῦρο
ἡμῖν ἤγαγε τῶν θεῶν οἷς ἡμῶν μέλει τοῦτο ἡμῖν διδόντων,
7   ὅπως ἡμῖν ᾖ καὶ θεᾶσθαι τὸν ἄριστον Σύμμαχον.   ὃς τέταρτος
μὲν ἧκε, μόνος δὲ εἰς αὐτὸν ἐπέστρεφε τὴν πόλιν ἀγαθῶν ἀμείνων
δεικνύμενος ἔν τε τοῖς ἄλλοις καὶ ἐν ἐξετάσει λόγων, ᾧ με καὶ
τρέχειν ὡς αὐτὸν καθ᾽ ἡμέραν ἔπεισε. καὶ ἦμεν ἐν τῷ τι περὶ
8   τῶν παλαιῶν ἀεὶ λέγειν, ὧν ὁ τόκος παιδεία τοῖς ἄλλοις.   ὁρῶν
δέ με οὐ πάνυ τῶν ἀποβλήτων ἀνὴρ πολλὰ περὶ τῆς σῆς φύσεως
διεξιὼν ᾔτει παρὰ τῶν θεῶν γενέσθαι τι τοιοῦτον, ὅ σε ποιήσει
τῶν ἐμῶν πόνων μεταλαβεῖν. καὶ προσετίθην ἐγὼ τὴν αὐτὴν
εὐχήν, καὶ τούτοις οὕτω διετέθην ὥσθ᾽ ἣν ἔσχον ἂν περὶ σοῦ
γνώμην πεπραγμένων, ταύτην ἔσχον στάντων ἐν εὐχῇ τῶν πραγμάτων. τοιγαροῦν ἥσθην τε πλέοντος ἐξ οὐρίων κἂν τῇ ταραχῇ

doch sträflich, wenn ich nicht die ganze Stadt erfüllte mit
dieser Gabe des Glücks, und so gab ich den Brief dreien
meiner Freunde und hieß sie durch die ganze Stadt zu
ziehen und ihn allen zu zeigen, die uns Wohlwollen entgegenbringen, und auch denen, die dies nicht tun, den
einen zur Freude, den andern, daß sie ersticken vor Neid.
Diese also schwiegen in ihrem Ärger, doch jene feierten
ein Freudenfest, das du ihnen bereitet hast, und sie priesen mich glücklich und dich; mich, weil ich geehrt worden war, dich, weil du Ehre verliehen hattest. Denn den
Göttern der Rede hast du einen Dienst erwiesen, indem
du die Jugend zur Redekunst[7] erwecktest, und du wurdest zum Wohltäter unserer Herrscherin, der Stadt, indem du ihre Untertanen anspornest, das Ihrige zu tun.
Durch deinen Brief also bist du mir, wie du selbst sagtest,
zuvorgekommen[8]; ich aber habe den Sieg errungen, indem ich dich als erster liebte. Denn ich liebe dich seit
jenem Augenblick, der deinen Vater[9] durch die Gunst
der Götter, die für uns sorgen, hierher führte, damit wir
den erlauchten Symmachus zu sehen bekämen. Er kam
mit drei anderen[10], zog aber die Aufmerksamkeit der
Stadt ganz allein auf sich, indem er sich den Besten überlegen zeigte in allem andern und bei der Beurteilung der
Reden, wodurch er auch mich dazu brachte, täglich zu
ihm zu eilen. Und ständig waren wir dabei, über die alten
Autoren zu sprechen, deren Werke den Menschen Bildung bringen. Und da der Mann sah, daß ich nicht eben
zu den Schlechtesten gehörte, sprach er lange über deine
Anlagen und bat die Götter, sie möchten es ermöglichen,
daß du die Frucht meiner Mühen genießen könnest[11].
Und ich schloß mich diesem Gebet an, und das brachte
mich dazu, während alles beim Gebet blieb, mir über
dich eben jene Meinung zu bilden, die ich gewonnen
hätte, wenn das Gebet sich erfüllt hätte. Wahrhaftig ich
freute mich, als dein Schiff bei gutem Wind segelte, und
mir war bange, als das Meer aufgewühlt wurde[12], und

9 τῆς θαλάττης ἔδεισα καὶ πάλιν λείας γενομένης ἐχάρην. προ-
καλούμενος οὖν με φίλον εἶναι τὸν ὄντα προκαλῇ καὶ κελεύων
ἀντεπιστέλλειν, ὃ καὶ μὴ κελεύοντος ἂν ἐπράττετο. ἴσην δὲ
10 ἀπαιτῶν ἐπιστολὴν οὐ δυνατὰ ζητεῖς. καὶ γὰρ ἂν ἴση μὲν ᾖ
τῷ μέτρῳ, μὴ χείρων δὲ τὸ εἶδος, αὐτῷ γε τῷ γράφοντι γίγνεται
φαυλοτέρα· δεῖ γάρ με πρότερον καὶ αὐτὸν γενέσθαι Σύμμαχον,
εἰ μέλλει τῶν σῶν τἀμὰ μὴ λελείψεσθαι.

64 (1224 F)

Σαλουτίῳ.

1 Μέμνημαί σου τῆς παλαιᾶς ἐκείνης χάριτος, ὅτ᾽ Ὀλύμπιος
μὲν ἔτρεμε μὴ τῶν βουλευόντων ἀδελφὸς αὐτῷ γένηται, τὸν
φόβον δὲ ἐμήνυσα σοὶ καὶ παραχρῆμα ἐλέλυτο κληθέντος ἐπ᾽
2 ἀρχὴν τοῦ τὸ τῆς βουλῆς προσδοκῶντος δίκτυον. τοῦ μὲν οὖν
θαυμάζειν σε ἠρξάμεθα, ὅτεπερ καὶ τοῦ γινώσκειν, ἠκολούθει
δέ γε τῷ θαυμάζειν καὶ τὸ φιλεῖν· ἡ βοήθεια δὲ ἐκείνη καὶ τὸ
μὴ τῶν ἑλκόντων⁴ ἡττηθῆναι οὐδὲ τοὺς γονεῖς ἐᾷ πρὸ τῆς σῆς
3 παρ᾽ ἡμῖν τετάχθαι κεφαλῆς. νῦν οὖν τιμῶν σοι δικαίων παρὰ
τοῖν βασιλέοιν γινομένων καὶ παντὸς στόματος ἓν ἔργον ἔχοντος
τὰ σὰ θαυμάζειν νικῶμεν ἡμεῖς τῇ κατὰ ταῦτα ἡδονῇ πάντας
4 ἀνθρώπους. καλὰ μὲν οὖν σου καὶ τἆλλα — τὰ γὰρ ἐκ πεπαι-
δευμένης ψυχῆς οὐκ ἔνι μὴ κάλλους μετέχειν —, κάλλιστον δὲ
ὃ περὶ τῶν τοῖς ἀδικουμένοις συναγορευόντων ἔγνως καθίσας
εἰς ἀρχόντων θρόνους οἷς ὁ σὸς θρόνος πολλοὺς ἱδρῶτας συνή-
5 δει. μεγάλου δὲ δοκοῦντος τοῦ δύο ἢ τρεῖς εἰς τοῦτο ἀφικέσθαι

abermals war ich froh, als die Wogen sich glätteten. Also, da du mich bittest, dein Freund zu sein, bittest du einen, der es bereits ist; und daß du mich aufforderst, deinen Brief zu erwidern – ich hätte es auch ohne Aufforderung getan. Doch mit deinem Verlangen nach einem gleichen Brief suchst du, was es nicht gibt. Denn selbst wenn er gleich wäre an Umfang und nicht schlechter in seiner Art, so macht ihn doch die Person des Verfassers geringer[13]. Denn wenn das Meinige hinter dem Deinigen nicht zurückstehen soll, muß ich erst selbst ein Symmachus werden.

64 (1224 F)
An Salutios[1]

Im Gedächtnis haftet mir deine Gefälligkeit von einst, als Olympios[2] zitterte, sein Bruder könne zum Ratsherrn ernannt werden, und ich dir von seiner Furcht berichtete, von der du ihn sofort befreitest, indem du jenen in ein öffentliches Amt beriefst, der sich darauf einrichtete, in das Netz[3] des Ratsherrenstandes zu geraten. Dich zu bewundern begann ich, als ich dich kennenlernte, und der Bewunderung folgte die Freundschaft auf dem Fuße. Jene Hilfe aber und daß du dich nicht unterkriegen ließest von jenen, die ihn in den Rat zerren wollten, das macht, daß dein teures Haupt für mich selbst hinter den Eltern nicht zurücksteht. Und während dir jetzt die Kaiser verdiente Ehren zuteil werden lassen und aus jedem Munde einzig dein Lob erklingt, übertreffe doch ich in der Freude darüber alle Menschen. Schön ist freilich vieles an dir, denn eine gebildete Seele kann unmöglich ohne Schönheit sein; das Schönste aber ist, was du zugunsten derer entschieden hast, die den Unrechtleidenden beistehen. Denn zu Statthaltern hast du jene erhoben, deren rastloser Eifer deinem hohen Amte bekannt wurde[5]. Und während es für etwas Großes galt, wenn zwei oder drei zu diesem

σχήματος καὶ τῶν τοῦτο δυνηθέντων ὑπάρχων ἢ βουληθέντων
γε ἐπαινουμένων σὺ παντὶ φέρων ἔθνει ῥήτορα ἐπέστησας, τὰς
μὲν πόλεις σώζων τῇ τῶν ἐπιμελητῶν ἐμπειρίᾳ, τοῖς δὲ μακρῶν
πόνων ἆθλα διδούς, τὰ δὲ τῶν διδασκόντων δι᾽ ἄλλων πραγμάτων
6 προάγων εἰς εὐδαιμονίαν. ἤδη γὰρ ἀνισταμένων τῶν τὰς δεξιὰς
εἰς τὸ ταχέως γράφειν ἀκονώντων, τῶν δ᾽ αὖ παρ᾽ ἡμῖν ταπεινου-
μένων σὺ τὸ τῶν λόγων χρῆμα τοῖς τὰς ἀρχὰς λαβοῦσι κοσμήσας
ἐνέπλησας ἡμῖν τὰ διδασκαλεῖα νέων ἔρωτα λόγων ἐνθεὶς ἐλπίδι
7 τιμῶν ἴσων. μὴ οὖν ἐκείνους μᾶλλον ἢ ἡμᾶς τοὺς ὑπὸ ταῖς
Μούσαις ζῶντας εὖ πεποιηκέναι νόμιζε μηδ᾽ οἶου τοὺς τὰς
μεγάλας στοὰς ταῖς πόλεσι δεδωκότας τοσαύτης τετυχηκέναι
δόξης, ὅσην σοὶ τὰ περὶ τοὺς ἄρχοντας τούτους καὶ λόγους
ἐνήνοχε· τὰ μέν γάρ ἐστιν ἄψυχα μεγέθη, τὰ δὲ τὴν τῶν ψυχῶν
ἀρετὴν ἀνθεῖν ποιεῖ καὶ πολλοὺς εἶναι τοὺς ἀσκεῖν αὐτὴν βουλο-
8 μένους. ὃ δ᾽ ἀπορεῖν ἐπῆλθε τοῖς τὴν γνώμην εὐποροῦσι, φράσω
καὶ οὐκ ἀποκρύψομαι. ὡς τοὺς μὲν ἑώρων τὰ γραμματεῖα δεχο-
μένους, περὶ δὲ τῶν ἤκουον, Ἀρσένιον δὲ ἀπερριμμένον, ἐζήτουν
πρὸς αὐτούς, ὅθεν τοῦτο οὕτω γένοιτο, καὶ τοιαυτὶ διεξῇεσαν·
οὐκ εὐγενὴς ἄνθρωπος; οὐ σώφρων ἐν παισίν; οὐ δίκαιος ἐν
ἀνδράσιν; οὐ δεινὸς εἰπεῖν; οὐ διὰ δρόμων δικανικῶν ἐγγὺς
ἥκει γήρως; οὐ καθαρὸς αἰτιῶν, οἵαι πολλοὺς πολλάκις τῶν ἐν
δικαστηρίῳ βεβιωκότων κατέλαβον[8]; εἰκὸς δὲ τὸν ἐνταῦθα
κρείττω κακῶν λημμάτων καὶ δικάζοντα τὸ καλὸν πρὸ τοῦ κέρ-

Rang gelangten und die Präfekten, die solches vermochten oder auch nur versuchten, gepriesen wurden, hast du jedem Volke einen Redner geschickt und an die Spitze gestellt und hast so die Städte gefördert, indem du Männern von Erfahrung die Verwaltung übertrugst, hast den Betroffenen einen Lohn ihrer langen Mühen gegeben und den Wohlstand der Lehrenden anderweitig gehoben. Denn schon kamen jene empor, die ihre Hand in der Stenographie übten[6], und unsere Schüler standen niedrig im Kurs, da hast du durch die Männer, welche ein Amt erhielten, der Bildung die Ehre erwiesen und uns die Schulen gefüllt mit jungen Leuten, in denen du die Liebe zur Bildung wecktest durch die Hoffnung, einmal zu gleichen Ehren zu gelangen. Sei also versichert, daß du jenen nicht mehr Wohltaten erwiesen hast als uns, die wir im Dienste der Musen leben, und glaube nur nicht, daß diejenigen, die den Städten große Säulenhallen geschenkt haben, den gleichen Ruhm erlangten, wie ihn dir die Besetzung dieser Ämter und die Förderung der Bildung eingebracht hat. Jenes nämlich sind große, aber leblose Gebilde, während dieses die Vorzüge der Seele zur Entfaltung bringt und bewirkt, daß es viele sind, die sich vervollkommnen wollen. Was aber die Einsichtigen ratlos gemacht hat, das will ich dir sagen und nicht verschweigen. Als sie sahen, daß mancher eine Kanzleistelle bekommen hat, und sie es von anderen hörten, daß aber Arsenios[7] abgewiesen worden ist, da fragten sie sich nach dem Grund und gingen die Möglichkeiten durch: ›Ist er nicht von vornehmer Abstammung? Ist er nicht voll Selbstbeherrschung unter Knaben und gerecht unter Männern? Ist er nicht ein hervorragender Redner und hat sich im Gerichtswesen hochgedient bis an die Schwelle des Alters? Ist er nicht frei von Anschuldigungen, wie sie so häufig gegen Advokaten erhoben werden? Wer aber dort nicht nach unrechtmäßigem Profit gestrebt hat, von dem sollte man annehmen, daß er auch als Richter das

9 δους τιμήσειν. ἀπὸ τοιούτων τῶν πρὸς ἀλλήλους λόγων ἐπ' ἐμὲ
προῆεσαν, ὡς ἐγὼ μέντοι τούτων αἴτιος ἐπιτάξας ἃ μὴ χρῆν
κἀκεῖνος φίλῳ πειθόμενος βέβλαπται. τίνα οἴει με ψυχὴν ἔχειν,
ὅταν ταῦτα ἀκούω, ἢ τίνα οἴκοι γενόμενον [9] ἢ ποίας νύκτας
διάγειν; καὶ γὰρ εἰ μηδὲν 'Αρσένιος ἐγκαλεῖ, ἀλλὰ πολλοὺς
ἔχει τοὺς ὑπὲρ αὐτοῦ τοῦτο ποιοῦντας. ἐμὲ δὲ τὸν φίλοις οὐκ
ὀλίγοις δόξαντα βεβοηθηκέναι δοκεῖν φίλον ἀπεστερηκέναι τιμῆς
10 πάντως ἂν γενομένης ποῦ μέτριον ἢ ποῦ φορητόν; βοήθησον
δή μοι, πρὸς Διός, κινδυνεύοντι περὶ δόξης καί με ὀνείδους
ἀπάλλαξον, ᾧ συζῆν οὐκ ἂν δυναίμην. καὶ εἰ μὲν παρὰ τῶν
οὕτως ὑπειληφότων συκοφαντοῦμαι, τὴν συκοφαντίαν στῆσον·
εἰ δ' ὄντως τι καὶ τετόλμηται, δίκην μὲν ἐπίθες ἐμοί, τὸν δὲ
δεῖξον τῶν μακαριζομένων.

65 (1428 F)

Σαλουτίῳ.

1 Νῦν πλέον ἐπαινῶ τὸν ποιητὴν ἐκεῖνον, ὃς ἐν τῷ σκολίῳ μέγιστον
τῶν ἀγαθῶν εἶναί φησι τὸ ὑγιαίνειν. ἔγωγέ τοι τοῦτο οὐκ ἔχων
κάθημαι κεχηνώς, ὁπότε ἥξεις, καὶ ἀντὶ τοῦ τοῦ σώματος
ἀπολαύειν ἤδη τοὺς ὡς σὲ τρέχοντας ἀριθμῶ μακαρίζων ἅμα
καθάπερ οἱ ἐν δεσμωτηρίῳ διὰ μικρᾶς θυρίδος τοὺς παριόντας.
2 εἶτ' ἐπὶ μὲν τῶν δάκνομαι — δεῖ γὰρ τἀληθῆ λέγειν — τοῖς δὲ
συγχαίρω κοινωνεῖν τρόπον τινὰ δι' αὐτῶν τῆς ἑορτῆς ἡγούμενος.
οἷόν τι καὶ τὸ νῦν· Εὐδαίμονος γὰρ τοῦ καλοῦ σοι συνεσομένου

Gute über das Gewinnbringende stellt.‹ So sprachen sie untereinander und verfielen schließlich auf mich, als sei ich daran schuld, weil ich ihn geheißen hätte, was ich ihn nicht hätte heißen sollen, während er dem Freunde gefolgt und dadurch zu Schaden gekommen sei. Was glaubst du, wie mir zumute ist, wenn ich solches höre und wenn ich dann wieder zu Hause bin, und was für Nächte ich zubringe? Denn wenn auch Arsenios selbst mich nicht anklagt, so hat er doch viele, die dies für ihn tun. Daß aber ich, der ich in dem Rufe stand, nicht wenigen meiner Freunde geholfen zu haben, daß ich nun einen Freund einer Ehre beraubt haben soll, die ihm jedenfalls zuteil geworden wäre – ist das noch billig? Ist das noch zu ertragen? Hilf mir also, bei Zeus, da mein guter Ruf auf dem Spiel steht, und befreie mich von einer Schande, mit der ich nicht leben kann. Und wenn ich von denen, die solches annehmen, verleumdet werde, dann gebiete Einhalt dieser Verleumdung. Habe ich aber tatsächlich etwas begangen, dann sorg für meine Bestrafung und laß ihn zu jenen gehören, die man glücklich preist.

65 (1428 F)
An Salutios[1]

Jetzt lobe ich noch mehr jenen Dichter[2], der in dem bekannten Trinklied sagt, das höchste aller Güter sei die Gesundheit. Ich freilich besitze es nicht, sitze hier, voll Verlangen darauf wartend, wann du wohl kommst; und statt mich deiner körperlichen Gegenwart zu erfreuen, zähle ich alle, die zu dir eilen, und preise sie glücklich, wie einer, der im Gefängnis[3] sitzt und durch ein kleines Fensterchen auf die Passanten blickt. Und dann schmerzt es mich bei den einen, um die Wahrheit zu sagen, mit anderen aber freue ich mich, weil ich glaube, durch sie in gewisser Weise an dem Fest teilzunehmen. So auch jetzt. Denn wenn der treffliche Eudaimon[4] bei dir weilt und

καὶ τὰ μὲν ἐρησομένου, τὰ δὲ ἀκουσομένου καί τι καὶ περὶ ἡμῶν
ἐροῦντος οὐ πάντα τῶν λόγων ἐμαυτὸν ἀπεῖναι νομίζω, ὥσπερ
οἱ τοὺς υἱεῖς πέμποντες ἐπὶ δεῖπνον, ὅταν αὐτοὶ μὴ δύνωνται
τοῖς καλοῦσιν ὑπακοῦσαι, τῶν δαιτυμόνων καὶ πεπωκότων αὐ-
3 τοὺς ἀριθμοῦσιν.   ἀλλ᾽, ὦ ἄριστε, παῦσόν με τοιούτοις ἐμαυτὸν
παραμυθούμενον ἀποδοὺς τὰ μείζω καὶ τὴν εὐθυμίαν καθαράν.
ἔστι δέ σοι φίλτρον παρ᾽ ἡμῖν, οἷον οὐκ ἄλλοθι, καίτοι πανταχοῦ
μέγα, νικᾷ δὲ ὅμως τό γε ἐνθάδε· καὶ παρὰ τῶν ἀέρων δὲ ἴσως
ἄν τι γένοιτο χρηστὸν εἰς τὸ σῶμα.

66 (1106 F)

<'Ρουφίνῳ>.

1 Ἔτι τοίνυν τὴν ἐν ἅπασιν ἡδονὴν ἀνθοῦσαν τότε νῦν ὁρῶμεν
ἐν ἀκμάζουσιν, ἐν γέρουσιν, παισί, γυναιξίν, ἐλευθέροις, δού-
λοις· καὶ γὰρ δοῦλος ἐμιμεῖτο δεσπότην. φαίνεται δ᾽ ἡμῖν καὶ τὰ
ῥόδα τά τε ἔνθεν καὶ ἔνθεν τά τε ἄνωθεν πετόμενα καὶ τούτων
τὰν τοῖς γόνασιν ἱζάνοντα καὶ τοῖς ὑπὸ τῇ χλαμύδι μετ᾽ εὐσχη-
2 μοσύνης κινουμένοις δακτύλοις ἐπὶ τὰ κάτω φερόμενα. λόγος
δὲ εἷς μόνος ἐν τῇ τοσαύτῃ πόλει Ῥουφῖνος καὶ τὰ τούτου καὶ
τί μὲν ἔπραξε, τί δ᾽ εἶπεν ἢ πρὸς βουλὰς ἱκετενούσας ἢ πρὸς
τοὺς περὶ ταύτας ἐν ὁμιλίαις ἢ πρὸς τοὺς ἐπὶ τῷ παιδεύειν
3 καθημένους. εὔχονται δὲ γυναῖκες οὐ παροφθεῖσαι οὐδ᾽
ἀμεληθεῖσαι οὐδὲ ἀπελαθεῖσαι, λόγων δὲ τυχοῦσαι πρᾴων τε
καὶ ἡμέρων, εὔχοντ᾽ οὐ· αἱ γυναῖκες σώζεσθαι μέν σοι τὴν τοῦ
γενναίου βασιλέως εὔνοιαν, σώζεσθαι δὲ βασιλεῖ τοὺς σοὺς ὑπὲρ
αὐτοῦ πόνους ἐλθεῖν τε αὖθις ὡς ἡμᾶς τὸν τῶν πόλεων ἰατρὸν

nach manchem fragt, manches erfährt und manches auch
über mich berichtet, werde ich bei euren Gesprächen, so
scheint mir, nicht gänzlich abwesend sein, wie denn auch
jeder, der einer Einladung nicht folgen kann und seinen
Sohn zum Mahle schickt[5], sich hernach zu jenen zählen
wird, die Speise und Trank erhalten haben. Aber, mein
Bester, sorg du dafür, daß ich mich nicht mehr auf solche
Weise zu trösten brauche, indem du mir das Größere zuteil werden läßt und die reine Herzensfreude. Du genießt
aber hier Liebe in einem Ausmaß wie nirgendwo sonst;
mag sie überall groß sein, das Hiesige übertrifft alles.
Auch könnte unser Klima deinem Körper wohltun.

66 (1106 F)
(An Rufinus)[1]

Noch heute sehe ich die Freude vor mir, die damals in
allen erstrahlte, in Herangewachsenen, in Greisen, in
Knaben, in Frauen, in Freien, in Sklaven, denn auch der
Sklave tat es dem Herren gleich[2]. Vor Augen habe ich
auch die Rosen[3], die von rechts und von links und auch
von oben durch die Luft flogen und die den Leuten auf den
Knien lagen und von Händen, die sich elegant bewegten,
unter der Chlamys[4] hervorgestreut wurden. Gesprochen
aber wurde in dieser großen Stadt einzig über Rufinus und
was ihn betrifft, was er getan hat und was er geantwortet
hat auf die flehentlichen Bitten der Ratsversammlungen
und was er gesagt hat zu jenen, die sich um derentwillen
versammelten und was zu denen, die im Rathaus sitzen,
um die Jugend zu erziehen. Und es beten Frauen, die
nicht mißachtet oder übersehen oder fortgejagt wurden,
sondern höfliche und freundliche Antwort erhielten, und
diese Frauen beten darum, daß dir das Wohlwollen des
edlen Kaisers erhalten bleibe und daß dem Kaiser deine
Dienste erhalten bleiben und daß er, der Leibarzt[5] der
Städte, wieder zu uns kommen und nach Daphne hin-

ἀναβῆναί τε πάλιν εἰς Δάφνην δευτέρων ἀκριβεστέρων⁶, — ὡς
νῦν γε ἱέραξ ἡμῖν ἦσθα τάχος τε πτεροῦ τοῦ 'κείνου μιμούμενος
καὶ τῷ πᾶσαν ἐθέλειν εἰδέναι ἐν βραχεῖ τὸ μὴ πᾶσαν ἰδεῖν
κεκωλυμένος — ταῦτ' οὖν τὰ διαφυγόντα τῶν σῶν ὀφθαλμῶν
τυχεῖν καὶ μὴ τῶν ὀφθέντων ἔλαττον ἔχειν· εἰ δὲ καὶ μετὰ τῶν
ἀρίστων βασιλέων, ὧν πολὺς ἔρως τῇ πόλει — καὶ θαυμαστὸν
οὐδὲν τῶν σεσωκότων ἐρᾶν τὴν σεσωσμένην, — τίς ἡμῖν ἴσος εἰς
4 εὐτυχίας λόγον; εἰ δ' οὖν τι καὶ μεῖζον τὰς θείας ἐκείνας
κεφαλὰς ἔτι πείθοι μένειν, αὐτὸς ἡμῖν ἥκειν μεθ' ὁμοίου τοῦ
δρόμου καὶ δεικνύναι με μάντιν ἀγαθόν. οἶσθα γὰρ ὃ προεῖπον,
ὅτι τὸν οὕτω ταχέως ἀπελθόντα καὶ ταχέως ἡμῖν ἐπανήξειν
5 οἴομαι. ὅτι δὲ ἐλθὼν τῶν αὐτῶν μεταδώσεις, οὐδὲν δεῖ πυθέσθαι τῶν μάντεων δεικνυμένων τῶν ἐσομένων τοῖς ἤδη γεγενη-
μένοις· καὶ γὰρ ἕλξεις τῇ σαυτοῦ χειρὶ τὸν θρόνον ἐγγύς τέ μου
καθίσαι ἐθελήσεις ἡσθήσῃ τε ἐγγύθεν ὁρῶν τὰς πολιὰς θήξεις
τέ μοι τὸν νοῦν τοῖς σαυτοῦ νοήμασιν ἐγώ τέ σε θηράσω πάλιν
κεκτημένον μὲν τὴν ἡμετέραν φωνήν, φάσκοντα δὲ οὐκ ἔχειν.
6 ὃ δὲ ᾔτησα μὲν ἐν τῇ πόλει πολλάκις, ᾔτησα δὲ κἂν τῷ ποταμῷ
τῷ πολλῷ μὲν τοῦ χειμῶνος, ὀλίγῳ δὲ νῦν, τοῦτο καὶ νῦν δέομαι
δοθῆναί μοι, τίνων τε ἐγένου γονέων καὶ τἂν τοῖς διδασκαλείοις
ἔργα δι' ὅσων πεπόρευσαι· καὶ γὰρ εἰ πολλὰ τὰ βεβοημένα καὶ
διδάσκειν οὐκ ὀλίγα δύναιτ' ἂν ὁ φίλος Θεόφιλος, ἀλλ' οὐδεὶς
7 οἷος σὺ περὶ τῶν σῶν γένοιτ' ἂν ἡμῖν διδάσκαλος. ἐμὲ δὲ
θεάτρων μὲν ἀπέστησε τὸ γῆρας, τὸ δὲ τῆς χειρὸς ἔργον οὐ

aufsteigen möge und daß diese zweite Besichtigung noch
eingehender sein möge – denn jetzt kamst du zu uns wie
ein Falke[7], ihm gleichend in der Schnelligkeit seines Flu-
ges und weil du alles in kurzer Zeit sehen wolltest, wo
du doch nicht alles sehen konntest – und daß, was dir
damals entging, jetzt deines Blickes teilhaftig werden
möge und nicht zurückstehen hinter dem, was du er-
blicktest. Wenn du gar mit den hochlöblichen Kaisern
kämest, die die Stadt so sehr liebt – und kein Wunder,
daß der Gerettete den Retter[8] liebt – wer wäre glücklich
zu preisen gleich uns? Wenn es aber Wichtigeres gibt,
das jene göttlichen Häupter noch zu bleiben veranlaßt,
so komm du selbst im Fluge wie damals und zeig, daß
ich ein guter Seher bin. Denn wie du weißt, sagte ich damals voraus, mir scheine, daß er, der uns so schnell verlassen habe, auch schnell wiederkommen werde. Daß du
aber bei deinem Besuch mir wieder die gleiche Ehre erweisen wirst, darüber braucht man keinen Seher zu befragen, denn die künftigen Gunstbeweise deuten sich an
im Vergangenen. Du wirst mit eigener Hand den Sessel
herbeiziehen und dicht neben mir sitzen wollen und wirst
dich freuen, mein graues Haar aus der Nähe zu betrachten, und mit deinen Gedanken wirst du mir den Verstand
schärfen, und ich werde dich dabei ertappen, daß du unsere
Sprache beherrschst, obwohl du behauptest, sie nicht zu
kennen[9]. Worum ich dich aber oftmals in der Stadt bat
und auch bat, als wir am Flusse waren, der im Winter
mächtig ist, jetzt aber schwach[10], um diese Gabe bitte ich
dich auch jetzt: Sag, wer deine Eltern sind und an welchen Stätten du dein Schulwissen erworben hast[11]. Denn
wenn auch viele Gerüchte umgehen und der liebe Theophilos manches berichten könnte, so könnte uns doch niemand über dich und das Deine so gut berichten wie du.
Was mich anlangt: vom Publikum hat mich das Alter
getrennt, aber die Arbeit der Hand hat es mir noch nicht
genommen. Glaub aber nicht, du tätest mir weh, wenn

προσαφείλετο. μὴ νομίσῃς δὲ ἀδικήσειν λέγων τι περὶ σαυτοῦ
καλόν· πολλοὺς γὰρ δὴ θαυμασομένους ἄνδρας τούτῳ ποιήσεις.

67 (1036 F)

Ποστουμιανῷ.

1   Οἱ πάντα ὁρῶντες θεοὶ καὶ τοῖς πεπληγμένοις τῶν ἀνθρώπων
εἰωθότες βοηθεῖν ἰδόντες με καταβεβλημένον καὶ κείμενον ὑπὸ
τῆς νῦν συμφορᾶς τό τε πλῆθος τῶν εἰς παραμυθίαν εἰρημένων
λόγων οὐδὲν δυνηθὲν φάρμακόν τι τοῦτο ἰσχυρὸν τὴν σὴν ἐξεῦρον
2   ἐπιστολήν. ἧς ἦν μέν τι κέρδος καὶ προτεινομένης ἔτι ʽΙλαρίου
τοῦ καλοῦ τοῦτο ποιοῦντος, πλέον δ᾽ ἑρμηνευομένης, πόνος δὲ
ἄρα τὸ πρᾶγμα γεγένηται τοῖς ἄγουσιν εἰς τὴν ἡμετέραν φωνὴν
τὴν ὑμετέραν, καὶ ὁ νικήσας ⟨τῷ⟩ τὸ προσιὸν ἑλεῖν[3] ἐστεφα-
3   νοῦτο. ἐγὼ δὲ ῥᾴων ἐδεικνύμην τῇ τιμῇ καί μέ τις τῶν συνήθων εἶδε μειδιάσαντα, καὶ τὸ νέφος οὐκέτ᾽ ἦν ἴσον οὔτ᾽ ἐπὶ τῆς
ψυχῆς οὔτ᾽ ἐπὶ τοῦ προσώπου[4]. καὶ θαυμαστὸν οὐδὲν τιμὴν
τοσαύτην ἤκουσαν δι᾽ ἐπιστολῆς τοῦ πρώτου ʽΡωμαίων — ὁ δὲ
τοῦτ᾽ εἰπὼν εἶπε πάντων ἀνθρώπων — ἰσχῦσαι λύπης ἀφελεῖν
4   τι καὶ καταμῖξαί τι γαλήνης. δοκεῖς δέ μοι δίκαιος εἶναι πειρώμενος κατὰ τὸν Αἰγινήτην Αἰακὸν ἐν οὐ δίκαιον ποιεῖν φεύγων
ἐν οἷς ἐπιστέλλεις τὴν ʽΕλλήνων γλῶτταν. ἣν σὺ προσέθηκας
τῇ παρὰ τοῦ γένους πολλῇ μὲν ἐπιθυμίᾳ, πολλοῖς δὲ ἱδρῶσι,
τοῖς μὲν ἐν ἡλίῳ, τοῖς δὲ πρὸς λύχνον, δι᾽ ὧν ἐνέπλησας τὴν
ψυχὴν[7] ʽΟμήρου τε καὶ ʽΗσιόδου καὶ τῶν ἄλλων ποιητῶν
5   Δημοσθένους τε καὶ Λυσίου καὶ τῶν ἄλλων ῥητόρων. εἴποι
δ᾽ ἂν ʽΗρόδοτός τε καὶ Θουκυδίδης καὶ πᾶς ἐκείνων ὁ χορὸς
εἶναι χώραν καὶ αὐτοῖς ἐν τῇ σῇ διανοίᾳ καὶ τούτου μάρτυρας
εἶναι τοὺς πεποιημένους σοι λόγους τοὺς πολλούς τε καὶ καλούς.

du Schönes von dir berichtest; vielmehr wirst du damit viele zu deinen Bewunderern machen.

67 (1036 F)

An Postumianus[1]

Die Götter, die alles sehen und den vom Unglück Getroffenen stets beistehen, sie haben bemerkt, daß ich niedergeschlagen bin und daniederliege durch mein gegenwärtiges Unglück und daß alle die vielen tröstenden Worte nicht zu helfen vermögen, doch da fanden sie als einziges wirksames Heilmittel deinen Brief. Er half schon, als man ihn mir entgegenstreckte – der gute Hilarios[2] tat es – und noch mehr, als er übersetzt wurde; es war gewiß ein mühsames Geschäft, eure Sprache in die unsere zu übertragen, und so haben wir den, der jeweils die folgenden Worte am raschesten erfaßt hatte, als Sieger bekränzt. Mir aber brachte die Ehre offensichtlich Erleichterung, denn mancher aus meiner Umgebung sah mich lächeln, und ich war nicht mehr so verdüstert wie zuvor, weder meine Seele noch mein Gesicht.

Und kein Wunder, daß die Ehre eines Briefes vom vornehmsten aller Römer – und das bedeutet: vom vornehmsten aller Menschen – den Schmerz zu lindern und Frieden einzuflößen vermag. Du tust recht daran, daß du mit Aiakos[5] von Ägina dir ein Unrecht vorbehältst, und das besteht darin, daß du in deinen Briefen die Sprache der Hellenen meidest[6].

Und doch hast du sie mit großer Leidenschaft und vielen Mühen bei Tag und bei Nacht zur Muttersprache hinzugelernt, wobei du die Seele angefüllt hast mit Homer und Hesiod und den übrigen Dichtern, mit Demosthenes und Lysias und den übrigen Rednern. Herodot aber und Thukydides und wer immer dem Kreis jener Männer angehört, könnte sagen, er habe Platz gefunden in deinem Geiste, und davon legten die vielen schönen Reden, die

6   καὶ ταῦτα οὐ νῦν μὲν ἔγνωσται, πρότερον δὲ ἠγνοεῖτο, ἀλλὰ καὶ
    πρὸ τῶν ἐπιδείξεων ἐπιστεύετο⁸ καὶ ἐν αὐταῖς καὶ μετ' ἐκείνας
    λόγος οὐκ ὀλίγος περὶ τῶν σῶν ἐκγόνων⁹, λόγων. τουτὶ δὲ κοινὸν
    ἁπάσης οἰκίας, ᾗ θεοὶ πρόγονοι, τὸ δ' ἄγαν τῆς ὑμετέρας γε-
7   νεᾶς.   κτησάμενος δὴ καὶ ταῦτα ἐπ' ἐκείνοις ὡς δύνασθαι
    πείθειν, εἰ λέγοις σαυτὸν Ἀθηναῖον, χρῶ πρὸς ἡμᾶς παροῦσιν
    ἀγαθοῖς καὶ τὰς ἐσομένας ἐπιστολάς — δῆλον γὰρ ὡς ἀρξά-
    μενος οὐ παύσῃ — μὴ πέμψῃς πάλιν εἰς ἑρμηνέων στόματα.
8   τοῦδε μὲν οὖν σὺ κύριος, παρὰ δὲ τῶν θεῶν αἰτῶ δοῦναί μοι
    τὴν σὴν ἰδεῖν κεφαλὴν¹⁰ ἐν ἀρχομένου τάξει, καθάπερ πάλαι
    τὸν σὸν θεῖον ἔγνων, ᾧ παῖδα τρέφεις ὁμώνυμον ἐν τῇ πόλει
9   τῆς θεοῦ τῆς δι' ἀγῶνος αὐτὴν λαβούσης.   τοῦτό τε οὖν ἐστί
    μοι πρὸς ὑμᾶς δικαίωμα καί τι καὶ ἕτερον, ὃ δεῖ σε μαθεῖν· ἐν
    ᾧ γὰρ ἔτει γῆν καὶ θάλατταν ἐπεῖχε τῷ τοῦ ὑπάτου καὶ ὀνόματι
    καὶ σχήματι πάππος ὁ ὑμέτερος, τότε τῆς μητρὸς ἐκδραμὼν
    ἐφάνην ἡλίῳ.

68 (501 F)

Βασιλείῳ.

1   Ὦ χρόνων ἐκείνων, ἐν οἷς πάντα ἦμεν ἀλλήλοις³. νῦν δὲ διῳκίσ-
    μεθα πικρῶς, ὑμεῖς μὲν ἔχοντες ἀλλήλους, ἐγὼ δὲ ἀνθ' ὑμῶν
2   οἷοί περ ὑμεῖς οὐδένα.   τὸν δὲ Ἄλκιμον ἀκούω τὰ νέων ἐν
    γήρᾳ τολμᾶν καὶ πρὸς τὴν Ῥώμην πέτεσθαι περιθέντα σοι τὸν
3   τοῦ συνεῖναι τοῖς παιδαρίοις πόνον.   σὺ δὲ τά τε ἄλλα πρᾷός τις
    καὶ τοῦτο οἴσεις οὐ χαλεπῶς, ἐπεὶ καὶ ἡμῖν τοῦ μὴ γράψαι
    πρότερον οὐκ ἔσχες χαλεπῶς.

du verfaßt hast, Zeugnis ab. Dies aber ist nicht etwa jetzt
erkannt worden, als sei es früher unbekannt gewesen,
sondern man traute es dir zu noch vor deinen öffentlichen Auftritten, bei diesen aber und danach gab es
nicht wenig Gerede über deine Sprößlinge, die Reden.
Diese Gabe ist allen Geschlechtern zu eigen, deren Vorfahren Götter sind; ihr Übermaß aber ist deinem Hause zu
eigen. Solches also hast du hinzuerworben zu jenen Fähigkeiten, aufgrund deren du dich glaubwürdig für einen
Athener ausgeben könntest; nutze also diesen deinen
Reichtum auch mir gegenüber, und laß deine künftigen
Briefe – du wirst ja doch nach diesem Beginn nicht auf-
hören wollen – nicht durch den Mund der Dolmetscher
zu mir gelangen. Dies nun steht bei dir, von den Göttern
aber erbitte ich, dich im Herrscheramt sehen zu dürfen,
so wie ich auch deinen Onkel[11] kennenlernte, nach dem
dein Sohn heißt, den du in der Stadt aufziehst, welche
die Göttin im Wettkampf gewann[12]. Dieses Anrecht also
habe ich euch gegenüber, aber auch noch ein anderes, das
du erfahren sollst. In jenem Jahre nämlich, in dem dein
Großvater[13] in der Stellung und Amtstracht eines Kon-
suls Land und Meer beherrschte, in diesem bin auch ich
aus dem Mutterschoß ans Licht der Sonne getreten.

68 (501 F)
An Basileios[1]

O jener Zeiten, in denen wir einer dem andern alles waren![2] Jetzt leben wir getrennt, und das ist bitter; ihr habt
einander, ich aber habe an eurer Stelle keinen, der euch
gleichkäme. Von Alkimos[4] höre ich, daß er im Alter die
Wagnisse der Jugend auf sich nimmt und nach Rom eilt,
dir die ganze Mühe des Unterrichts für die Knaben über-
lassend. Du aber bist immer sanftmütig und wirst auch
dies geduldig tragen; hast du doch auch mir gegenüber,
der ich dir früher hätte schreiben sollen, Geduld gezeigt.

69 (947 F)

Πρίσκῳ.

1 Ὅσῳ μέτρῳ τὴν πόλιν ἡμῶν ἥκων εἰς αὐτὴν ὁ χρηστὸς Ἱλάριος ἀπέφηνεν ἀμείνω, τοσούτῳ χείρω δραμὼν εἰς τὴν Ἑλλάδα βελτίω μὲν τῆς ἡμετέρας οὖσαν, μᾶλλον δέ, τοῖς ἅπασι νικῶσαν.
2 τοῖς δ᾽ οὖν ἀφαιρεθεῖσιν ἃ μάλιστα ἔχειν ἤθελον οὐδὲν ἀφαιρεῖ τοῦτο τῆς λύπης καὶ μάλιστα τοῖς ἄγαν γεγηρακόσιν ἡμῖν· ἐπεὶ τῷ γε ἐν νεότητι ἢ γήρᾳ μέν, οὐ μὴν ἐν τοσούτῳ, τά γε ἀπὸ τῶν ἐλπίδων ὑπάρχει πλοῦν⁴ τε αὐτὸν ὅμοιον τῷ προτέρῳ ποιήσεσθαι καὶ αὖθις ἐνταῦθα ἔσεσθαι καὶ τοῖς δεξιωτέροις συνέσεσθαι δεχόμενόν τε τοὺς ὡς αὐτὸν ἰόντας καὶ τὴν ἴσην ἀποδιδόντα καὶ τὰ μὲν λέγοντα, τὰ δὲ ἀκούοντα, καὶ τὰ μὲν ἐπαινοῦντα, τὰ
3 δὲ ἐπαινούμενον.   ἀλλ᾽ ἐκεῖνα μὲν ἐκείνων· τὸ δ᾽ ἡμέτερον, ἓξ μὲν καὶ ἑβδομήκοντα ἔτη γέγονα, τὸ λειπόμενον δὲ οὐ πολύ. καὶ ὁ μὲν ἥξει κομίζων καλὴν διήγησιν, καλὴ γὰρ δήπουθεν ἡ
4 περὶ τῆς Ἑλλάδος, ἑτέρους δὲ εὐφραίνων ἐμὲ ζητήσει⁵.   τούτων μὲν οὖν ἡμῖν ὕστερον ἀπολαύσειεν ἡ πόλις· Ἱλάριον δὲ μακάριον ἐπέρχεταί μοι καλεῖν ὀψόμενον τὰ κάλλιστα τῶν ὑπὸ τὸν ἥλιον⁶, τάς τε ἐν τῇ Πελοποννήσῳ πόλεις τὰς πολλὰς καὶ μεγάλας Φωκέας τε καὶ Βοιωτοὺς καὶ τὴν ἐνεγκοῦσαν αὐτὸν καὶ τὸν ἀστέρα⁷ δὴ τῆς Ἑλλάδος, τὴν Ἀθηναίων πόλιν, κα᾽ ἕτερον ἀστέρα, Πρίσκον τὸν καλῶς μὲν εἰδότα τὸν Πλάτωνα

69 (947 F)

An Priskos[1]

So sehr unsere Stadt an Bedeutung gewann, als der gute
Hilarios[2] sie aufsuchte, ebensoviel büßte sie ein, als er
sich nach Griechenland wandte, welches unserer Heimat
nicht nur überlegen ist, sondern sie in allem übertrifft.
Wem aber das genommen ist, wonach er am meisten verlangt[3], dem nimmt dieser Gedanke nichts von seinem
Schmerz, vor allem, wenn er schon so alt ist wie ich.
Denn wenn man jung ist oder zwar alt, aber doch nicht
so hohen Alters, dann hat man doch, was die Hoffnung
gibt: man werde eine Reise unternehmen, ganz ähnlich
der früheren und wieder dort sein, sich mit den Kollegen
treffen, Besucher empfangen und Besuche abstatten,
reden und zuhören, loben und gelobt werden. Doch dies
den anderen; ich selbst bin sechsundsiebzig Jahre alt,
und was mir verbleibt, ist nicht viel. Er aber wird zurück-
kommen mit einem schönen Bericht, denn schön muß
er sein, wenn er von Griechenland handelt. Andere wird
er damit erfreuen, nach mir wird er suchen. Möge unsere
Stadt später dieses Vergnügen haben, Hilarios indessen
scheint mir glücklich zu preisen, da er das Schönste unter
der Sonne erblicken wird: auf der Peloponnes die vielen
großen Städte, die Phoker und die Böoter und seine
eigene Heimatstadt und natürlich den Stern von Hellas,
die Stadt der Athener, und auch jenen anderen Stern,
Priskos, der sich bestens auf Platon versteht, bestens auf

καλῶς δὲ τὸν ἐκείνου μαθητήν, ἀποπέμποντα δὲ τοὺς ὁμιλοῦντας
αὐτῷ φρονιμωτέρους, ὃ καὶ αὐτὸς οἶδα πολλάκις κερδάνας.
5 ταὐτὸ δ᾽ ἂν εἶπε περὶ αὐτοῦ κἀκεῖνος, ᾧ φιλοσοφίας ὁ θεὸς τὴν
ψυχὴν ἐμπλήσας ἔδωκε ῾Ρωμαίων μὲν ἄρχειν, βαρβάρους δὲ
ἐλαύνειν, ἐπεὶ καὶ τὴν τελευτὴν αὐτὴν ἐν τῷ Πέρσας ἐλαύνειν
ἐδέξατο μέγα ποιούμενος, εἰ Πρίσκῳ δοκοίη τὰ προσήκοντα
6 ποιεῖν. ποίει τοίνυν καὶ τὸν ῾Ιλάριον βελτίω καὶ δίδου πρὸς
ἡμᾶς αὐτὸν τοῦτ᾽ ἐπιστέλλειν· δίκαιός τε γὰρ ἀνὴρ καὶ οὐκ
ἀποκρύψεται.

70 (274 F)

᾽Ακακίῳ.

1 Εἰκότως ἀφῆκας ἐμοὶ τὸ² προτέρῳ γράψαι. τῷ μὲν γὰρ
κατηγόρῳ τοῦτο δέδοται, κατηγορῶ δὲ ἐγώ· δεῖ δὲ σὲ τὰς αἰτίας
πειρᾶσθαι λύειν. διόπερ ἀνέμεινας οὐκ οἰηθεὶς δεῖν Πλαταιεῦσι
2 ἀκολουθῆσαι μᾶλλον ἢ κοινῷ νόμῳ. τί οὖν ἐγώ τε καὶ ἡ
πόλις αἰτιώμεθα; ὅτι, ὦ δαιμόνιε, μέγας παρ᾽ ἡμῖν γεγενημένος
ἑτέρων ἡμᾶς ἐποίησας δευτέρους καὶ τὸ θέρος προστησάμενος
τοῦ ἐπιβουλεύματος ἀπῆλθες μὲν ὡς αὖθις δεῦρο δραμούμενος,
3 ἔμεινας δὲ καθάπερ λωτοῦ γευσάμενος⁶. μᾶλλον δέ, οὐ πολλάκις κρείττων ἐγένου λωτοῦ, τοῦτον νῦν μετὰ πολλοὺς διαύ-
λους⁷ ἐθαύμασας, καίτοι πάντα ἃ πείθειν πέφυκε σοφιστὴν⁸
τοὺς ἐν τῷ παιδεύειν ὑπομένειν πόνους καρποῦσθαί σοι τῇδε
4 παρῆν. εἴτε γὰρ ὁ κρότος καὶ τὸ ἐπαινεῖσθαι μέγα, πολὺ
τοῦτο ἔφερες, εἴτε χοροῦ πλῆθος ἡδύ, ἐννόησον ὡς οὐκ ὀλιγάκις
5 ἀπῆλθες περὶ δείλην ὀψίαν ἀπὸ τῆς συνουσίας. ἀλλὰ μὴν ἤ

dessen Schüler[8]; der jene, die zu ihm kommen, verständiger entläßt, was ich selbst des öfteren erfahren habe mit großem Gewinn. Ebendies aber würde auch jener[9] von ihm sagen, dem der Gott die Seele mit Weisheit erfüllte und verlieh, über die Römer zu herrschen und die Barbaren zu vertreiben; der seinen Tod fand bei der Vertreibung der Perser und stolz darauf war, wenn Priskos meinte, er tue seine Pflicht[10]. Also führe auch Hilarios den Weg der Vervollkommnung, damit er mir davon berichten kann; denn er ist ein rechtschaffener Mann[11], der mit der Wahrheit nicht hinter dem Berge hält.

70 (274 F)
An Akakios[1]

Mit gutem Grund hast du es mir überlassen, als erster zu schreiben; das steht nämlich dem Ankläger zu, und ein solcher bin ich. Du aber mußt versuchen, die gegen dich erhobenen Vorwürfe zu widerlegen. So hast du denn abgewartet, in der Meinung, nicht so sehr den Platäern[3] folgen zu müssen als vielmehr dem allgemeinen Gesetz. Was also haben die Stadt[4] und ich dir vorzuwerfen? Daß du, wunderlicher Mensch, obwohl du bei uns groß geworden bist, anderen den Vorzug gegeben hast und listigerweise den Sommer vorschützend weggegangen bist, als kämest du eilends zurück, aber dann bist du fortgeblieben, als hättest du vom Lotos[5] gekostet. Vielmehr bist du von eben jenem Lotos, dessen Versuchung du so oft widerstanden hast, jetzt, nach mancher Rückkehr, ganz hingerissen. Und dabei stand es dir doch frei, hier alle jene Früchte zu ernten, die einem Lehrer der Beredsamkeit die Mühe des Unterrichts annehmbar machen. Wenn nämlich Beifall und Lob etwas bedeuten, davon bekamst du reichlich, und wenn zahlreiche Schüler zu haben angenehm ist, so denk daran, daß du nicht selten erst spät am Abend vom Unterricht heimkehrtest. Und

γε⁹ πρόσοδος μείζων, ὥς γε ἐμαυτὸν πείθω, τῆς ἄλλοθεν ἂν
γενομένης. τέκνα δὲ τὰ μὲν ἦν σοι παρ' ἡμῖν, τὰ δὲ ἦλθεν ἄν,
καὶ γάμους ἂν ἐτελοῦμεν ἐκλεγόμενοι μνηστῆρας¹² ἐκ πολλῶν
6 οὓς ἄξιον. τὸ δὲ μέγιστον, ἤδη ἦμεν ἀπηλλαγμένοι τῆς πρὸς
ἀλλήλους ἔριδος ὠμὸν μὲν οὐδὲν πώποτε σχούσης, ἤδη δὲ καὶ
πεπαυμένης τῆς τε ἡλικίας, οἶμαι, πειθούσης καὶ τοῦ τὸ πρᾶγμα
7 ἔχειν ἑκατέρῳ καλῶς. ταῦτα ἀπόντος κατηγορῶ καίτοι κύριος
ὢν ἀντὶ τοῦ κατηγορεῖν παρόντα ἔχειν. ἐγὼ γάρτοι τὰ μὲν ἄλλα
ἀσθενής, εἰς δὲ τὸ σὲ πάλιν ἐνθάδε δεῖξαι μείζω δύναμιν οἶδα
8 ἔχων τοῦ τὰ μέγιστα ἐκεῖνα πεποιηκότος Μίδου. ἀλλ' οἷς
ἐπέσταλκας αὐτοῦ δεόμενος μένειν, οὗτοι δεηθέντες ἐμοῦ καὶ
καλοῦντες ἀσέβημα τὴν σπουδὴν ἔσχον καὶ δὴ πελάζοντα ταῖς
τῶν ἀρχόντων θύραις. ἆρ' ἕξεις, ὅ τι πρὸς ταῦτα ἐρεῖς; δεινὸς
μὲν εἶ, θαυμάσαιμι δ' ἂν εἰ μὴ νῦν ἀπορήσεις.

71 (972 F)

Ῥιχομήρει.

1 Ἐξετάζων ἐγὼ τὰ παρὰ τῶν θεῶν εἰς ἐμὲ χρηστὰ τοῦτο μέγιστον
εὑρίσκω, τὴν σὴν φιλίαν, καὶ τιμῶ τὴν ἡμέραν ἐκείνην, ἢ τοῦτ'
ἐδέξατο, ὅτε πρῶτον ἰδόντες ἀλλήλους συνήσθημέν τε ἀλλήλοις
καὶ ἐποιοῦμεν οἷα ἂν οἱ πολύν τε χρόνον ὡμιληκότες καὶ διὰ
μακρᾶς συνηθείας ἥκοντες. καὶ ἐπειδὴ ἦν ἀνάγκη μένειν μὲν
2 ἐμοί, πορεύεσθαι δὲ σοί, μετὰ δακρύων ταῦτα ἐπράττετο. σοὶ

was gar die Einkünfte anlangt, so bin ich überzeugt, daß
sie größer waren, als was du anderwärts bekommen hättest. Deine Söhne[10] aber hattest du teils bei mir, die anderen wären noch zu mir gekommen; und Hochzeiten[11]
hätten wir gefeiert, aus einer großen Anzahl von Freiern
für deine Töchter die würdigsten auswählend. Und was
das Wichtigste ist: Der Streit, den wir untereinander gehabt hatten, war geschlichtet. Unmenschlich war er ohnehin nicht gewesen und mittlerweile beendet; dazu hatte
uns, so scheint mir, unser Alter geraten und der Umstand, daß es uns beiden so gut geht. Diese Klage also ist
es, die ich wegen deines Fernseins anhängig mache, wenngleich es in meiner Macht stünde, statt anzuklagen dich
hier zu haben. Mag ich nämlich ansonsten nicht der Ge-
sündeste sein, dich wieder hier erscheinen zu lassen, habe
ich mehr Kräfte als jener, der das Größte vollbrachte,
Midas[13]. Aber jene, die du brieflich batest, dort bleiben zu
dürfen, sie haben sich mit Bitten an mich gewandt und
meinen Eifer einen Frevel genannt und mich zurück-
gehalten, als ich schon vor der Tür der Behörden[14] stand.
Nun, kannst du darauf etwas erwidern? Ein großer Redner bist du, aber es sollte mich wundern, wenn dir jetzt
nicht die Argumente ausgegangen sind.

71 (972 F)

An Richomer[1]

Wann immer ich durchmustere, was mir von den Göttern Gutes zuteil ward, stelle ich fest, daß dieses das
Größte ist: deine Freundschaft; und ich halte den Tag
in Ehren, an dem sie mir geschenkt wurde, als wir einander zum ersten Male erblickten, uns miteinander freuten und taten, was jene tun, die sich lange kennen und
schon geraume Zeit vertrauten Umgang pflegen. Und
als die Notwendigkeit kam, für mich zu bleiben, für dich
aufzubrechen[2], da fügten wir uns unter Tränen. Wenn

μὲν οὖν ἡ φήμη μικρὰ περὶ ἡμῶν ἐκόμιζεν, ὡς λέγομέν τε καὶ
γράφομεν νέων τε ἐν μέσῳ καθήμεθα μανθάνειν τι τῶν ἡμετέρων
ἢ πειθομένων ἢ ἀναγκαζομένων· τὰ σὰ δὲ λαμπρά τε καὶ σεμνὰ
καὶ μεγάλα, στρατηγίαι τε ταὶ μάχαι καὶ νῖκαι καὶ τὸ μὴ εἶναι
τύραννον μηδὲ δοῦλον τὸν ἐλεύθερον θεόντων ἐφ᾽ ἅπαν τῶν
καλῶν βασιλέως τε καὶ σοῦ καὶ τὰ μὲν σοφίᾳ, τὰ δὲ χερσὶν
3   αἱρούντων.   ταυτὶ μὲν οὖν λόγων τῶν μὲν τετύχηκε, τῶν δὲ
τυγχάνει, τῶν δὲ τεύξεται. καὶ μισθὸς τοῖς κατωρθωκόσιν οὗτος
ὥσπερ τοῖς μετ᾽ Ἀγαμέμνονος ἃ τοῖς ἔργοις προσέθηκεν Ὅμη-
4   ρος.   αἰτοῦμεν δὲ παρὰ τῶν θεῶν τε καὶ ὑμῶν ἐλθεῖν τε ὑμᾶς
ὡς ἡμᾶς καὶ τὴν ἐπιθυμίαν ἡμῖν ἐμπλῆσαι καὶ καλλίω ποιῆσαι
5   τὴν Δάφνην τῷ τοῦ βασιλέως κάλλει.   καὶ γὰρ εἰ μὴ Ῥώμη γε
ἡμεῖς, μήθ᾽ ἡ μήτηρ μήθ᾽ ἡ παῖς, ἀλλ᾽ οὐκ ἀναξία γε τῆς τοιαύτης
δωρεᾶς χαίρουσα πόλις ἐν ταῖς τοῦ κρατοῦντος εὐπραξίαις καὶ
τῷ μήπω τεθεᾶσθαι τὸν θεοειδῆ λυπουμένη.

72 (1060 F)

Βακουρίῳ.

1   Τὰ γράμματά σου τοὺς περὶ σοῦ κατέλαβε λόγους, οὓς μετὰ τῶν
φίλων εἰώθαμεν ποιεῖσθαι μεγάλην ἔχοντες ἡδονὴν ἐν τοῖς ἐπαί-
2   νοις οὓς ἡ σὴ φύσις ποιεῖ.   ᾄδει δὲ ὁ μὲν τὴν δικαιοσύνην καὶ
τὸ πεπεῖσθαι τὰν τῇ γῇ πραττόμενα πάντα τοὺς θεοὺς καὶ ὁρᾶν
καὶ εἰδέναι, ὁ δὲ τὴν σωφροσύνην καὶ τὸ τῶν ἐπιθυμιῶν ἄρχειν
μᾶλλον ἢ τῶν στρατιωτῶν, ἄλλος δὲ τὴν σοφίαν παρ᾽ ἧς σοι τὸ
3   κρατεῖν ἐν τοῖς ὅπλοις.   ἤδη δέ τις εἶπεν ὡς οὐδεὶς φόβος
οὐδενὸς κινδύνου τῆς ψυχῆς ἥψατό σου. μέγιστον δέ μοι τῶν
σῶν ἐφαίνετο τὸ λόγων τέ σε καὶ τῶν τούτους ἐργαζομένων

nun zu dir eine Kunde gelangt ist, so hatte sie Kleinigkeiten zu berichten, daß ich vortrage und schreibe, inmitten junger Leute sitzend, die überredet oder gezwungen werden, meinem Unterricht zu folgen; bei dir aber
gibt es nur Glanz und Würde und Größe: Feldzüge,
Schlachten, Siege und daß keiner Despot ist und der
Freigeborene kein Sklave, da ihr auf alles Edle zueilt, der
Kaiser und du, es durch Weisheit oder Kraft zu erringen[3].
Diese Taten haben ihr Lob erhalten, oder erhalten es
oder werden es erhalten; und das ist der Lohn für jene,
die sie vollbrachten, so wie Homer den Taten der Helden,
die Agamemnon folgten, ein Loblied geschaffen hat. Von
den Göttern aber und von euch erbitten wir, daß ihr zu
uns kommt, unsere Sehnsucht zu stillen und den Hain
von Daphne[4] noch schöner zu machen durch des Kaisers
Schönheit. Denn ist unsere Stadt auch nicht Roma[5],
weder Mutter noch Tochter, so ist sie doch nicht unwürdig einer solchen Gabe, da sie sich freut über das Wohlergehen des Herrschers und, den Göttergleichen noch
nicht gesehen zu haben[6], bedauert.

72 (1060 F)
An Bakurios[1]

Dein Brief traf bei uns ein, als wir gerade über dich sprachen, wie wir zu tun pflegen im Kreise der Freunde, da
das Lob, zu dem deine Person Anlaß gibt, uns große
Freude bereitet. Es preist aber der eine deine Gerechtigkeit und deine Überzeugung, daß die Götter alles Geschehen auf Erden sehen und kennen, der andere deine
Besonnenheit und daß du deine Begierden beherrschst,
mehr noch als deine Soldaten, ein dritter deine Klugheit,
die deinen Waffen den Sieg verleiht. Auch hat einer gesagt, daß keine Furcht vor irgendeiner Gefahr je deine
Seele ergriff. Der größte deiner Vorzüge aber scheint mir,
daß du die Reden liebst und jene, die dafür arbeiten; und

ἐρᾶν, ἀνθ' ὧν εἶναί σε φίλον θεοῖς οἷς μέλει λόγων· μέλει δὲ
4 τοῖς αὐτοὺς δεδωκόσιν. ἐν τοιούτοις τοίνυν ἄνθεσιν ἡμῶν
διατριβόντων, σὺ δ' ἦσθα δήπουθεν ὁ λειμών², ἐνέθηκέ μου
ταῖς χερσὶν ὁ φέρων σου τὴν ἐπιστολὴν πίστιν ἔχουσαν τοῦ σοῦ
5 περὶ λόγους ἔρωτος. τὸν γὰρ ἐν φροντίσι πολεμικῶν ζῶντα
καὶ τοιούτων ἐν μέσῳ πραγμάτων ζῶντα ἄνθρωπον ἐν λόγοις ἐν
ἑαυτῷ περιφέρειν³ καὶ τιμᾶν μὴ τῷ μεμνῆσθαι μόνον, ἀλλ' ἤδη
καὶ γράμμασι πῶς οὐ κοσμοῦντος ῥητορικὴν ἐν τοῖς πρὸς τοὺς
6 λέγοντας γιγνομένοις; ἐμὲ δὲ πολλάκις ὁρμήσαντα πρὸς ἐπιστολὴν ἦν τι τὸ κωλύον, οὐ ταὐτὸν μὲν ἀεί, ἀεὶ δὲ ἦν, τῶν θεῶν
σοι καὶ τοῦτο διδόντων, ὡς ἂν μᾶλλον εὐδοκιμοίης· οὐ γὰρ ἴσον
ἐπιστεῖλαι πρότερον ἢ ἀντεπιστεῖλαι.

das macht dich zum Liebling derjenigen Götter, denen an den Reden gelegen ist, und gelegen ist ihnen daran, weil das ihre Gabe ist. Unter solcherlei Blüten also verweilten wir, und du warst die Wiese, auf der sie sproßten, da legte mir der Bote deinen Brief in die Hände, der den Beweis lieferte für deine Liebe zu den Reden. Denn wenn ein Mann, der dem Kriegshandwerk nachgeht und in entsprechender Umgebung lebt, einen Menschen, dessen Leben die Reden sind, in sich herumträgt und ihn ehrt, indem er nicht nur seiner gedenkt, sondern auch ihm schreibt – wie sollte das nicht das Tun eines Mannes sein, der die Redekunst ehrt durch das, was er den Rednern zuteil werden läßt? Ich aber war oftmals drauf und dran, dir zu schreiben, aber etwas hinderte mich, nicht immer das gleiche, aber immer etwas, und auch dieses schenkten die Götter dir zur Mehrung deines Glücks. Denn es ist nicht das gleiche, einen Brief zu schreiben und einen Brief zu beantworten.

73 (1048 F)

Φιρμίνῳ.

1 Οὐδ' εἰ πᾶσάν μοι τὴν οὐσίαν ἐδεδώκεις τὴν σαυτοῦ καὶ πρὸς αὐτῇ τάς τε τῶν συγγενῶν ἁπάσας καὶ³ τῶν φίλων, οὐκ ἂν 2 ἦσθα μείζω τῶν νῦν δεδομένων δεδωκώς. τί γάρ μοι τοῦ παρόντος ἢ μεῖζον ἢ ἴσον; Φιρμῖνος ῥίψας τὸν στρατιώτην ἐνέδυ τὸν σοφιστήν⁵. καὶ θρόνος⁶ ὁ τούτῳ πρέπων καὶ βάθρα καὶ βίβλοι καὶ νέοι παιδευόμενοι καὶ λόγοι ποιούμενοί τε καὶ δεικνύμενοι δονοῦντες θέατρον μουσικόν· τοιοῦτον γὰρ οἱ Καππαδόκαι. 3 καὶ βραδέως μὲν ταῦτα — οἶσθα γάρ ἐφ᾽ ἅ σε παρεκάλουν — κέρδος δὲ ὅμως καὶ νῦν, ὦ φίλε Ἀλκιβιάδη, ταῦτά σοί τε καὶ ἐμοί. ὥστε καὶ τοῦ πρώτου ταῦτ᾽ ἀγγείλαντος ὡς ἡμᾶς ἐφίλησα μὲν τὴν κεφαλήν, ἐφίλησα δὲ τὼ ὀφθαλμὼ καθίσας τε ἐγγὺς ἐμαυτοῦ πολλὰ μὲν ἠρόμην περὶ σοῦ, πολλὰ δὲ ἤκουσα, πάντα καλά, εὐεργέτην τε ἡγησάμην ἐμαυτοῦ μετὰ σὲ τὸν δόντα τὰ 4 τοιαῦτα μηνύειν. πάλιν τοίνυν ἥσθην λαβών σου τὴν ἐπιστολὴν καὶ πάλιν ἥσθην λαβών σου ταύτην τὴν δευτέραν, — δύο γάρ 5 ἐστον, κἂν πάνυ πολλὰς αὐτὰς ἐν τοῖς γράμμασι λέγῃς. ἥσθην δὲ καὶ τοῖς εἰρημένοις περὶ σοῦ παρὰ τοῦ καλοῦ Κυνηγίου τοῦ τὸν ὁμώνυμόν τε καὶ πάππον¹¹ κεκοσμηκότος, ὃν ἐγὼ συμφοιτητῶν μάλιστ᾽ ἠγάπηκα, καὶ τὸν ἀδελφὸν μὲν γάρ, ἀλλὰ μετ᾽ 6 ἀμύμονα¹². πῶς ἂν οὖν οὕτω διατεθεὶς ὑπὸ τῆς μεταβολῆς τοῦ τηλικαῦτα κεχαρισμένου κατεφρόνουν; κείσθω γὰρ τὸ ῥῆμα τὸ σὸν ὡς μηδὲ ἐπιστέλλειν. σὲ δ᾽ ἐχρῆν ἄλλην τινά που ζητεῖν

VIII. BRIEFE AN SCHÜLER

73 (1048 F)   An Firminos[1]

Auch wenn du mir all deinen Besitz[2] gegeben hättest und
dazu noch den gesamten Besitz deiner Verwandten und
Freunde, du hättest mir nicht mehr gegeben als du mir
jetzt gegeben hast. Denn was könnte mir mehr oder ebensoviel bedeuten wie das, was mir schon zuteil wurde? Firminos hat den Soldatenrock ausgezogen[4] und den Rheto-
renmantel angelegt. Er hat einen Lehrstuhl, der seiner
würdig ist, und Schulbänke und Bücher und Schüler, und
er gestaltet Reden und trägt sie vor und versetzt in Begeisterung ein gebildetes Publikum, denn das sind die Kap-
padoker. Und das trat zwar spät[7] ein, denn du weißt ja,
wozu ich dich stets ermahnte, aber vorteilhaft ist es gleichwohl auch jetzt noch, ›mein lieber Alkibiades‹[8], für dich
und für mich. Daher habe ich denn auch dem, der mir
diese Nachricht zuerst überbrachte, das Haupt geküßt
und die Augen geküßt, habe ihn dicht neben mich gesetzt und viele Fragen über dich gestellt und viele Aus-
künfte erhalten, alle gut, und ich habe ihn als meinen
Wohltäter angesehen, nächst dir, der du ihm ermöglicht
hast, solches zu verkünden. Gewiß, ich freute mich aufs
neue, als ich deinen Brief erhielt, und freute mich wieder
aufs neue, als ich diesen zweiten Brief von dir erhielt –
denn zwei sind es, auch wenn du darin von noch so vielen sprichst[9]. Gefreut hat mich aber auch, was der gute
Kynegios[10] über dich berichtete, er, der seinem gleichnamigen Großvater alle Ehre macht, den ich doch unter
meinen Kommilitonen am meisten liebte. Auch seinen
Bruder liebte ich, aber ›zunächst dem Untadligen‹. Wie
könnte ich also bei dieser Haltung den Mann, der meinem
Herzen so nahe steht, verachten, weil sein Schicksal sich
gewandelt hat? Nehmen wir doch an, dein Wort, ich
hätte ›nicht einmal geschrieben‹, sei wahr. Dann hättest

αἰτίαν, μᾶλλον δέ, οὐδὲ ζητεῖν τὴν οὕτω δήλην ἔδει. τίς γὰρ οὐκ
ἔγνω τὴν Κίμωνος τελευτήν; ὃν καὶ αὐτὸς ᾔδεις καὶ οὗ λέγοντος
7 ἀκήκοας καὶ ὃν πολλάκις ἐπήνεσας. τοῦτον τοίνυν κείμενον
πενθῶν ἐκαθήμην ἀνάγκαις ταῖς παρὰ τῶν φίλων σιτίων ἁπτό-
μενος λεγόντων μὴ δεῖν ἐπισπᾶσθαι θάνατον μηδὲ προσαπόλλυσ-
θαι¹³, καὶ ἐπιστολὰς τὰς μὲν δεῦρ' ἰούσας οὐκ ἄνευ δακρύων
8 ἐδεχόμην, πέμπειν δὲ οὐ μάλα οἷός τε ἦν. ᾤμην δὲ Φιρμῖνον
τὸν δίκαιον μαθητήν, εἰ καὶ μὴ μακρά, μικρά γε ἐν τοῖς αὐτοῦ
πολίταις ἐρεῖν περὶ μικρῶν τῶν τοῦ Κίμωνος καὶ ποιήσειν ὃ τῶν
9 ἡμῖν ὡμιληκότων τινὲς ἔπραξαν. ὅρα οὖν εἰ μηδέν σοι τῶν
πρὸς ἡμᾶς ὠλιγώρηται, κἂν εὕρῃς, τόθ' ἕτερον ἄδικον καλεῖν.

74 (1543 F)

Ἀμφιλοχίῳ ἐπισκόπῳ.

1 Ὁμολογῶ καὶ λελυπῆσθαι καὶ λίαν, ὡς ἐπυθόμην ἐφ' ἕτερά σε
ἥκειν καὶ σεσιγηκέναι καί μοι τοῦτο, ᾧ μάλιστα τοὺς ἐχθροὺς
ἐνίκων, ἀπολωλέναι· ὁπότε γὰρ σοῦ μνησθείην καὶ τῶν σῶν
2 ἀγώνων, ἔφυγον οἱ θρασεῖς. ἕως μὲν οὖν ἤκουον ἐν ἀγρῷ σε
καθῆσθαι καὶ τὸ ῥεῦμα ἑστάναι³ τὸ πολὺ ἐκεῖνο καὶ καλόν, τὰ
τῶν ἐζημιῶσθαι πεπεισμένων ἐποίουν· ἐπεὶ δὲ πάλιν ἐπυθόμην
ἁρπαγήν⁴ τε γενέσθαι καλὴν καὶ εἶναί σε ἐπὶ τῶν θρόνων καὶ
δεδόσθαι τινὰ ἀφορμὴν πρὸς τὸ χρῆσθαι τοῖς λόγοις, ἥσθην καὶ
τούς τε ἡρπακότας ἐπαινῶ καὶ πάλιν τὴν σὴν ἡγοῦμαι καρποῦσθαι

du schon nach einem anderen Grund suchen sollen oder vielmehr gar nicht suchen, weil die Sache so klar ist. Denn wer wüßte nicht von Kimons Tod? Hast du ihn doch selbst gekannt und reden gehört und oft gelobt. Um ihn, der begraben ist, habe ich getrauert, und nur gezwungen durch meine Freunde habe ich Speise zu mir genommen; sie sagten nämlich, man dürfe nicht selbst den Tod herbeiführen und mitzugrundegehen. Und so habe ich die Briefe, die ankamen, nicht ohne Tränen in Empfang genommen; Briefe zu verschicken, war ich nicht in der Lage. Ich glaubte aber, daß mein Schüler Firminos, der allem gerecht wird, wenn schon keine große, so doch eine kleine Rede vor seinen Mitbürgern über die kleinen Verdienste Kimons halten werde und so tun werde, was manche unserer vertrauten Freunde getan haben. Prüf also, ob du es uns gegenüber nicht hast an einigem fehlen lassen, und wenn dem so ist, denn nenn einen anderen ungerecht.

74 (1543 F)
An Bischof Amphilochios[1]

Ich gebe zu, daß es mir sehr schmerzlich war zu erfahren, daß du dich einer anderen Tätigkeit zugewandt habest und verstummt seiest und daß ich verloren hätte, was mir die meisten Siege über meine Gegner eingebracht hat; denn sooft ich dich erwähnte und deine Kämpfe, da flohen selbst die Mutigen. Solange ich nun hörte, daß du dich auf deinem Landgut[2] aufhältst und der Fluß deiner Rede zum Stillstand gekommen ist, jener starke und schöne, da tat ich, was die tun, die glauben, daß ein Strafgericht sie getroffen hat. Als ich jedoch abermals erfuhr, daß man dich als Beutestück fortgeschleppt habe und daß du nun auf einem hohen Stuhle[5] sitzt, wo du gewisse Möglichkeiten hast, deine Gabe der Rede zu gebrauchen, da habe ich mich gefreut und spende Lob denen, die dich raubten,

3 ψυχήν. ἀκούω γὰρ ὡς κινεῖς μὲν τὸν ὄχλον, πολὺ δὲ τὸ θαῦμα, λαμπραὶ δὲ αἱ βοαί, καὶ οὐκ ἀπιστῶ· τίς γὰρ ἂν εἴης νῦν, ὃς καὶ 4 ἡνίκα ἐφοίτας[6], πηδᾶν ἐποίεις τοὺς γέροντας;   Ἀντίοχος δὲ καὶ ὁ τούτου κηδεστὴς ὁ ῥήτωρ σφᾶς τε καὶ τὴν πόλιν μακαρίζουσι τοῦ κτήματος μείζω τε ἢ τινα τῶν ἄλλων ἡγοῦνται διὰ τὸ σοῦ τε καὶ τῆς σῆς σοφίας ἀπολαύειν, οἱ δὲ παῖδες μὲν Ἀντιόχου, τῆς δὲ τοῦ ῥήτορος γυναικὸς ἀδελφοὶ πλείοσι νῦν χρῶνται τοῖς περὶ τοὺς λόγους πόνοις ἐννοοῦντες, οἷος αὐτοῖς ἐν τῇ πατρίδι κάθηται λογιστής[9].

75 (731 F)

Ὑπερεχίῳ.

1 Συνησθεὶς σοί τε καὶ τῷ πατρί, τῷ μὲν τῆς εἰς σὲ μεγαλοψυχίας[2], σοὶ δὲ τοῦ τὸν πατέρα ἀρέσκειν, ὥστ' ἐκείνου ζῶντος πάντων καταστῆναι κύριον, ἐν τοῖς δευτέροις σὲ μὲν ὁμοίως 2 ἐπαινεῖν ἔχω, τὸν δὲ οὐκέτι.   σὺ μὲν γὰρ τῶν τε ἡμετέρων μεμνημένος λόγων καὶ τὸ πρᾶγμα ἐξετάζων ὀρθῶς οἷος εἶ τῇ πατρίδι λειτουργεῖν[3], ἐξ οὗ δόξα τε καὶ δύναμις γένοιτ' ἂν καὶ πρὸ τούτων γε τὸ τὰ δίκαια πρὸς τὴν οἰκείαν ποιεῖν· ὁ δὲ σὲ πέμπει ῥίψοντα τὰ ὄντα εἰς τὴν θάλατταν. εἰ γὰρ μήτε ἐκεῖ[4] μέγα τι παρὰ τὴν δαπάνην ἕξεις οἴκοι τε οὐκ ἰσχύσεις ἑτέρωθι δαπανώμενος, πῶς οὐκ ἀπολεῖταί σοι τὰ χρήματα τῇ ψήφῳ τοῦ 3 δεδωκότος;   πεῖθε οὖν αὐτὸν μὴ τὴν ἐν τῇ παροιμίᾳ μιμεῖσθαι βοῦν μηδ' ὃ ἡμέλχθη γάλα λακτίσαντα ἐκχέαι[5]. πρὸς γὰρ τῇ

und glaube, daß deine Seele nun abermals Früchte trägt.
Denn ich höre, daß du die Massen in Bewegung bringst
und großes Staunen erregst und lauten Beifall, und das
glaube ich gern. Denn was für ein Redner mußt du jetzt
sein, der du schon als Student die Greise zum Aufspringen
brachtest! Antiochos[7] aber und sein Schwiegersohn, der
Redner[8], preisen sich selbst und die Stadt glücklich um
dieses Besitzstückes willen, weil sie glauben, daß sie bedeutender geworden sei als die anderen Städte, weil sie
von dir und deiner Weisheit profitiere; die Söhne des
Antiochos aber, die zugleich Brüder der Frau des Redners sind, bemühen sich fleißiger um die Redekunst, weil
sie vor Augen haben, was ihre Stadt für einen Fürsprecher hat.

75 (731 F)

An Hyperechios[1]

Gefreut habe ich mich mit dir und mit deinem Vater,
mit ihm wegen seiner Großherzigkeit gegen dich, mit dir
aber, weil du ihn zufriedengestellt hast, so daß du noch
zu seinen Lebzeiten Herr des gesamten Besitzes geworden bist. Und noch ein zweites Lob kann ich dir spenden,
ihm aber nicht. Du nämlich merkst dir meine Worte und
prüfst die Sache genau, und so bist du ein Mann, der seiner
Vaterstadt dienen will, woraus dir Ansehen und Einfluß
erwachsen dürfte, und was noch wichtiger ist: Du würdest der Vaterstadt deine Schuldigkeit tun; er aber schickt
dich fort, deinen Besitz ins Meer zu schleudern. Denn
wenn du weder dort etwas Großes, deinem Aufwand
Entsprechendes erreichst, noch in der Heimat einflußreich bist, da dein Geld in andere Kanäle fließt – heißt
das nicht, daß du dein Geld verlierst nach dem Willen
dessen, der es dir gegeben hat? Rede ihm also gut zu,
daß er nicht wie die Kuh in dem Sprichwort nach dem
Melken die Milch mit dem Fuß umstößt. Denn abgesehen

4 περὶ τὰ χρήματα βλάβῃ καὶ εἰς τὴν πόλιν ζημιώσῃ. εἰ μέντοι
πολιτεύοιο⁶ τοῖς καθ᾽ ἡμέραν παρὰ τοῖς ἄρχουσιν ἀγῶσιν, ἀμείνων ἔσῃ καὶ τὸ νῦν ἐπαινούμενον ῥεῦμα⁷ πλέον ἐργάσῃ· πράξας
δὲ ἃ 'κείνῳ δοκεῖ, τῆς μὲν οὐσίας οὐ μικρὸν ἀφαιρήσεις, ἐν
ἀργίᾳ δὲ καὶ ὕπνῳ τὸν λοιπὸν βιώσῃ χρόνον τὰ μὲν τῶν πέλας
ὁρῶν αὐξόμενα, σοὶ δὲ πλὴν ὀνόματος κενοῦ γεγενημένον οὐδέν.
5 πρόσαγε δὴ πᾶσαν μὲν πεῖραν, πάσας δὲ δεήσεις τῷ πατρὶ καὶ
μὴ Καδμείαν νίκην ἐπίτρεπε νικᾶν ἐκείνῳ. γιγνέσθω δὲ μετὰ
σοῦ καὶ ἡ μήτηρ, ἀκούω δὲ αὐτὴν νοῦν ἔχειν, καὶ τὸ μηδὲ ἐμοὶ
τὴν βουλὴν ἀρέσκειν τὴν ἐκείνου λεγέσθω. ἴσως γὰρ νουθετού-
μενος λύσει δόγμα πονηρόν, ὅπερ μοι δοκεῖ πρὸς τὴν ἀπραγ-
μοσύνην τὴν αὑτοῦ κεκυρωκέναι νῦν· ἅτε γὰρ ἐν ὄρεσι καὶ θήρᾳ
τὰ πολλὰ διάγων μισεῖ τοὺς ἐκ τῶν ἐπ᾽ ἀγορᾶς ἄθλων ἱδρῶτας.
6 ἀλλ᾽ ἐκεῖνος μὲν ταῦτα φευγέτω, σοὶ δὲ ἐπιτρεπέτω παλαίειν·
νῦν γὰρ οὐ Μάξιμον οἶμαι πολιτεύεσθαι δεῖν τὸν τῶν ἀγρῶν
φίλον, ἀλλ᾽ Ὑπερέχιον τὸν Μαξίμου τὸν θορύβους ἐπιστάμενον
7 φέρειν.   ἐγὼ μὲν ταῦτα παραινῶ καί φημι λυσιτελήσειν ὑμῖν·
ληρεῖν δὲ εἰ δόξαιμι νῦν, ἀλλ᾽ ὕστερόν γε ἐπαινέσεσθε τὴν γνώμην, ὃ τὸν μὲν σύμβουλον κοσμήσει, τὸν οὐκ ἐπαινοῦντα δὲ οὐκ
ὀνήσει.

von der Einbuße an Geld wirst du auch, was die Stadt anlangt, Nachteile haben. Bist du aber öffentlich tätig in den Prozessen, die täglich vor dem Statthalter stattfinden, so vervollkommnest du dich, und den schon jetzt gepriesenen Fluß deiner Rede wirst du anwachsen lassen. Tust du aber, was jener will, dann wird es dich keinen geringen Teil deines Besitzes kosten, und du wirst künftig dein Leben in Trägheit und Schlaf hinbringen und zusehen, wie der Wohlstand der Nachbarn wächst, während du selbst außer einem leeren Titel[8] gar nichts gewonnen hast. Unternimm also jeden Versuch bei ihm, bitte deinen Vater, wie du nur kannst, und laß nicht zu, daß er einen kadmeischen Sieg[9] erringt. Verbünde dich auch mit deiner Mutter, von der ich höre, daß sie verständig ist, und dabei soll zur Sprache kommen, daß auch mir sein Plan mißfällt. Vielleicht zieht er, wenn man ihm zusetzt, seine schlimme Anordnung zurück, die er, wie mir scheint, mit Rücksicht auf seine eigene Untätigkeit jetzt getroffen hat. Denn da er seine Zeit meist in den Bergen auf der Jagd verbringt, ist ihm der Schweiß von den Wettkämpfen des Marktes verhaßt. Mag jener dies meiden, nur soll er dir erlauben, deine Kräfte zu messen. Denn jetzt geht es, so meine ich, nicht darum, daß Maximos[10], der Freund des Landlebens, seine Bürgerpflichten erfüllt, sondern Hyperechios, der Sohn des Maximos, der die lärmende Menge zu ertragen weiß. Mein Rat wäre dieser, und ich glaube, er wird sich bezahlt machen. Haltet ihr aber jetzt meine Worte für Geschwätz, dann werdet ihr später meiner Einsicht zustimmen, und dies wird dem Ratgeber zur Ehre gereichen, aber für den, der seine Zustimmung versagte, ohne Nutzen sein.

76 (1061 F)

Ζήνωνι.

1   Πρώτῳ μὲν ἥσθην τῷ δεῖξαί μοι τὸν κομίζοντα Ζήνωνος ἐπιστολήν, δευτέρῳ δὲ τῷ μήκει τῶν γραμμάτων, τρίτῳ δὲ τῷ κάλλει
τῆς ἐπιστολῆς μηνυούσης ὡς εἴης ἐν βίβλοις· οὐ γὰρ ἦν ἀνδρὸς
τὰ Ἄρεος μόνα θεραπεύοντος ὑφῆναι[3] τοιαύτην ἐπιστολήν, ἀλλά
μοι φαίνῃ τὸ μὲν ἐκείνοις, τὸ δὲ τούτοις νέμειν καὶ πλέον γε
2 τούτοις ἢ 'κείνοις.   πάντα δὲ τἆλλα ἐπαινέσας ἐν ᾐτιώμην
μόνον τὸ προοίμιον, τὸν ὅρκον· τουτὶ γάρ σοι προοίμιον ἦν. ἔλεγε
δὲ τὸ προοίμιον δίκαιόν σε περί τε ἐμὲ καὶ τἀμὰ γεγενῆσθαι
φέροντά τε ἐν χερσὶν ἀεί τι καὶ τοὺς παρόντας ἀκροατὰς ποιοῦντα
3 πειθοντά τε μὴ φαῦλα αὐτὰ νομίζειν.   καὶ σὺ μὲν ἐδίδασκες
ὡς ἀγνοοῦντα, ἐγὼ δὲ οὐδὲν τούτων ἠγνόουν, ἀλλὰ τὰ μὲν ἐκ
τῶν εἰκότων ἑωράκειν γιγνώσκων Ζήνωνα καὶ τὸν Ζήνωνος
τρόπον καὶ ὅστις ἀεὶ περὶ αὐτὸν γενοίμην καὶ οἷα τὰ ὀφειλόμενά
4 μοι καὶ ὡς οὐκ οἶδεν ἀποστερεῖν ἐκεῖνος.   ᾔδειν μὲν οὖν
ἅπαντα καὶ μηδενὸς ἀπαγγέλλοντος παρὰ τῶν λογισμῶν ἅπαντα
μεμαθηκώς· νῦν δὲ ἦσαν οἳ καὶ ἀπήγγελλον τά τε παρὰ τοῖς
αὐτόχθοσι, τῷ δήμῳ τῷ Ἐρεχθέως, τά τε ἐν τῇ μεγίστῃ τῶν
5 ὑπὸ τὸν ἥλιον πόλεων τά τε ἐν τῇ μετ' ἐκείνην μεγίστῃ.   ἦσαν
δὲ ἐν τοῖς ἀγγελλομένοις καὶ μάχαι καὶ πληγαὶ διὰ ῥημάτων καὶ
τροπαὶ [καὶ τρόπαια], ἐν δὲ ταύταις Ζήνων ἦν, ὅσπερ αὖ καὶ
ἐνίκα. καὶ ταύτην ὁρῶντές σου τὴν δικαιοσύνην οἱ θεοὶ μισθόν
σοι δεδώκασι τὸν φίλον αὑτοῖς ἄνδρα καὶ σοὶ πεποιηκότες, ἄνδρα
τοσοῦτον θρόνον μείζω πεποιηκότα προνοίᾳ τε τῇ τῶν ἀρχομένων καὶ ῥητορείᾳ καὶ ἀνδρείᾳ καὶ φιλανθρωπίᾳ, ὧν αὐτῷ

76 (1061 F)   An Zenon[1]

Zuerst habe ich mich gefreut, als der Bote mir einen Brief
von Zenon zeigte, zum zweiten über den Umfang des
Schreibens und zum dritten über die Schönheit dieses
Briefes, der mir anzeigt, daß du Bücher liest. Denn wer
sich ausschließlich dem Kriegsdienst[2] widmet, der kann
einen solchen Brief nicht verfassen. Du aber scheinst dich
bald dem einen und bald dem anderen zu widmen und
mehr den Büchern als dem Kriegsdienst. Allem anderen,
was du schreibst, habe ich Beifall gespendet, nur das
Prooimion trifft Tadel, den Eid, denn dieser dient als
Prooimion. Das Prooimion also sagt, daß du mir und
meinen Schriften hast Gerechtigkeit widerfahren lassen,
indem du immer etwas davon bei dir trugst und es die
Anwesenden anhören ließest und ihnen erklärtest, wie gut
es sei. Du hast mir das berichtet, als ob ich nichts davon
wüßte, aber ich habe alles sehr wohl gewußt, denn ich
konnte es mir denken und habe es mir vorgestellt, da
ich Zenon kenne und Zenons Charakter und weiß, was
ich ihm bedeutet habe und was er mir verdankt und daß
er einer ist, der seine Schulden bezahlt. Ich wußte also
alles, ohne daß es dazu einer Mitteilung bedurfte, meine
Gedanken verrieten es mir. Tatsächlich aber gab es Leute,
die berichteten, sowohl was sich bei den Autochthonen[4]
zutrug, dem Volk des Erechtheus[5], als auch was in der
größten aller Städte unter der Sonne[6] und was in der
zweitgrößten geschah. In den Berichten aber kamen auch
Schlachten vor und Verwundungen, die mit Worten aus-
geteilt wurden, und wechselnde Erfolge, an denen Zenon
Anteil hatte, und er war es auch, der siegte. Und da die
Götter deine Gerechtigkeit sahen, belohnten sie dich und
gaben einen Mann[7], den sie selbst lieben, auch dir zum
Freund: einen Mann, der seinen Amtssessel noch bedeutender gemacht hat durch Fürsorge für die Untertanen
und Beredsamkeit und Tapferkeit und menschenfreund-

6 χάριτας ὀφείλειν οἶμαι τοὺς θεοὺς καὶ ἀποδώσειν. ἔλαθε δὲ
αὐτοὺς οὐδ' ὅσα τῷ γενναίῳ πέπρακται τιμὴν ἡμῖν ἔχοντα, καὶ
τάχα πού τι καὶ ἀντὶ τούτων ἔσται τῶν λογίων θεῶν αὐτῶν
ἡγουμένων ἐν τούτοις τετιμῆσθαι. μιμούμενος δὲ τὰ αὐτοῦ
πάλιν ⟨ὁ⟩ αὐτὸς ἔσται πρὸς ἡμᾶς τοὺς ἐγνωκότας ὅ τι ἂν φήσητε,
7 τοῦτ' ἐπαινεῖν. καὶ ἡ μὲν ἐπιστολὴ τοσοῦτον λέγει, τὰ πλείω
δὲ Φιρμῖνος ἐρεῖ Ζήνωνι ἑταῖρος ὢν ἐμοὶ καὶ φίλτρῳ καὶ λόγοις·
ὃν λαμπρὸν ἡμῖν ποιήσας ἀποπέμψεις τοῖς τε ἐμοῖς χαριζόμενος
8 πόνοις καὶ τῇ πατρίδι τῇ σαυτοῦ βοηθῶν. πεποίηκε δὲ καὶ
τὸν ἕτερον πρεσβευτὴν ἐπιτήδειον εἰς πρεσβείαν ἐκεῖνο τὸ χωρίον,
ὃ καὶ ὑμᾶς, καὶ σὲ τὸν ληψόμενον καὶ τὸν δώσοντα τὴν ἐπιστολήν.

77 (1052 F)

Ζήνωνι.

1 Ἐγὼ νομίζω καὶ τὴν Φήμην παῖδα τοῦ Διὸς εἶναι. καὶ καλῶς
ἐποίησεν ὁ Ζεὺς καὶ τοῦτο ἡμῖν, ὅπως τἀλλήλων εἰδῶμεν, κἂν
πάνυ διεστηκότες ὦμεν, ὥσπερ οὖν καὶ ἡμεῖς ἴσμεν τὰ σὰ πολ-
2 λῶν ὄντων ἐν μέσῳ καὶ ὀρῶν καὶ θαλάττης⁴. αὕτη τοίνυν ἡ
θεὸς ἐδίδαξεν ἡμᾶς ὡς θαυμασθείης μὲν ἐν τοῖς Ἕλλησιν ἐπὶ
φρονήσει καὶ παιδείᾳ καὶ εἴης φοβερὸς σοφισταῖς ἐν σοφιστῶν
ἐπιδείξεσιν, ἐμοὶ δὲ δόξης βελτίονος αἴτιος τῶν ἐπαινούντων
ἐρωτώντων, τίς σε πηγὴ τοσοῦτον ποιήσειε, καὶ τῶν εἰδότων
3 λεγόντων ὃν οἶσθα. πράττουσα δὴ τὸ αὑτῆς ἡ Φήμη καλλίω
τὰ δεύτερα⁵ δεῦρο κομίζει, δοκεῖν ἀγαθὸν εἶναί σε παρὰ τῷ
γέμοντι μὲν σοφίας ὑπάρχῳ, ζῶντι δὲ ἐν δικαιοσύνῃ, τῇ δὲ περὶ

liches Wesen, wofür, wie ich glaube, die Götter ihm Dank
schulden, den sie abstatten werden. Ihnen ist auch nicht
entgangen, was der Edle mir zu Ehren getan hat[8], und
auch dafür dürfte er bald seinen Lohn erhalten, da die
beredten unter den Göttern sich selbst geehrt fühlen. Sich
selbst treu bleibend wird er wieder der gleiche sein mir
gegenüber, der ich entschlossen bin, was ihr auch sagt,
gutzuheißen. Soweit mein Brief, das weitere wird dir
Firminos[9] sagen, der mir verbunden ist, durch Liebens-
würdigkeit und die Gabe der Rede. Entlaß ihn erst, wenn
du einen glänzenden Redner aus ihm gemacht hast als
Dank für meine Mühen und als Dienst an deiner Heimat.
Derselbe Ort, der aus jenem einen würdigen Vertreter
seines Landes hat werden lassen, er hat auch euch dazu
gemacht, den Empfänger wie den Überbringer meines
Briefes.

77 (1052 F)
An Zenon[1]

Nach meinem Dafürhalten ist Fama[2] eine Tochter des
Zeus. Und vortrefflich hat Zeus auch dieses so eingerich-
tet, damit wir voneinander erfahren, auch wenn wir noch
so weit getrennt sind[3], wie denn auch ich über dich unterrichtet bin, obgleich viele Berge und das Meer zwischen
uns liegen. Diese Göttin hat mir berichtet, daß du bewundert wirst unter den Hellenen ob deiner Vernunft
und Bildung und daß du beim öffentlichen Rednerwett-
streit für die Sophisten ein gefährlicher Rivale bist, für
mich jedoch eine Mehrung meines Ansehens, da alle, die
dich loben, nach der Quelle fragen, die dich so groß gemacht hat, und alle, die es wissen, die entsprechende Antwort geben. Ihrem Geschäft nachgehend bringt Fama nun
eine zweite noch schönere Nachricht: du habest Anerkennung gefunden bei dem Praefekten, einem Manne, der
von Weisheit erfüllt ist, für die Gerechtigkeit lebt und

τὸ ἄρχειν ἐπιστήμη σώζοντι καὶ οἴκους καὶ πόλεις καὶ γένη καὶ
νήσους καὶ ἠπείρους. ὧν αἰτούντων ἀκούουσιν οἱ θεοὶ ῾Ρουφῖνον
τὸν ἄριστον ἐλθεῖν εἰς γῆρας μετὰ τοῦ παρόντος σχήματός τε καὶ
4 θρόνου καὶ τῆς τοῦ θειοτάτου βασιλέως εὐνοίας.   εἰμὶ δέ τοι
καὶ αὐτὸς τῶν ταῦτα εὐχομένων καὶ μᾶλλον ἤ τις ἄλλος, θαυμαστὸν δὲ οὐδὲν εἶναι τοιοῦτον τοιούτοις τετιμημένον· αἰσθάνομαι
γάρ.

78 (1221 F)

᾿Ανδρονίκῳ.

1 Τοῖς τῆς Φοινίκης ἀγαθοῖς κοσμεῖται τὸ κάλλιστον τῆς γῆς,
τοῦ μὲν ἀρίστου πάντων ἄρχοντος, τοῦ δὲ μετ᾿ ἐκεῖνον παρ-
2 εδρεύοντος· ὃν ὅπως τὸ πρῶτον εἴδομεν, ἄκουσον.   ἥκομεν
ἐγώ τε καὶ ᾿Ολύμπιος εἰς τὸ ᾿Ελευσίνιον καὶ ἦμεν ἐν μέσῳ
κήπων· τοιοῦτος γὰρ ἐκεῖνος ὁ στενωπός, κῆπος ὁ μὲν ἔνθεν, ὁ
δὲ ἔνθεν. ὁρῶμεν οὖν ἄνδρα ἐφ᾿ ἵππου ξένον καὶ πλῆθος ἀκολού-
θων, καὶ πρὶν πρὸς ἀλλήλους εἰπεῖν· τίς οὗτος; ὁρῶμεν ἀποβάντα
3 καὶ προσείπομεν ἀλλήλους.   ὁ δὲ παρά του τῶν παίδων λαβὼν
ἐπιστολὰς ἡμῖν ἔδωκεν εἰπών, παρ᾿ ὧν. ἐγὼ δὲ οἷς μὲν ἔλαβον
ἡδόμην, τῷ δὲ μὴ καὶ Γαϊανοῦ γράμματα ἔχειν ἠχθόμην. ὁ δὲ
λύπην τινὰ ἀπήγγελλεν ἐκείνου νομίζοντος ἀπημελῆσθαι. μικρὸν
δὴ πρὸς ταῦτα ἀπολογησάμενος ἐπορευόμην ἔτ᾿ ἔχων δεδεμένας
τὰς ἐπιστολὰς καὶ τοσοῦτον εἰδὼς μόνον, ὡς ἐκ Φοινίκης ὁ
4 δούς.   διενοούμην μὲν οὖν ὡς ἀναγνωσόμενος οἴκοι, διελεγόμην
δὲ πρὸς ᾿Ολύμπιον ὡς περὶ χρηστοῦ τοῦ δόντος ἑωρακὼς τὴν
ψυχὴν διὰ τῆς μορφῆς· ἔλαμπε γὰρ τὸ ᾿κείνης ὡς ἀληθῶς κάλλος

mit seiner Regierungskunst Häuser und Städte und Völker, Inseln und ganze Kontinente zu erhalten weiß. In deren Gebieten vernehmen die Götter den Wunsch, daß der allerbeste Rufinus[6] in seiner gegenwärtigen Amtsstellung und vom Kaiser mit Wohlwollen bedacht das Alter erreichen möge. Auch ich gehöre zu denen, die darum beten und mehr noch als mancher andere. Verwunderlich aber ist es nicht, daß ein Mann wie du von solchen Männern geehrt wird; denn eben das höre ich.

78 (1221 F)
An Andronikos[1]

Mit der Blüte Phönikiens wird der schönste Fleck der Erde geschmückt[2], da der beste Mann[3] Statthalter dieser Provinz ist und der zweitbeste sein Stellvertreter[4]. Wie ich diesen zum erstenmal traf, sollst du jetzt erfahren. Olympios[5] und ich gingen zum Eleusinion[6], und wir waren inmitten der Gärten, denn der schmale Weg dorthin hat zu beiden Seiten Gärten. Da sehen wir einen fremden Mann zu Pferde mit großem Gefolge, und ehe wir einander fragen konnten, »wer ist das?«, sahen wir ihn absteigen, und wir begrüßten einander. Er aber ließ sich von einem Diener Briefe geben und händigte sie uns aus, indem er hinzufügte, von wem sie kommen. Ich freute mich über das Erhaltene, doch daß Gaianos[7] mir nicht geschrieben hatte, verdroß mich. Er aber berichtete, daß jener sich vernachlässigt fühle und darüber bekümmert sei. Da sagte ich denn ein paar Worte der Entschuldigung und ging meines Weges, die noch immer verschnürten Briefe in der Hand haltend und von dem Überbringer nur dieses wissend, daß er Phöniker sei. Ich hatte also die Absicht, die Briefe zu Hause zu lesen und sagte zu Olympios, der Überbringer sei ein rechtschaffener Mann, da ich durch seine äußere Erscheinung hindurch seine Seele erblickt hatte. Ihre wahre Schönheit leuchtete näm-

διὰ τῶν ὀμμάτων⁸. ἐντυχὼν δέ τις ἡμῖν τῶν ἐκεῖνον βουλομένων
ἰδεῖν ἤρετο, εἰ τὸν ἄνδρα εἴδομεν, εἰπὼν τοὔνομα καὶ ἐφ' ὅτῳ
5 ἥκει. καὶ οὕτως ἤδη τὸ πᾶν εἴχομεν. καὶ σοὶ χάρις τῶν γραμμάτων, μᾶλλον δέ, τῆς φιλίας· τοῦτο γὰρ ἐν αὐτοῖς ἔπραττες καὶ
νῦν ἀλλήλοις χρώμεθα. λόγους δέ σοι πέμψομεν πολλούς· εἰ δὲ
φαύλους, ὁ μὴ καλῶν ἐπιθυμῶν αὐτῷ μεμφέσθω. τιμὴν δέ σε
οὐκ ἀπαιτήσομεν, ἣν ἔχομεν. ἔχομεν δὲ οὐκ ἀργύριον οὐδὲ
χρυσίον, ἀλλ' ὃ πολλῷ πάντων μεῖζον χρημάτων καὶ τῶν Κροίσου
καὶ τῶν Γύγου καὶ τῶν Κινύρου, φιλίαν ἀνδρὸς τά τε ἄλλα
6 γενναίου καὶ ῥητορικοῦ. τί οὖν ἄν τις ἐγγυητὴν καταστήσειε
δῶρον οὕτω μέγα τούτῳ δούς, παρ' οὗ μικρὰ λαβεῖν ἀξιοῖ; ταυτὶ
μὲν οὖν ὕστερόν σοι ποιήσομεν ὥστε σε λαμβάνοντα καμεῖν·
περὶ δὲ τῆς τοῦ βασιλέως ἐπιστολῆς δοκεῖς μοι μείζω τῶν ὄντων
εἰρηκὼς κεναῖς ἐλπίσιν ἀπατᾶν τοὺς ἀτυχοῦντας. ἡ δέ ἐστιν
ὑπόσχεσις μὲν πρὸς ἐμὲ βοηθείας, βοήθεια δὲ οὔπω, παρ' ἧς
7 ὠφελοῖτ' ἂν ὁ νόθος. νῦν δέ ἐσμεν ἐν τῷ πρίν. ὅμως δὲ αὐτὴν
ἀπέσταλκα τοῦ παῦσαι τὰς μετρίους ἐλπίδας τοῖς εἰς ταὐτὸν μὲν
ἥκουσί μοι κατὰ τὴν τύχην, οὐκ οἶδα δὲ εἰ τὴν τύχην ὥσπερ
ἐγὼ φέρειν ἐπισταμένοις.

79 (399 F)
Ἀνδρονίκῳ.

1 Ποίοις Βοιωτοῖς συγγενόμενος ἀποβέβληκας τὴν περὶ τοὺς λόγους τέχνην; οὐ γὰρ ἐκεῖνό γε Ἀνδρονίκου τὸ τὰς μὲν μακρὰς
ἐπιστολὰς ἐπαινεῖν πανταχοῦ, τὰς δὲ οὐ μακρὰς ἐλαύνειν, ἀλλ'

lich aus den Augen hervor. Da begegnete uns jemand,
der jenen sehen wollte, und fragte, ob wir ihn gesehen
hätten, wobei er den Namen nannte und den Anlaß seines Kommens. So erfuhren wir denn alles. Dir aber sei
Dank für deinen Brief oder vielmehr für deine Freundschaft, denn das ist es, was du damit vollbracht hast, und
so wollen wir es miteinander halten. Reden aber werde
ich dir viele schicken, doch wenn sie nichts taugen, dann
möge, wer Unschönes verlangt, sich selber die Schuld
geben. Den Preis aber werde ich dir nicht abverlangen,
denn ich habe ihn. Was ich habe, ist nicht Silber und nicht
Gold, sondern etwas, das mehr ist als alle Reichtümer des
Kroisos und des Gyges und des Kinyras[9]: Die Freundschaft eines edlen und beredten Mannes. Wozu also sollte
jemand Bürgen stellen, wenn er eine geringe Gabe von
einem fordert, während er selbst eine große gegeben hat?
Dies also werden wir später für dich tun, und was du
empfängst, wird dir bald zuviel sein. Was aber den Brief
des Kaisers[10] anlangt, so glaube ich, du hast übertrieben
und die Unglücklichen mit leeren Hoffnungen getäuscht.
Der Brief enthält das Versprechen einer Hilfe für mich,
noch keine Hilfe, die meinem unehelichen Sohn zugute
käme. Im Augenblick sind wir so weit wie zuvor. Gleichwohl habe ich ihn abgeschickt[11], um die bescheidenen
Hoffnungen derer zu dämpfen, die das Schicksal in die
gleiche Lage versetzt hat wie mich, von denen ich aber
nicht weiß, ob sie ihr Schicksal ebenso wie ich zu tragen
wissen.

79 (399 F)

An Andronikos[1]

Welche Böoter[2] haben dich gelehrt, die Regeln der Rhetorik in den Wind zu schlagen? Denn das ist gewiß nicht
des Andronikos Art, die langen Briefe allenthalben zu
loben und alle, die nicht die genügende Länge haben, zu

εὖ ᾔδεις ὡς ἑκατέρῳ τε ἔνι χώρα καὶ μετὰ τοῦ καιροῦ καὶ
2 τοῦτο κἀκεῖνο καλόν. σὺ δὲ ἐπιλαβόμενος τῆς ἐν τοῖς γράμμασι
βραχύτητος αὐτὸ τοῦτο εὐθὺς ἑτέρας ἐποιοῦ κατηγορίας ἀφορμὴν
συκοφάντης ὢν ἐν ἀμφοῖν· διώκων γὰρ τὴν ἐπιστολὴν ἐπὶ τῷ
μέτρῳ τῇ γε ὀργῇ πάλιν ἄλλην αἰτίαν ἔπλασας, διφθέραν οἶμαί
3 τινα οὐκ ἀποδοθεῖσαν. οὕτω θαυμαστὸς ἡμῖν πλάστης γέγονας
ἅτε πόλιν οἰκῶν γέμουσαν πλασμάτων. ἡμῖν δὲ πόλις μὲν τῆς
ὑμετέρας μικροτέρα, μικροψυχίαν[b] δὲ ἴσως οὐκ ἐντίθησιν. οὐδέ
γε, ὦ δαιμόνιε, τἆλλα οὕτω ταπεινῶς πράττομεν ὥστ᾽ ἔχειν
4 σχολὴν ἐννοεῖν, εἰ τόδε ὁ δεῖνα λαβὼν κατέχει. τῶν δὲ παρ᾽
ὑμῖν σοφιστῶν μὴ καταγέλα, οἷς ἐστιν ἃ σοφισταῖς εἶναι δεῖ,
μέγεθος οἰκιῶν, πλῆθος νέων, γαστρὸς εὐρυχωρία, τὸ δουλεύειν
εἰδέναι· μέγα γὰρ εἰς εὐδαιμονίαν παρ᾽ ὑμῖν τὸ κατεπτηχέναι
5 καὶ ὁ δουλότερος ἑτέρου ῥητορικώτερος. εἰς ἐμὲ δὲ οἰόμενος
τὰ φίλου ποιεῖν ἴσθι τὰ πολεμίου δρῶν. πράττεις μὲν γάρ,
ὅπως ὑμῖν ἐπανέλθοιμι, τοῦτο δὲ εἰ μὲν ἀγνοῶν, ἐν οἷς ὢν
τυγχάνω, προθυμῇ, τάχα οὐ φιλοῦντος ἡ ἄγνοια· εἰ δ᾽ ἐπιστάμενος, ἐξ ὅσης ζάλης εἰς ὅσην εἰρήνην ἥκω, πρὸς τὴν ζάλην
αὖθις ἐκ τῆς εἰρήνης ἕλκεις, οὐ πάνυ γίγνῃ Θησεὺς εἰς Πειρί-
6 θουν. ὥστ᾽ ἐοίκαμεν σοὶ μὲν μέμφεσθαι τῷ φίλῳ, τὸν δὲ οὐ
φίλον ἐπαινεῖν τὸν ἄρχοντα· καὶ γὰρ εἰ ἡ γνώμη μισοῦντος,

verschmähen³. Vielmehr wußtest du einmal sehr wohl,
daß in beider Art Briefen Raum ist und daß bei der passenden Gelegenheit die eine wie die andere Art ihr Gutes
hat. Du aber hast die briefliche Kürze zum Anlaß genommen, noch eine zweite Anklage gegen mich zu erheben,
doch beide sind Verleumdungen. Klagst du doch den
Brief an wegen seines geringen Umfangs, und dann er-
dichtest du in deinem Zorn einen zweiten Vorwurf, ich
glaube wegen irgend eines Buches, das ich nicht zurückgegeben hätte⁴. So fabelhaft verstehst du dich aufs Er-
dichten, aber du lebst ja auch in einer Stadt, die randvoll
ist von Erdichtetem. Unsere Stadt ist im Vergleich zu
eurer zwar kleiner, Kleinmut jedoch flößt sie uns, hoffe
ich, nicht ein. Aber auch sonst, du sonderbarer Mensch,
ist unser Leben nicht so kümmerlich, daß wir Muße hätten, darüber nachzudenken, ob irgendjemand dieses oder
jenes noch nicht zurückgegeben hat. Über die Rhetoriklehrer bei euch solltest du dich indessen nicht mockieren,
denn sie haben, was ein Rhetoriklehrer⁶ haben muß:
große Villen, viele Schüler, riesige Mägen, Unterwürfig-
keit. Denn bei euch ist es bereits ein großer Schritt zum
Glück, wenn man sich duckt, und der Unterwürfigere
gilt stets für den besseren Redner. Glaubst du aber, mir
einen Freundschaftsdienst zu erweisen, so wisse, daß du
handelst, als wärest du mein Feind. Du setzt dich nämlich
dafür ein, daß ich zu euch zurückkehre⁷, und wenn dieser Eifer auf Unkenntnis meiner Lage beruht, dann ist
eben diese Unkenntnis kein Zeichen von Freundschaft;
wenn du aber, wohl wissend, aus welchen Stürmen ich
zu welchem Frieden gelangt bin, mich aufs neue aus dem
Frieden in die Stürme zerren willst, dann bist du für mich
nicht, was Theseus dem Peirithoos⁸ war. Daher sieht es
so aus, als tadelte ich dich, den Freund, und lobte den
Archon⁹, der nicht mein Freund ist. Mag er in seiner
Haltung mir feindlich sein, so war doch sein Handeln

ἀλλὰ τό γε ἔργον ὠφελοῦντος. κωλύει γάρ με μὴ ἐλθεῖν τοῦτό

7 μοι πρῶτον χαριζόμενος τὸ μὴ Κλεομένην ἰδεῖν. ᾧ σὺ συνὼν μὲν ἔτι μή με ἐξαπάτα· μὴ συνὼν δὲ τί πάθοις ἂν εἰκότως, ὃς ὃν ἔμελλες φεύξεσθαι, τοῦτον ἠγάπας, καὶ ταῦτα μέλλων ἕτερον

8 ἀνιάσειν καλὸν κἀγαθὸν καὶ σώφρονα καὶ δυνατώτερον; ἀλλ᾽, ὦ φίλτατε Ἀνδρόνικε, παῦσαι μὲν τῆς πρὸς τὸν κύνα συνηθείας, εἰ μὴ πέπαυσαι· παῦσαι δὲ τοῦ πειρᾶσθαί με ἐνθένδε κινεῖν. βούλευσαι δὲ περὶ τῶν πρὸς τὸν θεῖον βουλὴν ἀγαθὴν ἀφείς με τῆς τοιαύτης διακονίας· ὁρῶ γὰρ ὡς ἐπί τι πρᾷον τὸ πρᾶγμα βαδίζει.

80 (1409 F)

Πρίσκῃ.

1 Ὁρᾷς², ὁπόσον ἰσχύεις τῷ περὶ πάντα κάλλει; πάντα Βασσιανῷ παρημέληται, τήθη θαυμαστή, ἀδελφοὶ χρηστοί, θεῖοι γενναῖοι, γένος πολὺ καὶ ἴσως λαμπρόν, τηλικαύτη πόλις, ἄλλα μυρία, μόνη δὲ σὺ πάντα αὐτῷ, καὶ ἕλκεται καὶ ποθεῖ καὶ τρέχει καὶ ἐγκώμια τῆς Παφλαγονίας ᾄδει, γῆς φύσιν, πηγῶν ἀφθονίαν, γείτονα θάλατταν, οὐδὲν ὅ τι οὐκ ἐπαινῶν. ἤδη δὲ

2 αὐτῷ καὶ τὸ ψῦχος ἐκεῖνο πρᾷον δοκεῖ. καὶ ταῦτα αὐτὸν οὐ Παφλαγονία πέπεικεν, ἀλλ᾽ ὑπὲρ τῆς χώρας σὺ καὶ τὰ ἐν τῇ σῇ ψυχῇ, προσθείην δ᾽ ἂν καὶ τὰ ἐν τῷ σώματι· δεινὸν γάρ, εἰ Ὁμήρου λέγοντος καλὴ καὶ μεγάλη μικρὸν νομιοῦμεν ἡμεῖς τὰ

3 περὶ τοῦτο ἀγαθά. ἐγὼ μὲν οὖν χαίρω τοῦ νέου πρὸς σὲ παντὶ τῷ νῷ ῥέποντος· οὕτω τε γὰρ ἂν μάλιστα σῴζοιτο ⟨ὁ⟩ οἶκος

nützlich für mich. Denn er hindert mich zu kommen und tat mir vor allem diesen Gefallen, daß ich Kleomenes[10] nicht zu sehen brauche. Du aber täusche mich nicht, falls du weiterhin mit ihm verkehrst; hast du aber keinen Umgang mit ihm, was kann dir schon passieren, da du demjenigen, den zu meiden du nicht wirst umhin können, herzlich zugetan warst, und das, obwohl du damit einen anderen kränken mußtest, einen tüchtigen und besonnenen und weit einflußreicheren Mann? Aber, mein bester Andronikos, hör auf, mit diesem Hund zu verkehren, wenn du nicht schon aufgehört hast. Und hör auf, mich von hier wegziehen zu wollen. Geh mit dir selbst zu Rate wegen deiner Beziehungen zu deinem Onkel[11], und entlaß mich aus diesem Dienst[12]. Denn ich sehe, daß die Angelegenheit einen freundlicheren Verlauf nimmt.

80 (1409 F)

An Priske[1]

Siehst du, was deine überragende Schönheit vermag? Alles vernachlässigt Bassianos[3], seine bewundernswerte Großmutter, seine tüchtigen Brüder, seine vornehmen Onkel, seine zahlreiche und mitunter glanzvolle Verwandtschaft, seine große Vaterstadt und tausend anderes – nur du bedeutest ihm alles[4], es zieht ihn zu dir hin, er sehnt sich, er eilt, er singt Loblieder auf Paphlagonien, das Land, seine vielen Quellen, die Nähe des Meeres[5], nichts gibt es da, das er nicht lobte, und selbst die Kälte, die dort herrscht[6], erscheint ihm als mildes Klima. Aber es war nicht Paphlagonien, was ihn dazu gebracht hat, sondern anstelle des Landes du mit den Vorzügen deiner Seele und, so möchte ich hinzufügen, deines Leibes. Denn es wäre doch schlimm, wenn wir, was Homer[7] »eine große und schöne Frau« nennt, für ein geringes Gut erachteten. Ich selbst freue mich, daß dein junger Gatte dir von ganzem Herzen zugetan ist, denn so wird am besten

καὶ ἅμα ὁ συγκεράσας ὑμᾶς καὶ οὐδενὸς ἧττον τὴν συζυγίαν
ταύτην ἐργασάμενός εἰμι ἐγὼ μάλιστα δὴ κινήσας τὴν ἀρίστην
Βασσιανὴν ἐπιθέσθαι τῇ θήρᾳ· δεῖ δὲ καὶ σὲ μιμεῖσθαι τὸν
4 ἄνδρα καὶ εἶναι δικαίαν ἐν τῷ τὰ ἴσα ποιεῖν. ταῦτα δέ ἐστι·
θαύμαζε καὶ αὐτὴ τὴν Συρίαν καὶ ἄγοντος ἕπου, μᾶλλον δέ, καὶ
μένειν βουλόμενον ὑπομίμνησκε τῶν οἴκοι, ἵν' ὁ μὲν τὴν σὴν διὰ
σὲ τῆς αὐτοῦ φαίνηται προτιθείς, σὺ δὲ τὴν τοῦδε τῆς σαυτοῦ
διὰ τοῦτον.

81 (1042 F)

Γεσσίῳ.

1 Χρύσης ὁ καλός, δι' ὅσων ἦλθε πόλεων, ἁπάσας ἐξέπληξε τρόπου
2 τε ἀρετῇ καὶ τῷ λόγους ποιεῖν τε δύνασθαι καὶ κρίνειν. σὺ
δὲ οἶσθα μὲν αὐτὸν ἀγαθός τε ἀγαθὸν καὶ Αἰγύπτιος Αἰγύπτιον,
μᾶλλον δ' ἂν τὸν ἄνδρα γνοίης, εἰ πύθοιο, ποῖός τις περὶ ἡμᾶς
γέγονεν. εἰ μὲν γὰρ ἔμελλεν αὐτὸς ἐρεῖν ἅπαντα, ἑπόμενον ἦν
αὐτῷ τὸ λέγειν ἀφεῖναι· ἐπεὶ δὲ τὸ μὲν οἶδε, τὸ δὲ οὐκ ἐπίσταται,
ἃ εὖ ποιῶν σιωπᾷ, τῶν εὖ παθόντων ἡμῶν ἂν εἴη τὸ μὴ σιγᾶν.
3 οὗτός ἐστιν ὁ βαπτιζόμενον⁴ εὑρὼν τὸν ἄθλιον Κίμωνα καὶ
προδεδομένον οὐ περιιδών, ἀλλὰ καὶ στὰς καὶ προσελθὼν καὶ
δεξιὰν ἐμβαλὼν καὶ μαθεῖν ἀξιώσας, οἷα τἀκείνου, καὶ μαθὼν
καὶ ἀλγήσας καὶ τἄλλα προσθείς, λόγους τε, ὧν ὁ πάντων
ἀκούων ἤκουσε θεός, ἔργα τε, ὧν ὁ αὐτὸς θεὸς θεατὴς⁵ γεγένη-
4 ται. τούτων ἓν ἦν τῶν ἔργων καὶ αἱ Πρόκλου πρὸς τὸν Κίμωνα
διαλλαγαί. καὶ ἔνδον ἦν διὰ Χρύσην καὶ ἤκουέ τι διὰ Χρύσην
καὶ ἔλεγε καὶ ἤλπιζέ τι διὰ Χρύσην. ἀλλ' ἔδει τὸν τοῦδε πόνον

die Familie bewahrt, und zudem hat niemand anders euch zusammengeführt und diese Verbindung geknüpft als ich, der ich die allerbeste Bassiane[8] bewogen habe, das Wild zu erjagen. Du aber mußt dir deinen Gatten zum Vorbild nehmen und ihm Gerechtigkeit widerfahren lassen, indem du mit Gleichem vergiltst. Das aber erreichst du so: lobe du Syrien, und wenn er dich dorthin mitnehmen will, so folge ihm, oder noch besser, wenn er nicht verreisen will, erinnere ihn an seine Heimat, damit deutlich wird, daß er die deinige seiner eigenen um deinetwillen vorzieht, du aber die seine deiner eigenen um seinetwillen.

81 (1042 F)
An Gessios[1]

Chryses[2], der gute, hat alle Städte, in die er kam[3], in Erstaunen versetzt durch seinen vortrefflichen Charakter und seine Fähigkeit, Reden zu halten und zu beurteilen. Du aber als braver Mann kennst den braven und als Ägypter den Ägypter, noch besser aber lernst du den Mann kennen, wenn du erfährst, was er für uns getan hat. Denn wenn er alles erzählen könnte, wäre es folgerichtig, ihm das Wort zu überlassen. Da er aber von seinen Wohltaten, über die er schweigt, die einen kennt, die anderen nicht, liegt es bei uns, die wir sie empfangen haben, sie nicht mit Schweigen zu übergehen. Er ist es, der den armen Kimon in Leiden ertrinkend antraf und der nicht zuließ, daß er verlassen wurde, sondern stehenblieb, zu ihm herantrat, seine Hand ergriff und wissen wollte, wie es ihm gehe. Er erfuhr es, war betrübt und nahm Anteil mit Worten, die er, der alles hört, vernommen hat, Gott, und mit Werken, denen derselbe Gott zugeschaut hat. Eines dieser Werke war, daß er Proklos[6] mit Kimon ausgesöhnt hat. Chryses hatte er es zu verdanken, daß er drinnen war, Chryses, daß er angesprochen wurde, Chryses, daß er sprach und hoffte. Aber seine Mühe und sein

καὶ σπουδὴν διαφθαρῆναι τῇ Τύχῃ. Χρύσης γὰρ ἀνθρώπου
μὲν οὐδενός, ἐκείνης δὲ ἡττήθη, δι' ἣν καὶ τὸ τῶν Ἑλλήνων
5 γένος τοῦ παιδὸς Ἀμύντου τοῦ τραφέντος ἐν Πέλλῃ⁷. γενομένων τοίνυν τῶν ἐκείνῃ δοκούντων ὠδύρατο μὲν ἐπὶ τῷ παιδὶ
καθάπερ ἐγώ, ἐθρήνησε δὲ τὴν τελευτὴν οὐχ ἧττον ἢ ἐγώ, λύων
τε εἴ τις τοῦτον ἐφάνη τὸν θάνατον, μισθὸν ἂν ὅλην ἐποιήσατο
6 τὴν οὐσίαν, ἴσως δ' ἄν τι καὶ τοῦ σώματος. τοιούτοις εἰς ἡμᾶς
ὁ Χρύσης ἐχρήσατο, τοιαῦτα ἐνδέδεικται. ταῦτα ἴσασι πολλοί,
εἰδέναι μέντοι κἀκεῖνο χρεών, ὅτι ἦν ἐλάττω λύπην ἐποίει παρών,
ταύτην μείζω ποιήσει μὴ συνών¹⁰.

82 (1408 F)

Βασιλείδῃ.

1 Περὶ τῶν ἐν Παφλαγονίᾳ μοι Σπεκτάτος διηγούμενος ἄλλα τε
διεξῆλθε καλὰ καὶ δὴ καὶ Βασιλείδῃ συγγενέσθαι ἔφησε χρηστῷ
2 τε καὶ ἐμῷ φοιτητῇ. ποῖον ἔφην Βασιλείδην λέγεις; ὁ δέ,
ὥσπερ ὁ Δημοσθένης ἤ, εἰ βούλει γε, Ὅμηρος, λευκός ἐστι,
φησι, καὶ μέτωπον εὐρύ. καὶ ἐπειρᾶτό με διὰ τοῦ σώματος
ἀναμιμνήσκειν τἀνδρός· ὡς δὲ οὐχ εἰπόμην⁴, μεταβὰς ἐπὶ τὴν
γνώμην ὅτῳ μάλιστά φησιν ἐπίστευες καὶ ὃς ἦν σοι τοῦ χοροῦ
3 κορυφαῖος⁵, ἡνίκα διέτριβες περὶ τὸν Βόσπορον. ἐνταῦθα
ἐγνώρισα σὲ καὶ ἤσθην καὶ ἀνεβόησα καὶ τὴν εὐχὴν εὐξάμην
τὴν Ἀγαμέμνονος τοιούτους δέκα μοι τῶν ἑταίρων γενέσθαι.
ἐκεῖνό γε μὴν ἐθαύμασα, ὅπως Θεοφίλῳ μὲν διὰ τὴν εἰς ἐμὲ
τιμὴν ἐβοήθησας, αὐτῷ δ' ἐμοὶ γράψαι καὶ τινα ποιήσασθαι
τῶν παλαιῶν ἐκείνων μνήμην οὐκ ἐτόλμησας καὶ ταῦτα τεχνίτης

Eifer sollten durch Tyche zunichte werden. Chryses ist nämlich keinem Menschen, sondern ihr unterlegen, durch deren Wirken auch das Volk der Hellenen dem Sohn des Amyntas, dem aus Pella[8], unterlag. Da es also kam, wie jene wollte, da beklagte er den Jungen wie ich und trauerte über sein Ende nicht weniger als ich, und wenn jemand erschienen wäre, ihn von diesem seinem Tode zu erlösen[9], er hätte seine ganze Habe dafür hingegeben und vielleicht auch ein Stück seines Leibes. So hat sich Chryses uns gegenüber verhalten, solches hat er geleistet. Das wissen viele, aber man sollte auch wissen, daß der Schmerz, den seine Gegenwart linderte, größer werden wird, wenn er nicht bei uns ist.

82 (1408 F)
An Basileides[1]

Als Spektatos[2] mir von Paphlagonien erzählte, da wußte er vieles Schöne zu berichten, unter anderem, daß er den guten Basileides getroffen habe, meinen Schüler. »Welchen Basileides meinst du?« fragte ich. Er aber sprach wie Demosthenes oder, wenn du willst, wie Homer: »blaß ist er und hat eine breite Stirn;«[3] so versuchte er, mir anhand der äußeren Erscheinung den Menschen ins Gedächtnis zu rufen. Als das aber nichts nützte, verlegte er sich aufs Geistige und sagte: »dem du dein besonderes Vertrauen schenktest, der Senior in der Schar deiner Schüler, als du am Bosporos[6] lebtest.« Da habe ich dich erkannt und mich gefreut, laut gerufen und gebetet wie Agamemnon[7], daß ich doch zehn solche Gefährten bekommen möge. Darüber jedoch habe ich mich gewundert, wieso du, um mir deine Achtung zu erweisen, dem Theophilos[8] geholfen hast, es aber nicht über dich gebracht hast, mir selbst einen Brief zu schreiben und mich an jene alten Zeiten zu erinnern, und das, obwohl du vom Fache bist und die Kunst des Briefeschreibens verstehst

ὧν τῶν περὶ ἐπιστολὰς καλῶν, εἴ τι τῆς δυνάμεως ἐκείνης
διαφυλάττεις. οἶμαι δέ· οὐ γὰρ ἂν δόξαν εἶχες ἡλίκην ἀπήγ-
4 γελλεν ὁ Σπεκτάτος. ὅπως οὖν λύσαις τὸ ἡμαρτημένον, νῦν
γοῦν ἐπίστειλον ἢ γράψομαί σε παρὰ ταῖς Μούσαις ὡς ἀμελοῦντα
πατρός.

83 (140 F)

Ἀλβανίῳ.

1 Νῦν ὄντως μοι τοὺς μισθοὺς ἀπέδωκας², οὐ χρυσίον καὶ ἀργύριον, ταῦτα δὴ τὰ παρὰ τῶν πολλῶν τε φερόμενα καὶ τέρποντα
τοὺς πολλούς, ἀλλ᾽ οὗ χάριν καὶ τῶν πατρῴων ἀπέστην· τοῦτο
2 δέ ἐστι δόξα. ταύτην μοι δέδωκας δείξας, ὡς οὐ παλαιστὴς³
ἄρα ἐγὼ μόνον, ἀλλὰ καὶ γυμναστὴς ἀγαθός· οἶσθα γάρ, ὡς οἱ
τὴν ῥώμην οὐ τολμῶντες ψέγειν ἐκεῖνο⁴ πειρῶνται δάκνειν,
3 ἀλλὰ σύ γε αὐτοὺς ἀφώνους ἐκάθισας τῇ σαυτοῦ φωνῇ. γιγνέσθω δὴ πυκνὸς ὁ δρόμος καὶ βίου μὲν ὁδὸν ἣν οἴει σοι συμφέρειν αἱροῦ, πανταχοῦ δὲ οἷον σαυτῷ καὶ τὸ λέγειν προσήκειν·
οὐδεὶς γὰρ βίος ὑπὸ ῥητορικῆς αἰσχύνεται. καὶ ταῦτα ἡγοῦ
δεῖσθαί σου καὶ τὸν πατέρα καὶ μηδὲ τῆς ἡδονῆς ἄμοιρον εἶναι
4 καὶ ταῦτα ὄντα ὑπὸ γῆς. ὁ δὲ ἄρχων ἡμῖν ἐν Ἑρμοῦ τέθραπται
καὶ τοῖς ἀγορεύουσιν ἀναμιμνήσκεται τὰ αὐτοῦ καὶ ταύτης μόνης
ὁμολογεῖ τῆς ἡδονῆς ἡττᾶσθαι. νοῦν δὴ ἔχοντος ἂν εἴη χρῆσθαι
παρόντι καιρῷ.

– falls du dir von dieser Fähigkeit noch etwas bewahrt hast. Und das scheint mir doch der Fall zu sein, denn sonst hättest du nicht das große Ansehen erlangt, von dem Spektatos berichtete. Also mach deinen Fehler wett und schreib wenigstens jetzt, oder ich werde dich bei den Musen anklagen wegen Vernachlässigung des Vaters.

83 (140 F)
An Albanios[1]

Jetzt hast du mir wahrlich meinen Lohn gegeben, nicht Gold und Silber, was die meisten Leute erwerben und woran sie sich erfreuen, sondern jenes, um dessentwillen ich mich von meinem väterlichen Erbe getrennt habe; und das ist der Ruhm. Ihn hast du mir zuteil werden lassen, indem du zeigtest, daß ich nicht nur ein Wettkämpfer bin, sondern auch ein tüchtiger Trainer. Denn du weißt ja, daß jene, die meine Kraft nicht zu tadeln wagen, mich in diesem Punkt zu treffen suchen, doch du hast sie zum Schweigen gebracht mit deiner Stimme. Mag es also ein rascher Lauf sein, und den Lebensweg solltest du einschlagen, der dir passend scheint; aber wo es auch sei, denk daran, daß du dich als Redner zeigen mußt, denn die Kunst der Rede bereitet niemandem Schande, in welcher Lebenslage man auch sei. Glaub, daß auch dein Vater dich darum bittet und daß er teilhat an deiner Freude[5], selbst unter der Erde. Unser Archon[6] aber ist ein Hermes-Zögling; wenn er Reden hört, besinnt er sich auf seine Aufgabe, und das ist, wie er sagt, die einzige Leidenschaft, der er verfallen ist. Drum sollte, wer klug ist, die Gelegenheit nutzen.

84 (178 F)

Εὐσεβίῳ καὶ Φαύστῳ.

1 Εἰ μὴ σφόδρα ὑμῖν ἐπιστεύομεν, οὐκ ἂν οἰκέτην καὶ πλοῖον εἰς Σινώπην ἐξεπέμπομεν· οὐ γὰρ ἀγνοοῦμεν ὡς ὑμεῖς ἡ πόλις, κἂν συλλαμβάνητε, πάντα ἐξ οὐρίων θεῖ[4], κἂν ἀντικρούσητε[5], —
2 βλάσφημον δὲ οὐδὲν ⟨ἐν⟩ ἐπιστολῇ πλεούσῃ γράφω. ἀλλ᾽, ὦ γενναῖα θρέμματα[7], νῦν μοι ⟨τὴν⟩ κομιδήν· καὶ γὰρ εἰ μικρὰ τὰ παρ᾽ ἡμῶν εἰς ὑμᾶς, ἀλλ᾽ ἅ γε εἴχομεν.

84 (178 F)
An Eusebios und Faustos[1]

Wenn ich nicht großes Vertrauen auf euch setzte, würde
ich nicht einen Diener zu Schiff nach Sinope[2] schicken.
Denn ich weiß wohl: ihr seid die Stadt[3], und wenn ihr
mithelft, dann geht es voran mit gutem Wind, wenn ihr
euch aber entgegenstellt – doch ich will in einem Brief,
der zu Schiff abgeht[6], kein Unglück bereden. Drum,
meine edlen Zöglinge, »entgeltet mir jetzt die Pflege!«[8]
Denn ist es auch gering, was ihr von mir erhieltet, ich
gab, was ich hatte[9].

EINLEITUNG

I. Das Leben des Libanios

Eunapios, der Verfasser einer vielgelesenen Sammlung von Rhetoren-Biographien, hebt in der Charakteristik des berühmtesten Redners seiner Zeit folgende Eigenarten hervor: Libanios war ein hervorragender Menschenkenner, und er verstand es, sich jeder Lage anzupassen und sich auf jeden Menschen einzustellen, besser als ein Polyp – und dieses Tier galt in der Antike als Symbol der Anpassungsfähigkeit. Jeder, mit dem Libanios verkehrte, erblickte in ihm sein zweites Ich, ein so vielgestaltiges Wesen (πολύμορφόν τι χρῆμα) war er. Zu diesem Bilde des Mannes paßt es, daß sein Sprachstil, der auf einem denkbar intensiven Studium der griechischen Klassiker beruhte, sich durch Anmut, Charis, auszeichnete und gerade im Brief zur Vollendung gelangte.

Über den Lebensweg dieses eigenartigen Mannes sind wir recht gut informiert, zunächst durch seine Autobiographie (or. 1), aber auch durch einige weitere Reden und nicht zuletzt durch seine ausgedehnte Korrespondenz. Geboren wurde Libanios 314 n. Chr. in Antiochia am Orontes, der damals drittgrößten Stadt des Römischen Reiches (nordöstlich von Zypern, unweit der Küste). Einer wohlhabenden Familie entstammend, verlor er in früher Jugend seinen Vater und wurde gemeinsam mit seinen beiden Brüdern von der Mutter aufgezogen. Früh von der Rhetorik angezogen, studierte er fleißig die klassischen Autoren, und dabei geschah es denn, als er gerade mit seinem Lehrer die Acharner des Aristophanes las, daß ein Blitz einschlug, ihn blendete und betäubte und ein Kopfleiden verursachte, das ihm, seinen eigenen Worten zufolge, zeitlebens zu schaffen machte.

Einige Zeit darauf erhielt er durch die Fürsprache seines geliebten Onkels Phasganios die Erlaubnis, in Athen zu studieren. Auf dem Wege dorthin schwer erkrankt, hielt er tapfer durch bis zum Ziel, doch widerfuhr ihm bei der

Ankunft ein Mißgeschick: Entschlossen, bei seinem
Landsmann Epiphanios zu studieren, wurde er von den
Schülern eines gewissen Diophantos eingefangen und
festgehalten, bis er sich eidlich zum Eintritt in dessen
Schule verpflichtete. Nur bei öffentlichen Vorträgen, also
außerhalb des regulären Unterrichts, durfte er andere
Rhetoren hören. Aber dafür kümmerte sich Libanios
auch nicht viel um seinen Lehrer und schon gar nicht
um das militante Treiben seiner Kommilitonen, die nur
zu oft damit beschäftigt waren, den anderen Korporatio-
nen Straßenschlachten zu liefern. Er widmete sich seinen
Studien und erreichte durch seine Kenntnisse ein solches
Ansehen, daß der in Korinth amtierende Prokonsul ihn
für einen Lehrstuhl in Athen vorsah, den er freilich am
Ende doch nicht erhielt, um statt dessen Anfeindungen
zu ernten.

Mit dieser Episode beginnt eine ständig durch Intrigen
bedrohte und immer aufs neue von Erfolgen gekrönte
Karriere. Zunächst begleitet Libanios seinen Studienfreund Krispinos in dessen Heimatstadt Heraklea am
Pontos. Unterwegs hielten sie in verschiedenen Städten
Vorträge, wobei Libanios insbesondere in Konstantinopel höchstes Lob erntete. Wieder wurde ihm ein Lehrstuhl angeboten, den er dann doch nicht erhielt. Verließ
er doch heimlich die Hauptstadt, da er sich eidlich verpflichtet hatte, nach Athen zurückzukehren; und als er
nach Einlösung dieser Verpflichtung wieder in Konstantinopel eintraf, war der Lehrstuhl besetzt. So errichtete
er eine eigene Schule, die viel Zulauf hatte und daher den
Neid der Kollegen erregte. Ein Redner namens Bemarchios versuchte zunächst, ihn im öffentlichen Redewett-
kampf zu besiegen, und als das mißglückte, bezichtigte er
ihn der Beteiligung an Zauberei, was damals für ein
schweres Verbrechen galt. Obwohl selbst durch die Folterung eines Schreibers kein belastendes Material gefunden werden konnte, mußte Libanios auf Betreiben des

Statthalters Limenios die Hauptstadt verlassen und folgte
einem Ruf nach Nikaia. Aber schon nach kurzer Zeit
erhielt er eine ehrenvolle Einladung der Bürgerschaft von
Nikomedia, der Hauptstadt von Bithynien. Obwohl er
auch hier heftigen Anfeindungen von seiten seines Kollegen ausgesetzt war, sollten die fünf Jahre, die Libanios
in Nikomedia verbrachte, die glücklichsten seines Lebens
werden. Erfolgreich in seiner Tätigkeit, liebte er die Stadt
und fand in dem vornehmen und gebildeten Aristainetos
den engsten und besten seiner vielen Freunde. Und diesmal waren es nicht Anfeindungen, die ihn zwangen, die
Stadt zu verlassen, sondern sein eigener Ruhm: Kaiser
Konstantios selbst ordnete seine Übersiedlung nach Konstantinopel an. Libanios aber schätzte die Hauptstadt mit
ihrem Kaiserhof, ihren Intrigen und den gesellschaftlichen Zwängen, die sie ausübte, gar nicht. Seine Arbeit
bedeutete ihm mehr als die Tafelfreuden bei der Hof-
aristokratie. Gleichwohl lehnte er einen Ruf nach Athen,
den er durch Vermittlung seines hochgestellten Gönners
Strategios erhielt, ab. Die Universitätsintrigen und die
militanten Landsmannschaften der Studenten waren ihm
in allzu unangenehmer Erinnerung geblieben.
So will sich trotz des wachsenden Ruhmes keine rechte
Zufriedenheit und Erfüllung einstellen. Aber schließlich
sollte diese Odyssee des Sophisten doch zu Ende gehen:
Nach sechzehnjähriger Abwesenheit besuchte Libanios
im Sommer 353 seine Heimatstadt. Er findet begeisterte
Aufnahme und wird von der Bürgerschaft gebeten, als
Lehrer ansässig zu werden. Durch ein ärztliches Attest,
in dem bescheinigt wurde, daß das Klima von Konstantinopel für ihn (wegen seines Kopfleidens) unverträglich
sei, gelingt es Libanios, sich seinen Verpflichtungen in
der Hauptstadt zu entziehen und (nach intensiven Bemühungen) die Genehmigung zur Übersiedlung zu erhalten. Im Frühjahr 354 kehrte er endgültig nach Antiochia zurück.

Nach einer gewissen Übergangszeit, in der er sich privater Lehrtätigkeit widmet, erhält Libanios nach dem Tode des Zenobios, seines einstigen Lehrers, den kaiserlichen Lehrstuhl für Rhetorik in Antiochia, den er bis zu seinem Tode innehaben wird. Die ersten Jahre in der Heimatstadt lassen sich für Libanios recht glücklich an, nicht zuletzt, weil sein Freund und Gönner Strategios das hohe Amt eines praefectus praetorio per Orientem erhält. Da dieser Präfekt seinen Amtssitz in Antiochia hat, kann Libanios nach der Arbeit des Tages den Verkehr mit ihm pflegen. Aber bereits das Jahr 358 wird die schwersten Prüfungen für ihn bringen. Zunächst stirbt sein geliebter Onkel Phasganios, der ihm seinerzeit das Studium in Athen ermöglicht hatte und dessen (inzwischen verstorbene) Tochter ihm zur Frau bestimmt worden war. Kurz darauf verliert Libanios auch seine Mutter, an der er gleichfalls sehr gehangen hatte. Sie hat offenbar den Tod ihres Bruders und Beschützers nicht verkraftet. Und schließlich bringt das gleiche Jahr noch ein Ereignis, das die ganze damalige Welt erschütterte und das Libanios besonders hart traf: Ein Erdbeben zerstörte die Stadt Nikomedia, in der er die glücklichsten Jahre seines Lebens verbracht hatte. Dabei fand auch Aristainetos, den er zeitlebens als den engsten Freund empfand, auf eine qualvolle Weise den Tod. Libanios fühlte sich aus der Bahn geworfen und hatte nicht mehr die Kraft zu jener Tätigkeit, die ihm höchste Erfüllung war: Vorträge halten vor dem großen Publikum. Aber wie in seinem bisherigen Leben auf jedes Unglück ein neues Glück gefolgt war, so sollte auch dieser schwerste aller Schläge durch eine unvergleichliche Wende abgelöst werden. Im Dezember 361 zieht Julian als Kaiser (Augustus) in Konstantinopel ein, und damit steht ein Mann an der Spitze des Reiches, der Libanios in Nikomedia kennengelernt hat, seine Begabung außerordentlich schätzt und selbst vergleichbare Interessen verfolgt. Beide Männer kämpfen um die Erhaltung des hellenischen Erbes in Sprache und Religion. Als Kaiser fördert Julian die heidnischen Kulte, indem er allenthalben im Reich die Tempel wiederherstellt, das Priestertum reorganisiert und heidnische Beamte in der Verwaltung einsetzt, um seinen Anhängern in den Provinzen einen Rückhalt zu geben. Libanios sieht in dieser Eindämmung des öffentlichen Einflusses der Christen eine neue Ära anbrechen, eine Renaissance des Hellenentums. Ihren Höhepunkt erreichte diese seine Hochstimmung im Sommer 362, als Julian in Antiochia einzog und zu Libanios in persönliche Beziehungen trat. Bei aller Begeisterung für die Person und die Ziele Julians war der Redner jedoch im Umgang mit dem Kaiser außerordentlich zurückhaltend. Er zeigte sich möglichst wenig bei den öffentlichen Opfern, die der Kaiser veranstaltete, und machte niemals seinen bedeutenden Einfluß geltend, um seine persönlichen Wünsche oder die eines anderen zu befriedigen. Bei aller Eitelkeit, die ihm wie allen antiken Rednern gewiß eigen war, und bei aller Anpassungsfähigkeit, die ihm Eunapios bescheinigt, hatte Libanios nichts von einem Karriere-Diplomaten oder einem Geschäftsmann, der den finanziellen Vorteil im Auge hat. Libanios fühlte sich als Künstler und als Repräsentant hellenischer Kultur und Gesittung. Als solcher kämpfte er um Toleranz und nicht um Profit.

Nach starken Mißhelligkeiten mit der Bevölkerung von Antiochia, die auch durch Libanios' Vermittlungsversuche nicht ausgeräumt werden konnten, brach Julian im Frühjahr 363 zum Feldzug gegen die Perser auf. Die ersten Siegesbotschaften erwecken bei den Freunden des Kaisers die größten Hoffnungen, daß mit der alten Religion und Kultur nun auch die nationale Größe wiederhergestellt werde, man feiert den Kaiser schon als einen zweiten Alexander, da trifft noch im Sommer des gleichen Jahres die Todesnachricht ein, die all dem ein Ende setzt. Libanios ist erschüttert, wie rasch der bewunderte Kaiser allenthalben vergessen ist. Selbst Berichte über seine letzten Tage sind nicht mehr zu erhalten, weil jedermann sich nur mehr für sein eigenes Fortkommen interessiert.

Libanios ist zu diesem Zeitpunkt 49 Jahre alt, und die Spanne Lebens, die noch vor ihm liegt, umfaßt weitere 30 Jahre. Während dieser ganzen Zeit war er in seiner Heimatstadt als hochangesehener Lehrer der Rhetorik tätig und unterhielt dabei Beziehungen zu den bedeutendsten Männern des Reiches, unter ihnen der Präfekt Salutios, ein Mann, dem nach dem Tode Jovians der Kaiserthron angeboten worden war; ferner der Franke Richomer, einer der bedeutendsten Generale jener Zeit; ferner der römische Patrizier Qu. Aurelius Symmachus und der Historiker Ammianus Marcellinus, zwei der bedeutendsten Literaten des Jahrhunderts. Es galt offenbar für einen Vorzug, mit dem großen Redner aus Antiochia in Verbindung zu stehen.

Das wichtigste politische Ereignis, in das Libanios in jenen Jahren verwickelt war, ist der Aufstand in Antiochia im Jahre 387. Die Erhebung einer Abgabe anläßlich des zehnjährigen Amtsjubiläums von Kaiser Theodosios hatte in der Bevölkerung der Stadt erhebliche Unruhe ausgelöst, und dies ermöglichte es einigen Rädelsführern, den Mob der Straße in Rage zu versetzen und einige Jugendliche zu Unbedachtsamkeiten zu verleiten. Was geschah, war nicht mehr als dies: Jugendliche beschädigten die Bilder und Statuen des Kaisers, und der Mob setzte das Haus eines Bürgers in Brand, der sich für die Befolgung des kaiserlichen Befehls ausgesprochen hatte. Dann stellte ein Trupp Soldaten mit wenigen Pfeilschüssen die Ordnung wieder her. Den heutigen Leser mag es befremden, daß so etwas als ›Aufstand‹ in die Geschichte eingehen konnte. Aber das Bildnis des Kaisers zu beschädigen galt nun einmal als Majestätsbeleidigung, und das war in jener Zeit eines der schwersten Verbrechen. Überhaupt wurde jeder Eingriff in die Rechte der

Obrigkeit schwer geahndet. So konnte die Bevölkerung
der Stadt wieder aufatmen, als nach eingehender Untersuchung des Vorfalls der Kaiser sich damit begnügte, die
Schuldigen (auch Jugendliche) hinrichten zu lassen. Zu
befürchten waren nämlich darüber hinaus Repressalien
(d. h. Todesurteile) gegen die Ratsherren als die für die
Stadt Verantwortlichen oder gar eine Einäscherung von
Antiochia. Libanios' Verhalten in dieser kritischen Zeit
war vorbildlich. Während große Teile der Bevölkerung
aus Angst vor dem Zorn des Kaisers aufs Land flohen,
erhielt er seinen Lehrbetrieb, trotz sinkender Zuhörer-
zahlen, aufrecht und setzte sich bei den mit der Untersuchung beauftragten Beamten für Milde ein (nicht anders als sein zum Christentum übergetretener Schüler
Johannes Chrysostomos). Aber Libanios' Einfluß bei dem
Christen Theodosios war denkbar gering, und so verdankte die Stadt ihre Rettung letztlich nicht ihm, sondern
dem christlichen Bischof Flavianus.
Gleichwohl stellte die besagte Krise für den Redner eine
Bewährungsprobe dar, die ihm erlaubte, in der Nachfolge
des Demosthenes seine Kunst zu entfalten und für seine
Ideale zu kämpfen. Die verbleibenden Jahre seines Lebens verbringt er in tiefer Resignation. Diese war gewiß
zunächst eine Folge seines Alters und seines schlechten
Gesundheitszustandes; hatten sich doch im Laufe der
Zeit zu dem Kopfleiden noch weitere schwere Leiden
hinzugesellt. Darüber hinaus aber trafen ihn zwei schwere
Schicksalsschläge: Vermutlich im Jahre 390 starb seine
Lebensgefährtin, eine Freigeborene, die das Bürgerrecht
nicht besaß und daher keine rechtmäßige Ehe mit ihm
eingehen konnte. Libanios lebte indessen mehrere Jahrzehnte mit ihr zusammen und hatte von ihr einen Sohn
namens Kimon Arrhabios. Der Tod dieser Frau, deren
Fürsorge und rechtschaffenen Charakter er lobt, trifft ihn
hart. Bald nach ihr aber stirbt auch Kimon infolge eines
Unfalles. Libanios hat sehr an dem Sohn gehangen, ihm

eine gute Ausbildung zuteil werden lassen und zeitlebens darum gekämpft, daß er, obwohl unehelich, das Erbrecht erhält. Mit seinem Tod hat Libanios alle nächsten Angehörigen verloren. Trotz der rührenden Hilfe, die ihm einige Schüler angedeihen lassen, fühlt er sich hilflos und verlassen und sehnt sich nach dem Tode. 393 verliert sich für uns die Spur.

II. Die Briefe des Libanios

Von Libanios sind nicht weniger als 1544 Briefe erhalten; das ist, zumindest zahlenmäßig, die größte Briefsammlung eines antiken Autors, die wir besitzen. Dabei umfaßt diese Sammlung mit Sicherheit nur einen Teil der Briefe, die Libanios geschrieben hat. Stammen doch die erhaltenen Briefe aus zwei zeitlich getrennten Lebensabschnitten des Verfassers, einmal den Jahren der Reife 355 bis 365, zum andern den letzten Lebensjahren 387 bis 393. Da nun der Autor selbst uns berichtet ep. 21 (1307 F), daß er seine Briefe in Kopialbücher eingetragen und so aufbewahrt hat, und da in den Handschriften die erhaltenen Briefe zumindest bis zu einem gewissen Grade chronologisch geordnet sind, müssen wir davon ausgehen, daß die Publikation seinerzeit aufgrund der Kopialbücher erfolgt ist, nicht aber dadurch, daß die Briefe von den überaus zahlreichen und weit verstreut lebenden Adressaten gesammelt wurden. In der Erstausgabe der Briefe wurden also die Kopialbücher aus rund 21 Jahren nicht verwendet, vermutlich weil sie verlorengegangen waren. Aus dem Erhaltenen aber geht hervor, daß Libanios im Durchschnitt jeden dritten oder vierten Tag einen Brief geschrieben hat und daß aus der zweiten Hälfte seines Lebens schätzungsweise zweitausend Briefe verlorengegangen sind. Die Epistolographie nahm also in seinem Schaffen, das außerdem Prunkreden und rhe-

torische Übungsstücke in großer Zahl umfaßt, einen breiten Raum ein.

Diese Leistung zu würdigen, d. h. ihren geistigen Gehalt
zu erfassen, bedarf es einer vielschichtigen Betrachtung.
Die Schwierigkeit liegt einerseits darin, daß aus der zweifellos sehr umfangreichen Produktion griechischer Epistolographie, deren Höhepunkt die Libanios-Briefe bildeten, nur spärliche Reste auf uns gekommen sind. Statt
innerhalb einer Gattungstradition vergleichen und ab-
grenzen zu können, sind wir auf vorsichtiges Tasten und
allenfalls auf Vergleiche mit der römischen Tradition (die
Libanios nicht benutzt hat) angewiesen. Die zweite
Hauptschwierigkeit aber liegt in der Vielgestaltigkeit und
Wandelbarkeit jener Gebilde, die wir mit dem Wort
›Brief‹ bezeichnen. Selbst wenn man von Geschäftsbrie-
fen, amtlichen Korrespondenzen, Lehrschriften in Brief-
form und anderen Sonderformen absieht und sich auf
Mitteilungen privater Natur beschränkt, bleibt ein wei-
tes, kaum zu überschauendes Feld übrig. Eine solche
Mitteilung kann Tagesereignisse enthalten, wie wir sie
heute der Zeitung zu entnehmen pflegen, und so hat es
Gelehrte gegeben, die dem Brief in der Spätantike die
Funktion unserer Zeitung zuweisen wollten[1]. Aber so
allgemein läßt sich das nicht aufrecht erhalten, und speziell von den Briefen des Libanios enthalten die aller-
wenigsten eine entsprechende ›Nachricht‹. Auf der anderen Seite kann der Brief geradezu einer Tagebuchnotiz
entsprechen, wie es bis zu einem gewissen Grade bei den
Briefen Ciceros an seinen Freund Atticus der Fall ist. Sie
wollen in der Regel nicht Fakten mitteilen, sondern die
Reaktionen des Verfassers auf die Ereignisse des Tages,
seine Gedanken, Bewertungen, Empfindungen. Ansätze
solcher Art wird man in den Briefen des Libanios gewiß

---

1 So z.B. Roy J. Deferrari in der Einleitung seiner Ausgabe der
Briefe von Basilius (The Loeb Classical Library) S. 36 ff.

finden, etwa seine Reaktion auf die Nachricht vom Tode
Julians ep. 61 (1455 F), und dennoch sind diese Briefe,
aufs Ganze gesehen, alles andere als Tagebuchnotizen
und von den Atticus-Briefen Ciceros *toto coelo* verschieden. Gehört doch zu der tagebuchartigen Brieffolge nicht
zuletzt die Identität des Adressaten, dem alle Regungen
der Seele mitgeteilt werden; Libanios aber hat seine Briefe
an Hunderte von Adressaten verschickt, unter denen keiner auch nur entfernt die Rolle eines Atticus spielte, auch
nicht der am engsten mit ihm befreundete Aristainetos.
Ebensowenig läßt sich dieses Corpus in die Gattung der
Moralbriefe einordnen, deren klassischer Vertreter Seneca
ist und die gerade im vierten Jahrhundert von den Kirchenvätern des Westens wie des Ostens gepflegt wurde.
Natürlich kommen in den Briefen des Libanios auch
Mahnungen vor und die Empfehlung eines bestimmten
Verhaltens. Aber zum Moralbrief gehört doch wohl, daß
er protreptisch wirkt für eine bestimmte Lebensform, wie
sie die christliche Kirche oder die stoische Philosophie
vertritt. Davon kann jedoch bei Libanios keine Rede
sein. Zwar ist er ein dezidierter Anhänger der alten Religion, ein Heide und somit Gegner des Christentums. Aber
das ist für ihn nicht eine Frage der Moral, sondern des
Kultes und der Aufrechterhaltung einer Tradition, die
sich von der klassischen Literatur herleitet. Wenn es hier
verpflichtende Regeln und eine Gruppenzugehörigkeit
gibt, so sind diese sprachlicher Natur: die Beherrschung
der attischen Sprache ist das Verbindende. Im Unterschied zur Stoa und zur christlichen Kirche ist also hier
das Verbindende primär formaler Natur, eine Fähigkeit,
nicht eine Überzeugung. Wir sagen ›primär‹, weil letztlich ein Heide, der durch die klassische Literatur geprägt
wurde, sich auch durch seine Überzeugungen und Ver-
haltensweisen von einem Vertreter der christlichen Kirche unterscheidet; aber diese Überzeugungen und Ver-
haltensweisen waren für den konsequenten Attizisten

nicht Gegenstand der Lehre, sondern das Resultat einer
Lektüre, deren Kanon abermals primär durch ein for-
males Kriterium bestimmt wird, die sprachliche Perfek-
tion.

Läßt man die vergleichenden Abgrenzungen beiseite, so
kann man natürlich feststellen, daß das Briefeschreiben
zum rhetorischen Unterricht gehörte (vgl. ep. 82 [1408 F])
und daß Libanios seine Briefe deswegen in Kopialbüchern gesammelt hat, weil er sie als Musterbriefe ver-
öffentlichen wollte. Und in der Tat, Jahrhunderte hindurch dienten diese Briefe den Gebildeten des byzantinischen Reiches als Muster eines vollendeten Briefstils.
Aber diese Tatsache sollte man nicht für eine Antwort
auf die Frage nach der geistigen Eigenart dieser Briefe
nehmen, denn das hieße, sich die Sache zu leicht machen.
Auch Cicero hat seine *epistulae ad familiares* gewiß um ihres
vorbildlichen Stiles willen der Öffentlichkeit übergeben,
und Plinius der Jüngere wird über seine eigenen Briefe
kaum anders gedacht haben. Schließlich aber hat Libanios selbst auch seine Reden und Deklamationen als
Musterstücke publiziert, ohne damit auch nur entfernt
die gleiche Wirkung auszuüben. Es gilt also zu zeigen,
was man aus dem Muster lernen kann oder, was auf dasselbe hinausläuft, mit welchen Mitteln die Vorbildlich-
keit erreicht wird. Dazu aber gehört auch, wie bei der
Erklärung eines jeden literarischen Werkes, daß man die
geistigen und gesellschaftlichen Voraussetzungen erfaßt,
die das Entstehen ermöglichten.

Um zu diesem Ziele vorzudringen, wählen wir einen Aus-
gangspunkt, der auf den ersten Blick durchaus unwesent-
lich erscheinen mag: den Überbringer des Briefes. Was
sagt Libanios über seine Rolle? Daß in der Antike ein
Brief nicht, wie heute, mit der Post verschickt wurde,
liegt auf der Hand. Man gab den Brief vielmehr einem
Reisenden mit, der in die entsprechende Stadt oder wenigstens die Region fuhr und dann den Brief entweder selbst

aushändigte oder für seine Weiterbeförderung sorgte. Das war natürlich Vertrauenssache, und es kam oft genug vor, daß ein Brief verlorenging (vgl. ep. 21 [1307 F]). Der Überbringer aber erhielt in der Regel eine Belohnung vom Absender (es sei denn, er war dessen Freund), und er durfte nicht selten außerdem mit einer Bewirtung durch den Adressaten rechnen, vor allem, wenn dieser abgelegen wohnte. Davon gibt Libanios uns in ep. 20 (704 F) ein anschauliches Bild: er entschuldigt sich beim Adressaten für das lange Ausbleiben einer brieflichen Nachricht mit dem Argument, daß er dem Adressaten die lästigen Bewirtungen habe ersparen wollen; Leute, die sich als Überbringer angeboten hätten, habe es (wegen der erhofften Bewirtung) viele gegeben.

Hält man sich dieses durch die damaligen Verkehrsverhältnisse gegebene Dreiecksverhältnis von Absender, Überbringer und Adressat vor Augen, so wird man sich nicht darüber wundern, wenn dem Überbringer bisweilen außer der bloßen Beförderung des Briefes noch weitere Aufgaben zufielen. So bemerkt z. B. Seneca ep. ad Lucil. 50, 1 *supervacuum itaque putavi ab eo qui adferebat, quid ageres quaerere.* »Daher hielt ich es für überflüssig, den Überbringer nach deinem Befinden zu fragen.« Offenbar war es üblich, sich von dem Überbringer, sofern er mit dem Absender und seinen Verhältnissen vertraut war, zusätzliche Information geben zu lassen[2]. Dies beobachten wir auch bei Libanios, der am Schluß von ep. 1429 F sogar folgendes bemerkt: »Der gute Diodotos wird dir mehr, als ich geschrieben habe, darüber berichten, denn auch ich habe ihm mehr darüber mitgeteilt, als in dem Brief steht.« Hier verfügt also der Überbringer nicht lediglich deswegen, weil er aus der Umgebung des Ab-

---

2 Entsprechende Stellen in den Briefen von Libanios' Zeitgenossen Symmachus hat H. Peter, Der Brief in der römischen Literatur, Leipzig 1901, S. 138 Anm. 2 gesammelt.

senders stammt, über weiterreichende Information, sondern er wird vom Absender eigens damit ausgestattet.
Diese Erweiterung der Rolle des Überbringers ist zweifellos mindestens teilweise durch die Regeln des Brief-
stiles bedingt, die vom Schreiber Kürze verlangen[3]: man
drückt die Hauptsache möglichst präzis und klar aus und
überläßt die Details der mündlichen Erläuterung durch
den Überbringer. Ist aber diese Aufgabe des Überbringers einmal zur Gepflogenheit geworden, dann wird sie
bald zu einem Vorrecht desselben, er würde die bloße
Aushändigung eines Schreibens als Herabwürdigung
empfinden – vorausgesetzt natürlich, daß er ein Vertrau-
ter des Absenders ist und nicht etwa ein Fremder oder ein
Sklave. So erklärt denn Libanios ep. 23 (561 F) geradezu: »Der Brief von damals aber ist kürzer ausgefallen
wegen des Überbringers, der dir alles über mich genau
erzählen konnte. Wenn ich dir ausführlich berichtet hätte,
so hätte das den Überbringer gekränkt.« Ins Scherzhafte
gewendet, findet sich das gleiche Motiv in ep. 8 (20 F):
»Januarius wird dir über mich gewiß berichten, daß ich
krank bin, es sei denn, er macht dir lieber etwas vor, um
dich nicht zu betrüben.« Diese Zitate machen hinreichend
deutlich, daß Libanios den Überbringer offenbar syste-
matisch in das Geschehen der brieflichen Kommunikation
einbezieht. Das kann so weit gehen, daß der Brief im
Vergleich zu dem Gespräch zwischen Überbringer und
Adressat eine sekundäre Rolle spielt, wie es offensichtlich
bei dem kurzen Briefchen 414 F der Fall ist, das Libanios
seinem Freund Olympios für Aristainetos auf die Reise
mitgibt. Es lautet: »Ich höre, daß die Trauer dich über-
wältigt hat und du dich am Grabe aufhältst. Ich aber kann,
wie ich dir Vorwürfe machen würde, wenn du nicht trauertest, so auch deine allzu heftige Trauer nicht gutheißen.

3 Vgl. Ps.-Demetrios περὶ ἑρμηνείας 228 (G. M. A. Grube, De-
metrius on Style, Toronto 1961, S. 174).

Denn jenes entspricht nicht deiner Veranlagung, dieses nicht deiner Bildung. Wenn du also eines Trostes auch von anderer Seite bedarfst, so wird Olympios diese Aufgabe erfüllen, denn er versteht sich vortrefflich auf beides, die Seelen wie die Leiber von ihren Krankheiten zu befreien.« Die Situation ist klar: Aristainetos trauert um seine kürzlich verstorbene Frau; der Arzt Olympios wird auf seiner Reise durch Bithynien kommen und soll versuchen, ihn zu trösten. Libanios aber gibt Olympios ein paar Grußworte mit, die geeignet sind, das Gespräch in die gewünschte Richtung zu lenken.

Schon die bisher besprochenen Stellen lassen erkennen, daß die Rolle, die Libanios dem Überbringer zuweist, nicht etwas dem Brief Äußerliches ist, sondern etwas, das ihn mitformt. Am allerdeutlichsten wird dies, wenn man die Auswirkungen dieser veränderten Rolle des Überbringers auf die sog. briefspezifische Topik untersucht, d. h. jene wiederkehrenden Motive, in denen Jahrhunderte hindurch die Briefschreiber ihre Ansicht vom Wesen des Briefes ausgedrückt haben. An erster Stelle wäre hier das Motiv der ›Anwesenheit‹ zu nennen, welches besagt, daß der Brief beim Empfänger die Abwesenheit des Absenders in eine Art von Anwesenheit verwandelt. Das bedeutet, daß der Brief nicht eine beliebige Information darstellt, sondern immer und in erster Linie den Absender selbst vergegenwärtigt. Das Mittel dieser Vergegenwärtigung ist der Logos, der sich dem Schreibmaterial anvertrauen und an jeden beliebigen Ort transportieren läßt. Daraus resultiert eine geistige Anwesenheit bei körperlicher Abwesenheit[4]. Stellen, die diese Topik in der herkömmlichen Form wiedergeben, finden sich selbstverständlich auch bei Libanios. So sagt er z. B. in ep. 245 F »Wenn du meinen Brief siehst, denk, du sähest

---

4 Näheres bei Heikki Koskenniemi, Studien zur Idee und Phraseologie des griechischen Briefes bis 400 n. Chr., Helsinki 1956, S. 172 ff.

mich.« Aber wieviel echter und tiefer empfunden wirkt
doch im Vergleich zu dieser herkömmlichen Phrase eine
Passage aus ep. 65 (1428 F), in der das gleiche Motiv auf
den Überbringer des Briefes übertragen wird! Libanios
schreibt hier an Salutios: »Denn wenn der treffliche
Eudaimon bei dir weilt und nach manchem fragt, manches erfährt und manches auch über mich berichtet,
werde ich bei euren Gesprächen, so scheint mir, nicht
gänzlich abwesend sein, wie denn auch jeder, der einer
Einladung nicht folgen kann und seinen Sohn zum Mahle
schickt, sich hernach zu jenen zählen wird, die Speise und
Trank erhalten haben.« Das Bild von dem Vater, der sich
durch seinen Sohn auf dem Gastmahl vertreten läßt,
drückt den herkömmlichen Gedanken der Verwandlung
von Abwesenheit in Anwesenheit aus, aber es ist gerade
nicht der Brief, der diese Verwandlung bewirkt, sondern
Eudaimon, der Überbringer. Die Anwesenheit des Abwesenden aber besteht nicht darin, daß der Empfänger
als Ersatz für die Person des Schreibers seinen Brief liest,
sondern darin, daß zwischen dem Empfänger und dem
Überbringer ein Dialog stattfindet, bei welchem er selbst,
der Schreiber des Briefes, zwischen den Partnern steht
als das sie Verbindende. Diese Konzeption aber ist zweifellos mitbedingt durch die mit dem Motiv der ›Anwesenheit‹ engstens verbundene Vorstellung von dem
Brief als einem ›halbierten Dialog‹[5]. Was dieses Wort bedeutet, ist nach dem Gesagten ohne weiteres durchsich-
tig: die beiderseitige Anwesenheit realisiert sich im Dialog; sind die Partner aber getrennt, dann gibt es als Ersatz nur den Brief, der ein ›halbierter Dialog‹ ist, weil in
ihm der eine Partner zum andern spricht, ohne daß jeden
Augenblick die Möglichkeit einer Wechselwirkung gegeben wäre. Durch die erläuterte Ausweitung der Rolle

5 Die Formulierung von Ps.-Demetrios 223 (Grube op. cit. 172):
οἷον τὸ ἕτερον μέρος τοῦ διαλόγου.

des Überbringers aber wird gerade diese Wechselwirkung wieder ermöglicht. Wer seinen Sohn zum Gastmahl schickt, der ist dem Gastgeber zwar auch nicht persönlich gegenwärtig, aber er kommt mit ihm in engere Verbindung, als wer sich mit der Übersendung eines Briefes begnügt.

Mit dem Anwesenheitsmotiv verbunden ist der Gedanke, daß der Brief ein ›Abbild der Seele‹ (des Schreibers) εἰκὼν τῆς ψυχῆς sei bzw. sein solle[6]; denn es ist eine schwierige Aufgabe, dieses Ziel zu erreichen. Entsprechend gehört es zu den Gepflogenheiten des Briefstils, daß der Empfänger in seiner Antwort den erhaltenen Brief als seines Urhebers würdig lobt. Ein gutes Beispiel einer solchen *laus epistulae acceptae*[7] findet sich in ep. 22 (1480 F), wo Libanios erklärt, daß er den Absender eines soeben erhaltenen Briefes, einen gewissen Gerontios, zunächst nicht identifizieren konnte, bis die geistige Form des Briefes ihn auf die richtige Spur bringt. »Eine Weile also brachte ich mit Suchen und Ungewißheit zu, aber dann machte ich mir klar, daß es zwar viele Gerontioi auf Erden gibt, daß aber einen so schönen Brief nur ein Gerontios hervorbringen konnte. Und als ich Kelsos den Brief zeigte und meine Vermutung mitteilte, da wurde ich in meiner Ansicht durch ihn bestätigt.«

Es liegt ganz in der Richtung der erläuterten Erweiterung der Rolle des Überbringers, daß auch dieses Motiv des Lobes des empfangenen Briefes gelegentlich in ein Lob des Überbringers verwandelt wird. Man vergleiche mit der soeben angeführten Passage die reizende Szene, die im ersten Teil von ep. 78 (1221 F) dargestellt wird: »Olym-

6 Vgl. Ps.-Demetrios 227 (Grube op. cit. S. 174).
7 Zu diesem Topos vgl. G. Karlsson, Idéologie et cérémonial dans l'épistolographie byzantine, 2. Aufl. Uppsala 1962, S. 79ff. Weitere Belege bei K. Thraede, Grundzüge griechisch-römischer Brieftopik, München 1970; vgl. Index s. v. ›Lob‹.

pios und ich gingen zum Eleusinion, und wir waren inmitten der Gärten, denn der schmale Weg dorthin hat zu
beiden Seiten Gärten. Da sehen wir einen fremden Mann
zu Pferde mit großem Gefolge, und ehe wir einander
fragen konnten »wer ist das?«, sahen wir ihn absteigen,
und wir begrüßten einander. Er aber ließ sich von einem
Diener Briefe geben und händigte sie uns aus, indem er
hinzufügte, von wem sie kommen. Ich freute mich über
das Erhaltene, doch daß Gaianos mir nicht geschrieben
hatte, verdroß mich. Er aber berichtete, daß jener sich
vernachlässigt fühle und darüber bekümmert sei. Da
sagte ich denn ein paar Worte der Entschuldigung und
ging meines Weges, die noch immer verschnürten Briefe
in der Hand haltend und von dem Überbringer nur dies
wissend, daß er Phöniker sei. Ich hatte also die Absicht,
die Briefe zu Hause zu lesen, und sagte zu Olympios, der
Überbringer sei ein rechtschaffener Mann, da ich durch
seine äußere Erscheinung hindurch seine Seele erblickt
hatte. Ihre wahre Schönheit leuchtete nämlich aus den
Augen hervor. Da begegnete uns jemand, der jenen sehen
wollte, und fragte, ob wir ihn gesehen hätten, wobei er
den Namen nannte und den Anlaß seines Kommens. So
erfuhren wir denn alles.« Die Parallelität zwischen dieser
Stelle und der zuvor zitierten ist deutlich, wenngleich das
Lob hier sehr viel weiter ausholt. Das Kompliment kann
auf den Überbringer übertragen werden, weil die Herstellung brieflicher Verbindung nicht als ›Informations-
übertragung‹ aufgenommen, sondern als Begegnung erlebt wird.

So bedeutsam indessen die Rolle des Überbringers in den
Briefen des Libanios ist, so wichtig ist doch auch die
Feststellung, daß der Überbringer keineswegs in jedem
Brief zur Geltung kommt. Häufig mag ein Fremder die
Beförderung übernommen haben, so daß eine Erwäh-
nung seines Namens sich erübrigte. Darüber hinaus aber
scheint in Briefen an besonders hochgestellte Persönlich-

keiten der Überbringer in den Hintergrund zu treten. So
wird er etwa in dem Gratulationsbrief 45 (369 F) an Julian
nicht erwähnt, ebensowenig in Brief 71 (972 F) an Richomer oder in 72 (1060 F) an Bakurios; doch scheint es, daß
in Antwortbriefen an derartige Persönlichkeiten ein Kompliment über den vom Partner gesandten Überbringer
für angebracht galt (vgl. ep. 63 [1004 F] an Symmachus
und 67 [1036 F] an Postumianus). Andererseits gehört
jener Salutios, an den Libanios den Brief gerichtet hat,
aus dem wir das Gleichnis von den Söhnen zitierten, un-
bestreitbar in den Kreis der Personen allerhöchsten Ran-
ges. Aber der Brief bringt eben gerade durch die Worte
über den Überbringer die freundschaftlichen Beziehungen des Schreibers mit dem Adressaten zum Ausdruck.
Nun ist in der Tradition griechischer Epistolographie der
Freundschaftsbrief geradezu der Brief *par excellence*. Der
Abriß einer auf älteren Quellen beruhenden Brieftheorie,
der uns durch Ps.-Demetrios überliefert ist, sagt geradezu: φιλοφρόνησις γάρ τις βούλεται εἶναι ἡ ἐπιστολὴ σύντομος.
»Der Brief ist seinem Wesen nach ein kurzer Freund-
schaftsbeweis«[8]. Diese Vorstellung vom primären Zweck
des Briefes gehört aufs engste zusammen mit dem oben
erläuterten Motiv der ›Anwesenheit‹ und den Bestimmungen des Briefes als ›halbierter Dialog‹ sowie als ›Abbild der Seele‹. Die hellenistisch-römische Zeit mit ihrer
im Vergleich zur Epoche der klassischen Polis gesteiger-
ten Verkehrsdichte und Mobilität hat es immer häufiger
mit sich gebracht, daß Freunde und Familienmitglieder
getrennt wurden und auf brieflichen Kontakt angewiesen
waren. Damit entfaltet sich der griechische Privatbrief,
der dann in steigendem Maße literarisch-rhetorisch durch-
geformt wird, um in der Zeit des Libanios zu einem Ausdruck der Bildung zu werden, ohne darum seinen Charakter als φιλοφρόνησις zu verlieren. Bildung und Freund-

---

8 Vgl. Ps.-Demetrios 231 (Grube *op. cit.* S. 176).

schaft gehören in dieser Zeit zusammen, wie wir es bei-
spielhaft der kurzen Gruß-Adresse 28 (406 F) an Themistokles entnehmen können, welche lautet: »Wieder ist
der hochgebildete Olympios bei euch, wieder veranstaltet ihr jene Zusammenkünfte und Diskussionen und die
Symposien, welche darzustellen eines Schriftstellers würdig ist. Da spricht ein Rhetoriklehrer über die Redekunst,
ein Sprachlehrer erklärt Dichter, du und Themistios, ihr
schöpft aus der Philosophie, Olympios läßt den Fluß seiner klaren Rede über alle Dinge sich ergießen und zieht
mit erlesenen Worten die Tafelnden weg von dem
Schmaus, indem er ihnen das Zuhören süßer macht als
die Freuden der Tafel. Vielleicht werdet ihr dabei meiner
gedenken, und vielleicht sogar aus gutem Anlaß. Den
Abwesenden werdet ihr loben, ohne die Anwesenden dabei zu verletzen.« Ein Symposion, so meint Libanios, wie
in den Zeiten des Sokrates, doch macht der Schlußsatz
mit dem aus der Brieftopik entnommenen Gegensatz von
den Anwesenden und dem Abwesenden den Unterschied
deutlich: Die Männer, die sich hier versammeln, gehören
nicht der Lebensgemeinschaft einer Polis an, sondern
sind aus verschiedenen Städten angereist, ähnlich wie
heute die Teilnehmer eines wissenschaftlichen ›Sympo-
siums‹. Ganz entsprechend waren es denn auch die gemeinsamen Interessen, die die Teilnehmer zusammengeführt haben. Der Brief des Libanios wurde natürlich
verlesen, und wenn der Autor sagt, daß man ihn, den Abwesenden, loben wird, so meint er offenbar, daß er eben
durch diese lobenden Worte anwesend sein wird, ganz
so, wie er es in der oben zitierten Passage von ep. 65
(1428 F) ausgedrückt hat. Wir haben also hier eben jene
Situation vor Augen, die sich, freilich in verkleinertem
Rahmen, jedesmal abspielt, wenn ein Freund des Libanios einem andern einen Brief des Meisters überbringt.
Zu dieser Situation gehört notwendig beides, der Brief
und das Gespräch über den Brief. Das Gespräch gehört

deswegen dazu, weil die Menschen, die hier miteinander
verkehren, durch ihre Bildung, d. h. ihre literarischen
Interessen miteinander verbunden sind und dadurch zu
einem ständigen Gedankenaustausch angeregt werden.
Der Brief aber gehört dazu, weil er für diese Menschen
ein Stückchen Literatur darstellt. In dieser Funktion aber
ist der Brief durch kein anderes Literaturwerk ersetzbar,
nicht nur, weil die Mitglieder jener Bildungsschicht in
der Regel keine andere Literatur selbst hervorbringen,
sondern auch, weil der Brief eine natürliche Verwandtschaft zum Gespräch hat. Daß der Brief nach Ps.-Deme-
trios ein ›halbierter Dialog‹ ist, wurde bereits erwähnt.
Der gebräuchliche Terminus aber für die Art von Rede,
die im Brief zur Anwendung kommt, ist λαλιά bzw. λαλεῖν,
ein zwangloses, im Plauderton dahingesprochenes Wort[9].
Keine Art von Systematik und logischem Zwang darf in
dieser Rede sichtbar werden, jeder Satz muß treffend und
einleuchtend sein, auch ohne Beweis. Diese Fähigkeit zu
kultivieren, dienten die erwähnten Zusammenkünfte,
und die subtilste Form ihrer Anwendung war eben der
Brief. Der Schreibende muß durch die Kraft seiner Phan-
tasie jene Atmosphäre erzeugen, die im Gespräch unter
Freunden aus der Wechselwirkung resultiert. Δεινὸς ἐπιστέλλειν nennt Libanios den Mann, der diese Fähigkeit
besitzt[10], eine Wendung, die dem klassischen δεινὸς λέγειν
nachgebildet ist, ein Ausdruck, der den wortgewaltigen
Redner bezeichnet, der die Menge in Bewegung zu versetzen versteht. Die Worte λαλιά und δεινότης markieren
somit das Spannungsfeld, in dem der spätantike Brief
lebt, nicht zuletzt der des Libanios.
Hinsichtlich der Mittel, mit denen Libanios sein Ziel erreicht, müssen wir uns auf ein paar knappe Hinweise be-

9 Vgl. Ps.-Demetrios 225 (Grube op. cit. S. 172); ferner Thraede
op. cit. im Index s. v. λαλεῖν.
10 Vgl. ep. 1049, 2 F.

schränken: Das erste und wichtigste ist, daß er sich bestens auf jene Kunst versteht, die Hermann Peter ganz allgemein als das ›Geheimnis des Briefschreibens‹ bezeichnet hat, nämlich ›das Allgemeinste durch stete Beziehung auf den Adressaten zu färben‹[11]. Libanios schlägt in seinen Briefen niemals einen belehrenden Ton an. Und dennoch, was immer der besondere Zweck des jeweiligen Briefes sein mag, Gratulation oder Trost, Dank oder eine Bitte, stets vermittelt er Einsicht, öffnet den Blick für Dinge, die leicht übersehen werden und die gerade jetzt für den Adressaten bedeutsam sind. Aus der Fülle der Beispiele führen wir lediglich einen Satz aus dem bereits zitierten Trostbrief an Aristainetos (ep. 414 F) an. Libanios sagt:»Ich aber kann, wie ich dir Vorwürfe machen würde, wenn du nicht trauertest, so auch deine allzu heftige Trauer nicht gutheißen. Denn jenes entspricht nicht deiner Veranlagung (φύσις), dieses nicht deiner Bildung (παίδευσις)«. Der Gedanke, daß Bildung die Kräfte der Vernunft entfaltet und den Menschen befähigt, seiner Affekte Herr zu werden, ist gewiß nicht neu, sondern geradezu Allgemeingut der Konsolationsliteratur. Aber wie fein nuanciert wird er hier dem vornehmen, sensiblen und hochgebildeten Aristainetos präsentiert! Der Irrealsatz stellt die Antithese zu Aristainetos' gegenwärtigem Verhalten dar, so daß das von Libanios geforderte (bzw. intendierte) Verhalten als ein Mittelweg erscheint, den Aristainetos selbst finden muß, und zwar durch eine Besinnung auf die gegensätzlichen Kräfte der φύσις und der παίδευσις. Man vergleiche damit die harte und lehrhafte Art und Weise, in der Kaiser Julian den gleichen Gedanken in einem Trostbrief an Himerios formuliert:»...du aber, ein Hellene voll Achtung für wahre Bildung (παιδεία), du solltest das Heilmittel in dir selbst finden...« (Schlußsatz von ep. 201 Bidez-Cumont, 16 Weis). Den

---

11 H. Peter op. cit. S. 117.

Gedanken so formulieren heißt dem Trauernden sagen, er solle sich schämen.

Ein weiterer Zug von Libanios' Briefstil ist, daß er längere Deskriptionen vermeidet. Nicht daß er derartiges nicht kannte, die *descriptio* oder Ekphrasis gehörte zur rhetorischen Ausbildung. Aber Libanios' Stil verlangt Kürze, und das heißt auf die Ausmalung und das Detail verzichten. Man vergleiche beispielsweise ep. 32 (1189 F), wo von einem Mann die Rede ist, der sich eine wunderschöne Villa gebaut hat, an der er mit ganzer Seele hängt, dann aber durch die öffentlichen Dienstleistungen, zu denen sein Sohn herangezogen wird, in Gefahr gerät, seinen kostbaren Besitz zu verlieren. Nun sind gerade Villen und Landgüter in der Epistolographie ein beliebter Gegenstand der Deskription[12]. Was schreibt also Libanios über dieses Landhaus? »Ist es doch schön und groß, und beim Abendessen kann man aufs Meer schauen und die Schiffe betrachten, die im Wind dahinsegeln, und die Seeleute kann man hören, die ihr Lied singen.« Wahrhaftig, eine perfekte Idylle, aber sie wird nur angedeutet in diesem einen Satz, und schon geht der Autor zur Schattenseite des Daseins über, den Finanzsorgen und der Administration. In solcher Umgebung erhält natürlich der zitierte Satz eine ganz besondere Leuchtkraft, und eben das ist der Effekt, auf den Libanios zielt. Die weiteren Einzelheiten der Idylle kann sich der Leser, der die Anregung aufgenommen hat, selbst ausmalen. Mit diesen Mitteln der Andeutung und des Kontrastes arbeitet Libanios allenthalben. Man nehme etwa den überaus gelungenen Brief 1 (962 F) an Sopolis. Libanios geht aus von einem Dionysosfest, an dem der Adressat teilgenommen hat und knüpft daran geschickt die Nennung einer Reihe bedeutender Stätten, die an die strahlende Vergangenheit Athens erinnern. Aber nun kommt der Autor mit

12 Vgl. Plinius d. J. IX 7, Julian ep. 4 Bidez-Cumont bzw. 2 Weis, ferner Gregor v. Nyssa ep. 20 Pasquali.

dem Satz »Ich habe den Überbringer deines Briefes nach den Schlägereien gefragt, in welche dein Sohn verwickelt wurde« auf die Gegenwart zu sprechen, und das ist die Schattenseite. Kein Zweifel, daß der Leser angeregt wird, die beiden kurz angedeuteten Themen, die gewissermaßen die ganze Wirklichkeit Athens umspannen, fortzuspinnen.

Libanios kann indessen auch ausführliche Briefe schreiben, wofür ep. 4 (390 F) an Hierokles ein gutes Beispiel liefert. In erster Linie ist dies ein Beileids- und Trostschreiben, das an den Adressaten gerichtet wird anläßlich des Todes seines Schwiegersohns. Libanios war mit dem Verstorbenen seit der gemeinsamen Studienzeit befreundet und widmet ihm in diesem Brief eine regelrechte Totenklage, die das Ganze seines Lebens würdigt. Aber mit diesem erhabenen Thema wird noch ein zweites verknüpft, das am Anfang wie am Ende des Briefes entfaltet wird und so die Totenklage einrahmt: Der Autor bittet den Adressaten, den Streit mit einem gemeinsamen Bekannten zu beenden und sich wieder zu versöhnen. Der Streit mit dem Bekannten und der Tod des Schwiegersohns stehen in keinem ursächlichen Zusammenhang, und dennoch werden im Brief die beiden Themen miteinander verbunden: Die Fügung des Schicksals wird als Mahnung zur Vernunft aufgefaßt und – in sehr dezenter Form – der Tote in seiner Redlichkeit und Treue für den Lebenden als Vorbild hingestellt. So erhält auch dieser Brief gerade im Wechsel der Themen seine Einheit.

Die im engeren Sinne sprachlich-rhetorischen Mittel des Autors zu erfassen, wäre Gegenstand einer längeren Untersuchung. Der Leser der vorliegenden Auswahl mag sich selbst davon überzeugen, daß insbesondere Antithese und Anapher, gelegentlich auch Isokolie und Homoioteleuton geschickt verwendet werden, und im Kommentar sind nach Möglichkeit die Stellen erfaßt, an denen der Autor sich literarischer Anspielungen und

Zitate oder sprichwörtlicher Redensarten bedient. Um die Leistung des Libanios zu erfassen, ist es wichtiger, wenigstens in Kürze auf den Inhalt der Briefe einzugehen. Gewiß ist dieser Inhalt sehr vielfältig und bunt, so daß es aussichtslos erscheinen mag, eine feste Ordnung herauslesen zu wollen. Aber unsere Ausführungen über die Form machen ein paar Bemerkungen über den Inhalt unerläßlich. Könnte doch aus unseren Darlegungen nur allzu leicht herausgelesen werden, Libanios habe seine Briefe ausschließlich als eine Art von Stilübungen verfaßt. So wichtig indessen die formale Seite des Gegenstandes ist, die einseitig formalistische Deutung wäre ein Mißverständnis. Libanios war, wie wir im Abriß seines Lebens erläutert haben, ein Mensch, der ungewöhnlich gut auf andere einzugehen verstand[13]. Er lebte sozusagen von der Resonanz bei seinen Mitmenschen. Dazu aber gehörte unabdingbar, daß er beim Schreiben eines Briefes nicht nur an das Wie dachte, sondern auch an das Was. Er mußte seine subtile Rhetorik in den Dienst einer Sache stellen. Welche Sache war das?

Durchmustert man das corpus dieser Briefe, so wird man auf viele stoßen, die nichts weiter sein wollen als ein freundschaftlicher Gruß oder eine höfliche Geste, und auf manchen, der die persönliche Freude über dieses oder jenes Ereignis ausdrückt oder aber von Klagen über schlechte Gesundheit angefüllt ist. Aber man wird auch eine große Anzahl von Schreiben vorfinden, in denen der Autor ein ernstes Anliegen vorträgt. Da soll einem Menschen geholfen werden, der durch die Verpflichtung zu öffentlichen Dienstleistungen in finanzielle Not geraten

---

13 Vgl. dazu Liebeschuetz, Pelagian Movement 228: »Libanius was extraordinarily well-connected. Well-placed relatives and school-friends provided the earliest links in a widely spread network of influential connections, which for the rest of his life Libanius strove to enlarge. In this he was very successful«.

ist; oder es soll ein Mann seiner gerechten Strafe zuge-
führt werden, der eine ehrbare Frau vergewaltigt hat;
oder es wird ein hoher Beamter ermahnt, seine Erwartungen bezüglich der Gefälligkeiten seitens der Bürger etwas
zurückzuschrauben; oder es wird zur Toleranz gegenüber
den Christen gemahnt; oder der Autor kämpft um Hilfs-
maßnahmen für eine von Verfall bedrohte Stadt. Will man
die verschiedenen Ziele, die Libanios bei diesen Bemühungen vor Augen hat, auf einen Nenner bringen, so
bietet sich das griechische Wort σωτηρία an, welches das
›Heil‹ als die Erhaltung eines menschenwürdigen Lebens
bezeichnet. Libanios hat sich selbst nicht als einen Streiter
für die σωτηρία bezeichnet – das wäre als ein zu starkes
Eigenlob empfunden worden. Aber wenn er ep. 1049 F
einen hohen Beamten σωτηρίας τεχνίτης ›Fachmann des
Heiles‹ nennt und anschließend ausführt, was er damit
meint, dann läuft es auf Gerechtigkeit *(τῶν νόμων φυλακῇ)*
und Toleranz *(πειθοῖ μᾶλλον ἢ πληγαῖς)* hinaus. Eben dies
sind auch die Ideale, für deren Realisierung Libanios
selbst sich in seinen Briefen einsetzt und die ihn auf viel-
fältige Weise mit der Welt der klassischen Autoren verbinden. In jener Zeit war freilich der Kampf um die σωτηρία eine Sache der Polis, er wurde mit Reden ausgetragen,
nicht mit Briefen.

III. Zur Textüberlieferung der Briefe

Wie bereits erwähnt, führte Libanios Kopialbücher[1], in
welche jeder Brief vor Absendung eingetragen wurde;

1 Vgl .die Vorbemerkung zu ep. 21 (1307 F). Die Eintragung in die
Kopialbücher hat Libanios wahrscheinlich nicht gleich mit den
ersten Briefen praktiziert, sondern erst als er mit bedeutenden Persönlichkeiten seiner Zeit in Briefwechsel getreten war, woraus sich
vielleicht erklärt, warum die Briefe aus seiner frühen Zeit nicht erhalten sind.

aufgrund dieser Bücher wurde die Hauptmasse der Briefe publiziert, nur sehr wenige Briefe scheinen aus den Originalen der einzelnen Adressaten ediert worden zu sein. Während nun aber Seeck[2] glaubt, daß Libanios noch zu seinen Lebzeiten den größten Teil des Briefcorpus selbst herausgegeben hat, ist Förster[3] der Meinung, daß die Korrespondenz erst nach seinem Tode veröffentlicht wurde. Das einzige Argument, mit dem Seeck seine Theorie zu stützen sucht, scheint nicht ganz stichhaltig zu sein: einige Stellen der Briefe, die den Verfasser kompromittiert hätten, sind getilgt worden. Seeck meint, nur Libanios als Herausgeber habe einen Grund gehabt, diese Stellen zu tilgen. Anlaß der Ausgabe war seiner Meinung nach die Erhebung Julians zum Augustus bzw. sein späterer Einzug in Antiochia; kein passenderes Geschenk für den eifrigen Bewunderer des Briefstils des Libanios habe es geben können als die Überreichung eines Bandes mit den Briefen. Sollte dies so vor sich gegangen sein, dann hätte man erwartet, daß Libanios alle Briefe an Julian in diese Ausgabe aufgenommen hätte; daß dies nicht der Fall war, wissen wir jedoch aus ep. 1264 F, wo Libanios ausdrücklich sagt, nicht alle Briefe an Julian seien zur Veröffentlichung bestimmt. Und was die Tilgung jener kompromittierenden Stellen betrifft, ist es sehr wahrscheinlich, daß Libanios sie bereits in den Kopialbüchern vorgenommen hat, da er sich dessen bewußt war, daß seine Briefsammlung einmal ans Licht der Öffentlichkeit gelangen werde. Es sieht also so aus, daß die Ausgabe der Briefe erst nach dem Tode des Libanios erfolgte, und zwar nicht lange danach und durch jemand, der dem Verfasser nahestand und zu den Kopialbüchern Zugang hatte. Im übrigen gibt es viele Anzeichen dafür, daß bereits dieser Herausgeber die Kopialbücher des

2 Briefe 23.
3 Prolegomena 49 f.

Libanios in einer gewissen Unordnung vorfand und versucht hat, diese zu beseitigen. Er konnte auf jeden Fall nicht alle Briefe des Libanios ausfindig machen, da wir mehrmals von Libanios selbst über die Existenz von Briefen erfahren, die in seinem Briefcorpus nicht enthalten sind.

Wie dem auch sei, wie zu erwarten, fehlt von diesem Urcorpus der Briefe des Libanios (a) heute jede Spur. Auch kein direktes Apographum von ihm (b) scheint sich erhalten zu haben. Was wir heute haben, sind Apographa, die teils direkt von b, teils mittels einer dazwischenliegenden Überlieferungsstufe c erstellt worden sind[4]. Spuren der direkten Kopie von b sind noch im *Vaticanus gr.* 83, dem einzigen Codex, der annähernd das ganze Briefcorpus umfaßt, zu finden.

Das ungeheuere Interesse, das Libanios als Briefstilist bei der Nachwelt genossen hat, führte naturgemäß dazu, daß seine Briefe außerordentlich häufig abgeschrieben wurden. Förster[5] kennt 419 Handschriften, deren größter Teil allerdings nur einzelne Stücke oder Sammlungen ausgewählter Briefe enthält. Die Hauptmasse der Episteln findet sich in den beiden erhaltenen Corpora der Briefsammlung. Das erste Corpus vertritt der oben erwähnte *Vaticanus gr.* 83, der 1566 Briefe[6] enthält und im 11. Jahrhundert geschrieben wurde. Ein großer Teil dieser Kopie – etwas weniger als die Hälfte – ist jedoch einige Zeit nach der Erstellung verlorengegangen und wurde im 12. Jahrhundert von einem Libanios-Liebhaber offenbar

---

4 Foerster, Prolegomena 52.
5 Vgl. ebenda 233. Einige Ziffern entsprechen allerdings unbedeutenden Zitaten des Libanios in Kodices anderer Autoren bzw. lateinischen Übersetzungen der Briefe; vgl. z. B. ebenda 185, 187.
6 Einige Briefe sind jedoch doppelt abgeschrieben, so daß schließlich 16 Briefe (= epp. 15–18, 29, 45–47, 1098, 1100, 1101, 1105, 1106, 1112, 1543, 1544 F) in diesem Corpus fehlen: Foerster, Prolegomena 56.

aufgrund eines Zwillingscodex des *Vaticanus* ergänzt. Schließlich ergänzte ein dritter Besitzer weitere zwei Jahrhunderte später einzelne fehlende Folia des Codex, so daß der *Vaticanus gr. 83* zeitlich gesehen aus drei Stufen (durch VI, VII und VIII in Försters Apparat bezeichnet) besteht. Das zweite Corpus hat sich in zwei Exemplaren erhalten und ist durch die Codices *Vaticanus gr.* 85 und *Leidensis Vossianus gr.* 77 vertreten. Sie sind beide aus ein und demselben Codex, jener im 11., dieser im 12. oder sogar im 13. Jahrhundert abgeschrieben. Beide Codices sind verstümmelt und weisen Lücken auf, ergänzen jedoch z. T. einander, so daß dieses zweite Corpus, welches Seeck als das ›kleinere‹ bezeichnet hat, 449 Briefe weniger enthält als das erste. Einige Lücken existierten vermutlich bereits in der Handschrift, von welcher unsere Codices abgeschrieben wurden.

Die Briefe sind in den erhaltenen Corpora zum großen Teil in Bücher eingeteilt, die Bucheinteilung ist aber in den beiden Corpora verschieden, weshalb die modernen Herausgeber sie mit Recht nicht beibehalten haben. Im einzelnen ist zunächst über das kleinere Corpus folgendes zu sagen:

Das Corpus fängt an mit der Überschrift *Λιβανίου ἐπιστολαί*, worauf epp. 1–17 folgen; erst dann kommt die Überschrift *βιβλίον πρῶτον*. Dieses Buch umfaßte ursprünglich 83, von *α′* bis *πγ′* durchnumerierte Briefe, in seinem jetzigen Zustand umfaßt es jedoch 79 Briefe (= epp. 18–96 F), da zwischen epp. *ια′* und *ιζ′* ein Blatt im *Vossianus gr.* 77 ausgefallen ist, wofür der Zwillingscodex *Vaticanus gr.* 85 keinen Ersatz bietet. Die Episteln sind in chronologischer Reihenfolge angeordnet und stammen aus der Zeit vom Sommer 358 bis zum Winter 359/60. Das zweite Buch umfaßt 106, von *α′* bis *ρς′* durchnumerierte, ebenfalls streng chronologisch angeordnete Briefe (= epp. 97–202 F). Sie umfassen die Zeit vom Winter 359/60 bis zum Frühling 360. Das dritte Buch enthält 108, von *α′*

bis ϱη′ durchnumerierte Briefe (= epp. 203–310 F). Sie
stammen aus der Zeit vom Frühling 360 bis zum Frühling
361. Das vierte Buch umfaßt 79, von α′ bis π′ numerierte
Briefe, wobei aber die Nummer μα′ fehlt (= epp. 311–
389 F). Die chronologische Ordnung ist in diesem Buch
am meisten gestört[7]. Die Briefe stammen aus der Zeit
zwischen Sommer 357 und Winter 358/59. Das fünfte
Buch umfaßt 104 Briefe, numeriert von ζ′ bis ϱι′ (= epp.
390–493 F), die ebenfalls in chronologischer Reihenfolge
angeordnet sind. Sie stammen aus der Zeit zwischen
Frühling 355 und Frühling 356. Schließlich umfaßt das
sechste Buch 121, von α′ bis ϱκ′ durchnumerierte Briefe
(= epp. 494–614 F), in chronologischer Reihenfolge angeordnet, welche die Zeit vom Sommer 356 bis zum Sommer 357 decken. Nach dem letzten Brief des sechsten
Buches steht am Rande des Codex das Wort τέλος, und
darauf folgt erneut die Überschrift Λιβανίου σοφιστοῦ
ἐπιστολαί. Nach diesem Titel folgen nun ohne Bucheinteilung[8] 498, von α′ bis νϟη′ durchgehend numerierte
Briefe (= epp. 615–1112 F). Chronologisch zerfällt diese
Briefmasse in zwei Teile, deren erster (= ep. 615–839 F
[womit der erste Band der Briefe in der Ausgabe Försters
endet]) aus den Jahren 361–363 stammt, der zweite
(= epp. 840–1112 F) aus den Jahren 388–393 (wobei das
Jahr 389 gar nicht vertreten ist).
Aus dem Vorhergehenden ergibt sich, daß das kleinere
Corpus in drei scharf voneinander getrennte Teile zerfällt: Der erste Teil besteht aus jenen 17 vorausgeschick-
ten Briefen, der zweite aus den sechs Büchern und der
dritte aus der Masse der 498 Briefe. Diese Zusammen-
setzung deutet nach Seeck[9] darauf hin, daß die Sammlung
aus drei verschiedenen Quellen zusammengeflossen ist.
Den Hauptteil der Sammlung bilden offensichtlich die

---

7 Vgl. Seeck, Briefe 16; Silomon, Lib. epist. 5f.
8 Im *Vaticanus gr.* 85 wird der Teil am Rande als 7. Buch bezeichnet.
9 Briefe 18.

sechs Bücher, welche, aller Wahrscheinlichkeit nach,
sechs Kopialbüchern des Libanios entsprechen, die seine
Korrespondenz vom Frühling 355 bis zum Frühling 361
umfaßten. Während aber die chronologische Ordnung
innerhalb jedes einzelnen Buches, die letzten Endes vom
Verfasser stammt, streng beibehalten wird[10], schaffte es[11]
der Herausgeber nicht, auch die Kopialbücher unter sich
in zeitlicher Ordnung zu arrangieren; denn chronologisch
sind sie in dem kleineren Corpus nach folgendem Schema
eingereiht: 5, 6, 4, 1, 2, 3. Was den dritten Teil des Corpus
betrifft, so stammt er vielleicht auch aus (zwei?) Kopialbüchern des Libanios, wie die beiden getrennt voneinander, konsequent befolgten chronologischen Reihen-
folgen zeigen, wobei man jedoch annehmen muß, daß
der ursprüngliche Herausgeber, offenbar ein anderer als
der des Hauptteils der Sammlung, sich um eine Einteilung
in Bücher nicht gekümmert hat. Nur die 17 Briefe des
ersten Teils, die einer Zeitspanne von 40 Jahren angehö-
ren, dürften nicht aus den Kopialbüchern entnommen
worden sein, sie stammen höchstwahrscheinlich aus dem
Nachlaß verschiedener Adressaten des Libanios.
Soweit über das kleinere Briefcorpus. Über das größere,
durch Codex *Vaticanus gr.* 83 überlieferte Corpus, bedarf
es keiner langen Erörterung. Denn sein Herausgeber ver-
fuhr bei der Bucheinteilung ganz mechanisch: Er teilte
die ganze Briefmasse in sechs Bücher ein mit genau 300
Stück pro Buch mit Ausnahme des letzten, welches die
übriggebliebenen Briefe aufnahm. Er numerierte jedes
Buch von α′ bis τ′, das letzte von α′ bis με′. Diese will-
kürliche Numerierung degradiert die Sammlung in Bezug
auf gewisse Forschungsaspekte zu einer schlechten Quelle.

---

10 Natürlich nicht ohne Störungen, die späteren Abschreibern zu-
zuschreiben sind, die manchmal aus Versehen Briefe übersprungen
und dann an anderen Stellen nachgetragen haben.
11 Oder beabsichtigte er es gar nicht, wie Seeck, Briefe 18, meint,
da ihm historische Zwecke fernlagen.

Die drei ersten Bücher dieses Corpus bestehen ganz aus Briefen, die auch im kleineren Corpus zu finden sind, während sich die übrigen drei nur teilweise mit dem kleineren Corpus decken. Hier kann von einer chronologischen Ordnung sowohl innerhalb als auch außerhalb der einzelnen Bücher nicht die Rede sein, man kann nur sagen, daß kleinere chronologische Gruppen sich immer wieder erkennen lassen, ein Umstand, der wieder auf Spuren von Kopialbüchern hinweist.

Tafel bezüglich der Anordnung der Briefe in der Ausgabe Försters: epp.

1– 17 (= Vo. α'–ιζ') } = KLEINERES CORPUS, I. TEIL

18 (= Baroccianus gr. 50, f. 369; vgl. R. Förster, *Fleckeisens Zeitschrift* 113 [1876] 494; Ders., Prolegomena 56)

19– 96 (= Vo. α', α'–πγ', Va. α', πα' [ab ep. 95.5 αἰ' ὅσον ἡλθεν]–πγ') } = 1. BUCH

97– 202 (= Vo. β', α'–ϱϛ', Va. β', α'–ϱϛ') } = 2. BUCH

203– 310 (= Vo. γ', α'–ϱη', Va. γ', α'–ϱη') } = 3. BUCH

311– 389 (= Vo. δ', α'–π', Va. δ', α'–π') } = 4. BUCH

390– 493 (= Vo. ε', ζ'–ϱι', Va. ε', ζ'–ϱι') } = 5. BUCH

494– 614 (= Va. ϛ', α'–[ϱκ'], Vo. ϛ', ε' [ab ep. 498,3 τοῦτο ἔπαθον]–ϱκ') } = 6. BUCH

(1. BUCH – 6. BUCH) = KLEINERES CORPUS, II. TEIL

615–1112 (= Vo. α'–υϟη', Va. [ϛ'] α'–τϟγ') } = KLEINERES CORPUS, III. TEIL

1113–1400 (= V δ', α'–σπθ') } = 4. BUCH

1401–1541 (= V ε', α'–ϱμβ') } = 5. BUCH

1542 (= V ϛ', με') } = 6. BUCH

(4. BUCH – 6. BUCH) = GRÖSSERES CORPUS

1543–1544 (= *Laurentianus* IV 14; vgl. Foerster, Prolegomena 190).

ANHANG

ERLÄUTERUNGEN

ep. 1 (962 F)

An Sopolis

Der vorliegende Brief kommt aus einer anderen Zeit und einer anderen Stimmung als der thematisch vergleichbare Brief an Akakios (ep. 2).

Wir befinden uns in den letzten Jahren der Regierung Theodosios' des Großen (390), der den Heiden den Kampf angesagt hat und bald durch das Verbot der heidnischen Kultübung* dem Heidentum den tödlichen Schlag versetzen wird. Libanios hat bereits seine berühmte Rede *pro templis* an den Kaiser gerichtet, in der er klagt: »Die Dächer (der Tempel) werden zerstört, die Wände niedergerissen, die Statuen heruntergezerrt, die Altäre umgestürzt, während die Priester entweder schweigen oder sterben müssen«**. Sätze dieser Art finden sich in unserem Text nicht; die Nostalgie des Briefschreibers nach der sterbenden Welt der Götter kommt in einer Seligpreisung zum Ausdruck: »Glückselig muß jener zu Recht genannt werden…«. Der nächste Absatz nimmt es wieder auf: »Glückselig abermals er…«. Dieser Makarismos gilt Apsines, dem Sohn des Adressaten, der sich zur Zeit in Athen als Student aufhält; er hat an einer Prozession des Dionysos teilgenommen und hat sich die berühmtesten Sehenswürdigkeiten angesehen.

1.

Über die Person des Adressaten läßt sich folgendes sagen: SEECK, Briefe 280, meint, es handle sich um einen nicht näher bekannten Mann (Antiochener?), der sich vorübergehend in Athen aufhielt. Diese Annahme kann sich darauf stützen, daß Sopolis' Sohn Apsines als Student an-

---

* Durch das Gesetz vom 8. November 392: STEIN, Geschichte 327.
** Or. 30, 8 (III 91 f. FOERSTER).

scheinend zum erstenmal nach Athen kommt und mit
Libanios, wie aus dem letzten Satz hervorgeht, gut bekannt ist. Andererseits läßt Libanios' Bemerkung, daß
Sopolis alle Sehenswürdigkeiten Athens jeden Tag sehen
könne, auf einen Daueraufenthalt schließen. Da es in der
2. Hälfte des 4. Jahrhunderts in Athen einen Rhetorik-
professor namens Sopolis gab, dessen strenger Attizismus
bei Eunap. *vit. soph.* 13 bezeugt ist (80 GIANGRANDE,
vgl. auch: SCHEMMEL, Hochschule 496), liegt es nahe,
diesen als den Adressaten anzusehen, und in diesem Sinne
korrigiert SEECK sich selbst: RE III A 1107f. (richtig
ebenfalls bei Prosopography 848).
Möglicherweise hat Sopolis seinen Sohn für längere Zeit
zu Libanios zur Ausbildung geschickt. In diesem Falle
würde unser Brief nicht die erste Begegnung des Apsines mit Athen widerspiegeln, sondern seine erste bewußte Begegnung mit den Denkmälern jener großen Vergangenheit, die Libanios' Unterricht behandelt hatte. Für
die Annahme, daß Sopolis Rhetor war, spricht auch das
Lob, das Libanios dem Brief spendet, den er von ihm erhalten hat. (Vgl. ferner Anm. 8 und 9).

2.

Gemeint ist höchstwahrscheinlich der bei den großen
Dionysien in Athen im Monat Elaphebolion gefeierte
Umzug des Dionysos aus seinem kleinen Heiligtum in
der Akademiegegend in seinen alten Tempel im Theater-
bezirk. Der Umzug symbolisierte die einstmalige Übersiedlung des Gottes aus Eleutherai nach Athen. Die Zuschauer warteten auf die Ankunft des göttlichen Bildes
beim Tempel oder auch im Theater unterhalb der Akropolis: L. DEUBNER, Attische Feste. Berlin 1932 (Nachdr.
Darmstadt 1962), 139 f.

3.

Die »Göttinnen« sind die Σεμναί (»Ehrwürdigen« =
Erinnyen), deren Statuen in einem Heiligtum auf dem
Areopag, gegenüber den Propyläen standen: Paus. *Graec.*

descr. 1, 28, 6 (I 65 ROCHA-PEREIRA); C.WACHSMUTH,
RE II 627. Mit den Worten »die nach dem großen Zorn
sich wieder versöhnten« spielt Libanios offenbar darauf
an, daß die Statuen auf dem Areopag den Augenblick der
Versöhnung darstellten. Das stimmt überein mit der
weiteren Angabe des Pausanias (*loc. cit.*), daß diese Darstellung alles Furchterregenden und aller Attribute der
Unterweltsgötter entbehrte.

4.

i. e. Orest; vgl. Aesch. *Eum.* 794f.

5.

Anspielung auf den mythischen Kampf zwischen Athena
und Poseidon um die Stadt Athen. Was Apsines gesehen
hat, ist die monumentale Bronzestatue der Athena Pro-
machos, ein bedeutendes Werk des Pheidias, auf der
Akropolis: Paus. 1, 28, 2f. (I 63 ROCHA-PEREIRA). Die
Statue war noch im 6. Jahrhundert an ihrem Standort,
als Justinian sie nach Konstantinopel bringen und dort
im Konstantinischen Forum aufstellen ließ. Nach der Eroberung Konstantinopels durch die Kreuzfahrer im Jahre
1204 wurde sie von diesen zerstückelt: Niketas Choniates, *Hist.* 558f. (VAN DIETEN), der auch ebenda eine detaillierte Beschreibung des berühmten Denkmals bietet.
Der Kampf der Athena mit Poseidon war auf dem westlichen Giebel des Parthenon dargestellt: Paus. 1, 24, 5
(I 54 ROCHA-PEREIRA). Zum von Athena als Amme er-
zogenen Erichthonios-Erechtheus: M.P.NILSSON, Geschichte der griechischen Religion, I. München[3] 1967,317.

6.

In diesem Satz wird der Aufenthalt des Sopolis in Athen
als ein Daueraufenthalt charakterisiert. (Vgl. Anm. 1.)

7.

Die Verbindung des Dionysos mit den Chariten findet
sich auch bei Julian in ep. 4 (BIDEZ-CUMONT; vgl. auch
Julian Briefe ed. B.K.WEIS, München 1973, S. 8 und
S. 214 Anm. 4).

8.

Der Brief des Sopolis handelte offenbar von der Dionysosprozession und dem Besuch der Sehenswürdigkeiten, vermutlich mit entsprechender Ekphrasis. Nun fragtLibanios den Überbringer des Briefes nach den Schattenseiten des gegenwärtigen Lebens in Athen: den Schlägereien der Studenten. Daß der Überbringer des Briefes zusätzliche Information gibt, kommt häufig vor wegen der Beschränkungen, die die formalistischen Regeln der Epistolographie dem Briefschreiber auferlegten.

9.

Der Vergleich des Apsines mit Neoptolemos ist in erster Linie als Kompliment für Sopolis zu verstehen: wenn Apsines so wenig aus der Art geschlagen ist wie Neoptolemos, wird der Vater implizit mit Achill verglichen. Daß Libanios hier die Schlägereien der Studenten, die er anderwärts verurteilt, positiv zu bewerten scheint, dürfte aus der Rücksichtnahme auf den Adressaten zu erklären sein. Auch mag die Bemerkung über die kriegerischen Erfolge ein Teil Ironie enthalten. Im übrigen läßt sich gerade die diplomatische Behandlung des Problems der Schlägereien als weiteres Indiz für die Identität des Adressaten mit dem Rhetor Sopolis werten. Hat doch Libanios in ep. 16 (715 F) (aus dem Jahre 362) bemerkt, daß sich die jüngeren Professoren Athens (zu denen damals Sopolis zählte) sehr für die Straßenschlachten der Studenten engagierten.

10.

Möglicherweise hat Sopolis seinen Sohn nach dem Rhetor (seinem Lehrer?) Apsines von Lakedaimon benannt, der Anfang des Jahrhunderts in Athen tätig war: SCHEMMEL, Hochschule 495. Oder hatte Sopolis die Tochter seines Lehrers Apsines geheiratet, wie Sievers, Studien 233 vermutet? Dann wäre der von Libanios erwähnte Großvater Apsines von Lakedaimon.

ep. 2 (1458 F)

An Akakios

Wenn selbst ein erklärter Gegner des alten Glaubens wie Gregor von Nazianz sich gerne an seine Studienjahre in Athen erinnert*, dann um so mehr Libanios, für welchen Athen die Hochburg der alten Religion und Kultur war. In seinem Gedächtnis tauchen in rascher Folge Augenblicksbilder auf, die lediglich angedeutet werden. Daß der ganze Brief aus solchen Andeutungen besteht, verleiht ihm einen starken rhetorischen Effekt. Das einstige Glück wird mit Nachdruck hervorgehoben, um das gegenwärtige Unglück zu suggerieren. Anlaß zu diesem Rückblick gibt das Auftauchen seines Studienfreundes Lemmatios in Antiochien. Letzterer befindet sich zur Zeit in Schwierigkeiten: Offensichtlich hat er sich während seiner Amtszeit als Oberpriester Palästinas einiges zuschulden kommen lassen. Sehr geschickt verknüpft Libanios die Erinnerung an Athen mit der an Julian.
Der Brief ist wahrscheinlich im Sommer 365 geschrieben und vom nach Kaisareia zurückkehrenden Lemmatios mitgenommen: SEECK, Briefe 441.

1.

Es handelt sich um den aus dem palästinensischen Kaisareia stammenden Sophisten, dessen kurze Biographie Eunapios, *Vit. Soph.* 17 (S. 85 f. GIANGRANDE) bietet. Kurze Notizen über ihn hat auch die Suda s. v. Ἀκάκιος (I 74 ADLER) und Λιβάνιος (III 267 ADLER) aufgenommen. Als 354 Libanios nach Antiochia kam, war Akakios bereits dort als Sophist tätig, einige Jahre später siedelte er jedoch nach Kaisareia über, verdrängt, wie es scheint, durch die Popularität des Libanios. Mit dem Weggang des Akakios scheint auch die Rivalität der beiden Sophisten aufgehoben worden zu sein, wie der Briefwechsel

* *Or.* 43, 15 f. (*PG* 36, 513 C f.).

aus den folgenden Jahren zeigt. Vgl. Seeck, Briefe 39f., Sievers, Libanius 276f.; Prosopography 6.

2.

Wie wir aus ep. 21 (1307 F) erfahren, war Lemmatios während der Regierungszeit Julians sowie unmittelbar danach in Palästina als Oberpriester tätig. Die am Anfang unseres Briefes erwähnten »Verleumder« sind wahrscheinlich Christen, die Lemmatios vor den Behörden Antiochias wegen seiner Tätigkeit in der Zeit Julians belangt haben. In den Handschriften kommt sein Name auch unter der Form Klematios vor*.

3.

Θησέως πόλις heißt Athen manchmal bei klassischen Autoren und auf Inschriften.

4.

Die Angabe über die Ankunftszeit stimmt mit der der Autobiographie überein: Lib. or. 1, 16 (I 89 Foerster) τῆς ἐπιούσης ἐν ἄστει ἦν ἑσπέρας usw.

5.

Das Bad gehörte zum Aufnahmezeremoniell und hatte anscheinend symbolischen Charakter (man mußte sich vermutlich reinigen, bevor man in die Wissenschaft eingeführt wurde). Es wird am ausführlichsten von Gregor von Nazianz, a.a.O. 16 (*PG* 36, 516 C f.) beschrieben. Nach dieser Quelle wird der Neuankömmling von den älteren Studenten in feierlichem Zuge über den Markt bis zur Badeanstalt begleitet und dort allein eingelassen. Die älteren Kommilitonen warten draußen auf ihn, und sobald er herauskommt, wird er von ihnen als gleichberechtigter Student empfangen. So hören nach dem Bad die bisherigen Schikanen und Hänseleien der Senioren

---

* Letztere Form hat Förster in unserem Brief verworfen, in ep. 1283 aber unbegreiflicherweise beibehalten; daß es sich dort auch um unseren Lemmatios handelt, beweisen sowohl die Erwähnung des Akakios als auch die Priestereigenschaft des Adressaten.

gegen den Neuankömmling auf. Vgl. Walden, Universities 299f.

6.

Der Artikel vor δεῖπνον zeigt, daß dieses Abendmahl ebenfalls zum Zeremoniell gehörte; unsere Stelle stellt diesbezüglich die einzige Quelle dar: Walden, a.a.O. 305.

7.

Die Studenten in Athen waren je nach Zugehörigkeit zu dieser oder jener Rhetorenschule in Verbindungen organisiert, die, wie die Schulhäupter selbst, feindlich einander gegenüberstanden und mitunter regelrechte Straßenschlachten lieferten: Lib. or. 1, 19 (I 91 FOERSTER); ep. 16 (715 F), 3 πολλοὺς εἶδον οὐλὰς ἐνηνοχότας ἀπὸ τῶν ἐν Λυκείῳ τραυμάτων; SIEVERS, Libanius 32f.; SCHEMMEL, Hochschule 501f. In der Zeit, als die neuen Studenten erwartet wurden, veranstalteten diese Verbindungen eine regelrechte Jagd auf die Neuankömmlinge – das Wort ἐθήρασαν des Textes kann nicht wörtlich genug verstanden werden – und zwangen sie, den Eid auf ihr Schulhaupt zu leisten. So erging es auch unserem Libanios, der wahrscheinlich den berühmten Proairesios oder seinen Landsmann, den Antiochener Epiphanios, hören wollte, aber gezwungen wurde, Schüler des Arabers Diophantos zu werden*. Über den sprichwörtlichen Ausdruck ἕτεροι μὲν ἐθήρασαν, ἑτέρων δὲ ἦν ὁ ὄρνις vgl. SALZMANN, Sprichwörter 81.

8.

καί (= auch) führt den zweiten Grund ein, warum Lemmatios Anlaß zur Freude geworden sei. Der erste Grund war, daß er schöne Erinnerungen hervorgerufen habe.

---

* Lib. or. 1, 16 (I 89f. FOERSTER); Eunap. *Vit. Soph.* 16, 1 (S. 81 GIANGRANDE); SIEVERS, Libanius 46. Den Fehler von SIEVERS, ebenda, der aus einem falsch verstandenen sprichwörtlichen Ausdruck in der Autobiographie des Libanios einen in Athen tätigen Sophisten namens Aristodemos konstruiert hat, hat FÖRSTER, RE XII 2488 korrigiert.

9.

ἐν θεοῖς ὁμιλία heißt es bei Eurip. *IA* 1622, dagegen
Xenoph. *Mem.* 1, 2, 13 ἡ πρὸς Σωκράτην συνουσία (vgl.
Arist. *Pol.* 1269ᵇ27); letztere Beispiele sprechen für die
Variante συνουσίας, die hier die meisten Handschriften
statt ὁμιλίας bieten.

10.

ῥεύματα ἐπῶν zuerst bei Kratinos 186 belegt, wohl in Anlehnung an Hom. Il. 1, 249 ῥέεν αὐδή.

11.

Auf Nestor wird bei Libanios oft Bezug genommen:
SALZMANN, Sprichwörter 15.

12.

d. h. Julian.

13.

Gemeint ist das palästinensische Kaisareia. Es gab offensichtlich einen heidnischen harten Kern in dieser Stadt,
obgleich das Christentum dort sehr früh Eingang fand,
wie die häufige Erwähnung der Stadt in der Apostelgeschichte beweist.

14.

Vielleicht war dieser Mann Eubulos, einst Gönner des
Akakios; als letzterer aus Antiochia wegging, veranlaßte
Eubulos den *Comes Orientis,* den Sophisten zurückzu-
holen: SEECK, Briefe 41.

15.

Mit ταραχή ist wohl die psychische Unruhe gemeint; vgl.
Epicur. *Sent.* 17 ταραχῆς γέμων.

16.

Vielleicht ist die Nennung der Gottheit nicht aus der Luft
gegriffen; es könnte in Kaisareia ein Heiligtum der
Athene gegeben haben, in welchem Lemmatios Priester
war.

17.

In ep. 1526 F an Lemmatios wird Akakios mit Herakles,
der Adressat dagegen mit Prometheus verglichen.

ep. 3 (742 F)

An Kelsos

Die fünf Jahre, die Libanios in Nikomedeia verbrachte (343–348), betrachtete er später als die glücklichsten seines Lebens. Eine der unvergeßlichen Episoden aus jener Zeit war der Redewettstreit mit seinem berühmten Zeitgenossen Himerios, der mit einem Triumph für ihn endete. Himerios war zu diesem Wettkampf vom damaligen Statthalter von Bithynien Pompejanos, offensichtlich einem Anhänger der attischen Beredsamkeit, der die Minderwertigkeit des Asianismus in der Person seines vornehmsten Vertreters zeigen wollte, praktisch gezwungen worden. Libanios erinnert in dem Brief seinen damaligen Schüler Kelsos, der beim Duell der beiden Rhetoren, wie es scheint, zugegen war, an das Ereignis und hebt zugleich die Aufrichtigkeit und Rechtschaffenheit des Pompejanos hervor. Ziel des Briefes ist jedoch die Bitte an den Adressaten, der zur Zeit das Amt des *praeses Ciliciae* bekleidet, sich für zwei dem Pompejanos bekannte Frauen zu verwenden. Der Brief ging im Sommer 362 nach Kilikien.

1.

Zum Adressaten: Ep. 16 (715 F) A. 1.

2.

Ein an griechischer Bildung sehr stark interessierter Freund des Libanios, der in den vierziger Jahren Statthalter von Bithynien war. Libanios lernte ihn während seines Aufenthaltes in Nikomedeia kennen. Vgl. Seeck, Briefe 242 (III); W. Enßlin, RE XXI 1998f.; Prosopography 712 (3).

3.

Mit den Worten λόγους γνησίους zielt Libanios auf jene Art der Beredsamkeit, die auf der klassischen Tradition fußte, im Gegensatz zum Asianismus, der zu seiner Zeit als moderne Richtung galt und viele begeisterte Anhän-

ger hatte. Vgl. die Vorbemerkung zu ep. 59 (1477 F);
E. Norden, Die antike Kunstprosa. Darmstadt⁵ 1958,
I 403 A. 1.

4.

Wie bereits Lenain de Tillemont gezeigt hat, ist hier
Himerios gemeint, einer der hervorragendsten Redner
und Sophisten des 4. Jahrhunderts (ca. 300–380). Er
stammte aus Bithynien, in der Zeit jedoch, als Pompejanos
ihn nach Nikomedeia einlud, war er in Athen als Sophist
tätig (= τὸν Ἀθήνηθεν). An unserer Stelle macht sich
Libanios über den Kleiderprunk seines Rivalen lustig,
ansonsten spricht er jedoch mit Respekt von ihm, vor
allem dort, wo er ihn mit Namen nennt; vgl. z. B. ep.
469, 2 F τιμῆς δὲ τῆς μὲν ἄκρας ἄξιος ἀνήρ, τυγχάνει δὲ οὐδὲ
μικρᾶς. Es wäre aber auch nicht undenkbar, daß die Bis-
sigkeit des Libanios an unserer Stelle auf eine Verschlech-
terung der Beziehungen der beiden Sophisten Anfang
der sechziger Jahre zurückzuführen ist: H. Schenkl,
Zur Biographie des Rhetors Himerios. *Rheinisches Museum für Philologie* 72 (1917–1918) 40. Die von Himerios
in Nikomedeia gehaltene Rede ist verlorengegangen,
während Libanios wahrscheinlich mit *decl.* 46 (VII 544f.
Foerster) an dem Wettkampf teilnahm; denn in den meisten Handschriften dieser Deklamation ist die Notiz zu
lesen σκέμμα, ὃ Πομπηιανὸς προὔβαλεν: Schenkl, a.a.O.
39 (mißverstanden von Förster: Förster-Münscher,
RE XII 2517). Ansonsten sind wir über Himerios nur
mangelhaft informiert; zu seinem Leben und Werk:
H. Schenkl, a.a.O. 34f.; Ders., RE VIII 1622f.;
Schemmel, Hochschule 498f.; Christ-Schmid-
Stählin, Literatur 1000f.

5.

Über die beiden Frauen wissen wir sonst nichts. Sie sollten offensichtlich gegen Unrecht geschützt werden, wie
der Ausdruck ἐπὶ νόμους ἤμυνε zeigt.

ep. 4 (390 F)

An Hierokles

Als Libanios im Frühjahr 354 endgültig nach Antiochia zurückkehrte, herrschte in der syrischen Hauptstadt eine Atmosphäre des Terrors und der Todesangst. Wegen lautstarker Proteste gegen seine Person hatte der Cäsar Gallus kurz zuvor die Häupter des antiochenischen Rates verhaften lassen und zum Tode verurteilt. Sie wären seinem Zorn zum Opfer gefallen, wenn nicht der *comes Orientis* Honoratus energisch beim Cäsar interveniert hätte*, woraufhin alle Gefangenen freigelassen wurden. Über diese schmerzlichen Erlebnisse macht Libanios im vorliegenden Brief freilich nur eine vage Andeutung; denn, wie aus ep. 25 (283 F), 4 hervorgeht, vermeidet es Libanios zu Lebzeiten Julians geflissentlich, etwas über Gallus zu sagen oder zu schreiben. Der eigentliche Zweck des Briefes ist es, den Adressaten über den Tod seines Schwiegersohnes und Neffen Chromatios zu trösten. Er trägt alle Merkmale eines kondensierten παραμυθητικὸς λόγος: Er fängt (§ 3) mit einem Anruf der Götter wegen des plötzlich eingetretenen Todes an, dann faßt er in sehr kurzen, inhaltsvollen Sätzen (§ 4) die Tugenden des Verstorbenen zusammen, evoziert anschließend persönliche Erinnerungen an ihn (§§ 5–7), spricht kurz über die Krankheit, die ihn ins Grab brachte (§ 8), beschreibt den Eindruck, den die Todesnachricht auf ihn selbst hinterließ (§§ 9–10) und beendet seine παραμυθία mit der Mahnung, um solche Tote sei die Trauer fehl am Platze (§§ 11–12). Am Anfang und am Ende des Briefes ist von einer persönlichen Angelegenheit des Adressaten die Rede, aber nur andeutungsweise, so daß nichts Näheres darüber gesagt werden kann. Der Brief ging im März 355 nach Kilikien: Seeck, Briefe 319.

---

* Amm. Marc. 14, 7, 2 *et perissent ad unum, ni comes orientis tunc Honoratus fixa constantia restitisset.*

1.

Verarmter Aristokrat aus Kilikien, Freund des Libanios. Er scheint beträchtlich älter als dieser gewesen zu sein. Er begann seine Karriere als Lehrer, zu seinen Schülern zählte auch Themistios. In den vierziger Jahren bekleidete er das Amt des *consularis Syriae*. Er starb in der zweiten Hälfte des Jahres 358. Vgl. Seeck, a. a. O. 176 f.; Cadiou, Relations scolaires 97 f.; Prosopography 431 f.

2.

Libanios litt in jener Zeit an dem bekannten Kopfleiden sowie an einer schweren Nierenkrankheit; vgl. Seeck, a. a. O. 317; ep. 57 (434 F) A. 6.

3.

Brüder des Adressaten waren Julian VIII (: Seeck, ebenda 191 f.) und Demetrios (: ep. 12 [727 F] A. 1).

4.

Redner aus Palästina, Studiengefährte des Libanios in Athen. Er war Neffe und Schwiegersohn des Adressaten.

5.

Die Art, wie Libanios hier von den Göttern spricht, deutet darauf hin, daß Hierokles Heide war. Seine Eltern und einer seiner Brüder waren jedoch Christen. Im Bekanntenkreis des Libanios gab es auch andere Familien, die aus Heiden und Christen bestanden. Vgl. Petit, Vie municipale 215 f. und die Vorbemerkung zu ep. 50 (1411 F). Der Ausruf ὦ Ζεῦ καὶ θεοί nach Demosthenes 18, 285 usw.

6.

Er meint seinen Aufenthalt in Antiochia im Sommer 353; vgl. oben S. 216.

7.

d. h. des Cäsars Gallus. Er ist Libanios gegenüber mißtrauisch, weil dieser für die inhaftierten Kurialen Partei ergriffen hatte; vgl. Sievers, Libanius 63 f.

8.

Peleus galt im Altertum als das Vorbild der Besonnenheit, wofür ihn die Götter mit Thetis belohnten, wie Libanios an anderer Stelle lehrt: *Ethop.* 14, 2 (VIII 405 f. Foerster) ὁ δὲ [*Πηλεὺς*] σωφροσύνης ἆθλον τὸν Θέτιδος γάμον [ἐδέξατο]. Vgl. ferner Salzmann, Sprichwörter 16.

9.

Vgl. *vit. Soph.* 12 γέγονε δὲ καὶ θεοφιλὴς ὁ Σοφοκλῆς ὡς οὐκ ἄλλος. Das Adjektiv θεοφιλής kann sowohl den von den Göttern Geliebten als auch denjenigen, der die Götter liebt, bedeuten. An der zitierten Stelle der *vita*, die Libanios wahrscheinlich vor Augen hatte, bedeutet es das erstere, wie aus der Episode, die gleich darauf zur Bekräftigung dieser Ansicht erzählt wird, hervorgeht.

10.

Libanios denkt offensichtlich an Damon und Phintias, deren Freundschaft im Altertum sprichwörtlich geworden war. Vgl. Aristoxenos bei Jamblichos, *vit. Pyth.* 234 f. (S. 162 f. Nauck); Diod. Sic. 10, 4. Chromatios sei als Freund zuverlässig gewesen, nicht zuletzt in seiner Freundschaft mit Libanios. Zu φίλος σαφής vgl. Eur. *Orest.* 1155 οὐκ ἔστιν οὐδὲν κρεῖσσον ἢ φίλος σαφής.

11.

Der Satz »der Tod ist gemeinsam« war ein geflügeltes Wort im Altertum; vgl. Lib. *ethop.* 22, 3 (VIII 424 Foerster) κοινὸς μὲν ἁπάντων ὁ θάνατος und Plut. *mor.* 153 A τί κοινότατον; θάνατος; Pind. *Nem.* 7, 30 usw.

12.

Denselben Gedanken bringt er or. 18, 296 (II 366 Foerster) noch kräftiger zum Ausdruck: εἰ μὲν τὸ συνεῖναι θεοῖς χεῖρον ἡγεῖσθε τοῦ τοῖς ἀνθρώποις, οὐκ εὖ φρονεῖτε.

13.

Statt ὑμᾶς hat Reiske συμφορὰν vorgeschlagen; ὑμᾶς ist jedoch unentbehrlich, da Libanios den Adressaten und seine Tochter meint. Wenn überhaupt ein Objekt zu φέρειν ergänzt werden muß, dürfte συμβὰν vorzuziehen sein. In der Wortfolge τὸ συμβὰν ὑμᾶς könnte συμβὰν wegen der lautlichen Ähnlichkeit mit ὑμᾶς ausgefallen sein.

14.

Er denkt offensichtlich an Platon, *Prot.* 344d καὶ τὸν κυβερνήτην μέγας χειμὼν ἐπιπεσὼν ἀμήχανον ἂν ποιήσειεν. (Und ein großer Sturm würde den Steuermann hilflos machen).

ep. 5 (1518 F)

An Ausonios

Nur wenige Briefe des Libanios sind es, die nicht aus aktuellem Anlaß (Bitte um etwas, Empfehlung des Überbringers an den Adressaten * usw.) geschrieben wurden. Natürlich wird im Hinblick auf eine Veröffentlichung die literarische Form des Briefes in den Vordergrund gestellt, während das konkrete Anliegen, welches den Brief veranlaßte, inmitten der *lumina orationis* und der Stileleganz des Textes nicht auffallen durfte. Den vorliegenden Brief diktierte kein anderer Anlaß als die Freude über die unerwartete Nachricht des Spartaners Ausonios, eines alten Freundes des Libanios, von welchem er seit dreißig Jahren nichts gehört hatte. Im übrigen war auch die nostalgische Erinnerung an jene berühmte Stätte des Peloponnes eine Motivation des Briefes. Auch bei Antiochia, sagt er, gebe es Flüsse ** und Land, aber was sei das im Vergleich mit den Stätten Lakoniens, deren bloße Namen

---

* Liebeschuetz, Pelagian Movement 228 f.
** Es ist vielleicht erwähnenswert, daß ein Zusammenhang zwischen Eurotas und Orontes sonst in dem Werk des Bildhauers Eutychides zu verzeichnen ist, der beide Flüsse bildlich dargestellt hatte. Vgl. Förster, Antiochia 149; J. Overbeck, Die antiken Schriftquellen zur Geschichte der bildenden Künste bei den Griechen. Leipzig 1868 (Nachdr. Hildesheim 1971), 289 f.

man mit Entzücken höre. Die Begeisterung des Briefschreibers wird von seinen persönlichen Erinnerungen
ausgelöst: Während der Zeit seines Studiums in Athen
hatte er einen Abstecher nach Sparta unternommen, wo
er an dem Geißelfest um den Altar der Artemis Orthia
teilgenommen hatte (: Lib. or. 1, 23; Sievers, Libanius
47; Wernicke, RE II 1395). Libanios beklagt schließlich die Wut und Unvernunft der Menschen seiner Zeit,
die so viele geheiligte Überreste einer ruhmvollen Vergangenheit zerstörten.
Der Brief ging nach dem Südpeloponnes per Schiff im
Sommer 365: Seeck, Briefe 440.

1.

Studienfreund des Libanios aus seiner Athener Zeit. Er
stammte aus Sparta, wo er sich offensichtlich zur Zeit der
Abfassung des vorliegenden Briefes aufhielt. Vgl. Seeck,
a. a. O. 92 (I).

2.

Ein sonst unbekannter Antiochener, zu dessen Gunsten
Libanios gelegentlich Empfehlungsbriefe schrieb: Epp.
97 und 98 F; Sievers, Libanius 283. Viel bekannter ist
sein Bruder Evagrios: Seeck, a. a. O. 128 (IV). Mikkalos
überbrachte, wie es scheint, an Libanios den Brief des
Ausonios direkt aus Sparta. Vgl. ferner Prosopography 602.

3.

Noch heute bedient man sich des Wortes in derselben
Bedeutung.

4.

Zu προσώπου τύπον vgl. ep. 1240, 2 F τῶν ὑμετέρων ὁ
τύπος ἐξερρύη προσώπων; Aristot. mir. 832ᵇ 15 τοῦ δὲ
προσώπου τὸν τύπον ὅμοιον ἔχει ἐλάφῳ; Anthol. Palat. 12,
57, 2 μορφᾶς τύπον; Eurip. Phoen. 162 μορφῆς τύπωμα, zitiert von Julian, or. 8, 247d (I 1, 199 Bidez). In dem Fall
des Gesichtes ist nicht eigentlich die Form gemeint, wie
in dem Lexikon von Liddell-Scott s. v. τύπος angegeben

wird, sondern dessen Merkmale. Zum Ausdruck πάντα ἦμεν ἀλλήλοις: Petit, Étudiants 126 A. 167.

5.

Durch die Nebeneinanderstellung der Wörter κακοῦ κακῷ hebt Libanios sein Leiden hervor; dergleichen kommt des öfteren in der Tragödie vor: Soph. *Oed. T.* 1365 εἴ τι πρεσβύτερον ἔτι κακοῦ κακόν; vgl. Soph., *Oed. C.* 595; 1238; Aesch. *Pers.* 1041; Eurip. *Hec.* 233 usw.

6.

Gemeint ist das im Tempel der Athena Chalkioikos auf der Akropolis von Sparta befindliche Bild der Göttin: Pausan. 3, 17, 2 (I 242f. Rocha-Pereira). Sie war die Schutzgöttin Spartas (᾽Αθηνᾶ πολιᾶχος), die nach dem Erzschmuck ihres Tempels Chalkioikos genannt wurde. Die Statue bestand ebenfalls aus Erz. Vgl. Dümmler, RE II 1978.

7.

Hinter dem erwähnten Tempel der Athena Chalkioikos lag das Heiligtum der Aphrodite Areia: Pausan. 3, 17, 5 (I 244 ebenda). Das Bild der Göttin war eines der ältesten Holzbilder überhaupt: Dümmler, RE I 2744.

8.

Das Heiligtum der Dioskuren war in der Nähe des sog. Dromos: Pausan. 3, 14, 6 (I 235 ebenda). Sie wurden zusammen mit Helena verehrt: E. Bethe, RE V 1099.

9.

Als Giganten werden hier von Libanios die Christen bezeichnet, natürlich nicht wegen ihrer Stärke, sondern wegen ihrer Frevelhaftigkeit: Sie sind die Hauptgegner der Götter, wie einst die Giganten. Nach Sievers, Libanius 115 A. 67 kommt diese Bezeichnung der Christen auch bei anderen Autoren vor.

10.

Zum Grab des Pausanias: Pausan. 3, 14, 1 (I 233 Rocha-Pereira); zu den beiden Bildern desselben: Pausan. 3, 17, 7 (I 244 ebenda). Sie waren aus Erz und wurden offensichtlich auf Anordnung der Behörden in der Zeit des Libanios eingeschmolzen (= ἀπελθεῖν εἰς πῦρ).

11.

Die Athena Chalkioikos, bei deren Altar die beiden Erzstatuten des Pausanias standen: Pausan., ebenda. Aus dem Text des Pausanias geht nicht hervor, daß die Statuen des spartanischen Feldherrn bei (bzw. auf) seinem Grab, wie Libanios hier angibt, aufgestellt waren.

ep. 6 (473 F)

An Aristainetos

Aristainetos war der beste Freund des Libanios, worauf nicht nur die herzliche Anteilnahme in seinen Briefen an ihn, sondern auch deren Häufigkeit hinweist: 36 Briefe vom Frühling 355 bis zum August 358. In diesen Schriftstücken sehen wir das Idealbild eines spätantiken Gentleman vor uns (vgl. unten, A. 1). Libanios scheint jedenfalls von seinem Freund, der zurückgezogen lebt und sich mit Rhetorik und Philosophie beschäftigt, sehr beeindruckt gewesen zu sein. Im vorliegenden Brief geht es zunächst um den Tod der Frau des Aristainetos, die dieser offenbar übermäßig geliebt hatte und daher lange Zeit betrauerte. Libanios versucht auch in anderen Briefen, den Adressaten über diesen Schicksalsschlag zu trösten: Epp. 405, 414, 427, 430, 459 F. Den Brief überbrachte der Schüler des Libanios Meterios im Winter 355/356 nach Nikomedeia, als er Antiochia verließ, offenbar für immer; vgl. Seeck, Briefe 326.

1.

Sproß einer vornehmen Familie aus Bithynien, studierte er in Athen und anschließend in Nikomedeia, wo er die Bekanntschaft des Libanios machte. In der Folgezeit wurden ihm wiederholt hohe Ämter angeboten, die er jedoch ablehnte; erst im Sommer 358, kurz vor seinem Tode, nahm er das Amt eines Vikars der neugegründeten Diözese Pietas an. Er kam beim Erdbeben von Nikomedeia

am 24. August 358 ums Leben; vgl. ep. 9 (388 F); Prosopography 104 (1).

2.

Gemeint ist ep. 430 F, ein Brief, den Aristainetos offenbar noch nicht beantwortet hatte. Sollte dieser Brief von
Seeck, a. a. O. 322 zu Recht auf den Anfang des Winters
355 datiert sein, dann fällt unserer mit ziemlicher Sicherheit in das Jahr 356; denn Libanios muß lange genug auf
eine Antwort des Aristainetos gewartet haben, bevor er
den Satz schrieb τοῦ μηδὲν ἡμῖν ἀντεπιστεῖλαι. Klematios
ist ein mit Libanios befreundeter *agens in rebus*, der von
Amts wegen dauernd unterwegs ist und die Briefe seiner
Freunde mitnimmt: Seeck, a. a. O. 110 (II).

3.

Libanios gibt hier, wie es scheint, unumwunden zu, daß
die Krankheitsgründe, die er vor ca. zwei Jahren angegeben hatte, um von Konstantinopel nach Antiochia
übersiedeln zu dürfen (ep. 57 [434 F] A. 6), fiktiv waren.
Die schriftliche Mitteilung eines solchen Geheimnisses
stellt einen Beweis für das Vertrauen des Libanios zum
Adressaten dar; vgl. Petit, Publication 486f. Die unbe-
stimmte Form des Ausdruckes ist auch nicht zufällig; vgl.
ep. 430, 3 F ἃ νοσεῖν πλασάμενος ἔφυγον ἥνπερ ἔφυγον πόλιν.

4.

d. h. Konstantinopel. Libanios hatte seinerzeit durch
ärztliche Atteste bescheinigen können, daß die Luft in
Konstantinopel für sein Kopfleiden schädlich war. Zum
Kopfleiden des Libanios: Vorbemerkung zu ep. 12
(727 F).

5.

Das Sprichwort kommt offensichtlich nur an unserer
Stelle vor und wird einmal von Maximos Planudes, ep.
119 (S. 169 Treu) nachgeahmt. Es stellt eine Variante
eines bekannteren Sprichwortes dar: Apostol. 13, 11 (II
573 Leutsch) ὁ Ταντάλου λίθος ὑπὲρ κεφαλῆς ταλαντεύεται,
an welcher Stelle auch die Bedeutung angegeben wird:

ἀντὶ τοῦ φόβος ἔχει ἡμᾶς διηνεκής. Vgl. dazu Lib. Or. 66, 8 (IV 135 Foerster) *λίθος γὰρ ὁ φόβος εἰρήσθω μοι.* An unserer Stelle will Libanios zum Ausdruck bringen, daß seine Nierenkrankheit eine dauernde Gefahr für sein Leben darstellt. Zugleich spielt er mit dem Wort *κεφαλῆς,* welches an das Kopfleiden erinnern soll. Ungenau ist die Erklärung von Salzmann, Sprichwörter 61 (»Libanius' Nierenleiden drückt auf ihn, wie ein schwerer steinerner Mörser«), zu welcher er verleitet wurde, weil er *ὅλμος* in der Bedeutung »Mörser« statt in der Bedeutung »Stein« aufgefaßt hatte. Zum Sprichwort *Ταντάλου λίθος* (bzw. *πέτρος*): Lib. ep. 691, 3; 814, 6 F; or. 66, 8 (IV 135 Foerster); Salzmann, a.a.O. 11f.; A. Otto, Die Sprichwörter der Römer. Leipzig 1890 (Nachdr. Hildesheim 1965), 340; D.K. Karathanasis, Sprichwörter. Diss. München 1936, 31f.

6.

Schüler des Libanios, Sohn eines gleichnamigen Vaters. Der junge Mann hatte als Student in Antiochia viele Freunde, hauptsächlich unter den Dekurionensöhnen, gewonnen und interessierte sich besonders für Pferderennen und andere Amüsements, die die Stadt anbot. Sein Vater scheint diesen Lebenswandel seines Sohnes nicht gebilligt zu haben, weshalb Libanios versucht, sowohl durch die Vermittlung des Aristainetos und anderer (vgl. epp. 474 und 475 F) als auch direkt durch ep. 472 F, ihn zu beruhigen und von den guten Eigenschaften seines Sohnes zu überzeugen; vgl. Petit, Étudiants 150. Vermutlich mußte der junge Mann wegen des Druckes seines Vaters sein Studium in Antiochia aufgeben.

7.

d.h. den Vater Meterios, der in Nikomedeia zu Hause ist.

ep. 7 (374 F)   An Aristainetos

Der vorliegende Brief ist in erster Linie eine Gratulationsschrift des Libanios an seinen Freund Aristainetos zu dessen Ernennung als Statthalter der neugegründeten Diözese *Pietas*. Ohne die verschiedenen Stufen der politischen Hierarchie vorher kennengelernt zu haben, sieht sich Aristainetos plötzlich an die Spitze einer Diözese gestellt. Libanios wünscht ihm dabei, daß er die ihm gestellten schwierigen Aufgaben erfolgreich durchführt und ihn kein Schwindel angesichts der Höhe seines Amtes befällt. Der Brief dient außerdem als Empfehlungsschreiben an den neuen Statthalter zugunsten des bithynischen Dekurionen Dianios, der aus seiner Heimat fliehen mußte, weil er dort wegen Nichterfüllung seiner Kurialenpflichten mit Gefängnis bedroht war. Interessant ist, daß er jetzt, da sein Verwandter Aristainetos zum Vikar ernannt wurde, keine Angst mehr hat, nach Bithynien zurückzukehren. Wie könnte Aristainetos ihm helfen? Vielleicht dadurch, daß er ihm ein Amt verschafft.

Den Brief überbrachte, wie es scheint, Dianios selbst im Sommer 358 nach Bithynien an Aristainetos: Seeck, Briefe 348. Etwas früher (Frühling 358) datiert den Brief Silomon, Lib. epist. 16f.

1.
Zum Adressaten: Ep. 6 (473 F) A. 1.

2.
Aristainetos hatte bereits zweimal ein Amt abgelehnt: Seeck, a.a.O. 85.

3.
Außer den Stellen, die Förster zum Ausdruck πάσῃ μηχανῇ in seinem Apparat anführt, vgl. noch: Dio Chrys. 80,8; Dionys. Hal. 7, 20; Jul. *ad Them.* 262a; 267a; Lys. 19, 53; Muson. Fgm. 6 (S. 26 Hense); Parth. 16, 2; 32, 1 usw.

4.
Zur speziellen Bedeutung des Wortes ζώνη: Ep. 13 (959 F) A. 10.

5.
Vor den Türen der Mächtigen warteten diejenigen, die

ihre Hilfe in Anspruch nehmen wollten; vgl. ep. 10 (255 F) A. 15.

6.

Die vom Volk geübte Kritik hatte nicht bloß theoretischen Charakter, sondern war für die weitere Karriere des hochgestellten Beamten von entscheidender Bedeutung: Ep. 40 (1399 F) A. 5.

7.

Zu diesem Ausdruck vgl. Lib. ep. 112, 1 F τῆς ἐπιθυμίας τὸ κηρίον.

8.

Während der Zeit seines Aufenthaltes in Antiochia wohnte der Kurialensohn Dianios bei Libanios und war sein Schüler. Da er sich durch Flucht seinen Pflichten entzogen hatte, hätte er an sich auch in Antiochia belangt werden sollen, und zwar aufgrund der Bestimmung des *Codex Theodosianus* 12, 1, 12 (I 2, 665 Mommsen) vom 25. Dezember 325: »duarum civitatum decurionatus onera sustineat, in una voluntatis, in una originis gratia«. Vielleicht lebte er im Haus des Libanios unter anderem Namen. Wie dem auch sei, endete sein selbstgewähltes Exil mit der Ernennung des Aristainetos zum Statthalter von Bithynien. Nach dessen Tode (August 358) blieb Dianios offensichtlich in Bithynien und scheint der Schützling des *consularis Bithyniae* Alexander gewesen zu sein: ep. 281 F. Über Dianios vgl. noch epp. 375; 376 F; Seeck, Briefe 120; Pack, Curiales 187.

9.

Mit der ›Gegenseite‹ sind hier wahrscheinlich die Christen von Antiochia gemeint. Daß Dianios ein Heide war, geht aus ep. 281, 2 F einwandfrei hervor.

ep. 8 (20 F)   An Aristainetos

Den vorliegenden Brief erhielt Aristainetos wenige Monate vor seinem Tode. Wie in ep. 7 (374 F) beglück-

wünscht Libanios seinen Freund zu der fairen Art und
Weise, in der er sein Amt verwaltet. Für den Leser, der
das tragische Schicksal des Aristainetos kennt, klingt
mancher Ausdruck des Libanios wie tragische Ironie.
Aristainetos kam in Nikomedeia ums Leben während des
Erdbebens vom 24. August 358. Wie wir aus Ammian
17, 7, 6 erfahren, war er von den herabstürzenden Massen
in dem Raum eines Hauses eingeschlossen worden und
fand darin ein qualvolles Ende. Seeck, Briefe 350 hatte
sogar die Möglichkeit nicht ausgeschlossen, daß der Brief
kurz nach dem Tode des Aristainetos geschrieben wurde,
Silomon, Lib. epist. 19 hat jedoch gezeigt, daß er Anfang des Sommers 358 nach Bithynien geschickt wurde.
Seine Stellung ziemlich am Anfang der Briefsammlung,
weit entfernt von den meisten anderen Briefen an Aristainetos, erklärt sich dadurch, daß das erste Buch des
überlieferten Briefcorpus des Libanios zeitlich unmittelbar nach dem vierten folgt, welches den größten Teil der
übrigen Briefe an Aristainetos enthält: Seeck, a.a.O.
18; 349f.; oben S. 243.

1.

Zum Adressaten: Ep. 6 (473 F) A. 1.

2.

Mit einer durch ἄρα eingeleiteten Frage fangen nicht sel-
ten Briefe an: Lib. epp. 223, 354, 358, 367, 411, 426, 542,
559, 657, 1225 F; Basil. et Lib. ep. 21 (XI 594 Foerster);
Jul. ep. 11 (S. 22 Weis); Dionys. Antioch. epp. 9; 11
(S. 261 Hercher); Synes. ep. 151 (S. 734 ebenda); Apoll.
Tyan. ep. 8 (I 346 Kayser); Maxim. Plan. ep. 12 (S. 21
Treu); Matth. Ephes. ep. 15 (S. 103 Reinsch) usw.

3.

Januarius wird nur in unserem Brief und in ep. 19 F erwähnt. Daraus geht hervor, daß es sich um einen hohen
Beamten handelte, es ist jedoch nicht klar, worin seine
Funktionen bestanden. Nach Prosopography 454 (4)
könnte er *agens in rebus* gewesen sein.

4.

Die Krankheiten, die Libanios um diese Zeit plagten, waren das bekannte Kopfleiden sowie eine Darminfektion: Ep. 25, 2 F. Sie sind nicht in der Tafel von R. A. Pack, The Medical History and Mental Health of Libanius. *Trans. & Proceed. of the Amer. Phil. Ass.* 64 (1933) LIII verzeichnet.

5.

Zu diesem Ausdruck vgl. ep. 16 (715 F)⁶, καὶ κῦμα τὸ μὲν διαπέφευγε, τῷ δὲ παλαίει.

6.

Zeus Philios, der Beschützer der Freundschaft: Dio Chrys. 1, 39f.; Johanna Schmidt, RE XIX 2194f.; H. Schwabl, ebenda X A 371. Es gab einen Tempel des Zeus Philios in Antiochia: Lib. or. 1, 122 (I 141 Foerster); Downey, Antioch 384, mit einer Zeusstatue, errichtet vom Antiochener Theoteknos, Kurator des Kaisers Maximinus: Ebenda 333 f. Es ist nicht klar, was Libanios mit dem Satz ὅτι δή τι φίλων ἡμῖν ἐφάνη τιμιώτερον meint; vielleicht ist darunter seine Übersiedlung nach Antiochia und die dadurch erfolgte Trennung von seinen Freunden in Konstantinopel und Nikomedeia gemeint. Vgl. ep. 57 (434 F) A. 6.

7.

Zu dieser Wendung vgl. Lib. or. 1, 129 (I 145 Foerster) τῇ διὰ τῆς μορφῆς ἡδονῇ μηνυομένῃ συνετέλει.

ep. 9 (388 F)
An Strategios

Dieser Brief ist ein Klagelied auf die Stadt Nikomedeia, die 358 durch ein Erdbeben völlig zerstört wurde, und auf die Freunde, die dabei den Tod fanden, allen voran Aristainetos. Für Libanios bedeutete dieses Ereignis, wie mehrere Stellen seines Werkes bezeugen, einen Schicksalsschlag wie der Tod Julians.

Die Stadt Nikomedeia erlebte gegen Ende des 3. Jahrhunderts eine große Blüte, nachdem Diokletian seine
Residenz dorthin verlegt hatte. Er ließ einen prächtigen
Palast bauen, der einen Hippodrom, eine Münze sowie
ein Arsenal umfaßte und einen ganzen Stadtbezirk in
Anspruch nahm. Die Stadt wurde nach dem Muster Roms
weiter ausgebaut und wuchs allmählich zu einer Großstadt mit prachtvollen Gebäuden und Säulenhallen. Diokletian gründete dort auch eine Rhetorikschule, in welche
der Rhetor Laktanz und der Grammatiker Flavius berufen wurden. Von 343 bis 348 wirkte auch Libanios ebenda
als Lehrer der Rhetorik. In seiner Autobiographie (or.
1, 51 f.) bezeichnet er diese fünf Jahre als die glücklichsten
seines Lebens und erwähnt auch sonst die schönsten
Erinnerungen aus Nikomedeia. Man kann daher leicht
verstehen, welcher Nachdruck in dem Satz liegt: τίνα
γὰρ οἴει με γενέσθαι πυθόμενον ὡς ἡ φιλτάτη πόλις ἐπὶ τοῖς
φιλτάτοις πέπτωκεν ἀνδράσιν; (Denn in welchen Zustand,
glaubst du, geriet ich bei der Nachricht, daß die Stadt,
die ich am meisten liebe, über den Menschen, die ich am
meisten liebe, zusammengebrochen ist?). Man spürt in
diesen Worten noch den starken Widerhall, den in der
ganzen damaligen Welt die Nachricht gefunden hat, Nikomedeia sei innerhalb weniger Minuten dem Erdboden
gleichgemacht worden.
Der Brief ging im Winter 358/359 an Strategios nach
Konstantinopel: Seeck, Briefe 353; Silomon, Lib.
epist. 17.

1.

Zum Adressaten, der bereits in der Zeit Konstantins d. Gr.
ein hohes Amt innehatte, vgl. ep. 57 (434 F) A. 3.

2.

Ähnlich fängt ep. 53 (1220 F) an, in einer inhaltlich ent-
sprechenden Situation: οὐδέπω με πεπαυμένον δακρύων εἰς
ἥείζω θρῆνον ἐνέβαλες.

3.

Das berühmte Kopfleiden des Libanios, das kurz zuvor nachgelassen hatte; vgl. ep. 12 (727 F); Sievers, Libanius 15 f.

4.

Zu diesem Ausdruck vgl. Plut. *mor.* 2, 48 C τὸν εὐρῶτα τῆς ψυχῆς καὶ ζόφον.

5.

Durch Zauberlieder (ἐπῳδαί, *incantamenta*) versuchte man im Altertum (und z. T. tut man es immer noch heute) nicht nur psychische Störungen, sondern auch körperliche Krankheiten zu heilen: M. P. Nilsson, Geschichte der griechischen Religion, I. München[3] 1967, 543; E. Rohde, Psyche, II. Freiburg[2] 1898 (Nachdr. Darmstadt 1961), 77 A. 1. Gewisse Formeln wurden dabei unzählige Male wiederholt, damit sie Wirkung auf die Krankheit haben: Aristid. or. 24, 41 (II 66 Keil) χρὴ τοὺς ἐπῳδοὺς μιμήσασθαι, οἳ τὰς αὐτὰς φωνὰς φθεγγόμενοι πολλάκις οὕτως ἀνύτειν δοκοῦσι. (Man muß jene nachahmen, die Zauberlieder singen und dieselben Laute immerzu wiederholen und so zum Ziele zu kommen scheinen). Libanios benutzt das Wort hier, wie es scheint, im übertragenen Sinne und meint damit die Trostworte seiner Freunde, die ihn wiederaufzurichten trachten.

6.

Das Erdbeben, das außerordentlich stark gewesen sein muß, ereignete sich in den Morgenstunden des 24. August 358 und war von einer Flutwelle begleitet; anschließend brach ein Feuer aus und zerstörte, was übriggeblieben war. Ausführlich berichten darüber Libanios, or. 61 (IV 329 f. Foerster) und Ammian 17, 7, 1–8; die Nachricht von dem Erdbeben hat sich jedoch bei vielen Autoren erhalten: Seeck, Untergang IV 451 A. 24. Vgl. ferner G. Downey, Earthquakes at Constantinople and Vicinity, A.D. 342–1454. *Speculum* 30 (1955) 596; Seeck, Untergang IV 162; V. Grumel, La Chronologie (Traité

d'études byzantines I). Paris 1958, 477; W. Ruge, RE
XVII 478. Über Nikomedeia im allgemeinen vgl. noch
Jones, Cities 150f.

7.

Gemeint sind Aristainetos und Hierokles, die beim Erdbeben den Tod fanden, vermutlich aber auch andere
Freunde des Libanios, die er aus der Zeit seines Aufenthaltes in Nikomedeia kannte. Vgl. Seeck, Briefe 9f.;
ep. 56 (66 F) A. 6.

8.

In einen ähnlichen Zustand geriet Libanios, als er die
Nachricht vom Tode Julians hörte; vgl. ep. 61 (1455 F);
Sievers, Libanius 128.

9.

Platonisch formuliert: *Resp.* 571 c *ἀπωσάμενον τὸν ὕπνον.*

10.

Libanios schrieb daraufhin zwei (prosaische) Klagelieder:
Die erhaltengebliebene Monodie auf Nikomedeia (or. 61)
und den verlorengegangenen Threnos für Aristainetos
(vgl. dazu ep. 33 F; Förster–Münscher, RE XII
2527). Der Monodie auf Nikomedeia, die er im engen
Kreis seiner Freunde vorlas, diente die berühmte *ἐπὶ*
Σμύρνῃ μονῳδία (or. 20) des Aristeides zum Vorbild, die
ebenfalls anläßlich der Zerstörung von Smyrna durch ein
Erdbeben (vermutlich im Jahr 178 n. Chr.) geschrieben
wurde. Nach einer Einleitung, in welcher er dem Poseidon Vorwürfe macht, weil er die Stadt nicht geschont
habe, beschreibt Libanios in der Klagerede die Schönheit
und Größe der Stadt und geht anschließend zur Schilderung des Erdbebens über; am Schluß erreicht die Klage
einen rhetorischen Höhepunkt.

11.

Dem Briefschreiber schweben zwei Stellen seines Lieb-
lingsdichters Euripides vor: Or. 454 *ὄνομα γάρ, ἔργον δ' οὐκ*
ἔχουσιν οἱ φίλοι und Alk. 339 *λόγῳ γὰρ ἦσαν οὐκ ἔργῳ φίλοι.*

12.

Aus unserer Stelle geht hervor, daß Strategios, obgleich ein Christ, mit Aristainetos eng befreundet war. Es ist nicht bekannt, woher sich die beiden Männer kannten. Vielleicht hielt sich Strategios im Laufe seiner Karriere irgendwann längere Zeit in Nikomedeia auf, was freilich von keiner der zahlreichen Quellen über den Mann bezeugt wird.

ep. 10 (255 F)

An Eudaimon

Der Brief ist ein interessantes Zeugnis für den leidenschaftlichen Attizismus des Libanios, zu dem er sich gleich im ersten Satz unmißverständlich bekennt. In dieser Hinsicht stimmt er völlig überein mit seinem großen Vorbild, dem Rhetor Aristides, der gesagt hatte: »Was den literarischen Stil betrifft, möchte ich nur soviel sagen, daß man weder Nomina noch Verben gebrauchen soll, die nicht in den Texten belegt sind«.* Sein ganzes Leben hindurch hat Libanios die eigene Schriftstellerei mit dem Studium der großen Klassiker des 5. und 4. Jhs (vor allem des Demosthenes) verbunden. Unser Brief zeigt, wie er darüber hinaus seinen Freund Eudaimon gewissermaßen als lebendiges Lexikon attischer Orthoepie benutzt. Offenbar will er über das in den attizistischen Lexika von Moeris, Phrynichos und anderen gesammelte Material hinausgehen**. Später wurde Libanios selbst Jahrhun-

---

* Aristid. Rhetorik 2, 10, 1 (II 537 SPENGEL) περὶ δὲ ἑρμηνείας τοσοῦτον ἂν εἴποιμι μήτε ὀνόματι μήτε ῥήματι χρῆσθαι ἄλλοις πλὴν τοῖς ἐκ τῶν βιβλίων.
** Zum Attizismus überhaupt: G. N. HATZIDAKIS, Einleitung in die neugriechische Grammatik (Bibliothek Indogermanischer Grammatiken, V). Leipzig 1892, 245 f. Zum Attizismus des Libanios: E. NORDEN, Die antike Kunstprosa, I. Darmstadt 1958, 402 f.; des Aristeides: W. SCHMID, Der Atticismus in seinen Hauptvertretern. II Stuttgart 1889, 1 f.

derte hindurch als Muster attischer Sprachreinheit imi-
tiert.

Im Gegensatz zu SEECK, Briefe 375, der den Brief in die
Jahre 360/361 datieren wollte, hat SILOMON, Lib. epist.
44 in überzeugender Weise gezeigt, daß er 357/358 geschrieben wurde, was auch FÖRSTER akzeptiert hat.

1.

Es handelt sich um den aus anderen Quellen auch bekannten Grammatiker Eudaimon von Pelusion. Laut
Suda s. v. Εὐδαίμων (II 444 ADLER) war er Verfasser von
einer τέχνη γραμματική, einem Traktat über ὀνοματικὴ
ὀρθογραφία und von Gedichten (ποιήματα διάφορα*). Aus
unserem Brief geht hervor, daß er auch Deklamationen
schrieb. Seine Orthographie hielt offensichtlich den Vergleich mit dem gleichnamigen Werk Herodians aus und
wurde viel benutzt. Kurz vor Abfassung dieses Briefes
hatte Eudaimon Antiochia besucht: SILOMON a. a. O. Vgl.
noch COHN, RE VI 885; SEECK, Briefe 131; Prosopography 289f.

2.

Das Wort bedeutet hier offensichtlich die griechischen
Klassiker. Anders beim oben erwähnten Lexikon von
Moeris, welches zwischen Ἀττικοί und Ἕλληνες unter-
scheidet.

3.

Nach τούς hat REISKE τοῖς in den Text eingefügt, um das
fehlende Objekt von συμφερομένους zu ergänzen. Darin ist
ihm FÖRSTER gefolgt. Die Ergänzung scheint jedoch nicht
nötig zu sein, da das genannte Verbum auch ohne Objekt
vorkommt: Thuc. 7, 36, 6 ξυμφερομένους αὐτοὺς ἐς ὀλίγον

---

* Statt ποιήματα wollte GRÄFENHAN (vgl. RE, a. a. O.) ὑπομνήματα
lesen (πονήματα wäre vielleicht eine naheliegende Emendation);
das Wort ποιήματα scheint jedoch richtig überliefert worden zu
sein, zumal Libanios den Eudaimon an anderer Stelle nebst Rhetor
auch Dichter nennt: Lib. ep. 132, 1 F τὰ τῶν ποιητῶν ἐπίστασθαι
καὶ γενέσθαι ποιητήν.

τε καὶ πάντας ἐς τὸ αὐτό (vgl. ebenda 6, 13, 2 und 4, 65, 1)
usw. Es hat hier eine pejorative Bedeutung (= *zusammen-
gerottet* *). Durch das Pronomen τούτου weist Libanios
auf die unmittelbar davor von ihm aufgestellte Regel.

4.

Wohl eine Anspielung auf Aristoph. *nub.* 144–145:

ἀνήρετ᾿ ἄρτι Χαιρεφῶντα Σωκράτης
ψύλλαν ὁπόσους ἄλλοιτο τοὺς αὐτῆς πόδας.

Als Grammatiker, d. h. Gymnasiallehrer, ist Eudaimon
vorwiegend in den griechischen Dichtern zu Hause:
WOLF, Schulwesen 31 f. Das berühmt gewordene Kopfleiden (vgl. ep. 727 u. passim) traf den zwanzigjährigen
Libanios, als er mit seinem Grammatiker Aristophanes
las: Lib. or. 1, 9 (I 85 FOERSTER) ἐν τοῖς ᾿Αχαρνεῦσι τοῖς
᾿Αριστοφάνους ἦν καθημένῳ τῷ γραμματιστῇ** παρεστηκὼς
usw.

5.

Genau genommen, gehörte der Wohnort Eudaimons,
Elusa (: Lib. ep. 315, 5 F), nicht zu Ägypten, sondern zu
Palästina *tertia* (heut. Halasa, südwestlich von Bir es-
Seba: I. BENZINGER, RE V 2457); Libanios nennt jedoch
den nördlichen Teil Arabiens auch Ägypten, weil der
Name rhetorisch eindrucksvoller ist.

6.

Palästina *tertia* war als Provinz dem *comes orientis* unterstellt, der seinen Sitz in Antiochia hatte und die höchste
juristische Instanz der Diözese repräsentierte. In den
Briefen des Libanios sehen wir ihn oft als Richter fungieren, daraus geht es jedoch nicht einwandfrei hervor, ob

---

* Ähnlich belegten die Hochsprache-Fanatiker in der Zeit der
scharfen sprachlichen Auseinandersetzungen Anfang des Jahrhunderts in Griechenland die Anhänger der Volkssprache mit dem Beinamen ἀγελαῖοι (= *herdenweise lebend*).
** Es ist wohl auf den Attizismus des Libanios zurückzuführen,
daß er den γραμματικός immer γραμματιστής nennt: WOLF, a. a. O.
32 f.

er primäre Gerichtsbarkeit durchführt oder bloß Berufungen erledigt: Petit, Vie municipale 256 und A. 10.

7.

Es handelt sich um den Vers Hom. Il. 10. 224, der bereits bei Plato, *Symp*. 174d sprichwörtlich zitiert wird: Salzmann, Sprichwörter 70. Vgl. auch Lib. ep. 1347, 4 F.

8.

Er umschreibt mit anderen Worten die Schüler-Lehrer-Beziehung.

9.

Der Ausdruck σῖτον αἱρεῖσθαι stammt nicht aus der Alltagssprache der Zeit, sondern ist Herodot (7, 120, 1) und Thukydides (2, 75, 3) entnommen.

10.

Mit Schneegestöber (νιφάδες) hat die Worte als erster Homer, Il. 3, 222 verglichen, ein Vergleich, der den Autoren der Kaiserzeit sehr beliebt war. An anderer Stelle (ep. 112, 6 F) hat Libanios πληγῶν νιφάδες geschrieben.

11.

Gemeint ist wohl der Raum vor diesen Handwerkerbuden. Auf dem Marktplatz von Antiochia konnte sich vermutlich Libanios mit seinem Freund nicht in Ruhe unterhalten, da er zu bekannt war und dauernd angesprochen wurde. Das seltene Wort γέρρα ist ebenfalls Libanios' Attizismus zu verdanken: Es bezeichnet bei den attischen Rednern (z. B. Demosth. 18, 169; 59, 90) eine entsprechende Einrichtung der athenischen Agora.

12.

Die Anspielung auf die Schmiede, die daneben arbeiteten, ist unüberhörbar.

13.

Die Alliteration in den Wörtern ἐνεβίβαζον βάσανον soll die Beharrlichkeit des Libanios und sein Interesse für die Sprache zum Ausdruck bringen.

14.

Als echtbürtig sind hier die bewährten attischen Wörter und Wendungen gemeint, während Vokabeln der späteren Sprache und der Koine als Bastarde bezeichnet werden. Vgl. das eingangs Gesagte.

15.

Libanios wartet ebenfalls auf die Ankunft der Archonten, weil er vermutlich bei ihnen zugunsten der Angelegenheit seines Freundes vermitteln sollte. Warten vor den Türen der Mächtigen war im Spätaltertum eine sehr verbreitete Sitte.

16.

Er spielt wohl auf das von Herodot 1, 47, 2 zitierte pythische Orakel an, dessen erster Vers proverbial geworden ist:

οἶδα δ᾽ ἐγὼ ψάμμου τ᾽ ἀριθμὸν καὶ μέτρα θαλάσσης,

καὶ κωφοῦ συνίημι, καὶ οὐ φωνεῦντος ἀκούω   usw.

Das Orakel wird noch zitiert von Arist. or. 28, 48 (II 157 KEIL), Euseb. *praep. evang.* 5, 34, 1 (I 284 MRAS), Philostr. *Vit. Soph. 1 Praef.* (II 2 KAYSER) und der Suda s.v. Κροῖσος (III 197 ADLER). Mehr oder weniger proverbial wie hier: Philostr. *Vit. Apoll.* 6, 11 (I 222 KAYSER), Themist. or. 7, 97c (I 146 SCHENKL-DOWNEY) und or. 19, 227d (ebenda S. 330). Vgl. Salzmann, Sprichwörter 89.

17.

Gemeint ist die Form ῞Ηρακλες.

18.

Dieselbe Ansicht bringt die Suda s.v. ῾Ηράκλεις (II 583 ADLER) zum Ausdruck: ῾Ηράκλεις: σχετλιαστικὴ φωνή. Und zwei Zeilen weiter: ἐπίφθεγμα θαυμαστικόν, τὸ δὲ ῞Ηρακλες κλητικὴ πτῶσις. Vgl. SCHWYZER-DEBRUNNER, Grammatik II 626.

19.

d.h. ῾Ηράκλεις, ῞Ηρακλες, ῾Ηράκλεες: C.A. LOBECK, Phrynichus 640f.

20.

Ein vorwiegend platonischer Gedanke: Plat. *Ion* 534b
καὶ αὐτοὶ οὕτω πετόμενοι ... κοῦφον γὰρ χρῆμα ποιητής ἐστιν
καὶ πτηνόν.

21.

Vor seinem Feuertod schenkte Herakles dem Philoktet
seinen unfehlbaren Bogen, weil dieser den Scheiterhau-
fen des lebensmüden Helden anzündete: Soph. *Philokt.*
670, 801 f.

22.

Gemeint ist die Komposition von Reden; Eudaimon beschäftigte sich nicht ausschließlich mit der Grammatik.

23.

Aus dem, was im folgenden erzählt wird, kann man entnehmen, daß Eudaimon in einer Deklamation die Macht
der Euripideischen Poesie lobpries, welcher die Athenischen Gefangenen in Sizilien ihre Rettung verdankten:
Plut. Nic. 29, 2. Ἰταλίας-Αἰτωλίας: Eine gewollte Parechesis.

24.

Das Thema einer zweiten Deklamation von Eudaimon
bezog sich auf Ätolien; es ist uns jedoch nicht gelungen,
die beiden folgenden Stichwörter (Bild-Weinrausch) mit
einem bestimmten mythologischen oder historischen Ereignis zu verbinden.

25.

Libanios' Vorliebe für Euripides erweist sich u. a. aus den
zahlreichen Zitaten des Dichters in dem Werk des Sophisten.

26.

Der auf der Insel Thasos produzierte Wein ist im Altertum wegen seiner Spitzenqualität sprichwörtlich geworden: SALZMANN, Sprichwörter 39.* Aelian VH 13, 6

* Zu den dort angeführten Stellen sind folgende hinzuzufügen:
Plut. *Mor.* 1089 C; *Demetr.* 19, 7; Luc. *Am.* 27; Philostr. *Im.* 2, 26,
4; Dio Chr. 6, 12; 66, 26.

(II 148 HERCHER) spricht über zwei Sorten von thasischem Wein: die eine rufe Schläfrigkeit, die andere Schlaflosigkeit und Unbehagen hervor. Vgl. noch V. HEHN, Kulturpflanzen und Haustiere. Berlin 1911 (Nachdr. 1963), 69.

27.
Er spielt mit dem Namen des Adressaten. Ähnlich Theodor von Studion ep. 271 (S. 218 COZZA-LUZI) μακάριος εἶ φερωνύμως, ὦ Μακάριε.

28.
Reicher Athener, Vater des Anytos: Plat. *Menon* 90a.

29.
Ein ebenfalls für seinen Reichtum sprichwörtlich gewordener Athener; vgl. Athen. 12. 537c (III 184 KAIBEL) τὸν δὲ Νικίου τοῦ Περγασῆθεν πλοῦτον ἢ τὸν Ἰσχομάχου τίνες ἀπώλεσαν;

30.
Nikias, Sohn des Nikeratos, der bekannte athenische Politiker und Feldherr; zur Vielzahl seiner Sklaven: Plut. *Nic.* 4, 2 πλῆθος ἀνδραπόδων ἔτρεφεν.

31.
Daos war eine Dienerfigur in den Komödien des Menander: *Epitr.* 87 (S. 12 KOERTE); *Heros* passim usw.

ep. 11 (1534 F)

An Theodoros

Libanios' Verehrung für den Redner Ailios Aristeides kommt im vorliegenden Brief besonders deutlich zum Ausdruck. Wir haben keinen Grund, Libanios hier nicht beim Wort zu nehmen: Er liest eine Rede des Aristeides und betrachtet zugleich ein vom Adressaten ihm zugeschicktes Bild des berühmten Redners, sich fragend, ob es wirklich ihn darstellt. Das Ergebnis dieser Betrachtung ist für Libanios positiv: Solche Reden können nur von einer göttlichen Gestalt, wie das Bild sie zeigt, ge-

schrieben worden sein. Der ganze Brief verrät die echte
Begeisterung des Briefschreibers, die das Bild des von
ihm verehrten Redners ausgelöst hat. Dabei handelt es
sich keineswegs um eine persönliche Eigenart des Libanios, sondern er tritt mit dieser Einstellung stellvertre-
tend für eine ganze Epoche griechischer Kultur auf. Wie
wenig wir heute imstande sind, seine Begeisterung zu teilen, mögen die Worte EDUARD NORDENs zeigen, eines
der hervorragendsten Kenner der antiken Prosa: »Über
des Aristeides gesinnungstüchtige Langeweile, die noch
empfindlicher wird durch das süßliche Wesen des Mannes... wird sich jeder geärgert haben, der, wie ich selbst,
auch nur einige seiner Reden ganz hat zu Ende lesen können. ›Man kann, sagt H. Baumgart (Ael. Aristides p. 39),
ohne Übertreibung behaupten, daß in den gesamten 55
erhaltenen Reden des Aristeides auch nicht ein einziger
selbständiger Gedanke entwickelt ist‹«.* Der Brief ist
im Sommer 365 geschrieben: SEECK, Briefe 441.

1.

Ein höherer Beamter des Reiches, der zur Zeit der Abfassung des vorliegenden Briefes in Bithynien tätig war.
Wie SEECK, Briefe 308 mit Recht bemerkt hat, waren von
Aristeides in dieser Provinz mehr Spuren als anderswo
vorhanden, da er in der bithynischen Stadt Adrianutherai
zu Hause war.

Das Bild des berühmten Redners, welches Libanios vom
Adressaten erhalten hat, galt offensichtlich als authentisch
(vgl. jedoch die unten, Anm. 11, gemachten Einschrän-
kungen). Da Theodoros Rhetorik studiert hat (: ep. 339,
11 F ἐν πρώτοις τεταγμένον ὑπὸ τῆς τέχνης) war er wahrscheinlich auch ein Bewunderer des Aristeides. Vgl.
Prosopography 897 (11).
Im übrigen scheint der Name Theodoros jemanden zu

---

* Die antike Kunstprosa, I. Darmstadt⁵ 1958, 401. Zweifelsohne
eine stark übertriebene Ansicht.

bedeuten, dem der Gott Asklepios das Leben geschenkt,
d. h. den er geheilt hat (= θεοῦ δῶρον); denn Aristeides in
seinen ἱεροὶ λόγοι erzählt, daß er selber Theodoros hieß:
or. 50, 53 (II 439 Keil) καὶ μὴν τοὔνομά γε ὁ Θεόδωρος
οὕτως ἐπωνομάσθη μοι. προσρηθῆναι μὲν ἔδοξα ὡς ἐν Σμύρνῃ
ὑπό τινος καὶ μάλα συγχαίροντος· „Θεόδωρε χαῖρε“. Ähnlich
etymologisieren den Namen später, *mutatis mutandis,* die
Byzantiner: C. Thomas, Theodor von Studion und sein
Zeitalter. Osnabrück 1892, 22.

2.

Zum Leben und Werk, sowie zu der Epoche des Ailios
Aristeides: A. Boulanger, Aelius Aristide et la sophisti-
que dans la province d'Asie au IIᵉ siècle de notre ère.
Paris 1923. Aristeides galt nicht nur als großer Redner,
sondern auch als einer der wissensreichsten Gelehrten
seiner Zeit. Sein Vorbild war Demosthenes, den er erfolgreich nachahmt, obwohl er von Improvisation nicht
viel hielt (vgl. das oben erwähnte Urteil Baumgarts).
Sein immenser Einfluß reicht bis in spätbyzantinische
Zeit.

3.

Man hat früher das Wort γραφῇ so aufgefaßt, als wolle
Libanios sagen, daß er die Echtheit der Reden des Aristeides prüfe; wie jedoch I. Turzewitsch* erwiesen hat, ist
ein Portrait des Redners gemeint, dessen Echtheit Libanios prüfen will. Vgl. H. Röhl, in: *Berliner Philologische
Wochenschrift* 30 (1910) 500.

4.

Der Ausdruck τῶν ἐκείνου τι βιβλίων ἀναγινώσκων ist echt
Aristideisch formuliert: Aristid. or. 49, 30 (II 420 Keil)
βιβλίον τι τῶν σπουδαίων ἔδοξα ἀναγιγνώσκειν; vgl. Ders.,
or. 47, 51 (II 388); or. 50, 69 (II 442 Keil) usw. Bei Aristeides bedeutet jedoch das Wort βιβλίον noch die Rolle

---

* Philologische Studien und Notizen. 3. Heft. (*Nachrichten des histo-
risch-philologischen Institutes des Fürsten Besborodko in Njeshin, Bd. 24*).
Njeshin 1909, S. 107f.

(vgl. or. 47, 39), was bei Libanios höchstwahrscheinlich
nicht mehr der Fall ist, da im 4. Jahrhundert der Kodex
bereits sehr verbreitet ist: H. HUNGER, in: Geschichte der
Textüberlieferung. Zürich 1961, 47 f. Nicht überzeugend
Norman, Book Trade 125, der die Rolle noch im
4. Jahrhundert als die herrschende Form des Buches an-
sieht; vgl. noch ebenda 124 und ep. 79 (399 F) A. 4;
Seeck, Briefe 20.

5.

Libanios hat allen Grund, diese Frage zu stellen, da es im
Spätaltertum gang und gäbe war, falsche Namen an Bildern und Statuen anzubringen.

6.

Der gewöhnliche Ausdruck, der unzählige Male bei spätgriechischen und byzantinischen Autoren vorkommt, ist
πατὴρ λόγων. Die Wendung μήτηρ λόγων ist unseres Wissens nur hier belegt, motiviert durch das vorhergehende
Femininum μορφήν. Zu πατὴρ λόγων vgl. Lib. ep. 22
(1480 F), 4; Plat. Symp. 177d usw.

7.

Zum Ausdruck θεοειδῆ καὶ καλά vgl. Plut. *mor.* 988 D οἱ
ποιηταὶ τοὺς καλοὺς θεοειδεῖς ὀνομάζουσιν.

8.

Italicianus, aus Italien stammend und zeitweilig in Ägypten als Beamter tätig, hatte seit 361 das Amt des vicarius
Asiae inne: SEECK, Briefe 188. In ep. 8 f., die an Italicianus gerichtet ist, ist wahrscheinlich von demselben Bild
die Rede.

9.

Die Krankheit, oder besser die Krankheiten des Aristeides, sind aus seinen sog. ἱεροὶ λόγοι (or. 47–52), wohl den
interessantesten unter seinen Reden, bekannt.

10.

In den erwähnten ἱεροὶ λόγοι spricht Aristeides viel über
sich selbst, Libanios war jedoch keine Stelle bekannt,
welche auf seine langen Haare schließen ließe.

11.

Libanios hat keineswegs aufs Geratewohl an Asklepios gedacht, sondern offensichtlich wußte er aus Kunstwerken sowie aus der ekphrastischen Literatur, wie Asklepios dargestellt wird. So lesen wir in einer Ekphrasis einer Statue des Asklepios über seine langen Haare: Callistr. *imag.* 10 (II 434 KAYSER) πλοκάμων δὲ ἕλικες ῥεόμενοι χάρισιν οἱ μὲν εἰς νῶτα τεθηλότες ἄφετοι κέχυνται, οἱ δὲ ὑπὲρ μετώπου πρὸς τὰς ὀφρῦς ἐπιβαίνοντες τοῖς ὄμμασιν εἰλοῦνται. Auch THRAEMER, RE II 1695 identifiziert Asklepios-Darstellungen auf Münzen aufgrund des Bartes sowie des langen gelockten Haupthaares. Vgl. ferner E. J. & L. Edelstein, Asclepius. Baltimore 1945, II 219 f. Die Ähnlichkeit des Aristeides-Bildes mit Asklepios dürfte wohl kaum zufällig sein, sondern weist auf eine Tendenz der bildenden Künste jener Zeit hin, die Züge des Redners denen des Gottes anzugleichen, um seinem engen Verhältnis zu Asklepios Ausdruck zu verleihen. So hat Italicianus auch von Libanios selbst gesagt, er sehe dem Asklepios ähnlich, worauf dieser antwortete: »Ich bin nun einmal ein Mensch und nicht besser als meine Mitmenschen; frevle also nicht gegen die Bilder und, wenn du lobst, halte Maß.« (ep. 8, 1 F).
Nach SEECK hatte Italicianus nicht ein Gemälde, sondern eine Büste des Aristeides an Libanios geschickt. Das dürfte jedoch kaum der Fall sein, da Libanios im folgenden alle drei Bilder, von denen die Rede ist, als gleichartig betrachtet.

12.

Gemeint ist offenbar die Darstellung des Asklepios auf einem Bilde im Tempel des Olympischen Zeus zu Daphne, von dem im folgenden die Rede ist.

13.

Gemeint ist der von Diokletian gebaute Tempel des Olympischen Zeus in Daphne: DOWNEY, Antioch 325 f. Ganz anders hat den Ausdruck ἐν Ὀλυμπίου SEECK, Briefe

222 aufgefaßt: Nach ihm war das erwähnte Kunstwerk im Hause des reichen Antiocheners Olympios aufgestellt. Dagegen spricht jedoch das Wort ἀνάθημα: Der Arzt Olympios betrachtete seinen Namensvetter, den Olympischen Zeus, natürlich als seinen Schutzpatron und brachte ihm Weihgeschenke dar. Auch der Umstand, daß Libanios das angebliche Asklepios-Bild nicht in seinem Haus behalten will, sowie der Satz Ἀσκληπιὸν . . . . . οἷος ἦν ἐν Δάφνῃ sind nicht leicht mit der Hypothese SEECKs zu vereinbaren.

14.

Der Tempel wurde wahrscheinlich geplündert während der persischen Kriege des 3. Jahrhunderts: E. S. BOU-CHIER, A Short History of Antioch. Oxford 1921, 119f. Die letzte Plünderung von Daphne war wohl die durch die Araber der Königin Zenobia im Jahre 272: Ebenda 123; DOWNEY, Antioch 268.

15.

Statt ἀλλήλους wollte REISKE ἑαυτούς lesen, die Emendation ist jedoch nicht notwendig: Libanios ist wieder mit den Bildern des Aristeides im Gespräch.

16.

Die Identifikation durch das vom Adressaten geschickte Bild schenkte dem Libanios sozusagen auch das erste Bild, das er sonst als vermeintliches Asklepios-Bild in dem Heiligtum aufgestellt hätte.

17.

Die Hoffnung, fast zwei Jahrhunderte nach dem Tode des Aristeides etwas von den älteren Leuten über ihn zu erfahren, weist auf die Bedeutung der mündlichen Überlieferung in der Zeit des Libanios hin.

ep. 12 (727 F)   An Demetrios

Sein großes Vorbild, den Redner Ailios Aristeides, ver-

sucht Libanios in jeder Hinsicht nachzuahmen. Und wie jener in seinen ἱεϱοὶ λόγοι* seine Krankheit verherrlicht hatte, indem er über die Heilung erzählte, die ihm Asklepios habe angedeihen lassen, so glaubt auch Libanios, sein Kopfleiden sei berühmt geworden wegen der Orakelsprüche, die er diesbezüglich von den Göttern erhalten hat.** An diesem Kopfleiden ist gewiß manches Wirklichkeit, manches aber auch rhetorischer Topos. In seiner Autobiographie*** berichtet er darüber folgendes: Als er einmal mit seinem Lehrer die Acharner des Aristophanes las, wurden ihm plötzlich die Augen durch einen Blitz, der vom verfinsterten Himmel kam, geblendet und der Kopf durch den nachfolgenden Donner betäubt. Bald darauf begab er sich nach Hause, es war ihm jedoch immer noch, als habe er den Blitz vor Augen und den Donner in den Ohren. Aus diesem Ereignis, sagt er, ist ein permanentes Kopfleiden entstanden.
Der Brief läßt sich wegen der ungewöhnlich genauen Angaben leicht auf das Jahr 362 datieren.

1.

Lehrer der Beredsamkeit, tätig in Tarsos. In ep. 606 F rühmt ihn Libanios als den größten Redner seiner Zeit. Vermutlich befaßte er sich auch mit der sog. Theurgie, da er Orakelsprüche der Götter usw. hervorrufen konnte. Vgl. Seeck, Briefe 117f.; Prosopography 247f.

2.

Gemeint sind durch Priestervermittlung oder Träume**** gegebene Orakelsprüche in Bezug auf eine be-

---

* Or. 47–52 (II 376f. Keil).
** Diese Motivation des Briefschreibers wirkt hier um so mehr, als der Brief ebenfalls an einen Bewunderer des Aristeides gerichtet ist: Wie dieser, schreibt Demetrios Reden auf Geheiß des Gottes Asklepios, nimmt dessen Orakelsprüche entgegen usw.
*** Lib. or. 1, 9 (I 85 Foerster).
**** Das Verbum φοιτᾶν spricht eher für Traumanweisungen, wie z. B. bei Plat. *Phaed.* 60 e πολλάκις μοι φοιτῶν τὸ αὐτὸ ἐνύπνιον

stimmte Krankheit. In den ἱεροὶ λόγοι des Aristeides, die
dem Briefschreiber hier vorschweben, ist des öfteren von
ähnlichen Heilungsanweisungen des Asklepios die Rede;
laut or. 48, 71 (II 410 KEIL) z. B. legte sich Aristeides auf
dem Gelände des Asklepiosheiligtums schlafen, wobei
er im Traum eine solche Anweisung des Gottes vernahm.

3.

Demetrios hatte demgemäß zwei Reden auf Geheiß des
Asklepios geschrieben, nachdem er mit dem Gott in
irgendeiner wunderbaren Weise Kontakt aufgenommen
hatte. Ähnlich wird Aristeides or. 50, 23 f. (II 431 f. Keil)
gleichfalls von Asklepios befohlen, eine Rede über die
altgriechischen Dichter zu halten, wobei aus seinem
Munde angeblich mitunter der Gott selbst spricht. Das
Verbum προβάλλειν (sowie das entsprechende Substantiv πρόβλημα) bezieht sich als *terminus technicus* auf den Vorschlag des Themas einer rhetorischen Epideixis; Lib. or.
59, 6 (IV 212 Foerster) ὁ προβαλὼν τὸν ἆθλον. In der Rednersprache wird die Rede oft als ἆθλος oder ἀγών bezeichnet. Vgl. Festugière, Antioche 166 A. 1.

4.

Während desselben Jahres 362 hatte Libanios anscheinend auch seinen Bruder nach Tarsos geschickt (er selber konnte wegen seiner Krankheit nicht reisen: Ep.
708 F), um einen Orakelspruch für sein Kopfleiden zu
holen. Vgl. die äußerst kurz abgefaßten epp. 706, 707 und
708 F, durch welche Libanios Freunde in Tarsos bittet,
seinem Bruder bei der Erfüllung seiner Mission beizustehen. Zum Abholen von Orakelsprüchen durch Dritte:
Arist. or. 48, 12 (II 416 Keil) δόξαν ταῦτα πέμπω τὸν Ζώσι-
μον. ἐπελθούσης δὴ τῆς νυκτὸς τῷ μὲν Ζωσίμῳ γίγνεται τόδε
τὸ μαντεῖον φέρον εἰς ἐμέ usw. (Nach diesem Entschluß
schickte ich den Zosimos. Als die Nacht hereinbrach,

oder Eur. *Alc.* 354f. ἐν δ᾽ ὀνείρασι φοιτῶσά μ᾽εὐφραίνοις ἄν. Vgl.
Aristid. or. 52, 1 (II 467 KEIL) θαυμαστὰ ἐφοίτα φαντάσματα.

wurde ihm folgende Weissagung, die mich betrifft, zuteil). Am Ende hatte Libanios Erfolg, wie wir aus ep. 1483 F (geschrieben im Jahr 365) erfahren: ἴσθι με τιμώμενόν ὑπ' Ἀσκληπιοῦ καὶ τὸ μὲν τῆς κεφαλῆς κακόν, σὺν αὐτῷ δὲ ἐρῶ, λελωφηκός usw. (Wisse, daß ich von Asklepios geehrt werde und daß das Kopfleiden nachgelassen hat).

5.

Daß Zenobios, der Lehrer des Libanios und vermutlich auch des Adressaten, die Reden gelobt hat, spricht für ihre Qualität. Da Zenobios bereits im Winter 354–355 starb, müssen die Reden lange Zeit vor unserem Brief geschrieben worden sein. Libanios will sie offenbar nicht lesen, um sie kennenzulernen, sondern um den Gott zu ehren und dafür Heilung zu erlangen. Ganz ähnlich spricht Aristeides, or. 50, 38 (II 435 Keil) καὶ μεταξὺ ᾀδόντων λάθρα τις ἐγίγνετο ῥᾳστώνη, ἔστιν δ' ὅτε καὶ παντελῶς ἀπῄει πᾶν τὸ λυποῦν (und während des Singens kam unmerklich eine Linderung, bisweilen verschwand der Schmerz sogar gänzlich). Zu Zenobios vgl. noch Sievers, Libanius 10; Norman, Autobiography 173f.; H. Gärtner, RE X A 12f.; Prosopography 991.

6.

Die Stadt Tarsos wird zwar weder hier noch in den parallelen epp. 706–708 F namentlich genannt, Förster und Seeck haben jedoch angenommen, daß es sich um diese Stadt sowie um ein dort gelegenes Asklepiosheiligtum handelt (ein Lehrer der Rhetorik wie Demetrios kann nur in einer großen Stadt wirken, in ep. 708f. ist auch davon die Rede [μεγάλην πόλιν] usw.). Gegen diese Annahme meldete W. Ruge, RE IV A 2430 Zweifel und meinte, nichts spreche dagegen, daß das Heiligtum des Gottes in Aigai gemeint sei, eine Ansicht, die dann Wolf, Libanios 22 als sicher akzeptiert hat. Der Tempel des Asklepios in Aigai wurde jedoch in der Zeit Konstantins d. Gr. völlig zerstört: Sozomenos, hist. eccl. 2, 5, 5 (S. 57

Bidez-Hansen) κατεσκάφησαν δὲ τότε (d. h. im Jahr 331)
καὶ ἄρδην ἠφανίσθησαν ὁ ἐν Αἰγαῖς τῆς Κιλικίας Ἀσκληπιοῦ
ναὸς καὶ ὁ ἐν Ἀφάκοις τῆς Ἀφροδίτης (Damals aber wurden zerstört und gänzlich vernichtet der Tempel des
Asklepios in Aigai in Kilikien und der Aphrodite-Tem-
pel in Aphaka) (vgl. Euseb., *vit. Const.* 3, 56 [I 103 f.
Heikel])*. Es gibt keine Nachricht, daß dieses Heiligtum
vor der Regierungszeit Julians wiedererrichtet wurde;
vgl. Zonar., *epit. hist.* 13, 120 f. (III 63 Pinder). Zum berühmten Heiligtum des Asklepios in Aigai vgl. E. J. u.
L. Edelstein, Asclepius. Baltimore 1945, I 418 f.; II 256.
Obwohl Tarsos die Geburtsstadt des Paulus war und von
den Christen hoch verehrt wurde, muß es dort eine starke
heidnische Partei gegeben haben, wie der Empfang Julians nach seiner Thronbesteigung (vgl. ep. 47 [736 F])
beweist sowie der Umstand, daß derselbe Kaiser nach
seinem Bruch mit den Antiochenern seine Residenz nach
Tarsos verlegen wollte: Lib. or. 1, 132 (I 146 Foerster);
ep. 1368, 3 F; Ammian. Marc. 23, 2, 5; W. Ruge, RE
IV A 1429. Über Tarsos im allgemeinen vgl. noch
Jones, Cities 206 f.

ep. 13 (959 F)

An Tatianos

Das Privatleben des Libanios stand immer im Schatten
seiner beruflichen Interessen. Unser Brief ist eine der
wenigen Stellen in seinem Werk, an denen er ein paar
Zeilen über seine Familie schreibt. Ursprünglich sollte
er die Tochter seines Onkels Phasganios heiraten, sie

---

* Ohne seine Ansicht zu begründen, hält Petit, *Pro templis* 301
A. 3 diese Stellen für interpoliert und verlegt die Zerstörung des
Asklepiosheiligtums von Aigai in die Zeit des Theodosios. Außer
den Texten haben wir jedoch eine Inschrift aus Epidauros aus dem
Jahre 355, in welcher von dem zerstörten Heiligtum des Asklepios
in Aigai die Rede ist: E. J. und L. Edelstein, Asklepius II 256.

Erläuterungen   289

starb jedoch, bevor er 354 nach Antiochia zurückkehrte.
Bald darauf ging er eine wilde Ehe ein mit einer Frau,
die zwar niedriger Herkunft war, aber einen vortrefflichen Charakter hatte, wie er uns versichert. Aus dieser
Verbindung kam etwa 355 sein Sohn Kimon-Arrabios
zur Welt. Nach einem Studium der Rhetorik wurde
Kimon beim *consularis Syriae* als Advokat angestellt.
Libanios versuchte bei Julian, Jovian und Valens ohne
Erfolg, seinen unehelichen Sohn als legalen Erben einzusetzen; erst 388 erreichte er bei Theodosios sein Ziel.
Mit der Erlangung dieses Privilegs fingen aber schwierige Zeiten für Kimon an; denn das Vermögen, das er
jetzt besaß, war nach der Meinung einiger Kurialen aus-
reichend, ihn in die Kurie von Antiochia aufzunehmen
(sein Vater war als öffentlich angestellter Lehrer der
Rhetorik von den Pflichten des Kurialen befreit: WOLF,
Schulwesen 24f.). Um dies zu vermeiden, reist er, gegen
den Rat seines Vaters, im Jahr 390 nach Konstantinopel,
um sich dort ein staatliches Amt zu verschaffen, das ihn
von den *munera curialia* befreien würde. Von dort aus bat
er seinen Vater, ihn zu unterstützen durch Vermittlung
bei dem mächtigen Adressaten. Daraufhin schickte Libanios im selben Jahr den vorliegenden Brief an Tatianos, der sich zur Zeit in Konstantinopel aufhielt. Das
weitere Schicksal Kimons erfahren wir aus ep. 14 (1058 F).

1.

Flavius Eutolmius Tatianus, der derzeitige *praefectus praetorio per Orientem*. Er arbeitete sich durch die ganze Hierarchie von Ämtern (Advokat, Assessor, Vikar, Prokonsul, Präfekt) empor, bis er deren Spitze erreichte: Im
Jahre 391 teilte er mit Q. Aurelius Symmachus das Konsulat (: LIEBENAM, Fasti consulares 40). Er war Heide;
nach A.H.M. JONES, The Social Background of the
Struggle between Paganism and Christianity (: MOMI-
GLIANO, Conflict) 30 stellten er und Themistios († 388)
zu dieser Zeit die beiden wichtigen Ausnahmen dar als

Nicht-Christen in hohen Positionen der Regierung. Folgende Inschrift, die nicht zuletzt wegen der griechischen Übersetzung der oben genannten Ämter interessant ist, enthält seine Laufbahn (Nr. 919 [S. 378 KAIBEL] – sie stammt aus der lykischen Stadt Sidyma, die vermutlich die Heimat des Adressaten war):

> Τατιανὸς μετὰ δικανικὴν τοῖς ἄρχουσιν συνκαθεσθείς,
> ἡγεμόνι, βικαρίῳ, ἀνθυπάτῳ, δυσίν τε ἐπάρχοις,
> ἀρχὴν Θηβαίων λάχεν, εἶτ᾽ Αἰγύπτου πάσης,
> κεῖθεν ὑπατικὸς Συρίης ἠδ᾽ ἔπαρχος ἑῴας,
> θησαυρῶν τε θείων κόμης, εἶτ᾽ ἔπαρχος μέγας φανείς·
> ταῦτα δ᾽ ἔτι πράττων ἔτεσι τριάκοντα καὶ τρισὶν
> δέξατ᾽ ἀείδιον ὑπάτων λάχος εἵνεκα πάντων.

Tatianos hat sich auch als Dichter betätigt: Er dichtete eine Fortsetzung der Ilias, die sogar in den Schulen gelesen wurde. Vgl. SEECK, Briefe 285 f.; W. ENSSLIN, RE IV A 2463 f.; PETIT, Vie municipale 386 f.; Prosopography 876 f.

2.

Kimon-Arrabios. Biographisches dazu: SEECK, Briefe 81 f.; SIEVERS, Libanius 195 f.; Prosopography 92 f.

3.

Mit diesem Satz reagiert Libanios auf den negativen Ruf seiner Gefährtin wegen ihrer niedrigen Abstammung; vgl. Eunapios, *vit. soph.* 16, 1, 12 (S. 83 GIANGRANDE) γάμου δὲ καὶ οὗτος [i.e. Libanios] ἠμέλησεν, πλὴν ὅσα γε αὐτῷ γυνή τις ξυνῆν, οὐκ ἀπὸ ὁμοίας τῆς ἀξιώσεως; Sievers a.a.O. 195; E. Patlagean, Pauvreté économique et pauvreté sociale á Byzance 4e–7e siècles. Paris 1977, 122 f.

4.

Der Ausdruck εἰς τοὺς συνδίκους ἐνέγραψα bedeutet die Anstellung als Advokat beim *comes Orientis* oder dem *consularis Syriae**. Sie war ein beliebtes Berufsziel der

---

* Da sich die Befugnisse dieser beiden Beamten zum Teil decken,

Schüler des Libanios (: ep. 16 [715 F] A. 11) und galt als
Sprungbrett für die höhere Beamtenlaufbahn: TINNE-
FELD, Frühbyz. Gesellschaft 120. Zur Bedeutung des
Wortes σύνδικος sowie zur Anstellung Kimons: PETIT,
Vie municipale 78 f. Zur Advokatur überhaupt: WOLF,
Schulwesen 76 f.

5.

Da die Advokatur als sehr einträglicher Beruf galt, betrachtet Libanios hier den Fall seines Sohnes wohl als
Ausnahme: WOLF a. a. O.

6.

d. h. der Kaiser Theodosios I. (379–395). Die Großzügigkeit des Zeus dem Christen Theodosios gegenüber braucht
man nicht wörtlich zu nehmen: Libanios spielt mit dem
Namen des Kaisers.

7.

Hauptsorge der letzten Jahre des Libanios war die Übertragung seines Vermögens an seinen unehelichen Sohn
Kimon. Im Wege stand die Bestimmung von *Cod. Theo-*
dos. 4, 6, 5 (I 2, 177 MOMMSEN) legibus Constantini et
genitoris nostri [i. e. Theodosii] praeceptis edocti, prae-
cipimus ut exclusis naturalibus filiis ad fiscum transfera-
tur quod ab ipsorum persona decidit. Im Falle des Todes
des Libanios würden also seine Güter in den Besitz der
Kurie von Antiochia übergehen, da sie zum großen Teil
kurialer Herkunft waren. Im Jahre 381–382 erreichte er
durch die Unterstützung seiner Freunde in der Kurie das
Recht, seinen Sohn nach seinem Tode als Erben einzusetzen. Dies war für Libanios jedoch nur eine halbe Lösung, da sie aufgrund der oben erwähnten Bestimmung
anfechtbar war. Kurz nach dem März 388, in dem Tatianos zum Präfekten ernannt wurde, wurde dem Libanios
gestattet, noch zu seinen Lebzeiten ein Teil seines Vermögens seinem Sohn zu vermachen, eine Entscheidung,

sind wir nicht immer in der Lage wegen des Attizismus des Libanios, zwischen den beiden zu unterscheiden: WOLF, Libanios 9.

die durch die Vermittlung des Tatianos vom Kaiser rati-
fiziert wurde. Dahinter steckte wahrscheinlich nicht rei-
nes Wohlwollen, sondern die Absicht, Hand auf das bisher durch Atelie geschützte Vermögen des Libanios zu
legen, indem man seinen Sohn in die Kurie hineinzieht
und ihm Liturgien aufbürdet. Zu dieser Angelegenheit,
die nicht restlos aufgeklärt ist: Petit, *Pro templis* 287f.;
Sievers, Libanius 196; Norman, Autobiography 206;
Pack, Studies 37f. Ungenau Beseler, Libaniana 29f.

8.

Unter »die einen« (τῶν μέν) ist offensichtlich die Gruppe
der Kurialen um Thrasydaios gemeint, die Kimon in die
Kurie hineinziehen wollten; vgl. or. 32, 7 (IV 152 Foerster) ὁ Θρασύδαιος εἵλκυσεν [i. e. Κίμωνα] εἰς λειτουργίαν
βοῶν καὶ μόνον οὐ παίων. Libanios nennt sie hier »Freunde«, sei es aus Rücksicht auf den Adressaten, sei es wegen
seiner ironischen Veranlagung; vgl. Sievers, a.a.O. 154
A. 15.

9.

In diesem Satz werden die Pflichten des Kurialen um-
schrieben: Sievers, a.a.O. 197 A. 51.

10.

Um dem Schicksal des Kurialen zu entgehen, versucht
also Kimon, sich ein Staatsamt zu verschaffen. Ep. 1002,
4 F ist zu entnehmen, daß Libanios gegen diesen Entschluß seines Sohnes war. Unter ζώνη ist der Gürtel (lat.
cingulum) zu verstehen, der als Kennzeichen der Staats-
beamten galt: Petit, Vie municipale 74 und A. 1. Die
Erinnerung an das Wort hat sich auch in späteren Ausdrücken erhalten: Niketas Choniates, *hist.* 352, 32 (van
Dieten) τοὺς τὰς δημοσίους ἀναζωννυμένους ἀρχάς.

11.

Zur speziellen Bedeutung des Wortes »Sicherheit« (ἀσφάλεια) hier: Ep. 37 (362 F) A. 10.

12.

Z. B. Platon, *Phaed.* 68 a f.

ep. 14 (1058 F)

An Brasidas

Vorliegender Brief stellt in gewissem Sinne die Fortsetzung zu ep. 13 (959 F) dar. Libanios' Sohn Kimon war nach Konstantinopel gereist und bemühte sich dort, mit Unterstützung der Freunde seines Vaters Staatsbeamter zu werden. Es wurde ihm zunächst das Amt des *consularis Cypri* in Aussicht gestellt, als jedoch seine Angelegenheit vor den Senat kam, hielt man ihm die niedrige Abstammung seiner Mutter vor und gab seiner Petition nicht statt. Zutiefst gekränkt machte er sich mit einem Wagen auf den Heimweg. Als er in Kilikien war – man muß annehmen, daß er denselben Reiseweg hatte wie 30 Jahre zuvor Julian: Vorbemerkung zu ep. 47 (736 F) –, stürzte er vom Wagen und brach das Bein. Nach Tarsos gebracht, wurde er dort von Bekannten des Libanios gepflegt: Ep. 1023 F. Noch nicht genesen, wurde er nach Antiochia gebracht, wo er nach einigen Tagen (391) starb: Ep. 1026, 5 F. Durch den vorliegenden Brief, geschrieben 392, bedankt sich Libanios beim Adressaten für das, was er für seinen Sohn getan hat, obgleich er zwischen den Zeilen eine gewisse Verbitterung über mangelnde Hilfeleistung des Adressaten erkennen läßt.

1.

Eine aus der Euphratgegend stammende, in Konstantinopel wohnhafte einflußreiche Persönlichkeit: SEECK, Briefe 97; SIEVERS, Libanius 268. Mitglied des Senats: PETIT, Sénateurs 350. Vgl. ferner Prosopography 164f.

2.

In bitterer Ironie nennt sich Libanios hier ἄτιμος, um dem Adressaten klarzumachen, daß die Zurückweisung seines Sohnes ihn auch tief betroffen hat. Mit σιωπᾶν wird auf den Verlust des Rederechtes im Falle der Atimie angespielt.

3.

d. h. sein Sohn Kimon-Arrabios.

4.

Der Tod eines jungen Mannes infolge eines Beinbruchs mag seltsam erscheinen. Das gleiche Thema wird behandelt in der neugriechischen Erzählung θάνατος τοῦ παλληκαριοῦ von Kostis Palamas.

5.

Es handelt sich um den gleichnamigen Sohn jenes Anatolios, an welchen ep. 39 (636 F) gerichtet ist. Er ist zur Zeit als einflußreicher Senator in Konstantinopel tätig. An ihn ist ep. 205 (PG 52, 726) des Johannes Chrysostomos adressiert. Vgl. SEECK, Briefe 69 (VI); PETIT, Sénateurs 350.

6.

Denselben Gedanken bringt er in ep. 62 (1063 F), 5 zum Ausdruck: ἡμεῖς δὲ αὐτοὺς καὶ παθόντες αἰδούμεθα.

ep. 15 (1075 F)

An Theophilos

Das Jahr, aus dem der vorliegende Brief stammt (393), ist das letzte, in dem wir von Libanios hören. Die Sehnsucht des 80jährigen Sophisten nach dem Tode ist nicht zu überhören. Hervorgerufen ist sie nicht nur durch die Krankheiten, die ihn jetzt mehr als je zuvor plagen, sondern auch durch die Schicksalsschläge, die er in seinen letzten Jahren erleben mußte. Aber Libanios scheint hier zu spüren, daß sein Ende nah ist (μαντείας τε τυχόντι καὶ ὡς οὐκ ὄντα με ζητήσουσιν εἰδότι). Daher spricht unser Brief entschieden gegen die Hypothese C. Lacombrades*, wonach Libanios das Ende des 4. Jahrhunderts überlebt haben soll. Im übrigen ist der Brief einer der wenigen,

---

* Retouche à la biographie de Libanios, in: Mélanges H. Grégoire, II. 1950, 361 f.

vielleicht sogar der einzige, dessen Bestimmungsort
Antiochia selbst war: Da Libanios das Bett hüten mußte,
verkehrt er mit seinen antiochenischen Freunden schrift-
lich. Vgl. Seeck, Briefe 464.

1.

Freund des Libanios aus Palästina, ansässig in Antiochia.
Aus ep. 1051 F geht hervor, daß Theophilos starke rhetorische und philosophische Interessen hatte und daß Libanios als sein Ehevermittler fungiert hatte. Unser Brief ist
der einzige, der an den Adressaten gerichtet ist. Vgl.
Seeck, a.a.O. 312 (V).

2.

Gemeint sind die körperlichen Leiden sowie die Trauer
über den Tod seines Sohnes Kimon.

3.

Im Rathaus (βουλευτήριον) hielt Libanios seine Lehrver-
anstaltungen ab: F. Schemmel, Der Sophist Libanios
als Schüler und Lehrer. *Neue Jahrbücher für das klassische
Altertum* 20 (1907) 56.

4.

Nach Seeck, a.a.O. 464 sind hier die Schüler des Libanios gemeint, die sich wegen der Krankheit ihres Lehrers
auf der Agora aufhalten. Bis zum letzten Jahr seines Lebens übte Libanios seine Lehrtätigkeit aus (: Sievers,
Libanius 201). Aus dem Zusammenhang geht nicht hervor, warum der Adressat darauf erpicht war, daß Libanios sich in seinen Lehrsaal begibt. Vielleicht fungierte
Theophilos zu dieser Zeit als sein Gehilfe in der Lehre.

ep. 16 (715 F)

An Kelsos

Es galt in der Zeit des Libanios als ein großes Privileg,
in Athen studiert zu haben. Attika und Athen betrachtete
man als das heilige Land, wo einst Sokrates und Plato,
Isokrates und Demosthenes gelehrt und gewirkt hatten

und wo sich die alte Bildungstradition noch immer lebendig erhalten hat. Diese Meinung teilten offensichtlich nicht nur die Heiden, denn auch Gregor von Nazianz und Basileios der Große haben in Athen studiert. Daher ist es durchaus verständlich, wenn in jener Zeit wohlhabende Väter ihre Söhne in Athen studieren lassen wollten, gleichgültig, ob sie für ein Studium geeignet waren oder nicht. Diese Nostalgie und der große Ruf Athens brachten jedoch manche Enttäuschung mit sich: Zwar denkt Libanios immer mit Bewunderung und Sehnsucht an Athen (vgl. ep. 2 [1458 F]), doch entsprach der dortige Lehrbetrieb keineswegs seinen Erwartungen (vgl. or. 1, 16f. [I 89 f. FOERSTER]). Im vorliegenden Brief, geschrieben 362, versucht er durch Kelsos, den gemeinsamen Freund, Akakios davon abzubringen, seinen Sohn Titianos zur Vollendung seines Studiums nach Athen zu schicken. Libanios, der sonst einen regen Briefverkehr mit Akakios unterhält, verspricht sich offenbar von dem persönlichen Auftreten des Kelsos und seiner Rednergabe größere Wirkung.

1.

Schüler des Libanios und des Themistios, persönlicher Freund des Kaisers Julian und Basileios' des Großen, mit denen er zusammen in Athen studierte. Nach der Thronbesteigung Julians wurde er von diesem zum *praeses Ciliciae* ernannt. Aus dieser Zeit stammen die meisten Briefe des Libanios an ihn. 363 wurde er *consularis Syriae*; ab 365 hielt er sich in seiner Vaterstadt Antiochia als Privatmann auf. Vgl. SEECK, Briefe 104f.; PACK, Curiales 184 A. 28; PETIT, Sénateurs 350, 355, 360f.; Prosopography 193f. (3).

2.

Gemeint ist zunächst die Natur Attikas, ein Motiv, das bei spätgriechischen Autoren gelegentlich aufgegriffen wird: Aristid. or. 13, 96f. (I 155f. DINDORF), Dio Chrys. or. 6, 2 usw.; dahinter steckt jedoch der Gedanke an die geistige Anziehungskraft Athens. Vor Augen hat Libanios hier wieder sein großes Vorbild, Ailios Aristeides, der die Schönheit der Landschaft um Athen ähnlich darstellt (ebenda 97 [S. 156]): οὕτω γὰρ παντάπασιν ἡ ψυχὴ προκαθαίρεται [d. h. durch die Schönheit Attikas] καὶ μετέωρος καὶ κούφη γίγνεται καὶ σφόδρα τῶν ᾿Αθηνῶν τῆς θέας ἐν παρασκευῇ, ὥσπερ ἐν ἱεροῖς προτελουμένη. Zur Verliebtheit in die Landschaft vgl. ebenda 101 (S. 161) καὶ μὴν τήν γε τῶν ὀρῶν φαιδρότητα καὶ χάριν τίς οὐκ ἂν ἀγασθείη; Lib. ep. 10 F; or. 18, 27 (II 248 Foerster); Markowski, Lib. Socr. def. 170f. Der Reiz der attischen Landschaft war noch bis in allerjüngste Zeit zu spüren. Die Regierungen der Nachkriegszeit haben Attika jedoch zum Industriegebiet werden lassen, so daß sich fast die Hälfte der Bevölkerung Griechenlands dort ansiedelte. Damit setzte ein stufenweiser Abbau der Natur ein, der bald die totale Zerstörung der Landschaft herbeiführen wird.

3.

Es handelt sich nicht um den Adressaten der Briefe 70 (274 F) und 2 (1458 F), sondern um einen anderen Akakios, der in Kilikien wohnhaft ist: Seeck, Briefe 43 f. Aus ep. 481 F erfahren wir, daß dieser Akakios in Athen studiert hatte und als ausgezeichneter Redner (δεινὸς εἰπεῖν) galt.

4.

Die ältesten Lehrer der Rheotrik im damaligen Athen waren wohl Diophantos und Proairesios. Ersteren hörte auch Libanios um die Mitte der dreißiger Jahre und äußerte sich sehr negativ über seine Lehre: or. 1, 17 (I 90 Foerster). Als der vorliegende Brief geschrieben wurde (362), war Eunapios Schüler des Diophantos in Athen; er bringt ebenfalls ein sehr ungünstiges Urteil über ihn zum Ausdruck: *Vit. Soph.* 12, 2 (S. 80 Giangrande) τοῦτον ἐγίγνωσκεν ὁ συγγραφεύς, καὶ ἠκροάσατό γε πολλάκις δημοσίᾳ λέγοντος. παραθεῖναι δὲ τῇ γραφῇ τῶν λεχθέντων καὶ μνημονευθέντων οὐδὲν ἐδόκει καλῶς ἔχειν· μνήμη

γάρ ἐστιν ἀξιολόγων ἀνδρῶν, οὐ χλευασμός, ἡ γραφή. Proairesios war damals 86 Jahre alt und genoß einen großen
Ruf als Lehrer der Rhetorik. Um die Mitte der fünfziger
Jahre waren Julian, Gregor von Nazianz und Basileios
der Große seine Schüler. In der Zeit des vorliegenden
Briefes hörte ihn Eunapios, der sich begeistert über ihn
äußert: Ebenda 10, 3f. (S. 66f. GIANGRANDE). Er starb
368 im Alter von 92 Jahren.* Vgl. SCHEMMEL, Hochschule 496f.

5.
d.h. die jüngeren Rhetoriklehrer. Darunter versteht Libanios wahrscheinlich Himerios (geboren um 310) und
den aus ep. 1 (962 F) bekannten Sopolis (vgl. ep. 1 [962 F]
A. 9), den Eunapios ebenfalls um 362 hörte** und der
im Jahre 390 noch lebte und einen Sohn hatte, der zu
dieser Zeit studierte. Vgl. SCHEMMEL a.a.O.; SIEVERS,
Libanius 49 A. 34.

6.
Den Ausdruck hat Libanios aus Phrynichos, *Praeparatio
sophistica* (I. BEKKER, *Anecdota Graeca* I 39) ἐκκροτεῖν ῥήτο
ρας: σημαίνει τὸ ἐκδιδάσκειν καὶ δημιουργεῖν.

7.
Zu den Straßenschlachten der Studenten in Athen: Ep.
2 (1458 F) A. 7.

8.
Die öffentlichen Reden der Sophisten wurden im Lykeion
gehalten (: SCHEMMEL a.a.O. 499) und dort kam es offenbar gelegentlich zu Zusammenstößen zwischen den Anhängern der verschiedenen Rhetorenschulen. Das Lykeion lag außerhalb der Stadtmauer, westlich oder südwestlich des Lykabettos, und ist als Sitz der aristoteli-

---

* Epiphanios aus Syrien war bereits um diese Zeit gestorben:
Eunap., Ebenda 11, 2 (S. 80); SCHEMMEL, Hochschule 496.
** Ebenda 13, 1 (S. 80). Um diese Zeit begab sich Himerios zum
Hof Julians: Ebenda 14, 1 (S. 81); H.SCHENKL, RE VIII 1624.

schen Schule berühmt geworden: W. Kroll, RE XIII
2267 f.

9.

Wie wir aus ep. 127 F erfahren, hatte Akakios seinem
Sohn den Namen eines berühmten Mannes seiner Zeit
gegeben. Es ist durchaus möglich, daß dieser C. Maesius
Aquillius Fabius Titianus war, einer der Konsuln des
Jahres 337 (: Liebenam, Fasti consulares 36), obwohl
W. Ensslin, RE VI A 1534 Nr. 9 es ohne triftigen Grund
kategorisch ablehnt. Die Hypothese scheint dann nicht
zu gewagt, wenn man annimmt, daß Akakios' Sohn im
Jahre des Konsulats des C. Maesius Titianus (337) geboren wurde, wozu sein Alter im Jahre 362 durchaus
passen würde.

10.

Wie aus epp. 719 F und 735 F hervorgeht, war Titianos
Schüler des Libanios und galt zu dieser Zeit als ausgebil-
deter Redner. Würde er nun sein Studium in Athen fort-
setzen, könnten die dortigen Lehrer einen Teil der Ausbildung, die er Libanios verdankte, für sich beanspru-
chen (= τοῖς ἐμοῖς κοσμηθῆναι πόνοις). Aus ep. 735 F erfahren wir, daß Titianos' Reise nach Athen nicht stattfand, offenbar wegen der Bedenken des Libanios. Vgl.
Festugière, Antioche 175 f.

11.

Gemeint ist der *comes Orientis* oder der *consularis Syriae*,
bei welchen Libanios viele seiner Schüler untergebracht
hatte: Petit, Vie municipale 79; Ders. Étudiants 169 f.
Zur Zeit des vorliegenden Briefes amtierte als *comes
Orientis* Modestos (: Seeck, Briefe 215), der in seinem
Dienstbereich viele Schüler des Libanios beschäftigte:
Petit, Vie municipale 79 A. 4; Étudiants 159 A. 108;
ep. 154 F.

12.

Alexander war, wie es scheint, ein Kuriale, wohnhaft in
Kilikien. Er hatte offensichtlich mehrere, nicht näher be-

schriebene *munera* übernommen: SEECK, Briefe 55 (VI);
PACK, Curiales 185 A. 29.

ep. 17 (722 F)

An Kelsos

Der vorliegende Brief versetzt uns in die Atmosphäre der
vitae sophistarum des Eunapios. In seiner langen Karriere
bekam Libanios mehrmals die scharfe Konkurrenz und
Feindschaft der anderen Rhetoriklehrer zu spüren. In
Konstantinopel litt er unter der Feindschaft des Sophisten Bemarchios, welcher in Rededuellen mit Libanios
immer unterlag und, um sich zu rächen, ihn am Ende der
Magie bezichtigte. In Nikomedeia warf ihm ein Antago-
nist vor, seine Frau vergiftet zu haben, und versuchte,
seine Schüler zu kaufen. Am Anfang seiner Antiochener
Zeit machte ihm sein Rivale Akakios das Leben schwer.
Aus dieser Zeit stammt auch die Episode unseres Briefes:
Die Schüler des Libanios, die als echte Kinder ihrer Zeit
bereit waren, alles für ihren Lehrer zu tun, bereiteten
gegen Akakios einen üblen Streich vor. Die Ausführung
übernahm einer von ihnen, Diogenes, welcher dabei alle
Erwartungen seiner Kommilitonen übertraf: Er gab an,
in die Schule des Rivalen seines Lehrers abspringen zu
wollen, um bei Akakios die Illusion eines Triumphes über
Libanios zu erwecken und ihn dann wieder zu verlassen
und dem Gelächter der Studenten preiszugeben. Libanios, der sowohl in seiner Autobiographie als auch sonst
in seiner Korrespondenz solche Praktiken verurteilt,
scheint sich an diesem Vorfall zu ergötzen. Er wagt sogar die Ermahnung an den Adressaten, »unterschätze mir
nicht die Kriege, die die Lehrer der Rhetorik unter sich
austragen, noch die jungen Männer, die sich dabei aus-
zeichnen«. Vielleicht stellt die Episode die einzig mög-
liche Empfehlung für Diogenes dar, und Libanios präsentiert sie hier dem Adressaten verständlicherweise in

positiver Färbung. Nach Petit, Étudiants 106 hatte Akakios versucht, trotz einer Vereinbarung, die die beiden Sophisten getroffen hatten, Schüler des Libanios wegzulocken, so daß der Streich des Diogenes die Antwort des Libanios darauf gewesen sei. Der Brief wurde im Frühjahr 362 an Kelsos nach Kilikien von Diogenes selbst überbracht, der die Hilfe des Statthalters gegen einen Widersacher in Anspruch nehmen wollte.

1.
Zum Adressaten, der zu dieser Zeit das Amt des *praeses Ciliciae* bekleidete: Ep. 16 (715 F) A. 1.

2.
Schüler des Libanios; er könnte mit dem gleichnamigen *consularis Bithyniae* identisch sein, der 372 hingerichtet wurde: Seeck, Briefe 120 (II).

3.
Während der Belagerung Babylons durch die persische Armee unter Dareios erschien der persische Adlige Zopyros, der sich zuvor schwere Verletzungen zugefügt hatte, vor der Mauer der Stadt, wurde als Überläufer hereingelassen und übergab, nachdem er das Vertrauen der Babylonier gewonnen hatte, die Stadt dem Dareios. Vgl. Herodot 3, 153 f.

4.
Zum Sophisten Akakios: Ep. 2 (1458 F) A. 1.

5.
Der Ausdruck ἀπόστασις μαθητοῦ ist keine rhetorische Schöpfung des Libanios, sondern stellt einen *terminus technicus* aus der Sprache der Rhetorenschulen jener Zeit dar: Sievers, Libanius 30 A. 131. Häufiger Grund zum Überlaufen war die Züchtigung des Schülers. Daher ist in der Geschichte des Zopyros nicht nur das vorgetäuschte Überlaufen, sondern auch seine angebliche Mißhandlung durch die Perser als *tertium comparationis* aufzufassen.

6.
Er spielt wieder auf die Heldentat des Zopyros an.

302   Erläuterungen

7.

Phasganios, der nur selten lachte: Petit, Vie municipale
350f. Auf ihn könnte auch Anwendung finden, was für
Thukydides gesagt wurde: ὁ λέων ἐγέλασεν.

ep. 18 (285 F)

An Maximos

Das Studium der Rhetorik brachte in der Spätantike bedeutende Kosten mit sich. Die Eltern mußten normalerweise für die Reise zum Studienort aufkommen, für den
Lebensunterhalt des Studenten und der ihn begleitenden
Sklaven, die Honorare des Lehrers, die sehr teuren Bücher und dazu noch die Amüsements der Großstadt, die
ihr Sproß genießen wollte. All diese Opfer nahmen jedoch
die Eltern gern auf sich, in der Erwartung, daß ihr Sohn
dadurch einmal eine hohe Position erreichen würde, die
soziales Ansehen und Reichtum mit sich brachte. Dies
ist offensichtlich auch der Beweggrund der Witwe unseres Briefes, die die Reise von Armenien nach Antiochia
zu Fuß unternahm, um ihren Sohn Libanios zu übergeben; denn die künftigen Studenten wurden normalerweise von ihren Eltern persönlich dem Rhetoriklehrer
vorgestellt*. Nach einer kurzen Prüfung folgte die »Im-
matrikulation« des Studenten. Ziel des Briefes ist jedoch
die Empfehlung der Witwe an einen einflußreichen Bürger ihrer Heimatstadt, damit dieser sie vor Leuten schützt,
die nach ihrem Vermögen trachteten. Der Brief ging nach
Armenien an Maximos nicht im Jahr 361, wie Seeck,
Briefe 377 meinte, sondern Anfang des Winters 359/360,
wie Silomon, Lib. epist. 45 f. erwiesen hat.

1.

Der Adressat, ein Heide aus Palästina, ist mit seinem
Namensvetter von ep. 19 (337 F) nicht identisch. Zur

* A. Müller, Studentenleben im 4. Jahrhundert n. Chr. *Philologus*
69 (1910) 302f.; Petit, Étudiants 139.

Zeit der Abfassung des vorliegenden Briefes bekleidete
er das Amt des *praeses Armeniae*. Im Jahr 362 wurde er
von Julian zum *consularis Galatiae* ernannt. Libanios
kannte ihn aus Antiochia, wo er ein Haus hatte, in welchem seine Frau, die aus Antiochia stammte, und seine
Kinder wohnten. Vgl. Seeck, Briefe 207f.; Prosopography 583 (19).

2.

Über Letoios wissen wir kaum mehr als das, was wir aus
unserem Brief erfahren; vgl. Seeck, Briefe 198 (IV);
Petit, Étudiants 139 A. 9.

3.

Der Ausdruck aus Platon, *Gorg.* 463 e Πῶλος δὲ ὅδε νέος
ἐστὶ καὶ ὀξύς. Dort spielt Sokrates mit dem Namen seines
Gesprächspartners, an unserer Stelle hat Libanios das
Wortspiel umgekehrt. Mit πῶλος bezeichnet er sonst seine
Schüler: Ep. 154, 1 F; 40 (1399 F) A. 2.

4.

Studiengenosse des Libanios, eifriger Heide (vgl. τῇ περὶ
τὸ θεῖον σπουδῇ) und einflußreiches Mitglied der Kurie
seiner armenischen Heimatstadt; vgl. Seeck, Briefe
140f.; Petit, Vie municipale 401; Silomon, Lib. epist.
45f.

ep. 19 (337 F)
An Maximos

Das Erziehungssystem der Spätantike sah drei Stufen vor,
welche ungefähr der heutigen Gliederung von elemen-
tarer, mittlerer und höherer Bildung entsprachen. Die
Kinder besuchten zunächst den Elementarlehrer (γραμματιστής), um Lesen und Schreiben sowie elementares
Rechnen zu lernen. Die mittlere Stufe vertrat der Grammatiker (γραμματικός), welcher den Kindern Sprachunter-
richt erteilte und sie mit den Werken der klassischen Literatur, vorwiegend den klassischen Dichtern, vertraut

machte. Für die höhere Bildung waren die Sophisten zuständig, in deren Schulen man am Beispiel der klassischen Meister der Redekunst Rhetorik lernte. Jura, Medizin, Philosophie, Mathematik, Astronomie usw. konnte man in speziellen Schulen studieren.

In der Schule des Libanios waren die zweite und die dritte Stufe dieses Bildungssystems vertreten. Libanios, assistiert von einem Stab von Repetitoren (ὑποδιδάσκαλοι), hielt Rhetorikunterricht für junge Männer. Es gab auch Kurse für reife Männer, die sich in die Rhetorik vertiefen oder eine höhere Karriere einschlagen wollten. Die Kinder, die die mittlere Stufe seiner Schule besuchten, wurden von seinen Grammatikern betreut; unter ihnen sind Kalliopios (: ep. 62 [1063 F] A. 10), Kleobulos, Julios, Eudaimon, Harpokration und Tiberinos, von welchem in unserem Brief die Rede ist, nachweisbar*. Im übrigen zeigt der vorliegende Brief, wie hoch Libanios die Arbeit der Grammatiker schätzte. Die zahlreichen Zitate klassischer Dichter, die sich in seinem Werk finden, legen Zeugnis dafür ab, daß Libanios selbst vieles seinem eigenen Lehrer (γραμματικός) verdankte; von diesem Mann spricht er noch mit Bewunderung in seiner Autobiographie (or. 1, 8 [I 84 Foerster]). Der Brief wurde vermutlich im Sommer 357 nach Bostra geschickt, wo der Amtssitz des Adressaten war; vgl. ep. 51 (819 F) A. 2; Silomon, Lib. epist. 13. Die Datierung von Seeck, Briefe 347 (Sommer 358) ist wahrscheinlich ungenau.

1.

Vom Adressaten wissen wir nur, daß er Rhetorik studiert hatte und daß er zu dieser Zeit das Amt des *praeses Arabiae* bekleidete: Seeck, Briefe 207 (IV).

---

* Zum spätantiken Bildungssystem vgl. Wolf, Schulwesen 31f. und passim; A. Müller, Studentenleben im 4. Jahrhundert n.Chr. *Philologus* 69 (1910) 292f.; G. Boissier, La fin du paganisme. Paris 1894, I 175f.; zur Schule des Libanios: Petit, Étudiants 84f.

2.

Tiberinos stammte aus Arabien und war als Lehrer in
Antiochia tätig. Die Art, wie Libanios ihn in unserem
Brief verteidigt, läßt den Schluß zu, daß er ihn in seiner
Schule als Grammatiker (= τοὺς ποιητὰς εἰσάγοντος εἰς
τὰς τῶν νέων ψυχάς) beschäftigte. Nach Petit, a.a.O. 85
war Tiberinos als Grammatiker in einer anderen Schule
von Antiochia beschäftigt (als Quelle unser Brief [?] angegeben). Vgl. ferner Prosopography 913.

3.

Archelaos war der Sohn des Tiberinos und wohnte wahrscheinlich in Bostra. Der Ausdruck ἕλκουσιν weist darauf
hin, daß Archelaos entweder in einen Prozeß verwickelt
war oder der Kurie seiner Heimatstadt zwangsweise ein-
gegliedert wurde (: ep. 64 [1224 F] A. 4). Vgl. ferner
Seeck, Briefe 84 (III).

ep. 20 (704 F)
An Hyperechios

Da es im Altertum keine Post im heutigen Sinne des
Wortes gab, war der private Briefverkehr auf die Reisenden angewiesen. Bevor er sich auf den Weg machte, nahm
der Reisende von seinen Freunden und Bekannten eine
Anzahl von Briefen mit, deren Bestimmungsort sowohl
das Reiseziel des Überbringers als auch unterwegs lie-
gende Städte waren. Die Reisenden taten dies nicht nur,
um ihren Freunden einen Dienst zu erweisen, sondern
auch und vor allem deshalb, weil sie wußten, daß überall
auf ihrer Reise, wo sie einen Brief abgeben würden, der
Adressat ihnen seine Gastfreundschaft gewähren würde.
Sollte letzterer eine wohlhabende oder einflußreiche Persönlichkeit sein – und dies war mit dem Adressaten des
vorliegenden Briefes der Fall –, dann versprach sich der
Überbringer natürlich eine größere Belohnung für den
Botendienst. Solche lästigen Boten will Libanios angeb-

lich von seinem reichen Freund und ehemaligen Schüler Hyperechios fernhalten: Zumindest rechtfertigt er sein langes Schweigen mit diesem eleganten Vorwand. Erst jetzt, da er einen zuverlässigen Freund ausfindig gemacht habe, der dem Adressaten nicht zur Last fallen werde, schicke er ihm den vorliegenden Brief. Er ging in der ersten Hälfte des Jahres 362 nach Ankyra: Seeck, Briefe 390. Vgl. ferner ebenda 2 f.

1.
Zum Adressaten: Ep. 75 (731 F) A. 1.

2.
Durch Ankyra, den Aufenthaltsort des Adressaten.

3.
Der präpositionale Ausdruck ἐπὶ Θρᾴκης soll an Thukydides (1, 56; 57 u. ö.) erinnern, obwohl er dort einer anderen Örtlichkeit entspricht. An unserer Stelle ist mit Thrakien Konstantinopel gemeint.

4.
Es schwebt ihm wohl Homer, Il. 6, 146 vor:
οἵη περ φύλλων γενεή, τοίη δὲ καὶ ἀνδρῶν
(gleich wie Blätter im Walde, so sind die Geschlechter der Menschen).

5.
Der Bruder des Senators Olympios: Ep. 5 (1518 F) A. 2.
6.
Eine Anspielung auf das bekannte Sprichwort ἔστι γὰρ ὁ φίλος ἄλλος αὐτός: Aristot. *Eth. Nic.* 1166[a] 31 usw.

7.
Gemeint ist, wie es scheint, die Regierungszeit Julians: Die rhetorisch Gebildeten hätten jetzt Gelegenheit, ihre Ämter niederzulegen (ζώνη = Beamtengürtel: Ep. 13 [959 F] A. 10) und ihre Rednergabe voll zu entfalten. Etwas anders interpretiert die Stelle Petit, Vie municipale 205.

ep. 21 (1307 F)   An Lemmatios

Dieser Brief ist nicht zuletzt deswegen interessant, weil er von der Existenz von Briefkopialbüchern Zeugnis ablegt. Als nämlich Eutropios, soeben aus Palästina in Antiochia eingetroffen, sich beklagt, dort sei kein Brief des Libanios angekommen, läßt dieser unter lautem Protest das Kopialbuch bringen und belehrt ihn eines besseren, indem er zugleich Abschriften der darin eingetragenen verlorengegangenen Briefe verfertigen läßt. Die Ausgaben von Briefsammlungen wurden natürlich, von wenigen Ausnahmen abgesehen, aufgrund solcher Kopialbücher veranstaltet*. Der Zweck des Briefes besteht darin, daß Libanios seinem Freund und Glaubensgenossen Lemmatios seinen ehemaligen Schüler Paianios empfiehlt, der sich von Antiochia nach Palästina begibt, um dort als Advokat zu arbeiten.

Der Brief wurde von Paianios im Spätherbst 364 nach Palästina mitgenommen: Seeck, Briefe 434.

1.

Der Adressat, ein Studienkamerad des Libanios, war von Julian zum Oberpriester Palästinas ernannt worden; vgl. ep. 2 (1458 F) A. 2. Später (365?) wurde er wegen dieser Tätigkeit verfolgt. Wie aus unserem Brief hervorgeht, war er fast anderthalb Jahre nach dem Tode Julians noch immer als heidnischer Priester tätig.

2.

Sonst unbekannt. Er wird nur noch in ep. 1284 F ebenfalls als Überbringer eines Briefes erwähnt.

3.

Es handelt sich um jenen Schüler des Libanios, der zwei Jahre zuvor eine Reise nach Athen unternehmen sollte: Ep. 16 (715 F) A. 10. Vgl. ferner Petit, Étudiants 153 f.; Sievers, Libanius 31 A. 144.

* Vgl. Förster-Münscher, RE XII 2524. Zeugnisse aus byzantinischer Zeit bei Hunger, Literatur 212 f.

4.

Der spätere Geschichtsschreiber: Ep. 27 (754 F) A. 3.

5.

Gemeint ist der unten erwähnte Sophist Akakios; vgl. ep. 27 (754 F). Er befand sich zur Zeit in Trauer (ἐν συμφορᾷ), weil ihm ein Kind gestorben war; vgl. ep. 1284 F; Seeck, Briefe 42f.

6.

Der verlorene Brief an Akakios war ep. 1284 F: Seeck, ebenda. Dasselbe Schicksal war ep. 1283 F an den gleichen Adressaten beschieden: Seeck, Briefe 434 (Die Überschrift bei Förster ist ungenau: Ep. 2 [1458 F] A. 2 und Anm. dazu).

7.

Ein kurzes *curriculum vitae* des Paianios bietet Petit, Étudiants 24f., der ihn auch von seinem Namensvetter, einem Rhetoriklehrer in Galatien, unterscheidet. Unser Paianios war Student des Akakios und des Libanios in den fünfziger Jahren, bevor er 359 die juristische Schule von Berytos absolvierte. Später, um 380, übersetzte er das Geschichtswerk des Eutropios aus dem Lateinischen ins Griechische (: ep. 27 [754 F] A. 3). Bei Petit, a.a.O., wird er stets als Παιόνιος erwähnt, obgleich diese Variante seines Namens nur einmal in den Handschriften vorkommt (vgl. ep. 117 F).

8.

Statt πρᾶττε hätte man die zweite Person des Indik. Futur erwartet, durch den Imperativ gewinnt jedoch die Rede an Stärke.

ep. 22 (1480 F) An Gerontios

Im vorliegenden Brief wird der in der griechischen Epistolographie so häufige Topos ›*laus epistulae acceptae*‹ zu einem reizenden Kompliment für den Adressaten ausgestaltet: Nicht anhand von Äußerlichkeiten wie dem Herkunftsort hat Libanios ihn als Absender eines gerade angekommenen Briefes identifiziert, sondern aufgrund des Stiles, d. h. der geistigen Qualitäten. Die sprachlichen Anklänge an Platon dienen als weitere Komplimente für den platonisch geschulten Adressaten. Der Text des Libanios läßt vermuten, daß in dem Brief des Adressaten an ihn vom verstorbenen gemeinsamen Freund Aristainetos die Rede war. Der Brief ging Anfang 365 nach Bithynien: Seeck, Briefe 437.

1.
Freund des Aristainetos, wahrscheinlich aus Bithynien, sonst unbekannt. Er erhielt von Libanios nur diesen einen Brief. Vgl. Seeck, a.a.O. 164 (IV).

2.
Nämlich von seinem Haus in Antiochia, wohin er kurz davor von einer Reise zurückgekehrt war.

3.
Über ein Dutzend Personen dieses Namens gehörten dem Bekanntenkreis des Libanios an; Libanios kann selbst den Theodoros unseres Briefes nicht identifizieren.

4.
Bewußte Nachahmung von Platon: *Leg.* 720c οἴχεται ἀποπηδήσας πρὸς ἄλλον κάμνοντα οἰκέτην.

5.
Libanios meint natürlich keine spezielle Eintragung des Ausgangsortes des Briefes, wie in der heutigen Korrespondenz üblich ist, sondern dessen zufällige Erwähnung im Brieftext.

6.
Es handelt sich nicht um den bekannten Freund Julians (: ep. 16 (715 F) A. 1), sondern um einen in Antiochia tätigen Grammatiker, der mit Libanios befreundet war: Seeck, Briefe 106f.

7.
Zu diesem Ausdruck vgl. Platon, *Symp.* 177d πατὴρ τοῦ λόγου und ep. 11 (1534 F) A. 6.

8.

Nach Malalas, *Chron.* 234 (Dindorf) befand sich dieser Tempel, der vom Kaiser Tiberius errichtet worden war, am Fuß des Berges Silpios, also im antiochenischen Bezirk Epiphaneia. Am Eingang des Tempels waren auf beiden Seiten Statuen der thebanischen Dioskuren, d. h. Amphions und Zethos', aufgestellt. Den Tempel erwähnt Libanios auch or. 45, 26 (III 371 Foerster). Vgl. Müller, Antiquitates 82; Downey, Antioch 179f.; Pack, Studies 117. Zum Typ des Dionysostempels: A. Schenk von Stauffenberg, Die römische Kaisergeschichte bei Malalas. Stuttgart 1930, 480. Nach Petit, Vie municipale 199 beweisen die hier erwähnten Feierlichkeiten zu Ehren des Dionysos, daß die Wiederbelebung der heidnischen Riten durch Julian auch nach dessen Tode währte; man muß jedoch im Text Petits die Zahl 365 in 364 ändern, da Libanios den Brief des Adressaten bereits 364 erhielt. Denn die Feierlichkeiten für Dionysos fanden in der Zeit der Weinlese statt: Liebeschuetz, Antioch 231.

9.

Der beim Erdbeben von 358 umgekommene Freund des Libanios; vgl. ep. 6 (473 F) A. 1.

ep. 23 (561 F)
An Aristainetos

Im vorliegenden Brief läßt Libanios einige Prinzipien seiner epistolographischen Tätigkeit durchblicken. Aristainetos, den eine sehr herzliche Freundschaft mit Libanios verband, hatte verständlicherweise erwartet, längere Briefe von seinem Freund zu erhalten. Dies sei, meint Libanios, die irrige Meinung des *vulgus*; ein Brief dürfe nicht Alltäglichkeiten und Gemeinplätze enthalten, darüber berichte der Briefbote dem Adressaten, sondern müsse mit Hinblick auf die Mit- und Nachwelt – es handelt sich mit anderen Worten um eine Publikation – abgefaßt werden. Die Regeln, die der Briefschreiber vor Augen haben muß, sind somit die gleichen wie die des Redners; denn ein Brief ist ein kleines Stück rhetorischer Kunst*.

Diese Prinzipien der Epistolographie blieben für zumindest tausend Jahre im griechischsprechenden Raum gültig. Für die Byzantiner hat sie am treffendsten J. Sykutris in seinem Bericht vor dem 3. Byzantinistenkongreß in Athen** zusammengefaßt und interpretiert. Vgl. ebenda S. 298: »Es lag eine Art Idealismus darin, sich dadurch über den Alltag erheben zu wollen, indem man auch äußerlich eine Atmosphäre von Feierlichkeit und Glanz zu schaffen vermochte. Eine Verschönerung des Daseins bedeutete dies, die auch der symbolischen Tiefe nicht entbehrt, wenngleich sie eigentlich und vorwiegend an der Oberfläche haftete«; und S. 299f.: »In einem solchen Milieu sind die ästhetischen Werte von Anstand, Eleganz und Schicklichkeit allein maßgebend, diejenigen des Wahren und Guten werden ihnen untergeordnet ... konkrete Detailangaben werden als prosaisch vermieden, das Natürliche als alltäglich empfunden. So gefällt man sich in Umschreibungen von Begriffen ... man bemüht sich, seine Aussagen in zweideutigen, dunklen Anspielungen zu verbergen, um den Leser, den raffinierten Leser, an den man allein dachte, die Freude über die Enträtselung voll genießen zu lassen. Alles, was nicht vornehm ist, empfindet man als eine Disharmonie, und vornehm kann nicht sein, was alle, auch ohne Bildung und Wissen, verstehen und nachfühlen können; nicht das Natürliche, weil es allen zugänglich ist, nicht das Konkrete, weil es als gemein und ordinär empfunden wird« usw.

Vorliegender Brief wurde im Jahre 357, vermutlich im

---

* Vgl. Lib. ep. 528, 4 und dazu Hunger, Literatur 201.
** Probleme der byzantinischen Epistolographie, in: IIIe Congrès International des Études Byzantines Athènes 1930. Athen 1932, 295–310. Vgl. ferner Hunger, a.a.O. 214f.

Frühling, an den Adressaten nach Bithynien geschickt: Seeck, Briefe 334.

1.

Zu Aristainetos: Ep. 6 (473 F) A. 1.

2.

Das Sprichwort wird gebraucht, wenn man den Wert einer Sache nach ihrer Größe zu ermitteln sucht, wobei man andere Maßstäbe hätte anwenden sollen; vgl. Salzmann, Sprichwörter 60f.; D. K. Karathanasis, Sprichwörter. Diss. München 1936, 78.

3.

Gemeint ist ep. 537 F. Aristainetos hatte sich offensichtlich in einem Brief an Libanios über die Kürze dieses Schreibens beschwert. Mit 15 Zeilen fällt jedoch ep. 537 F nicht viel unter den Durchschnitt der Briefe des Libanios, der bei ca. 17 Zeilen der Försterschen Ausgabe liegt.

4.

Gymnasios, ein Sophist aus Sidon, der bereits unter Konstantin d. Gr. tätig war, überbrachte im Winter 356/357 ep. 537 F nach Bithynien an Aristainetos. Er ist selber Adressat von zwei Briefen des Libanios: Seeck, a. a. O. 166.

5.

Die Anspielung auf den ersten Vers des orphischen Gedichtes *Διαθῆκαι* dürfte dem Brief des Aristainetos entnommen sein. Er hatte sich vermutlich damit beklagt, Libanios wolle ihn nicht in seine Geheimnisse einweihen. Vgl. *Orph.* Fgm. 245 (S. 257 Kern[2]):

φθέγξομαι οἷς θέμις ἐστί· θύρας δ᾽ ἐπίθεσθε βέβηλοι

und Plat. *Symp.* 218b; Euseb. *Laud. Const. prooem.* (I 196 Heikel); C. A. Lobeck, Aglaophamus sive de theologiae mysticae Graecorum causis libri tres. Königsberg 1829, I 450f. Vermutlich sind diese Worte dem Adressaten wie dem Verfasser des Briefes aus dem Hekate-Kult und dem Mithras-Kult ihrer eigenen Zeit vertraut; vgl. Browning, Julian 57f.

6.

Zu ὁρᾷς vgl. ep. 48 (1367 F) A. 2.

7.

Aristainetos korrespondierte mit dem Präfekten Strategios, als dieser ihm ein Amt angeboten hatte: Ep. 537 F. Der Präfekt kehrte gerade, wie es scheint, von einer Dienstreise in Kleinasien nach Antiochia zurück, als Libanios ihn an der Grenze empfing. Dies erklärt sich durch seinen fast täglichen Verkehr mit ihm: Seeck, a.a.O. 283. Zu Strategios: Ep. 57 (434 F) A. 3.

8.

Die meisten Handschriften bieten hier Καρχηδόνος, eine Lesart, die Seeck, a.a.O. 334 mit folgender Bemerkung zu Χαλκηδόνος korrigiert hat: »Wenn von Strategius I erzählt wird, er sei kürzlich ἐκ Καρχηδόνος zurückgekehrt, so ist dies natürlich in ἐκ Χαλκηδόνος zu ändern. Denn der Praefect des Orients hatte in Karthago nichts zu tun, wohl aber gehörte Chalcedo zu seinem Amtsbezirk«. Die Konjektur Seecks wurde durch die Kodizes *Vaticanus gr.* 83 und *Dresdensis* D 9, die Förster herangezogen hat, bestätigt. Reiske wollte mit dem *Vaticanus gr.* 85 ἐκ Καλχηδόνος lesen und bemerkte dazu: »Est urbs Syriae haud procul Antiochia«.

9.

Nebridios, der derzeitige *comes Orientis*, hatte offensichtlich den Präfekten Strategios auf seiner Dienstreise begleitet und kehrt jetzt mit ihm nach Antiochia zurück. Nebridios hatte nicht immer ein gutes Verhältnis zu Libanios; vgl. Seeck, Briefe 73; 219f.

10.

Es handelt sich um den reichen Großgrundbesitzer und Senator, der mit Libanios befreundet war: Ep. 47 (736 F) A. 11.

11.

Es ist nicht klar, worauf dieser sowie die folgenden Sätze zu beziehen sind. Vermutlich spricht Libanios hier über

seine Rivalen und seine Anhänger und Schüler in Antiochia. Das Partizip τοὺς πηδῶντας entspricht offensichtlich
dem Satz τὴν μεθ' ἡμῶν μοῖραν, während τοὺς κλάοντας mit
τοὺς ῥηγνυμένους δύο in Beziehung zu setzen ist.

12.

Zu diesem Versprechen des Aristainetos vgl. ep. 580, 2 F
βιβλία δὲ ὅτι μὲν ὑπέσχου μοι, ἐμὸν ἀναμνῆσαι, ὅτι δὲ οὐκ ἔδω-
κας, σὸν εἰπεῖν. Bei dem genannten Brief handelt es sich
um die Erwiderung des Libanios auf die Antwort des
Aristainetos zu unserem Brief. Aus demselben Brief geht
hervor, daß Aristainetos schön geschriebene Bücher aus
der Bibliothek seines Großvaters geerbt hatte; vgl. Norman, Book Trade 124.

ep. 24 (631 F)
An Palladios

Im vorliegenden Brief bedankt sich Libanios bei seinem
bibliophilen Freund Palladios für die Zusendung von
zwei rhetorischen Stücken: Es handelt sich, wie es
scheint, um eine Rede des Rhetors Aristeides und eine
Gegenrede des Adressaten, in welcher dieser versuchte,
die Thesen des berühmten Redners zu widerlegen. Offensichtlich hält Palladios seinen Freund für einen Fachmann
in der Beurteilung solcher Gegenreden, da er kurz davor
von Libanios dessen ἀντιλογία πρὸς 'Αριστείδην ὑπὲρ τῶν
ὀρχηστῶν (or. 64 [IV 420f. Foerster]) erhalten hatte, in
welcher dieser die Pantomimen gegen die Angriffe des
Aristeides* in Schutz genommen hatte; vgl. ep. 615, 3 F
πρὸς 'Αριστείδην μάχομαι. Libanios, der mitten in der Vorbereitung einer Rede steckt, die er am nächsten Tag halten will, verspricht seinem Freund, nach dem Vortrag

---

* In seiner verlorengegangenen Rede πρὸς τοὺς ὀρχηστάς; vgl.
R. Förster, in der Ausgabe des Libanios IV 406; W. Schmid,
RE II 889f. Aus der Rede des Libanios gewinnen wir etliche Frag-
mente der verlorenen Rede des Aristeides.

die beiden Reden sorgfältig zu vergleichen und ein ge-
rechtes Urteil darüber zu fällen*. Im übrigen bestätigt
der Ausdruck des Libanios »die Gäste (für die Rede)
waren bereits eingeladen« die Meinung von Petit, Publication 486f., daß einige Reden des Libanios vor einem
ausgewählten kleinen Publikum gehalten worden sind.
Der Brief wurde im Sommer 361 an den Adressaten nach
Kilikien geschickt: Seeck, Briefe 383.

1.

Zur Zeit der Abfassung dieses Briefes hatte der Adressat
vermutlich das Amt des *praeses Ciliciae* inne. Vielleicht
ist er mit Ailios Palladios identisch, der in den siebziger
Jahren Statthalter von Ägypten war: Seeck, a.a.O.
228f.; Prosopography 661.

2.

Zur Bedeutung des Wortes ἄθλος in der Rednersprache:
Ep. 12 (727 F) A. 3. Zur Spannung des Sophisten kurz
vor seiner Epideixis vgl. die in der Vorbemerkung zu
ep. 42 (218 F) zitierte Anekdote Polemons.

3.

Norman, Book Trade 124 denkt hier an eine sehr alte
Handschrift des Aristeides, die möglicherweise aus der
Zeit des berühmten Redners stammt. Vermutlich war
jedoch die Handschrift nicht so sehr wegen ihres Alters,
sondern vielmehr infolge häufiger Benutzung unleserlich;
zu dieser Bedeutung der Worte σαπρὸν ὑπὸ τοῦ χρόνου vgl.
Liddell-Scott-Jones s. v. σαπρός II, 1. Unsere Stelle scheint
der byzantinische Epistolograph Michael Gabras vor Augen gehabt zu haben, wenn er ep. 1, 4f. eine abgenutzte
Handschrift Platons beschreibt. Daß er unseren Brief ge-

---

* W. Schmid, RE II 892 nennt diese Antilogien des Libanios
und des Palladios »rhetorische Spielereien«. Im übrigen ist Chrysostomos' Rede auf den Heiligen Babylas (PG 50, 533f.) eine Wider-
legung der Monodie des Libanios auf den Apollotempel in Daphne
(or. 60 [IV 311f. Foerster]).

lesen hatte, erweist noch die Heranziehung des homeri-
schen Halbverses πολλὰ γὰρ ἐν Ἀντιμάχοιο in einem anderen Brief (ep. 322, 140 [II 513 Fatouros]).

4.

Es ist nicht sicher, daß Thersites hier von Libanios
sprichwörtlich erwähnt wird, wie Förster in seinem
Apparat und Salzmann, Sprichwörter 15 meinen. Die
Möglichkeit ist nicht auszuschließen, daß Thersites in
irgendeiner Weise Gegenstand des rhetorischen Stücks
des Aristeides war, und Libanios meint, die Handschrift
war so unleserlich, daß er nicht einmal den Namen der
Hauptperson entziffern konnte. Libanios selbst hat ein
ἐγκώμιον Θερσίτου hinterlassen: *Laud.* 4 (VIII 243 f. Foerster). Als »sonderbar« bezeichnet Polybios 12, 26ᵇ 5 (III
225 Buettner-Wobst) jene rhetorischen Übungen, die das
Lob des Thersites oder den Tadel der Penelope als Thema
haben.

5.

Hadrianos von Tyros (113–193), ein bedeutender Redner und Sophist, war Schüler und Nachfolger des Hero-
des Attikos in Athen. Er hatte Reden, rhetorische Ab-
handlungen und Briefe verfaßt, die bis auf ein kleines
Übungsstück alle verlorengegangen sind, ohne in der
späteren Literatur Spuren hinterlassen zu haben. Libanios, der seine Schriften gekannt und bewundert zu haben scheint, erwähnt ihn noch einmal, eben in jener Antilogie zu Aristeides: or. 64, 41 (IV 445 Foerster) σοφιστὴς
Τύριος, ὃς τῇ γλώττῃ τὰ τοῦ Ποσειδῶνος ἴσχυε, σείων τε καὶ
τινάσσων ἅπαντα. Irrtümlich weist Richtsteig in seinem
Index zu Försters Ausgabe die beiden Stellen zwei verschiedenen Personen namens Hadrianos zu. Vgl. Christ-
Schmid-Stählin, Literatur 696 f.; W. Schmid, RE
VII 2176 f.

6.

Zu diesem Ausdruck vgl. Plat. *Phaedr.* 227c ἀλλ' αὐτὸ δὴ
τοῦτο καὶ κεκόμψευται.

7.

Vgl. Homer, Il. 11, 132

πολλὰ δ᾽ ἐν ᾽Αντιμάχοιο δόμοις κειμήλια κεῖται.

Nach seiner Gewohnheit zitiert Libanios die erste Hälfte
des Verses, um den Adressaten an die zweite Hälfte zu
erinnern (= es liegen viele Bücher bei dir zu Hause).
Dies hat an der oben erwähnten Stelle Michael Gabras
nicht verstanden, der das Zitat offensichtlich als sprichwörtlichen Ausdruck aufgefaßt hat. Vgl. ferner ep. 53
(1220 F) A. 10.

ep. 25 (283 F)   An Demetrios

Thema des vorliegenden Briefes ist die Grabrede des
Libanios für seinen Onkel Phasganios, von der ein Teil
hinter verschlossenen Türen und vor einer ausgewählten und sehr begrenzten Zuhörerschaft vorgetragen
wurde. Grund dafür war der brisante Inhalt, denn Libanios beschrieb in der Rede die Aktivität des Phasganios
gegen den Cäsar Gallos während der Versorgungskrise
von 354. »Man kann unmöglich«, meint Libanios, »die
Taten des einen verherrlichen, ohne die Brutalität des
anderen an den Tag zu legen.« Sollte jedoch diese *dam-
natio memoriae* des Gallos bekannt werden, würde dies
den Zorn seines Bruders Julian auf den Redner ziehen.
Nach Petit, Publication 488 liefert unser Brief einen
Beweis dafür, daß Libanios sich von vornherein mit der
möglichen Verbreitung seiner Reden beschäftigte und
daß er manchmal Reden in sehr heftigem Ton zu seiner
persönlichen Befriedigung oder zu der einer sehr be-
schränkten Zuhörerschaft vortrug. In diesen Fällen »la
prudence l'emportait sur la vanité, pourtant assez grande,
de l'auteur«. Der Brief wurde im Winter 359/360 nach
Kilikien geschickt: Silomon, Lib. epist. 47.

1.

Zum Adressaten: Ep. 12 (727 F) A. 1.

2.

Dem ersten Satz des Briefes ist zu entnehmen, daß Libanios die zwei Teile des Panegyrikus auf seinen im Herbst 359 verstorbenen Onkel Phasganios (vgl. Anm. 4) als zwei verschiedene Reden betrachtet, von welchen die eine des Lobes voll war, die andere aber, die an sich das Thema unseres Briefes darstellt, in einem kämpferischen Ton geschrieben wurde. Über Phasganios vgl. ep. 41 (217 F) A. 5.

3.

Zur Symbolik der Dohle: Ep. 53 (1220 F) A. 7. Es ist jedoch kaum anzunehmen, daß auch an unserer Stelle Mönche gemeint sind.

4.

Dies ist so zu verstehen, daß zwei Drittel der Rede *coram publico* vorgetragen wurden, ein Drittel dagegen, in welchem sich der Redner in gefährliche Äußerungen eingelassen hatte, vor einem ausgewählten Publikum hinter verschlossenen Türen vorgelesen wurde; vgl. Liebeschuetz, Antioch 26.

5.

Libanios benutzt das Wort βάθρον für die Schulbank nach dem Vorbild der Klassiker: Plat. Prot. 325 e παρατιθέασιν αὐτοῖς ἐπὶ τῶν βάθρων ἀναγιγνώσκειν ποιητῶν ἀγαθῶν ποιήματα.

6.

Der Ausdruck προσκυνεῖν τὴν Ἀδράστειαν (bzw. τὴν τύχην u. dergl.) kommt bei Libanios sowie bei den spätgriechischen Autoren im allgemeinen sehr oft vor: Lib. or. 1, 158; 2, 52; 34, 29; 39, 18; 47, 34; *decl.* 15, 15; Jul. Mis. 370b; ep. 29, 403b; 49, 429c; Them. or. 34, 10; Diod. Sic. 13, 21; Polyb. 15, 19, 5; 23, 12, 5 usw. Adrasteia (= »die Unentrinnbare«), ursprünglich eine Berggöttin, galt später als Verkörperung der Dike oder Ananke: Tümpel, RE I 406f. Vgl. ferner Misson, Recherches 128.

7.

Während der Versorgungskrise von 354 ließ der Cäsar Gallos in Antiochia die Kurialen, die er dafür verantwortlich machte, verhaften und hatte vor, die vornehmsten von ihnen hinrichten zu lassen. Sie wurden dank der tatkräftigen Interventionen des damaligen *comes Orientis* Honoratus gerettet. Phasganios wagte damals, wie es scheint, die Kurie gegen die Vorwürfe des Cäsars zu verteidigen, seine Rolle war aber in der Grabrede des Libanios stark übertrieben, nach dem Ausdruck ἐξήρπασε τὴν πόλιν unseres Briefes zu beurteilen. Vgl. Amm. Marc. 14, 7, 2 f.; Petit, Vie municipale 107 f.; Sievers, Libanius 63 f. ζεῖν in diesem Sinne ist klassisch: Soph. *Oed. Col.* 434 ὁπηνίκ' ἔζει θυμός.

8.

Gemeint ist Julian, Gallos' Halbbruder.

9.

βάραθρον nannten die Athener die Grube, in welche die zum Tode Verurteilten hinabgestürzt wurden: Herodot 7, 133; Plat. *Gorg.* 516e usw.

10.

d. h. das gefährliche Drittel der Rede.

11.

Es handelt sich offensichtlich um eine verlorengegangene Deklamation (ἅμιλλα) über die Tyche, in welcher Libanios eine Stellung bezog, konträr zu der des Demosthenes: Ep. 405, 4 F. Unter προάγων (bzw. πρόλογος) ist eine kurze Ansprache zu verstehen, die einer Rede oder Deklamation voranging: Lib. fr. 14–16 (XI 621 Foerster); fr. 30 (XI 628 ebenda); Förster-Münscher, RE XII 2528; Norman, Autobiography 163. (Der Terminus fehlt bei H. Lausberg, Handbuch der literarischen Rhetorik. München 1960.) Zu ἅμιλλα: Festugière, Antioche 480 A. 3. Vgl. ferner Förster, Schriftstellerei 209.

ep. 26 (263 F)
An Krispinos

Wenn Krispinos, der Freund des Libanios aus dem pontischen Herakleia, diesen bittet, ihm Kopien seiner Reden zu senden, bedeutet dies, daß er seinen Freund zur
Veröffentlichung seiner Schriften auffordert; denn Veröffentlichung heißt in dieser Zeit die Verbreitung einiger
Kopien unter den Freunden des Autors. Wie aus mehreren Stellen seines Werkes hervorgeht, beschäftigte Libanios Handschriftenschreiber (vermutlich Sklaven), welche Kopien seiner Schriften anfertigten. Bevor er jedoch
den Auftrag des Adressaten an die Kopisten weiterleitet,
will Libanios von ihm wissen, welche Reden von ihm
Krispinos bereits (eventuell von Dritten?) erhalten hat.
Der Grund dafür ist vermutlich nicht nur der, den er angibt, er wolle die Schreiber nicht umsonst bemühen, sondern auch sein Wunsch, zu erfahren, welche Reden von
ihm in Herakleia bereits in Umlauf sind. Denn für den
antiken Autor ist es sehr schwierig, eine Übersicht über
die Verbreitung seines Werkes, vor allem eines bestimmten Textes in einer bestimmten Form, zu erhalten. Vgl.
Petit, Publication 484 f.; Norman, Book Trade 122 f.
Der Brief wurde Anfang 361 nach Herakleia übersandt:
Seeck, Briefe 376; Silomon, Lib. epist. 46. Wenn
Sievers, Libanius 49 A. 31 ihn fälschlich auf das Jahr
390 ansetzt, dann ist er, wie es scheint, durch die Erwähnung der vielen Trauerfälle dazu verleitet worden, die er
mit jenen identifizierte, die Libanios während der letzten
Jahre seines Lebens erlebte; vgl. unten, A. 2.

1.
Studiengenosse und Freund des Libanios. Mit Krispinos
unternahm Libanios 340 seine erste Reise von Athen
nach Konstantinopel und begleitete seinen Freund sogar
bis in dessen Heimat, das pontische Herakleia: Lib. or.
1, 28 f. (I 97 f. Foerster); Sievers, a. a. O. 49 f. Vgl. noch

Seeck, a.a.O. 112; Ders., RE IV 1721. Vermutlich identisch mit Crispinus 4 in Prosopography 232.

2.

Während der Jahre 358 und 359 verlor Libanios seine Mutter und seinen Onkel Phasganios sowie seine Freunde Aristainetos, Hierokles und Eusebios. Die Trauer über diese Verluste dauerte offensichtlich längere Zeit; vgl. ep. 56 (66 F), 4.

3.

Vgl. Plat. resp. 387b παραιτησόμεθα Ὅμηρόν τε καὶ τοὺς ἄλλους ποιητὰς μὴ χαλεπαίνειν.

4.

Einer der Schreiber des Libanios: Seeck, Briefe 312; vielleicht identisch mit Theophilus 3 in Prosopography 908.

ep. 27 (754 F) An Akakios

Während Libanios in ep. 62 (1063 F) eine kurze Charakteristik seines berühmten Landsmanns Ammianus Marcellinus gegeben hat, stellt er uns im vorliegenden Brief einen anderen, weniger bekannten Historiker des Spätaltertums vor, Eutropios aus Palästina. Zur Zeit der Abfassung dieses Briefes hatte Eutropios sein Geschichtswerk noch nicht geschrieben, Libanios lobt ihn jedoch als überaus gewandten Redner, dessen hervorragende Leistungen seinem Lehrer Akakios alle Ehre tun. Wie wir aus dem Brief erfahren, hielt sich Eutropios zur Zeit in Antiochia auf, um sich mit dem Kaiser Julian zu treffen und ihm eine Rede des Akakios auszuhändigen. Den vorliegenden Brief des Libanios an den letzteren nahm Eutropios bei seiner Rückkehr nach Palästina im Sommer 362 mit: Seeck, Briefe 394.

1.

Es handelt sich um den Kollegen und ehemaligen Rivalen des Libanios: Ep. 2 (1458F) A. 1.

2.

Es mußte der Variante ἐκγόνων der Vorzug gegeben werden: Ep. 67 (1036 F) A. 9.

3.

Der Geschichtsschreiber Eutropios, ein Neffe und Schüler des Adressaten. Er bekleidete unter Valens ein hohes Amt, wurde aber 372 der Zauberei bezichtigt und seines Amtes enthoben. Sein in lateinischer Sprache verfaßtes Geschichtswerk, unter dem Titel »Breviarium ab urbe condita« bekannt, schrieb er auf Veranlassung des Kaisers Valens; er behandelt darin in zehn Büchern die römische Geschichte von der Gründung Roms bis zum Tode Jovians (364). Das Werk wurde 380 von seinem Freund Paianios (: ep. 21 [1307 F] A. 7) ins Griechische übersetzt. Im Mittelalter wurde es von Paulus Diaconus fortgesetzt. Das Buch des Eutropios, das in einfacher und klarer Sprache geschrieben ist, war nicht nur im Spätaltertum, sondern auch in neuerer Zeit sehr beliebt und wurde als Schulbuch benutzt; im 19. Jahrhundert hat es nicht weniger als zehn Schulausgaben erlebt. Bei der Suda s. v. (II 475 Adler) wird Eutropios als Ἰταλὸς σοφιστής bezeichnet, vermutlich weil er etliche Jahre in Italien verbrachte. Vgl. Seeck, Briefe 151f.; Gensel, RE VI 1521f.; Prosopography 317.

4.

Mit δρόμος ist die rasche Abwechslung der rhetorischen Bilder gemeint, während ῥώμη auf die Überzeugungskraft der Beweisführung zielt. Ähnlich beurteilt Ps.-Longinos 12, 4 den Demosthenes (in einem freilich nicht einwandfreien Text): καὶ ὁ μὲν ἡμέτερος διὰ τὸ μετὰ βίας ἕκαστα, ἔτι δὲ τάχους ῥώμης δεινότητος οἷον καίειν τε ἅμα καὶ διαρπάζειν σκηπτῷ τινι παρεικάζοιτ᾽ ἂν ἢ κεραυνῷ (Der Unsrige [sc. Demosthenes] vermag durch seine Gewalt und sein Tempo, seine Kraft und seine Fähigkeit alles gleichsam zu entflammen und mitzureißen; man könnte ihn einem Sturmwind oder einem Blitz vergleichen).

Die rhetorischen Termini begegnen auch bei byzantinischen Autoren.

5.

Vgl. ep. 1304, 1 F *Ἀκακίου τοῦ σοφιστοῦ καὶ ἀδελφιδοῦς καὶ μαθητὴς Εὐτρόπιος οὑτοσί.*

6.

Das geflügelte Wort *γνῶθι σαυτόν* wird bei den meisten spätgriechischen Autoren als *Δελφικὸν παράγγελμα* zitiert: Arr. *Epict.* fr. 1; Dio Chrys. 10, 22; 67, 3; Jul. or. 6, 183a; ep. 41, 420b; Luc. *Salt.* 81; Plu. *mor.* 1118 C; Dem. 3, 2 usw. Nach einer anderen Überlieferung wurde es Thales von Milet zugeschrieben: Thales fr. 1, 40 (I 72 Diels-Kranz).

7.

Vielleicht handelte es sich dabei um eine Lobrede für Libanios, in welchem Fall Eutropios und Akakios es als taktvoller erachteten, sie erst seinem Bewunderer Julian einzuhändigen.

8.

Er spielt auf Homer, Il. 15, 204 an:

οἶσθ' ὡς πρεσβυτέροισιν Ἐρινύες αἰὲν ἕπονται

(Du weißt, daß den Älteren immer die Erinyen folgen).

9.

Dem Briefschreiber schwebt die Geschichte von Telephos vor, dem mythischen König von Mysien, dem Achilleus mit seinem Speer eine schwere Wunde zugefügt hatte. Vom Orakel des Apollon erfuhr Telephos, daß seine Wunde nur durch den Speer des Achilleus geheilt werden könnte. Dies geschah, als Rost vom Speer auf die Wunde gelegt wurde. Aus der Geschichte entstand das Sprichwort ὁ τρώσας καὶ ἰάσεται: Mantiss. *Prov.* 2, 28 (CPG II 763 Leutsch).

ep. 28 (406 F)   An Themistokles

Für Libanios war Konstantinopel nicht nur eine unsympathische Stadt, sondern außerdem die Stadt der Schwel-

gerei schlechthin.* Die von Konstantin dem Großen am
11. Mai 330 inaugurierte Stadt wies so rasche Fortschritte
auf, daß sie sich bald zu einem politischen, religiösen,
geistigen und wirtschaftlichen Zentrum entwickeln
konnte. Nur 25 Jahre nach ihrer Einweihung spricht
Libanios in unserem Brief von großangelegten Symposien, die dort veranstaltet wurden und die verdienten,
von einem Literaten verewigt zu werden. Aus seiner
Autobiographie (or 1, 75 [I 120 Foerster]) erfahren wir,
daß er während seines dortigen Aufenthaltes (349–354)
es als lästig empfand, an solchen Gelagen des öfteren teilnehmen zu müssen. Im vorliegenden Brief hebt er allerdings die positive Seite davon hervor, offenbar weil er
sich an einen Symposienliebhaber wendet. Wie bei den
Symposien der klassischen Zeit, wird dabei über die
Rhetorik, die Dichtung, die Philosophie und die Grammatik diskutiert. Den Brief überbrachte der Antiochener
Olympios im Sommer 355, als er auf dem Wege nach
Mailand war, dem Adressaten nach Konstantinopel:
Seeck, Briefe 320.

1.

Der Adressat ist wohl mit Themistokles aus Athen, dem
von Eunapios, *vit. soph.* 9, 2f. (S. 60f. Giangrande) erwähnten Schüler des Apsines identisch. Er machte wäh-

---

* Vgl. ep. 633, 2 F., an welcher Stelle Libanios Konstantinopel mit
dem Satz ἡ περὶ τὸν Βόσπορον τρυφή umschreibt. Ähnlich or. 1, 279
(I 202 Foerster): ἐν Θράκης πόλει τῇ τῶν ἄλλων πόλεων τρυφώσῃ
τοῖς ἱδρῶσι. Vgl. noch or. 30, 37 (III 107 Foerster) (über Konstantin den Großen): καίτοι πολὺ βέλτιον ἦν αὐτῷ τῶν ἀπ᾽ ἐκείνου
τινὰς ἄρχειν ἢ τὴν ἐπώνυμον αὐτῷ τοῖς οἰκοδομήμασιν αὔξεσθαι
πόλιν, δι᾽ ἣν καὶ αὐτὴν πλὴν τῶν ἐκεῖ κακῶς τρυφώντων ἅπαντας
ἀνθρώπους ἔχει καταρωμένους τῇ σφῶν αὐτῶν ἀπορίᾳ τὴν εὐπο-
ρίαν ἐκείνῃ παρέχοντας. (Für ihn wäre es gewiß besser, wenn einer
seiner Nachkommen herrschte, statt daß die nach ihm benannte
Stadt immer mehr Bauwerke erhält, um derentwillen doch alle Menschen außer denen, die ebendort in Schwelgerei leben, ihn verfluchen,
da sie durch ihre Armut zu deren Reichtum beitragen.)
Zu Konstantinopel – τρυφῶσα πόλις: G. Dagron, Naissance
d'une capitale. Paris 1974, 518f.

rend eines Kampfes zwischen den Schülern der Sophisten
Apsines und Julian von sich reden. Eunapios charakterisiert ihn als überaus frech und unverschämt (προπετέστερος
δὲ ὢν καὶ θρασύτερος). Libanios hatte ihn vermutlich erst
in Konstantinopel kennengelernt. Unser Brief ist der
einzige an den Adressaten. Vgl. Seeck, a.a.O. 307;
Sievers, Libanius 60 A. 17; Prosopography 894.

2.

Arzt aus Antiochia, Freund des Libanios, Leibarzt des
Kaisers Konstantios. Er gehörte zu dem Freundeskreis
des Libanios in Konstantinopel. Als dieser im Frühjahr
356 von einer Nierenkrankheit befallen wurde, bat er
durch ep. 489 F Olympios um die schriftliche Empfehlung eines Heilmittels. Vgl. Seeck, Briefe 222f.; Sievers, Libanius 283; Cadiou, Relations scolaires 94f.

3.

Es handelt sich eigentlich um einen Grammatikos, der
von Libanios dem Attizismus zuliebe als Grammatistes
bezeichnet wird: Wolf, Schulwesen 32; Vorbemerkung
zu ep. 19 (337 F). Zu der Verschiedenartigkeit der hier
zusammengestellten Personen vgl. oben S. 232.

4.

Zu Themistios: Vorbemerkung zu ep. 56 (66 F) und A. 1
dazu.

5.

Der Ausdruck ῥέων πολύς u. dergl. kommt nicht selten
bei den spätgriechischen Autoren vor: Dion. Hal. *ant.
rom.* 7, 14 Σπόριος Σικίνιος πολὺς ἔρρει κατὰ τῆς βουλῆς;
ebenda 10, 5; Longin. 13, 1; Plut. Dem. 9, 1; App. *BC*
5, 76 usw. Zu τῷ κάλλει τῶν ὀνομάτων vgl. Demetr. *de
elocut.* 173 (IX 79 Walz).

ep. 29 (1184 F) An Datianos

Nach dem Tode Julians sah sich sein verängstigter Nachfolger Jovian gezwungen, die Rettung des Expeditions-

corps der Römer in Persien durch sehr ungünstige, dem
Ansehen des Reiches unwürdige Friedensbedingungen
zu erkaufen. Fünf Grenzprovinzen am linken Ufer des
Tigris, die Maximian und Diokletian seinerzeit erobert
hatten, sowie die befestigten Städte Nisibis und Singara
sollten den Persern abgetreten werden (: Stein, Geschichte 264). Eine Entrüstungswelle ging durch das
oströmische Reich, als dieser schmachvolle Friedensver-
trag bekannt wurde. Als Jovian am 17. Februar 364 infolge einer Kohlengasvergiftung in Dadastana starb,
brachen in Antiochia Unruhen aus. Obwohl wir darüber
sehr wenig informiert sind, deutet alles darauf hin, daß
die Wut des Volkes sich gegen Datianos, den Adressaten
dieses Briefes, richtete, der als der wichtigste Ratgeber
des Kaisers galt. Während er sich am Hofe aufhielt, zerstörte man seine Landgüter außerhalb der Stadt, in der
Annahme, daß Datianos' Stern nach dem Tode Jovians
gesunken sei. Der wendige Politiker wußte jedoch auch
die Gunst von Jovians Nachfolger, des Kaisers Valentinian, zu gewinnen, zumal er zu dessen Nominierung beigetragen hatte. Als die Antiochener dies erfuhren, beeil-
ten sie sich, durch die Gesandtschaft, die Valentinian zu
seiner Thronbesteigung gratulieren und ihm einen Gold-
kranz überreichen sollte, auch Datianos um Verzeihung
zu bitten. Libanios tritt mit vorliegendem Brief, den die
Gesandtschaft zusammen mit zwei anderen Briefen von
ihm im April 364 nach Konstantinopel brachte, als Fürsprecher seiner Heimatstadt auf. Die beiden anderen
Briefe (: epp. 1185 und 1186 F) waren an Salutios und
Themistios adressiert und baten um Vermittlung beim
Kaiser und bei Datianos zugunsten der Stadt. Im übrigen
wirkt unser Brief wie ein zusammengefaßter πρεσβευτικὸς
λόγος; die Art, wie das Motiv der *clementia* des Mächtigen
darin behandelt wird, macht ihn zu einem kleinen rhetorischen Meisterwerk. Es erübrigt sich zu sagen, daß
Libanios mit seiner Fürbitte Erfolg hatte.

1.

Der Adressat gilt als eine der einflußreichsten Persönlichkeiten des 4. Jahrhunderts. Ohne jemals ein Amt bekleidet zu haben, »rätselhafte Figur grauer Eminenz« (: Petit, Vie municipale 172), war er bereits unter der Regierung Konstantins d. Gr. einflußreich und behielt oder vergrößerte sogar seine Machtposition unter Konstantios, Jovian und Valens. Seinen Einfluß büßte er nur während der Regierung Julians ein, da er Christ war. Er fing als Stenograph und Notar an und stellt damit das vornehmste Beispiel eines Aufstiegs dank der Kunst der Stenographie dar (vgl. die Vorbemerkung zu ep. 64 [1224 F]). Libanios muß ihn kennengelernt haben, als er Anfang der sechziger Jahre mit Konstantios nach Antiochia kam. Zum Adressaten: Seeck, Briefe 113f.; Petit, a.a.O.; Prosopography 243f.

2.

Die Vertreter der Stadt ließen sich nur mit Widerwillen für die Gesandtschaft wählen, da sie sich vor dem Zorn des Datianos fürchteten. Dies ist der Sinn der Worte μόλις ἐκινήθησαν. Zu dieser Gesandtschaft vgl. noch Petit, Vie municipale 417.

3.

Es ist nicht bekannt, welcher Teil der Bevölkerung Antiochias an diesen Ausschreitungen teilnahm. In ep. 1259, 4 F bezeichnet Libanios die aufgebrachte Menge mit dem Satz τῶν οὐκ εἰδότων, ἃ ἔδρων. Petit, a.a.O. 227 sieht darin eine bewußte Anspielung auf Lukas 23, 34 οὐ γὰρ οἴδασιν, τί ποιοῦσιν und damit einen Hinweis darauf, daß Christen unter den Randalierenden waren. Dies ist möglich (vgl. unten, A. 5), obwohl wenig wahrscheinlich. Im übrigen ist nicht deutlich, worauf das Pronomen ἑτέρου zu beziehen ist.

4.

Die Kurie von Antiochia wurde verantwortlich gemacht, weil sie sich, wie oft bei Aufständen, passiv verhielt und die örtliche Polizeimacht nicht rechtzeitig mobilisierte. Vgl. Liebeschuetz, Antioch 104 (wo statt Julian offensichtlich Jovian gelesen werden muß).

5.

Denselben Gedanken bringt Libanios ep. 1120 F zum Ausdruck: οὐ γὰρ οὕτω τὸ ἀμύνασθαι ὡς τὸ παρὸν ἀμύνασθαι μὴ βουληθῆναι θαυμάζεται.

6.

Dies scheint sich eher auf Christus als auf die heidnischen Götter zu beziehen: Libanios wendet sich an einen Christen. In ep. 1120 F, in welcher dieselbe Beteuerung an den fanatischen Heiden Elpidios gerichtet wird (vgl. die vorausgehende Anmerkung), lesen wir τὸ δὲ ʿΕλληνικὸν καὶ θεοῖς ἐοικότων. Vgl. Misson, Recherches 32f.; Petit, Étudiants 127 A. 172.

7.

Zur grammatischen Theorie dieses Ausrufes: Ep. 10 (255 F) A. 18.

8.

Zur Anführung des Herakles bei sprichwörtlichen Ausdrücken: Salzmann, Sprichwörter 9f.

9.

Der Ausdruck stammt aus der Tragödie: Soph. El. 331 θυμῷ χαρίζεσθαι κενά; vgl. Eur. fr. 31 (S. 372 Nauck).

10.

Datianos hatte in Antiochia eine Säulenhalle sowie zwei Badeanstalten (die eine außerhalb der Mauer) errichten lassen: Epp. 441, 7; 114, 5 F; Petit, Vie municipale 319. Er besaß außerdem mehrere Villen in Antiochia und Umgebung: Ep. 114, 5 F. Vgl. noch Liebeschuetz, Antioch 135.

11.

Datianos erlangte das Konsulat des Jahres 358: Liebenam, Fasti consulares 37. Libanios nennt den Adressaten hier Schüler Konstantins d. Gr. und Lehrer des Konstantios.

12.

Dieser Satz, der in direkter Rede das Urteil der Nachwelt über den Adressaten epigrammatisch zusammenfaßt, bildet den krönenden Abschluß der Paränese. Libanios folgt hier einem literarischen Topos, der auf Homer zurückgeht (vgl. Ilias 7, 87–90). Wegen seines Attizismus umschreibt Libanios zumeist den Namen seiner Heimatstadt: Wolf, Libanios 20.

13.

Diese Stelle ist ein gutes Beispiel für die im antiken und mittelalterlichen Brief übliche Tempusverschiebung. Der Autor versetzt sich in die Rolle des Empfängers, für den die Gegenwart des Schreibenden bereits Vergangenheit ist. Daher heißt es statt »während ich dies schreibe...« »als ich dies schrieb...«.

14.

Der Ausdruck bedeutet etwas Unmögliches: Salzmann, Sprichwörter 78. Die altgriechische Sprache wies viele Wendungen auf, die das Unmögliche ausdrückten; vgl. z. B. ὀρνίθων γάλα, κεραυνὸς ἐν Αἰθίοψι, λευκὸς κόραξ, πτηνὴ χελώνη usw.

ep. 30 (196 F)   An Modestos

Die noble römische Tradition, nach welcher die reichen Bürger ihren Patriotismus zeigten, indem sie auf eigene Kosten ihre Heimatstadt mit prächtigen öffentlichen Bauten schmückten, wird im spätrömischen Reich in etwas entarteter Form fortgesetzt. Statthalter und hohe Funktionäre wollen natürlich noch immer ihren Namen durch öffentliche Bautätigkeit verewigen, dies geschieht jedoch in der Regel nicht mehr auf eigene Kosten, sondern auf Kosten der Gemeinde. Sie werden dazu von der bestehenden Gesetzgebung unterstützt, welche vorsieht, daß sich an solchen Unternehmungen die Stadt mit Kapital und Dienstleistungen beteiligt. Soweit jemand noch auf eigene

Kosten öffentliche Gebäude baut, wie z. B. Florentios, der
Anfang der neunziger Jahre eine Säulenhalle in Antiochia
errichten ließ, tut er dies in der Erwartung, daß nicht nur
das investierte Kapital, sondern dazu noch ein Gewinn
zurückfließt: Für den *consularis Syriae* Florentios wird die
Säulenhalle zu einer Goldgrube werden (: Lib. or. 46, 44
[III 400 Foerster] πηγῆς στοᾶς ἑκάστης χρυσοῦ καθιστα-
μένης), da er von den Geschäften, die hinter der Stoa errichtet werden, Pachtgebühren kassieren darf.
Gegenüber solchen Praktiken nimmt Libanios eine sehr
vernünftige Haltung ein. In seinem Antiochikos (or. 11)
zeigt er sich zwar stolz auf die prächtigen Bauten seiner
Heimatstadt, protestiert jedoch aufs heftigste, wenn die
hohen Bauherren sich in ihrem Baueifer allerlei Mißbrauch zuschulden kommen lassen. In seiner an Theodosios gerichteten or. 50 (III 471 f. Foerster, πρὸς τὸν βασιλέα
ὑπὲρ τῶν γεωργῶν περὶ τῶν ἀγγαρειῶν) bittet Libanios den
Kaiser, der Gewohnheit Einhalt zu gebieten, daß die
Bauern der Umgebung, die nach Antiochia kommen, auf
dem Rückweg zur Abfuhr von Bauschutt gezwungen
werden. Ähnlich protestiert er in or. 10, 18f. (I 406f.
Foerster) gegen die Baumanie der Statthalter. Im vorliegenden Brief macht er den *comes Orientis* Modestos, der
bei der Errichtung einer Säulenhalle in Antiochia seine
Befugnisse, wie es scheint, bei weitem überschritten hat,
darauf aufmerksam, daß es überhaupt keinen Sinn hat,
ein Werk, das seinen Namen verewigen soll, unter un-
menschlichen Bedrückungen der Bürger errichten zu
wollen. Statt Lobpreisung werde ein solches Monument
dem Erbauer nur Verwünschungen bringen. Der Brief
ging im Sommer 360 an Modestos: Seeck, Briefe 369.
Es ist nicht bekannt, in welchem Ort seines Amtsberei-
ches der Adressat sich damals aufhielt. Förster datiert den
Brief in den Winter 358/359.

1.
Zum Adressaten: Ep. 48 (1367 F) A. 1.

2.

Formell fängt der Brief mit einem Wunsch für das Vorhaben des Modestos an, doch angesichts des unmittelbar darauf folgenden Bedenkens klingt dieses Proömium stark ironisch.

3.

Offensichtlich war die zu errichtende Stoa dem Gott Dionysos gewidmet, vielleicht weil Weingeschäfte in ihrer Nähe erbaut werden sollten; vgl. Pack, Studies 101 (oder wurde sie in der Nähe des Dionysostempels errichtet?).

4.

Seleukeia Pieria, die Hafenstadt von Antiochia, 8 Kilometer nördlich von der Orontesmündung. Ihr Hafen wurde unter Konstantios erheblich erweitert: Theophanes A. M. 5838 (I 38 de Boor). Vgl. W. Ruge, RE II A 1184f.; Downey, Antioch 57f.

5.

Die mit dem Transport der Säulen beauftragten Leute waren vermutlich Kurialen, jene, die nur darum gebeten wurden, *honorati*: Liebeschuetz, Antioch 133. Die Säulen waren, wie es scheint, aus einem Marmorbergwerk per Schiff nach Seleukeia gebracht worden. Zur gesetzlichen Verpflichtung der Kurialen, an solchen Vorhaben mitzuwirken: Petit, Vie municipale 45. Vgl. A. Piganiol, L'empire chrétien. Paris [2]1972, 379.

6.

Ähnliches rät er dem Modestos in ep. 617, 3 F περὶ δὲ τῆς στοᾶς σοι σκεπτέον, ὅπως εὔφημόν τι λέγοιτο περὶ αὐτῆς καὶ μὴ δοκῶν τῷ Διονύσῳ χαρίζεσθαι τὸν πατέρα λυποίης τοῦ Διονύσου τὸν Δία. (Bezüglich der Säulenhalle aber mußt du dafür sorgen, daß man gut über sie spricht, und du darfst nicht den Anschein erwecken, als erfreutest du Dionysos und kränktest dabei seinen Vater Zeus.)

7.

Die Mauern von Babylon waren wegen ihrer Größe

sprichwörtlich. Nach Herodot 1, 178 betrug ihre Höhe
200 babylonische Ellen, ihre Breite 50 Ellen. Über den
Zirkus von Nikomedeia sagt Libanios, or. 61, 17 (IV 338
Foerster) *ποῦ δὲ ἱππόδρομος Βαβυλωνίων τειχῶν ἰσχυρότε-
ρος;* vgl. ferner Lib. *decl.* 17, 59 (VI 224 ebenda); S a l z -
m a n n , Sprichwörter 45.

ep. 31 (898 F)
An Ellebichos

Im Frühjahr 387 kam es in Antiochia bei der Ankündi-
gung einer Erhöhung der Steuern zu heftigen Tumulten,
in deren Verlauf die Bilder und Statuen der Kaiserfami-
lie von der aufgebrachten Menge zerstört wurden. Nach
der Niederwerfung des Aufstandes schickte Theodosios
zwei hohe Würdenträger seiner Regierung, Kaisarios und
Ellebichos, den Adressaten dieses Briefes, um die Untersuchungen über den Aufstand zu führen und die Schuldigen zu bestrafen. Eine panische Angst hing während
dieser Zeit über der Stadt. Doch die beiden Unter-
suchungsrichter erwiesen sich wider Erwarten als sehr
mild. Um die Dankbarkeit der Stadt an Ellebichos zu
beweisen, schrieb Libanios eine Rede, or. 22 (II 471 f.
Foerster, *πρὸς Ἐλλέβιχον*); der Ausdruck des Dankes und
des Lobes kennzeichnet auch seine Briefe an ihn. Im vorliegenden Brief lädt Libanios den Adressaten ein, wieder
nach Antiochia zu kommen. Der Brief ging im Herbst
388 nach Konstantinopel: S e e c k , Briefe 452.

I.

Der Adressat führte das Amt des *magister utriusque militiae
per Orientem*. Er wohnte zeitweilig in Antiochia, wo er
ein prächtiges Haus gebaut hatte, und seine Tochter war
dort verheiratet. Nach dem glimpflichen Ausgang des
Aufstandes von 387 wurden in Antiochia Bilder und
Statuen von Ellebichos aufgestellt. Vgl. S e e c k , Briefe

167f.; Petit, Vie municipale 319f.; Downey, Antioch
430f. Einen gräzisierten Germanen nennt den Adressaten
A. Demandt, *magister militum*, RE Suppl. XII 711,
desgleichen Waas, Germanen 101. Trotz der überlieferten Lesart ’Ελεβίχῳ, die Förster aufgenommen hat, ist
hier der gewöhnlicheren Namensform ’Ελλεβίχῳ der
Vorzug gegeben, die auch Förster nicht verwirft (»for-
tasse recte«).

2.

Annianos ist der derzeitige *vicarius Thraciarum:* Seeck,
Briefe 444. Er überbrachte offenbar einen Brief des
Adressaten an Libanios. Vgl. ferner Prosopography
68 (1).

3.

Unter den hier genannten σύλλογοι ist auch der Senat von
Konstantinopel zu verstehen, da Ellebichos Senator war:
Petit, Sénateurs 350.

4.

Die Überlegenheit Antiochias gegenüber Konstantinopel
steht für Libanios kaum in Frage. Die syrische Hauptstadt ist schöner wegen ihres Klimas, ihres Reichtums
und der Urbanität ihrer Einwohner: Petit, Vie municipale 168. Vgl. ferner die Vorbemerkung zu ep. 79
(399 F).

5.

Ellebichos hatte eine prächtige Villa in Antiochia sowie
eine Badeanstalt im zentralen Bezirk der Stadt bauen lassen; vgl. Downey, Antioch. 432; W. Liebeschuetz,
The Finances of Antioch in the Fourth Century A.D.
Byzantinische Zeitschrift 52 (1959) 354 A. 66.

ep. 32 (1189 F)
An Klearchos

Wie in den Vorbemerkungen zu epp. 13 (959 F) und
75 (731 F) dargelegt ist, gab es für die Kurialen nur eine

Chance, den drückenden *munera curialia* zu entgehen, nämlich in die nächsthöhere Klasse der *clarissimi* aufgenommen zu werden. Dies konnten sie erreichen, indem sie in
den Senat von Konstantinopel eintraten bzw. sich ein
hohes Amt verschafften, das nur Senatoren zugänglich
war. Dieser Ausweg war jedoch zuweilen beschwerlich.
Mit Ausnahme der ersten Jahre nach der Gründung sowie vielleicht noch des Jahres 355, als man neue Senatoren rekrutieren wollte (vgl. die Vorbemerkung zu ep. 33
[1514 F]), war im 4. Jahrhundert der Eintritt in den Konstantinopler Senat mit gewissen Auflagen verbunden.
Im Jahre der Abfassung des vorliegenden Briefes wurde
gesetzlich festgelegt*, daß der künftige Senator seinen
Kurialenpflichten nachgekommen sein und außerdem
einen Sohn in der Kurie seiner Heimatstadt hinterlassen
mußte. So war der Eintritt in den Senat für den Kurialen
praktisch keine Befreiung von den *munera* mehr, zumindest wenn er Kinder hatte. Dies war der Fall bei dem in
unserem Brief erwähnten Alexander, der die genannte
Bestimmung des Gesetzes nicht voraussehen konnte, als
er seine Heimatstadt Antiochia verließ, um Senator zu
werden. So erlebte er, als er im Sommer 364 die Ver-
anstaltung der olympischen Spiele in Antiochia für seinen Sohn übernahm, eine unangenehme Überraschung:
Obwohl er für die Spiele dringend Geld brauchte, gab
die antiochenische Kurie keinen Teil seines Vermögens
frei, da nunmehr seinem Sohn die Kurialenpflichten ob-
lagen. Daher erbittet Libanios in unserem Brief die Hilfe
des Adressaten, der zur Zeit das Amt des *vicarius Asiae*
bekleidete. Aus dem Brief, der im Sommer 364 an den
Adressaten geschickt wurde, geht nicht hervor, in wel-

* *Cod. Theod.* XII 1, 57 (I 2, 677 Mommsen) *Nemo ad ordinem sena-
torium ante functionem omnium munerum municipalium senator accedat* usw.
(vom 7. Mai 364) und 58 (ebenda) *Qui curiali ortus familia ante com-
pleta munera patriae senator factus est, fructu careat, quousque muneribus
absolvatur* usw. (vom 13. Mai 364).

cher Weise dieser dem in Bedrängnis geratenen Exkurialen helfen sollte. Vgl. A.H.M. Jones, The Greek City from Alexander to Justinian. Oxford 1940, 193 f.; Petit, Vie municipale 344.

1.

Der Adressat stammte aus Thesprotien, war aber in Konstantinopel ansässig, wo er auch studiert hatte. Bereits in den fünfziger Jahren hatte er ein hohes Amt inne und behielt – mit Ausnahme der Regierungszeit Julians – seine Machtposition bis zu seinem Tode in den achtziger Jahren. Er war unter anderem wiederholt zum *praefectus urbi* ernannt worden. Vgl. ep. 60 (1430 F) A. 7; Seeck, Briefe 108 f.; Sievers, Libanius 258 f.; Prosopography 211 f.

2.

Kuriale aus Antiochia. Er verließ seine Heimatstadt und trat in den Senat von Konstantinopel ein, um den *munera curialia* zu entgehen. Er fand eine neue Heimat in Pamphylien, wo er eine prächtige Villa direkt am Meer bauen ließ. Vgl. Seeck, a.a.O. 55 f.

3.

Als Helfer in Seenot erscheinen die Dioskuren auf dem berühmten Argenidas-Relief: M. P. Nilsson, Geschichte der griechischen Religion, I. München³ 1967, 408 und Tafel 29, 3; D. Wachsmuth, *ΠΟΜΠΙΜΟΣ Ο ΔΑΙΜΩΝ*. Untersuchung zu den antiken Sakralhandlungen bei Seereisen. Diss. Berlin 1967, 454 f. und Abb. 6. Laut Apostelgeschichte 28, 11 fährt Paulus auf einem Schiff, welches unter dem Schutz der Dioskuren steht.

4.

Zu den Adjektiva ist *πόντου*, nicht *πελάγους* zu ergänzen; vgl. Lib. or. 1, 15 (I 89 Foerster); *decl.* 1, 138 (V 92); 4, 25 (V 244).

5.

Die Gefahren der berüchtigten sizilischen Meerenge sind von Homer durch die Ungeheuer Skylla und Charybdis

personifiziert und dann sprichwörtlich geworden. Vgl.
Lib. ep. 746, 2 F τῇ Σκύλλῃ συμπλέκεται μᾶλλον ἢ τὸ σκάφος
ἐπὶ τὴν Χάρυβδιν ἄγει. Auch an unserer Stelle denkt Libanios natürlich an die Ungeheuer, wenn er χαλεπωτέρας τοῦ
Σικελικοῦ πορθμοῦ schreibt. Denn die Lokalisierung dieser mythischen Figuren an der Meerenge von Messina
war im Altertum geläufig (vgl. z. B. Strabon, 1, 2, 16).
Deshalb trifft die Bemerkung von Salzmann, Sprichwörter 41 »an die Charybdis ist hier nicht direkt zu denken« nicht zu.

6.

Nach Libanios or. 11, 76 (I 461 f. Foerster) galt Alexander der Große, der nach der Überlieferung das Heiligtum
des Zeus Bottiaios gegründet hatte, als Gründer von
Antiochia. Vgl. Müller, Antiquitates 23; L. Hugi,
Der Antiochikos des Libanios. Diss. Freiburg 1919, 129.
Zur Gründung der Stadt: Downey, Antioch 56f.;
Förster, Antiochia 111f.

7.

Es handelt sich um das bekannte, uralte Sprichwort τὸ
κακὸν κακῷ ἰᾶσθαι, das bei Herodot 3, 53 und bei sehr vielen anderen Autoren Erwähnung findet (die von Salzmann, Sprichwörter 49 und Förster in seinem Apparat
zu ep. 64 zitierten Stellen bilden nur einen kleinen Teil
davon). Wie an unserer Stelle, hat Libanios auch in ep.
1538, 2 F das Sprichwort umgeändert: ἔδει γὰρ αὐτὸν οὐ κακῷ κακόν, ἀλλ’ ἀγαθῷ κακὸν ἰᾶσθαι. Es handelt sich hier wieder, wie es scheint, um eine Aristeides-Nachahmung:
Or. 46, 274 (II 356 Dindorf) οὐ κακῷ τὸ κακόν... ἰάσατο,
μᾶλλον δ’ ἀγαθῷ τὸ κακὸν ἐξήλεγξε. (Er hat nicht das Übel
durch das Übel geheilt, sondern hat das Übel durch das
Gute widerlegt.)

ep. 33 (1514 F)   An Akakios

Der Senat von Konstantinopel, nach der Gründung der
neuen Hauptstadt von Konstantin dem Großen ins Le-

ben gerufen, sah sich gleich in seinen ersten Schritten unüberwindlichen Schwierigkeiten gegenüber. Was vor allem fehlte, waren die künftigen Senatoren. Um Mitglieder für den neuen Senat aus den Senatorenkreisen der westlichen Reichshälfte anzuwerben, verband Konstantin den Eintritt in den Senat von Konstantinopel mit großen Donationen. Da diese Maßnahme jedoch nicht den erwarteten Erfolg aufwies, entschloß sich der Kaiser, auch Personen außerhalb der senatorischen Aristokratie in den Senat aufzunehmen. Sein Augenmerk richtete sich vor allem auf die Kurialen östlicher Städte, allen voran Antiochias, die er nach Konstantinopel zu ziehen suchte: PETIT Sénateurs 348. In der Zeit seiner Nachfolger scheint die Rekrutierung der Senatoren Konstantinopels, deren Zahl inzwischen erheblich gestiegen war*, aus den Kurialen der oströmischen Städte die Regel gewesen zu sein; dazu kam, wie unser Brief zeigt**, ein gewisser Zwang für diejenigen, die vor den großen finanziellen Belastungen, die mit dem Amt des Senators verbunden waren, zurückschreckten.

Jedenfalls scheint Libanios prinzipiell dagegen gewesen zu sein, wenn aus einem Kurialen ein Senator gemacht werden sollte. In ep. 76 F bedauert er, daß der Antiochener Aetios Vaterland, Haus und Verwandte verläßt, um in den Senat von Konstantinopel einzutreten; ebenso in ep. 62 F. Dabei stützt er seine Ansicht auf idealistische Begründungen. Man hat beinahe den Eindruck, Libanios spüre bereits den beginnenden Verfall der Kurie, der im 5. Jahrhundert einen Höhepunkt erreichen wird***. Auf der anderen Seite ist es sehr wahrscheinlich, daß finan-

* Als Prokonsul von Konstantinopel (359) rühmt sich Themistios, or. 34, 13 (II 221 DOWNEY-NORMAN), die Zahl der Senatoren von 300 auf 2000 erhöht zu haben; vgl. Lib. ep. 86, 1 F (aus dem Jahre 359). Fünf Jahre später wurde jedoch der Weg von der Kurie in den Senat mit Auflagen belegt: Vorbemerkung zu ep. 32 (1189 F).
** Vgl. vor allem den Satz ἕλκονται ἐπὶ τὴν μείζω βουλήν.
*** STEIN, Geschichte 344; der Ansicht D. CLAUDES, Die byzanti-

zielle Interessen dabei eine Rolle spielen: Libanios gehört
ja selbst der Klasse der Kurialen an und ist sich darüber
im klaren, daß umso größere Belastungen auf jedes Mitglied der Kurie entfallen, je geringer die Zahl der Kurialen
in seiner Stadt wird. Der Umstand, daß er selber als öffentlich angestellter Lehrer der Rhetorik von den *munera
curialia* befreit war, scheint von untergeordneter Bedeutung, da Libanios als Fürsprecher seiner Klasse auftrat.
Im vorliegenden Brief, geschrieben im Sommer 365, als
Valens mit seinem Hof sich im Kappadokischen Kaisareia aufhielt (: Amm. Marc. 26, 7, 2), bittet Libanios den
ebendort residierenden Adressaten, seinen Einfluß auf die
zuständigen Männer aus der Umgebung des Kaisers geltend zu machen, daß die Söhne seines aus Apameia stammenden Verwandten Achaios nicht in den Senat von
Konstantinopel ›hineingezogen‹ werden. Der erste Absatz des Briefes ist als psychologischer Kunstgriff zu verstehen: Libanios demonstriert seinen Abscheu vor un-
gerechten Forderungen, um die nachfolgende Bitte als
völlig gerechtfertigt erscheinen zu lassen.

1.

Es handelt sich um Akakios I (: SEECK, Briefe 36f.), der
weder mit dem gleichnamigen Adressaten von epp. 70
(274 F) und 2 (1458 F) noch mit dem in ep. 16 (715 F)
erwähnten Akakios identisch ist; vgl. ep. 16 (715 F) A. 3.
Er hat zur Zeit das Amt des *comes divinarum domorum per
Cappadociam* inne, d.h. die Aufsicht über die kaiserlichen
Gestüte: Ep. 1174 F; SEECK a.a.O. Seine Laufbahn spiegelt sich in ep. 1526 F wider. Vgl. Prosopography 7(8).

2.

Der Satz ἠξίωσα πρᾶξαί μοί τι τῶν νόμων ἔξω stellt eine

nische Stadt im 6. Jahrhundert (*Byzantinisches Archiv* 13). München
1969, 108f., bereits in der Zeit des Anastasios seien die Kurien völlig
aufgelöst worden, tritt E.K. CHRYSOS, Die angebliche Abschaffung
der städtischen Kurien durch Kaiser Anastasios. *Byzantina* 3 (1971),
95f. erfolgreich entgegen.

Lautmalerei dar: die Häufung des ξ unterstreicht den Abscheu des Verfassers.

3.

Wegen seines Amtes galt der Adressat offensichtlich als Fachmann für edle Pferde.

4.

Veräußerungen an Beamten in deren Amtsgebiet waren deshalb verboten, weil sie eine Form indirekter Bestechung darstellen konnten.

5.

Zur breiten Palette der Bedeutung des Wortes ἄρχων bei Libanios, der jeden lateinischen Amtstitel geflissentlich vermeidet: PETIT, Vie municipale 254f.

6.

Schwiegersohn des Sopatros, nur aus unserer Stelle bekannt.

7.

Kurialer aus Apameia, Verwandter des Libanios, Freund Julians. 361 übernahm er die Durchführung der olympischen Spiele in seiner Heimatstadt: SEECK, Briefe 279; PETIT, Vie municipale 403.

8.

d.h. in den Senat von Konstantinopel.

9.

Durch die *munera curialia*, die er als Mitglied der Kurie von Apameia übernahm, diente er seiner Heimatstadt.

10.

Libanios umschreibt oft in seinen Briefen Konstantinopel durch Bosporos: epp. 663, 2; 726, 1; 762, 2; 1259, 9; 1298, 2; 1408, 2 F. Auf die Mitgliedschaft im Senat von Konstantinopel bezieht sich die gleiche Umschreibung auch: Ep. 86, 3 F Βόσπορον ἰχθυόεντα ποθοῦντες ἐκεῖσε τρέχουσι.

11.

Das Verbum ἀεροβατεῖν stellt eine Schöpfung der Komödie dar: Aristoph. *nub.* 225; 1503. An unserer Stelle weist

es dieselbe Bedeutung auf, die es immer noch im Neugriechischen hat (= durch unnützes, eitles Getue die Zeit
vergeuden).

12.

Dem Verlangen des Briefschreibers wird durch die rhetorischen Kunstmittel Nachdruck verliehen (zwei Isokola
mit Parechesis): ὡς

$$τά τε τῷ πατρὶ δοκοῦντα νικῴη$$
$$καὶ τοῖσδε τὰ ὄντα σωθείη.$$

Vgl. Rother, De Lib. arte rhetorica 93 f.

13.

Das Wort Sicherheit (ἀσφάλεια) weist bei Libanios oft eine
spezielle Bedeutung auf: Vermeidung der finanziellen
Belastungen des Kurialen oder Senators. Vgl. ep. 37
(362 F) A. 10.

14.

Vielleicht stellt der Satz einen alten Spruch dar: vgl. Xen.
mem. 6, 2, 25 τοῖς φίλοις τὰ δίκαια βοηθεῖν.

ep. 34 (846 F)

An Eusebios

Die phönikische Stadt Emesa war zur Zeit des vorliegenden Briefes einem rapiden Verfall anheimgefallen; Libanios will sie mit diesem Brief unterstützen und ihr helfen,
die frühere Prosperität wiederzuerlangen. Hatte doch der
Verfall zur Folge, daß Emesa seine Stadtrechte zu verlieren drohte, und diese Gefahr wiederum erschwerte eine
Besserung der Lage. Eine Stadt konnte nämlich im Spätaltertum das Stadtrecht einbüßen a) durch kaiserliches
Dekret, b) durch das Dahinschwinden der Kurialen und
die Auflösung der Kurie. Klassisches Beispiel für die
erste Möglichkeit ist das kappadokische Kaisareia, das
von Julian wegen der Ausschreitungen fanatischer Chri-

sten zum Dorf degradiert wurde (: Enßlin, Gesetzgebungswerk 181 f.). Die zweite Möglichkeit trifft offenbar in dem Fall von Emesa zu. Der Adressat dieses Briefes, Eusebios, war derzeit am Hofe des Arkadios sehr
einflußreich; letzterer war als Stellvertreter seines Vaters
in Konstantinopel zurückgelassen worden, während
Theodosios im Westen den Krieg gegen den Usurpator
Maximus führte. Libanios bittet nun Eusebios, sich bei
Arkadios dafür einzusetzen, daß Emesa wieder zu seinem
früheren Glanz gelangt und im Register der Städte bleibt.
Wie konnte Arkadios dies erreichen? Am ehesten dadurch, daß er für neue Kurialen in Emesa sorgt, so daß
die Kurie wieder vollzählig wird. Mit rhetorischer Absicht stellt Libanios an den Anfang des Briefes das be-
deutungsvolle Wort ἔτι, um zu zeigen, daß noch Zeit
dafür da ist, zumal etliche Kurialen in der Stadt übriggeblieben sind und Gesandte an den Kaiser noch schicken
können*. Der Brief ist im Sommer 388 nach Konstantinopel gegangen. Wie Seeck, Briefe 449 mit Recht bemerkt hat, braucht er nicht nach dem endgültigen Sieg
und dem Tode des Maximus (28. August 388) geschrieben worden zu sein, da Theodosios bereits Anfang des
Sommers einen Sieg über den Usurpator davongetragen
hatte.

1.

Hoher Würdenträger des oströmischen Reiches. Zur Zeit
der Abfassung des vorliegenden Briefes hatte er eine
wichtige Stellung am Hofe des Arkadios inne (*magister
officiorum?*). Vgl. Seeck, Briefe 145; Prosopography
305 f. (26).

---

* Wie wir aus anderen Stellen des Werkes des Libanios erfahren
(z. B. or. 35, 3 [III 211 Foerster]) reicht seiner Meinung nach das
Vorhandensein von Kurialen in einer Stadt sowie die Übernahme
von Liturgien noch lange nicht, um öffentliches Leben zu haben;
dazu sind richtige politische Aktivitäten erforderlich: Petit, Vie
municipale 25.

2.

Stadt der Syria Apamene am Orontes; in der Zeit des Libanios gehörte sie der Phönike Libanesia an (heut. Höms). Römisch wurde sie in der Zeit Domitians. Mit der Thronbesteigung Elagabals begann ihre Blütezeit, da dieser Kaiser aus Emesa stammte. Julia Domna und Severus Alexander stammten ebenfalls aus Emesa. Berühmt war der Tempel des Sonnengottes in Emesa. Vgl. I. Benzinger, RE V 2496f.; Jones, Cities 266f.

3.

Die Gesandtschaft hatte den Auftrag, den Kaisern für den Sieg über Maximus zu gratulieren und einen goldenen Kranz abzugeben sowie dafür zu plädieren, daß der Status der Stadt erhalten bleibt. Nach Petit, Vie municipale 26 und 264 A. 1 hatte Emesa das Stadtrecht bereits eingebüßt, die Ausdrucksweise des Libanios in unserem Brief zeigt jedoch, daß dies zwar zu befürchten, aber noch nicht eingetreten war. In Lib. or. 27, 42 (III 42 Foerster, aus dem Jahre 385) liest man freilich den Satz τὴν οὐκέτι πόλιν Ἔμεσαν, dies ist aber wie in unserem Text zu verstehen, daß Emesa de facto keine Stadt mehr war (τῶν πραγμάτων αὐτὴν ἐκβεβληκότων πάλαι). Aus der zitierten Stelle geht ebenfalls hervor, daß es noch Kurialen in Emesa gab. Nach Liebeschuetz, Antioch 268 stammte die Initiative zur Entsendung der Gesandtschaft vom damaligen *praefectus praetorio per Orientem* Tatianos (: ep. 13 [959 F] A. 1), dessen Politik zur Zeit darauf abzielte, die Kurien der Städte seiner Präfektur wiederaufzurichten. Vgl. ferner Pack, Studies 121f.

4.

Zu dieser Ausdrucksweise vgl. Pindar, *Olymp.* 2, 10 Σικελίας ὀφθαλμός.

5.

Zwischen den Wörtern ἀγαθῶν und εὐθυμιῶν haben Reiske und Förster ein καί eingeschoben; dagegen spricht jedoch der Umstand, daß Libanios davor einzeln die Vorteile der Stadt aufzählt und daß gleich darauf die substantivierte Form von ἀγαθός vorkommt. Unter ἀγαθὴ εὐθυμία ist eine »erbauende Belustigung« zu verstehen, und in diesem Sinne könnte man auch von einer κακὴ εὐθυμία sprechen, obgleich der Ausdruck nicht belegt ist. Im übrigen hebt auch Ammian die *amoenitas* der phönikischen Stadt hervor: Amm. Marc. 14, 8, 9.

6.

Dies ist so zu verstehen, daß die Kurialen ihre Villen in Emesa verkauften, die Käufer jedoch kein Interesse an den Tag legten, sich in der Stadt niederzulassen, sondern die prächtigen Häuser niederreißen ließen mit dem Ergebnis, daß die Stadt verunstaltet wurde: Liebeschuetz, a. a. O. 99.

7.

Vgl. dazu den oben zitierten Satz des Libanios: τὴν οὐκέτι πόλιν Ἔμεσαν.

ep. 35 (350 F)
An Sebastianos

Die Großstädte des oströmischen Reiches waren in ihrer Getreidezufuhr stark von Ägypten abhängig. Der Hauptgrund für diese Abhängigkeit lag darin, daß für die armen Schichten der Großstädte außer Brot kaum etwas anderes als Hauptnahrung in Frage kam*. Während die Quellen für Rom und Konstantinopel reichlich fließen, haben wir nur spärliche Nachrichten über die Getreideversorgung Antiochias. Unser Brief stellt eines der seltenen Zeugnisse für den Transport von Getreide von Ägypten nach Antiochia dar. Der Weizen wurde wahrscheinlich von der Antiochenischen Kurie gekauft, und der im Brief erwähnte Julianos übernahm den Transport als Dienst-

---

* J. L. Teall, The Grain Supply of the Byzantine Empire, 330–1025. *Dumbarton Oaks Papers* 13 (1959) 91 f.

leistung für die Stadt. In dem Brief bittet Libanios den Adressaten, der das Amt des *dux Aegypti* zu dieser Zeit bekleidet, Julianos bei der Erfüllung seiner Aufgabe zu unterstützen; letzterer nahm auch den Brief mit, als er im Sommer 358 die Reise nach Ägypten antrat.

1.

Hoher Würdenträger des oströmischen Reiches. Er stammte aus Bithynien. In den Jahren 356–358 war er als *dux* in Ägypten tätig. In dieser Eigenschaft unterstützte er Weihnachten 358 den Bischof Georgios von Alexandria, mit Waffengewalt die Anhänger des Athanasios aus den Kirchen zu vertreiben (: Athanas., *de fuga* 6 [PG 25, 652 B]). Zusammen mit Prokopios, dem späteren Usurpator, übernahm der Adressat während des Persien-Feldzuges von Julian in Karrhä das Kommando jenes Aufgebotes von 30000 Mann, das ein Ablenkungsmanöver ausführen sollte (: Amm. Marc. 23, 3, 5). Er fiel 378 in der Schlacht von Adrianopel als *magister peditum* des Valens. Vgl. S e e c k, Briefe 271; D e r s., RE II A 954; P r o s o p o g r a p h y 812f.

2.

Julianos stammte aus Antiochia und war im Jahr 357 *consularis Bithyniae*: S e e c k, Briefe 190f.

3.

Obgleich es sich um einen irrealen Kondizionalsatz handelt, ließ Libanios gemäß dem attischen Gebrauch die Partikel ἄν in der Apodosis aus, damit der Begriff ἐξῆν nicht aufgehoben wird; vgl. S c h w y z e r - D e b r u n n e r, Grammatik II 686.

ep. 36 (852 F)

An Proklos

Die Beziehungen des Libanios zum Adressaten, der noch in jungen Jahren hohe Positionen im Regierungsapparat

des oströmischen Reiches erklommen hatte, kennzeichnet
eine Ambivalenz, die dem Sophisten wenig Ehre macht:
Immer wenn er Proklos aus irgendwelchen Gründen
braucht, wie im vorliegenden Falle, lobt er seine Verdienste und seine Güte; werden aber seine persönlichen
Wünsche nicht erfüllt, so attackiert er den jungen Mann
und streicht seine Verwerflichkeit heraus (vgl. u. a. or.
26, 22 f.; 42, 33 f.). Das monströse Zerrbild von ihm, das
in die Geschichte einging, hat dieser hohe Funktionär des
Theodosios in der Hauptsache Libanios zu verdanken.
Erst in jüngster Zeit hat Petit, Vie municipale 277 f. den
Versuch unternommen, den Mann zu rehabilitieren, ohne
ihm jedoch negative Charakterzüge gänzlich absprechen
zu können. Im vorliegenden Brief bittet Libanios den
Adressaten, dem Verfall der antiochenischen Kurie ent-
gegenzuwirken und seinen Einfluß geltend zu machen,
damit neue Kurialen rekrutiert werden. Den Brief brachte
im Herbst 388 eine antiochenische Gesandtschaft, die den
Kaiser zu seinem Sieg über Maximus beglückwünschen
sollte, nach Konstantinopel.

1.

Der Adressat, Sohn des hohen Würdenträgers Tatianos
(: ep. 13 [959 F] A. 1), wurde bereits mit 20, offenbar
durch die Unterstützung seines Vaters, zum Provinz-
statthalter ernannt, und bald darauf bekleidete er das Amt
des *comes Orientis*. Im Jahre der Abfassung des vorliegenden Briefes, als sein Vater *praefectus praetorio per Orientem*
wurde, übernahm Proklos die Stadtpräfektur Konstantinopels. Vier Jahre später büßten Vater und Sohn dank
der Machenschaften des Rufinus die Gunst des Kaisers
ein und wurden abgesetzt. Am 6. Dezember 393 wurde
der Adressat in Anwesenheit seines Vaters hingerichtet.
Vgl. Seeck, Briefe 248 f.; Petit, a.a.O.; Prosopography 746 f.

2.

Die Probleme, die mit dieser Gesandtschaft zusammen-

hängen, hat Petit, Vie municipale 418f. ausführlich erörtert.

3.

Als *comes Orientis* wies Proklos eine beachtliche Bautätigkeit in Antiochia auf; er ließ Straßen, Kolonnaden,
Thermen und Foren bauen. Vgl. Liebeschuetz, Antioch 132f.; Ders., The Finances of Antioch in the
Fourth Century A.D. *Byzantinische Zeitschrift* 52 (1959)
354 A. 66. Außerdem wollte er das sog. Plethrion, ein
Stadion in Antiochia, erweitern; gegen diesen Plan trat
jedoch Libanios mit or. 10 (I 401f. Foerster) auf. Es ist
nicht bekannt, ob die Vergrößerung des Plethrion ausgeführt wurde. Vgl. Downey, Antioch 435f.

4.

Der Vater des Adressaten, Tatianos, befand sich zur Zeit
der Abfassung dieses Briefes auf dem Höhepunkt seiner
Macht; als Präfekten des Ostens ehrte ihn die Stadt Antiochia außergewöhnlich: Seeck, Briefe 287.

5.

Sehr interessant ist diese Information des Libanios, daß
das Volk sich jeden Abend in den Säulenhallen mit Lie-
dern belustigte; vgl. ferner Lib. or. 45, 26 (III 372 Foerster).

ep. 37 (362 F)
An Anatolios

Libanios hat immer wieder einer der vielen hochgestellten Persönlichkeiten, die er zu seinem Bekanntenkreis
zählte, das Anliegen eines Freundes vorgetragen; die
Mehrzahl seiner Briefe enthält solch eine Bitte. Die Abhängigkeit des kleinen Mannes von den Mächtigen, zu
denen insbesondere auch die Beamten zählen, ist ein
Grundzug seiner Zeit und spiegelt sich daher auch in seinem Briefcorpus wider. Im vorliegenden Brief geht es
um die Söhne seines Freundes und Leibarztes Markellos,

zu deren Gunsten Libanios bei dem vielleicht mächtigsten Mann im Reiche vermitteln will. Der Brief, in welchem Anatolios als Präfekt (ὕπατος) bezeichnet wird, läßt sich mit ziemlicher Sicherheit auf das Jahr 358 datieren, da Anatolios 356/357 seine Präfektur angetreten hat: Seeck, Briefe 65; 344. Im übrigen zerfällt der Brief in zwei Teile von genau gleicher Länge: § 1–4 wird Anatolios an Markellos erinnert, § 5–8 wird die Bitte des Libanios ausgeführt.

1.

Phönizier aus Beirut, der als Rechtsgelehrter und Redner einen großen Ruf erworben hatte, wie der Umstand erweist, daß Eunapios ihm in seinen *Vitae sophistarum* (10, 6f. [S. 73f. Giangrande]) einen Abschnitt gewidmet hat. Offensichtlich hat sein großer Name ihm unter Konstantios eine große Karriere eröffnet: 354 war er, wie es scheint, Prokonsul in Konstantinopel, 355 lehnte er die Stadtpräfektur von Rom ab, da die politische Lage ihm dort zu unsicher erschien. Zur Zeit der Abfassung des vorliegenden Briefes hatte er das Amt des *praefectus praetorio per Illyricum* inne, seine Macht erstreckte sich jedoch weit über die Grenze der Präfektur, da überall im Reiche Beamte durch ihn ernannt werden. Dies hat nach Seeck, Briefe 63 darin seinen Grund, daß der Kaiser in dieser Zeit seine Residenz in die Hauptstadt Illyriens, Sirmium, verlegt hatte und Anatolios einen großen Einfluß auf ihn ausübte*. Laut Amm. Marc. 21, 6, 5 ist Anatolios 360 im Präfektenamt gestorben. Vgl. Seeck, Briefe 59f.; RE I 2071f.; Sievers, Libanius 235f. A.F.Norman, The Illyrian Prefecture of Anatolius. *Rheinisches Museum* 100 (1957) 257f. bezweifelt die Identität unseres

---

* Dies ist Tinnefeld offensichtlich entgangen, wenn er (Frühbyz. Gesellschaft 72) über Anatolios schreibt: »Vielleicht kann dieser Beamte seine Freiheit so weit entfalten, weil er dem unmittelbaren Einfluß des Kaisers entrückt ist und fern von der Hauptstadt residiert«.

348 Erläuterungen

Anatolios mit dem von Eunapios erwähnten Redner gleichen Namens. Vgl. ferner Prosopography 59f. (3); G. Downey, A Study of the comites Orientis and the consulares Syriae. Diss. Princeton 1939, 21.

2.

Außer dem Markellos von Side, dem berühmten Arzt und Dichter aus dem 2. Jahrhundert, ist uns die medizinische Schrift eines Markellos überliefert, der im Jahre 395 als *magister officiorum* erwähnt wird: *Cod. Theod.* 6, 29, 8 (I, 2 S. 292 MOMMSEN). Dieser kann jedoch kaum mit dem gleichnamigen Arzt unseres Briefes identisch sein, da letzterer ebenda als Greis bezeichnet wird: SIEVERS, Libanius 280f. Vgl. Prosopography 550 (2).

3.

Mit dem Wort τέχνη ist bei den griechischen Autoren bisweilen die Medizin *par excellence* gemeint: Lib. ep. 496, 4 F; Luc. *Abd.* 4; *Herm.* 63 usw.

4.

d. h. τοῖς κακοῖς. Die Metapher aus dem sinkenden Schiff. Vgl. Lib. or. 64, 115 (IV 494 FOERSTER) ψυχὴν λύπῃ βεβαπτισμένην.

5.

Der äußerst seltsam anmutende Ausdruck διὰ παντὸς ἀφῖκται σώματος entstand vermutlich bei dem Versuch des Libanios, die echt attische Wendung διά + Genetiv + Verbum der Bewegung nachzuahmen: Eur. *Med.* 872 ἐγὼ δ᾽ ἐμαυτῇ διὰ λόγων ἀφικόμην (= *ich habe mir Gedanken gemacht*); Thuc. 4, 92, 1 ʾΑθηναίοις διὰ μάχης ἐλθεῖν; Xen. *An.* 3, 2, 8 διὰ φιλίας ἰέναι; Eur. *Andr.* 416 πατρὶ τῷ σῷ διὰ φιλημάτων ἰών usw. Kein attischer Autor hat jedoch in solchen Ausdrücken je ein Substantiv gebraucht, das einen konkreten Gegenstand bedeutet. Das Wort προσβολή wie heute im Neugriechischen: προσβολὴ νόσου.

6.

Ein nach Aristoph. *nub.* 1324–25 formulierter sprichwörtlicher Ausdruck: SALZMANN, Sprichwörter 48 A. 1.

7.

Da Kinderlosigkeit in gewissem Sinne als Krankheit galt, wurde in diesem Fall Asklepios eingeschaltet; vgl. Lib. *decl.* 47, 56 (VII 605 FOERSTER) αἰδέσθητι δὲ θεοὺς οἷς ἔθυσας μὲν εὐχόμενος γενέσθαι πατήρ, ἔθυσας δὲ ἤδη γεγενημένος.

8.

Das Wort στρατιώτης bedeutete bisweilen im Spätaltertum den Beamten der kaiserlichen Offizien (eine Bedeutung übrigens, die in den Lexika fehlt): A. E. R. BOAK, RE XVII 2047; WOLF, Schulwesen 89 A. 33; SEECK, Briefe 54; vgl. Joh. Lydus, *de mag.* 3, 30 (S. 117 WUENSCH). Ursprünglich handelte es sich um Soldaten, die zum unmittelbaren Dienst des Kaisers, sei es im Palast, sei es im Feldlager, beordert waren; nachdem aber die Kaiser nicht mehr das Heer persönlich führten, büßten diese Soldaten ihren militärischen Charakter ein und wurden zu Beamten, wobei der Name στρατιώτης (lat.: *miles officiorum*) weiter verwendet wurde; vgl. Agathias 5, 15 (S. 182 KEYDELL) οὗτοι δὲ στρατιῶται μὲν ὀνομάζονται καὶ ἐγγεγράφαται τοῖς τῶν καταλόγων βιβλίοις, εἰσὶ δὲ οἱ πολλοὶ ἀστικοί τε καὶ φαιδροείμονες usw.; Th. MOMMSEN, Das römische Militärwesen. *Hermes* 24 (1889) 224. Zu den Aufgaben eines στρατιώτης Lib. or. 14, 13 f. (II 92 f. Foerster).

9.

Musonios war zu dieser Zeit *magister officiorum*, d. h. Vorsteher der kaiserlichen Offizien, und als solcher Vorgesetzter der Söhne des Markellos: Boak, The Master of the Offices 68 f. (sein Name fehlt in der Liste ebenda 148 f.). Zu Musonios: Seeck, Briefe 218.

10.

Libanios versteht unter ›Sicherheit‹ hier die Befreiung von den lästigen Pflichten der Kurialen, zu denen wahrscheinlich die Söhne des Markellos gehörten. Libanios' Bestrebungen, dem eigenen Sohn diese Sicherheit zu verschaffen, spiegelt u. a. ep. 13 (959 F) wider; vgl. ebenda besonders den Satz ἅπαν γὰρ ἕξειν τὴν αὐτὴν ἀσφάλειαν.

Nach Mommsen, a. a. O. 224 A. 6 kamen solche Posten
Pensionen auf Lebenszeit gleich; vgl. Proc. *Anecd.* 24 (III
145 f. Haury).

11.

Gemeint ist ein Erlaß des Konstantios, nach welchem alle
Beamten der kaiserlichen Dienststellen nach Sirmium
beordert wurden: Seeck, Briefe 344.

12.

Vermutlich wegen ihres Alters; die Begründung hatte er
bereits durch den Satz ἄρτι γάλακτος ἀπαλλαγέντας vorbe-
reitet.

13.

σχῆμα bedeutet bei spätgriechischen Autoren u. a. die
Offiziers- oder Beamteneigenschaft, bei byzantinischen
Autoren die Mönchseigenschaft.

14.

Gemeint ist das Magistrat der Offizien. Als Ressortchef
ist der *magister officiorum* dem Kaiser direkt unterstellt,
die Präfekten galten jedoch als höchste Würdenträger des
Reiches. Vgl. Boak, The Master of the Offices 91 f.

15.

Ein seltenes Wort, von Demosthenes übernommen.

16.

Strategios ist kein geringerer als der derzeitige *praefectus
praetorio per Orientem*, dessen Vermittlung Markellos –
oder vielmehr Libanios, der mit Strategios fast täglich
verkehrte (: Seeck, Briefe 283) – sich offenbar gleichfalls
bediente, um die Berufung seiner Söhne nach Sirmium
rückgängig zu machen. Anatolios soll sich nicht wundern,
wenn er durch die kaiserliche Post als Beilage zu Strategios' Brief auch den des Libanios erhält. Zu Strategios:
Ep. 57 (434 F) A. 3.

ep. 38 (1169 F)   An Entrechios

Dionysios, ein Schüler des Libanios, war vom Pech verfolgt sein Leben lang. Sein Vater wurde von Räubern

ermordet, während er noch ein Kind war, seine Mutter
lebte seitdem mit einem anderen Mann, der das Vermögen des Ermordeten an sich riß. Seinen Lebensunterhalt
und sein Studium bei Libanios in Antiochia mußte Dionysios von reichen Gönnern finanzieren lassen. Nach dem
Abschluß betätigte er sich eine Weile als Advokat, und
dabei gelang es ihm sogar, wieder in den Besitz seiner
Güter zu kommen. Bald gab er jedoch die Advokatur
auf und lebte auf seinen Gütern zurückgezogen, zusammen mit einem Freund, mit dem ihn das gleiche Schicksal
verband, denn auch dessen Mutter war ermordet worden.
Dann aber spielte ihm das Schicksal seinen schlimmsten
Streich: Dionysios entführte eine Frau, in welche er sich
verliebt hatte. Für dieses Delikt, das im Spätaltertum als
schwerstes Verbrechen galt, harrte nun seiner die Strafe.
Wenn die Biographie des Dionysios wie die Geschichte
eines heutigen Sozialwaisen anmutet, noch moderner
scheint dem Leser die Menschlichkeit, die dieser Brief
ausstrahlt, in dem man liest: »Wenn die Taten dem Charakter des Täters nicht entsprechen, dann muß man die
Schuldigen eher unglücklich als bösartig nennen«!
Der Brief ging 364 an den *praeses Pisidiae* Entrechios mit
der Bitte um Fürsprache bei seinem Kollegen, dem *praeses Isauriae*, unter dessen Gerichtsbarkeit die Straftat des
Dionysios fiel.

1.

Hoher Funktionär aus Nikaia, Verwandter des Aristainetos (: ep. 6 [473 F] A. 1). Er bekleidete viele hohe Ämter im oströmischen Reich. Zur Zeit der Abfassung des
vorliegenden Briefes war er Statthalter von Pisidien. Vgl.
Seeck, Briefe 126f.; Prosopography 278f.

2.

Zur Biographie dieses langjährigen Schülers des Libanios: Seeck, a.a.O. 121f.; Petit, Étudiants 161f.;
Prosopography 258 (6).

3.

Olympios Palladios aus Samosata, der derzeitige Statthalter von Isaurien; Anfang der siebziger Jahre war er
Statthalter von Ägypten: Seeck, Briefe 228 (V); Prosopography 662 (18).

4.

Nach dem römischen Recht wurde die Entführung mit
dem Tode geahndet: Cod. Justin. 9, 13 (CJC II 378 Krü-
ger) *raptores virginum ... pessima criminum peccantes capitis
supplicio plectendos decernimus.* Vgl. A.H.M. Jones, Constantine and the Conversion of Europe. London[5] 1961,
244f. Bei den Bestimmungen des *Codex Theodosianus* wird
jedoch je nach dem Fall unterschieden; vgl. z.B. den Erlaß von Konstantios vom Jahre 349, *Cod. Theod.* 8, 24, 2
(I 2, 477 Mommsen). So ist es zu erklären, daß Dionysios
dank der Intervention seiner mächtigen Freunde am Ende
der Todesstrafe doch entgehen konnte; vgl. ep. 1237 F.

5.

Schüler des Libanios aus Pisidien, Studiengenosse und
Freund des Dionysios, den er auch finanziell unterstützte.
Die Freundschaft zwischen den beiden hielt offensichtlich
auch nach dem Studium an. Vgl. Seeck, a.a.O. 192f.;
Petit, Étudiants 161f.

6.

Das Wort ἀνδριάς wird bei spätgriechischen Autoren mitunter als Symbol der Gelassenheit oder der Apathie gebraucht: Lib. *decl.* 50, 38 (VII 718 Foerster) μικρὸν τῶν
ἀνδριάντων διαφέρειν; Lukian, *Vit. auct.* 3 (I 317 Jacobitz);
Arr. *Epict.* 3, 2, 4; 3, 9, 12 usw.

ep. 39 (636 F)

An Anatolios

Seinem Vorbild Demosthenes folgend, hat Libanios immer seinen Mann gestanden, wenn es darauf ankam,
gegen das Unrecht zu kämpfen und Arme und Machtlose

gegen die Willkür der Mächtigen zu verteidigen. So sehen wir ihn sowohl während der Herrschaft Julians als auch danach zugunsten der jeweiligen Opfer des Regimes energisch eingreifen. Auch in äußerst gefährlichen Situationen, wie z. B. der Lage in Antiochia nach der Niederwerfung des Aufstandes von 387, ließ er sich davon nicht abschrecken. Sein Kampf gegen Unrecht und Unterdrückung spiegelt sich hauptsächlich in seinen Reden, zum Teil aber auch in seinen Briefen wider. Im vorliegenden Brief, geschrieben 361, bittet er den Statthalter von Phönikien, zugunsten des Überbringers des Briefes einzuschreiten und für die harte Bestrafung eines Übeltäters zu sorgen, der sich an dessen Ehefrau vergriffen hatte. Der Brief ist interessant, nicht zuletzt wegen der Klarheit und Anschaulichkeit, mit welcher ein konkreter Vorfall geschildert wird. Gleichzeitig mit unserem Brief schickt Libanios durch denselben Überbringer ein kurzes Schreiben (ep. 637 F) an die Söhne des Adressaten, Apolinarios und Gemellos, und bittet um ihre Hilfe in der gleichen Angelegenheit.

1.

Es handelt sich nicht um den bekannten *praefectus praetorio per Illyricum* (vgl. ep. 37 [362 F]), sondern um Anatolios II. (: SEECK, Briefe 66 f.), der zur Zeit das Amt des Konsulars von Phönikien innehat. Seine Bekanntschaft mit Libanios rührt offensichtlich daher, daß seine Söhne dessen Schüler waren. Vgl. Prosopography 60.

2.

Libanios denkt hier offenbar an die Goten, die er auch anderwärts in attizistischer Manier mit den Skythen identifiziert; vgl. or. 1, 144; 17, 30. Grundlage dieser Identifikation war offenbar die geographische Lage im Norden des Reiches sowie die Roheit der Sitten; vgl. Lib. ep. 515, 3; 1200, 4 F; Salzmann, Sprichwörter 44 f.

3.

οὐδὲ ἐν τοῖς ἐσχάτοις Λιβύης; »nicht einmal im Dschungel«

354 Erläuterungen

würden wir heute sagen, da Libyen im Altertum für seine wilden Tiere berüchtigt war: Herodot 4, 191 f. usw. Der Ausdruck »weder in der Nachbarschaft der Skythen (= Nordgrenze) noch in den abgelegensten Teilen Libyens (= Südgrenze)« entspricht einer Umschreibung für »nirgends in der Welt«.

4.

Libanios denkt an den letzten Feldzug des Kaisers Konstantios gegen die Perser im Jahre 361, den er von Antiochia aus unternommen hatte, nachdem er dort im Winter dieses Jahres zum drittenmal geheiratet hatte: STEIN, Geschichte 244. Der Brief muß demnach vor dem 3. November 361, dem Todestag des Konstantios, geschrieben sein.

5.

Ein sonst unbekannter Grundbesitzer aus Phönizien. Der in ep. 256 F erwähnte, nach einer Schandtat als reumütig dargestellte Lukianos ist nicht mit unserem identisch: SEECK, Briefe 29.

6.

Es kann sowohl Dionysios der Ältere (430–367 v. Chr.) als auch Dionysios der Jüngere (396–nach 337 v. Chr.) gemeint sein. Vielleicht denkt Libanios an den letzteren, da diesem im Altertum ähnliche Schandtaten, wie die des Lukianos in unserem Brief, zugeschrieben wurden: Ael. VH 9, 8 (II 97f. HERCHER) ὁ νέος Διονύσιος ἐς τὴν τῶν Λοκρῶν πόλιν παριὼν οἶκον τῶν ἐν τῇ πόλει τὸν μέγιστον καταλαμβάνων.... τὰς τῶν Λοκρῶν θυγατέρας μετεπέμπετο καὶ συνῆν αὐταῖς ἀκολαστότατα.

7.

Tyrann von Gela und Syrakus in der ersten Hälfte des 5. Jahrhunderts v. Chr. Er hinterließ der Nachwelt ein durchaus positives Andenken, sowohl was seine Gerechtigkeit und Milde als auch was seine staatsmännischen Fähigkeiten betrifft.

8.

Ein sonst unbekannter Mann aus Nikomedien: SEECK, Briefe 147 (IV). Nach der Zerstörung seiner Heimatstadt durch das Erdbeben von 358 siedelte er nach Phönizien über. Wie aus unserem Brief hervorgeht, stand er im Dienst des Präfekten des Ostens.

9.

Gemeint ist der derzeitige *praefectus praetorio per Orientem*: SEECK, Briefe 168f. Man muß annehmen, daß zur Zeit der Abfassung des vorliegenden Briefes Elpidios sich mit dem Kaiser in Mesopotamien befand, daß aber die in dem Brief erzählte Episode sich vor diesem Feldzug des Konstantios abspielte.

10.

Mit dem Artikel wird das Wort ἄνθρωπος zumeist benutzt, wenn die gemeinte Person aus irgendeinem Grund erbarmungswürdig erscheint: Ael. NA 16, 28; Alciphr. 1, 22, 1; Aristaen. 2, 18; Lib. *decl.* 5, 57; Luc. *Herm.* 7, 3; Them. or. 22, 279d usw.

11.

Zu diesem Ausdruck vgl. Lib. *decl.* 6, 6 (V 377 FOERSTER) ὁ Πριάμου ἀδίκοις ὄμμασιν εἶδε τὴν Ἑλένην.

12.

Den Satz zitiert Thomas Magister, *ecl.* 59, 2 (RITSCHL) als Beispiel attischer Orthoepie: τὸν βίον ἐκ χειρῶν ποιεῖται ἐρεῖς, οὐ τὰ πρὸς τροφήν.

13.

Gemeint sind die Töchter des Skedasos aus Leuktra, die von Lakedämoniern vergewaltigt und getötet (nach einer Version begingen sie Selbstmord) und anschließend in einen Brunnen geworfen wurden. Die Tat galt als eine Hybris (Λευκτρικὸν μήνιμα), die erst durch die Niederlage der Lakedämonier bei Leuktra gesühnt wurde. Libanios kennt die Erzählung vermutlich aus Plutarch, *mor.* 773 D; vgl. noch Diodor. 15, 54; Xenoph. *hell.* 6, 4, 7; Plut. *Pelop.* 20, 3. Es handelt sich um eine Legende, die wahr-

scheinlich nach der Schlacht bei Leuktra erdichtet wurde:
K. PFISTER, RE III A 468.

14.

Hoher Würdenträger des Reiches: SEECK, Briefe 213 f.
Zur Zeit der Abfassung des vorliegenden Briefes bekleidete er das Amt des *comes Orientis* und war damit der Vor-
gesetzte des Adressaten. Eustathios kennt offensichtlich
die engen Beziehungen des Libanios zu Modestos und
bittet daher um seine Vermittlung.

15.

Zur Zerstörung Nikomedeias und zu der Klagerede des
Libanios vgl. ep. 9 (388 F).

ep. 40 (1399 F)

An Kaisarios

Schauspiele aller Art waren im Spätaltertum unerläß-
licher Bestandteil des sozialen Lebens jeder größeren
Stadt der hellenisch-römischen Welt. Insbesondere die
Antiochener standen seit eh und je in dem Ruf, passio-
nierte Liebhaber von Schauspielen zu sein. Details über
die verschiedenen öffentlichen Belustigungen erfahren
wir aus dem Werk des Libanios, vor allem aus seinen
Briefen. Demnach bot die Stadt Antiochia im vierten
Jahrhundert ihren Bürgern folgende Veranstaltungen,
deren Finanzierung und Organisation die reicheren Mitglieder der Kurie übernahmen: a) Die örtlichen olympischen Spiele, die seit 44 n. Chr. alle vier Jahre stattfanden
(mit einer größeren Unterbrechung im zweiten Jahrhundert); b) Theatervorstellungen, die des öfteren in den beiden Theatern der Stadt veranstaltet wurden; c) Pferde-
und Wagenrennen, die ebenfalls mehrmals im Jahr bei
verschiedenen Anlässen organisiert wurden, und d) Tierkämpfe, die nach dem vorliegenden Brief die populärste
Art der Schauspiele darstellten und die seltener stattfanden, wegen des großen Aufwandes, den sie erforderlich

machten. Dazu muß man noch die Gladiatorenkämpfe erwähnen, die jedoch, wie es scheint, in Antiochia zum letztenmal 328 veranstaltet wurden und die seitdem durch den Einfluß des Christentums in Verfall geraten waren. Zu den Schauspielen von Antiochia: Petit, Vie municipale 123f.; Downey, Antioch 168f.; 325f.; Olympic Games 428f.; Haddad, Social Life 153f.; J. H. Krause, Olympia. Wien 1838 (Nachdr. Hildesheim 1972), 202f.; A. Schenk v. Stauffenberg, Die römische Kaisergeschichte bei Malalas. Stuttgart 1931, 412f.

Im vorliegenden Brief geht es um die Vorbereitung von Tierkämpfen, die der reiche Antiochener Kelsos im Anschluß an die olympischen Spiele des Jahres 364, mit deren Organisation er von der Stadtkurie beauftragt worden war, ausrichten will. In dem Brief empfiehlt Libanios dem Adressaten, der zur Zeit das Amt des *vicarius Asiae* innehat, den Tierhändler Polykarpos, der im Auftrage des Kelsos die Tiere in Kleinasien beschaffen soll.* Den Brief überbrachte Polykarpos selbst im Jahre 363 an den Adressaten nach Phrygien: Seeck, Briefe 410.

1.

Kilikier, der mehrere hohe Ämter bekleidet hatte. Er war Stadtpräfekt von Konstantinopel, als 365 der Aufstand des Prokopios ausbrach; der Usurpator ließ Kaisarios absetzen und ins Gefängnis werfen: Amm. Marc. 26, 7, 4; Seeck, a.a.O. 98f.; Prosopography 168f. Nach Seeck verlieren sich die Spuren des Kaisarios nach dem Aufstand.

2.

Er redet den Adressaten an wie Hektor seine Pferde,

* Mit der Beschaffung von Tieren für die Spiele in Rom beschäftigt sich auch Q. Aurelius Symmachus in seinen Briefen: S. Dill, Roman Society in the Last Century of the Western Empire. London ²1906, 151; O. Seeck, RE IV A 1151.

Hom. Il. 8, 186f. *νῦν μοι τὴν κομιδὴν ἀποτίνετον, ἣν μάλα πολλήν* usw.; das Verbum *παρέθηκε* ebenfalls in Anlehnung an das homerische *πὰρ ἔθηκεν* (ebenda 188). Der Vergleich ist nicht so unmöglich, wie er auf den ersten Blick aussieht, wenn man sich vor Augen hält, daß der Schüler eines Sophisten manchmal *πῶλος* (= Fohlen) hieß: Lib. ep. 154 F; Walden, Universities 296 A. 1. Vgl. noch ep. 84 (178 F), 2.

3.

Wahrscheinlich meint er die Präfektur der Hauptstadt, die Kaisarios bald bekleiden wird. In ep. 48 (1367 F) nennt er sie ebenfalls *τὸ μετὰ τὴν βασιλείαν μέγιστον*; vgl. ebenda A. 5.

4.

Es fragt sich, ob Libanios hier Pferderennen oder eher Wagenrennen meint. Dem Ausdruck nach (*ἵππων ἄμιλλαι*), der Herodot 7, 196 entnommen ist, ist Pferderennen gemeint, nach Petit, Vie municipale 124 handelt es sich um Wagenrennen (»les courses de chevaux, de chars plus exactement«), eine Möglichkeit, die wegen des Attizismus des Libanios nicht auszuschließen ist. Wahrscheinlich ist beides gemeint. Das Rennen fand im Hippodrom auf der Insel statt: Ep. 47 (736 F) A. 7.

5.

Unter den Theaterveranstaltungen sind vor allem Mimen, Komödien und Pantomimen zu verstehen: Petit, a. a. O. 140. Außerdem erfüllte das Theater die Funktion eines politischen Forums, da ein Gesetz Konstantins d. Gr. (= *Codex Theodos.* 1, 16, 6 [I 2, 56 M.]) dem dort versammelten Volk das Recht gewährte, die Entscheidungen der Gouverneure durch Akklamation zu loben oder zu mißbilligen: Petit, a. a. O. 225; O. Seeck, Libanius gegen Lucianus. *Rheinisches Museum* 73 (1920–1924) 85f. Aus dieser Gepflogenheit entstand die sog. Theaterclaque: R. Browning, The Riot of A.D. 387 in Antioch. The Role of the Theatrical Claques in the Later

Erläuterungen

359

Empire. *The Journal of Roman Studies* 42 (1952) 16f.;
Liebeschuetz, Antioch 208f.; Tinnefeld, Frühbyz.
Gesellschaft 146f. Antiochia verfügte über zwei Theater:
Das eine, das sog. Theater Cäsars, war in der Stadt, am
Hang des Berges Silpios, das andere in Daphne; vgl.
Downey, Antioch 443; Förster, Antiochia 106f.
Neben Libanios gilt auch Chrysostomos als Hauptquelle
für das Theaterwesen in Antiochia: G. J. Theocharidis,
Beiträge zur Geschichte des byzantinischen Profanthea-
ters im IV. und V. Jahrhundert, hauptsächlich auf Grund
der Predigten des Ioannes Chrysostomus, Patriarchen
von Konstantinopel. Diss. München. Thessalonike 1940.
Vgl. ferner A. Müller, Das Bühnenwesen in der Zeit
von Constantin d. Gr. bis Justinian. *Neue Jahrbücher für
das klassische Altertum* 23 (1909) 36f.

6.

Die Tierkämpfe werden zumeist [θεατρο]κυνηγέσια oder
θηριομαχίαι genannt. Sie fanden im Amphitheater Antiochias statt, das im Zentrum der Stadt lag. Ihre Durchführung gehörte zur Liturgie der olympischen Spiele, da sie
deren Schlußteil bildeten, manchmal allerdings auch aus-
fielen. Ausführlich ist von den Tierkämpfen bei Robert, Gladiateurs 309f. die Rede; vgl. noch Petit, Vie
municipale 124f. Es waren hauptsächlich Panther und
Bären (Bärinnen nach Petit, ebenda 125), gegen welche
die Menschen kämpften. Die Beliebtheit der Tierkämpfe
beweist die große Anzahl der erhaltenen Mosaiken mit
diesbezüglichen Darstellungen: Petit, ebenda 382;
Liebeschuetz, Antioch 143 A. 1; G. Downey,
Ancient Antioch. Princeton 1963, Abb. 45.

7.

Nach Petit, a. a. O. 129 ist dies nicht der wahre Grund des
Ausfallens der Tierkämpfe, sondern eine kaiserliche Anordnung, erlassen 360 von Konstantios; Libanios wolle
aber einerseits jede Kritik an Konstantios kurz nach dem
Tode Julians vermeiden, andererseits die Großzügigkeit

des Kelsos hervorheben: Ebenda A. 6. Vgl. ferner
Liebeschuetz, Syriarch 120.

8.

Das Wort φιλοτιμία hat in den griechischen Städten Asiens
um diese Zeit eine besondere Bedeutung, die für die herrschende Mentalität aufschlußreich ist: Es ist fast synonym
zu λειτουργία oder εὐεργεσία geworden. So entspricht z. B.
der Ausdruck ἡ δι’ ὅπλων καὶ κυνηγεσίων φιλοτιμία (aus
einer Inschrift von Tomis: Robert, Gladiateurs 103)
dem lateinischen *munus gladiatorium et venatorium*; oder
die Wendung φαμιλία μονομάχων φιλοτιμείας Π. Α. Γράτου
(: ebenda 226) entspricht dem lateinischen *familia gladia-
torum muneris P. A. Grati*. Zur besonderen Bedeutung
von φιλοτιμία: Robert, ebenda 277f.

9.

Kelsos hatte das Ehrenamt des Syriarchen für die olympischen Spiele von 364 übernommen, d. h. er war von der
antiochenischen Kurie mit der Organisation und Finanzierung der Spiele beauftragt worden. Die Syriarchie war
die größte und ehrenvollste aller Liturgien (Lib. ep.
1400, 3 F ἐν τοῖς παρ’ ἡμῖν λειτουργοῦσίν ἐστι συριάρχης
ὀνόματι καλῷ τιμώμενος διὰ τὸ μέγεθος τῆς δαπάνης). Der
Name ist so zu verstehen, daß diese Liturgie nicht nur
Antiochia, sondern die ganze Provinz Syrien (vgl. den
letzten Absatz unseres Briefes, ἑπτακαίδεκα πόλεις) betraf.
Ablehnen konnte Kelsos die Liturgie aufgrund seiner
Eigenschaft als Senator von Konstantinopel: Seeck,
Briefe 106; Petit, Sénateurs 349f. Zum Syriarchat:
A. Schenk v. Stauffenberg, a.a.O. 424f. Als kühne
Vermutung ist die Ansicht von Liebeschuetz,
Syriarch 125 zu bewerten, daß der Syriarch mit den olym-
pischen Spielen nichts zu tun hatte; vgl. Ders., Antioch
141f.

10.

Das Partizip παραχωρήσας ist wohl mit dem Verbum
ὑπήκουσε zu verbinden: Kelsos hatte auf die Amtstracht

des Syriarchen zugunsten seines Sohnes verzichtet. Denn
der Syriarch trug während der Zeit seines Amtes ein besonderes Gewand und einen Kranz; beides weist darauf
hin, daß das Amt als ein Priestertum anzusehen war:
Stauffenberg, ebenda. Die Abtretung der Tracht an
den Sohn hatte symbolischen Charakter: Er übernahm
ab jetzt die Dekurionenpflichten seines Vaters, da dieser
Senator von Konstantinopel geworden war. Genau genommen, übernahm Kelsos die olympischen Spiele im
Namen seines Sohnes: Petit, Vie municipale 131 A. 12.
Anders scheint die Stelle Seeck, a.a.O. verstanden zu
haben, der offenbar das Partizip παραχωρήσας mit ἀποκρούσασθαι verbindet. Vgl. ferner Pack, Curiales 184
A. 28.

11.

Zu diesem Ausdruck vgl. ep. 37 (362 F), 6 ἄρτι γάλακτος
ἀπαλλαγέντας.

12.

Offenbar ohne poetische Übertreibung berichtet der
homerische Hymnus auf Aphrodite 70 f. über wilde Tiere
auf dem Berg Ida:

πολιοί τε λύκοι, χαροποί τε λέοντες
ἄρκτοι παρδάλιές τε θοαί.

Noch erstaunlicher ist, daß es in Syrien und Ionien in
der Zeit des Libanios Panther gab: Epp. 598, 1400 F.

13.

Zu diesen Eigenschaften der Bären von der Ida vgl. den
Petit Larousse s. v. *ours: feroce et rusé* (über den braunen
Bären).

14.

Polykarpos sollte die Tiere von den spezialisierten Jägern
abkaufen, die sie lebendig fingen. Die Konkurrenz und
die Übergriffe könnten dadurch entstehen, daß alle Inter-
essenten die besonders wilden Tiere kaufen wollten.

15.

Die hier erwähnten 17 Städte bildeten offenbar das sog.

κοινόν Syriens: E. Kornemann, κοινόν, RE Suppl. IV
934; Downey, Olympic Games 434 A. 33. Eine Liste
dieser 17 Städte bietet Jones, Cities 543.

ep. 41 (217 F)
An Andronikos

Die Familie des Libanios, eine angesehene Dekurionen-
familie aus Antiochia, hatte des öfteren öffentliche Litur-
gien für die Stadt übernommen. In weniger als hundert
Jahren, von 285 bis 360, waren Mitglieder seiner Familie
allein fünfmal mit der höchsten dieser Liturgien, dem
Syriarchat, beauftragt worden: Der Urgroßvater des
Libanios, sein Großvater, seine Onkel Panolbios und
Phasganios und sein Cousin; vgl. Lib. or. 53, 4 (IV 55 f.
Foerster); Petit, Vie municipale 132.
Im vorliegenden Brief geht es um den Cousin des Liba-
nios, dessen Namen uns nicht überliefert worden ist; als
Syriarch des Jahres 360 hatte er die olympischen Spiele
von Antiochia übernommen. Da er im Anschluß an die
Spiele Tierkämpfe veranstalten wollte, bittet nun Libanios den Adressaten, der zur Zeit Statthalter der Provinz
Phönikien ist, dafür Sorge zu tragen, daß geeignete Tier-
kämpfer in Phönikien ausfindig gemacht werden. Die
Tierkämpfe fanden schließlich, wie es scheint, nicht statt,
da sie in der Zwischenzeit von der Zentralregierung
untersagt worden waren; vgl. ep. 42 (218 F), die in gewissem Sinne die Fortsetzung zum vorliegenden Brief
darstellt. Letzterer stammt offensichtlich aus dem Sommer 360. Nach Silomon, Lib. epist. 42 f. wurde er bereits im Frühling 360 geschrieben, die Anfangsworte des
Briefes widersprechen jedoch dieser Annahme.

1.
Höherer Beamter des Reiches, an welchen Libanios über
30 Briefe adressiert hat. Zur Zeit des vorliegenden Brie-

fes hatte er das Amt des *consularis Phoenices* inne: Seeck, Briefe 71f. Aus ep. 195 F ist zu entnehmen, daß er Heide war. Vgl. ferner Prosopography 64f. (3); ep. 78 (1221 F) A. 1.

2.

Die Tierkämpfe bildeten, wie es scheint, den Schlußteil der olympischen Spiele und galten als deren größte Attraktion, wie wir aus ep. 40 (1399 F), 2 erfahren. Im selben Brief, geschrieben 363, lesen wir auch, daß es lange Zeit keine Tierkämpfe in Antiochia gegeben hatte (τοῦτο δὴ τὸ θέαμα πολὺν χρόνον ἐκλελοιπός). Diese Ausdrucksweise impliziert, daß die Tierkämpfe von 360, von denen in unserem Brief die Rede ist, aus irgendeinem Grund ausgefallen sein müssen. Nun läßt ep. 42 (218 F) darauf schließen, daß die genannten Tierkämpfe von hoher Stelle in der Hauptstadt verboten wurden. Vgl. Petit, Vie municipale 129; Downey, Olympic Games 432f. (der jedoch eine andere, wenig überzeugende Erklärung für den oben erwähnten Ausdruck des Libanios vorbringt). Im übrigen scheinen die Anfangsworte des Briefes die Ansicht von Liebeschuetz zu widerlegen, wonach der Syriarch nicht der Organisator der olympischen Spiele war; vgl. ep. 40 (1399 F) A. 9; Liebeschuetz, Syriarch 116; 119.

3.

Der Ausdruck τὸν κολοφῶνα ἐπιθεῖναι kommt bei den spätgriechischen Autoren des öfteren vor: Dion Chrys. 11, 22; Jul. ad Them. 261d; Them. or. 23, 288b; Arr. *Epict.* 2, 14, 19; 4, 1, 40 usw.

4.

Es handelt sich um den uns bekannten Modestos, den derzeitigen comes Orientis und Vorgesetzten des Adressaten: Ep. 48 (1367 F) A. 1, ferner: Petit, a.a.O. 275f. Vermutlich hält er sich um diese Zeit von Amts wegen in Phönikien auf, von wo er Briefe an Libanios schickt; vgl. Seeck, Briefe 214.

5.

Gemeint ist Phasganios, der Onkel des Libanios mütter-
licherseits, gestorben im Herbst 359. Er war bereits 357
erkrankt, als er zum Gesandten der Stadt an den Kaiser
Konstantios in Rom gewählt wurde und vertreten werden mußte. In ep. 78 F, aus dem Jahr 359, ist wieder von
einer schweren Krankheit des Phasganios die Rede, welcher er offensichtlich bald erlag. Die Trauer über den
Tod ihres Bruders brachte auch nach einiger Zeit die
Mutter des Libanios zu Grabe. Vgl. S e e c k , Briefe 234f.;
P e t i t , Vie municipale 350f.

6.

Zu diesem Gedanken vgl. ep. 13 (959 F), 7 und A. 12;
ep. 220, 4 F; R i c h t s t e i g , Libanius 27.

7.

Nach Nonnos, Dionys. 48, 555 gebar Koronis dem Dionysos die drei Chariten: L a c k e i t , RE XI 1434. Damit
spielt Libanios auf die χάρις (= Gefallen) an, die er vom
Adressaten erwartet. Vgl. ferner L i e b e s c h u e t z , Pelagian Movement 231, 234.

ep. 42 (218 F)

An Eusebios

Der vorliegende Brief stellt gewissermaßen die Fortsetzung zu ep. 41 (217 F) dar. Die Entrüstung des Sophisten deutet darauf hin, daß bezüglich der von seinem
Cousin vorbereiteten Tierkämpfe ein Fiasko sich an-
bahnt, da die Tötung der Tiere durch kaiserlichen Befehl eingestellt werden mußte. Im übrigen ist der Brief
bemerkenswert, da er von der Roheit der Sitte jener
Zeit Zeugnis ablegt, befürwortet doch hier einer der
prominentesten Vertreter griechischer Bildung und griechischen Denkens die Befriedigung der niedrigsten In-
stinkte des Menschen durch die mutwillige Tötung von

Tieren.* An einer anderen Stelle bedauert Libanios, daß seine Liebe zur Rhetorik ihn um viele Vergnügungen, u.a. um seine Anwesenheit bei Gladiatorenkämpfen, brachte: Or. 1, 5 (I 82 Foerster) ἀθέατος ἔμεινα μονομαχιῶν ἐκείνων, ἐν αἷς ἔπιπτόν τε καὶ ἐνίκων ἄνδρες, οὓς ἔφησθα ἂν μαθητὰς εἶναι τῶν ἐν πύλαις τριακοσίων. (Ich blieb den Gladiatorenkämpfen fern, in denen Männer fielen oder siegten, von denen man sagen könnte, sie seien die Schüler der dreihundert Helden von Thermopylai.) Vgl. Robert, Gladiateurs 254f. Es gehört ein hohes Maß an Verkennung der Wirklichkeit und Zynismus dazu, Gladiatorenkämpfe mit den Sternstunden griechischer Geschichte zu vergleichen. Noch bezeichnender in dieser Hinsicht ist eine Anekdote über den Sophisten Polemon, zitiert von Robert, a.a.O. 255f.: Philostr. vit. soph. 1, 25, 9 (II 52 Kayser) ἰδὼν δὲ μονομάχον ἱδρῶτι ῥεόμενον καὶ δεδιότα τὸν ὑπὲρ τῆς ψυχῆς ἀγῶνα „οὕτως" εἶπεν „ἀγωνιᾷς, ὡς μελετᾶν μέλλων". (Als er einen Gladiatoren sah, dem der Schweiß herunterrann und der voller Furcht den Kampf um sein Leben erwartete, sagte er: »du leidest, als ob du eine Rede vorbereiten solltest«.) Robert bemerkt treffend dazu: »Cette anecdote nous montre la sécheresse de coeur, l' ἀπάθεια πρὸς ἀνθρώπους, d'un des plus grands lettrés de l'époque«.

Der Brief wurde im Sommer oder Herbst 360 geschrieben und an den Hofbeamten Eusebios geschickt. Nach Seeck, Briefe 372 befand sich der Adressat zu dieser Zeit in Edessa, wo das Hoflager war. Etwas früher datiert den Brief Silomon, Lib. epist. 43.

1.

Schüler des Libanios, der zur Zeit ein hohes Amt am kaiserlichen Hofe bekleidet, wie der Umstand zeigt, daß

---

* Dies bestreitet Liebeschuetz, Antioch 143 A. 1, ohne Gegenargumente anzuführen. Zur Roheit der Sitten jener Zeit vgl. noch Alföldi, Conflict 37f.

Befehle des Konstantios durch seine Briefe nach Antiochia kommen. Mit der Thronbesteigung Julians begegnet sein Name nicht mehr in der Korrespondenz des Libanios; deshalb hat man mit Recht angenommen, daß er zu jenen Beamten gehörte, die Julian ihres Amtes enthob. Vgl. Seeck, Briefe 141, der Eusebios mit der Amtsbezeichnung *castrensis sacri palatii* belegt, was auch Petit, Vie municipale 172; Étudiants 39; 160 übernommen hat. Nach Prosopography 304 (15) war er *magister sacrorum scriniorum*.

2.

Dies ist offensichtlich der Inhalt des kaiserlichen Befehls bezüglich der Tiere, den Eusebios durch einen Brief nach Antiochia übermittelte; vgl. noch ep. 219, 4 F. Der Brief war vermutlich an den Stadtrat adressiert. Die Worte μὴ ἔστω τῶν αὐτοῦ κύριος ὁ δεσπότης stellen natürlich eine Interpretation des Libanios dar.

3.

Er ahmt Demosthenes 21, 69 nach: μανία γὰρ ἴσως ἐστὶν ὑπὲρ δύναμίν τι ποιεῖν usw. Die Situation ist ähnlich, wie an unserer Stelle: Demosthenes fühlt sich als Chorege von Meidias benachteiligt; statt Dankbarkeit erntet er Schmähungen, was Libanios hier nicht ausdrücklich sagt, sondern dem kundigen Leser zu ergänzen überläßt.

4.

Der Ausdruck τὸν χειμῶνα ἀναμένειν ist nach Seeck, Briefe 372 f. so zu verstehen, daß der Kaiser im kommenden Winter in Antiochia erwartet wird und die Tiere bis dann geschont werden sollen, damit er selbst auf sie Jagd mache: vgl. unten § 8, ep. 219, 5 F. Dies dürfte nach Seeck auch der Grund für den oben erwähnten Befehl sein; der Wortlaut des Befehls scheint jedoch allgemeiner und nicht für einen bestimmten Fall zugeschnitten zu sein.

5.

Bärinnen, nicht Bären: Petit, Vie municipale 125.

6.

Der Ausdruck stammt ebenfalls aus der oben erwähnten Rede des Demosthenes: 21, 226 ἐσυρίττετε καὶ ἐκλώζετε.

7.

Das Sprichwort wird angewandt, wie Zenobios 6, 40 (I 173 Leutsch-Schneidewin) lehrt, »wenn der zu Rettende vom Retter leidet«. Vgl. Salzmann, Sprichwörter 86 f. Der Spruch bildete ursprünglich, wie es scheint, einen sog. *versus paroemiacus*.

ep. 43 (1180 F)

An Elpidios

Für die olympischen Spiele von 364 hatte Libanios große Erwartungen gehegt. Er hatte gehofft, daß der siegreiche Julian von der Ostfront nach Antiochia zurückkehren werde, um die Feierlichkeiten in voller Pracht zu begehen. Obwohl diese Hoffnung durch den Tod Julians zunichte wurde, setzte Libanios seine Bemühungen für den Erfolg der Spiele unvermindert fort (vgl. ep. 40 [1399 F]). Als schließlich im Juli 364 die Zeit der olympischen Spiele kam, konnte er nur während der ersten Tage dabei sein; denn er hatte einen starken Anfall von Podagra. Er erfuhr durch die Schilderung seiner Freunde über den Verlauf der Spiele und die Leistung der Athleten. Vgl. Lib. or. 1, 139 (I 149f. Foerster); Sievers, Libanius 138 f.

Im vorliegenden Brief, geschrieben in der ersten Hälfte des Jahres 364, bittet Libanios den *proconsul Asiae* Elpidios, für die olympischen Spiele in Antiochia einen Beitrag zu leisten, indem er in Ionien Leichtathleten ausfindig macht und nach Antiochia schickt.

1.

Hochgestellter Würdenträger des oströmischen Reiches. Er war unter Konstantios Christ, ließ sich jedoch unter Julian zum Heidentum bekehren. Er legte bei der Verfolgung von Christen so großen Eifer an den Tag, daß er bei christlichen Autoren mit dem Spitznamen ὁ θύτης, ›der Opferer‹, belegt wird: Philostorgios, *h.e.* 7, 10 (PG 65, 549 A) ἀκλεῶς καταστρέφει τὸν βίον, ἐπάρατος πᾶσι γεγονώς, καὶ ὁ θύτης Ἐλπίδιος ἐπονομαζόμενος ; vgl. Theodoret, *h.e.* 3, 12, 3 (S. 189 Parmentier). Nach dem Tode Julians und seiner Rückkehr von der Ostfront behielt er seine hohe Stellung. Im Jahre 366 wurde er seines Amtes enthoben und mit Konfiskation seiner Güter und Gefängnis bestraft, weil er an der Erhebung des Prokopios teilgenommen hatte; damit verlieren sich seine Spuren. Vgl. S e e c k , Briefe 170; P r o s o p o g r a p h y 415 (6).

2.

d. h. die Augen Julians; vgl. Amm. Marc. 15, 8, 16 cuius oculos cum venustate terribiles (= *strahlend und furchtbar*).

3.

Die Anspielung auf den von Julian geförderten Sonnenkult ist unüberhörbar; vgl. A l l a r d , Julien II 232f.; B r o w n i n g , Julian 138f.; Jul. or. 4 (εἰς τὸν βασιλέα Ἥλιον) usw. Bereits Aurelian (270–275) machte den Kult des *sol invictus* zur Staatsreligion: M a r b a c h , Sol, RE III A 907f.

4.

d. h. Zeus, zu dessen Ehren die olympischen Spiele veranstaltet werden.

5.

Die Überlegenheit der Athleten aus Ionien hebt auch Philostratos hervor: *Gymn.* 12f. (II 267f. Kayser).

ep. 44 (1182 F)

An Theodoros

Wie in ep. 43 (1180 F), bittet Libanios auch hier einen Freund, diesmal den *consularis Bithyniae* Theodoros, um die Anwerbung und Entsendung von Athleten nach Antiochia für die Olympischen Spiele von 364. Eine

ganze Reihe von Briefen aus dieser Zeit verfolgen dasselbe Ziel. Es sieht so aus, als ob Libanios einen großen
Teil der Aufgaben des Syriarchen Kelsos auf sich genommen habe.

Der Brief, der ebenfalls aus der ersten Hälfte des Jahres
364 stammt, ist in der Form einer starken, leidenschaftlichen Aufforderung komponiert worden. Er fängt mit
einem Imperativ an und ist bis zum Ende von Imperativ-
formen durchzogen, die die Verben der Hauptsätze darstellen (ἀπόδος – οἶον – μαθέτωσαν – ἐνθυμοῦ – ποίει). Libanios versprach sich davon offenbar eine stärkere Wirkung
auf den Redner Theodoros.

1.
Zum Adressaten: Ep. 11 (1534 F) A. 1.

2.
Durch diesen Ausdruck ist vermutlich die Provinz Arabia (Hauptstadt: Bostra) gemeint. Im übrigen folgt die
Doppelpartikel καὶ γάρ zumeist einer Parainesis: E. Frän-
kel, Horaz. Darmstadt 1963, 220.

3.
Da Theodoros offensichtlich ein Heide ist, sind als Lei-
dende hier die Christen seiner Provinz zu verstehen.

4.
Kalliope als Muse vertritt hauptsächlich die epische Poesie: *Anthol. Pal.* 4, 3, 107; 9. 529; Philostr. J. im. 13 (II
414 Kayser) u. a. Sie wird hier zusammen mit Zeus und
Apollon genannt, weil diese drei Gottheiten die θεοὶ
πολιοῦχοι von Antiochia sind. Theodoros soll ihnen dankbar sein, weil sie die Stadt beschützen, die ihn großgezo-
gen hat: Petit, Vie municipale 193. Vgl. ferner Müller, Antiquitates 69 A. 4; Misson, Recherches 15
A. 2; 74.

5.
d. h. Zeus: Hesiod, Theog. 76f.; Weicker, RE X 1654.

6.
d. h. Kelsos; vgl. ep. 40 (1399 F) A. 9.

370   Erläuterungen

ep. 45 (369 F)

An Julian

Die Freundschaft mit Julian war für Libanios gewiß das
wichtigste Ereignis seines Lebens und hat sich in seiner
literarischen Produktion entsprechend niedergeschlagen.
Die Taten wie der Tod dieses außerordentlichen Mannes
erwiesen sich für den Redner, der seiner wechselvollen
Zeit gegenüber sehr sensibel ist, als Quelle einer frucht-
baren Inspiration: Acht Reden und einige Dutzend* teils
meisterhafte Briefe, viele schöne Passagen der Autobiographie sowie eine Anzahl von verstreuten Reminiszenzen stellen das literarische Fazit dieser Freundschaft dar.
Die Verbindung des Libanios mit Julian mag an die Platons mit Dion erinnern, der Gedanke vom ›Philosophen
auf dem Thron‹ ist die wichtigste Gemeinsamkeit. Im
übrigen ist es verständlich, wenn Libanios, der Platon
nicht nur sprachlich nachahmen will, das Bild Julians
stark idealisiert** und seine Beziehungen mit ihm nach
klassisch-philosophischen Vorbildern modelliert***.
Der vorliegende Brief ist offenbar die Antwort auf einen
nicht erhaltenen Brief Julians an Libanios. Er wurde im
Frühjahr 358 zunächst durch einen gewissen Harpokration zusammen mit anderen Briefen nach Konstantino-

* Im Briefcorpus des Libanios sind 9 Briefe an Julian gerichtet.
Wie jedoch aus ep. 1264, 5 F hervorgeht, hat Libanios bei der Ver-
öffentlichung seiner Sammlung einige Briefe an Julian als gefährlich
unterdrückt. Dazu kommen noch ca. 20 an verschiedene Adressaten
gerichtete Briefe, in welchen von Julian die Rede ist. § 5 unseres
Briefes läßt den Schluß zu, daß Libanios und Julian bereits etliche
Briefe gewechselt hatten, bevor dieser zum Cäsar erhoben wurde.
Dabei muß man berücksichtigen, daß Julian nicht besonders schreib-
freudig war.
** Das Pendant in den bildenden Künsten wäre etwa das idealisierte
Portrait vom Louvre, welches Julian in dem Gewand eines Philo-
sophen darstellt: BROWNING, Julian Abb. 5.
*** Vgl. NORMAN, Autobiography 181 f.

pel gebracht und dann durch andere Reisende zu dem Aufenthaltsort Julians, der sich damals in Gallien befand, weiterbefördert: SEECK, Briefe 345; SILOMON, Lib. epist. 16f.

1.

Die Literatur über Julian ist enorm, darunter befinden sich allein 14 Monographien mit dem Titel »Kaiser Julian« oder »Julian der Apostat«. Die umfangreichste dieser Monographien stellt das dreibändige Werk P. ALLARDS, Julien l'Apostat. Paris³ 1906–1910 dar, am besten wird jedoch Julian und seine Zeit bei BIDEZ, Julien (deutsch erschienen in der Übersetzung von H. RINN unter dem Titel ›Julian der Abtrünnige‹. München 1940) dargestellt. Die jüngsten Ergebnisse der Forschung werden berücksichtigt in der 1975 erschienenen Monographie von BROWNING, Julian. Besonders wertvoll, weil auf eigenen Forschungen des Verfassers basierend, ist der Artikel E. von BORRIES' über Julian in RE X 26–91. Die Quellen zu dem Leben und den Taten Julians ausführlich bei Allard, Julien III 339f.

2.

Gemeint ist der berühmte Sieg Julians in der Schlacht bei Straßburg, erfochten im Sommer 357 gegen die Alemannen: STEIN, Geschichte 223; SEECK, Untergang IV 259f. Er war ein voller Triumph für Julian, zumal der Anführer der Alemannen, der König Chnodomar, gefangengenommen wurde. Ammian, der in der Schlacht zugegen war, widmet ihr das 12. Kapitel seines 16. Buches, Libanios beschreibt sie in seinem Nachruf für Julian, or. 18, 52–67 (II 258f. FOERSTER). Beiden Darstellungen liegt auf weite Strecken eine nicht erhaltene Schrift zugrunde, die Julian selbst über diese Schlacht verfaßt hatte: Eunap. *Hist. fr.* 9 (I 217 DINDORF); E. von BORRIES, Die Quellen zu den Feldzügen Julians des Abtrünnigen gegen die Germanen. *Hermes.* 27 (1892) 202f. Eine detaillierte Beschreibung der Schlacht aufgrund der Erzählung Am-

372 Erläuterungen

mians bieten BIDEZ, Julien 149f.; BROWNING, Julian
85f.; Allard, Julien I 411f.

3.

Zur Wendung τρόπαιόν ἐστι τινὶ ἀπό τινος vgl. Lib. ep.
491, 3 F; Demosth. 20, 78.

4.

Er denkt an den Wunsch Hektors bei Homer, Il. 6, 479
πατρός γ' ὅδε πολλὸν ἀμείνων.

5.

Libanios hat insbesondere den verlorengegangenen Brief
Julians vor Augen, den er gerade beantwortet. In seiner
Anrede an Julian (προσφωνητικὸς 'Ιουλιανῷ), or. 13, 52
(II 81f. FOERSTER), gehalten 362, sagt Libanios: ὅς γε καὶ
τὴν δοκοῦσαν ὥραν τῶν ἐμῶν ἐπιστολῶν παρελήλυθας.

6.

Dank dem Einfluß seiner Gemahlin Eusebia ernannte
Konstantios am 6. November 355 seinen Vetter Julian
zum Cäsar für den gallischen Reichsteil und gab ihm seine
Schwester Helena zur Frau: STEIN, Geschichte 222;
Allard, Julien I 358f.

7.

Libanios läßt in seinen Deklamationen oft Staatsmänner
aus dem klassischen Athen auftreten: Decl. 9 (V 459f.
FOERSTER) μετὰ τὰ ἐν Σαλαμῖνι ἀναλαμβάνειν ἀξιοῖ Νεοκλῆς
τὸν Θεμιστοκλέα; decl. 11 (V 511f. FOERSTER) ὁ Κίμων
αἰτῶν ὑπὲρ τοῦ πατρὸς δεθῆναι usw. Von diesen rhetorischen Übungen (μελέται) ist verständlicherweise der
größte Teil verlorengegangen: FÖRSTER-MÜNSCHER, RE
XII 2528.

8.

Julian muß in seinem Brief an Libanios etwas Ähnliches
geschrieben haben wie in einem späteren Brief an denselben Adressaten: Ep. 22 (S. 48 WEIS; ep. 3 HERTLEIN)
ταῦτα μεταξὺ τοῦ πράττειν ὑπηγόρευσά σοι· γράφειν γὰρ οὐχ
οἷός τε ἦν, ἀργοτέραν ἔχων τῆς γλώττης τὴν χεῖρα.

9.

Eine ähnliche Aufforderung richtet Julian an seinen Lehrer Proairesios: Ep. 26 (S. 68 WEIS; ep. 2 HERTLEIN) ὑμῖν μὲν γὰρ πρέπει τοῖς σοφοῖς μακροὺς πάνυ καὶ μεγάλους ποεῖσθαι τοὺς λόγους, ἡμῖν δὲ ἀρκεῖ καὶ τὰ βραχέα πρὸς ὑμᾶς.

10.

Kaiser Konstantios und Julian waren Kinder zweier Brüder, Konstantins des Großen und des Julius Constantius; vgl. den Stammbaum Julians bei BIDEZ, Julien 3. Der heutige Leser wird es für Heuchelei halten, wenn Libanios Julian klarzumachen versucht, der Mörder seines Vaters und seiner Brüder sei unter anderem wie ein Lehrer (!) zu ihm. Es ist aber möglich, daß diese Bezeichnungen für Konstantios als Ironie aufzufassen sind.* Vgl. J. Vogt, Pagans and Christians in the Family of Constantine the Great, in: Momigliano, Conflict 52; H. Hecker, Zur Geschichte des Kaisers Julianus. Programm des kgl. Gymnasiums zu Kreuznach 1886, 8f.

11.

Die Ironie des Libanios in diesem Satz ist unüberhörbar: Konstantios galt für die Armee zu dieser Zeit im Vergleich zu Julian als ein *roi fainéant*.

12.

Er denkt an Herodot 1,8 ἅμα δὲ κιθῶνι ἐκδυομένῳ συνεκδύεται καὶ τὴν αἰδῶ γυνή.

13.

Die Freigebigkeit Julians seinen Freunden gegenüber sowie die eigene Entsagung hebt Libanios auch in seiner Autobiographie hervor: or. 1, 125 (I 142f. FOERSTER). Vgl. noch ep. 54 (1154 F).

* In seinem drei Jahre davor veröffentlichten Panegyrikus für Konstantios macht Julian seinem Vetter ebenfalls ähnliche Komplimente, an die er offensichtlich nicht am entferntesten glaubt: F. Dvornik, The Emperor Julian's »reactionary« Ideas on Kingship, in: Late Classical and Medieval Studies in Honour of Albert Mathias Friend Jr. Princeton 1955, 73f.

14.

Zu diesen proverbialen Ausdrücken vgl. SALZMANN, Sprichwörter 22; 35. Mit Recht macht SALZMANN darauf aufmerksam, Libanios habe in feiner Absicht das Beispiel des extrem-Gottlosen (Kapaneus) und des äußerst-Frommen (Amphiaraos) gewählt, um anzudeuten, Julians Freigebigkeit sei völlig unparteiisch und komme gleichermaßen Glaubensgenossen wie Christen zugute.

ep. 46 (694 F)
An Maximos

Im vorliegenden Brief bringt Libanios seine Freude über die Thronbesteigung Julians und die Wiederherstellung der alten Religion zum Ausdruck. Er richtet seine begeisterten Worte an die Adresse des Lehrers Julians, Maximos, den er mit Sokrates vergleicht und als großen Wohltäter der Menschheit preist, weil er einen solchen Herrscher erzogen habe. Die Superlative, in denen Libanios über die Person des Kaisers und die von ihm inaugurierte Ära spricht, begegnen kaum in einem anderen Brief aus dieser Zeit. All dies entbehrt wohl nicht einer gewissen Berechnung: Je mehr die Rolle des Maximos dabei hervorgehoben wird, desto mehr strahlt dieses Lob auf Libanios selbst zurück, da auch er als Lehrer Julians gilt und gerne als solcher auftritt (vgl. ep. 45 [369 F]). Auf der anderen Seite findet es Libanios offensichtlich wirkungsvoller, wenn er diesen ersten Brief nach der Thronbesteigung nicht an den Kaiser selbst, sondern an dessen Erzieher richtet, den Julian überschwenglich verehrt und an seinen Hof berufen hatte.
Der an einen Neuplatoniker adressierte Brief ist voll von platonischen Reminiszenzen. Anfang 362 nahm ihn der Philosoph und Dichter Fortunatianus mit, als er nach Konstantinopel eilte, um sich Julian vorzustellen, und benutzte ihn, wie es scheint, als Empfehlungsbrief.

1.

Der neuplatonische Philosoph und Theurg Maximos
(ca. 300–372) war der Theoretiker der Herrschaft Julians,
da die Reform Julians in gewisser Hinsicht die praktische
Anwendung der neuplatonischen Theologie darstellte,
in welcher Theurgie und Mystik als Glaubensprogaganda
eine erhebliche Rolle spielten. Von seinem Kollegen
Priskos (vgl. ep. 69 [947 F] A. 1) unterscheidet er sich
durch seinen starken Willen und seine Tatkraft. Während
der Regierung Julians ließ er sich offensichtlich mancher-
lei zuschulden kommen, weshalb er in der Folgezeit
Verfolgungen ausgesetzt war, die mit seiner Hinrichtung
endeten. Eunapios widmet ihm einen großen Abschnitt
seiner vitae. Vgl. SEECK, Briefe 208f.; K. PRAECHTER,
RE XIV 2563f. (wohl die beste Darstellung über Maximos); ZELLER, Philosophie 789f.; Browning, Julian
56f.; Allard, Julien I 308f.; Prosopography 583f.
(21).

2.

Da die Anklage gegen Sokrates auf Gottlosigkeit (γραφὴ
ἀσεβείας) lautete, weist der Vergleich des Libanios darauf hin, daß Maximos von seiten der Christen angegriffen
wurde. Vielleicht war es Zauberei, was man ihm vorwarf,
eine Praxis, gegen die nicht nur die Christen eingestellt
waren. Als Valentinian und Valens nach ihrer Thronbesteigung für lange Zeit erkrankten, führten sie ihre Krankheit auf die Zauberkünste der Freunde Julians (vorwiegend wohl des Maximos) zurück: Amm. Marc. 26, 4, 4;
PRAECHTER a.a.O. 2565. Im übrigen zeigt dieser Umstand sowie auch der Tod des Maximos, wie ernst in
jener Zeit Zauberei genommen wurde und welch wirksames Propagandamittel für die heidnische Religion sie
darstellte.

3.

Dies ist einer der Punkte, die Sokrates im Gefängnis
kurz vor seinem Tode mit seinen Freunden erörtert:

Plat. *Phaed.* 67d λύειν δέ γε αὐτὴν [i.e. τὴν ψυχὴν], ὥς φαμεν, προθυμοῦνται ἀεὶ μάλιστα καὶ μόνοι οἱ φιλοσοφοῦντες ὀρθῶς, καὶ τὸ μελέτημα αὐτὸ τοῦτό ἐστιν τῶν φιλοσόφων, λύσις καὶ χωρισμὸς ψυχῆς ἀπὸ σώματος. Im selben Jahr der Abfassung des vorliegenden Briefes schrieb Libanios auch eine Deklamation mit dem Titel ἀπολογία Σωκράτους: *Decl.* 1 (V 13f. FOERSTER); vgl. MARKOWSKI, Lib. Socr. def. 168f. Möglicherweise wollte er mit dieser Schrift Julian in dessen Kampf für die alte Philosophie unterstützen: MISSON, Libanios 74; FÖRSTER-MÜNSCHER, RE XII 2509. Auch Lib. *decl.* 2 ist sokratischen Inhalts.

4.

Es ist nicht klar, an welchen Dichter Libanios denkt. Die von FOERSTER in seinem Apparat angegebenen Stellen sind irrelevant. Die antike Hypothesis zu Isokrates or. 11, auf die FOERSTER hinweist, hatte Libanios sicher vor Augen, als er das Proömium dieses Briefes schrieb; das dort angeführte Euripides-Fragment sagt jedoch nicht, die Philosophen seien wie Götter auf Erden, sondern es hält den Athenern vor, sie hätten den besten aller Griechen getötet.

5.

Unter den drei Anklägern des Sokrates war Meletos der Hauptkläger, die bedeutendste und einflußreichste Persönlichkeit war aber Anytos. Der präpositionale Ausdruck stammt ebenfalls aus der obengenannten Hypothesis zu Isokr. or. 11, τοῖς περὶ Ἄνυτον καὶ Μέλητον.

6.

Unser Brief ist der einzige im ganzen Briefcorpus, der an Maximos gerichtet ist. Da Maximos nach dem Tode Julians bis zu seinem eigenen Tode im Jahre 372 den Beistand des Freundes gewiß nötig hatte, nehmen wir an, daß unter den verlorengegangenen Briefen des Libanios aus den Jahren 366–387 (: FÖRSTER-MÜNSCHER, RE XII 2525) etliche an Maximos adressiert waren.

7.

Arganthonios, der König von Tartessos, war im Altertum wegen seines hohen Alters (er erreichte 120, nach einer anderen Version sogar 150 Jahre) sprichwörtlich geworden: SALZMANN, Sprichwörter 30.

8.

Libanios ist um den richtigen Vergleich nie verlegen: Bei Homer, Il. 9, 485 f. wird Phoenix als Erzieher und ständiger Begleiter des Achill dargestellt.

9.

Pythiodoros war von Julian nach Syrien vorausgeschickt worden, um die Restaurierung des heidnischen Kultus einzuleiten: SEECK, Briefe 389. Vgl. noch W. ENSSLIN, RE XXIV 550; Prosopography 756.

10.

Wahrscheinlich ist auch hier Pythiodoros gemeint. Der Ausdruck kann sich schwerlich auf einen vorausgegangenen Brief des Maximos beziehen, da Libanios sonst immer in seinen Antwortbriefen an bedeutende Persönlichkeiten auf ihren Brief Bezug nimmt, was hier nicht der Fall ist. Mit τἀκεῖθεν ist vermutlich die Nachricht über die Thronbesteigung Julians und die politischen Veränderungen in der Hauptstadt gemeint.

11.

Fortunatianus war ein heidnischer Philosoph und Dichter: SEECK, Briefe 159. Seine dort aufgezeichnete Karriere weist darauf hin, daß es sich um einen Opportunisten handelt, da er vor, während und nach der Herrschaft Julians politisch einflußreich war. Vgl. ferner Sievers, Libanius 248 f.; Prosopography 369 (1).

12.

Bart, Stock und abgetragener Mantel galten als Kennzeichen des Philosophen im Spätaltertum: Lib. ep. 195, 6 πώγωνα καὶ τρίβωνα καὶ βακτηρίαν; vgl. noch Ael. VH 11, 10; Alciphr. 3, 55; Arr. *Epict.* 1, 2, 29; Luc. *Eun.* 9; Plu. *mor.* 352 C usw. Dion Chrysostomos or. 72 (περὶ τοῦ σχήματος) behandelt das Äußere der Philosophen seiner Zeit. Als vornehmer Römer oder romanisierter Syrer trägt Fortunatianus jedoch eine elegante Chlamys und rasiert sein Kinn. Zur Chlamys als Kleidungsstück: Ep. 66 (1106 F) A. 4.

ep. 47 (736 F)

An Kelsos

Nachdem Julian einige der dringendsten Probleme, denen er nach seiner Thronbesteigung in der Hauptstadt gegenüberstand, geregelt hatte, machte er sich im Juni 362 auf den Weg nach Antiochia. Es gab mehrere Gründe für seine baldige Anwesenheit in der zweitgrößten Stadt des oströmischen Reiches. Zunächst als offiziell angegebener Grund die Wiederaufnahme des Krieges, den sein Vorgänger 360 gegen die Perser angefangen hatte, wofür Antiochia seit eh und je die natürliche Ausgangsbasis darstellte; dann, was von größerer Wichtigkeit war, wollte der junge Kaiser auch Antiochia, wie kurz zuvor die Hauptstadt, »erobern«, d. h. seine Religions- und Verwaltungsreform durchsetzen, seine antiochenische Anhängerschaft organisieren, mit den Einwohnern Kontakt aufnehmen und um ihre Gunst werben. Julian hatte viele Hoffnungen auf Antiochia gesetzt, als er aber acht Monate später in den Perserkrieg auszog, war er tief enttäuscht. Es ist hier nicht der Ort, die Hintergründe dieser Enttäuschung zu analysieren.

Die Reise Julians von Konstantinopel nach Antiochia ging zunächst über Chalkedon und Libyssa nach Nikomedeia, wo der junge Kaiser die Stadt, in welcher er einen Teil seiner Jugend verbracht hatte, in Trümmern wiedersah und beweinte; dann setzte er seine Reise über Pessinus, Ankyra und Tyana bis zum Kilikischen Tor an der kappadokisch-kilikischen Grenze fort, wo der Statthalter Kilikiens und Adressat des vorliegenden Briefes,

Kelsos, auf den Kaiser wartete und ihn mit einer Ansprache empfing. Anschließend ließ ihn Julian auf seinen Wagen einsteigen und fuhr mit ihm bis an die Tore der Stadt Tarsos*. Von Tarsos muß dann Julian über Adana und Mopsuestia nach Aigai am Golf von Alexandretta gefahren sein. Von dort schlug er die Küstenstraße ein und gelangte über Issos zum Fuß des Berges Amanos**; dann überschritt er den Amanos-Paß und erreichte am 18. Juli 362*** die syrische Grenze unweit von Antiochia, wo sein Oheim Julian, kürzlich vom Kaiser zum *comes Orientis* befördert, sowie zahlreiche Einwohner Antiochias, unter ihnen Libanios, auf ihn warteten. Im vorliegenden Brief schildert Libanios seinem Freund Kelsos die Ankunft Julians sowie seine ersten Aktivitäten in Antiochia; er ist in der zweiten Hälfte des Jahres 362, auf keinen Fall im Juni, wie Seeck, Briefe 392 angibt, geschrieben†.

* Nach Sievers, Libanius 90 »und so mit ihm in Tarsus einfährt«. Wagenfahrt jedoch innerhalb der Städte ist in dieser Zeit undenkbar: R. Pöhlmann, Die Übervölkerung der antiken Großstädte (Preisschriften der fürstlich Jablonowski'schen Gesellschaft zu Leipzig). Leipzig 1884 (Nachdr. ebenda 1967), 80. In der Stadt reitet man oder wird in einer Sänfte getragen: Wolf, Libanios 19.
** Am besten läßt sich der letzte Teil der Reise Julians auf der Karte bei J. G. C. Anderson, The Road-System of Eastern Asia Minor with the Evidence of Byzantine Campaigns. *The Journal of Hellenic Studies* 17 (1897) nach S. 22 verfolgen. Im übrigen sind Spuren der alten Straße in der Nähe des Kilikischen Tores noch heute zu erkennen; vgl. F. Hild, Das byzantinische Straßensystem in Kappadokien. Wien 1977, Abb. 24–27.
*** Das Datum geht aus dem Bericht Ammians 22, 9, 15 hervor, wonach Julian am Tage des Adonisfestes in Antiochia eingetroffen ist. Das Fest hat F. Cumont, Les Syriens en Espagne et les Adonies à Seville. *Syria* 8 (1927) 339 auf den 18. Juli angesetzt. Vgl. noch Bidez, Julien 400 A. 1. Falsch Seeck, Regesten 210; richtig Büttner-Wobst, Julian 562 A. 2; Sievers, Studien 240 (Juli).
† Dem letzten Absatz des Briefes, in welchem Libanios sich beklagt, er habe noch nicht die Rede des Kelsos erhalten, kann man entnehmen, daß unser Brief einige Wochen nach der Ankunft Julians in Antiochia geschrieben worden ist.

1.

Zum Adressaten: Ep. 16 (715 F) A. 1.

2.

Es handelt sich nicht um eine rhetorische Übertreibung: Als Statthalter Kilikiens hatte Kelsos den Kaiser vermutlich bis in die Nähe der syrischen Grenze begleitet, während die Antiochener ihn ebenfalls an der Grenze empfingen. Die Grenze zwischen Kilikien und Syrien verlief parallel zur östlichen Küste des Golfes von Alexandretta, nur wenige Kilometer von Antiochia entfernt.

3.

Zur Krankheit des Libanios vgl. ep. 12 (727 F) (aus demselben Jahr wie der vorliegende Brief) mit Kommentar; es handelt sich um sein Kopfleiden.

4.

Julian, Sohn des Julius Julianus, Bruder der Basilina, der Mutter des Kaisers Julian, zu dieser Zeit *comes Orientis*. Er war Christ, ließ sich aber von seinem Neffen zum Heidentum bekehren. Von christlichen Autoren wird er beschuldigt, Kirchen ausgeraubt und heilige Geräte geschändet zu haben. Er starb 363 im Amt, wahrscheinlich an Krebs. Die Christen sahen in seinem Tod eine Strafe Gottes. Vgl. SEECK, Briefe 189f.; RE X 94f.; BROWNING, Julian 157; DOWNEY, Antioch 384.

5.

Julian hielt die Hand des Libanios lange Zeit, um seinem Interesse an ihm Ausdruck zu geben. Das gleiche sagt Ophelia in Shakespeares Hamlet 2, 87 in einer ähnlichen Situation: He took me by the wrist and held me hard. Im übrigen zeigt die Episode die für die Zeit ungeheuerlich anmutende Verachtung des Protokolls von seiten Julians. Eine solche Geste wäre für Diokletian oder Konstantin d. Gr. undenkbar. Einige, wie Libanios, billigten diese Haltung, andere aber meinten, damit sei die Würde des Kaisers herabgesetzt und infolgedessen der Staat in seiner Funktion getroffen: BROWNING, Julian 141.

6.

Vgl. Aristoph. *nub.* 1331 πάττε πολλοῖς τοῖς ῥόδοις.

7.

Der Hippodrom von Antiochia, der als einer der größten und wichtigsten des römischen Kaiserreiches galt, lag auf der Insel neben dem Kaiserpalast und war bereits im 1. Jahrhundert v.Chr. errichtet worden: DOWNEY, Antioch 647f.; Petit, Vie municipale 124.

8.

Diese Rede ist erhalten: Or. 13 (προσφωνητικὸς ᾽Ιουλιανῷ) (II 63f. FOERSTER).

9.

Vgl. or. 13, 3 (a.a.O. 64) τὰ τῶν ἐρωμένων, ὁποῖά ποτ᾽ ἂν ᾖ, καλὰ φαίνεται τοῖς ἐρῶσι.

10.

Die Hilfe der Götter besteht in der Eingebung des improvisierenden Redners, ein von Aristeides übernommener Gedanke: Ep. 12 (727 F) A. 3.

11.

Gemeinsamer Freund des Libanios und des Adressaten, Sproß einer reichen Großgrundbesitzerfamilie, Senator von Rom und von Konstantinopel: SEECK, Briefe 223f.; PETIT, Sénateurs 367f.; BOUCHERY, Themistius 186f.; W.ENSSLIN, RE XVIII 242f. Er besaß ein prächtiges Haus in Daphne: Ep. 660F. Libanios schrieb für ihn eine Verteidigungsrede (ὑπὲρ ᾽Ολυμπίου): Or. 63 (IV 387f. FOERSTER). Vgl. ferner Prosopography 643f. (3).

12.

Kelsos meint mit ἐμέσαι, er habe bei seiner Ansprache vor dem Kaiser keine vorbereitete Rede gehalten, sondern lediglich improvisiert; dabei spielt er auf Philostratos, *vit. soph.* 2, 9, 2 (II 88 KAYSER) an, wonach der Rhetor Aristeides dem Kaiser Marcus Aurelius gesagt haben soll οὐ γὰρ ἐσμὲν τῶν ἐμούντων, ἀλλὰ τῶν ἀκριβούντων. Die Stelle kennt offensichtlich auch Libanios, da er die vorausgegangene Frage des Marcus an Aristeides πότε ἀκροάσομαί σου; in seiner Autobiographie Julian in den Mund legt bei dessen Ankunft in Antiochia: Or. 1, 120 (I 141 FOERSTER) πότε ἀκουσόμεθα; Vgl. dazu die Anmerkung NORMANS, Autobiography 181 f. (wobei freilich die Möglichkeit, daß Julian den Philostratos selbst zitiert, zumal Marcus Aurelius sein Vorbild war, offen bleiben muß). Eunapios, *vit. soph.* 10, 4, 7 (S. 70 GIANGRANDE) ahmt ebenfalls die genannte Stelle des Philostratos nach. Norman, a.a.O. vergleicht unseren Brief mit der obenerwähnten Stelle der Autobiographie, die ebenfalls die Ankunft Julians in Antiochia schildert, und bemerkt treffend dazu: »This change in emphasis in A. D. 374, as compared with A.D. 362, indicates the changed circumstances which compel him (d.h. Libanios) to stress his position as heir to an educational tradition in a way he needed never have done under Julian«.

ep. 48 (1367 F)

An Modestos

Gleich nach seiner Thronbesteigung ergriff Julian äußerst radikale Maßnahmen zur Reform der Verwaltung, die er für korrupt und dekadent hielt. Tausende von Beamten, darunter ein großer Teil der Eunuchen und anderen Bediensteten aus der Umgebung des Kaisers, wurden entlassen, die hohen Regierungsämter wurden umbesetzt*. Bei diesen Umbesetzungen ging es nicht um Vetternwirtschaft, sondern darum, die höhere Beamtenschaft durch Träger hellenischer Kultur und Bildung zu ersetzen, denn nur in dieser Weise war eine gewisse Garantie da für die Durchführung der Religionspolitik des Kaisers und seiner anderen Reformen. Im Zuge dieser Verände-

---

* Vgl. Enßlin, Gesetzgebungswerk 118 f. Die Entlassungen waren wegen der unvorstellbaren Korruption, die in der Zeit herrschte, gerechtfertigt: Alföldi, Conflict 30 f. Vgl. ferner Allard, Julien II 106 f.; Bowersock, Julian 72.

rungen hat auch der Adressat des vorliegenden Briefes, ein fähiger Redner und Politiker, auf Empfehlung des Libanios das Amt des Präfekten der Hauptstadt erhalten. Unter diesen Umständen ist es nicht verwunderlich, daß es in der Hauptstadt nach dem Abgang Julians brodelte. Der vorliegende und der folgende Brief (ep. 1368 F) des Libanios berichten als einzige Quelle über einen Aufstand, der 363 in Konstantinopel ausbrach und wahrscheinlich größere Ausmaße annahm, als Libanios in seinen Briefen zugibt. Denn gerade die Flucht des Präfekten Modestos aus der Stadt erinnert an die Volkserhebungen während der Regierung des Anastasios oder sogar an den Nika-Aufstand. In dem Brief, der im Frühling oder im Sommer 363 geschrieben wurde, ist die Erleichterung des Libanios über das Scheitern des Aufstandes nicht zu überhören. Seine Freude über die Erfolge Julians im Perserkrieg klingt, in Anbetracht der bald folgenden Katastrophe, wie eine tragische Ironie.

1.

Freund des Libanios, Träger verschiedener hoher Ämter unter Konstantios, Julian und Valens. Er war Christ, 362 ließ er sich jedoch zum Heidentum bekehren, und nach dem Tode Julians kehrte er wieder zum Christentum zurück. Seiner Wendigkeit und seinem Opportunismus verdankt er offensichtlich seine glänzende Karriere. Zur Zeit der Abfassung des vorliegenden Briefes hatte er das Amt des *praefectus urbi* inne; als solcher wird er von Himerios, or. 41, 14f. (S. 174f. Colonna) hoch gepriesen. 369 unter Valens bekleidete er noch einmal dieses Amt. 370 wurde er zum *praefectus praetorio per Orientem* ernannt und behielt dieses Amt bis 377. Es gelang ihm 372, als Konsul dieses Jahres nominiert zu werden (: LIEBENAM, Fasti consulares 38). Sein Name ist paradoxerweise aus der Zeit seiner Präfektur des Ostens, als er Christ war, mit Märtyrerverfolgungen verknüpft, da er fanatisch die arianische Politik des Valens unterstützte: Socr. *hist. eccl.*

384 Erläuterungen

4, 16 (PG 67, 500 B f.); Sozom. *hist. eccl.* 6, 18, 4f. (S. 259f. BIDEZ-HANSEN); Chron. Edess. 31 (S. 101 HALLIER) usw. Er soll sogar durch Drohungen und Versprechungen versucht haben, auch Basileios d. Gr. zum Arianismus zu bekehren: Greg. Naz. or. 43, 48 (PG 36, 557C f.)*. Das Bild des Mannes bei Libanios ist positiv, bei Ammian dagegen negativ. Vgl. SEECK, Briefe 213f.; SIEVERS, Libanius 227f.; W. ENSSLIN, RE XV 2323f.; SILOMON, Lib. epist. 38f.; Prosopography 605f.

2.

Mit ὁρᾷς und Fragesatz fangen auch andere Briefe des Libanios an: epp. 1409; 1451 F oder enden: ep. 1526, 5 F. Mitten im Brief: ep. 1483, 4 F. Zu unserer Stelle vgl. den Anfang von Dionysios, ep. 70 (S. 272 HERCHER): ὁρᾷς ὁπόσα δύναται σωφροσύνη καὶ τῶν ἀρετῶν ἡ σπουδή; vgl. noch Horaz, carm. 1, 9 vides ut alta stet nive candidum Soracte.

3.

Libanios macht sich die Ansichten Julians über die Korruption in der Zeit des Konstantios zu eigen; Modestos und der Überbringer des Briefes Julian stellten angeblich damals eine Ausnahme dar.

4.

Zu diesem Ausdruck vgl. ep. 1310, 2 F τῷ γε οὐκ ἐμπορίαν τὴν ἀρχὴν πεποιημένῳ.

5.

Acht Jahrhunderte später fällt Michael Psellos das gleiche Urteil über das Amt des Eparchen von Konstantinopel: Chronographie 2, 10 (I 30 RENAULD) βασίλειος δὲ αὕτη ἀρχή, εἰ μὴ ὅσον ἀπόρφυρος. Vgl. ep. 40 (1399 F) A. 3.

6.

Kilikier, 359 zum Senator von Konstantinopel ernannt, vermutlich ohne seine Zustimmung (vgl. die Vorbemer-

---

* Später befreundete er sich jedoch mit Basileios: SISTER M. M. FOX, The Life and Times of St. Basil the Great as revealed in his Works. Diss. Washington 1939, 107f.

kung zu ep. 33 [1514 F]). Im Jahre 363 übernahm er das
Amt eines peraequator für die pontische Diözese. Seine
Aufgabe war die Überprüfung und Berichtigung der
Steuerveranlagungen, daher Libanios' Hervorhebung
der Gerechtigkeit, die dieses Amt erfordert. In epp. 67,
68 und 69 (PG 37, 132 B f.) bittet ihn Gregor von Nazianz
um Rücksichtnahme bezüglich der Steuerveranlagung
von Ländereien von Klerikern; daraus ergibt sich, daß
Julian Christ war. Zur Zeit ist er wegen seines neuen
Amtes unterwegs nach Konstantinopel und überbringt
bei dieser Gelegenheit den Brief des Libanios an Modestos. Vgl. SEECK, Briefe 191 (VIII); 407f.; RE X 93f.;
Prosopography 471f.

7.

Zum proverbialen Ausdruck: SALZMANN, Sprichwörter
11 (unsere Stelle fehlt).

8.

Die Provinz Bithynien lag an der westlichen Ecke der
pontischen Diözese und war Konstantinopel am nächsten. Die Diözese bestand aus 11 Provinzen: Galatien,
Bithynien, Honorias, Kappadokien I, Kappadokien II,
Polemoniakos Pontos, Helenopontos, Armenien I, Armenien II, Galatien *salutaris* und Paphlagonien. ὅρος –
ἔρως: eine beabsichtigte Parechesis.

9.

Als στρατιῶται wurden bisweilen die Beamten der kaiserlichen Offizien bezeichnet: Ep. 37 (362 F) A. 8. Das Wort
bedeutet hier insbesondere den Kurier der Regierung;
vgl. Aristid. or. 48, 61 (II 408 KEIL) οἱ τὰς ἀγγελίας κομί-
ζοντες τῶν στρατιωτῶν. Der στρατιώτης war offensichtlich
unterwegs von Konstantinopel über Antiochia an die
Front.

10.

Nach SEECK, Briefe 215 sind hier Mönche gemeint, die
die Anführung des Aufstandes übernommen hätten;
diese Ansicht hat sich auch W. ENSSLIN, RE XV 2324 zu

eigen gemacht. Daß das Mönchtum zu dieser Zeit in Konstantinopel überhaupt in Erscheinung trat und gar einen Machtfaktor darstellte, ist jedoch sehr zweifelhaft. Deshalb ist es sehr wahrscheinlich, daß Libanios hier die Kyniker von Konstantinopel meint, die Julian viel zu schaffen machten, indem sie anarchistische Gruppen bildeten und die natürlichen Verbündeten der Christen darstellten; vgl. dazu BROWNING, Julian 141; Bowersock, Julian 81 f.

11.

Julian selbst überschritt den Euphrat am 13. März 363: BIDEZ, Julien 318. Dies Datum ist also als terminus post quem für unseren Brief zu betrachten. Einen oder zwei Tage zuvor schickte der Kaiser einen – seinen letzten – Brief an Libanios (ep. 27 HERTLEIN = ep. 24 WEIS).

ep. 49 (797 F)
An Antipatros

In den Beziehungen des Libanios zu Julian fällt die äußerst reservierte Haltung auf, die Libanios gleich nach der Erhebung Julians zum Kaiser ihm gegenüber einnahm. In der Gesandtschaft, die die Stadt Antiochia zu Julian nach Konstantinopel schickte, war Libanios nicht vertreten, obwohl seine Teilnahme die Interessen seiner Heimat bestens hätte fördern können. Bei der Ankunft Julians in Antiochia wäre Libanios unbemerkt geblieben, wenn der Kaiser nicht von seinem Oheim auf ihn aufmerksam gemacht worden wäre (vgl. ep. 47 [736 F]). Während der ersten Tage von Julians Aufenthalt in Antiochia, als der Kaiser im Garten seines Palastes jeden Morgen in Anwesenheit zahlreicher Bürger den Göttern Opfer darzubringen pflegte, zeigte sich Libanios nicht. Als nun endlich auf die Initiative des Kaisers hin das Eis brach, begann zwar ein lebhafter Verkehr zwischen beiden, Libanios gab jedoch, wie es scheint, seine Zurückhaltung

nicht auf. Denn in seiner Autobiographie (or. 1, 124f.)
gibt er zu verstehen, daß seine Begegnungen mit Julian
niemals einen persönlichen Ton annahmen, sondern daß
stets über Literatur oder Politik gesprochen wurde. Und
anschließend versichert er, wie auch im vorliegenden
sowie einigen anderen Briefen, daß er niemals den Kaiser
um einen persönlichen Gefallen gebeten habe.

Mag diese Reserviertheit des Libanios Anlaß zu Spekula-
tionen geben, ihre Gründe können nicht mehr mit Sicherheit ermittelt werden. War Libanios schüchtern und ge-
hemmt? Oder liegt der Grund dieser Zurückhaltung
nicht so sehr im Psychologischen, sondern darin, daß
Libanios sich nicht exponieren wollte, weil er, sensibel
für die öffentliche Meinung seiner Heimatstadt, erkannt
hatte, daß Julian mit seinen Reformen niemals durch-
komme?

Wie dem auch sei, er versucht im vorliegenden, im Winter 362/363 geschriebenen Brief, dem Adressaten, der
offensichtlich Libanios' Vermittlung beim Kaiser in unangenehmer Weise gefordert hatte, klarzumachen, daß
er grundsätzlich so etwas ablehnt und daß die Zeit der
Vetternwirtschaft mit Julian endgültig vorbei ist.

1.

Heide unbekannter Abstammung und unbekannten
Wohnortes, der sich kurz vor Abfassung des vorliegen-
den Briefes um ein Priesteramt beworben hatte: SEECK,
Briefe 77; Prosopography 73 (1).

2.

Aus den Worten des Libanios geht hervor, daß der
Adressat ihm in einem früheren Brief vorgeworfen hatte,
er sei, nachdem er mit der Thronbesteigung Julians hohes Ansehen erlangt habe, hochmütig geworden und ver-
gesse seine Freunde.

3.

Vgl. Lib. or. 1, 125 (I 142f. FOERSTER) ἤτουν δὲ οὐδὲν οὐ
τῶν ἐν θησαυροῖς, οὐκ οἰκίαν, οὐ γῆν, οὐκ ἀρχάς usw.

4.

Zum sprichwörtlichen Gebrauch des Wortes Σειρήν bei Libanios: SALZMANN, Sprichwörter 19 (»für einen guten Dichter oder Redner«). Wendungen mit diesem Wort kommen bei spätgriechischen und byzantinischen Autoren außerordentlich häufig vor. Sie sind ins Deutsche nicht wörtlich übersetzbar.

5.

Das Wort ist hier vermutlich als Partizip aufzufassen.

6.

Die Dichterin Praxilla (5. Jh. v. Chr.) hatte in einem verlorengegangenen Gedicht Adonis in der Unterwelt auftreten und auf naive und kindliche Art die Genüsse des Lebens vermissen lassen: Prax. fr. 1 (S. 386f. PAGE). Ansonsten ist Adonis für seine Schönheit sprichwörtlich: SALZMANN, Sprichwörter 15. Vgl. noch Zenobios, *cent.* 4, 21 (I 89 LEUTSCH-SCHNEIDEWIN).

ep. 50 (1411 F)

An Alexandros

Wie ep. 51 (819 F), so legt auch der vorliegende Brief davon Zeugnis ab, daß Libanios während der Herrschaft Julians sich von gesunder Vernunft und Mäßigung leiten ließ. Es war eine Zeit der Maßlosigkeit und der Superlative, zumal der Mann an der Spitze, obgleich er ein Hellene sein wollte, das althellenische feine Gefühl für Maß und Grenze stark vermissen ließ (: K. Latte, Kaiser Julian. Die Antike 4 [1928] 335). Wie der Adressat jenes Briefes, war auch Alexandros ein fanatischer Heide, dem Julian ein hohes Amt verliehen hatte. Libanios mahnt ihn zur Mäßigkeit bei der Verfolgung des Christen Eusebios, der einige durch die Bestrebungen des Adressaten zum Heidentum bekehrte Christen wieder zum Christentum gebracht haben soll. Der Brief ist nicht zuletzt

deshalb interessant, weil er uns Einblick in den Konflikt und die Mischung der beiden Religionen auch innerhalb der Familie verschafft; denn die Worte Christi »ich bin gekommen, den Menschen zu erregen wider seinen Vater und die Tochter wider ihre Mutter ... und des Menschen Feinde werden seine eigenen Hausgenossen sein« (Matth. 10, 35 f.) sollten in dieser ersten Zeit des Christentums Bestätigung finden, da die neue Religion ein persönliches Bekenntnis von jedem Konvertiten verlangte*. So war es nicht selten, daß der Mann Heide war und die Frau Christin, oder umgekehrt.
Der Brief wurde im Sommer 363 an den Adressaten nach Kilikien geschickt: S e e c k , Briefe 411.

1.

Der Adressat wird in den Quellen als ein brutaler, grausamer Mensch geschildert (z. B. Ammian 23, 2, 3 *turbulentum ac saevum*), den Julian im März 363 zum *consularis Syriae* ernannte, um die Antiochener für ihre Widerspenstigkeit zu bestrafen. Während seiner Amtszeit soll er ein Schreckensregiment geführt haben. U. a. versuchte er mit jedem Mittel, Libanios Zulauf von Schülern zu verschaffen, was dieser in ep. 838 F mißbilligt. Nach dem Tode Julians wurde er entlassen und unter Anklage gestellt, durch die Intervention des *comes rerum privatarum* Kaisarios jedoch freigesprochen. Anschließend wurde er, wie es scheint, in den Konstantinopler Senat aufgenommen. Vgl. S e e c k , Briefe 53 f.; P e t i t , Vie municipale 276 f.; D e r s., Sénateurs 354 f. Das überlieferte Bild des Mannes versucht R i c h t s t e i g , Libanius 157 zu korrigieren: Es handele sich um eine kultivierte Persönlichkeit, wovon die gepflegten Briefe des Libanios an ihn zeugten. Vgl. ferner P r o s o p o g r a p h y 40 (5).

* J. Vogt, Pagans and Christians in the Family of Constantine the Great, in: M o m i g l i a n o , Conflict 42. Vgl. J. Köhne, Über die Mischehen in den ersten christlichen Jahrhunderten. *Theologie und Glaube* 33 (1931) 333 f.

2.

Mitbürger des Libanios, der unter Konstantios ein Amt innehatte. Als Christ wurde er 363 beschuldigt, sich den Bemühungen des Adressaten um die Wiederherstellung des Heidentums in Syrien entgegengestellt zu haben, wofür er verhaftet und eingekerkert wurde. Zur Zeit der Abfassung des vorliegenden Briefes wohnte er im Haus des Libanios, nachdem er seinen Bewachern entkommen war. Vgl. Seeck, a. a. O. 143 (XXI); Pack, Studies 73 f.

3.

Das Sprichwort κυβιστᾶν εἰς μαχαίρας, das bei Salzmann, Sprichwörter, fehlt, wird in derselben Bedeutung gebraucht, wie das parallele πρὸς κέντρα λακτίζειν (ebenda 75): Sich gegen etwas Unangenehmes zur Wehr setzen, wodurch aber die Unannehmlichkeiten sich steigern. Außer den Stellen, die Richtsteig, Libanius 52 und Förster in seinem Apparat bringen, vgl. noch Philostr. *Vit. Apoll.* 7, 13 (I 264 Kayser) μὴ κυβιστᾶν ἐς ὀρθὰ ξίφη. Beim Zitieren des Sprichwortes scheint Libanios Plat. *Euthyd.* 294 e vor Augen gehabt zu haben, wie Richtsteig mit Recht bemerkt.

4.

Lehrer Julians, bekannt mit Libanios seit dessen Konstantinopler Zeit. Er kam im Winter 362/363 nach Antiochia zum kaiserlichen Hof: Seeck, a. a. O. 221. Aus dem Text geht nicht hervor, wann und wo Eusebios vom Adressaten mit Libanios und Nikokles bekannt gemacht wurde; das Imperfekt ἠτίμαζε weist jedenfalls in die Zeit des Konstantios hin, als Eusebios ein Amt bekleidete. Vgl. ferner Prosopography 630.

5.

Libanios denkt offensichtlich an Admetos, den König der Molosser, welcher nach Thukydides 1, 136 f. Themistokles als Schutzflehenden aufgenommen hatte. In ähnlicher Weise gewährte Libanios dem verfolgten Eusebios Schutz. Ohne triftigen Grund meint Salzmann, Sprichwörter 21 f., die Rede sei hier von Admetos, dem mythischen König von Pherai in Thessalien. Unverständlich ist jedoch die mit dem Wort κυνῶν zum Ausdruck gebrachte Anspielung. Die Ansicht Försters, Libanios denke hier an Argos, den Hund des Odysseus (Od. 17, 292 f.), ist völlig unbegründet. Vielleicht stellt κυνῶν eine Textverderbnis für den Namen eines Beschützers von Schutzflehenden aus der griechischen Mythologie oder Geschichte dar.

ep. 51 (819 F)
An Belaios

Im vorliegenden Brief, der aus der ersten Hälfte des Jahres 363 stammt, legt Libanios seine Gesinnung der Mäßigung und Zurückhaltung an den Tag. Er wendet sich an seinen Freund und Kollegen Belaios, der zur Zeit das Amt des *praeses Arabiae* bekleidet und den sein Fanatismus für das Heidentum zu einem blinden Haß gegen die Christen treibt, nicht etwa mit moralischen Grundsätzen und Mahnungen, sondern mit Worten, hinter denen ein gesunder politischer Kalkül steckt und die ihre Wirkung auf den Politiker Belaios, sollte er ein solcher gewesen sein, nicht verfehlen werden. Es sei nicht nur dumm, sondern auch für die Sache der Heiden schädlich, fanatische Christen wie Orion oder seinen Gesinnungsgenossen Markos Verfolgungen auszusetzen oder gar zu foltern, da ein solches Vorgehen den besten Weg darstelle, Märtyrer zu schaffen. Die rhetorischen Kunstmittel, mit denen Libanios diesen Gedanken zum Ausdruck bringt, erreichen hier einen Höhepunkt. Als Gegenstück zu diesem Brief kann wohl ep. 2 (1458 F) gelten, in welcher Libanios nunmehr nach dem Tod Julians die Sache eines von den Christen verfolgten Heiden sich zu eigen macht.

1.

Lehrer der Beredsamkeit und fanatischer Heide: SEECK, Briefe 97; Prosopography 160.

2.

Kindheitsfreund des Libanios und daher ungefähr gleichaltrig. Er wohnte in Bostra (heut. Bosra [Eski Schâm]), der Hauptstadt der Provinz Arabia, wo auch der Adressat als Statthalter residiert. Nach der Thronbesteigung Julians und der Ernennung des Belaios zum Praeses Arabiae sah sich Orion als engagierter Christ gezwungen, mit seinen Verwandten nach Antiochia zu flüchten, da sein Leben dort in Gefahr war. Aus ep. 52 des Kaisers Julian kann man entnehmen, daß um jene Zeit Unruhen in Bostra ausgebrochen waren, wahrscheinlich weil es ein Christenzentrum war*. Zu den Maßnahmen Julians gegen die Christen: Enßlin, Gesetzgebungswerk 72 f.
Durch die Beziehungen seines Freundes Libanios zu Beläos und vor allem durch einen Brief, den jener an den letzteren zugunsten Orions adressiert hat (ep. 763 F), ermutigt, scheint Orion bald darauf nach Bostra zurückgekehrt zu sein, um nun aber von Belaios verhaftet und ins Gefängnis gesteckt zu werden. Ansonsten ist uns Orion nur durch Libanios bekannt. Der Name scheint bei den ersten Christen beliebt gewesen zu sein**, vermutlich weil der mythische Orion als Jäger mit der Keuschheit verbunden wurde*** (Hippolytos war ebenfalls beliebter Christenname in den ersten Jahrhunderten).

---

* Um 300 war Bostra bereits Metropolitensitz: A. HARNACK, Die Mission und Ausbreitung des Christentums I⁴ 1924, 485.
** Vgl. z. B. Athanas. *Apol. c. Arian.* 50 (PG 25, 340 A), *Cod. Theod.* X 10, 8, Nilus, ep. II 164 (PG 79, 277 D), Synes. ep. 67 (S. 676 H.), Hieron., *Vita S. Hilar.* 18 (PL 23, 36 f.). Unwahrscheinlich die Vermutung von SIEVERS, Libanius 117 A. 75, der an der letztzitierten Stelle Genannte sei mit unserem Orion identisch.
*** Vgl. Greg. Naz. or. 43, 8 (PG 36, 504B) τοὺς Ὠρίωνας ... τοὺς κακοδαίμονας θηρευτάς.

3.

Mit Nachdruck an das Ende des ersten Satzes des Briefes gestellt, um anzukündigen, daß im folgenden von der Unglückszeit des Orion die Rede sein wird.

4.

Das καί suggeriert, daß bereits viele seiner früheren Freunde Orion jetzt im Stich gelassen haben, und weist auf die Pflege hin, die der rhetorische Satz hier erfahren hat.

5.

Gemeint ist Men. *mon.* 34 (JAEKEL) ἀνδρὸς κακῶς πράττοντος ἐκποδὼν φίλοι.

6.

Durch das Verbum wird das erwähnte Sprichwort dem besonderen Fall des Orion angepaßt: »Vermeiden als potentielle Gefahrenquelle«.

7.

Gemeint ist ep. 763 F an Belaios aus dem Jahr 362.

8.

Als offensichtlich Belaios (Ende 362 oder Anfang 363?) Antiochia besuchte, um wahrscheinlich seinem dort residierenden Vorgesetzten, dem *comes Orientis* (oder dem Kaiser selbst?), Bericht zu erstatten. Über die Hierarchie im oströmischen Reich vgl. die entsprechende Tafel bei J. B. BURY, A History of the Later Roman Empire I. London 1889, xv–xix.

9.

Der Betrug käme auf das Konto derjenigen, die Orion zum Christentum verführt haben. Die Religion selbst kann nicht betrügen, wohl aber ihre Träger.*

10.

Aus dem, was Orion laut ep. 763 F dem Libanios erzählt

---

* Vgl. Julians ep. 52 (114 B.-C.) (an die Einwohner von Bostra) 436d, τὰ γοῦν πλήθη τὰ παρὰ τῶν λεγομένων κληρικῶν ἐξηπατημένα.

hat, erfahren wir, daß seine früheren Bekannten jetzt zu seinen Verfolgern geworden seien.

11.

Angesichts der Grausamkeit seiner Verfolger sind wir berechtigt, den Ausdruck hier wörtlich zu verstehen. Es handelt sich um jene persische Tötungsmethode, worüber Herodot (7, 114) berichtet. Nach einem Scholion zu Valerius Maximus 9, 2, 7 war sie auch zuweilen von den Römern unter dem Namen *propaginare* praktiziert.

12.

Μυσῶν λείαν bezieht sich speziell auf die Plünderung seiner Habe von den Heiden (vgl. ep. 763 F). Das Sprichwort ist bei spätgriechischen Autoren und insbesondere bei den Byzantinern sehr beliebt.

13.

Zu *πρὸς τὸν ψῆφον κύριον* ist *θρόνον* zu ergänzen. Aufgrund seines Amtes durfte Belaios auch als Richter fungieren. Zur Bedeutung des Ausdruckes: Wolf, Libanios 13; Ders., Schulwesen 75.

14.

Gemeint sind Votivgaben und andere kostbare Gegenstände, die in vorjulianischer Zeit von den Christen aus heidnischen Tempeln geraubt wurden.

15.

τῶν ἱερῶν 'Ωρίων, eine wohl beabsichtigte Alliteration.

16.

Die Folter des Marsyas, der von Apollo lebendig abgehäutet wurde, wird hier in Hinblick auf die Auspeitschung des Orion erwähnt.

17.

Eine Bettlerfigur bei Homer, Od. 18, 6f., wegen seiner extremen Armut sprichwörtlich geworden.

18.

πολλοὺς Μάρκους; die Verwendung der Eigennamen in der Mehrzahl gehört nach Longin. c. 23 zu den Stilmitteln der Rhetorik und kommt bei fast allen spätgriechi-

schen Autoren vor: Ael. NA 6, 61, Alciphr. 3, 41, Apoll.
Tyan. ep. 7, Aristid. or. 22, 8 (K.), Charito 5, 2, 8, Dion.
Hal. *Dem.* 26, Dio Chrys. 13, 20, Himer. 5, 24, Luc. *Nec.*
17, Philostr. ep. 5, Them. or. 23, 285 c usw. Zu unserer
Stelle vgl. Dio Cass. 52, 17 πολλοὺς δὲ Σερτωρίους... γενή-
σεσθαί σοι προσδόκα.

19.

Markos war bei der Thronbesteigung Julians Bischof von
Arethusa (heut. er-Restan) in Kölesyrien. Er war bereits
341 tätig, als er an der Kirchweihsynode von Antiochia
teilnahm. Die Heiden schrieben ihm die Zerstörung ihres
Tempels in Arethusa zu, deshalb wurde er zum Haupt-
opfer ihrer Repressalien während der Regierungszeit
Julians. Nach Gregor von Nazianz or. 4, 91 (PG 35, 621 C)
hat Markos persönlich während des von der Soldateska
des Konstantios im Jahre 337 gegen die Verwandten
Konstantins d. Gr. angerichteten Blutbades den Julian
gerettet. Die griechische Kirche hat Markos heiliggespro-
chen und feiert sein Gedächtnis am 29. März; vgl. Theodoret, *Hist. eccl.* III 7, 6–10, *Acta Sanctorum Martii*, III.
Antwerpen 1668 (Nachdr. Bruxelles 1968), 774f.; M.-M.
Hauser-Meury, Prosopographie zu den Schriften
Gregors v. Nazianz. Bonn 1960, 116f.

20.

i. e. den Tempel von Arethusa.

21.

ἔκπεμπε, i. e. aus dem Gefängnis, entlasse; vgl. oben § 6.

22.

κείσθω ist der Sprache der Logik oder der Mathematik
entnommen (= *nehmen wir an*).

23.

Er beendet seinen Brief wie Demosthenes seine Rede
über die Truggesandtschaft (19, 338): μηδὲν ὑμεῖς ἀβέλτερον πάθητε, ἀλλά... Gerichtet an den Rhetoriklehrer
Belaios verleiht der Satz dem Anliegen des Libanios mehr
Nachdruck.

ep. 52 (762 F) An Belaios

Während der Herrschaft Julians hat Libanios es geflissentlich vermieden, den Kaiser um irgendeine Gefälligkeit zu bitten, so daß diese seine Haltung Julian, der immer bereit war, die Wünsche seiner Freunde zu erfüllen, zu dem Spruch veranlaßte: »Die anderen lieben meine Reichtümer, Libanios aber liebt mich«: Lib. or. 1, 125 (I 143 FOERSTER); vgl. or. 51, 30 (IV 20), ep. 54 (1154 F), 2f., SIEVERS, Libanius 92f. Während nun Libanios bezüglich seiner selbst dem Kaiser gegenüber so zurückhaltend war, ließ er sich auf der anderen Seite keine Gelegenheit entgehen, bei einem der hohen Beamten der Regierung Julians zugunsten seiner Freunde eine Bitte vorzutragen. Sein Ruf als engster Freund und Lehrer des Kaisers öffnete ihm dabei jede Tür. So empfiehlt er im vorliegenden Brief dem fanatischen Heiden und Anhänger Julians, Belaios, der zur Zeit das Amt des praeses Arabiae innehat, einen gewissen Sopatros, der 22 Jahre früher dem Libanios eine Gefälligkeit erwiesen hatte. In dem Brief mit seinen vielen Reminiszenzen an klassische Autoren trägt Libanios zugleich zur Schau, wie er in echt altgriechischem Sinne versteht, eine Dankesschuld zurückzuzahlen. Den Brief nahm wahrscheinlich Sopatros selbst im Sommer 362 mit nach Bostra, der Residenzstadt des Belaios. Vgl. ferner W olf, Libanios 17 f., der ebenfalls eine deutsche Übersetzung des Briefes bietet.

1.

Zum Adressaten: SEECK, Briefe 97. Vgl. noch die Vorbemerkung zu ep. 51 (819 F).

2.

Die Tatsache, daß Sopatros 340 einen Mächtigen zum Freund hatte, zur Zeit der Abfassung des vorliegenden Briefes jedoch hilfsbedürftig war, scheint darauf hinzuweisen, daß es sich um einen unter Julian in Ungnade gefallenen Christen handelt. Nach SEECK, Briefe 279 (II) stammte er aus Arabien. Vielleicht hörte er seinen Landsmann Diophantos während seines Aufenthaltes in Athen.

3.

Das mit dem Namen verbundene Demonstrativpronomen deutet wohl an, daß Sopatros der Überbringer des Briefes war.

4.

Die Form Ἀθήνηθεν wie bei den klassischen Autoren: Xen. *Hell.* 6, 4, 20; Lysias 13, 25 usw. Desgleichen Πλαταιᾶσιν: Thuc. 1, 130, 1; 4, 72, 1; Dem. 59, 96 usw.

5.

Der Ausdruck von Platon entnommen: *resp.* 359 d ὄμβρον δὲ πολλοῦ γενομένου καὶ σεισμοῦ.

6.

Statt σφοδρός bietet der codex Sinaiticus πολύς, was mit Thuc. 2, 4, 2 ὑετοῦ πολλοῦ ἐπιγενομένου konform ist. Libanios wollte vermutlich variieren, da er πολλοῦ zwei Zeilen davor benutzt hatte.

7.

οἳ σπεύδομεν ist ebenfalls klassisch: Soph. Trach. 333–4.

8.

Der Attizismus des Libanios, der den Sammelbegriff Archon statt der genauen Amtsbezeichnung benutzt, macht es unmöglich herauszufinden, mit welchem hohen Beamten Sopatros befreundet war; vgl. ep. 33 (1514 F) A. 5.

9.

Zu Ἑρμοῦ δῶρον: Them. or. 7, 97a (I 145 Schenkl-Downey) θεόσδοτος ἀκριβῶς ἡ δύναμις αὕτη καὶ Ἑρμοῦ δῶρον. Der Ausdruck entspricht dem Wort ἕρμαιον (= Glücksfund), dessen genaue Bedeutung die Suda s.v. ἑρμαῖον erklärt: τὸ ἀπροσδόκητον κέρδος, ἀπὸ τῶν ἐν ταῖς ὁδοῖς τιθεμένων ἀπαρχῶν, ἃς οἱ ὁδοιπόροι κατεσθίουσιν usw. Vgl. noch Salzmann, Sprichwörter 7.

10.

Nach Sievers, Libanius 50 A. 3 kann nur die zweite

Reise des Libanios von Athen nach Konstantinopel gemeint sein, die am Anfang des Winters 340 stattfand.
Libanios reiste in einem zweirädrigen Wagen, wie wir
aus seiner Autobiographie erfahren: Or. 1, 33 (I 100
Foerster) ἐπ᾽ ὀχήματος διχύκλου χειμῶνος ἀρχομένου τῶν
τῆς ὥρας ἀνεχόμενος ἀνιαρῶν ἤλαυνον. Die erste Reise machte er in Begleitung des Krispinos: Ep. 26 (263 F) A. 1.

11.

Zur Umschreibung Konstantinopels durch Bosporos:
Ep. 33 (1514 F) A. 10.

ep. 53 (1220 F)

An Skylakios

Dieser Brief zeigt, wie furchtbar die Nachricht von Julians
Tod Libanios getroffen hat. Mit einem Schlage waren alle
seine Hoffnungen auf eine neue Ära zunichte. Besonders
treffend bringt der Autor dies zum Ausdruck in den
Worten στένω λογιζόμενος, τίνα μὲν ἠλπίσθη, τίνα δὲ ἐξέβη,
die Assoziationen an die attische Tragödie erwecken.
Gesteigert wird Libanios' Trauer durch den Umstand,
daß seine christlichen Landsleute über die Hiobsbotschaft
jubelten. Aber Libanios gibt sich nicht einfach der Weh-
mut hin, sondern er hat ein Ziel vor Augen: Er hält nach
dem künftigen Historiker von Julians Persienfeldzug
Ausschau und richtet dabei seinen Blick auf den Adressaten. So ist wenigstens seine Bereitschaft zu verstehen,
die Informationen, die er von Teilnehmern des Feldzuges
erhalten hatte, dem Adressaten zur Verfügung zu stellen.
Da der Tod Julians im Juli 363 in Antiochia bekannt
wurde, kann der Brief nicht viel später geschrieben worden sein: Seeck, Briefe 417.

1.

Der Adressat hatte wahrscheinlich ein hohes Amt inne
und wohnte in Phönikien. Er ist mit dem Adressaten von

ep. 55 (1431 F), wie SEECK, Briefe 271 (II) will, wahrscheinlich nicht identisch; vgl. die Vorbemerkung zu
diesem Brief. Die Überschrift Σκυλακίῳ unseres Briefes
stellt einen Vorschlag SEECKs dar, den auch FÖRSTER
übernommen hat, während WOLF aufgrund einer Hand-
schriftengruppe Ἀριστοφάνει bietet. Zwingender Grund
für die Änderung ist nicht so sehr »die beste Überlieferung« (= Vat. gr. 83), wie SEECK, Briefe 271 A. 1 (vgl.
RE III A 619) angibt, als vielmehr die Tatsache, daß laut
ep. 1264, 3 F (aus dem Jahre 364) dies der erste Brief an
Aristophanes den Korinthier nach dem Tode Julians ist,
daher kann unser Brief, der gleich nach dem Tode des
Kaisers geschrieben wurde, nicht an Aristophanes gerichtet sein. Vgl. ferner Prosopography 811 (2).

2.

Was Libanios hier sagt, ist der gleiche Gedanke, den
Dante Francesca da Rimini in den Mund legt (Inferno
5, 121 f.):

> nessun maggior dolore,
> che ricordarsi del tempo felice
> nella miseria.

3.

Der Ausdruck »getanzt vor Freude« stellt keine rhetorische Übertreibung dar; vgl. Theodoret, hist. eccl. 3, 28,
1 f. (S. 206 PARMENTIER) ἡ δὲ Ἀντιόχου πόλις τὴν ἐκείνου
[i. e. Julians] μεμαθηκυῖα σφαγὴν δημοθοινίας ἐπετέλει καὶ
πανηγύρεις· καὶ οὐ μόνον ἐν ταῖς ἐκκλησίαις ἐχόρευον καὶ
τοῖς τῶν μαρτύρων σηκοῖς, ἀλλὰ καὶ ἐν τοῖς θεάτροις τοῦ
σταυροῦ τὴν νίκην ἐκήρυττον usw. Zur Stelle vgl. noch Lib.
ep. 2 (1458 F), 3 und SIEVERS, Libanius 128 A. 25. Um
diese Reaktion der Antiochener zu verstehen, muß man
sich die starke Position des Christentums sowie die
Schlüsselrolle, die Antiochia bei dessen Ausbreitung ge-
spielt hatte, vor Augen halten. Schon in seinen Anfängen
faßte das Christentum in Antiochia Fuß: NT Ap. 11,

19f.; der Name Χρηστιανός *(sic)* ist hier geschaffen worden (zunächst als Spottname!), der Antiochener Ignatios
benutzt als erster das Wort Χριστιανισμός. Die erste aus
Nicht-Juden gebildete christliche Gemeinde entstand in
Antiochia. Sie wetteiferte bald mit der Gemeinde von
Jerusalem; in Antiochia wirkten Barnabas und Paulus,
Lukas stammte aus dieser Stadt. Der Kirchengesang
nahm in dieser Stadt seinen Anfang und breitete sich dann
in der ganzen Kirche aus; einige der ersten Bischöfe
Antiochias stellen große Namen der kirchlichen Literatur dar, und von der Mitte des 3. Jahrhunderts an sind
wichtige Synoden in der Stadt gehalten worden. Vgl.
A. HARNACK, Die Mission und Ausbreitung des Christentums in den ersten drei Jahrhunderten. II Leipzig ⁴1924,
660f.; R. KNOPF, Das nachapostolische Zeitalter. Geschichte der christlichen Gemeinden vom Beginn der
Flavierdynastie bis zum Ende Hadrians. Tübingen 1905,
50f. Im 4. Jahrhundert beziffert Johannes Chrysostomos
die Christen Antiochias auf 100.000, die Gesamtbevölke-
rung auf 200.000 (ohne Sklaven und Kinder): HARNACK,
a.a.O. 669. F. Cumont, The Population of Syria. *JRS*
24 (1934) 188. Zur Stärke des Christentums in Antiochia
in der Zeit Julians vgl. noch DOWNEY, Antioch 396f.;
PETIT, Vie municipale 200.

4.

Dem Autor schwebt hier der Schluß einiger euripidei-
scher Tragödien vor; vgl. z. B. *Med.* 1417 καὶ τὰ δοκηθέντ'
οὐκ ἐτελέσθη, τῶν δ' ἀδοκήτων πόρον ηὗρε θεός· τοιόνδ' ἀπέβη
τόδε πρᾶγμα. In gewissem Sinne stellt also der Ausdruck
τίνα μὲν ἠλπίσθη, τίνα δὲ ἐξέβη eine Umschreibung für
»Tragödie« dar, d.h. Libanios begreift Julian als tragi-
schen Helden.

5.

Die Wendung οἷον γὰρ ἂν ἦν, mit welcher Libanios seinen
day-dream einleitet, muß in der modernen Übersetzung
ihre Intensität und Kürze einbüßen.

6.

Libanios will mit diesem Satz andeuten, daß die Gegenwart Julians ihn zu einer Rede inspirieren würde, gleichsam, als ob Julian über seine Taten selbst spräche. Dergleichen bewirkt ansonsten nur ein Gott: Aristid. or. 50, 23f. (II 431f. KEIL) und ep. 12 (727 F) A. 3. Unter ›Preis der Mühen‹ ist das Lob der Taten zu verstehen, konkret die von Libanios zu haltende Rede: Or. 18, 3 (II 237 FOERSTER).

7.

Der Vergleich, der Homer, Il. 17, 755 entnommen ist, stellt den Pöbel der hervorragenden Führerpersönlichkeit gegenüber. Nicht ohne Selbstgefälligkeit bringt Libanios hier die eigene Bedeutung und die des Freundes malerisch zum Ausdruck. Es ist durchaus möglich, daß mit dem Pöbel die Christen Antiochias gemeint sind; ein Scholion zu dieser Stelle erklärt, es handele sich um Mönche: τοὺς μοναχούς φησι κολοιοὺς ὁ δυσσεβής. Obwohl Basileios der Gr. um diese Zeit gerade dabei ist, das östliche Mönchtum ins Leben zu rufen, kann man diese Ansicht nicht widerlegen; vgl. Lib. or. 30, 8 (III 91 FOERSTER) οἱ δὲ μελανειμονοῦντες οὗτοι usw. Im übrigen scheint dem byzantinischen Scholiasten hier die schwarze Farbe der Mönchskutte und des Gefieders der Dohlen als *tertium comparationis* vorzuschweben, was möglicherweise richtig ist.

8.

d.h. Hermes, nach Homer, Il. 5, 390. Der Gott ist nicht zufällig, sondern als Schutzpatron der Rhetoren und Sophisten *(λόγιος Ἑρμῆς)* erwähnt: Lib. or. 1, 129 (I 145 FOERSTER) τὸν Ἑρμῆν ἔφησαν τοῦ θεράποντος [i.e. Libanios] κηδόμενον; Jul. or. 4, 132a; 7, 237c usw.; S. EITREM, RE VIII 781f. Zu den Gefahren, zu denen Libanios sich nach dem Tode Julians ausgesetzt sah: SIEVERS, Libanius 131f. Vgl. ferner Norman, Autobiography xix.

9.

Nach SIEVERS a.a.O. zog sich Libanios diese Anklage zu,

weil er das Glück der vergangenen, nicht, wie üblich, der bestehenden Regierung pries. Sie konnte auf die Bestimmung des *Codex Theodosianus* 9, 4 (I 2, 443 MOMMSEN) *si quis imperatori maledixerit* gestützt werden. Die dadurch entstehenden Majestätsprozesse waren in der Zeit des Libanios gang und gäbe: A. DEMANDT, Zeitkritik und Geschichtsbild im Werk Ammians. Bonn 1965, 50f. Vgl. ferner H. Peter, Die geschichtliche Litteratur über die römische Kaiserzeit bis Theodosius I und ihre Quellen. Leipzig 1897, I 324.

10.

Es handelt sich wieder um ein Homerzitat: Il. 11, 390. Beim Zitieren findet Libanios oft Gefallen daran, seinen Leser das Zitat ergänzen zu lassen. In unserem Fall heißt der volle Vers:

κωφὸν γὰρ βέλος ἀνδρὸς ἀνάλκιδος οὐτιδανοῖο

(= kraftlos fällt das Geschoß eines nichtswürdigen, feigen Mannes).

11.

Was im folgenden erzählt wird, gibt Aufschlüsse über die Vorarbeit, die der künftige Historiker im Altertum zu leisten hatte. Vgl. noch die Vorbemerkung zu ep. 62 (1063 F).

12.

Möglicherweise handelt es sich hier nicht um einfache Soldaten, sondern um Beamte des Hofes, die den Kaiser auf dem Feldzug begleitet hatten. Vgl. ep. 37 (362 F) A. 8.

ep. 54 (1154 F)

An Julianos

Obwohl Libanios sich nach dem Tode Julians allerlei Angriffen ausgesetzt sah und sogar bisweilen in Lebensgefahr war (vgl. ep. 53 [1220 F], 6), hörte er nicht auf, seine Hingabe an den Mann zu deklamieren, der die

Tempel der Götter wieder geöffnet und ihre Altäre mit
Opfern angefüllt hatte. Der vorliegende Brief enthält
die Reaktion des Libanios auf eine sarkastisch-boshafte
Bemerkung des Adressaten, eines Christen und Freundes von Gregor von Nazianz, Libanios werde nunmehr
die Schmeichler vermissen, die in der Zeit Julians ihn hofierten. Eine bewundernswerte Ruhe und Würde kenn-
zeichnen die Antwort des Libanios auf diese Unver-
schämtheit. Er läßt sich zu keinem heftigen oder unüber-
legten Wort hinreißen, sondern erteilt dem Adressaten in
ein paar leidenschaftslosen und sachlich bezogenen Sätzen
die richtige Antwort. Libanios betont noch einmal, er habe auf keinen Fall versucht, seine Beziehungen mit Julian
zur persönlichen Bereicherung auszunutzen. Daß er beim
Kaiser zugunsten seines Freundes Aristophanes interveniert habe, sei nur um der Gerechtigkeit willen geschehen. Der Brief stammt aus dem Jahr 364.

1.

Zum Adressaten (nicht Kaiser Julian): Ep. 48 (1367 F)
A. 6.

2.

Vgl. Isocr. Philipp. 44 μεταπεσούσης τῆς τύχης.

3.

Zum Ausdruck ἐμπορίαν ἐποιησάμην: Ep. 48 (1367 F) A. 4.

4.

Natürlich war die Währung jener Zeit nicht mehr die
Drachme, für den Attizisten Libanios ist es jedoch undenkbar, ein Wort in seinen Schriften zu benutzen, das »nicht
in den alten Büchern belegt ist«; vgl. die Vorbemerkung
zu ep. 10 (255 F).

5.

Diokletian hatte den Großvater und den Großonkel des
Libanios im Zuge der Vergeltungsmaßnahmen nach dem
sog. Aufstand des Eugenios im Jahre 303 in Antiochia
und Seleukeia Pieria hinrichten und ihr Vermögen kon-

fiszieren lassen: DOWNEY, Antioch 330f.; SIEVERS, Libanius 2f.; SEECK, Untergang I 17. Die konfiszierten Ländereien befanden sich natürlich immer noch im Privat-
besitz der oströmischen Kaiser. Zu unserer Stelle vgl.
or. 1, 125 (I 143 FOERSTER) ἐγὼ δὲ οὐδ᾽ ἀπολαβεῖν ἠξίουν
ὄντων μοι παππῴων οὐ μικρῶν ἐν τοῖς ἐκείνου κτήμασιν. Vgl.
ferner E. S. Bouchier, Syria as a Roman Province. Oxford 1916, 155f.

6.

Der Korinther Aristophanes, ein Bekannter des Libanios
aus der Zeit seines Griechenland-Aufenthaltes, war während der Regierungszeit des Konstantios als *agens in rebus*
in Ägypten tätig; 359 wurde er in einen Hochverratspro-
zeß verwickelt, seines Amtes enthoben und ins Exil geschickt. Als nun Julian sich in Antiochia aufhielt, schrieb
Libanios eine Rede zur Verteidigung des Aristophanes
(or. 14 [II 87f. FOERSTER] πρὸς ᾽Ιουλιανὸν ὑπὲρ ᾽Αριστοφά-
νους) und bat den Kaiser, den ungerecht Verfolgten zu
rehabilitieren und ihm zugleich ein Amt zu verleihen, damit er von den schweren *munera* seiner Heimatstadt, die
ihn um sein Vermögen gebracht hatten, befreit wird.
Julian gab diesem Gesuch statt, und Aristophanes wurde
rehabilitiert. Diese Affäre stellte offenbar den einzigen
Angriffspunkt in der ansonsten idealistisch-korrekten Haltung des Libanios gegenüber Julian dar. Nach dem Tode
des Kaisers führte man sie offenbar an, um zu zeigen, wie
Libanios seine Freundschaft mit Julian zugunsten seiner
Freunde ausgenutzt habe; denn Libanios betont wiederholt, daß dies eine Ausnahme und dazu noch eine gerechte Forderung an den Kaiser war. Vgl. SIEVERS, Libanius 93 f.; SEECK, Briefe 88f.; J. Bidez, L'empereur
Julian. Oeuvres complètes. Paris² 1960, I 2, 111f. Zu
unserer Stelle vgl. ferner or. 1, 125 (I 143 Foerster) τὸ τοῦ
᾽Αριστοφάνους λόγος ἦν (an welcher Stelle λόγος »eine be-
gründete Forderung« bedeutet, nicht »Rede« [oration],
wie Wolf und Norman übersetzen).

ep. 55 (1431 F)   An Skylakios

Dieser Brief gehört in den Kreis der Julian-Briefe, da die sehnsuchtsvolle Erinnerung an jene glückliche Zeit seine zentrale Thematik bildet. Die chronologische Einordnung sowie die Identität des Adressaten erscheinen indessen problematisch. Die handschriftliche Überlieferung stellt ihn in eine Gruppe von Briefen aus dem Herbst 363, und an dieser Datierung halten SEECK und FÖRSTER fest. Der einleitende Satz paßt denn auch zu dieser Datierung sehr gut, aber in der Folge tauchen Formulierungen auf, die auf eine größere zeitliche Distanz schließen lassen. Zunächst evoziert Libanios mit ἀναμιμνήσκου die Erinnerung an den Beginn der Freundschaft mit dem Adressaten während Julians Aufenthalt in Antiochia. Dieser wurde jedoch erst im März 363 beendet. Noch weit fragwürdiger erscheint es indessen, die Aussage des Libanios »ich sehne mich zurück nach der Blüte jener Jahre« (τὴν ἀκμὴν ποθῶ τῶν χρόνων ἐκείνων) auf eine Vergangenheit zu beziehen, die nur einige Wochen zurückliegt, denn die Zeit des Perserfeldzuges gehört mit zu jener hoffnungsvollen Ära. In die gleiche Richtung weisen der Gegensatz τότε–νῦν αὖτε sowie der Umstand, daß Libanios sich selbst mit dem alten Nestor vergleicht, der von seiner Jugend spricht. Bei der Interpretation dieser Stellen sollte man berücksichtigen, daß wir es letztlich mit einem Empfehlungsbrief zu tun haben, was aus dem Schlußteil deutlich hervorgeht. Es erscheint daher plausibel, daß der Autor dem Adressaten gegenüber zunächst die Gemeinsamkeit der Empfindung und Gesinnung möglichst stark hervorhebt, um sodann die zeitliche Distanz der gemeinsamen Erlebnisse deutlicher hervortreten zu lassen und schließlich zu den Problemen der Gegenwart überzugehen. Verknüpft ist das chronologische Problem mit der Frage nach der Identität des Adressaten. SEECK, Briefe 271, nennt ihn Scylacius II, dieselbe Person, an die u.a. ep. 53

(1220 F) adressiert ist. Sollte dies zutreffen, kommt dem vorliegenden Brief die Priorität zu, denn Libanios erklärt in § 5, er sende diesen Brief ›als ersten‹ an einen Hellenen. Er kann also nicht kurz vorher ep. 53 (1220 F) an denselben Adressaten geschickt haben. Daß beide Adressaten in Phönikien leben, macht die Sache nicht einfacher.

1.

Die Anrede ὦ ἑταῖρε, die sonst von einem Kaiser an die Adresse eines Untertanen undenkbar ist, zeugt von der völlig unkonventionellen Schlichtheit Julians in Sachen der Etikette; vgl. noch zu ep. 47 (736 F) A. 5.

2.

Eine aus Platon entnommene Antithese: *Gorg.* 481 b σπουδάζει ταῦτα Σωκράτης ἢ παίζει; vgl. noch *Phaedr.* 234 d. ἐμμελῶς ist ebenfalls platonisches Wort; vgl. ep. 57 (434 F), 3.

3.

Nestor galt im Altertum als Inbegriff der Beredsamkeit und ist daher sprichwörtlich geworden: SALZMANN, Sprichwörter 15.

4.

Dem Briefschreiber schweben die Verse Homers, Il. 11, 670 f. vor, in welchen Nestor sich an Erinnerungen aus seinen Jugendjahren weidet:

εἴθ' ὡς ἡβώοιμι, βίη δέ μοι ἔμπεδος εἴη,
ὡς ὁπότ' Ἠλείοισι καὶ ἡμῖν νεῖκος ἐτύχθη
usw.

5.

Vgl. Hom. Il. 4, 320 ἀλλ' οὔ πως ἅμα πάντα θεοὶ δόσαν ἀνθρώποισιν.

6.

Ebenfalls Homerzitat, Il. 4, 321 νῦν αὖτέ με γῆρας ὀπάζει.

7.

Der Name des Überbringers ist nicht bekannt; die Bezeichnung »Hellene« bedeutet zunächst aus Griechenland stammend, doch ist nicht auszuschließen, daß auch die Bedeutung ›Heide‹ mitanklingen soll.

ep. 56 (66 F)
An Themistios

Libanios und Themistios sind die prominentesten Vertreter griechischer Schriftstellerei und griechischen Denkens im 4. Jahrhundert n. Chr. Viele gemeinsame Interessen verbinden sie, ihr Pathos für die Erziehung junger Leute, ihre Liebe zur Rhetorik und zu den großen Vorbildern des Altertums, ihre Neigung, mit hervorragenden Männern ihrer Zeit zu verkehren, vor allem aber ein starkes griechisch-nationales Bewußtsein, das eine Distanzierung vom lateinischen oder germanischen Element mit sich bringt. Auf der anderen Seite gibt es auch vieles, das die beiden Männer voneinander trennt: Während Libanios der Redner und Sophist par excellence ist, hat Themistios nicht nur ausgesprochen philosophische Interessen, sondern er ist auch bestrebt, die höhere Bildung den Händen der Sophisten zu entreißen und den Philosophen zu übergeben. Er träumt von einer Gesellschaft, in welcher die Philosophen ihre Isolierung aufgeben und den Kontakt mit der Menge suchen, er strebt sogar eine Verbindung der Philosophie mit der Staatsmacht an wie einst Platon*. Libanios als Humanist richtet seinen Blick hauptsächlich in die Vergangenheit; für Themistios ist die Tätigkeit als Lehrer und Redner allein zu eng: Er betätigt sich auch als Staatsmann und hat das Bewußtsein eines Reformators und Entdeckers neuer Wege der Philosophie. Auch charakterlich scheinen die beiden Männer beträchtlich zu differieren.
Libanios lernte Themistios 350 in Konstantinopel ken-

* Man muß wohl Straub, Herrscherideal 161 Recht geben, wenn er die philosophischen Ansichten des Themistios als unrealistisch bezeichnet.

nen. Von seiner Korrespondenz mit dem Philosophen, die 355 anfing, haben sich rund 40 Briefe erhalten, die Briefe des Themistios an Libanios dagegen sind verlorengegangen. Das Verhältnis der beiden Männer ist niemals herzlich gewesen: Libanios scheint sich in seinen Kontakten mit dieser sonderbaren Persönlichkeit nicht recht wohl gefühlt zu haben, seine Briefe an ihn kennzeichnet eine ausgesuchte Höflichkeit, bisweilen zur Schmeichelei gesteigert, umsonst sucht man in diesen Schriftstücken die Wärme der echten Freundschaft*.

Im vorliegenden Brief gratuliert Libanios dem Adressaten zu den Ehren, die ihm der Kaiser hat zuteil werden lassen. Nach Seeck, Briefe 357 stammt der Brief vom Herbst 359, diese Datierung haben jedoch Silomon, Lib. epist. 26f. und Bouchery, Themistius 170 A. 1 359/Anfang 360 korrigiert.

1.

Zum Leben und Werk des Themistios: W. Stegemann, RE V A 1642f.; Christ-Schmid-Stählin, Literatur 1004f.; Schemmel, Konstantinopel 152f.; Seeck, Briefe 291f.; Dagron, L'empire Romain 5f. (wohl die anspruchsvollste Arbeit über Themistios). Unsere Zeit scheint für Themistios nicht viel übrig zu haben, zumindest wenn man vom Umfang seiner Bibliographie aus urteilt, die einen geringen Bruchteil derjenigen des Libanios ausmacht. Es gibt unseres Wissens auch keine Monographie über den Philosophen, wenn man von der alten Dissertation von E. Baret, De Themistio sophista et apud imperatores oratore. Paris 1853 absieht.

2.

Agens in rebus, der in seiner Eigenschaft als Regierungs-

---

* Dazu neuerdings: H.-G. Beck, Das byzantinische Jahrtausend. München 1978, 24f. Die Distanz zwischen den beiden prominenten Rednern ist typisch für die Konfrontation zweier Systeme politischen Denkens, die das 4. Jahrhundert beherrschen, des Konstantinischen und des Julianischen: Dagron, L'empire Romain 36.

kurier den Brief des Themistios an Libanios nach Antiochia überbrachte: SEECK, Briefe 128 (I).

3.

Der neuerliche Umgang des Adressaten mit dem Kaiser ist so zu verstehen, daß Konstantios erst kurz zuvor nach langer Abwesenheit wieder nach Konstantinopel gekommen war: SEECK, Briefe 351. Anders SILOMON, Lib. epist. 26f.

4.

Die wichtigste dieser Ehren stellt wohl das Prokonsulat dar, das Themistios im Winter 358/359 antrat: SEECK, Briefe 298; W. STEGEMANN, RE V A 1645. Als Libanios diese Zeilen schrieb, konnte er nicht wissen, daß Themistios inzwischen zurückgetreten war, um seinem Nachfolger Honoratus das neugeschaffene Amt des *praefectus urbi* freizumachen: SEECK, ebenda 179; der Philosoph hatte nämlich seinen Brief an Libanios vor dem 11. Dezember 359, dem Tag der Ernennung des Honoratus, abgeschickt: BOUCHERY, Themistius 174 A. 14. Zu den Ehren, die Konstantios dem Themistios erwies, vgl. noch Them. or. 31, 353a (II 188f.). Dagron, a.a.O. 213f. bezweifelt, daß Themistios je das Prokonsulat bekleidet hatte.

5.

Zur Bedeutung des Wortes δίαυλος im übertragenen Sinne: Ep. 70 (274 F) A. 7.

6.

Gemeint sind die kürzlich verstorbenen Freunde des Libanios, Aristainetos, Hierokles und Eusebios: SEECK, Briefe 357. Die gleiche Lustlosigkeit, Reden zu schreiben, befiel Libanios nach dem Tode Julians: SIEVERS, Libanius 129; BOUCHERY, a.a.O. 226 A. 4.

7.

Kaiser Konstantios belohnte Themistios für seine Dankrede anläßlich der Aufnahme in den Konstantinopler Senat (= or. 2, εἰς Κωνστάντιον τὸν αὐτοκράτορα, ὅτι μάλιστα *φιλόσοφος ὁ βασιλεύς*) mit einem ehernen Standbild, auf dessen Sockel eine griechische Versinschrift zu lesen war: SEECK, a. a. O. 296; BOUCHERY, a. a. O. 173. Das Standbild muß bereits 356 gestanden haben. Vgl. Them. or. 4, 54 b (I 77 f. Schenkl-Downey).

8.

Es ist fraglich, ob das Wort *ἀκολουθήσας* hier richtig überliefert ist; es wird ein Partizip wie *ἀπογλυφείς* o. ä. erwartet.

9.

Mit anderen Worten: die Berühmtheit des Themistios verleiht dem unbekannten Dichter und seinem Gedicht hohes Ansehen.

10.

Eudaimon, ein Schullehrer in Antiochia, korrespondierte mit Themistios wegen seines früheren Schülers und Kollegen Harpokration, der 358 auf Betreiben des Themistios nach Konstantinopel berufen worden war: Lib. ep. 368 F; SEECK, Briefe 131 (II). Zum Sprichwort *ἐξ ὄνυχος τὸν λέοντα*: SALZMANN, Sprichwörter 78. Die Form, die Libanios an unserer Stelle dem Sprichwort gibt, übernahm er, wie es scheint, aus Philostr. *vit. Apoll.* 1, 32 (I 33 KAYSER) *σέ τε ἀκούων ἄνδρα, οἷον ἐξ ὄνυχος ἤδη ὁρῶ*. Gemeint ist: »Eine kleine Probe deiner Feder war der Brief an Eudaimon, jetzt mußt du uns durch Übersendung deiner Reden zeigen, was du kannst«. Nach BOUCHERY, a. a. O. 173 hatte Themistios in dem Brief an Eudaimon den Wortlaut des Epigrammes mitgeteilt.

11.

Meterios ist ein gemeinsamer Bekannter von Themistios und Libanios und hat einen gleichnamigen Sohn: SEECK, Briefe 212 f. SEECK und FÖRSTER denken hier an den Sohn, BOUCHERY, Themistius 173 A. 13 fragt sich jedoch, warum nicht der Vater gemeint sein kann.

ep. 57 (434 F)   An Themistios

Anfang der fünfziger Jahre war der Ruf des Themistios
bereits so verbreitet, daß die Städte Ankyra und Antiochia
sich um ihn als Lehrer der Rhetorik und der Philosophie
bemühten. Für Antiochia führte der 354 zum *praefectus
praetorio per Orientem* ernannte Strategios die Verhand-
lungen mit Themistios, nachdem er ein Jahr zuvor als
proconsul Achaiae bewirkt hatte, daß Libanios als Rhetoriklehrer nach Athen berufen wurde, was dieser jedoch ablehnte. Themistios war nicht ganz abgeneigt, Konstantinopel zu verlassen, da dort seine christlichen Rivalen ihm
das Leben schwer machten. Seiner endgültigen Entscheidung ist jedoch der Kaiser zuvorgekommen mit einem
Brief, der am 1. September 355 vor dem Senat von Konstantinopel verlesen wurde und laut welchem Themistios,
der bisher nicht einmal Bürger von Konstantinopel war,
zum Senator ernannt* und mit einem hohen Gehalt ausgestattet wurde. Nach dieser Ehrung durch den Kaiser
konnte Themistios Konstantinopel natürlich nicht mehr
verlassen. Dies teilte er in einem Brief dem Präfekten
Strategios mit und schickte ihm zugleich den lateinischen
Text des Kaisererlasses. Mit dem vorliegenden Brief gratuliert Libanios, der inzwischen von Strategios in Kenntnis gesetzt worden war und das kaiserliche Schreiben in
Übersetzung zur Kenntnis genommen hatte, dem Philosophen für seine Ernennung zum Senator. Der Brief wurde nach SEECK, Briefe 322f. Anfang des Winters 355
durch Klematios dem Adressaten überbracht. BOUCHERY,
Themistius 52 glaubt, daß der Brief erst in der zweiten
Hälfte des November 355 abgeschickt wurde, wofür er
folgende Gründe nennt: In ep. 449 F, gleichzeitig mit
unserem Brief nach Konstantinopel geschickt, empfiehlt

---

* Vgl. ferner neuerdings: G. Wirth, Themistios und Constantius,
Byz. Forschungen 6 (1979) 293 f.

Libanios dem Adressaten Spektatos einerseits den Überbringer Klematios, andererseits eine Antiochenische Gesandtschaft, die soeben nach Konstantinopel gekommen
ist. Nach Seeck, Briefe 323 f. könnte diese Gesandtschaft
den Auftrag gehabt haben, dem Kaiser anläßlich der Erhebung Julians zum Cäsar am 6. November 355 zu gratulieren. Da nun für die Antiochener diese Bekundung
ihrer Ergebenheit von großer Wichtigkeit war, um die
Gunst des Kaisers zu bewahren, müssen die Gesandten
sich sofort auf den Weg gemacht haben, sobald die Nachricht über die Erhebung Julians zum Cäsar in Antiochia
eintraf. Dies muß nach Bouchery in die zweite Hälfte
des November 355 fallen. Es ist jedoch fraglich, ob die
erwähnte Nachricht bereits innerhalb des November Antiochia erreichen konnte.

1.

Zu vergleichen ist Platon, *Lys.* 213d ἡσθεὶς τῇ φιλοσοφίᾳ:
Richtsteig, Libanius 112.

2.

Mit anderen Worten: Themistios ist Anlaß dafür, daß der
Kaiser zum Verehrer der Philosophie wurde und daß
diese sich der Gunst eines Herrschers erfreuen konnte
(τούτων = der passiven und aktiven Verehrung).

3.

Obgleich ein Christ, scheint Strategios einer der besten
Freunde des Libanios gewesen zu sein. Bevor er 354 die
Präfektur des Ostens antrat, die er bis zum Jahr 358 behielt, hatte er eine Reihe anderer Ämter bekleidet. Unter
anderem fungierte er als theologischer Berater des Kaisers
Konstantios und erfüllte diese Aufgabe so zufriedenstel-
lend für den Kaiser, daß dieser ihn ehrenhalber Muso-
nianus benannte. Unter diesem Namen kommt er in allen
Quellen außer bei Libanios vor. Strategios ist einer der
ersten Christen, die die Träger der hellenischen Bildung
seiner Zeit sehr hoch schätzten. Er war selbst hochgebil-
det. Vgl. Seeck, Briefe 282 f. Sehr negativ wird er von

PETIT, Vie municipale 274 aufgrund der Angaben Ammians beurteilt. Trotz der Absage des Themistios scheint Strategios immer noch auf seinem Plan bestanden zu haben, den Philosophen für Antiochia zu gewinnen (: SEECK, a. a. O. 295), woraus ein Konflikt mit ihm entstand: BOUCHERY, a. a. O. 56; 60 f.

4.

Es handelt sich um die sog. δημηγορία Κωνσταντίου αὐτοκράτορος πρὸς τὴν σύγκλητον ὑπὲρ Θεμιστίου (= Them. 18 cf. [S. 21 f. DINDORF]). Vgl. Dagron, L'empire Romain 60 f. Das Original war natürlich in lateinischer Sprache abgefaßt. SEECK, Briefe 294 A. 1 hat die Vermutung ausgesprochen, die griechische Übersetzung dieses Textes, die in den Handschriften des Themistios aufgenommen ist, habe er selber gemacht. Dem widerspricht BOUCHERY, a. a. O. 55 mit dem Hinweis, daß Themistios or. 6, 71 cf. (I 106 f. SCHENKL-DOWNEY) gestehe, der lateinischen Sprache unkundig zu sein. Dies ist richtig, sofern es sich um die Komposition von lateinischen Reden handelt; aus der genannten Stelle geht jedoch schwerlich hervor, daß Themistios überhaupt kein Latein konnte, wie BOUCHERY will (»immers deze verklaart zelf, geen Latijn te kennen«). BOUCHERY verweist noch auf SCHULZE, De temporibus 12 A. 18. Vgl. Dagron a. a. O. 72 A. 214.

5.

Durch den Brief des Kaisers wurde zugleich mit seiner Ernennung zum Mitglied des Senats die Besoldung des Themistios drastisch erhöht; dies lehnte er jedoch mit der Begründung ab, einem Philosophen gebühre ein üppiges Leben nicht (= ἐμμελῶς). Vgl. BOUCHERY, a. a. O. 53; W. STEGEMANN, RE V A 1644; Them. or. 2, 26 a (I 30 SCHENKL-DOWNEY) οὐκ εἴασα ἐπικλυσθῆναι τὴν οἰκίαν ὄλβῳ μείζονι τοῦ φιλοσοφίᾳ προσήκοντος.

6.

Im Winter 353/354 wurde es Libanios erlaubt, von Konstantinopel, wo er als öffentlich angestellter Lehrer der

Rhetorik tätig war, nach Antiochia überzusiedeln. Dies
erreichte er nach langen Bemühungen durch ärztliche
Atteste, die ihm bescheinigten, daß die Luft in Konstantinopel für sein Kopfübel schädlich sei, sowie durch die
Hilfe seines Freundes Datianos, der um diese Zeit beim
Kaiser sehr einflußreich war. Trotz seiner endgültigen
Niederlassung in der Heimatstadt hörten seine Konstantinopler Freunde nicht auf, seine Rückkehr in die Hauptstadt zu fordern. So sieht er sich im vorliegenden Brief
veranlaßt, an Themistios über die Gründe, die ihn Antiochia vorziehen ließen, zu berichten. Über die Krankheiten, die ihn um diese Zeit plagten, vgl. ep. 405, 13 F
(aus demselben Jahr wie unser Brief) τό τε τῆς κεφαλῆς
καὶ τὸ τῶν νεφρῶν νόσημα; R. A. PACK, The Medical History and Mental Health of Libanius. *Trans. and Proceed.
of the Amer. Phil. Ass.* 64 (1933) LIIIf. Zur Geschichte
der Übersiedlung des Libanios von Konstantinopel nach
Antiochia: SIEVERS, Libanius 61f.

7.

Das Sprichwort ἀρχὴ Σκυρία entstand wegen des steinigen
und unfruchtbaren Bodens der Insel Skyros: SALZMANN,
Sprichwörter 38. Vgl. noch SCHEMMEL, Konstantinopel
162. Im übrigen stellen die Schlußwörter der beiden letzten Sätze εὐωρία – Σκυρία wohl ein gewolltes Homoioteleuton dar; vgl. zu ep. 70 (274 F) A. 6; ep. 33 (1514 F)
A. 12; Rother, De Lib. arte rhetorica 93f.

ep. 58 (793 F)
An Themistios

Das Verhältnis des Libanios zu Themistios war oft durch
Mißverständnisse oder Zuspitzung ihrer Rivalität ge-
trübt. Eine solche Lage trat nach der Thronbesteigung
Julians ein: Der Kaiser bevorzugte, wie es scheint, offen
den Themistios, da dieser in seiner Person die Rhetorik

mit der Philosophie vereinigte und eine Schlüsselfigur in den intellektuellen Kreisen der Hauptstadt darstellte. Dies weckte die Eifersucht des Libanios: Er reagierte mit einer schriftlichen Äußerung (einem Brief?), in welcher er anscheinend behauptete, Themistios sei kein Philosoph, da er sich so aktiv mit der Politik beschäftige; dabei machte er sich die Polemik der Rivalen des Themistios in der Hauptstadt (: MERIDIER, Themistios 1 f.) zu eigen. Daraufhin schickte Themistios einen Brief an Libanios und beklagte sich in scharfem Ton über diese Charakteristik. Durch den vorliegenden Brief beantwortet nun Libanios jenen Brief des Themistios und versucht zugleich, sich mit dem Philosophen zu versöhnen. Vgl. BOUCHERY, Themistius 211 f. Der Brief wurde von Modestos mitgenommen, als er von Antiochia nach Konstantinopel reiste, um die Präfektur der Hauptstadt zu übernehmen (vgl. ep. 48 [1367 F]). Vielleicht erhoffte Libanios dabei auch einiges vom persönlichen Einfluß des Modestos auf den Philosophen. Den Brief datiert SEECK, Briefe 396 auf 362/363, nach der Meinung von BOUCHERY, a.a.O. 211 A. 2 stammt er jedoch aus der zweiten Hälfte des Jahres 362, da aus dem nächsten Brief des Libanios an Themistios (ep. 818 F), der im Frühjahr 363 geschrieben wurde, hervorgeht, daß der Philosoph lange Zeit (οὐ μικρόν τινα χρόνον) auf unseren Brief nicht reagiert hat. Demgemäß muß auch der Antritt der Präfektur von Modestos um einige Monate vorverlegt und SEECKs Angabe, Briefe 215, »im Winter 362/3 reiste er von Antiochia nach Konstantinopel« korrigiert werden.

1.

Antiochener, Verwandter (vermutlich Cousin) des Libanios, der von Amts wegen oft unterwegs ist: SEECK, Briefe 281 f. Im Jahre 353 machte Spektatos seinen politischen Einfluß in Konstantinopel für die Rückkehr des Libanios nach Antiochia geltend: SIEVERS, Libanius 67.

2.

Spektatos hätte insofern dem Libanios Unrecht zugefügt, als er derjenige gewesen wäre, der Themistios von den Behauptungen des Libanios in Kenntnis setzte. Themistios muß also in seinem Brief an Libanios etwa so geschrieben haben: »Du hast geglaubt, es würde verborgen bleiben, was du über mich behauptet hast, dein Cousin hat dich aber verraten.«

3.

Aus dem Text geht nicht eindeutig hervor, worauf sich die Anspielung des Libanios bezieht. FÖRSTER und BOUCHERY verweisen auf die Suda s.v. Ἴστρος (II 673 f. ADLER), wonach es sich um den Schriftsteller Istros, den Diener des Kallimachos (: F. JACOBY, RE IX 2270f.) handelt. Vgl. noch Athen. 387f. (II 345 KAIBEL) Πολέμων ὁ περιηγητὴς Ἴστρον τὸν Καλλιμάχειον συγγραφέα εἰς τὸν ὁμώνυμον κατεπόντου ποταμόν.

4.

Libanios muß in Konstantinopel zusammen mit Themistios des öfteren gebadet haben: BOUCHERY, a.a.O. 216; es ging nicht nur um das Baden, sondern die öffentliche Badeanstalt diente auch als Treffpunkt: Ebenda A. 13. Vgl. ferner Dagron, L'empire Romain 37.

5.

Melitides war im Altertum für seine Dummheit sprichwörtlich: SALZMANN, Sprichwörter 29; Apostol. 5, 27 (II 339 LEUTSCH).

6.

d.h. vor dem Regierungsantritt Julians.

7.

Themistios ist an sich ein später Peripatetiker, er benutzt jedoch Platon ausgiebig in der Lehre, da höhere Bildung ohne das Studium Platons zu dieser Zeit undenkbar ist. Er ist keineswegs zu den Neoplatonikern zu rechnen: An Platon hebt er gerade das hervor, was ihn vom Neuplatonismus unterscheidet, die praktisch-politische Rich-

tung: W. STEGEMANN, RE V A 1648. Vgl. noch BROW-
NING, Julian 129f. Zur Nachahmung Platons durch The-
mistios: W. Pohlschmidt, Quaestiones Themistianae.
Diss. Münster 1908, 5f.

8.

Themistios hatte außerordentlich großen Zulauf von
Schülern: SCHEMMEL, Konstantinopel 161f.

9.

Damit umschreibt er die beiden Lehrgebiete des Themistios, Rhetorik und Philosophie.

ep. 59 (1477 F)

An Themistios

Libanios erfuhr durch einen Freund aus Bithynien, daß
Themistios ihn als Redner in Konstantinopel *coram publico*
gelobt hatte. Im vorliegenden Brief nimmt er dies zum
Anlaß, um den Wert seiner und Themistios' Redekunst
hervorzuheben und der herrschenden Richtung seiner
Zeit gegenüberzustellen. Es ist keine Übertreibung, mit
BOUCHERY, Themistius 259f. zu behaupten, Libanios
drücke hier die Tatsache aus, daß seine Beredsamkeit
sowie die seines Konstantinopler Kollegen auf der klassischen Tradition fußt, während die meisten der zeitgenössischen Redner und Sophisten sich die asianische
Geschmacksrichtung zu eigen gemacht haben. Jagd nach
Sentenzen, zierliche oder grausige Schilderungen, kurze
Sätze und auffallender Mißbrauch von Antithesen, Wort-
spiele und Klangfiguren aller Art (: E. NORDEN, Die antike Kunstprosa I 408 f.) charakterisieren diesen modernen
Stil, der von den athenischen Rhetorenschulen dieser Zeit
propagiert wird und dessen prominentester Vertreter Himerios ist. In seiner Autobiographie (or. 1, 8) erzählt
Libanios von den übermenschlichen Anstrengungen, die
er in seiner Jugend unternehmen mußte, um nicht dem

Asianismus zu verfallen. Anmutig ist schließlich die Art
und Weise, wie er in dem Brief das Lob des Themistios
erwidert. Den Brief brachte im Januar 365 der uns aus
anderen Briefen bekannte Kelsos nach Konstantinopel:
SEECK, Briefe 437f.; BOUCHERY, a.a.O. 257.

1.

Gemeint ist das durch das Erdbeben von 358 zerstörte
Nikomedeia; vgl. ep. 9 (388 F).

2.

Zu ergänzen ist nicht χάριν, sondern χάριν εἰδέναι.

3.

Das Bild ist vermutlich dem Laufwettkampf entnommen;
Themistios meinte, Libanios sei im Vergleich zu den anderen Sophisten so weit voran, daß diese nicht mehr in
der Lage seien, seine Fersen zu sehen: BOUCHERY, a.a.O.
258 A. 3. Schwieriger dabei ist die Erwiderung des Libanios zu verstehen: ἀλλ᾽ οὐδ᾽ ἄν, εἰ τὰς βλαύτας ἔλεγες,
ᾔδειν ἄν σοι χάριν (= selbst wenn du die Sandalen gemeint hättest, wäre ich dir dafür kaum dankbar). Handelt es sich hier
um eine persönliche Bemerkung, die nur Themistios verstehen konnte? Stellt der Satz eine Anspielung auf irgendeine Eigenschaft der Sandalen dar, die einst Themistios
aufgefallen war? Es ist nicht leicht, eine befriedigende
Erklärung zu finden. Der Genetiv τῶν πτερνῶν ist von
ᾔδειν ἄν σοι χάριν abhängig.

4.

Mit diesem Satz bringt Libanios die Gemeinsamkeit der
Stilrichtung seiner und Themistios' Reden zum Ausdruck. Es ist ein strenger Archaismus, der auf der μίμησις
der großen Vorbilder des 5. und 4. Jahrhunderts v. Chr.
aufbaut und der in schroffem Gegensatz zur Technik der
zeitgenössischen Sophisten steht. Der Stil dieser letzteren
war dem des sophistischen Romans sehr ähnlich. Nach
E. NORDEN, a.a.O. 403 A. 2 ist Libanios nur in seinen
Monodien für den Apollotempel in Daphne (or. 60) und
für Nikomedeia (or. 61) vom archaistischen Stil abgewi-

chen und hat dem Asianismus Zugeständnisse gemacht.
Zu unserer Stelle vgl. noch ep. 376, 5 F εἴποιμι δ'ἂν αὐτὸν
[i.e. eine Rede des Themistios] καὶ ἐμαυτοῦ παῖδα πολλαχόθεν ἀδελφὸν ὄντα τῶν ἐμῶν und dazu Dagron, L'empire
Romain 38.

5.

Mit einem Schwan vergleicht sich Themistios or. 18, 223 d
(I 323 SCHENKL-DOWNEY). Der Vogel war im Altertum
berühmt für seinen melodischen Gesang: Dio Chrys. 12,
4; 37, 2; Ael. *NA* 5, 34; 10, 36; Philostr. *VA* 3, 49 (I
121 KAYSER) usw., obwohl mitunter dies bezweifelt wurde: Luc. Electr. 4f. Aelian, *VH* 1, 14 schreibt darüber:
ἐγὼ δὲ ᾄδοντος κύκνου οὐκ ἤκουσα, ἴσως δὲ οὐδὲ ἄλλος· πεπί-
στευται δ' οὖν ὅτι ᾄδει. Horaz, carm. 4, 2, 25 nennt bekanntlich Pindar *Dircaeum cycnum.* Die Gans gilt hier als
Symbol der inhaltslosen Geschwätzigkeit. In Lib. ep. 527,
1 F werden den Schwänen die Dohlen gegenübergestellt.

6.

Durch das Homerzitat (Il. 10, 250) will Libanios andeuten, daß das Publikum wohl zu unterscheiden wußte, wer
der gute und wer der schlechte Redner war.

7.

Zur Trinksucht des Komödiendichters Kratinos: Aristoph. *Pax* 700f.; *Equ.* 526f.; Athen. 39c (I 91 KAIBEL).

8.

Herakles war unter anderem auch für seine Gefräßigkeit
proverbial: SALZMANN, Sprichwörter 22. Das Sprichwort
῾Ηρακλῆς ξενίζεται galt einem Nimmersatt: Apostol. 8, 63
(II 448 LEUTSCH). Zur Üppigkeit des Lebens in dem Kon-
stantinopel jener Zeit: Lib. or. 1, 75 (I 120 FOERSTER);
SIEVERS, Libanius 59. Ähnlich wie hier die Gegner des
Themistios beschreibt Libanios or. 30, 8 (III 91 FOER-
STER) die Christen: οἱ δὲ μελανειμονοῦντες οὗτοι καὶ πλείω
μὲν τῶν ἐλεφάντων ἐσθίοντες, πόνον δὲ παρέχοντες τῷ πλήθει
τῶν ἐκπωμάτων τοῖς δι' ᾀσμάτων αὐτοῖς παραπέμπουσι τὸ ποτόν.
(Diese Menschen in ihren schwarzen Gewändern essen

mehr als die Elefanten und durch die Menge der Becher bringen sie jene in Schwierigkeiten, die, Lieder singend, das Getränk weiterreichen.) In seiner verlorenen Schrift gegen die Galiläer (= Christen) nannte Julian Christus selbst einen »Esser und Weintrinker«: J. Leipoldt, Der römische Kaiser Julian in der Religionsgeschichte. Berlin 1964, 10.

Deshalb ist es sehr wahrscheinlich, daß Libanios in der Redekunst Asianismus und Christentum völlig identifiziert. Dies wäre auch angesichts des Pathos und der phrasenreichen Propaganda der christlichen Rhetorik nicht ganz abwegig. Vgl. z. B. die Stilanalyse der Streitschrift des Arianers Eunomios gegen Basileios d. Gr. von E. NORDEN, a. a. O. II 558 f. oder das Urteil desselben Autors über den Stil Gregors von Nazianz, ebenda 563 f. (vor allem S. 564: »Gemäßigter Asianismus ist, um es kurz zu sagen, das Wesen der Rhetorik Gregors«).

9.

Es handelt sich um den bekannten Freund Julians: Ep. 16 (715 F) A. 1. Kelsos war vom Kaiser nach Konstantinopel berufen worden, um ein Amt zu übernehmen, er lehnte es jedoch ab und kehrte nach Antiochia zurück, um sich als Privatmann der Verwaltung seines Grundbesitzes zu widmen: SEECK, Briefe 106.

ep. 60 (1430 F)
An Themistios

Das Thema des vorliegenden Briefes ist wieder einmal Julian. Libanios »schüttet« jedoch hier nicht so sehr »seinen Kummer aus« (: Sievers, Libanius 129), sondern er bringt zunächst seine Bewunderung für eine Lobrede, die Themistios für Julian geschrieben hatte, zum Ausdruck. Er ist so begeistert von ihr, daß er seinerseits eine Rede über die Lobrede des Themistios schreiben wollte. Das Schicksal wollte es jedoch, daß zwischen der Lektüre und der Begutachtung der Rede die Nachricht vom Tode Julians in Antiochia eintraf. So stürzt Libanios jählings vom Höhepunkt seiner Begeisterung in den Abgrund der Verzweiflung. Diese plötzliche Stimmungsänderung spiegelt sich im vorliegenden Brief wider *(πηδῶν ἐφ' ἑκά-στῳ – πάντα διεσκέδαστο)*, der dadurch in zwei klar unterschiedene Teile zerfällt. Den Brief nahm Klearchos, ein Freund des Themistios, nach Konstantinopel mit; er weilte im Herbst 363 mit einer Gesandtschaft des Konstantinopler Senats in Antiochia, um Jovian zu seiner Thronbesteigung zu beglückwünschen: Seeck, Briefe 413. Da Jovian erst in der zweiten Hälfte des Oktober von der Ostfront kommend in Antiochia eintraf(: Seeck, Regesten 213), trat Klearchos mit dem Brief des Libanios seine Rückkehr nach Konstantinopel wahrscheinlich erst in der ersten Hälfte des November an: Bouchery, Themistius 224.

1.

Es handelt sich um eine verlorene Rede des Themistios, über deren Inhalt unter den Forschern Unklarheit herrscht. Nach O. Seeck–H. Schenkl, Eine verlorene Rede des Themistios, *Rheinisches Museum für Philologie* 61 (1909) 556f. trug die Rede den Titel *Φιλόπολις* und hatte die Liebe Julians zu seiner Heimatstadt Konstantinopel als Hauptthema. Anlaß der Rede war eine Feier, welcher der Philosoph trotz einer Einladung des Kaisers ferngeblieben war. Diese Ansicht gründet sich auf eine mit dem Titel *Φιλόπολις* versehene Hypothesis, die Schenkl kurz vor Veröffentlichung des oben erwähnten Artikels im Codex Salmanticus des Themistios entdeckte und die Seeck als Vorbemerkung zu der verlorenen Rede des Philosophen identifiziert hat. Nach Dagron, L'empire Romain 225 f. bezieht sich jedoch die von Schenkl entdeckte Hypothesis nicht auf die verlorene Rede, sondern auf or. 4 des Themistios, in welcher Konstantios gepriesen wird. Dagron konnte für alle Inhaltsangaben der Hy-

pothesis Bezugspunkte in or. 4 finden und zugleich nachweisen, daß der Titel *Φιλόπολις* auch auf Konstantios bezogen werden kann. Seine Theorie ist nicht leicht zu widerlegen, zumal die genannte Hypothesis im Codex Salmanticus vor or. 4 steht; im übrigen könnte die verlorene Lobrede auf Julian viele Ähnlichkeiten mit or. 4 gehabt haben. Scholze, De temporibus 21 f. (vgl. Bouchery, a.a.O. 219 f.) meint, daß Themistios die Rede nach Antiochia an Julian schickte zum Antritt seines vierten Konsulates am 1. Januar 363 (: Liebenam, Fasti consulares 37).
Dies ist jedoch nicht wahrscheinlich, da Libanios in diesem Fall die Rede durch den Kaiser zu lesen bekommen hätte. Vermutlich erhielt Julian die Rede während des Feldzugs. Nach Seeck, Briefe 301 A. 1, ist die Rede verlorengegangen, weil sie scharfe Angriffe gegen das Christentum enthielt. Diesen Grund hält jedoch Bouchery, a.a.O. 219 A. 3 mit Recht für unwahrscheinlich, angesichts der äußersten Zurückhaltung des Themistios gegenüber Christen wie Heiden; er schreibt ihren Verlust einem Bruch in der handschriftlichen Tradition zu. Vielleicht war jedoch das Thema der Rede der Grund ihres Unterganges: Das Lob des verhaßten Kaisers, auch ohne daß Themistios sich auf scharfe Angriffe gegen das Christentum eingelassen hätte, wie Seeck vermutet hat.

2.

Es handelt sich um den uns aus anderen Briefen bekannten Freund des Libanios: Ep. 16 (715 F) A. 1.

3.

›Erfindung‹ (*εὕρεσις, inventio*) ist hier als *terminus technicus* der Rhetorik zu verstehen. Gemeint ist das Herausfinden und die Formulierung der Argumente, die der Sache dienlich sind. Die Definition bei C. Julius Victor, *ars rhetorica* I 373 (Halm) lautet: inventio est excogitatio rerum verarum aut verisimilium, quae causam probabilem reddunt. Genau genommen, handelt es sich nicht um das

Herausfinden neuer Tatbestände, sondern um die Aus-
nutzung der bereits vorhandenen im Interesse der Sache.
Der Redner muß die mehr oder weniger verborgenen
Argumentationsmöglichkeiten aus den Begleitumstän-
den seiner ὑπόθεσις herausholen. Als Meister in der Kunst
der εὕρεσις galt nach dem Rhetorik-Theoretiker Dionys
von Halikarnaß der Rhetor Lysias: Dionys. *Lys.* 15 (V
25 Usener-Radermacher) εὑρετικὸς γάρ ἐστι τῶν ἐν τοῖς πράγ-
μασιν ἐνόντων λόγων ὁ ἀνήρ, οὐ μόνον ὧν ἅπαντες ἂν εὕροιμεν,
ἀλλὰ καὶ ὧν μηθείς (Er versteht sich darauf, die in der
Sache liegenden Argumente zu finden, nicht nur jene, die
jedermann fände, sondern auch jene, die keiner entdeckt).
Von Hermogenes hat sich ein Traktat mit dem Titel
περὶ εὑρέσεως (II 177f. Spengel) erhalten. Wenn nun Libanios von τὸ καινὸν τῆς εὑρέσεως spricht, dann meint er,
wie es scheint, die Kühnheit und Originalität der Argumente, durch welche Themistios in der Rede seine These
(= Julian liebt seine Heimatstadt) zu untermauern versuchte. Denn nur in den Details war der Redner frei, Originalität zu entwickeln; Neuartigkeit dagegen in der Form
oder dem Kompositionsschema der Rede wäre undenkbar, da sie gegen die literarische Erfahrung des Publikums
verstoßen würde. Zur εὕρεσις: H. Lausberg, Handbuch der literarischen Rhetorik. München 1960, 146f.

4.

Das Bild des dreifach göttlichen Gespanns stammt aus
Eurip. Andr. 277f., man weiß aber nicht, worauf Libanios
es bezieht. Nach SEECK–SCHENKL, Eine verlorene Rede,
a.a.O. 556 kam dieses Bild in der verlorenen Rede des
Themistios vor, eine Ansicht, die auch W. STEGEMANN,
RE V A 1667 akzeptiert hat. Es ist jedoch auch möglich,
daß Libanios dieses Bild benutzte, um drei Haupteigen-
schaften, die Themistios in seiner Rede dem Kaiser Julian
zugeschrieben hatte (z. B. Besonnenheit, Tapferkeit, Gerechtigkeit), zu veranschaulichen. Vgl. Amm. Marc. 25,
4, 1 (wo allerdings vier Kardinaltugenden Julians gezählt

werden) und BOUCHERY, a.a.O. 227 A. 10; Dagron, L'empire Romain 225 (beide letztgenannten Forscher denken an Würde, Klarheit und Grazie, die personifiziert sind).

5.

Vgl. Lib. or. 11, 186 (I 500 FOERSTER) ἐρωτικαῖς ἀνάγκαις δεθέντες.

6.

Libanios scheint hier wieder Philostratos vor Augen zu haben: *Vit. soph.* 22, 4 (II 38 KAYSER) καὶ καθεύδειν γε οὐκ ἐᾷ, μὰ τὴν Ἀθηνᾶν (über den Sophisten Polemon gesagt). Der Spruch geht natürlich auf Themistokles zurück: Plut. *mor.* 84B; 92C; 184F; 800B; *Them.* 3, 4 usw. Das Zitat enthält zugleich die feine Andeutung, daß Libanios auf Themistios neidisch war wegen der Rede.

7.

Einflußreiche Persönlichkeit der Hauptstadt, die viele hohe Ämter bekleidet hatte: SEECK, Briefe 108f. Des Themistios bester Freund: Dagron, a.a.O. 36. Vgl. ferner ep. 32 (1189 F) A. 1; Prosopography 211f.

8.

d.h. die Christen Antiochias, die über den Tod des Kaisers jubelten: Ep. 53 (1220 F) A. 3. Zum Schweigen des Libanios nach dem Tode Julians: I. Hahn, Der ideologische Kampf um den Tod Julians des Abtrünnigen. *Klio* 38 (1960) 226.

9.

Vgl. Plat. Hipp. min. 372e μὴ φθονήσῃς ἰάσασθαι τὴν ψυχήν μου und Arr. *Epict.* 3, 23, 30 ἰατρεῖόν ἐστιν, ἄνδρες, τὸ τοῦ φιλοσόφου σχολεῖον.

10.

Als Prokonsul von Konstantinopel (359) hatte Themistios die Zahl der Senatoren von 300 auf 2000 erhöht: Them. or. 34, 13 (II 221 DOWNEY-NORMAN) τὸν κατάλογον τῶν ὁμογενῶν ἀντὶ μόλις τριακοσίων ἐπλήρουν εἰς δισχιλίους; PETIT, Sénateurs 349. Da nun dadurch auch der Gesamtgrundbesitz der Senatoren sich erheblich vergrößert hatte, könnte man evtl. hier den Ausdruck πλείω γεωργεῖ wörtlich verstehen (= *hat eine viel größere Landfläche als bisher zu bebauen*). Einer solchen Interpretation widerspricht jedoch die Tatsache, daß Libanios hier die Rede des Demosthenes über die Truggesandtschaft vor Augen hat; dort sagt Demosthenes (19, 314): εἶτα γεωργεῖς ἐκ τούτων καὶ σεμνὸς γέγονας, wobei das Verbum im übertragenen Sinne zu verstehen ist. So muß man auch an unserer Stelle die Wendung δι' ἣν πλείω γεωργεῖ durch *wovon er profitiert und an Ansehen gewonnen hat* o. ä. übersetzen. Tausend Jahre später versucht ein byzantinischer Epistolograph seinen Adressaten davon zu überzeugen, daß das Verbum γεωργεῖν im übertragenen Sinne korrektes Attisch sei und daß Demosthenes dafür Zeugnis ablege: Michael Gabras ep. 223 (II 369f. FATOUROS) (und die Regesten dazu).

11.

Hier schwebt dem Briefschreiber ebenfalls die oben genannte Rede des Demosthenes vor: 19, 121f. ἐπειδὴ γὰρ ἀπεστέλλετ' αὖθις αὖ τὸ τρίτον τοὺς πρέσβεις ὡς τὸν Φίλιππον ..... ἐχειροτονήσατε καὶ τοῦτον κἀμέ.... ἐγὼ μὲν δὴ παρελθὼν ἐξωμοσάμην εὐθέως. Mit anderen Worten, Themistios hatte einer Teilnahme an der Gesandtschaft des Konstantinopler Senats nach Antiochia genauso abgeschworen wie Demosthenes der Teilnahme an der Gesandtschaft der Athener an Philippos. ἐξωμοσία ist der attische *terminus technicus* für die Ablehnung eines öffentlichen Auftrages. Vgl. B. K r u s e, De Libanio Demosthenis imitatore. Diss. Breslau 1915, 36. Im übrigen zitiert Libanios die Rede über die Truggesandtschaft des öfteren: Ebenda 33 f.; 50 f. usw.

12.

Er ahmt bewußt Herodot nach: 1, 8, 2 χρῆν γὰρ Κανδαύλῃ γενέσθαι κακῶς. καὶ ταύτῃ (= *auch diesbezüglich*), d. h. nicht nur durch den Tod Julians.

ep. 61 (1455 F)

An Themistios

Der vorliegende Brief gibt ein anschauliches Bild von der
tiefen Verzweiflung, in die Libanios durch die Nachricht
vom Tode Julians gestürzt wurde. Davon abgesehen aber
stellt der Brief den Interpreten – nicht zuletzt wegen
einer Textlücke – vor erhebliche Schwierigkeiten. Klar
ist, daß der Überbringer, ein junger Mann namens Severinos, sich kurze Zeit in Antiochia aufgehalten hat und
nunmehr nach Konstantinopel abreist, wo sich Themistios seiner annehmen soll. Aus dem Text geht jedoch
nicht hervor, weshalb Severinos nach Antiochia gekommen ist, und ebensowenig erfahren wir, was Themistios
für ihn tun soll. Möglicherweise hat Severinos sich um
eine öffentliche Anstellung bemüht und wollte sich zu
Lebzeiten Julians auf die Fürsprache des Libanios stützen, ist aber dann nach dem Tode Julians in die Hauptstadt gereist, um dort die Hilfe des noch immer sehr einflußreichen Themistios in Anspruch zu nehmen. Für diese
Annahme spricht, daß Libanios im Schlußsatz sagt,
Themistios erfreue sich der Gunst der Mächtigen (was
freilich auch als Höflichkeitsfloskel verstanden werden
kann). Gegen die skizzierte Deutung spricht indessen,
daß Libanios überhaupt nicht von den Wünschen und
Lebensbedingungen des jungen Mannes spricht, sondern
nur von seinen Studien und Interessen. Man kann daher
nicht ausschließen, daß Severinos studienhalber nach
Antiochia gekommen ist und nun die Universität wech-
selt. Für diese Annahme spricht, daß im ersten Satz des
Briefes von den συνουσίαι die Rede ist, ein Wort, welches
primär die Beziehung von Lehrer und Schüler bezeichnet. Außerdem aber soll Themistios dafür sorgen, daß
Severinos »sich nicht der Bequemlichkeit hingibt«; das
paßt besser auf die Situation eines Studenten als auf die
eines Anstellung suchenden Arbeitslosen. Die beiden

skizzierten Deutungen lassen sich indessen auch kombinieren, da man davon ausgehen kann, daß die Berufschancen eines Libanios-Schülers sich mit dem Tode Julians verringert haben. Es könnte also sein, daß Severinos im Sommer 363 studienhalber nach Antiochia gekommen ist, was in der Ära Julians gewiß vorteilhaft erschien. Auf die Schreckensnachricht hin ist er sodann zu Themistios übergewechselt. Für diese Annahme spricht der Tenor der Empfehlung: Severinos hat von Libanios nicht viel gelernt, versteht sich aber auf die Schriften des Themistios. Gerade in diesem Punkt jedoch bringen die beiden Lücken des Textes weitere Unsicherheiten mit sich. Den Brief hat Severinos selbst im Dezember 363 nach Konstantinopel mitgenommen.

I.

Die überlieferte Lesart φθόνον hat Förster in φόνον geändert; er hat dadurch unseren Text nicht nur um ein Motiv ärmer gemacht, sondern dazu noch sein Verständnis in eine andere Richtung gelenkt, da durch die Ersetzung des Wortes der Tenor des ganzen Briefes geändert wird. Der Konjektur Försters liegt ein Gerücht bzw. eine Legende zugrunde, wonach Julian von einem Christen aus dem eigenen Lager getötet wurde. Libanios behandelt dieses Thema ausführlicher in seiner Rede an Theodosios (trotz der Überschrift πρὸς Οὐάλεντα: Förster–Münscher, RE XII 2503) περὶ τῆς τιμωρίας Ἰουλιανοῦ (aus dem Jahr 378–379), in welcher das Wort φόνος (= Mord) und φονεύς (= Mörder) wiederholt auftaucht: Or. 24, 23 (II 524 Foerster) τίς ὁ ἀρχιτέκτων τοῦ φόνου; 21 (II 523) ἐν τοῖς ἡμετέροις εἶναι τὸν φονέα; vgl. noch ebenda 17 (II 521); 27 (II 526); Seeck, Untergang IV 355 (vgl. dazu S. 513); Misson, Paganisme 102; Libanios 82. Allein dieses Gerücht über den Tod des Kaisers scheint nicht gleich mit der Todesnachricht aufgekommen zu sein, sondern aller Wahrscheinlichkeit nach hat es sich erst einige Zeit später gebildet; denn in seiner Monodie

auf Julian, gehalten 365, glaubt Libanios noch, ein Gott
habe Julian durch die Hand eines Reiters getötet (or. 17,
23 [II 215 f. Foerster]).* Erst in seiner Grabrede für Julian
(or. 18, 275 [II 356 Foerster]), die viel später verfaßt und
niemals gehalten wurde, taucht die Version auf, der
Kaiser sei von der Hand eines Christen gefallen; vgl.
Misson, Paganisme 102. Auf der anderen Seite hat
Förster übersehen, daß das Motiv des Neids (= »das
Perserreich wäre unterworfen, wenn nicht ein neidischer
Dämon es verhindert hätte«) auch an anderen Stellen des
Werkes des Libanios vorkommt: Sievers, Libanius
133. Völlig eigenartig faßt die Stelle Bouchery, The-
mistius 234 auf: Er verwirft zwar die Änderung För-
sters und hält im Text die Lesart φθόνον bei, glaubt aber
zugleich, daß das Wort φθόνος doch auf die Ermordung
Julians aus den eigenen Reihen zu beziehen sei. Mit dem
Adverb μεγάλα meint Libanios offensichtlich die Ver-
nichtung des Perserreiches.

2.

Die Worte sind mit rhetorischer Solennität an den Anfang des Satzes gestellt. Sie sind auf den Tag des Todes
(σφαγή) Julians zu beziehen, gemeint ist jedoch der Tag
des Eintreffens der Todesnachricht in Antiochia.

3.

Zu diesem Ausdruck vgl. Plat. *resp.* 499 c φιλοσοφίας ἀλη-
θινὸς ἔρως ἐμπέσῃ. In ep. 60 (1430 F), 3 bezieht Libanios
das Verbum ἐμπίπτειν auf die Todesnachricht: ὁ τῆς
σφαγῆς λόγος ἐνέπεσεν εἰς τὴν πόλιν. Zum Schweigen des
Libanios nach dem Tode Julians vgl. ep. 60 (1430 F) A. 8.

4.

Wie heute im Neugriechischen: κουβεντιάζω μὲ τὶς πέτρες.
Vgl. ferner A. Piganiol, L'empire chrétien. Paris²
1972, 263.

---

* τίς ἐπήγαγε δαίμων τῷ βασιλεῖ θρασὺν ἱππέα; vgl. noch ebenda
32 (II 219 Foerster) ὑπ᾽ Ἀχαιμενίδου τινὸς κατενήνεκται.

5.

Der Text weist zwei Lücken von ca. 28 Buchstaben auf, die von früheren Herausgebern verschieden ausgefüllt wurden. Bouchery setzt an der ersten Stelle ein: *[παρ' ἐμοῦ μεμαθηκώς· περὶ σοῦ μ]έντοι* und an der zweiten Stelle mit Förster: *τ[ῶν ἀπάντων μάλιστα τοὺς λ]όγους*. Diese Ergänzungen sind aus mehreren Gründen nicht überzeugend: (1) statt *ἔχοι ἂν μεμαθηκώς* würde Libanios doch wohl schreiben: *ἔχοι ἂν μαθεῖν* (2) Severinos ist nicht über Themistios' Person informiert, sondern über seine Schriften; daher ist *περὶ σοῦ* sinnlos. (3) statt *καὶ τῶν ἀπάντων μάλιστα* sagt der Grieche: *πάντων δὲ μάλιστα*. (4) Die Wendung *οὓς οὐχ οἷόν τε μὴ εἶναι χρυσοῦς* läßt erwarten, daß Libanios die erwähnten Reden nicht kennt, sondern ihre Vortrefflichkeit erschließt. Daher können kaum alle Reden des Themistios gemeint sein, sondern nur einige. Man erwartet also *τοὺς ἐν....λόγους* oder *τοὺς περὶ...λόγους*. Zu der Ergänzung *ἐπίσταται καὶ τ[ηρεῖ* vgl. ep. 411, 1 *τὸ πολλοὺς εἰδέναι τῶν ἡμετέρων λόγων καὶ μνήμῃ τηρεῖν*. In or. 18, 12 (II 241 Foerster) variiert Libanios die Gegenüberstellung von *(εἰδέναι ἐπίστασθαι)* und *τηρεῖν* zu *συνιέναι καὶ φυλάττειν*.

ep. 62 (1063 F)
An [Ammianus] Marcellinus

Libanios' glühender Wunsch, die Taten Julians für die Nachwelt festgehalten zu sehen, sollte noch vor seinem Tode in vorbildlicher Weise verwirklicht werden. In ep. 53 (1220 F), 7f. sehen wir ihn, wie er kurz nach dem Tode Julians nach Berichten von der Persien-Expedition und dem heroischen Ende seines Idols Ausschau hält. Ein Vierteljahrhundert später wurde die Aufgabe anscheinend unbeeinflußt durch Libanios von seinem berühmten Landsmann Ammianus Marcellinus ausgeführt.

Es macht dem Sophisten Ehre, daß er einem Autor über-
schwengliches Lob spendet, von welchem ein moderner
Historiker sagen sollte, er sei »das größte literarische
Genie, das die Welt zwischen Tacitus und Dante gesehen
hat«*.
Der Brief stellt eine wichtige Quelle für das Leben Ammians dar, der uns selbst allenfalls über seine Jugendjahre
Auskunft gibt. Nur aus diesem Brief erfahren wir, daß
der Historiker aus Antiochia stammte und daß er Anfang
der neunziger Jahre Vorträge aus seinem Geschichtswerk in Rom hielt; ferner, daß in der Zeit der Abfassung
dieses Briefes sein Geschichtswerk noch nicht vollendet
war. Die Datierung (392) ist ziemlich sicher, da in dem
Brief vom Tode Kimons, des Sohnes des Libanios, die
Rede ist, der 390 oder 391 starb: Sievers, Libanius 201.
Der Umstand, daß Libanios seinem Adressaten das Schicksal Kimons sowie des Kalliopios mitteilt, läßt darauf
schließen, daß Ammian Libanios näher kannte**. Vermutlich waren unter den verlorengegangenen Briefen
des Libanios aus den Jahren 366–387 etliche an Ammian
gerichtet. Die Bekanntschaft des Sophisten mit dem
Historiker geht anscheinend in die Zeit nach dem Tode
Julians zurück, als Ammian sich in Antiochia niederließ;
vgl. Amm. Marc. 25, 10, 1 und 29, 2, 4; O. Seeck, RE
I 1846. Libanios erwähnt den Historiker wahrscheinlich
noch ep. 233, 4 F. Zu Ammians Aufenthalt in Rom:
H. Bloch, The Pagan Revival in the West at the End of
the Fourth Century, in: Momigliano, Conflict 207f.

1.

Zum Leben und Werk Ammians: W. Enßlin, Zur
Geschichtsschreibung und Weltanschauung des Am-

---

* E. Stein, Geschichte 331.
** Dies bestreitet A. Cameron, The Roman Friends of Ammianus.
The Journal of Roman Studies 54 (1964) 19. Was in diesem Artikel über
die Beziehungen Ammians zu Libanios behauptet wird, ist teils rein
hypothetisch, teils ungenau.

mianus Marcellinus *(Klio. Beiheft 16)*. Leipzig 1923;
E. A. T h o m p s o n, The Historical Work of Ammianus
Marcellinus. Cambridge 1947 (Nachdr. Groningen 1969).
Kurz, aber substantiell: O. S e e c k, R E I 1845 f.; E. S t e i n,
Geschichte 331 f.; R. S y m e, Ammianus and the Historia
Augusta. Oxford 1968, 5 f. Vollständige Bibliographie
zu Ammian: Ch. P. Th. N a u d é, Ammianus Marcellinus
in the lig van die antieke Geskiedskrywing. Diss. Leiden
1956.

2.

ἔχειν mit einer Örtlichkeit als Objekt verbunden kann
nicht auf jeden beliebigen Einwohner, sondern auf wichtige Persönlichkeiten bezogen werden. Es handelt sich
um einen Ausdruck, den die Dichter zunächst in dem
Fall von Gottheiten angewandt haben: Hom. Il. 5, 890
θεῶν, οἳ Ὄλυμπον ἔχουσιν; 5, 749 πύλαι..., ἃς ἔχον Ὧραι;
Aesch. *Eum.* 24 Βρόμιος ἔχει τὸν χῶρον usw. Die Örtlichkeit als Subjekt des Verbums ist auch poetisch: Hymn.
Apoll. 30 ὅσους Κρήτη ἐντὸς ἔχει usw. Solche Gräzismen
sind natürlich nicht wörtlich übersetzbar.

3.

Gemeint sind wahrscheinlich die mythologischen Ge-
stalten aus der Gründungsgeschichte Roms. Wie im Falle
Athens (vgl. ep. 1 [962 F]), schwärmt Libanios für Rom
vorwiegend deshalb, weil es eine der wenigen Städte ist,
wo der alte Glaube noch lebendig ist.

4.

Vielleicht gilt diese Anspielung vorwiegend dem prominentesten Politiker und Redner Roms, Q. Aurelius
Symmachus, der die Tradition des gleichnamigen Sena-
torengeschlechts fortsetzt. Vgl. ep. 63 (1004 F).

5.

Nach W. H a r t k e, Römische Kinderkaiser. Berlin 1951,
71 weist der Ausdruck des Libanios τοῦ φανέντος ἐπαινεθέντος μέρος ἔτερον εἰσκαλοῦντος darauf hin, daß das Werk
Ammians abschnittsweise veröffentlicht wurde. Der Brief

des Libanios kennzeichne genau den Punkt zwischen der
vorletzten und der letzten »Lieferung«.

6.

Über die Pflege der heidnischen Literatur in Rom in dieser Zeit: H. Peter, Die geschichtliche Litteratur über
die römische Kaiserzeit bis Theodosius I. Leipzig 1897
(Nachdruck Hildesheim 1967), I 136f. Zur Rhetorik
Ammians: Stein, Geschichte 333.

7.

οἴκοθεν stellt eine Emendation Försters dar; die Handschriften bieten ἐκεῖθεν (Dresdensis: ἐκεῖσε).

8.

Zum Tode seines Sohnes sowie zu den Umständen, die
dazu führten: Epp. 13 (959 F); 14 (1058 F).

9.

Zur Familie des Libanios: Vorbemerkung zu ep. 13
(959 F); Sievers, Libanius 195 f.

10.

Kalliopios war als Lehrer (Grammatiker) an der Schule
des Libanios tätig: Ep. 1051, 5 F τεθνεῶτος δὲ πέπτωκε τὰ
τῇδε διδασκαλεῖα. Er hatte zusammen mit Libanios bei
Zenobios Rhetorik studiert und war der Lehrer Kimons.
Vgl. Petit, Étudiants 85f.; Wolf, Schulwesen 69;
Festugière, Antioche 119; Prosopography 175 (3).

ep. 63 (1004 F)

An ⟨Quintus Aurelius⟩ Symmachus

Die an Theodosios gerichtete Denkschrift des Libanios
pro templis (or. 30 [III 87–118 Foerster]; vgl. die Vorbemerkung zu ep. 1 [962 F]) blieb, wie es scheint, nicht
ganz ohne Wirkung auf den frommen Kaiser. Nach
Stein, Geschichte 321 ist es wahrscheinlich diesem Vor-
stoß des Libanios zu verdanken, daß Theodosios am
2. September 390 in Verona ein Gesetz erließ, das allen

Mönchen den Aufenthalt in den Städten verbot und sie
aufforderte, sich, der Idee des Mönchtums entsprechend,
in die Einöde zurückzuziehen. Der Widerhall dieses berühmten Protestes des antiochenischen Sophisten dürfte
zu dieser Zeit auch Rom erreicht haben, und dies nahm
offenbar Quintus Aurelius Symmachus, der prominente-
ste Vertreter des Heidentums Roms, zum Anlaß, einen
Brief des Dankes und des Lobes an Libanios zu richten.
Denn ansonsten gab es nicht viele Beziehungen zwischen den Heiden des Westens und denen des Ostens in
jener Zeit: Das Heidentum, wie Symmachus und sein
Kreis es verstanden, unterschied sich erheblich von dem,
was Libanios und seine Freunde im Osten praktizierten.
Dies zeigt sich am besten am Beispiel Julians, der seinerzeit enorme Schwierigkeiten hatte, sich mit den römischen Senatoren zu verständigen (: F. Paschoud, Zo-
sime, Histoire nouvelle, I. Paris 1971, LXVII). Jedenfalls aber stellt der Brief des Symmachus an Libanios sowie unser Antwortbrief darauf den einzigen Kontakt
zwischen den beiden hervorragendsten Repräsentanten
des Heidentums jener Zeit dar. Vielleicht wurde Symmachus zu dieser Kontaktaufnahme mit den Glaubensgenossen des Ostens auch durch die zahlreichen Rück-
schläge veranlaßt, die das Jahr des Briefes, 391, für die
Heiden brachte: Am 24. Februar wurde das Betreten der
heidnischen Tempel in Rom sowie jegliche heidnische
Kulthandlung verboten, ab 16. Juni galt dasselbe auch
für Alexandria, nachdem kurz zuvor der berühmte Tempel des Serapis ebendort zerstört worden war (: Stein,
a.a.O. 323; vgl. die Vorbemerkung zu ep. 71 [972 F]).
In diesem Fall muß man allerdings beide Briefe auf den
Herbst oder Winter 391 datieren. Der Brief an Libanios
findet sich nicht unter den erhaltenen Briefen des Symmachus; er gehörte offenbar denjenigen Briefen an, die
der Sohn des Autors Q. Fabius Memmius Symmachus
aus der Sammlung seines Vaters vor ihrer Publikation

als gefährlich entfernte. Vgl. O. Seeck, Q. Aurelii Symmachi quae supersunt. Berlin 1883 (Nachdr. ebenda 1961), XXIII.

1.

Quintus Aurelius Symmachus Eusebius (ca. 340/45–402), Sproß einer vornehmen römischen Familie, Verwandter des Bischofs Ambrosius von Mailand. Seine Titel und Würden erwähnt eine auf Geheiß seines Sohnes verfertigte Inschrift, die auf dem Mons Caelius in Rom gefunden wurde*. Großgrundbesitzer; zumindest 15 Villen in seinem Besitz nachweisbar. Zu seinem Leben und Werk: Seeck, a.a.O. XXXIXf.; Ders., RE IV A 1146f.; J. A. McGeachy, Jr., Quintus Aurelius Symmachus and the Senatorial Aristocracy of the West. Diss. Chicago 1942, 6f.; S. Dill, Roman Society in the Last Century of the Western Empire. London² 1906, 144f. Stammbaum der Familie der Symmachi: Seeck, a.a.O. XL; Ders., RE IV A 1143.

2.

Seit dem 2. Jahrhundert n.Chr. war die Zwölfteilung des Tages in der Zeitrechnung üblich, wobei je nach Jahreszeit die Stunden ungleich lang waren. Diesen sog. ὧραι καιρικαί, welche mit Hilfe der Sonnenuhren in den alltäglichen Gebrauch übergingen, standen die ὧραι ἰσημεριναί, die gleich langen Äquinoktialstunden der Astronomen gegenüber (: Sontheimer, RE IV A 2018). Mit ὧραν τρίτην meint Libanios hier höchst wahrscheinlich nicht den Zeitraum zwischen der zweiten und der dritten Stunde, sondern die sog. ὧρα πεπληρωμένη (hora plena) (= 3 Uhr), welche je nach Jahreszeit zwischen 9 und 10 Uhr vormittags unserer Rechnung fallen mußte.

---

* CIL VI 1699 (= Dessau ILS 2946): *Q.Aur.Symmacho, v(iro) c(larissimo), quaest(ori), praet(ori), pontifici, procons(uli) Africae, praef(ecto) urb(i), co(n)s(uli) ordinario, oratori disertissimo, Q. Fab. Memm(ius) Symmachus v(ir) c(larissimus) patri optimo.*

3.

Der Überbringer des Briefes des Symmachus, sonst unbekannt.

4.

Der Kummer des Libanios war durch das tragische Schicksal seines Sohnes verursacht, der im Jahre der Abfassung des vorliegenden Briefes gestorben war: Vorbemerkung zu ep. 14 (1058 F). Im übrigen spricht Libanios ähnlich über den Brief des Postumianus, der seine Trauer für Kimon leichter machte: Ep. 67 (1036 F), 1.

5.

Libanios war des Lateinischen unkundig: Ep. 67 (1036 F) A. 6.

6.

Den gleichen Gedanken in fast denselben Worten bringt ep. 1059, 5 F an den Feldherrn Moderatos: δέδεικται [i. e. ἡ ἐπιστολή] καὶ φίλοις ἡμῶν καὶ οὐ φίλοις, τοῖς μέν, ὅπως ἡσθεῖεν, τοῖς δέ, ὅπως ἀποπνιγεῖεν. (Der Brief ist unseren Freunden gezeigt worden und denen, die nicht unsere Freunde sind; den einen, damit sie sich freuen, den andern, damit sie daran ersticken).

7.

Symmachus ist uns heute hauptsächlich aus seinen Briefen bekannt, seinen Ruhm im Altertum verdankte er jedoch seiner Fähigkeit als Redner: McGeachy, a.a.O. 17 f. Ein großer Teil seiner Reden ist verlorengegangen.

8.

Symmachus muß in dem Brief an Libanios den Satz geschrieben haben: *te epistula hac anteveni* (oder ähnlich); vgl. Symm. ep. 6, 77 (S. 175 Seeck) *anteveni inquisitionem* usw. Für die Mentalität des Symmachus war von Bedeutung, wer zuerst einen Brief schreibt: Symm. ep. 6, 60 (S. 170 ebenda); Dill, a.a.O. 152.

9.

L. Aurelius Avianius Symmachus Phosphorius, der Va-

ter des Adressaten, Stadtpräfekt in Rom 364/365.
Vgl. O. Seeck, RE IV A 1142; McGeachy, a.a.O.
6f.

10.

L. Aurelius Avianius Symmachus wurde des öfteren vom
römischen Senat als Gesandter an den Kaiser geschickt.
Im Zuge einer solchen Gesandtschaft kam er 361 zu
Konstantios nach Antiochia, wo ihn Libanios kennen-
lernte. Auf dem Rückweg wurde die Gesandtschaft in
Naissus von Julian mit allen Ehren empfangen: Amm.
Marc. 21, 12, 24. Teilnehmer an der Gesandtschaft war
auch Valerius Maximus: Ebenda.

11.

Unsere Stelle stellt einen wichtigen Anhaltspunkt für die
Berechnung des Geburtsjahres des Adressaten dar. Im
Jahr 361 befindet sich Symmachus offenbar in einem
Alter, in dem er am Rhetorikunterricht teilnehmen kann,
und im Jahr 375 nennt er sich noch jung (: Symm. ep.
1, 1, 5 [S. 2 Seeck]), er ist also zwischen 340 und 345 geboren. Vgl. McGeachy, a.a.O. 7.

12.

Im Jahre 388 hielt Symmachus auf den Usurpator Maximus, vermutlich im Januar aus Anlaß von dessen zwei-
tem Konsulat, eine panegyrische Rede. Dies wurde ihm
beinah zum Verhängnis, als Theodosios im August desselben Jahres den Maximus in Aquileia besiegte und tö-
tete. Vor dem Zorn des Kaisers nahm Symmachus in
eine christliche Kirche Roms Zuflucht. Nach der Vermittlung des römischen Bischofs Leontius verzieh ihm
Theodosios, worauf Symmachus eine apologetische Rede
vor dem Kaiser hielt (: McGeachy, a.a.O. 14). Es sind
wahrscheinlich diese Ereignisse, auf welche Libanios mit
dem Satz »als das Meer aufgewühlt wurde« anspielt, während der Ausdruck »sobald es sich wieder beruhigte« auf
die wiedergewonnene Gunst des Kaisers sowie das Konsulat des Symmachus (391) hinweist.

13.

Ähnliche Floskeln der Bescheidenheit kommen auch in den Briefen des Symmachus vor; vgl. z. B. Symm. ep. 4, 27 (S. 107 Seeck) *sum quidem loquendi pauper* usw.

ep. 64 (1224 F)

An Salutios

Griechische Bildung, Jurastudium und Stenographie waren im 4. Jahrhundert die Kriterien, nach welchen Anwärter für den Dienst in der Verwaltung ausgewählt wurden. Während der Regierungszeit des Konstantios nahm die Bedeutung des dritten dieser Kriterien auf Kosten der beiden anderen beträchtlich zu. Dies hatte zur Folge, daß immer wieder Männer, die kaum mehr als eine elementare Bildung besaßen, in der Kunst der Stenographie aber sehr gewandt waren, wichtige zivile Ämter erhielten, was wiederum das Erlernen der Stenographie für junge Leute sehr attraktiv machte. Über diese Zustände entrüstet sich Libanios, und nicht zuletzt aus diesem Grunde ist ihm das Regime des Konstantios verhaßt. Dem »goldenen Zeitalter der Stenographie« bereitete Julian ein abruptes Ende, indem er dafür Sorge trug, daß die Schlüsselpositionen der Verwaltung den Trägern klassischer Bildung vorbehalten blieben*. Einer der eifrigsten Verfechter dieser Politik des Kaisers war der Adressat dieses Briefes, Saturninius Secundus Salutius, »eine

---

* In der Zeit des Theodosios tritt wieder eine Wendung, diesmal zugunsten der Juristen ein; jede Regierungszeit war sozusagen von einem der oben genannten Kriterien geprägt: Die Regierungszeit des Konstantios von der Stenographie, die des Julian von der griechischen Paideia und die des Theodosios vom Latein und der Juristerei: Petit, Vie municipale 366. Vgl. noch Festugière, Antioche 410 f.; P. Wolf, Libanios und sein Kampf um die hellenische Bildung. *Museum Helveticum* 11 (1954) 241 f.

438 Erläuterungen

der wichtigsten Persönlichkeiten des Jahrhunderts«
(: Alföldi, Conflict 11). Libanios fühlt sich verpflichtet, dem Adressaten für solche Förderung von Vertretern
griechischer Bildung zu danken. Die primäre Absicht
des Briefes scheint es jedoch, den Redner und Advokaten
Arsenios zu empfehlen, dem Salutios zu einem öffentlichen Amt verhelfen soll. Der Brief wurde im Jahr 364
während der Regierung von Valentinian und Valens
(: § 3 τοῖν βασιλέοιν) geschrieben.

1.

Hoher Würdenträger des oströmischen Reiches während
der Regierungen Julians, Jovians, Valentinians und
Valens', bekannt aus mehreren Quellen; hervorragender
Verfechter des Hellenentums und des Neuplatonismus.
Er war gemäßigter Heide und mahnte oft seinen Freund
Julian zur Mäßigung, freilich ohne den gewünschten Erfolg. Gleich nach seiner Thronbesteigung ernannte ihn
Julian zum *praefectus praetorio per Orientem,* ein Amt, das
er noch 365 bekleidete. Als er nach dem Tode Julians
als sein Nachfolger designiert wurde, lehnte er die Kai-
serwürde ab. Nach dem Tode Jovians wurde er ebenfalls
zum Kaiser vorgeschlagen, empfahl jedoch statt seiner
den ausgezeichneten Soldatenführer Valentinian. Diese
Entscheidung läßt die hohe politische Einsicht des Salutios erkennen: Obgleich ein überzeugter Heide, hatte er
die Überlegenheit des Christentums erkannt und in der
Person Valentinians einen gemäßigten Christen als Oberhaupt des Reiches ausgewählt. Er hatte außerdem ein
hochentwickeltes Gefühl für Gerechtigkeit und Pflicht
und galt als einer der objektivsten Kritiker und toleran-
testen Politiker seiner Zeit. Seine moralische Größe
scheint auch ein Fanatiker wie Gregor von Nazianz anerkannt zu haben: Or. 4, 91 (PG 35, 621 C) γενέσθαι γὰρ
ἄνδρα Ἕλληνα μὲν τὴν θρησκείαν, τὸν τρόπον δὲ ὑπὲρ Ἕλληνα
καὶ κατὰ τοὺς ἀρίστους τῶν πάλαι καὶ νῦν ἐπαινουμένων.
Salutios stammte aus Gallien (: Julian, or. 8, 252 A, was

Seeck zu ignorieren scheint). Sein Name begegnet auch in der Form Sa(l)lustios, er ist jedoch von seinem Namensvetter, dem *praefectus praetorio Galliarum* Flavius Sallustius, zu unterscheiden (: Th. Mommsen, Sallustius = Salutius und das Signum. *Hermes* 37 (1902) 443 f.). Er ist wahrscheinlich der Autor der kleinen Schrift περὶ θεῶν καὶ κόσμου: A. D. Nock, Sallustius, Concerning the Gods and the Universe. Cambridge 1926, ci f.; Bowersock, Julian 125. Während des persischen Feldzugs Julians war er bereits ein alter Mann (: Amm. Marc. 25, 5, 3), daher fällt sein Geburtsjahr in die Regierungszeit Diokletians. Zum Adressaten: Seeck, Briefe 265 f.; Ders., RE I A 2072 f.; Prosopography 814 f.; Alföldi, Conflict 11; K. F. Stroheker, Der senatorische Adel im spätantiken Gallien. Tübingen 1948 (Nachdr. Darmstadt 1970) 25 f., 213 f.

2.

Der reiche Großgrundbesitzer und Senator Olympios (: ep. 47 [736 F] A. 11) stammte aus einer kinderreichen Familie, von seinen Geschwistern sind jedoch nur Mikkalos (: ep. 5 [1518 F] A. 2) und Evagrios namentlich bekannt. Als letzterer im Jahre 363 Gefahr lief, zwangsweise in die Kurie von Antiochia aufgenommen zu werden, rettete ihn der Adressat aus dieser mißlichen Lage, indem er ihm ein Amt verschaffte: Seeck, Briefe 129. Zur Umgehung des Dekurionats durch Bekleidung eines Amtes: Vorbemerkung zu ep. 13 (959 F).

3.

Das Bild bezieht sich nicht auf den Fischfang, sondern auf die mit dem Netz kämpfenden Gladiatoren *(retiarii)*: Die Kurialen werden einzeln mit dem Netz der Kurie gejagt. Vgl. *epigr. gr.* 351 (S. 138 Kaibel).

4.

Das Verbum ἕλκειν benutzt Libanios für unfreiwilliges Hineinziehen in die Kurie auch anderwärts: Ep. 13 (959 F) A. 8; Cadiou, Relations scolaires 98 A. 1.

5.

Zur Anstellung von griechisch gebildeten Rednern in hohen Positionen durch den Adressaten: Petit, Vie municipale 203.

6.

Außer als Sprungbrett für die Verwaltung (vgl. die Vorbemerkung zu diesem Brief) diente die Stenographie auch anderen Berufszielen. Bei der Edition von Predigten und improvisierten Reden z. B. wurden Stenographen (griech. ταχυγράφοι bzw. σημειογράφοι) eingesetzt. So sind die meisten Predigten des Johannes Chrysostomos mit Hilfe von Stenographen ediert worden: R. Goebel, De Ioannis Chrysostomi et Libanii orationibus quae sunt de seditione Antiochensium. Diss. Göttingen 1910, 6 A. 1. Vgl. noch V. Gardthausen, Griechische Palaeographie. Leipzig² 1913, II 270f.

7.

Redner und Advokat aus Antiochia: Seeck, Briefe 90 (II). Trotz der warmen Empfehlung des Libanios verschaffte Salutios dem Arsenios offensichtlich kein Amt. Deshalb kommt Libanios in ep. 1474 F (aus dem Jahr 365) wieder auf seine Bitte zurück. Vgl. auch Prosopography 110 (2).

8.

Vgl. ep. 1474, 5 wo die Vorzüge des Arsenios mit anderen Worten aufgezählt werden: οὐ τῶν εὖ γεγονότων ἀνήρ; οὐ τῶν νοῦν ἐχόντων; οὐ τῶν ἐν δίκαις γεγυμνασμένων; usw.

9.

Zu dieser Wendung vgl. ep. 9 (388 F), 2 τίνα γὰρ οἴει με γενέσθαι usw.

ep. 65 (1428 F)   An Salutios

Der Briefwechsel des Libanios mit dem Adressaten fing nach dem Tode Julians an. Vom Euphrat, wo er sich, erkrankt, noch beim Expeditionscorps befand, schickte

Salutios an Libanios einen Brief, in dem er versuchte, ihn über den Verlust seines großen Freundes zu trösten. Der vorliegende Brief, der zweite von zwölf Briefen, die Libanios an den Adressaten gerichtet hat, wurde an diesen geschickt, als er mit Kaiser Jovian von Edessa nach Antiochia aufbrechen wollte. Libanios will sich hier entschuldigen, daß er dem Adressaten nicht entgegenkommen kann. Den Brief überbrachte der darin erwähnte Eudaimon im Oktober 363.

1.

Zum Adressaten: Ep. 64 (1224 F) A. 1.

2.

Carmen conviv. 7 (S. 473 Page):

ὑγιαίνειν μὲν ἄριστον ἀνδρὶ θνητῷ,

δεύτερον δὲ καλὸν φυὰν γενέσθαι,

τὸ τρίτον δὲ πλουτεῖν ἀδόλως,

καὶ τὸ τέταρτον ἡβᾶν μετὰ τῶν φίλων

(Gesundheit ist das Beste für einen Sterblichen, das Zweitbeste schön gewachsen sein, das Dritte ist Reichtum ohne Trug und das Vierte, sich mit den Freunden der Jugend erfreuen.)

3.

Über das Gefängnis spricht Libanios ausführlich in or. 45 (III 359f. Foester).

4.

Eudaimon war einer der Lehrer, die Libanios in seiner Schule beschäftigte; vgl. die Vorbemerkung zu ep. 19 (337 F); Seeck, Briefe 131f. (II).

5.

Eine Gewohnheit, die Libanios in or. 53, 29f. (IV 68f. Foerster) entschieden verurteilt.

ep. 66 (1106 F) An Rufinus

Die im vorliegenden Brief enthaltenen Freundschaftsbeteuerungen und Schmeicheleien machen Libanios keine Ehre. Rufinus, damals der starke Mann im Reich, hatte kurz zuvor während eines Blitz-Besuches in Antiochia ein kalblütiges Verbrechen begangen: Er ließ den *comes Orientis* Lukianos, einen aufrichtigen, unbestechlichen Mann, zu Tode peitschen, weil dieser eine ungerechte Forderung des Senators Eucherios, eines Onkels des Kaisers Theodosios, abgeschlagen hatte; damit zog er sich freilich eine Rüge des Kaisers zu. Nach Zosimos, *hist. nova* 5, 2, 4 (S. 219 Mendelssohn) waren die Antiochener über das Verbrechen so entrüstet*, daß Rufinus nicht wagte, den Tod des *comes Orientis* bekannt werden zu lassen, sondern seine Leiche bedeckt in einer Sänfte durch die Straßen tragen ließ, damit die Leute glaubten, er sei noch am Leben. Bald darauf hat er, um das Volk zu versöhnen, eine prächtige Säulenhalle in Antiochia bauen lassen. Der Umstand, daß Rufinus den Libanios als großen Literaten anerkannt hatte, sprach anscheinend die Eitelkeit des greisen Sophisten an, so daß dieser von den Untaten des mächtigen Präfekten ungerührt blieb.

Wie dem auch sei, der Bericht des Zosimos über das oben erwähnte Ereignis läßt sich durch unseren Brief ein wenig korrigieren. Zosimos setzt den Besuch des Rufinus in Antiochia nach dem Tode des Theodosios (17. Januar 395) an, unser Brief zeigt jedoch, daß er zwei Jahre früher zu datieren ist; denn der vorliegende Brief ist einer der allerletzten, die Libanios geschrieben oder diktiert hat, er fällt also in den Sommer 393; nach dieser Zeit hören wir von Libanios nichts mehr. Außerdem spricht Libanios darin von den Kaisern, also muß Theodosios

---

* Angesichts dieser Nachricht erscheint die Darstellung, die Libanios von dem Empfang des Rufinus in Antiochia gibt, übertrieben – sofern der Sinnzusammenhang eindeutig ist. Es besteht durchaus die Möglichkeit, daß der Anfang des in der handschriftlichen Überlieferung zusammen mit dem vorhergehenden (ep. 1105 F) als ein Stück erhaltenen Briefes verlorengegangen ist. Vgl. Förster in seinem kritischen Apparat.

noch am Leben sein*. Vgl. O Seeck, Libanius gegen Lucianus. *Rheinisches Museum für Philologie* 73 (1920–1924) 95f.; Pack, Studies 59f.; Petit, Publication 499f.

1.

Flavius Rufinus, die bedeutendste politische Persönlichkeit während der letzten Jahre des Theodosios. Er wird in allen historischen Quellen für die Zeit erwähnt. Man schildert ihn zumeist als fanatischen Christen, der über Leichen zu gehen pflegte, wenn er etwas erreichen wollte; er hatte u. a. den Feldherrn Promotos auf dem Gewissen, der auf seinen Befehl hin ermordet wurde. Sein Einfluß am Hof des Theodosios fängt bereits 382 an. Ende der achtziger Jahre fungierte er als *magister officiorum*. Er ist der Konsul des Jahres 392 und wurde zugleich im selben Jahr zum *praefectus praetorio per Orientem* ernannt. 395 erreichte seine Macht einen Höhepunkt, und nach dem Tode des Theodosios spielte er mit dem Gedanken, sich selbst zum Kaiser erheben zu lassen. Er unterhielt eine Privatarmee und soll sogar Münzen mit seinem Bild geprägt haben. Seinen Plänen bereitete Stilicho ein Ende: Als er am 27. November 395 den Kaiser Arkadios bei einer Heeresinspektion außerhalb Konstantinopels begleitete, wurde er von Gainas, einem Vertrauten Stilichos, auf grausame Weise umgebracht. Vgl. Seeck, Briefe 255f.; Ders., RE I A, 1189f.; Sievers, Studien 320f.; Prosopography 778f. Zur christlichen Tätigkeit des Rufinus: J. Pargoire, Rufinianes. *Byzantinische Zeitschrift* 8 (1899) 429f.

2.

Nach der Notiz Försters in seinem Apparat hatte hier Libanios Platon, Gorg. 511 a vor Augen.

3.

Bei Feierlichkeiten wurden in der Kaiserzeit große Men-

---

* Nur E. Demougeot, De l'unité à la division de l'empire Romain. Paris 1951, 127 datiert noch die Episode in den Sommer 395 und verlängert dadurch das Leben des Libanios bis zu dieser Zeit.

444 Erläuterungen

gen von Blumen, vorwiegend Rosen, sinnlos verschwen-
det: V. Hehn, Kulturpflanzen und Haustiere. Darmstadt[9] 1963, 257.

4.

Die Chlamys stellt neben dem Chiton eines der langlebig-
sten Kleidungsstücke des Altertums dar. Sie war ein
ovaler, kurzer Mantel, der auf der rechten Schulter geknüpft wurde. Ursprünglich war sie als Reitermantel gedacht, und damit Kleidungsstück des Adels geworden;
als solches konnte sie eine mannigfache, kostbare Aus-
stattung erhalten. Im Spätaltertum galt sie als vornehmes
Kleidungsstück: Lib. ep. 46 (694 F) A. 12; Chariton 4,
3, 7; Luc. *Amor.* 44; *DMeretr.* 1,1 usw. Sie war entweder
weiß: Heliodor 3, 3, 2 oder, häufiger, rot: Philostr. *Her.*
2, 2 (II 142 Kayser); Dio Cass. 59, 17; 65, 16, zuweilen
mit goldenen Stickereien: Dionys. Hal. *ant. rom.* 19, 12;
Dio Cass. 60, 33, 3 usw. Auf der Schulter wurde sie zuweilen mit einer kostbaren Spange geknüpft, z. B. aus
Gold: Ael. *VH* 1, 18 oder aus Bernstein: Heliodor 3, 3, 5
usw.

5.

Aus dem Zusammenhang geht nicht einwandfrei hervor,
ob Rufinus »Leibarzt« von Antiochia genannt wird, weil
er Lukianos töten ließ.

6.

Ihm schwebt das Sprichwort δευτέρων ἀμεινόνων vor; vgl.
Salzmann, Sprichwörter 64.

7.

Die Schnelligkeit der Reise des Rufinus nach Antiochia
wird sowohl von Zosimos 5, 2, 3 ἐπὶ τὴν Ἀντιόχειαν ἵεται
als auch von Claudianus, *in Rufin.* 1, 240 ad facinus velox
hervorgehoben. Vgl. O. Seeck, Libanius gegen Lucianus, a.a.O. 96. Zum Falken als Symbol der Schnelligkeit:
Salzmann, a.a.O. 81.

8.

Theodosios gilt als Retter der Stadt, weil er in seinen Vergeltungsmaßnahmen für den Aufstand von 387 maßvoll war und Antiochia nicht zerstören ließ. Zum Aufstand: Sievers, Libanius 172f.; A. Hug, Antiochia und der Aufstand des Jahres 387 n.Chr. Winterthur 1863.

9.

Rufinus konnte offensichtlich nur wenig Griechisch. Dies spricht eher für die Angabe des Zosimos 4, 51, 1 (S. 208 Mendelssohn), daß er aus Gallien stammte, als für die des Claudianus, in Rufin. 1, 137, laut welcher seine Vaterstadt das palästinensische Elusa war.

10.

Der Umstand, daß der Orontes ganz klein war, beweist, daß der Brief im Hochsommer geschrieben wurde: Seeck, Briefe 465. Die eingangs erwähnten Rosen sind dagegen kein sicherer Hinweis darauf, da es auch im Winter Rosen gab: Hehn, a.a.O.

11.

Die Angaben, die Libanios hier von Rufinus verlangt, will er in einem geplanten Panegyrikus für den letzteren verwenden, an dessen Abfassung ihn offensichtlich der Tod hinderte; vgl. Seeck, Libanius gegen Lucianus, a.a.O. 101. Der in diesem Zusammenhang erwähnte Theophilos fungiert wahrscheinlich als Gehilfe des Libanios. Er ist mit Theophilus V bei Seeck, Briefe 312 identisch.

ep. 67 (1036 F)

An Postumianus

In den letzten Jahren seines Lebens hatte Libanios Schicksalsschläge hinzunehmen; am schwersten traf ihn wohl der Tod seines Sohnes Kimon. Die Trauer darüber scheint sehr auf ihm gelastet zu haben, da in vielen Briefen aus diesem Abschnitt seines Lebens davon die Rede ist. Einziger Trost für ihn ist sein großer Ruf, den er als einer der führenden Redner und Lehrer seiner Zeit allenthalben genoß. Wenn ihn daher ein Brief von einem prominenten Bewunderer, wie jetzt von Postumianus oder ein Jahr davor von Quintus Aurelius Symmachus (ep. 63 [1004 F]), erreicht und diese Tatsache sich herumspricht, fühlt er sich gleichsam zu neuem Leben erweckt. So ist es keine rhetorische Übertreibung, wenn er dem Adressaten versichert, »die Götter schickten mir deinen Brief als einzig wirksames Heilmittel für meine Trauer«. Der Brief bezeugt die tiefe Abneigung des Libanios gegen die lateinische Sprache; er stammt aus dem Jahre 392.

1.

Vornehmer Römer, dessen Familie ihren Ursprung von den Göttern ableitete. Wie wir aus dem vorliegenden Brief erfahren, war sein Großvater einer der beiden Konsuln des Jahres 314. Er gehörte dem Senatorenkreis um Quintus Aurelius Symmachus an. Er dürfte wohl mit dem Postumianus, der den Dialog bei Macrobius, Saturn. 1, 1, 7 eröffnet, identisch sein. Vgl. SEECK, Briefe 243; W. ENSSLIN, RE XXII 890f.; Prosopography 718f.; J. Flamant, Macrobe et le Néo-Platonisme latin à la fin du IVe siècle. Leiden 1977, 65f.

2.

Vornehmer Antiochener, Schüler des Libanios. Er war zu dieser Zeit *proconsul Palaestinae*: SEECK, Briefe 178; in dieser Eigenschaft bekam er, wie es scheint, durch die kaiserliche Post den Brief des Postumianus an Libanios, den er dem letzteren aushändigte.

3.

ἐλεῖν stellt eine Emendation FÖRSTERS dar, während das ἐλθεῖν der Handschriften keinen Sinn gibt. Das Verbum αἱρεῖν bedeutet hier verstehen, wie bei Platon, *Phileb.* 17e ὅταν τε ἄλλο τῶν ἐν ὁτιοῦν ταύτῃ σκοπούμενος ἕλῃς. Zu τὸ προσιόν vgl. Lib. *decl.* 3, 27 (V 218 FOERSTER) λογισμῷ βελτίονι τὸ προσιὸν ἀναστείλαντας.

4.

Ein ähnlicher Ausdruck findet sich beim komischen Dichter Anaxandrides, fr. 58 (II 160 Kock) διασκεδᾷ τε τὸ προσὸν νῦν νέφος ἐπὶ τοῦ προσώπου.

5.

Sohn des Zeus und der Aigina, nach seinem Tode wegen seiner großen Gerechtigkeit als einer der Totenrichter eingesetzt: Plat. *Gorg.* 523 e f. usw. Es ist nicht bekannt. woher Libanios die Information hat, daß Aiakos versuchte, eine nicht gerechte Tat auszuführen. Bei den verschiedenen modernen Darstellungen der Überlieferungen über Aiakos ist unseres Wissens diese Stelle des Libanios übersehen worden. Die Namen der drei Totenrichter, Aiakos, Rhadamanthys und Minos, sind nach dem Vorbild von Demosthenes, *de cor.* 127 bei den Rednern der Kaiserzeit sowie bei den Byzantinern sprichwörtlich geworden: Salzmann, Sprichwörter 10f.; B. Kruse, De Libanio Demosthenis imitatore. Diss. Breslau 1915, 72.

6.

Im Gegensatz zu Ammian, Themistios und anderen Zeitgenossen will Libanios von der römischen Kultur und Sprache nichts wissen, trotz der fundamentalen Bedeutung der letzteren im Spätrömischen Reich. Deshalb bedarf er immer eines Übersetzers, wenn er einen lateinisch geschriebenen Brief erhält*. In seinen mehrere Bände umfassenden Schriften findet sich kein einziges lateinisches Wort: Sievers, Libanius 12f.** Die erwähnten Schwierigkeiten beim Lesen des Briefes erstrecken sich offenbar auch auf das Entziffern der Schrift.

---

* Nach Beseler, Libaniana 12 A. 2 konnte Libanios Latein nicht sprechen, sondern nur lesen und verstehen; Beseler gibt nicht an, woher er diese Information hat. Vgl. noch Dagron, L'empire Romain 72.
** Ein Widerwillen gegen alles Römische begegnet allerdings des öfteren in der Osthälfte des Spätrömischen Reiches: Tinnefeld, Frühbyz. Gesellschaft 105. Es handelt sich um die Reaktion der

448   Erläuterungen

7.

Zum Ausdruck ἐνέπλησας τὴν ψυχήν vgl. Plat. *Phaedr.*
255 d τὴν τοῦ ἐρωμένου αὖ ψυχὴν ἔρωτος ἐνέπλησεν.

8.

πρὸ τῶν ἐπιδείξεων ἐπιστεύετο stellt eine Emendation von
Reiske dar; die Handschriften bieten hier πρῶτον ἐπιστεύετο,
wobei die folgenden weiblichen Formen des Pronomens
unverständlich bleiben. Zu ἐπιδείξεων vgl. ep. 62 (1063 F), 2.

9.

Statt der überlieferten Lesart ἐγγόνων haben wir nach der
richtigen Vermutung FÖRSTERS ἐκγόνων geschrieben; vgl.
Plat. *Symp.* 209 d ποιητὰς τοὺς ἀγαθοὺς ζηλῶν, οἷα ἔκγονα
ἑαυτῶν καταλείπουσιν und Lib. ep. 27 (754 F) A. 2. Bei
byzantinischen Autoren kommt das Wort ἔκγονα für die
Schriften eines Autors sehr oft vor. Vgl. noch das Lexikon LIDDELL-SCOTT-JONES s. v. ἔγγονος.

10.

»Dein Haupt« statt »Dich«, eine aus der Dichtung bekannte Umschreibung.

11.

Es wird normalerweise angenommen, daß der Oheim des
Adressaten mit jenem Postumianus identisch sei, der im
Jahre 383 *praefectus praetorio per Orientem* war: SEECK,
Briefe 243; W. ENSSLIN a. a. O. 890; vgl. *Cod. Theod.* 12,
1, 98; 102 (I, 2, 687f. MOMMSEN); W. ENSSLIN, RE XXII
2500. Der folgende Satz ᾧ παῖδα τρέφεις ὁμώνυμον scheint

griechischen Intelligenz gegen die römische Macht. Über den Gebrauch der lateinischen Sprache zu dieser Zeit in Antiochia: Haddad, Social Life 108f.; im oströmischen Reich: L. Hahn, Zum
Gebrauch der lateinischen Sprache in Konstantinopel, in: Festgabe
für Martin von Schanz. Würzburg 1912, 173f.; H. Zilliacus, Zum
Kampf der Weltsprachen im oströmischen Reich. Helsingfors 1935
(Nachdr. Amsterdam 1965). In der letztgenannten Arbeit wird jedoch die Rolle des Lateinischen im Osten stark überschätzt: F. Döl-
ger, in: *Byzantinische Zeitschrift* 36 (1936) 108f. Vgl. ferner Liebeschuetz, Antioch 247f.

jedoch darauf hinzuweisen, daß der Name des Adressaten nicht identisch mit dem seines Oheims war. Auch der Ausdruck ἐν ἀρχομένου τάξει scheint eher auf einen *comes Orientis* als auf einen *praefectus praetorio* hinzudeuten. Deshalb ist der Name des Oheims des Adressaten vermutlich in der Liste der *comites Orientis* der letzten zwei oder drei Jahrzehnte vor 392 zu suchen.

12.

d. h. Athen: Ep. 1 (962 F) A. 5. Wahrscheinlich studierte der Sohn des Adressaten zu dieser Zeit in Athen.

13.

Die Angabe unserer Stelle ist für die Biographie des Libanios wichtig, weil sie die Ermittlung seines Geburtsjahres durch folgende Überlegungen ermöglicht: Aus der Autobiographie des Libanios, or. 1, 143 (I 151 FOERSTER) erfahren wir, daß er das siebenundfünfzigste Jahr seines Lebens gerade vollendet hatte, als Kaiser Valens Antiochia besuchte. Dieser Besuch des Valens in Antiochia fällt zwischen den 5. Januar und den 13. April des Jahres 372. Daher muß also Libanios 315 oder 314 geboren sein. Nun waren die Konsuln des Jahres 315 Konstantin der Große und Licinius: LIEBENAM, Fasti consulares 34; die Konsuln des Jahres 314 waren C. Caeionius Rufius Volusianus und Petronius Annianus: Ebenda. Postumianus kann nun schwerlich ein Enkel des Licinius oder gar Konstantins des Großen gewesen sein, weil dies auch aus anderen Quellen bekannt wäre, und außerdem hätte Libanios eine so hohe Abstammung des Adressaten nicht verschweigen können. Libanios ist also nach der Angabe unserer Stelle im Jahre 314 geboren. Von den beiden Konsuln dieses Jahres war vermutlich der erstgenannte der Großvater unseres Postumianus; denn den Namen Rufius trägt ebenfalls ein anderer Angehöriger dieser Familie, der einer der Konsuln des Jahres 448 war: Rufius Praetextatus Postumianus (: LIEBENAM a. a. O. 46). Vgl. SIEVERS, Libanius 207.

ep. 68 (501 F)

An Basileios

Die Identität des Adressaten mit dem Kirchenvater Basileios von Kappadokien ist von Förster* ohne hinreichenden Grund bestritten worden, auf der anderen Seite gibt es auch kein völlig sicheres Indiz dafür, daß der Brief an Basileios den Großen adressiert ist, obgleich die Echtheit des Briefes nicht bezweifelt werden kann**. Deshalb bleibt kaum etwas anderes übrig, als den vorsichtig formulierten Vorschlag von Petit, Étudiants 126 sich zu eigen zu machen und den Adressaten dieses Briefes bis zum Beweis des Gegenteils als mit Basileios dem Großen identisch zu betrachten. Libanios bekräftigt in dem kurzen Brief seine Neigung zum Adressaten, indem er nostalgisch an die Zeit erinnert, als die beiden zusammen waren. Der Brief wurde im Sommer 356 an Basileios nach Nikomedeia geschickt.

1.

Basileios der Große aus Kaisareia in Kappadokien, Sproß

---

* Prolegomena 198. Sein Hauptargument besteht darin, daß Libanios mit Basileios dem Großen nicht bekannt genug gewesen sei, um den Ausdruck »wir waren einer dem andern alles« gerechtfertigt erscheinen zu lassen. Außerdem gebrauchte Libanios diesen Ausdruck bezüglich seiner früheren Verbindung mit Studiengenossen, während der 16 Jahre jüngere Basileios niemals Studiengenosse des Libanios gewesen sein kann. Dagegen hat jedoch Petit, a.a.O. 126 A. 167 und 168 mit Recht geltend gemacht, daß wir über das Leben des Basileios von Kappadokien zu wenig unterrichtet sind, um Schlüsse auf seine Beziehungen zu Libanios ziehen zu können, und daß Libanios den oben erwähnten Ausdruck auch bezüglich anderer Personen, wie seiner Mutter (or. 1, 4 [I 81 Foerster]), seiner Verwandten Priske (ep. 80 [1409 F], 1) und seines Lehrers Zenobios (ep. 420, 1 F) angewandt hat.
** Dies tut nur A. Laube, De litterarum Libanii et Basilii commercio. Diss. Breslau 1913, 26f. (vgl. S. 29 tales autem discrepantiae nemini nisi falsario tribuendae sunt). Seine These kann jedoch angesichts der vortrefflichen Ausführungen von Seeck, Briefe 31f. über die Echtheit des Briefes kaum aufrechterhalten werden.

einer vornehmen christlichen Familie. Sein Vater war der Sohn der Heiligen Makrina, seine Mutter die Tochter eines Märtyrers. Sein jüngerer Bruder war der Kirchenvater Gregor von Nyssa, seine Schwester Heilige Makrina die Jüngere. Basileios gilt als Fortsetzer des Werkes des Athanasios. Durch die Gestaltung der Liturgie und die Schöpfung von Ordensregeln gab er praktisch der Ostkirche die Form, die sie bis heute bewahrt hat. Im Vergleich zu den beiden anderen kappadokischen Kirchenvätern wird er als Mann der Tat und der kirchlichen Praxis beurteilt, wobei Gregor von Nazianz als Meister des Wortes und Gregor von Nyssa als solcher der philosophischen Gedanken gilt. Nichtsdestoweniger hinterließ Basileios zahlreiche Schriften. Aus der umfangreichen Literatur über ihn seien hier nur folgende Darstellungen erwähnt: O. Bardenhewer, Geschichte der altkirchlichen Literatur, III. Freiburg i/B. 1923 (Nachdr. Darmstadt 1962), 130f.; F. Fialon, Étude historique et litteraire sur St. Basile. Paris 1869; Sister M.M. Fox, The Life and Times of St. Basil the Great as revealed in his Works. Diss. Washington 1939.

2.

Eine erstaunliche Ähnlichkeit mit unserem Brief sowohl inhaltlich als auch dem Wortlaut nach weist eine Stelle eines Briefes des Basileios an Eusebios auf: Bas. ep. 271 (PG 32, 1004 B) ὅσον γε ἦν ἄξιόν μοι... ὑπομνησθῆναι ἡμερῶν ἐκείνων, ἐν αἷς καὶ δωμάτιον ἡμῖν ἓν καὶ ἑστία μία καὶ παιδαγωγὸς ὁ αὐτὸς καὶ ἄνεσις καὶ σπουδὴ καὶ τρυφὴ καὶ ἔνδεια καὶ πάντα ἡμῖν ἐξ ἴσου πρὸς ἀλλήλους ὑπῆρχε
(Wieviel würde es für mich bedeuten ... und mich jener Tage zu erinnern, als wir ein gemeinsames Zimmer hatten, denselben Herd und denselben Erzieher, dieselbe Freizeit und dieselben Studien, denselben Überfluß und denselben Mangel und alles gemeinsam besaßen zu gleichen Teilen.) Man kann sich des Eindruckes nicht erwehren, daß Basileios unseren Brief vor Augen hatte, als er

diese Zeilen schrieb; sollte dies stimmen, dann hätte man
darin ein zusätzliches Indiz für die Identität des Adressaten mit dem kappadokischen Kirchenvater. Auf die
Ähnlichkeit hat zuerst A. Laube, a.a.O. 26 A. 2 hin-
gewiesen, er nimmt jedoch den umgekehrten Vorgang an
(ex hac ep. 271 illam epistulae 1603 (d.h. unseres Briefes)
locutionem fluxisse veri est simile), da er glaubt, daß unser Brief unecht ist. Ein Fälscher von Libanios-Briefen
würde jedoch niemals in den Briefen des Basileios nach
geeigneten Mustern suchen. Außerdem scheint die Ausdrucksweise des Libanios die ursprüngliche zu sein.

3.

Zum Ausdruck πάντα ἦμεν ἀλλήλοις vgl. ep. 80 (1409 F)
A. 4.

4.

Lehrer der Rhetorik aus Nikomedeia, Verwandter des
Aristainetos. Aus unserer Stelle geht hervor, daß Alkimos
seine Rhetorikschule in Nikomedeia 356 (seinem Schüler?) Basileios übergab. Im Ausdruck πρὸς τὴν ῾Ρώμην
πέτεσθαι steckt ein gewisser Tadel des Libanios, der auch
sonst jeden Eifer in Bezug auf Rom und die lateinische
Gegenwart mißbilligt.

ep. 69 (947 F)
An Priskos

Der Brief ist adressiert an den Philosophen und engen
Vertrauten Julians, Priskos, dem Eunapios das 8. Kapitel
seiner *vitae sophistarum* gewidmet hat. Die Stimmung weh-
mütiger Erinnerung, die viele Altersbriefe des Libanios
durchzieht, erreicht hier einen Höhepunkt. Es sind vor
allem drei große Erlebnisse des Autors, die seine melan-
cholische Betrachtung der Vergangenheit auslösen: Griechenland mit seinen Göttern und seiner Kultur, die nunmehr endgültig verloren ist, der Umgang mit Persönlichkeiten wie Priskos, der, neunzigjährig, auch der Vergan-

genheit angehört, und die einmalige Zeit mit dem Philosophen auf dem Kaiserthron, den ein neidischer Dämon hinweggerafft hat*.

Den Brief, dessen Abfassungszeit (390) aus der Erwähnung des Alters des Libanios einwandfrei hervorgeht, nahm der Philosoph Hilarios mit bei seiner Rückkehr nach Griechenland. Priskos scheint den Brief beantwortet zu haben, wie wir aus der an ihn gerichteten ep. 1076 aus dem Jahr 393 erfahren. Es mutet wie eine tragische Ironie an, daß sowohl Priskos als auch Hilarios, an die Libanios in seinem Brief eine solche Seligpreisung richtet, bald eines gewaltsamen Todes in Griechenland sterben werden.

Den Neuplatoniker Priskos redet Libanios in platonischer Sprache an: Bis auf die Eigennamen ist kein einziges Wort in dem Brief zu finden, das nicht bei Platon belegt ist**. Dazu noch sind folgende Wendungen und Wortverbindungen Platon entnommen:

§ 1 τοῖς ἅπασι νικῶσαν ∼ *Leg.* 801 a νικᾷ γὰρ πάσαισι ταῖς ψήφοις

§ 2 ἐν νεότητι ἢ γήρᾳ ∼ *Resp.* 329 d γῆρας καὶ νεότης

§ 4 ἐπέρχεταί μοι καλεῖν ∼ *Symp.* 197 c ἐπέρχεται δέ μοι εἰπεῖν ἀποπέμποντα δὲ τοὺς ὁμιλοῦντας αὐτῷ φρονιμωτέρους ∼ *Leg.* 845 b τὸν δὲ ἐλεύθερον ἀποπέμπειν νουθετήσαντα

§ 5 φιλοσοφίας ὁ θεὸς τὴν ψυχὴν ἐμπλήσας ∼ *Phaedr.* 255 d τὴν τοῦ ἐρωμένου αὖ ψυχὴν ἔρωτος ἐνέπλησεν τὰ προσήκοντα ποιεῖν ∼ *Gorg.* 507 a τὰ προσήκοντα πράττοι ἄν

§ 6 ποιεῖ τοίνυν καὶ τὸν Ἱλάριον βελτίω ∼ *Gorg.* 503 c βελτίω ποιοῦσι τὸν ἄνθρωπον.

1.

Neuplatonischer Philosoph, Schüler des Aidesios in Pergamon, bei welchem er zusammen mit Maximos studierte.

* Letztgenanntes Motiv kommt des öfteren bei Libanios vor: SIEVERS, Libanius 133.
** Unser Brief stellt nicht den einzigen Fall dar, in welchem Libanios platonische Vokabeln benutzt: NORMAN, Autobiography 183.

Aidesios vermittelte seinen Schülern nebst Philosophie auch die Geheimnisse der Theurgie, die er von seinem berühmten Lehrer Iamblichos übernommen hatte. Von Pergamon begab sich Priskos nach Athen, wo er sich als Lehrer betätigte; dort soll er Julian kennengelernt haben. Nach der Thronbesteigung Julians wurde er nach Konstantinopel an dessen Hof berufen und blieb dann in der Umgebung des Kaisers. Er und Maximos standen am Sterbebett des Kaisers: Amm. Marc. 25, 3, 23. Nach dem Tode Julians hielt sich Priskos für eine Weile in Antiochia auf. 365 kehrte er nach Griechenland zurück. Nach den Worten des Eunapios* ist er bei dem Einfall der Goten unter Alarich in Griechenland 396** ums Leben gekommen. Vgl. Eunap., *Vit. soph.* VII 1, 10f. (S. 42f. GIANGRANDE); *Hist. fragm.* 19 (I 225 DINDORF); SEECK, Briefe 246; ZELLER, Philosophie 791f.; BIDEZ, Julien 116f.; Prosopography 730(5). Die bei CHRIST-SCHMID-STÄHLIN, Literatur 1055 vertretene Ansicht, Priskos und Maximos seien aus der Philosophie völlig in das Gebiet der Zauberei und des Schwindels hineingeraten, ist angesichts des Rufes, den diese Philosophen in ihrer Zeit genossen, stark übertrieben. Zur Theurgie des Priskos und seiner Zeitgenossen: E. R. DODDS, Theurgy and its Relationship to Neoplatonism. *Journal of Roman Studies* 37 (1947) 58f.

---

* *Vit. soph.* VIII 1, 10 (S. 58 GIANGRANDE) τοῖς τῆς ῾Ελλάδος ἱεροῖς, εἰς μακρόν τι γῆρας ἀνύσας, ὅς γε ἦν ὑπὲρ τὰ ἐνενήκοντα, συναπώλετο.. CHRIST-SCHMID-STÄHLIN, Literatur 1055 A. 5 haben diese Worte so verstanden, daß Priskos im Jahr 392, als das Religionsedikt des Theodosios herausgegeben wurde (vgl. die Vorbemerkung zu ep. 1 [962 F]), starb. Da wir jedoch einen Brief des Libanios an Priskos aus dem Jahr 393 besitzen (ep. 1076 F), kann Eunapios nur die Zerstörung der griechischen Tempel durch Alarich gemeint haben. Vgl. noch W. ENSSLIN, RE XXIII 8.

** SEECK, Briefe 246 gibt fälschlich 395 als Todesjahr des Priskos an: W. ENSSLIN a. a. O.

2.

Philosoph und Maler aus Bithynien, der um 396 bei Korinth durch die Goten des Alarich umkam: Eunap. *vit. soph.* VIII 2, 1 f.; Sievers, Studien 347. Im Jahr 388 besuchte er Antiochia und blieb dort bis 390; vgl. Lib. ep. 782 F. Nach Eunapios war er in Athen zu Hause; vielleicht verbrachte er die letzten Jahre seines Lebens auf der Peloponnes, wofür eine Anspielung bei Eunapios sowie eine in unserem Brief (ὀψόμενον τὰς ἐν τῇ Πελοποννήσῳ πόλεις) sprechen. Es ist nicht einzusehen, warum Seeck, RE VIII 1601 (Nr. 5 und 6) aus dem Hilarios des Eunapios und dem Boten des Libanios an Priskos zwei verschiedene Personen macht, zumal Hilarios bei Eunapios in Verbindung mit Priskos erwähnt wird. Den Namen Ἱλάριος (bzw. Ἱλάριον) hat nach der Vermutung von Sievers Förster an drei Stellen des vorliegenden Briefes restituiert, während die meisten Handschriften und Wolf Σαλούστιος (bzw. Σαλούστιον) bieten. Vgl. Sievers, Libanius 133 A. 50 und 185 A. 92; Förster in: Th. Mommsen, Sallustius = Salutius und das Signum. *Hermes* 37 (1902) 444 A. 1.

3.

Gemeint sind Griechenlands Bildungs- und Kultstätten, denen seit eh und je die Begeisterung und Sehnsucht des Libanios gehörte. Die Trauer des Libanios hat auch den Tod seiner Gefährtin, der sich kurz davor ereignet hatte, zur Ursache; vgl. Sievers, Libanius 195; Förster-Münscher, RE XII 2497.

4.

Dem Briefschreiber schwebt hier das Sprichwort δεύτερος πλοῦς vor, das ebenfalls bei Platon vorkommt.

5.

ἐμὲ ζητήσει, d. h. wird mich vermissen.

6.

Zu diesem Ausdruck vgl. Lib. ep. 668, 2 F ἄριστον τῶν ὑπὸ τὸν ἥλιον; Aeschin. fals. leg. 41 usw.

7.

Die Metapher stammt aus dem Lieblingsdichter des Libanios, Euripides, Hipp. 1122 ἐπεὶ τὸν ʿΕλλανίας φανερώτατον ἀστέρ᾽ ʾΑθήνας εἴδομεν (diese Auffassung der Stelle gründet sich vermutlich auf einer falschen Lesart).

8.

d. h. Aristoteles.

9.

d. h. Julian.

10.

Julian ließ sich als Kaiser mitunter gefallen, von Priskos in seiner Verhaltensweise korrigiert zu werden: Lib. or. 1, 123 (I 142 FOERSTER).

11.

Diese Ausdrucksweise deutet darauf hin, daß Hilarios kein Schüler, sondern Kollege des Priskos war (wenngleich er rechtschaffen genug ist zuzugeben, daß er von Priskos gelernt hat). Zu Hilarios: Prosopography 435 (9).

ep. 70 (274 F)

An Akakios

»Für zwei Sophisten ist eine Stadt zu klein«; dieses Wort hat sich auch im Falle des Adressaten und des Briefschreibers bewahrheitet. Nachdem Libanios sich in Antiochia als Lehrer der Beredsamkeit endgültig niedergelassen hatte, sah sich der bis dahin ebenda als Sophist tätige Akakios wegen der Überlegenheit seines Rivalen (vgl. ep. 17 [722 F]) gezwungen, in seine Heimatstadt Kaisareia zurückzukehren. Der Weggang eines bewährten Lehrers der Rhetorik galt indessen gewöhnlich als großer Verlust für die betreffende Stadt. Damit konform ist auch der Ton, den Libanios im vorliegenden Brief anschlägt. Er und die Stadt klagen Akakios an, daß er sie verlassen und eine andere vorgezogen habe. Wie viele andere Briefe

legt auch dieser Zeugnis ab für die Mäßigung und Ge-
schicklichkeit des Autors, der die Freundschaft seines
nunmehr ausgeschalteten Gegners einer Fortsetzung der
alten Rivalität vorzieht. Der Brief, im Jahre 361 geschrieben, ist der erste an seinen 356 nach Kaisareia übersie-
delten Kollegen.

1.

Zum Adressaten: Ep. 2 (1458 F) A. 1.

2.

Die von einem Teil der Handschriften gebotene Variante
τῷ hat SEECK, Briefe 42 A. 1 dazu verleitet, das Wort
πρεσβντέρῳ vor προτέρῳ einschieben zu wollen. Der Text
scheint jedoch in Ordnung zu sein, wie aus dem folgenden Kausalsatz zu entnehmen ist.

3.

Er spielt auf Thuc. 3, 52, 5 f. an, wonach die Platäer an-
fingen, sich zu verteidigen, bevor die Spartaner ihre Vorwürfe ausgesprochen hatten.

4.

Gemeint ist natürlich Antiochia, im Hintergrund wirkt
jedoch noch die Anspielung auf die oben erwähnte Stelle
des Thukydides (Sparta beklagt Platäa).

5.

Ein aus Hom. Od. 9, 94 f. stammender sprichwörtlicher
Ausdruck, der bei Libanios sehr häufig und in mancher-
lei Form vorkommt: SALZMANN, Sprichwörter 87.

6.

Die beiden letzten Sätze der Periode weisen eine vollständige rhetorische Isometrie mit Homoioteleuton auf, was
ihnen starken Nachdruck verleiht:

ἀπῆλθες μὲν ὡς αὖθις δεῦρο δραμούμενος,
ἔμεινας δὲ καθάπερ λωτοῦ γευσάμενος.

Vgl. Rother, De Lib. arte rhetorica 93 f.

7.

Im Sinne der Hin- und Rückfahrt wie hier ist das Wort

δίαυλος zum erstenmal bei Aischylos, Agam. 344 benutzt
worden; vgl. auch Lib. or. 38, 8 (III 256 FOERSTER);
ep. 56 (66 F), 3.

8.

Das Wort »Sophist« bezeichnete in der Zeit des Libanios
den Lehrer der Rhetorik par excellence. Über die verschiedenen Bedeutungswandlungen des Wortes durch
die Jahrhunderte griechischer Kultur hindurch vgl. die
vortrefflichen Ausführungen bei WOLF, Schulwesen 9f.

9.

Anstelle von γε ist vielleicht richtiger τε zu lesen (= *aber
auch das Geld war mehr*). REISKE hat μέν vorgeschlagen.

10.

Über die Kinder des Akakios wissen wir sonst nichts,
aus dem Tenor unserer Stelle geht jedoch hervor, daß
es sich um bereits im Jahre 361 erwachsene Kinder handelt. Daher irrt SEECK, Briefe 40, wenn er die Behaup-
tung des Eunapios (*Vit. Soph.* 17 [S. 86 GIANGRANDE]),
daß Akakios früh starb, als sehr wahrscheinlich bezeichnet.

11.

Eine Anteilnahme des Lehrers an der Hochzeit seiner
Schüler (daher die 1. Person Plural an unserer Stelle) war
üblich; so schrieben die Sophisten bisweilen Festreden
(ἐπιθαλάμιοι) zur Hochzeit ihrer Schüler: J. HAURY, Zur
Beurteilung des Geschichtsschreibers Procopius von Cä-
sarea. München 1896, 14f. Vgl. P. MAAS, RE IX 134.

12.

Libanios spricht hier von Freiern für die Töchter, er
denkt jedoch auch an die Verheiratung der Söhne.

13.

Er spielt wohl auf die Gefangennahme des Satyros durch
Midas an sowie auf die wunderbare Eigenschaft, die letz-
terem dabei verliehen wurde: Maximos v. Tyros, Diss.
11, 1.

14.

Ein öffentlich angestellter Lehrer der Beredsamkeit konnte auf Befehl der Behörden der Stadt, mit welcher er ein Dienstverhältnis hatte, zurückgeholt werden, wenn er sich ungerechtfertigterweise von seiner Arbeitsstelle entfernte. Dies wollte angeblich Libanios im Fall von Akakios bei den Behörden von Antiochia erwirken. Vgl. SIEVERS, Libanius 18f.

ep. 71 (972 F)

An Richomer

In seinen letzten Lebensjahren hat Libanios außerordentlich viele Beziehungen zu Militärs. Eine enge Freundschaft verbindet ihn zunächst mit drei großen militärischen Würdenträgern, Ellebichos, Richomer und Saturninos, für welche er panegyrische Reden schreibt. Außerdem unterhält er Beziehungen zu mehreren *magistri militum*, wie Promotos, Sapores, Moderatos, Addaios, Varanes und Bakurios. Man hat sich mit Recht gefragt (: Petit, Vie municipale 180), warum in der Zeit des Theodosios der militärische Bekanntenkreis des Libanios sich plötzlich erweitert. War es der Wunsch dieser Generäle, durch ihre Bekanntschaft mit dem renommierten Sophisten sich im Glanz der Bildung zu zeigen? Petit, a.a.O. 181 nimmt eher an, daß das obstinate Heidentum der meisten der genannten hohen Offiziere der Grund ihrer Verbindung mit Libanios ist, da in dieser Zeit die vom Staat betriebene Verfolgung die Heiden, besonders der oberen Klassen, enger zusammenbringt*.
Im Herbst oder Anfang des Winters 383 kam der Franke Richomer, damals *magister militum*, aus dem Osten, wo er im Auftrage des Kaisers Theodosios die Grenze inspi-

---

* Vgl. noch Straub, Herrscherideal 147; Liebeschuetz, Antioch 114f.

ziert hatte, nach Antiochia. Da er eifriger Anhänger hellenischer Religion und Bildung war, dauerte es nicht lange,
bis ihn eine herzliche Freundschaft mit Libanios verband.
Von Antiochia begab sich Richomer nach Konstantinopel, um den Antritt seines Konsulats am 1. Januar 384
zu begehen (: Liebenam, Fasti consulares 39). Da es
üblich war, daß die neuen Konsuln ihre Freunde zu den
Antrittsfeierlichkeiten einluden (: J. A. MacGeachy Jr.,
Q. Aurelius Symmachus and the Senatorial Aristocracy
of the West. Diss. Chicago 1942, 99), lud Richomer seinen Freund Libanios zum 1. Januar 384 nach Konstantinopel ein. Zugleich mit dieser Einladung erhielt Libanios einen ehrenvollen Brief von Theodosios, durch welchen er offenbar zum *praefectus praetorio honoris causa* ernannt wurde: Lib. or. 1, 219 (I 180 Foerster); Petit,
Pro templis 293 f. Der Einladung nach Konstantinopel ist
Libanios nicht gefolgt, in der Folgezeit entwickelte sich
jedoch eine rege Korrespondenz zwischen ihm und Richomer. Es haben sich zwar nur vier Briefe an Richomer
erhalten, man muß jedoch annehmen, daß unter den verlorenen Briefen des Libanios etliche an ihn gerichtet
waren. Der vorliegende Brief wurde im Jahr 390 in das
Hoflager in Mailand geschickt, wo sich Richomer damals
aufhielt: Seeck, Briefe 458.

1.

Flavius Richomer, Sproß einer vornehmen fränkischen
Familie, zeichnete sich als Feldherr unter Valens und
Theodosios aus. Als fanatischer Heide unterhielt er auch
mit dem Kreis des Symmachus Beziehungen. Er war der
Gönner des Rhetors Eugenius, der 392 den Thron der
weströmischen Kaiser bestieg. An Richomer sind auch
16 Briefe des Symmachus gerichtet (epp. 3, 54–69 [S. 87
bis 91 Seeck]). Vgl. Seeck, Untergang V 243f.; Ders.,
RE I A 796f.; Prosopography 765f.; A. Demandt,
magister militum, RE Suppl. XII 718f.; Waas, Germanen
119f.

2.

Richomer hielt sich nur kurze Zeit in Antiochia auf: Sievers, Libanius 157f.

3.

Nach Seeck, Briefe 458, zielt die Anspielung auf den Krieg des Theodosios gegen den Usurpator Maximus (Sommer 388). Sollte dies zutreffen, dann ist unser Text die einzige Quelle dafür, daß Richomer als hoher Offizier an diesem Krieg teilgenommen hat. Vgl. Stein, Geschichte 319f.; Seeck, Untergang V 211f.; Sievers, Studien 309f.

4.

Zu diesem prächtigen Vorort von Antiochia: Downey Antioch 19f.

5.

Es handelt sich wieder um eine Anspielung auf die Ereignisse der letzten Zeit: Am 13. Juni 389 traf Theodosios in Rom ein und hielt sich dort bis zum 1. September auf: Mommsen, in der Ausgabe des *Codex Theodosianus*, S. CCLXVII; Stein, a.a.O. 321. Aus dem Wortlaut des Libanios geht hervor, daß Richomer den Kaiser auch nach Rom begleitete.

6.

Als einziger unter den Kaisern, die Libanios erlebt hatte, hat Theodosios Antiochia nicht besucht, trotz den Aufforderungen des Libanios; vgl. or. 20, 46 (II 442 Foerster); Sievers, Libanius 151; Petit, Vie municipale 167. Zum Wort θεοειδής: Ep. 11 (1534 F) A. 7.

ep. 72 (1060 F)

An Bakurios

Bei den Autoren des 4. Jahrhunderts, insbesondere bei Libanios und Johannes Chrysostomos, erscheinen die Soldaten und ihre Anführer in sehr ungünstigem Licht, von den Matrosen ganz abzusehen, die vom Altertum her

berüchtigt waren (über die letzteren vgl. Lib. or. 11, 38
[I 449 Foerster]). Sie werden als niederträchtig, klein-
mütig, trunksüchtig, unkultiviert, brutal* usw. dargestellt. Wenn ein Schüler des Libanios die militärische
Karriere einschlägt, dann war es ein Dämon, der ins
Schicksal des Betroffenen eingriff: Ep. 1464 F. Unter
diesen Umständen fällt es auf, wenn ein militärischer
Würdenträger, wie der Adressat, von Libanios mit vielen
Prädikaten der Auszeichnung überhäuft wird: Bakurios
sei gerecht, besonnen, enthaltsam, einsichtsvoll und kul-
tiviert. Waren wirklich diese Eigenschaften dem Adressaten eigen, oder löste ein entsprechend komplimenten-
reicher Brief des Generals diese Ehrenbezeigungen des
Libanios aus? Auf jeden Fall handelt es sich um den einzigen Brief des Libanios an Bakurios, der 392 nach Konstantinopel geschickt wurde. Vgl. Petit, Vie municipale
181f.; J.M. Vance, Beiträge zur byzantinischen Kultur-
geschichte. Diss. Jena 1907, 18; Ch. Lacombrade. Le
discours sur la royauté de Synésios. Paris 1951, 129f.;
Seeck, Briefe 463.

1.

Der Adressat, ursprünglich ein König der Iberer, tritt
erstmals als *tribunus sagittariorum* während der Schlacht
von Adrianopel im Jahr 378 hervor, in welcher er zur
Niederlage der römischen Waffen wesentlich beitrug
(: Amm. Marc. 31, 12, 16f.). Er fiel am 5. September 394
in der Schlacht am Frigidus (: Stein, Geschichte 334).
Seinen Tod auf dem Schlachtfeld bezweifelt Seeck, RE

---

* Hinter solchen Charakterisierungen steckt der allgemeinere Konflikt zwischen Zivilbeamten und Militärs, der nicht zuletzt auf das
unterschiedliche Bildungsniveau zwischen den beiden Kategorien
von Würdenträgern zurückzuführen ist. Der Konflikt ist manchmal
latent, nur seine Folgen machen sich bemerkbar; der Fall von Gallos
z.B. ist dem Antagonismus zwischen den beiden Gruppen sowie
den Intrigen der Zivilbeamten gegen die militärische Gefolgschaft
des Cäsars zuzurechnen: C.A. Balducci, Gallo. *Rivista di filologia
e d'istruzione classica* 68 (1940) 264f.; Petit, a.a.O. 182 A. 1.

II 2725. Zur Zeit der Abfassung des vorliegenden Briefes hatte er das Amt des comes domesticorum inne. Vgl. Sievers, Libanius 271; Seeck, Briefe 94; Ders., RE II 2724f.; Prosopography 144; Liebeschuetz, Antioch 114 A. 2.

2.

Nach dem Beispiel von Aristophanes, ran. 1300 λειμῶνα Μουσῶν δρέπων (vgl. Eur. Hipp. 73 f.) wird der Ausdruck bei den spätgriechischen Autoren des öfteren im übertragenen Sinne benutzt, um die Blüten der Literatur zu bezeichnen: Luc. Charid. 22 (III 636 Jacobitz) δόξαν παρίστησιν ὥσπερ ἀνθέων εὐτυχοῦντι λειμῶνι; Pisc. 6 (I 342 ebenda); Himer. 10, 17 (S. 91 Colonna); Jul. or. 8, 244b; Ael. NA in *epilog.* (I 435 Hercher); Themist. or. 15, 185a (I 269 Schenkl-Downey); or. 32, 357a (II 195 Schenkl-Downey-Norman); Dion. Hal. Dem. 5 usw. Ein Werk des Pamphilos war mit dem Titel λειμὼν λέξεων versehen, während Johannes Moschos seine Sammlung von Erzählungen λειμὼν πνευματικός betitelte. Libanios benutzt hier den Ausdruck mit einer leichten Abweichung von der Tradition: Er gilt nicht literarischen, sondern moralischen Vorzügen. Förster verweist in seinem Apparat auf (Pseudo-)Platon, Axioch. 371c, wo jedoch der Ausdruck wörtlich und nicht im übertragenen Sinne zu verstehen ist.

3.

Das Verbum περιφέρειν in dieser Bedeutung ist ausgesprochen platonisch: Plat. leg. 898e; Phaedr. 250c usw.

ep. 73 (1048 F)

An Firminos

Libanios und der große kappadokische Kirchenvater Basileios von Kaisareia kannten sich zweifellos gut (wenngleich nicht alle mit dieser Bekanntschaft verknüpften Fragen heute als geklärt gelten können). Die beiden Männer passen auch gut zusammen, denn dank der Anziehungskraft seiner Persönlichkeit hatte sich um Basileios den Großen ein Kreis von literarisch interessierten jungen Christen gebildet. Er ist einer der ersten großen Anführer der Kirche, der den Nutzen der profanen Bildung für die Christen nicht nur einsah, sondern auch unter jungen Leuten nach Kräften propagierte, wie seine Rede πρὸς τοὺς νέους, ὅπως ἂν ἐξ Ἑλληνικῶν ὠφελοῖντο λόγων (PG 31, 564f.) beweist. Unter diesen Umständen ist die Vermutung von Petit, Étudiants 128f. keineswegs abwegig, daß viele dieser jungen Männer auf Anregung und Vermittlung des Basileios nach Antiochia gingen, um bei Libanios Rhetorik zu studieren. Aus diesem Kreis sind uns Amphilochios, Euphemios, Optimos, Romanos, Zenon sowie Firminos, der Adressat des vorliegenden Briefes, bekannt. Von seinem ehemaligen Studenten hatte Libanios zuletzt zwei Briefe bekommen, die er jetzt beantwortet. In seinem Gratulationsbrief bringt er seine Freude darüber zum Ausdruck, daß Firminos seine Offizierslaufbahn aufgegeben hat, um Lehrer der Beredsamkeit in seiner Heimat zu werden. Der Brief wurde im Sommer 392 nach Kappadokien geschickt: Seeck, Briefe 462.

1.

Sproß einer Kurialenfamilie aus Kappadokien, Schüler des Libanios während der fünfziger Jahre in Antiochia. Nach einer Unterbrechung seines Studiums schlug er die Militärlaufbahn ein. Im Jahre 392 oder kurz davor wurde er zum Lehrer der Rhetorik, wahrscheinlich in Kaisareia, ernannt. Im Jahr 404 muß er noch am Leben gewesen sein, da ep. 80 (PG 52, 651) des Johannes Chrysostomos an ihn gerichtet ist. Vgl. Seeck, a.a.O. 156 (II); Petit, Étudiants 126f.; Ders., Vie municipale 401; Prosopography 339 (3).

2.

Da Firminos einer Kurialenfamilie entstammte, verfügte er natürlich über ein beträchtliches Vermögen.

3.

Vor τῶν φίλων haben Reiske und Förster den Artikel τάς eingeschoben, der nicht nur unnötig ist, sondern dazu noch die Gleichsilbigkeit der beiden Kola stört. Isokola kommen bei Libanios nicht selten vor.

4.

Bereits 372 empfiehlt Basileios der Große seinem Schützling Firminos, den Militärberuf, der schlecht zu ihm passe, aufzugeben: Bas. ep. 116 (PG 32, 532C) σαυτοῦ γενέσθαι πάλιν, καὶ μακρὰ χαίρειν εἰπόντα στρατείᾳ καὶ ὅπλοις καὶ ταῖς ἐπὶ στρατοπέδου ταλαιπωρίαις καταλαβεῖν τὴν πατρίδα (wieder Herr deiner selbst zu werden, dem Kriegsdienst und den Waffen und der Mühsal des Heerlagers herzhaft Lebewohl zu sagen und in die Heimat zurückzukehren). Aus dieser Stelle geht einwandfrei hervor, daß Firminos in die Armee, nicht in ein Officium, wie Seeck, a.a.O. 156 angibt (die Angehörigen der Officia hießen gelegentlich ebenfalls στρατιῶται: Ep. 37 (362 F) A. 8), eingetreten war. Im übrigen vermutet Liebeschuetz, Antioch 179f., Firminos habe, dem Beispiel vieler anderer Angehöriger seiner Klasse folgend, diese Berufe gewählt, um von den *munera curialia* befreit zu werden. Nach Th. Kopeček, Curial Displacements and Flight in Later Fourth Century Cappadocia. *Historia* 23 (1974) 327f., der mehrere Seiten dem Fall unseres Adressaten widmet, war Firminos bereits während seiner Studienjahre in Antiochia von der Kurie seiner Vaterstadt belangt worden und mußte deshalb sein Studium bei Libanios unterbrechen. Um dem Kurialenschicksal zu entgehen, sei er dann, im Jahr 357 oder 358, in die Armee eingetreten. Sein Großvater väterlicherseits, Bretannios, habe ebenfalls in der Armee gedient.

5.

Das Wort bedeutet hier insbesondere den Rhetoriklehrer. Zu den Bedeutungswandlungen des Wortes σοφιστής so-

wie seiner Anwendung bei Libanios: Wolf, Schulwesen
9f.

6.

Das Wort θρόνος weist darauf hin, daß Firminos vom
Stadtrat als Lehrer der Rhetorik angestellt wurde. Vgl.
Walden, Universities 140f.

7.

Firminos muß über 50 Jahre alt gewesen sein, als er zum
Lehrer der Rhetorik ernannt wurde.

8.

Libanios spricht seinen Schüler Firminos an wie Sokrates
seinen Schüler Alkibiades bei Platon, Symp. 218dff. Vgl.
Richtsteig, Libanius 45, 85.

9.

Anscheinend war der Adressat nicht besonders schreib-
freudig, was Basileios ihm in dem oben erwähnten Brief
bescheinigt: Bas. ep. 116 (PG 32, 532 B) καὶ σπάνιά σου τὰ
γράμματα καὶ μικρὰ ταῦτα.

10.

Der junge Kynegios, dessen Großvater Libanios gut
kannte, war vermutlich ein Schüler des Firminos und
zugleich der Überbringer seines Briefes an Libanios. Die
Neuigkeiten des Firminos teilte er natürlich dem letzteren
mündlich mit. Vgl. Sievers, Libanius 264f.

11.

Wieder ein Anklang an Platon, Resp. 330b ὁ μὲν γὰρ
πάππος καὶ ὁμώνυμος ἐμοί; vgl. Richtsteig, a.a.O. 100.

12.

Vgl. Homer, Il. 2, 674 und 17, 280.

13.

Die überlieferte Lesart προσαπόλλυσθαι haben Reiske und
Förster in προαπόλλυσθαι (= *sterben, bevor einem die Stunde
schlägt*) geändert: In paläographischer Hinsicht gibt es
zwischen den beiden Lesarten kaum einen Unterschied;
wir haben der überlieferten Lesart den Vorzug gegeben.

Vgl. Basil. ep. 6 (PG 32, 244 A) *ἑαυτοὺς προσαπόλλυμεν*
(gleichfalls aus einem Trostbrief).

ep. 74 (1543 F)
An den Bischof Amphilochios

Um ihre große Auseinandersetzung mit dem Heidentum
erfolgreich durchführen zu können, vertieften sich die
Kirchenväter nicht nur in die Lehren der griechischen
Philosophie, sondern auch in die Prinzipien und Kunst-
griffe der Rhetorik; sie war ihnen unentbehrlich, wenn
bei den rhetorischen Kämpfen die heidnischen Gegner
widerlegt und in den Predigten die rhetorisch geschulten
Zuhörer überzeugt werden sollten. So sah Libanios während seiner 50jährigen Lehrertätigkeit manchen Christen
auf den Bänken seiner Schule sitzen. Sein berühmtester
christlicher Schüler war zweifellos Johannes Chrysostomos, den nach der Überlieferung (: Sozomenos, *hist. eccl.*
8, 2, 2 [S. 350 Bidez-Hansen]) Libanios sich als Nachfolger
gewünscht hätte, wenn ihn die Christen nicht geraubt
hätten. Den Adressaten des vorliegenden Briefes, den
Bischof Amphilochios von Ikonion, könnte man als die
zweitgrößte christliche Persönlichkeit bezeichnen, die
die Schule des Libanios absolvierte. In dem Brief gratuliert Libanios seinem Schüler zu seiner Erhebung zum
Bischof und freut sich, daß er nach einer dreijährigen
Pause wieder Gelegenheit haben wird, sein rhetorisches
Talent, nun als Prediger, auszunutzen. Förster, Schriftstellerei 504 und Seeck, Briefe 59 A. 1 hielten den vorliegenden Brief zunächst für unecht. Diese Ansicht hat
Förster jedoch später revidiert; vgl. Förster-Münscher RE XII 2526. Die stilistische Qualität und die
sprachliche Form unseres Briefes sprechen in der Tat entschieden für die Echtheit. Zur Echteitsfrage vgl. ferner
K. Holl, Amphilochius von Ikonium in seinem Verhält-

nis zu den großen Kappadoziern. Tübingen und Leipzig
1904 (Nachdr. Darmstadt 1969) 8 A. 4. Der Brief ging
nach Ikonion im Jahre 374 (: Ebenda 9), nicht 377, wie
Förster angenommen hat.

1.

Amphilochios von Ikonion, geboren zwischen 340 und
345, gestorben vor 404, Sohn eines gleichnamigen Vaters
aus Nazianz, der Studiengenosse des Libanios war und in
seiner Heimat als Redner wirkte. Die Familie war mit der
Gregors von Nazianz verwandt. An den Vater richtet
Libanios epp. 634 F und 671 F. Anfang der sechziger
Jahre studierte der Adressat bei Libanios und galt offen-
sichtlich als einer seiner besten Schüler. Er fing seine
Karriere als Redner in Konstantinopel an. Zu seinem
Leben und Werk: Holl, a.a.O. 6f.

2.

Die Rücksicht auf seinen alleinstehenden Vater zwang
den Adressaten, Konstantinopel zu verlassen und drei
Jahre auf dem Landgut des Vaters zu verbringen: Holl,
a.a.O. 12. Dieses lag bei Ozizala und war später unter
dem Namen Euphemias bekannt, nachdem der Bruder
des Adressaten Euphemios dort gestorben war: W.M.
Ramsay, The Historical Geography of Asia Minor.
London 1890 (Nachdr. Amsterdam 1962), 296. Zur Lage
von Ozizala: Ebenda 20, 295 f.

3.

Zu diesem Ausdruck vgl. ep. 2 (1458 F), 2 und die Anmerkung dazu. Durch ῥεῦμα ἑστάναι, wie vorher durch
σεσιγηκέναι, meint Libanios die Einstellung der Redner-
tätigkeit des Adressaten.

4.

Libanios meint, die Christen hätten Amphilochios geraubt; ähnlich läßt ihn an der obenerwähnten Stelle Sozomenos über Johannes Chrysostomos sprechen: εἰ μὴ
Χριστιανοὶ τοῦτον ἐσύλησαν (»wenn diesen nicht die Christen geraubt hätten«, übersetzt Sievers, Libanius 203).

So verleiht unsere Stelle der von Sozomenos erzählten Anekdote den Stempel der Echtheit.

5.

D.h. der Bischofsstuhl von Ikonion, auf welchen Amphilochios gegen Ende des Jahres 373 als Nachfolger des Faustinos erhoben wurde: Holl, a.a.O. 14.

6.

Ähnlich wird das Verbum φοιτᾶν im Sinne »Student sein« heute im Neugriechischen absolut gebraucht.

7.

Einwohner von Ikonion, sonst unbekannt. Vielleicht identisch mit dem Adressaten von Basileios, ep. 168 (PG 32, 640D f.); vgl. Bas. ep. 239 (PG 32, 889D).

8.

Es ist nicht bekannt, welcher Redner gemeint ist.

9.

Das Wort ist aus Demosthenes 1, 10 entnommen; vgl. Dem. 18, 229. Offenbar wird auf λόγος angespielt.

ep. 75 (731 F)
An Hyperechios

Das Schicksal des Adressaten dieses Briefes, Hyperechios, erinnert sehr stark an das des Sohnes des Libanios, Kimon-Arrabios. Nachdem Hyperechios sein Studium bei Libanios beendet hatte, bekam er von seinem reichen Vater, der Ländereien in der Nähe von Ankyra besaß, bereits sein Erbteil. Von dieser Zeit an sieht sich der junge Mann ernsten Problemen gegenüber, da die Kurie seiner Heimatstadt Leistungen von ihm beansprucht. Sein Vater will, daß er in den Senat von Konstantinopel eintritt, damit er ein für allemal von den Kurialenpflichten befreit wird. Libanios, der ebenfalls großen Einfluß auf seinen ehemaligen Schüler hat, rät von dieser Lösung ab: Das Abenteuer, in welches sein Vater ihn stürzen will, würde einen ebenso großen Teil seines Vermögens verschlingen und zugleich würde Hyperechios jeder Chance beraubt, sein rhetorisches Talent in die Praxis umzusetzen. Als Senator werde er in Konstantinopel sein ganzes Leben in »Trägheit und Schlaf« verbringen, während ihm auf der anderen Seite die Möglichkeit offen stehe, in seiner Heimatstadt eine Advokatur zu bekleiden und seine Fähigkeiten als Rhetor voll zu entfalten, wobei er ruhig die Pflichten des Kurialen in Kauf nehmen könne. Wir haben bereits gesehen (: Vorbemerkung zu ep. 33 [1514 F]), daß Libanios in solchen Fällen immer auf der Seite der Kurie steht und die sog. Kurialenflucht mißbilligt. Später wird er auch mit seinem Sohn keineswegs einer Meinung sein, wenn dieser sich Eintritt in den Konstantinopler Senat zu verschaffen sucht, um sich so seinen Kurialenpflichten zu entziehen.

Der Brief ging im Frühjahr 362 nach Ankyra: Seeck, Briefe 392.

1.

Schüler des Libanios, der den Unterricht seines Lehrers in Nikomedeia, Konstantinopel und Antiochia mehr als 10 Jahre genoß. Hyperechios folgte nicht dem Rat seines Lehrers, Advokat zu werden. Nach vielen mißlungenen Versuchen, eine Beamtenkarriere einzuschlagen, bekam er in Konstantinopel einen Posten im Büro des *castrensis sacri palatii,* wo ihn 365 der Aufstand des Prokopios überraschte. Unzufrieden mit dem bestehenden Regime, unter welchem er wiederholt Enttäuschungen erleben mußte, schlug er sich auf die Seite des Rebellen und wurde nach der Niederwerfung des Aufstandes wahrscheinlich hingerichtet. Zum Adressaten: Seeck, Briefe 182f.; Petit, Étudiants 162f.; Ders., Vie municipale 31; Pack, Curiales 188f.; Prosopography 449f.; Sievers, Libanius 256f.; Festugière, Antioche 142f.

2.

Das Wort μεγαλοψυχία bedeutet hier die Überlegenheit dessen, der sich über die materiellen Interessen dieser

Welt erhebt (Größe der Seele). Die Idee der Megalopsychia war in Antiochia besonders zu Hause, wie ihre Personifizierung auf Mosaiken dieser Zeit, die die amerikanischen Ausgrabungen der dreißiger Jahre an den Tag legten, zeigt: G. Downey, The Pagan Virtue of Megalopsychia in Byzantine Syria. *Trans. and Proc. of the Amer. Phil. Ass.* 76 (1945) 283 f.; Ders., Ancient Antioch. Princeton 1963, Abb. 45. Zur Geschichte des Wortes: U. Knoche, Magnitudo animi. Untersuchungen zur Entstehung und Entwicklung eines römischen Wertgedankens. *Philologus,* Suppl. 27, 3. Leipzig 1935 (wo natürlich die besondere Prägung des Begriffes in Antiochia sowie die Behandlung unserer Stelle fehlen). Vgl. ferner Liebeschuetz, Antioch 106 A. 6.

3.

Das Wort λειτουργεῖν bedeutet in diesem Zusammenhang die Übernahme der Pflichten des Kurialen: Petit, Vie municipale 26.

4.

ἐκεῖ, d. h. in Konstantinopel.

5.

Zur Bedeutung des Sprichwortes: Salzmann, Sprichwörter 76 (»sich selbst Schaden zufügen, eigene Gaben töricht verschwenden«). Das Sprichwort ist nicht »sonst unbekannt«, wie Salzmann meint, sondern wird bereits bei Soph. Phil. 13 κἀκχέω τὸ πᾶν σόφισμα angedeutet. Vgl. noch Plat. Criton 49 a ἢ πᾶσαι ἡμῖν αἱ ὁμολογίαι ἐκκεχυμέναι εἰσίν; Virg. *Georg.* 4, 492 effusus labor.

6.

Das Wort πολιτεύεσθαι, wie es hier gebraucht wird, ist mit λειτουργεῖν (oben, A. 3) durchaus vertauschbar: Petit, a. a. O. 32.

7.

Mit dem Wort ῥεῦμα meint Libanios mitunter die Beredtheit des Redners; vgl. ep. 2 (1458 F), 2 ἡ δὲ φωνὴ ῥεῦμα καθαρόν, οἷον τὸ τοῦ Πυλίου.

8.

d. h. der bloße Titel des Senators von Konstantinopel. Im übrigen spricht Libanios immer mit Verachtung über den Konstantinopler Senat: Petit, Vie municipale 169.

9.

Das Sprichwort bezieht sich auf die siegreiche Abwehr der Sieben gegen Theben: Salzmann, a. a. O. 22f. (»ein blutiger, aber unfruchtbarer Sieg«). Es ist bei den spätgriechischen Autoren besonders beliebt. Zu den zahlreichen Belegen, die Salzmann anführt, müssen hinzugefügt werden: Aristaenet. 2, 6; Aristid. or. 26, 44 (II 103 Keil); Diod. Sic. 22, 6 (an welcher Stelle das Sprichwort erklärt wird). Klassisch hat es Schweighäuser zu Herodot 1, 166 interpretiert: Cadmea victoria dicitur, cum plus incommodi accepit victor, quam intulit.

10.

Der Vater des Adressaten. Er stammte aus einer uralten Familie und besaß großen Reichtum. Im Gegensatz zu den meisten Kurialen seiner Zeit vermied er die Stadt und lebte auf dem Land. Seine Frau wird mehrmals in Briefen des Libanios erwähnt, und er ist selbst mehrfach Adressat. Vgl. Seeck, Briefe 210f.

ep. 76 (1061 F)

An Zenon

Unter den Schülern des Libanios gab es einige, die es bereits zu Lebzeiten des Lehrers weit gebracht hatten. Einer von ihnen war auch der Adressat, der Lehrer der Rhetorik geworden war und Lehrstühle der Beredsamkeit nacheinander in Athen, Rom und Konstantinopel innehatte. Libanios hat allen Grund, auf seinen Schüler stolz zu sein, nicht zuletzt wegen der Tatsache, daß Zenon, wie es scheint, als Sophist sich zu den Richtlinien des Lehrers bekannte. Ob nun der Adressat aufgrund seiner ausgezeichneten rhetorischen Gaben diese hohen Positionen im damaligen Bildungswesen erreichte oder ob er dies der Unterstützung seines Patrons Flavius Rufinus, des zu jener Zeit mächtigsten Mannes im Reiche, zu verdanken hatte, muß freilich dahingestellt bleiben. Im übrigen zeigt der Brief, daß Libanios bereits zu seinen Lebzeiten als Muster rhetorischer Orthoepie angeführt wurde. Libanios schickte den Brief zusammen mit dem Brief an Bakurios (ep. 72 [1060 F]) durch seinen früheren Schüler Firminos in den letzten Tagen des Jahres 392 nach Konstantinopel: Seeck, Briefe 463.

1.

Schüler des Libanios aus Kappadokien, zur Zeit der Abfassung dieses Briefes Lehrer der Rhetorik in Konstantinopel. Seeck, Briefe 315 (IV) entnimmt dem Unterton der an ihn gerichteten Briefe des Libanios, daß er Heide war; nach Petit, Étudiants 127 spricht jedoch nichts dagegen, daß Zenon Christ war, zumal er dem Kreis des fanatischen Christen Flavius Rufinus angehörte. Vgl. auch Prosopography 992 (7).

2.

Es ist nicht bekannt, ob der Adressat beim Militär tätig war und welche Funktion er hatte. Vielleicht will Libanios mit dem Wort Ἄρεος eine Andeutung auf die Straßenschlachten der Studenten in Athen machen (: ep. 2 [1458 F] A. 7), in welchem Fall der Adressat als Anhänger solcher studentischen Bravourarien gelten dürfte.

3.

ὑφαίνειν ἐπιστολήν sagt Libanios in bewußter Anlehnung an den Ausdruck der Lyriker ὑφαίνειν ὕμνον (z. B. Bakchyl. 5, 9 usw.): Der Brief des Adressaten war wie eine Hymne an seinen Lehrer.

4.

Nach der altattischen Tradition, die Thukydides 1, 2, 5 vertritt, waren die Einwohner Attikas αὐτόχθονες, d. h. sie lebten in ihrem Land seit eh und je: A. W. Gomme,

A Historical Commentary on Thucydides. I. Oxford[2]
1950, 93.

5.

Zum attischen Heroen Erechtheus vgl. ep. 1 (962 F)
A. 5.

6.

d. h. Rom. Konstantinopel kommt immer an zweiter
Stelle nach Rom; vgl. Lib. or. 30, 5 (III 89 Foerster)
τῇ μετὰ τὴν μεγίστην πρώτῃ usw.

7.

Gemeint ist Flavius Rufinus, *praefectus praetorio per Orientem* zu dieser Zeit: Ep. 66 (1106 F) A. 1; S e e c k , Briefe
463. Biographisches über Rufinus mit Angabe sämt-
licher Quellen: Ebenda 255 f.

8.

Libanios meint hier sowohl die Ehrenbezeigungen im
allgemeinen, die er von seiten des Rufinus genoß (: ep.
66 [1106 F], 5) als auch die Erfüllung einzelner Bitten
(: ep. 981, 2 F). Im übrigen können nach der Auffassung
des Libanios die heidnischen Götter ihre Gunst auch
einem fanatischen Christen erweisen; vgl. ep. 13 (959 F),
1; 77 (1052 F), 3.

9.

Landsmann des Adressaten und Schüler des Libanios,
Lehrer der Beredsamkeit in Kappadokien: S e e c k ,
a. a. O. 156 (II); P e t i t , Étudiants 156. Aus unserem
Brief geht hervor, daß er an einer Gesandtschaft seiner
Heimat an die Zentralregierung teilgenommen hatte.
Der Sinn der Abschlußworte des Briefes ist nicht ganz
klar.

ep. 77 (1052 F)

An Zenon

Wie in ep. 76 (1061 F) gratuliert Libanios wiederum seinem früheren Schüler zu den Erfolgen, die er als Redner

und Sophist erzielt hat, und spendet dessen Gönner Flavius Rufinus Lob. Diese innerhalb kurzer Zeit wiederholten Komplimente für Rufinus, die durch seinen Schützling Zenon übermittelt werden sollen, sind vielleicht nicht so uneigennützig, wie man auf den ersten Blick glauben möchte. Wir befinden uns im Jahre 392, als Theodosios dem Heidentum den entscheidenden Schlag versetzte (: Stein, Geschichte 327), ein Ereignis, das übrigens im Werk des Libanios keine Spuren hinterlassen hat. Sein sechs Jahre früher an Theodosios geschriebener offener Brief (Or. 30, *pro templis*) scheint beim Kaiser nicht den gewünschten Erfolg gehabt zu haben. Wenn der Sophist noch immer eine leise Hoffnung hegt, daß seine Götter doch in letzter Stunde gerettet werden könnten, dann ruht sie auf Rufinus, dem zu jener Zeit allmächtigen Minister des Theodosios. Diese Vermutung scheint der vorliegende Brief sowie ep. 76 (1061 F) zu bestätigen: Die sonst so stolzen Götter des Libanios treten in beiden Briefen als kleine Kreaturen auf, bereit, ihre Dankbarkeit dem Rufinus zu erweisen. Ob Libanios diesbezüglich konkrete Bitten an den letzteren adressiert hatte, muß dahingestellt bleiben. Der Brief ging in den letzten Monaten des Jahres 392 nach Konstantinopel: Seeck, Briefe 463.

1.

Zum Adressaten: Ep. 76 (1061 F) A. 1.

2.

Fama als Göttin ist eine Schöpfung der Römer, vor allem Virgils: Waser, RE VI 1977f. Personifiziert kommt sie auch bei spätgriechischen Autoren vor: Anthol. Pal. 10, 89 εἰ θεὸς ἡ Φήμη, κεχολωμένη ἐστὶ καὶ αὐτή|Ἕλλησι; Nonnos 18, 1 (I 377 Keydell); 26, 275 (II 44 ebenda) usw. Nach Pausan. 1, 17, 1 (I 36 Rocha-Pereira) hatten die Athener einen Altar der Fama errichtet. Offensichtlich macht nur Libanios an unserer Stelle aus Fama eine Tochter des Zeus; das καὶ vor τὴν Φήμην deutet darauf hin, daß Libanios an die Götterbotin Iris denkt, die nach Aristophanes, *av.* 1259 ebenfalls Tochter des Zeus war. Nach Achilles Tatios 6, 10, 4 war Fama Tochter der Diabole. Vgl. noch ep. 1081, 4 F θεὸν ὄντως εὕρισκον τὴν Φήμην.

3.

Die Verbindung zweier fern voneinander lebender Freunde, die hier der Fama zugeschrieben wird, gehörte während der spätgriechischen und byzantinischen Zeit zu der Definition des Briefes. Die Trennung bringt eine gewisse Gefahr für die Freundschaft mit sich, wogegen der Brief sich als wirksames Mittel erweist: G. Karlsson, Idéologie et cérémonial dans l'épistolographie byzantine. Uppsala[2] 1962, 40 f.; Hunger, Literatur 201 f. Zu unserer Stelle vgl. Georgios Babuskomites ep. 7 (zitiert von Karlsson, a. a. O. 42) εἰ καὶ τοπικῶς ἀπὸ σοῦ διιστάμεθα, ἀλλὰ διὰ τοῦ ἐπιστολιμαίου σου γράμματος εἰδέναι σε ἐπεγνώκειμεν. Das Motiv kommt sehr häufig bei Briefen vor.

4.

Zu dieser Wendung vgl. Homer, Il. 1, 156 f.

    ἐπεὶ ἦ μάλα πολλὰ μεταξύ,

    οὔρεά τε σκιόεντα θάλασσά τε ἠχήεσσα.

(zitiert auch von Theodoros Hyrtakenos, ep. 15 [S. 735 La Porte-du Theil]).

5.

Dem Verf. schwebt das Sprichwort δευτέρων ἀμεινόνων vor; vgl. Salzmann, Sprichwörter 64 (wo unsere Stelle fehlt). Zu den von Salzmann angeführten Belegen des Sprichwortes müssen noch epp. 1228, 2 und 1383, 9 hinzugefügt werden.

6.

Über Flavius Rufinus vgl. Seeck, Briefe 255 f. Der hier ausgesprochene Wunsch, Rufinus möge ein ehrenvolles Alter erreichen, klingt angesichts seines überaus grausamen Endes wie tragische Ironie.

ep. 78 (1221 F)

An Andronikos

Lebendige Szenen aus dem Alltagsleben sind in den Briefen des Libanios selten, zumindest so breit ausgeführt, wie in unserem Brief. Libanios beschreibt hier, wie er den Brief des Adressaten in Empfang nahm. Er war gerade mit seinem Freund Olympios beim Spaziergang in Daphne auf einem schmalen Weg, der durch Gärten führte, als der Bote, aus Phönikien kommend, eintraf. Sie kannten den Boten nicht, er aber erkannte Libanios und händigte ihm ein Bündel Briefe aus. Wie sich bald herausstellte, war es der Assessor des *consularis Phoenices* selbst, der die Briefe aus Phönikien überbrachte. Libanios konnte in dessen Blick sofort erkennen, daß es sich um einen außergewöhnlichen Menschen handelte. Aus dem Brief erfahren wir weiterhin, daß Libanios auch bei Jovian zu erreichen versuchte, daß sein unehelicher Sohn als legaler Erbe eingesetzt wird (vgl. die Vorbemerkung zu ep. 13 [959 F]). Der Brief ging in der zweiten Hälfte des Jahres 363 nach Phönikien.

1.

Ehemaliger Schüler des Libanios aus Konstantinopel. Er zeichnete sich als Statthalter von Phönikien während der Jahre 360–361 aus. Er ist der Neffe des hohen Würdenträgers Strategios (: ep. 57 [434 F] A. 3), nicht des Nebridios, wie S e e c k , Briefe 74f. angibt (: B o u c h e r y , Themistius 87f.; ep. 79 [399 F] A. 10). Im Jahre 365 nahm er an dem Aufstand des Prokopios teil und wurde im folgenden Jahr hingerichtet. Vgl. S e e c k , a.a.O. 71f.; P r o s o p o g r a p h y 64f.

2.

Mit diesem Satz spielt Libanios vermutlich auf die Purpurschnecke an, die vorwiegend im Meer Phönikiens gefischt wurde und aus der man die Purpurfarbe gewann: K. S c h n e i d e r , RE 23, 2007. Purpurstoffe benutzte man nicht nur für die Herstellung von luxuriösen Kleidern und Amtstrachten, sondern auch für Purpurdecken, Teppiche und anderen Schmuck: Ebenda 2018f. Zur Purpur als Symbol der Kaisersmacht: Straub, Herrscherideal 21f.

3.
Gemeint ist der Antiochener Marios, derzeitiger *consularis Phoenices,* Lehrer der Beredsamkeit: Seeck, Briefe 204; Prosopography 561 (1).

4.
Der Name dieses Würdenträgers und Überbringers von Briefen an Libanios ist nicht bekannt.

5.
Es handelt sich um den bekannten Freund des Libanios: Ep. 47 (736 F) A. 11.

6.
'Ελευσίνιον hieß, wie es scheint, ein Heiligtum der Artemis Eleusinia in Daphne. Darüber berichtet Libanios, or. 11, 109 (I 471 f. Foerster): Als Ptolemaios Philadelphos, der Schwiegervater Antiochos' II. (261–247 v. Chr.) nach einem Besuch in Antiochia die schöne Statue der Artemis nach Ägypten mitnahm, bekam die Göttin bald so große Sehnsucht nach ihrer Heimat, daß sie die Frau ihres Entführers mit Krankheiten heimsuchte. Nach ihrer Rückkehr nach Antiochia bekam die Göttin den Beinamen 'Ελευσινία. L. Hugi, Der Antiochikos des Libanios. Diss. Freiburg 1919, 146 führt diesen Beinamen der Artemis auf die Ähnlichkeit ihres Abenteuers mit der Entführung der Persephone zurück, die schließlich nach Eleusis zurückkehrte; es ist jedoch durchaus möglich, da Artemis Eleusinia auch in Lakonien und Sizilien bezeugt wird, daß der Beiname viel älter ist als die damit verbundene Episode und daß Eleusinia als Parallelform zu Eileithyia zu deuten ist. Der Name Eleusinion entstand offensichtlich nach dem großen Heiligtum der eleusinischen Göttinnen in Athen: Pausan. 1, 14, 3 (I 32

Rocha-Pereira). Vgl. Joh. Malalas 11, 362 (S. 277 Dindorf), ferner Müller, Antiquitates 49; Downey, Antioch 88.

7.

Phönikier aus Tyros, Vorgänger des Marios im Amt des *consularis Phoenices*. Libanios lernte ihn kennen, als er sich wegen eines Prozesses in Antiochia aufhielt. Vgl. Seeck, Briefe 160f.; Prosopography 378f.

8.

Zu diesem Ausdruck vgl. ep. 860, 1 F τὸ κάλλος τῆς ψυχῆς ἐν τῷ τοῦ προσώπου δεικνύων und ep. 839, 2 F.

9.

Zu diesen Symbolen des Reichtums vgl. Salzmann, Sprichwörter 26.

10.

Jovian hatte offensichtlich an Libanios eine Urkunde geschickt, die aber für die Legitimation seines Sohnes nutzlos war.

11.

Aus dem Zusammenhang geht nicht hervor, wohin Libanios die kaiserliche Urkunde schickte.

ep. 79 (399 F)
An Andronikos

Die Briefe des Libanios enthalten nicht nur höfliche Komplimente, sondern hin und wieder auch eine kräftige, rhetorisch nicht minder ausgefeilte Schelte. Im vorliegenden Fall hält Libanios einem ehemaligen Schüler vor, er habe seine rhetorischen Lehren vergessen, sei kleinlich, handle seinen Wünschen zuwider und verkehre mit einem Menschen, den er verabscheue. Durch diese Vorhaltungen soll indessen die persönliche Beziehung keineswegs abgebrochen werden; möglicherweise liegt die Motivation der Schelte darin, daß Libanios die Bitte des

Adressaten um Fürsprache bei einer hochgestellten Persönlichkeit, mit der sich jener überworfen hat, ablehnt. Aber die Angelegenheit hat noch einen weiteren, nicht minder wichtigen Aspekt: Libanios behandelt den Adressaten, der in Konstantinopel lebt, als einen typischen Vertreter dieser ihm selbst verhaßten Stadt*. So wird der Brief zu einem wichtigen Zeugnis für Libanios' Einschätzung der neuen Hauptstadt und ihres geistigen Klimas**. Im übrigen wird man kaum fehlgehen, wenn man diese Unmutsäußerung auch in Zusammenhang bringt mit der anhaltenden Rivalität der beiden Städte, die ihren Höhepunkt erreichte, als Themistios im Auftrag des Kaisers Konstantios unter den Kurialen der Provinzhauptstädte Senatoren für die Metropole rekrutierte (vgl. die Vorbemerkung zu ep. 33 [1514 F]). Libanios kämpfte damals, unterstützt von Strategios, dem Präfekten des Ostens, für seine Heimatstadt, deren Prestige ihm stets am Herzen lag. Den vorliegenden Brief schrieb Libanios im Frühjahr 355, als die Gefahr einer Rückberufung in die Hauptstadt noch nicht gebannt war.

1.

Zum Adressaten: Epp. 41 (217 F) A. 1 und 78 (1221 F) A. 1.

2.

Die Einwohner von Böotien waren im Altertum für ihre Unbildung berüchtigt, in welchem Zusammenhang das Sprichwort ὗς Βοιωτία in Umlauf war: Themist. or. 27, 334b (II 157 Schenkl-Downey-Norman) καὶ γὰρ δὴ καὶ ἡ Βοιωτία χωρίον μὲν ἀμαθίας εἶναι ἐδόκει, καὶ ὗν τινα, οἶμαι, Βοιωτίαν ἐκάλουν, εἰς ἀπαιδευσίαν τὸ φῦλον ἐπισκώπτοντες.

* Wenn wir in Libanios' Briefen ein Kompliment für die Hauptstadt lesen, dann ist der Brief stets an den Stadtpräfekten adressiert: Petit, Vie municipale 167.
** Über die in Konstantinopel vorherrschende Richtung der Rhetorik vgl. die Vorbemerkung zu ep. 59 (1477 F).

ἀλλ' ὅμως Πίνδαρος καὶ Κόριννα καὶ Ἡσίοδος οὐκ ἐμολύνθησαν τῇ συΐ. (Denn auch Böotien galt als ein Land der Ungebildeten, und man sprach von einem böotischen Schwein, glaube ich, die Unbildung des Volkes verspottend. Dennoch wurden Pindar und Korinna und Hesiod keineswegs durch das Schwein beschmutzt.) Vgl. noch Lib. ep. 531, 2 F; Dio Chrys. 10, 32; Salzmann, Sprichwörter 36.

3.

Den gleichen scherzhaften Vorwurf macht Libanios seinem Freund Aristainetos: Ep. 23 (561 F), 1 (aus dem Jahr 357).

4.

Andronikos hatte offensichtlich in seinem Brief Libanios vorgeworfen, er habe bei seinem Abgang von Konstantinopel ein von ihm entliehenes Buch nicht zurückgegeben. Der Adressat warf ihm wahrscheinlich noch vor, daß er mit dem lakonischen Brief die Rede von diesem Buch vermeiden wollte. Im Sommer desselben Jahres erhielt dann Andronikos von Libanios ep. 416 F, die in der Ausgabe Försters aus 2 ½ Zeilen besteht und mit dem Satz anfängt: *οὐ δήπου καὶ νῦν με μακρὰν ἀπαιτήσεις ἐπιστολήν.* Im übrigen weist die Episode mit dem Buch darauf hin, daß Libanios nur kurze Zeit zuvor nach Antiochia übergesiedelt sein muß: Seeck, Briefe 71. Mit *διφθέρα* ist die Tierhaut als Beschreibstoff und in erweitertem Sinne das daraus entstandene Buch gemeint (vgl. Diodor 2, 32, 4 *βασιλικαὶ διφθέραι*): H. Hunger, Antikes und mittelalterliches Buch- und Schriftwesen, in: Geschichte der Textüberlieferung, I. Zürich 1961, 30. In unserem Fall handelt es sich offensichtlich um einen Kodex; vgl. ep. 11 (1534 F) A. 4.

5.

Das Wort *μικροψυχία* benutzt hier Libanios in bewußtem Gegensatz zum antiochenischen Begriff der Megalopsychia: Ep. 75 (731 F) A. 2.

6.

Was er von den Sophisten der Hauptstadt hält, bringt Libanios auch ep. 59 (1477 F), 4f. zum Ausdruck.

7.

Zu den Umständen der Übersiedlung des Libanios von Konstantinopel nach Antiochia vgl. ep. 57 (434 F) A. 6.

8.

Die Freundschaft des attischen Heroen Theseus zu Peirithoos galt für die Autoren des Spätaltertums für sprichwörtlich. Nach Dio Chrys. 74, 28 waren die drei berühmtesten Freundschaftpaare überhaupt Theseus-Peirithoos, Achilles-Patroklos und Orestes-Pylades. Beispiele von Freundschaften bieten Lib. Chr. 1, 18f. (VIII 71f. Foerster); Them. or. 22, 271 a f. (II 59f. Schenkl-Downey-Norman); Plu. 2, 93 E. An der obengenannten Libanios-Stelle erscheint Theseus als Freund des Herakles; dies hat Libanios vermutlich aus Aristid. or. 38, 486 (I 723 Dindorf) entnommen.

9.

Mit ἄρχοντα meint Libanios eine hochgestellte Persönlichkeit der Hauptstadt, die seine Übersiedlung nach Antiochia nach vielem Hin und Her ermöglicht hat. Vielleicht ist Florentios, der damalige *magister officiorum,* gemeint; vgl. Sievers, Libanius 67.

10.

Wegen seiner Beziehungen zu einem gewissen Kleomenes büßte der Adressat die Gunst eines mächtigen Onkels ein. Er bat Libanios um Vermittlung, da letzterer in Antiochia ansässig war, Libanios zögerte jedoch zu dieser Zeit noch. Schließlich versöhnten sich Onkel und Neffe. Nach Seeck, Briefe 73 soll alles dafür sprechen, daß der erboste Onkel des Adressaten Nebridios war, der zu dieser Zeit das Amt des *comes Orientis* bekleidete; Bouchery, Themistius 87f. hat jedoch erwiesen, daß dieser nicht Nebridios, sondern Strategios war, der damalige *praefectus praetorio per Orientem,* mit welchem Li-

banios fast täglich verkehrte. Im übrigen weist der Ausdruck des Libanios τῆς πρὸς τὸν κύνα συνηθείας darauf hin,
daß Kleomenes zu jener berüchtigten Gruppe der Kyniker der Hauptstadt gehörte; vgl. ep. 48 (1367 F) A. 10.

11.

Gemeint ist Strategios; vgl. die vorige Anmerkung.

12.

Mit διακονία bezeichnet Libanios offensichtlich seine vom
Adressaten geforderte Vermittlung beim Präfekten Strategios.

ep. 80 (1409 F)

An Priske

Der antike Sophist zeigt ein reges Interesse für seine
Schüler nicht nur, solange sie bei ihm studieren, sondern
auch nach dem Abschluß ihres Studiums. So ist Libanios
immer darum besorgt, daß seine Absolventen untergebracht werden, zumeist beim *consularis Syriae* oder dem
comes Orientis. Falls sie außerhalb Antiochias eine Be-
schäftigung suchen, schreibt er ihnen Empfehlungsbriefe
(: Petit, Vie municipale 79; Wolf, Schulwesen 76).
Das Interesse des Sophisten erstreckt sich oft bis ins
Privatleben seiner früheren Schüler, er will sie bald verheiratet sehen und sorgt manchmal sogar selbst dafür,
daß eine Braut ausfindig gemacht wird (vgl. ep. 70 [274 F],
5). So warb Libanios für seinen Schüler Bassianos durch
Vermittlung von dessen Großmutter Bassiane um die
schöne Paphlagonierin Priske, die bald zur Frau des
Bassianos wurde. Der vorliegende Brief an Priske, einer
der charmantesten, die Libanios je geschrieben hat, klingt
wie ein Loblied auf die glückliche Verbindung der beiden jungen Leute und zeigt, daß Libanios als Ehevermittler eine glückliche Hand hatte. Die Neuvermählten

wohnten noch bei den Eltern der jungen Frau in Paphlagonia, wohin auch der Brief 363 geschickt wurde, hatten
aber vor, bald nach Antiochia zu kommen. Vgl. Seeck,
Briefe 411.

1.

Tochter des Paphlagoniers Elpidios, der während der
Regierung des Konstantios hohe Ämter bekleidet hatte
und der aus mehreren Quellen, u.a. Ammian, bekannt
ist. Es handelte sich um eine christliche Familie. Elpidios
mit seiner Frau, der sittsamen Aristainete, und seinen
Töchtern hatte einmal den berühmten Heiligen Antonios
in Ägypten besucht; als sie auf der Heimfahrt in Gaza
erkrankten, betete der Heilige Hilarion persönlich für
sie: Hieronym. *Vit. S. Hilarionis Erem.* 14f. (PL 23, 34f.);
Seeck, a.a.O. 168. Der Brief des Libanios an Priske
läßt den Schluß zu, daß die Adressatin griechische Bildung genossen hatte. Vgl. ferner Prosopography
414 (4); 726 (2).

2.

Zu ὁρᾷς am Anfang des Briefes: Ep. 48 (1367 F) A. 2.
Der nachfolgende Satz, der aussagt, daß für Bassianos
die Verwandten nichts bedeuten im Vergleich zur Gat-
tin, hat die Form einer ›Priamel‹, eines Stilmittels, das die
griechische Poesie und Rhetorik aller Zeiten häufig verwendet: T. Krischer, Die logischen Formen der Priamel, Grazer Beiträge 2, 1974, 83ff.

3.

Schüler des Libanios, Sohn des reichen Antiocheners
Thalassios. Er schlug später eine höhere Laufbahn ein:
Seeck, a.a.O. 95f. Die Verwandten, die Bassianos nach
dem Ausdruck des Libanios vernachlässigt, wohnen alle
in Antiochia, während er bei den Eltern seiner Frau in
Paphlagonia weilt. Vgl. ferner Prosopography 150(2).

4.

Der Ausdruck »du bedeutest ihm alles« u. dergl. in der
erotischen Sprache kann im Bereich des Griechischen

vom Altertum bis heute ununterbrochen belegt werden.
Vgl. vor allem die sog. *scriptores erotici*, z. B. Alkiphron
4, 18, 14 ἐγὼ γὰρ αὐτῇ εἰμι πάντα; ähnlich ebenda 4, 18, 6;
Heliodor 7, 12, 6 usw. Die Wendung begegnet zuerst bei
Herodot 1, 122 ἦν τέ οἱ ἐν τῷ λόγῳ τὰ πάντα ἡ Κυνώ. Vgl.
Lib. or. 1, 4 (I 81 Foerster); ep. 420, 1; 501, 1 F.

5.

d.h. das Schwarze Meer.

6.

Im paphlagonischen Binnenland herrscht Steppenklima,
charakterisiert durch große jahreszeitliche Schwankun-
gen: W. Ruge-K. Bittel, RE XVIII 2496.

7.

Vgl. Hom. Od. 15, 418.

8.

Die Großmutter des jungen Mannes. Als Priske 364 eine
Tochter gebar, wurde sie ebenfalls Bassiane genannt:
Seeck, a.a.O. 95; Prosopography 149.

ep. 81 (1042 F)

An Gessios

Libanios bringt in diesem Brief seine Trauer um Kimon
(vgl. die Vorbemerkung zu ep. 14 [1058 F]) sowie seine
tiefe Dankbarkeit für das, was Chryses, ein gemeinsamer
Bekannter des Briefschreibers und des Adressaten, für
den verstorbenen Sohn getan hat, zum Ausdruck. Vermutlich soll damit Chryses, der höchstwahrscheinlich
auch der Überbringer des Briefes ist, dem Adressaten
empfohlen werden. Der Brief ist rhetorisch sehr gepflegt,
da er an einen Kenner adressiert wird. Er ging 392 nach
Ägypten: Seeck, Briefe 462.

1.

Schüler des Libanios aus Ägypten, Lehrer der Beredsamkeit ebendort während der Jahre 388–392. Er fiel später
dem Dämonenglauben seiner Zeit zum Opfer, da er

wegen Orakelbefragung hingerichtet wurde. Vgl. Seeck, a.a.O. 164f.

2.

Ein rhetorisch gebildeter Freund Kimons aus Ägypten. Vermutlich Schüler des Libanios. Vgl. Seeck, a.a.O. 107 (II).

3.

Vielleicht geht Chryses von Stadt zu Stadt, um epideiktische Reden zu halten. In ep. 1050, 6 F bezeichnet Libanios seine Redekunst als gleichwertig oder sogar überlegen der mancher Sophisten.

4.

Zu diesem Ausdruck vgl. ep. 37 (362 F) A. 4.

5.

θεὸς θεατής stellt eine bewußte Alliteration dar; vgl. unten ὁ Χρύσης ἐχρήσατο und ep. 51 (819 F) A. 15.

6.

Der damalige Stadtpräfekt Proklos hatte sich in seiner Eigenschaft als Vorsitzender des Senats dem Antrag Kimons um Aufnahme in den Konstantinopler Senat widersetzt: Petit, Vie municipale 214. Aus unserem Brief geht jedoch hervor, daß durch die Vermittlung des Chryses Kimon die Gunst des Stadtpräfekten wiedergewann. Zu Proklos: Ep. 36 (852 F) A. 1.

7.

Er denkt an Demosthenes 18, 68 τῷ μὲν ἐν Πέλλῃ τραφέντι, wo Philippos gemeint ist; vgl. B. Kruse, De Libanio Demosthenis imitatore. Diss. Breslau 1915, 66 (wo unsere Stelle fehlt). Der Nachdruck fällt auf Pella, das nach Demosthenes in der Zeit der Kindheit des Philippos ein unbedeutendes Fleckchen war. In ähnlicher Weise will Libanios andeuten, Chryses sei Leuten unterlegen, die seiner unwürdig, jedoch vom Schicksal begünstigt waren.

8.

Pella, die Hauptstadt Makedoniens von ca. 400 bis 168 v.Chr.

9.

Dem Briefschreiber schwebt offensichtlich der Mythos von Admetos vor.

10.

Zu den Isokola und dem Homoioteleuton vgl. ep. 33 (1514 F) A. 12.

ep. 82 (1408 F)

An Basileides

Den vorliegenden Brief richtet Libanios an einen früheren Schüler, den sein Cousin ihm in Erinnerung bringt, nachdem er ihn zufällig in Paphlagonien getroffen hatte. Daraufhin schreibt Libanios einen liebevollen Brief an Basileides. Für letzteren ist es gewiß schmeichelhaft, daß sein Lehrer sich nicht anhand körperlicher Merkmale, sondern erst bei der Erwähnung seiner geistigen Eigenschaften an ihn erinnern konnte. Ansonsten bittet Libanios den Adressaten, ihm gelegentlich zu schreiben, eine Empfehlung, die er zuweilen auch an andere Schüler richtet: Epp. 300; 786; 1034 F; H. Peter, Die geschichtliche Litteratur über die römische Kaiserzeit. Leipzig 1897, I 331.
Der Brief wurde zusammen mit dem an Priske (ep. 80 [1409 F]) im Sommer 363 nach Paphlagonien überbracht: Seeck, Briefe 411.

1.

Ein sonst unbekannter Paphlagonier, Schüler des Libanios während dessen Konstantinopler Zeit: Seeck, a.a.O. 94; Petit, Étudiants 22.

2.

Antiochener, Verwandter des Libanios; vgl. ep. 58 (793 F) A. 1.

3.

Der als Zitat hier angeführte Satz begegnet wörtlich weder bei Demosthenes noch bei Homer. Nach der Anmerkung Försters in seinem Apparat denkt Libanios hier an Demosth. Mid. 71 ἰσχυρός τις ἦν, μέλας sowie an das Gespräch zwischen Menelaos und Helena bei Homer, Od. 4, 138f. Unsere Stelle haben weder B. Kruse, De Libanio Demosthenis imitatore. Diss. Breslau 1915 noch J. Bielski, De aetatis Demosthenicae studiis Libanianis. Breslau 1914 behandelt.

4.

ἕπεσθαι im Sinne »gedanklich verfolgen« ist platonisch: Prot. 319a ἆρ᾽ ἕπομαί σου τῷ λόγῳ;

5.

Der Ausdruck τοῦ χοροῦ κορυφαῖος stammt aus der damaligen Studentensprache. Gemeint ist der Anführer der Studenten einer Sophistenschule, von welchem erwartet wurde, daß er die Interessen seines Lehrers fördert; daher der Satz »dem du dein besonderes Vertrauen schenktest«. Unter χορός ist die Gesamtheit der Studenten einer Schule zu verstehen. Vgl. Walden, Universities 296f.; Petit, Étudiants 21f.

6.

Zur Umschreibung Konstantinopels durch Bosporos: Ep. 33 (1514 F) A. 10.

7.

Homer, Il. 2, 372 τοιοῦτοι δέκα μοι συμφράδμονες εἶεν Ἀχαιῶν.

8.

Aus dem Zusammenhang geht nicht hervor, welcher Theophilos gemeint ist. Aus dem Bekanntenkreis des Libanios kommen zumindest fünf Personen dieses Namens in Frage; vgl. Seeck, Briefe 311f.

ep. 83 (140 F)

An Albanios

Wie bereits in der Vorbemerkung zu ep. 80 (1409 F) erläutert wurde, kümmerte sich Libanios um seine Schüler auch nach ihrem Abgang von der Rhetorenschule. Nun zeigt der vorliegende Brief, daß diese Fürsorge auch ein persönliches Motiv hatte: Der berufliche und soziale Erfolg seiner Absolventen konnte sich nur positiv auf seinen Ruf als Lehrer auswirken. Dies war umso wichtiger, als es Leute genug gab, die zwar an seiner Redekunst nicht zu rütteln wagten, wohl aber als Lehrer ihn kritisierten. Diesen Kritikern erteilte er einige Jahre später die gebührende Antwort durch or. 62 (IV 346 f. Foerster, πρὸς τοὺς εἰς τὴν παιδείαν αὐτὸν ἀποσκώψαντας), in welcher er sich gegen ihre Vorwürfe verteidigt und über die Erfolge seiner Schüler ausführlich spricht (vgl. insbesondere or. 62, 37; 41; 50). Im übrigen ist die Empfehlung, die Libanios seinem ehemaligen Schüler bezüglich seiner Karriere gibt, beachtenswert: Mitten in einer Gesellschaft, deren Hauptmerkmal die Unbeweglichkeit der sozialen Schichten sowie die Fesselung an den Beruf des Vaters ist, wagt Libanios den Rat: βίον μὲν ὁδὸν ἣν οἴει σοι συμφέρειν αἱροῦ. Dies zeugt von seinem liberalen Geist sowie von seinem Widerstand gegen Strömungen seiner Zeit.

Der Brief ging im Winter 359/360 an den Adressaten nach Ankyra: Silomon, Lib. epist. 36.

1.
Schüler des Libanios aus Ankyra, Sproß einer reichen Kurialenfamilie. Seinen ursprünglichen Plan, Lehrer der Rhetorik zu werden, konnte er nicht verwirklichen. Im Jahr 362 war er beim *consularis Galatiae* als Advokat tätig. Vgl. Seeck, Briefe 50 f.; Petit, Vie municipale 351.

2.
Ähnlich fängt ep. 300 F an: Νῦν μοι τοὺς μεγάλους μισθοὺς ἀποδέδωκας.

3.
Παλαιστής wird bereits der redegewandte Odysseus bei Soph. Philokt. 431 genannt.

4.
Das Pronomen ἐκεῖνο ist an dieser Stelle als Akkusativ

der Beziehung aufzufassen; vgl. Schwyzer-Debrunner, Grammatik II 84f.

5.

Der Gedanke, der Verstorbene könne Freude oder Trauer spüren, kommt auch in anderen Briefen des Libanios vor; vgl. z. B. ep. 13 (959 F), 7.

6.

Es ist nicht bekannt, welchen Regierungsbeamten Libanios mit ›Archon‹ meint. Förster denkt an Hermogenes, den damaligen *praefectus praetorio per Orientem,* mit welchem Libanios in freundschaftlichem Verkehr stand; vgl. Seeck, Briefe 173f. Der Ausdruck ἐν Ἑρμοῦ τέθραπται bedeutet, daß der Betreffende literarische Interessen hatte, was in dem Fall von Hermogenes durchaus stimmt.

ep. 84 (178 F)
An Eusebios und Faustos

Aus dem vorliegenden Brief geht nicht hervor, worin die Bitte des Libanios an seine ehemaligen Schüler Eusebios und Faustos eigentlich bestand; der Brief ist jedoch wegen seiner spannungsvollen Kürze und seiner auf rhetorische Wirkung genau berechneten Sätze beachtenswert. Die Kürze des Briefes wurde dadurch ermöglicht, daß die Adressaten offensichtlich bereits wußten, worum es ging, so daß unser Schreiben eine kurze Erinnerung an eine früher vorgetragene Bitte darstellt. Nach Seeck, Briefe 368, überbrachten die in ep. 177 erwähnten Söhne des Lollianos, die zur Zeit auf einer Handelsreise nach der paphlagonischen Hafenstadt Sinope waren, den Brief im Frühling 360. In diesem Brief ist jedoch von einem Diener des Libanios die Rede, und es ist sehr wahrscheinlich, daß er auch den Brief an die Adressaten überbrachte.

1.

Es handelt sich um zwei aus Sinope stammende Brüder, die bei Libanios Rhetorik studiert hatten: Seeck, a.a.O. 142; 155. Es ist nicht bekannt, ob sie in Antiochia oder anderwärts Libanios gehört hatten; ihre Studienzeit fällt jedenfalls vor das Jahr 358: Petit, Étudiants 62.

2.

Wichtige Handelsstadt an der Nordküste Kleinasiens. Sie galt als Zentrum des Thunfischfangs und Umschlagsplatz für Waren aus Ostkleinasien und Armenien; vgl. W. Ruge, RE III A 252f. Trotz der Umschiffung von ganz Kleinasien war es für die Kaufleute Antiochias wegen der niedrigen Kosten immer noch vorteilhaft, Handelswaren aus Sinope per Schiff kommen zu lassen. Über Sinope im allgemeinen: Jones, Cities 147f.

3.

Aus dieser Ausdrucksweise kann man entnehmen, daß die Adressaten hochgestellte Persönlichkeiten in Sinope waren. Libanios spielt zugleich an auf das dem Dichter Alkaios zugeschriebene geflügelte Wort ἄνδρες γὰρ πόλις, das bei den spätgriechischen Autoren immer wieder begegnet: Aristid. or. 46, 207 (II 273 Dindorf) Ἀλκαῖος ὁ ποιητὴς εἶπεν, ὕστερον δὲ οἱ πολλοὶ παραλαβόντες ἐχρήσαντο, ὡς ἄρα οὐ λίθοι οὐδὲ ξύλα αἱ πόλεις εἶεν, ἀλλ᾽ ἄνδρες αὐτοὺς σῴζειν εἰδότες; vgl. Aristid. or. 23, 68 (II 50f. Keil); 25, 64 (II 89 ebenda); Appian BC 2, 37; 50; Pun. 89; Dio Cass. 56, 5; Himer. or. 5, 32 (S. 46 Colonna); Themist. or. 14, 184a (I 265 Schenkl-Downey) usw.

4.

Zu dem der Schiffahrt entnommenen sprichwörtlichen Ausdruck ἐξ οὐρίων θεῖν (bzw. φέρεσθαι, πλεῖν) vgl. Salzmann, Sprichwörter 55 (»Glück haben in seinen Unternehmungen«). Zu den von Salzmann zitierten Stellen sind noch hinzuzufügen: Aristid. or. 33, 2 (II 228 Keil); 46, 151 (II 203 Dindorf); 235 (II 309 ebenda); Dion. Hal. 8, 33; Himer. or. 39, 15 (S. 164 f. Colonna); Longin. 9, 11.

Das Sprichwort zitiert Libanios im Hinblick auf das kurz
zuvor erwähnte Schiff: Solche Feinheiten konnten ihre
Wirkung auf die rhetorisch gebildeten Adressaten nicht
verfehlen.

5.

Zum Ausdruck κἂν ἀντικρούσητε vgl. Aristot. Rhet. 1379ᵃ
12 ἐάν τε ἀντικρούσῃ τις.

6.

Der antike Seemann in seinem Aberglauben hütete sich
an Bord eines Schiffes vor gewissen Handlungen oder
Reden, die Unheil hervorrufen könnten. Zu solchen
Tabuierungen gehörten offensichtlich auch blasphemi-
sche Worte in einem Brief, der an Bord mitgenommen
wird: D. Wachsmuth, *ΠΟΜΠΙΜΟΣ Ο ΔΑΙΜΩΝ*.
Untersuchung zu den antiken Sakralhandlungen bei Seereisen. Diss. Berlin 1967, 289.

7.

Zum Wort θρέμματα in Bezug auf die Schüler: Petit,
Étudiants 32 A. 84.

8.

Zu diesem Homerzitat vgl. ep. 40 (1399 F) A. 2.

9.

Gemeint ist der Dank, den der Schüler seinem Lehrer
schuldig ist.

BIBLIOGRAPHISCHE ABKÜRZUNGEN
der am häufigsten zitierten Werke

Alföldi, Conflict – A. Alföldi, A Conflict of Ideas in the Late Roman Empire. Oxford 1952.

Allard, Julien – P. Allard, Julien l'Apostat. Bd. I–III. (*Studia historica* 102). Paris³ 1906–1910 (Nachdr. Rom 1972).

Beseler, Libaniana – G. von Beseler, Libaniana. *Byzantinisch-Neugriechische Jahrbücher* 14 (1937–1938) 1–40.

Bidez, Julien – J. Bidez, La vie de l'empereur Julien. Paris² 1965.

Boak, The Master of the Offices – A. E. R. Boak, The Master of the Offices in the Later Roman and Byzantine Empires (*University of Michigan Studies, Humanistic Series Vol. XIV*). New York 1924.

Bouchery, Themistius – H. F. Bouchery, Themistius in Libanius' Brieven. Antwerpen 1936.

Bowersock, Julian – G. W. Bowersock, Julian the Apostate. London 1978.

Browning, Julian – R. Browning, The Emperor Julian. London 1975.

Büttner-Wobst, Julian – Th. Büttner-Wobst, Der Tod des Kaisers Julian. *Philologus* 51 (1892) 561–580.

Cadiou, Relations scolaires – R. Cadiou, Le problème des relations scolaires entre St. Basile et Libanios. *Revue des études grecques* 79 (1966) 89–98.

Christ-Schmid-Stählin, Literatur – Wilhelm von Christ's Geschichte der griechischen Literatur. Zweiter Teil, zweite Hälfte *(Handbuch der Altertumswissenschaft, VII 2, 2).* München⁶ 1924.

Dagron, L'empire Romain – G. Dagron, L'empire Romain d'Orient au IVᵉ siècle et les traditions politiques de l'Hellénisme. Le témoignage de Thémistios, in: *Travaux et Mémoires* 3. Paris 1968, 1–242.

Downey, Antioch – G. Downey, A History of Antioch in Syria from Seleucus to the Arab Conquest. New Jersey 1961.

Downey, Olympic Games – G. Downey, The Olympic Games of Antioch in the Fourth Century A. D. *Transactions and Proceedings of the American Philological Association* 70 (1939) 428–438.

Enßlin, Gesetzgebungswerk – W. Enßlin, Kaiser Julians Gesetzgebungswerk und Reichsverwaltung. *Klio* 18 (1923) 104–199.

Festugière, Antioche – A. J. Festugière, Antioche paienne et chrétienne. Libanius, Chrysostome et les moines de Syrie *(Bibliothèque des écoles françaises d'Athènes et de Rome, Fasc. 194)*. Paris 1959.

Förster, Antiochia – R. Förster, Antiochia am Orontes. *Jahrbuch des kaiserlich deutschen archäologischen Instituts* 12 (1897) 103–149.

Foerster, Prolegomena – Libanius opera, edidit R. Foerster, Vol. IX. Imprimendum curavit E. Richtsteig. Leipzig 1927 (Nachdr. Hildesheim 1963), Prolegomena ad Libanii epistulas, 49–244.

Förster, Schriftstellerei – R. Förster, Zur Schriftstellerei des Libanios. *Neue Jahrbücher für Philologie und Paedagogik – Jahrbücher für classische Philologie* 113 (1876) 209–225, 491–504, 633–641.

Haddad, Social Life – G. Haddad, Aspects of Social Life in Antioch in the Hellenistic-Roman Period. Diss. Chicago 1949.

Hunger, Literatur – H. Hunger, Die hochsprachliche profane Literatur der Byzantiner, I. *(Byzantinisches Handbuch 5)*. München 1978.

Jones, Cities – A. H. M. Jones, The Cities of the Eastern Roman Provinces. Oxford² 1971.

Liebenam, Fasti consulares – W. Liebenam, Fasti consulares imperii Romani *(Kleine Texte für theologische und philologische Vorlesungen und Übungen, herausgegeben von Hans Lietzmann, 41–43)*. Bonn 1909.

Liebeschuetz, Antioch – J. H. W. G. Liebeschuetz, Antioch. City and Imperial Administration in the Later Roman Empire. Oxford 1972.

Liebeschuetz, Pelagian Movement – W. Liebeschuetz, Did the Pelagian Movement have Social Aims? *Historia* 12 (1963) 227–241.

Liebeschuetz, Syriarch – W. Liebeschuetz, The Syriarch in the Fourth Century. *Historia* 8 (1959) 113–126.

Markowski, Lib. Socr. def. – H. Markowski, De Libanio Socratis defensore. Breslau 1910 (Nachdr. Hildesheim 1970).

Méridier, Thémistios – L. Méridier, Le philosophe Thémistios devant l'opinion de ses contemporains. Paris 1906.

Misson, Libanios – J. Misson, Libanios et le Christianisme. *Le musée Belge* 19–24 (1920) 73–89.

Misson, Recherches – J. Misson, Recherches sur le paganisme de Libanios. Louvain–Bruxelles–Paris 1914.

Momigliano, Conflict – The Conflict between Paganism and Christianity in the Fourth Century. Essays edited by A. Momigliano. Oxford 1963.

Müller, Antiquitates – C. O. Müller, Antiquitates Antiochenae. Commentationes duae. Göttingen 1839.

Norman, Autobiography – Libanius' Autobiography (Oration I). The Greek Text edited with Introduction, Translation and Notes by A. F. Norman. Oxford 1965.

Norman, Book Trade – A. F. Norman, The Book Trade in Fourth-Century Antioch. *The Journal of Hellenic Studies* 80 (1960) 122–126.

Pack, Curiales – R. A. Pack, Curiales in the Correspondence of Libanius. *Transactions and Proceedings of the American Philological Association* 82 (1951) 176–192.

Pack, Studies – R. A. Pack, Studies in Libanius and Antiochene Society under Theodosius. Diss. Michigan 1935.

Petit, Étudiants – P. Petit, Les étudiants de Libanius. Paris 1957.

Petit, Pro templis – P. Petit, Sur la date du »pro templis« de Libanius. *Byzantion* 21 (1951) 285–309.

Petit, Publication – P. Petit, Recherches sur la publication et la diffusion des discours de Libanius. *Historia* 5 (1956) 479–509.

Petit, Sénateurs – P. Petit, Les sénateurs de Constantinople dans l'oeuvre de Libanius. *L'antiquité classique* 26 (1957) 347–382.

Petit, Vie municipale – P. Petit, Libanius et la vie municipale à Antioche au IVe siècle après J.-C. Paris 1955.

Prosopography – The Prosopography of the Later Roman Empire. By A. H. M. Jones, J. R. Martindale & J. Morris. Bd. I: A.D. 260–395. Cambridge 1971.

Richtsteig, Libanius – E.Richtsteig, Libanius qua ratione Platonis operibus usus sit. Diss. Breslau 1918.

Robert, Gladiateurs – L.Robert, Les gladiateurs dans l'Orient grec. Paris 1940 (Nachdr. Amsterdam 1971).

Rother, De Lib. arte rhetoria – C.Rother, De Libanii arte rhetorica quaestiones selectae. Diss. Breslau 1915.

Salzmann, Sprichwörter – E.Salzmann, Sprichwörter und sprichwörtliche Redensarten bei Libanios. Diss. Tübingen 1910.

Schemmel, Hochschule – F.Schemmel, Die Hochschule von Athen im IV. und V. Jahrhundert p. Chr. n. *Neue Jahrbücher für das classische Altertum und für Pädagogik* 22 (1908) 494–513.

Schemmel, Konstantinopel – F.Schemmel, Die Hochschule von Konstantinopel im IVen Jahrhundert. *Ebenda* 22 (1908) 147–168.

Scholze, De temporibus – H.Scholze, De temporibus librorum Themistii. Diss. Göttingen 1911.

Schwyzer-Debrunner, Grammatik – E.Schwyzer-A.Debrunner, Griechische Grammatik *(Handbuch der Altertumswissenschaft II 1)*. Bd. I–II. München³ 1953–1966.

Seeck, Briefe – O.Seeck, Die Briefe des Libanius zeitlich geordnet *(Texte und Untersuchungen zur Geschichte der altchristlichen Literatur, N.F. XV 1, 2)*. Leipzig 1906 (Nachdr. Hildesheim 1966).

Seeck, Regesten – O.Seeck, Regesten der Kaiser und Päpste für die Jahre 311 bis 476 n.Chr. Stuttgart 1919 (Nachdr. Frankfurt/M. 1964).

Seeck, Untergang – O.Seeck, Geschichte des Untergangs der antiken Welt. Stuttgart I⁴ 1921. II² 1921. III² 1921. IV² 1922. V² 1920. VI 1920 (Nachdr. Darmstadt 1966).

Sievers, Libanius. – G.R.Sievers, Das Leben des Libanius. Berlin 1868 (Nachdr. Amsterdam 1969).

Sievers, Studien – G.R.Sievers, Studien zur Geschichte der römischen Kaiser. Berlin 1870.

Silomon, Lib. epist. – H.Silomon, De Libanii epistularum libris I–VI. Diss. Göttingen 1909.

Stein, Geschichte – E.Stein, Geschichte des spätrömischen Reiches. I. Vom römischen zum byzantinischen Staate. Wien 1928.

Straub, Herrscherideal – J. A. Straub, Vom Herrscherideal in der Spätantike. Stuttgart 1939 (Nachdr. Darmstadt 1964).

Tinnefeld, Frühbyz. Gesellschaft – F. Tinnefeld, Die früh-byzantinische Gesellschaft (*Kritische Information,* 67). München 1977.

Waas, Germanen – M. Waas, Germanen im römischen Dienst im 4. Jh. n. Chr. Bonn 1965.

Walden, Universities – J. W. H. Walden, The Universities of ancient Greece. New York 1909 (Nachdr. ebenda 1970).

Wolf, Libanios – P. Wolf, Libanios, autobiographische Schriften. Zürich und Stuttgart 1967.

Wolf, Schulwesen – P. Wolf, Vom Schulwesen der Spätantike. Studien zu Libanios. Baden-Baden 1952.

Zeller, Philosophie – E. Zeller, Die Philosophie der Griechen in ihrer geschichtlichen Entwicklung. Dritter Teil, zweite Abteilung. Leipzig[5] 1923 (Nachdr. Hildesheim 1963).

KONKORDANZ DER NUMMERN DER BRIEFE

Förster	Wolf	vorl. Buch		Förster	Wolf	vorl. Buch
20	19	8		727	639	12
66	64	56		731	643	75
140	140	83		736	648	47
178	178	84		742	654	3
196	196	30		754	666	27
217	217	41		762	672b	52
218	218	42		793	703	58
255	258	10		797	707	49
263	266	26		819	730	51
274	277	70		846	766	34
283	286	25		852	771	36
285	288	18		898	816	31
337	340	19		947	866	69
350	353	35		959	878	13
362	365	37		962	881	1
369	372	45		972	891	71
374	377	7		1004	923	63
388	391	9		1036	956	67
390	393	4		1042	962	81
399	401	79		1048	968	73
406	408	28		1052	972	77
434	1241	57		1058	978	14
473	1136	6		1060	980	72
501	1603	68		1061	981	76
561	475	23		1063	983	62
631	546	24		1075	995	15
636	551	39		1106	1025	66
694	606	46		1154	1039	54
704	616	20		1169	1308	38
715	627	16		1180	1315	43
722	634	17		1182	1317	44

Förster	Wolf	vorl. Buch		Förster	Wolf	vorl. Buch
1184	1040	29		1428	1060	65
1189	1140	32		1430	1061	60
1220	1186	53		1431	1062	55
1221	1329	78		1455	1491	61
1224	1143	64		1458	1071	2
1307	1384	21		1477	1510a	59
1367	1429a	48		1480	1512	22
1399	1454	40		1514	1106	33
1408	1058	82		1518	1080	5
1409	1462	80		1534	1551	11
1411	1057	50		1543	1226	74

VERZEICHNIS DER ADRESSATEN

(Die Zahlen bezeichnen die Nummern der Briefe; die lateinischen Zahlen entsprechen denen von Seeck, Briefe bei gleichnamigen Adressaten)

NAMENREGISTER

(Die Seitenzahlen 11–211 betreffen die Briefe, 214–492 die Einleitung und die Erläuterungen; die lateinischen Zahlen bei gleichnamigen Personen entsprechen denen von Seeck, Briefe)

Annianos, *vicarius Thraciarum* unter Theodosios   77, 333
Annianus, Petronius, Konsul des Jahres 314   449
Anthemion, Athener, Vater des Anytos   35
Antimachos, trojanischer Held   63
Antiochener   247, 261, 269, 284, 288, 326, 356, 380, 389, 399, 412, 442
Antiochia   214, 216–220, 239, 251, 252, 254, 257, 258, 260, 263–265, 267, 269, 274–276, 289, 291, 293, 295, 296, 302, 303, 305, 307, 309, 313, 314, 319, 321, 325–328, 330–337, 343, 346, 353, 354, 356, 357, 359, 360, 362, 363, 366–369, 378–382, 385, 386, 392, 393, 395, 398–401, 403–405, 409–415, 420–422, 424–426, 428, 430, 436, 439, 441, 442, 444, 445, 448, 449, 454–457, 459–461, 464, 465, 470, 471, 478, 479, 481–484, 491
Antiochos, Bürger aus Ikonion, sonst unbekannt   189
Antiochos, König   73, 478
Antipatros, sonst unbekannt   121, 386
Antonios, Heiliger   484
Anytos, Athener, der Ankläger des Sokrates   115, 279, 376
Aquileia, St. in Oberitalien   436
Apameia, St. in Syrien   338, 339
Aphaka, St. in Syrien   288
Aphrodite   288, 361
Aphrodite Areia   21, 262
Apolinarios, Sohn Anatolios' II.   353
Apollon   33, 37, 109, 323, 369, 394, 418
Apsines, Sohn des Sopolis   11, 247–250
Apsines von Lakedaimon, Rhetoriklehrer in Athen   250, 324, 325
Araber   253, 284
Arabien   109, 131, 275, 305, 369, 392, 397
Archelaos, Sohn des Tiberinos   53, 305
Areopag, Stadtteil von Athen   11, 248, 249
Ares   135
Arethusa, St. in Syrien   395
Arganthonios, myth. König von Tartessos   115, 377
Argenidas, bekannt aus einem Relief aus dem 2. Jh. v. Chr.   335
Argos, Hund des Odysseus   391
Argos, St. auf Peloponnes   147